Desarrollo de aplicaciones para iPhone & iPad sobre iOS 5

Desarrollo de aplicaciones para iPhone & iPad sobre iOS 5

Dr. Rory Lewis

ANAYA MULTIMEDIA

TÍTULOS ESPECIALES

TÍTULO DE LA OBRA ORIGINAL:
iPhone and iPad Apps for Absolute Beginners, iOS5 Edition

RESPONSABLE EDITORIAL:
Eugenio Tuya Feijoó

DISEÑO DE CUBIERTA:
Celia Antón Santos

Edición española:

© EDICIONES ANAYA MULTIMEDIA (GRUPO ANAYA, S.A.), 2012
Juan Ignacio Luca de Tena, 15. 28027 Madrid
Depósito legal: M-17907-2012
ISBN: 978-84-415-3196-3
Printed in Spain

Para mi mejor amiga, mi esposa, mi vida, mi luz, mi Kera.

Dr. Rory Lewis

Agradecimientos

Cuando llegué a los Estados Unidos con veinte años, no tenía experiencia, dinero o conocimientos suficientes ni para usar una cabina de teléfonos. Desde entonces, el camino hasta este libro y mi vida como profesor asistente en dos campus de la Universidad de Colorado ha sido una experiencia maravillosa. Me siento tremendamente afortunado por haber conocido a tanta gente maravillosa. La primera de todas, mi mujer, Kera, que ha sido capaz de mover montañas para ayudarme con los gráficos, las comidas, los dictados y para mantenerme trabajando, al tiempo que conservaba un nivel tolerable de cordura en nuestro hogar. Gracias, Kera.

A mi madre, Adelina, que siempre estuvo allí para animarme hasta en los momentos más oscuros, cuando estuve a punto de abandonar la ingeniería electrónica. A mi hermana, Vivi, que me mantiene con los pies en la tierra, y a mi hermano Murray, ya fallecido, por recordarme constantemente lo preciosa que es la vida. A Keith y Nettie Lewis, que me ayudaron a descifrar las cabinas telefónicas americanas. A Ben Easton, Brian Bucci y Dennis Donahue, todos ellos me recibieron en sus familias cuando yo no tenía a nadie. Mi agradecimiento especial para el Dr. Zbigniew Ras, el director de mi tesis doctoral, que llegó a ser como un padre para mí, y para el Dr. Terry Boult, mi mentor y socio en el programa de innovación Bachelor of Innovation en la UCCS. Por último, y no por ello menos importante, agradezco a Clay Andres por su ayuda durante todo este proceso y por arriesgar su reputación al recomendarme como autor de este libro ante un buen puñado de personas realmente brillantes. Muchas gracias a todos.

Sobre los colaboradores

Ben Easton es un graduado en la Universidad de Washington & Lee que posee, asimismo, una diplomatura en Filosofía. Su ecléctico currículo incluye música, finanzas, patronaje de embarcaciones, ala delta y ventas. La mayoría de su trabajo ha estado relacionado con la educación en un modo u otro. Ben fue maestro durante 17 años, la mayoría de ellos de matemáticas en secundaria. Recientemente, su experiencia como formador e implementador de software hizo renacer su afinidad por los temas técnicos. Como escritor *freelance*, es autor de varias historias de ciencia-ficción, así como de artículos para revistas y boletines electrónicos. Ben reside en Austin, Texas, y en la actualidad trabaja en su primera novela.

Brian Parks, estudiante de doctorado en informática, y **Anthony Magee**, estudiante de licenciatura, en la UCCS, trabajan con el Dr. Lewis y fueron sus asistentes durante el estudio de varias versiones beta de Xcode.

Brian se encuentra en el programa de doctorado en informática de la Universidad de Colorado en Colorado Springs, donde colabora frecuentemente con el Dr. Terrance Boult y el Dr. Rory Lewis. Recibió su Diplomatura en Informática en la Universidad Lehigh de Pennsylvania. Brian se ha especializado en técnicas de diseño y desarrollo de software, sin perder de vista la ingeniería y arquitectura de software, en particular, en las aplicaciones orientadas a los datos. Asimismo, Brian es un educador y un académico que se centra en la ingeniería del software, el diseño y, más recientemente, la organización de los ordenadores y la programación en lenguaje ensamblador, mientras que sus investigaciones versan sobre la visión por ordenador y su relación con las teorías psicológicas de la visión.

En la actualidad, Anthony está próximo a finalizar su Licenciatura (Masters Degree) en Informática por la Universidad de Colorado en Colorado Springs, donde se diplomó igualmente. Anthony cuenta con experiencia en el diseño y el desarrollo de software y ha liderado la implementación y el lanzamiento de varias aplicaciones durante su carrera. Se ha especializado en varios campos a partir de sus intereses académicos y personales, entre los que se incluyen las matemáticas, puras y aplicadas, el diseño de software y de interfaces de usuario, la enseñanza de la informática, la visión por ordenador, etc.; la lista no deja de crecer.

Tanto Brian como Anthony son socios directivos de Synapse Software.

Sobre el revisor técnico

Matthew Knott es un desarrollador de Learning Platform y experto en la tecnología Share Point de Microsoft. Se dedica a la programación desde muy joven, y no ha dejado de aprender desde entonces. Como desarrollador experimentado en C y C#, Matthew ha empezado recientemente a desarrollar aplicaciones iOS para convertir Learning Platform en móvil. Vive en Gales, Reino Unido, con su mujer y sus dos hijos, y le gusta escribir en su blog, `mattknott.com`, de vez en cuando.

Índice

Lite

Prólogo

"Rory y yo nos conocimos en Los Ángeles en 1983 y siempre me recuerda a uno de mis personajes cinematográficos favoritos, Buckaro Banzai, que siempre iba en seis direcciones a la vez. Si lo paras y le preguntas qué está haciendo, siempre contesta exhaustivamente y con un nivel de detalle sorprendente. Disciplinado, pintoresco y cordial, tiene la extraña habilidad de explicar las cosas más abstractas en los términos más sencillos. Siempre consigue lo que se propone, y no dudará en ayudarte a que tú hagas lo mismo".

¿Por qué te relacionarás con el Dr. Lewis?

Mientras estudiaba informática en la Universidad de Syracuse, Rory peleaba por superar sus asignaturas y ganar bastante dinero para mantener a su mujer y a sus dos hijas pequeñas. En 1990, obtuvo un trabajo en el propio campus como supervisor en el laboratorio de informática del LC Smith College of Engineering.

Aunque todavía tenía que estudiar asignaturas del programa de ingeniería eléctrica, siempre estaba disponible en el *help desk*. Para Rory, fue una experiencia sobrecogedora porque, aun cuando solo tenía la obligación de ayudar a los estudiantes con los equipos del laboratorio, no dejaban de preguntarle sobre temas más complejos, como la asignatura de cálculo, por ejemplo.

Estos estudiantes daban por hecho que, como era el supervisor, sabía responder a todo. Temeroso y lleno de dudas, buscó la manera de ayudarlos sin demostrar sus propias carencias. Así, Rory aprendió a comenzar sus respuestas con: "Volvamos a lo básico. ¿Recuerdas que la semana pasada el profesor nos enseñó una ecuación...?". Esta vuelta a los fundamentos para reafirmarlos y verlos desde otras perspectivas le permitió desarrollar una técnica que solía, la mayoría de las veces, ofrecer soluciones válidas. Para cuando estaba en último curso, siempre tenía una cola de estudiantes en el *help desk* esperando durante su turno de noche.

17 años después

Vemos al típico profesor chiflado, con pelo largo, caminando por el campus de la Universidad de Colorado en Colorado Springs, con un atuendo a medio camino entre un profesor a la antigua usanza y alguien que acaba de abandonar sus estudios. En cuanto pone los pies en la escuela de ingeniería, recibe los saludos sinceros de sus estudiantes y colegas, que sonríen de corazón y, probablemente, sacuden la cabeza a la vista de su chaqueta de *tweed* sobre una camiseta de Grateful Dead, pantalones caquis y sus sandalias de playa. De camino al departamento de informática, se forma una cola de estudiantes junto a su oficina que recuerda sus días en el *help desk* como supervisor del laboratorio de informática. Todos lo saludan afectuosamente con un "¡Buenos días, Dr. Lewis!" Muchos de estos estudiantes ni siquiera están en su clase, pero saben que el Dr. Lewis los recibirá y tratará de ayudarlos.

Pasado, presente y futuro

El Dr. Lewis ostenta tres titulaciones universitarias. Es Licenciado en Ciencias (equivalente a las antiguas diplomaturas) en Ingeniería Computacional por la Universidad de Syracuse. La LC Smith College of Engineering es una de las escuelas de ingeniería más importantes del país. Sin ir más lejos, es allí donde Intel, AMD o Microsoft envían a sus principales empleados para que se diplomen. Tras completar su licenciatura con un plan de estudios que ponía énfasis en las matemáticas de los circuitos electrónicos de los microprocesadores, decidió cambiar de bando y se matriculó en la facultad de derecho de la Universidad de Siracusa. Durante su primer semestre allí, Fulbrigth & Jaworski, el despacho de abogados más prolífico del país, contrató a Rory para que trabajase con ellos en su oficina de Austin, Texas, donde algunos de los abogados eran expertos en pleitos de propiedad intelectual y patentes de alta tecnología. Como parte de su experiencia, Lewis trabajó en el célebre caso de AMD contra Intel, de infausto recuerdo. Allí ayudó con las evaluaciones de los algoritmos matemáticos de la circuitería electrónica de los microprocesadores para los socios principales.

Durante su segundo verano en la facultad de derecho, Skjerven, Morrill, MacPherson, Franklin & Friel, el otro despacho que trabajó en el caso AMD contra Intel, contrató a Rory para que trabajara con ellos en sus oficinas de Silicon Valley, en San Francisco y San José. Tras pasar varios años inmerso en el mundo del derecho y recibir su JD (*Juris Doctor* o Doctor en Leyes, equivalente a una licenciatura de cinco años en derecho) por la Universidad de Siracusa, Lewis cayó en la cuenta de que su pasión eran las matemáticas de la computación, y no las ramificaciones legales de hardware y software. Sin duda, prefería un entorno creativo en el que pudiera aprender más que las luchas y las discusiones inherentes al ejercicio del derecho.

Después de pasar tres años alejado del mundo académico, Rory Lewis se mudó al sur para cursar el Doctorado en Informática (*PhD in Computer Science*) de la Universidad de Carolina del Sur en Charlotte. Allí estudió bajo la supervisión del Dr. Zbigniew W. Ras, mundialmente conocido por sus innovaciones en algoritmos y métodos para minería de datos (*data mining*), minería de datos distribuida, ontologías y bases de datos multimedia. Mientras seguía sus cursos de doctorado, Lewis impartió diversos cursos a estudiantes de ingeniería informática, así como otros de comercio electrónico y programación a estudiantes de MBA (*Master in Business Administration* o Máster en administración de empresas).

Una vez doctorado en informática, Rory aceptó una oferta de la Universidad de Colorado en Colorado Springs, en la que su ámbito de investigación son las matemáticas computacionales de la neurociencia. Más recientemente, ha sido coautor de un proyecto para una beca que trataba del análisis matemático de la génesis de la epilepsia en relación con el hipotálamo. Sin embargo, con la llegada del revolucionario iPhone de Apple y su flexible plataforma, y mercado, para las mini aplicaciones, juegos y herramientas de computación personales, se sintió cada vez más interesado hasta el punto de comenzar a experimentar y programar por puro placer. Una vez que ganó fluidez en el manejo del entorno, Lewis pensó que podría impartir un curso sobre aplicaciones de iPhone que incluyese a los no ingenieros. Debido a sus conocimientos como *beta tester* (probador) del iPhone, comenzó a integrar los parámetros de la plataforma iPad en sus cursos aún antes de su presentación en abril de 2010.

El curso resultó un éxito rotundo y originó comentarios, casi unánimemente positivos, tanto de sus estudiantes como de sus propios colegas. Cuando se le sugirió que podría convertir los contenidos del curso en un libro, el Dr. Lewis no dejó pasar la oportunidad.

Porqué escribir este libro

Las razones que llevaron al Dr. Lewis a escribir este libro son las mismas que lo impulsaron en un principio a crear un curso tanto para ingenieros como para no ingenieros: el desafío y la diversión. Según Lewis, el iPhone y el iPad son: "... unas de las herramientas más innovadoras, poderosas y tecnológicamente más avanzadas que se hayan creado nunca. Punto".

El Dr. Lewis se siente fascinado por el hecho de que, bajo la atractiva superficie de su pantalla táctil que muestra imágenes en alta resolución y pequeños e interesantes iconos, tanto el iPhone como el iPad se programan en Objective-C, un lenguaje de programación increíblemente difícil y avanzado. Cada vez era más habitual que colegas y estudiantes de Lewis lo abordaran para hablarle de su intención de programar aplicaciones para el iPhone y pedirle opinión sobre sus ideas.

Daba la sensación de que con cada nueva actualización del iPhone, por no mencionar la llegada del iPad con su interfaz ampliada, el interés por programar aplicaciones crecía más y más. Así pues, surgían ideas maravillosas e innovadoras que solo necesitaban el canal de expresión adecuado para adoptar el mejor formato y, luego, lanzarse al mundo.

Por lo general, sin embargo, los autores de libros sobre Objective-C escriben para personas que ya conocen lenguajes como Java, C# o C++, en un nivel avanzado. Así pues, como parecía no haber camino para el usuario medio, quien de hecho podría tener una magnífica idea para una aplicación de iPhone o iPad, el Dr. Lewis decidió impartir sus cursos. Pronto se dio cuenta de que sería conveniente utilizar sus propias notas durante la primera mitad del curso, para comenzar a explorar las mejores referencias que pudiera encontrar más adelante.

Después de que el curso del Dr. Lewis fuera presentado con éxito, y durante una conversación, recibió la sugerencia de convertir sus notas y materiales en un libro introductorio, orientado a lectores menos técnicamente preparados. Después de eso, solo fue cuestión de tiempo y de trabajar sobre los detalles.

En resumen, ésta es la historia de cómo un pintoresco profesor universitario llegó a escribir un libro como este. Esperamos que le inspire para llevarse el libro a casa y empezar con él a cambiar su vida.

Ben Easton
Autor, profesor y editor

Lite

Introducción

Qué puede hacer este libro por usted

Permítame ir al grano: usted quiere aprender a programar para el iPhone y el iPad, y se considera muy inteligente. Sin embargo, cada vez que intenta leer un código fuente o unas instrucciones muy técnicas su cerebro parece desconectar. ¿Ha puesto alguna vez los ojos en blanco al leer instrucciones retorcidas? ¿Tiene una vocecita en el cerebro que le dice: "¡Qué te parece! Tu cerebro se desconectó hace seis líneas, y tú sigues recorriendo la página simulando no ser tan torpe como te sientes. ¡Estupendo!".

A ver si esto le suena familiar; está teniendo problemas con algo extremadamente técnico y decide utilizar Google para resolver sus dudas. Realiza la búsqueda y observa que alguien ha hecho exactamente la misma pregunta. Mientras la página se carga, su excitación va en aumento, pero desgraciadamente no es más que un foro técnico (un sitio Web para todos aquellos que gustan de comunicarse mediante un código ininteligible). Observa su pregunta seguida de...; pero ya es demasiado tarde, su cerebro se ha desconectado y comienza a sentir en su estómago los nudos de la tensión y la frustración.

¿Le suena familiar?

¿Sí? Entonces este libro es para usted. Apostaría a que está de pie en una librería o en el aeropuerto buscando entre las revistas algo que pueda despertar su interés. Como está leyendo esto en un sitio de tan alto nivel, lo más probable es que pueda comprar un iPhone, un Mac, un coche y unos billetes de avión. Asimismo, es posible que se sienta intrigado por la floreciente industria de los dispositivos móviles y por la progresión geométrica a la que los microprocesadores y las memorias están evolucionando. O también por lo rápido que las ideas se pueden convertir en novedosas plataformas informáticas, potentes aplicaciones de software, herramientas útiles y juegos inteligentes; quizás hasta en dinero. Seguramente se preguntará si sería capaz de introducirse en este universo, nada más que usando su intelecto y sus conocimientos técnicos para servir a las masas.

¿Que cómo puedo saber todo eso?

¡Muy fácil! Gracias a todos los años dedicados a enseñar a programar a los estudiantes, ya sé que, si todavía está leyendo esto, es lo bastante inteligente y tiene el suficiente empuje para lanzarse al campo de la programación. Sobre todo si se trata de un dispositivo tan goloso como el iPhone o tan sexy como el iPad. Si se siente identificado con la persona que estoy describiendo, entonces lo conozco bien; ya nos presentaron hace mucho. Usted es una persona inteligente que puede sufrir espasmos mentales cuando lee un código fuente complejo, aunque tenga una cierta formación previa en programación. E incluso si es alguien con grandes conocimientos de varios lenguajes de programación, es una persona que simplemente desea seguir una estrategia sencilla, directa y específica para aprender a programar el iPhone y el iPad. Pues no hay problema; yo puedo guiarlo a través de cualquier embotellamiento psicológico que experimente al enfrentarse a cualquier obstáculo técnico, real o imaginario. He hecho eso mismo miles de veces antes con mis estudiantes y mis métodos también funcionarán con usted.

Cuál es mi enfoque

No trato de explicarlo todo hasta el más mínimo detalle. Ni tampoco espero que conozca todas y cada una de las líneas de código en su iPhone/iPad en este momento. Lo que haré será mostrarle, paso a paso, como realizar las acciones más importantes. Mi enfoque es, a un tiempo, exhaustivo y poco exigente, y me enorgullezco de ser capaz de enseñar a estudiantes y personas interesadas, que hacen gala de un amplio abanico de conocimientos y habilidades. Básicamente, me ocupo de llevarlo, a su paso, hasta un punto en el que sea capaz de escribir código, instalarlo y, tal vez, de vender su primera aplicación para iPhone/iPad, tanto si es sencilla como si es complicada. La buena noticia es que la mayoría de las aplicaciones que se descargan no son complicadas. Las más populares son herramientas sencillas, de sentido común, para tareas de la vida cotidiana, tales como buscar el coche en un aparcamiento, hacer la lista de la compra o hacer un seguimiento de nuestros progresos en el gimnasio. No obstante, cuando acabe este libro, querrá ampliar sus conocimientos con lecturas más avanzadas, pero por el momento deberá conformarse con leer un poco más sobre mí para decidir si me acepta como su profesor. Le deseo toda la diversión y prosperidad posible mientras se introduce en este mundo sorprendente y maravilloso.

Convenciones

Para ayudarle a sacar el mayor partido al texto y saber dónde se encuentra en cada momento, a lo largo del libro utilizamos distintas convenciones:

- Las combinaciones de teclas se muestran en negrita, como por ejemplo **Control-A**. Los botones de las distintas aplicaciones también aparecen así.
- Los nombres de archivo, URL y código incluido en texto se muestran en un tipo de letra `monoespacial`.
- Los menús, submenús, opciones, cuadros de diálogo y demás elementos de la interfaz de las aplicaciones se muestran en un tipo de letra Arial.

> ***Nota:*** *En estos cuadros se incluye información importante directamente relacionada con el texto adjunto. Los trucos, sugerencias y comentarios afines relacionados con el tema analizado se reproducen en este formato.*

Código fuente

Para desarrollar los ejemplos, puede optar por introducir manualmente el código o utilizar los archivos de código fuente que acompañan al libro. En el sitio Web de Anaya Multimedia: `http://www.anayamultimedia.es/`, diríjase a la sección Soporte técnico>Complementos, donde encontrará una sección dedicada a este libro introduciendo el código 2315736

Lite

1. Antes de comenzar

Este capítulo introductorio se asegurará de que cuente con todas las herramientas y accesorios necesarios para seguir completamente, y con toda confianza, el contenido del libro. Puede que ya tenga instalado y actualizado Xcode, el simulador de iOS e Interface Builder en su Mac, y además puede que piense que solo con eso ya es suficiente para ponerse a la tarea. Si es así, puede pasar directamente al capítulo siguiente y comenzar inmediatamente con su primer programa.

No obstante, le servirá de apoyo saber por qué he decidido enseñar unas cosas, y otras no. Para todos aquellos que nunca hayan programado en Objective-C, es todo un desafío. Lo es incluso para mis alumnos de ingeniería informática, que ya conocen los lenguajes Java, C y C#. En cualquier caso, con la preparación y la mentalidad adecuadas, podrá conseguir programar en Objective-C.

Así pues, le recomiendo encarecidamente que siga leyendo. El tiempo que invierta en este capítulo merecerá la pena sin duda, en términos de tranquilidad de conciencia y confianza. Este capítulo le ayudará a estructurar la forma en que su cerebro va a almacenar toda la riqueza de contenidos que está por llegar.

Lo necesario y lo accesorio

Para poder escribir programas para iOS, así como para seguir todos los ejercicios, tutoriales y ejemplos presentados en este libro, se deben cumplir cinco requisitos mínimos. Puede que no los entienda completamente en este momento, pero eso es normal, solo sígame un poco más y se los explicaré en detalle. En breve, los cinco son:

- Un Mac.
- El sistema operativo correcto en dicho Mac, es decir, Mac OS X.
- Registrarse como desarrollador con Apple (lo veremos en detalle).
- El sistema operativo correcto en su dispositivo, es decir, iOS.
- El SDK (*Software Development Kit* o Kit para desarrollo de software) de iOS adecuado para nuestro dispositivo, en el cual se ejecuta un programa llamado Xcode.

Veamos estos requisitos detenidamente.

En primer lugar, necesitará un Macintosh con procesador Intel que ejecute Lion (OS X 10.7.2 o posterior). Si compró su sistema después de 2006, ya tiene lo necesario. Realizo a propósito toda la programación en un MacBook adquirido en 2006. Si aún no tiene un Mac, le recomiendo que adquiera el modelo básico de MacBook Air. Si su sistema es antiguo, es posible que pueda añadirle más memoria RAM. Acérquese a su Apple Store más próximo y pídales que aumenten la RAM de su equipo todo lo que sea posible. Asimismo, asegúrese de preguntarles, explícitamente, lo siguiente: "¿se puede ejecutar en este ordenador, como mínimo, Mac OS X 10.7.2, iOS5 y Xcode 4.3 o superior?"

Si todavía no tiene un Mac, tenga presente que, como mencionamos antes, todos los ejemplos de este libro se han codificado y ejecutado sin problemas en el modelo más pequeño y barato de Apple, el MacBook. Sin embargo, Apple ha dejado de vender MacBook, y el modelo más básico es ahora el MacBook Air de 949€, que es mucho más avanzado (véase la figura 1.1). No obstante, se puede comprar un MacBook en eBay y sitios similares.

En segundo lugar, necesitaremos la versión correcta de OS X. En el momento de escribir este libro, es la 10.7.3. Debemos asegurarnos de contar con la versión más reciente del sistema operativo OS X en el Mac. Por lo que veo en los foros y en los correos electrónicos que recibo, muchos de los lectores piensan que "probablemente el código fuente no se compilaba porque el Dr. Lewis tiene una versión de OS X o de iOS diferente en su equipo...".

Figura 1.1. *Todo el código del libro se desarrolló en un MacBook, y no hay necesidad de emplear un Mac más potente y caro para realizar los ejercicios.*

Nota: *El sistema operativo que se ejecuta en el ordenador, OS X, es diferente del sistema operativo del iPhone y el iPad (en adelante, siempre que se haga referencia tanto al iPhone como al iPad, se hablará de iOS, y cuando se haga referencia a alguno de ellos en concreto, se indicará convenientemente), que se conoce como iOS. Incluso si piensa que todo está actualizado, mi sugerencia es que siga mis indicaciones y se asegure de que sus sistemas tienen el último OS X y el último iOS instalados. A medida que nos siga a través del libro y aborde todos los programas que le vamos a enseñar, habrá veces en que su código fuente no se ejecute a la primera. De hecho, la mayoría de las veces, el software no funciona la primera vez que se lo ejecuta (o "compila", como decimos los expertos). Así pues, conviene asegurarse de todo esto ahora mismo.*

Cierre todos los programas que se estén ejecutando de manera que el único abierto sea el Finder. Diríjase a la pequeña manzana situada en la esquina superior izquierda de la pantalla y seleccione Acerca de este Mac (véase la figura 1.2).

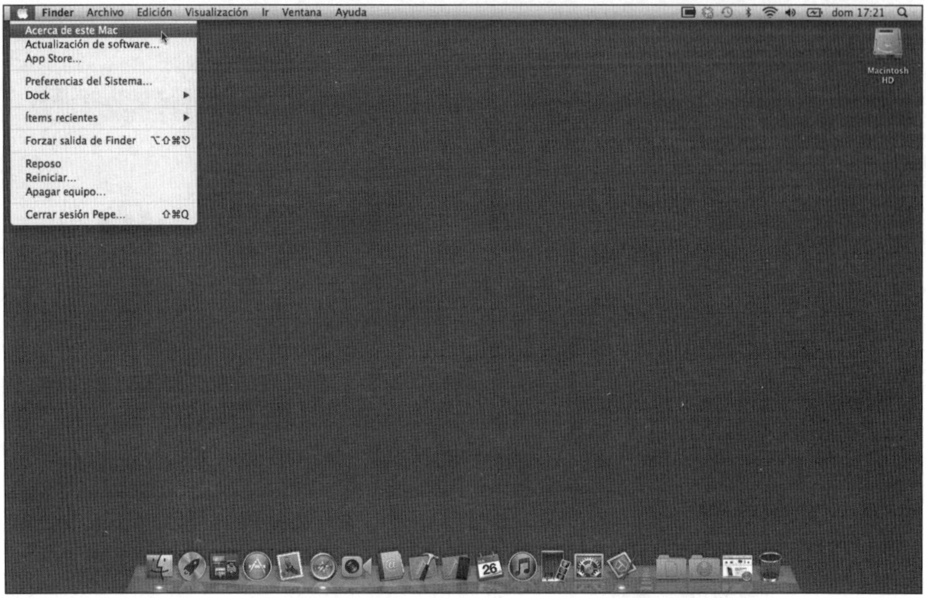

Figura 1.2. *Opción Acerca de este Mac en el menú Apple.*

Una vez haya seleccionado esto, verá una ventana llamada Acerca de este Mac, como se ilustra en la figura 1.3.

Figura 1.3. *La ventana Acerca de este Mac.*

Como puede ver, tengo instalada la versión 10.7.3 de Mac OS X, que será el sistema operativo que se utilice a lo largo de este libro. Para cuando esté en las librerías, es muy probable que haya una versión más moderna. Debe tener dos cosas en cuenta aquí. La primera es que debe actualizarse a la última versión disponible de Mac OS X como se muestra más abajo, y la segunda, que debe visitar la Web del libro para averiguar si los cambios en la versión del sistema operativo afectan de algún modo al contenido del libro. Veamos ahora cómo puede actualizar su Mac con la última versión de OS X.

Con todos los programas cerrados menos el Finder, diríjase al menú Apple en la esquina superior izquierda de la pantalla y seleccione Actualización de software (véase la figura 1.4).

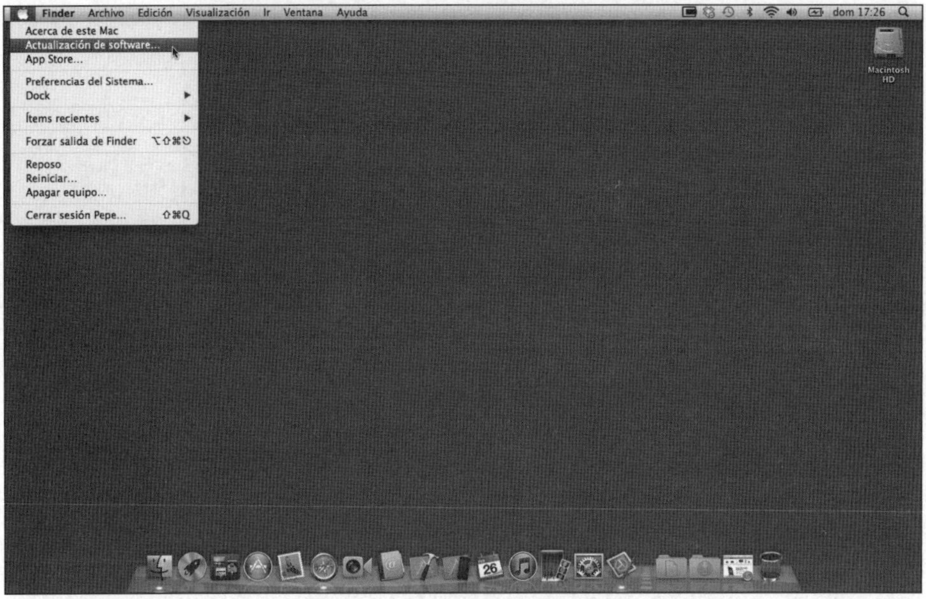

Figura 1.4. *Menú Apple con la opción Actualización de software resaltada.*

Después no tiene más que seguir las instrucciones de las cuatro pantallas siguientes (véase la figura 1.5).

Si para cuando lea este libro se da cuenta de que las imágenes de OS X o de iOS son diferentes, no se preocupe demasiado. Tengo un foro (en inglés) siempre disponible en línea, en el que yo mismo o colaboradores voluntarios ayudamos encantados a los lectores. El foro está siempre al día con noticias sobre las actualizaciones más recientes para OS X e iOS. Puede visitarlo en: `http://www.rorylewis.com/ipad_forum/` (véase la figura 1.6).

El tercer requisito implica convertirse en desarrollador registrado de Apple a través del iOS SDK y descargar Xcode. Los estudiantes suelen tener la ventaja de que su profesor ya se ha hecho cargo de eso por ellos y pueden acceder con el nombre de su profesor. En caso contrario, tendrá que seguir los siguientes pasos numerados para registrarse.

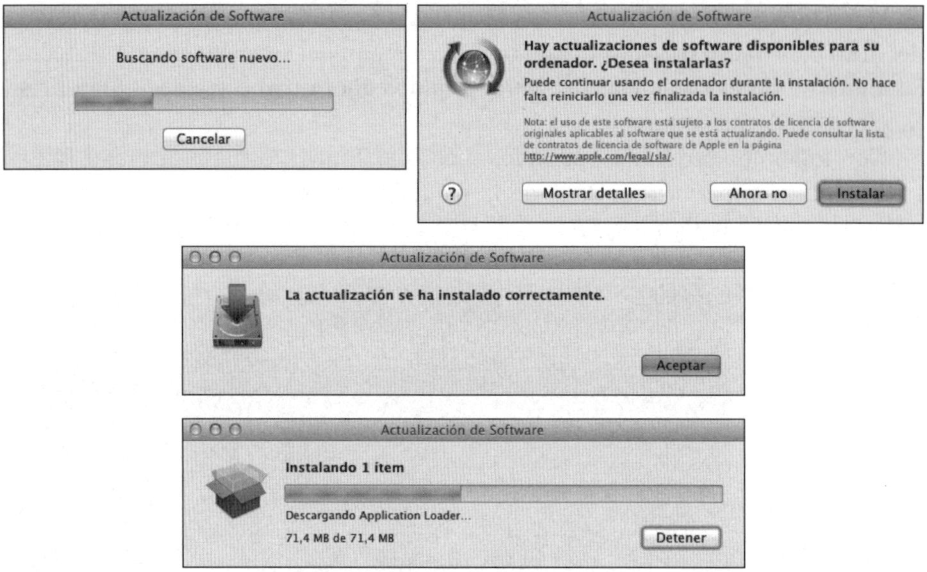

Figura 1.5. *Pasos en la comprobación e instalación de actualizaciones de software.*

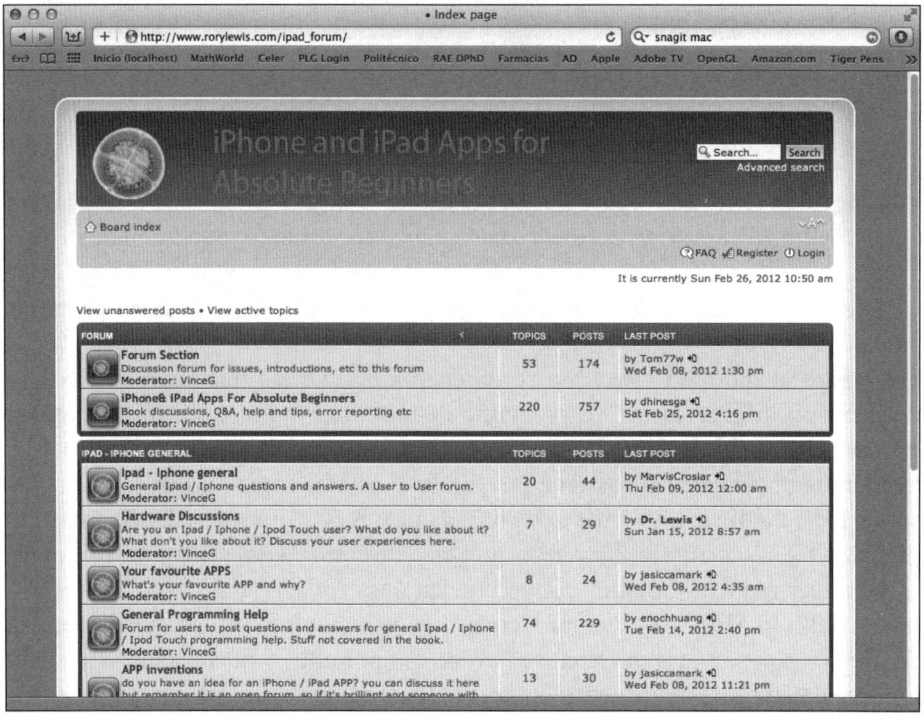

Figura 1.6. *Foro del libro (en inglés).*

Nota: *Aun en el caso de que no se vaya a convertir en desarrollador profesional, puede descargar Xcode con su copia de Lion o adquirirlo directamente en App Store. Todavía estoy por ver algún estudiante que aguante más de una semana intentando alguna alternativa a esto. Los 99$ que cuesta el registro permiten acceder a los kit de Apple para desarrolladores, tutoriales, código fuente de ejemplo y foros de ayuda. Asimismo, recibiremos una licencia de provisionamiento (provisioning) imprescindible para probar nuestras aplicaciones en un iPhone o iPad físico. En último lugar, como lector de este libro, será capaz de crear una aplicación y venderla en iTunes Store para ganar un buen dinerito, así que puede permitirse el pago (único) de 99$. De hecho, comprar un Mac, Xcode y este libro, y no registrarse como desarrollador por no pagar los 99$, es lo mismo que pagar para que nos enseñen a conducir, comprar un coche y, luego, no sacarse el permiso. Muchas de las herramientas para depurar código que verá en este libro asumen que cuenta con una licencia de desarrollador. No obstante, la elección es suya.*

1. Diríjase a `developer.apple.com/programs/ios/` y llegará a una página Web similar a la de la figura 1.7. Una vez allí haga clic en el botón **Enroll Now** (Suscríbase ahora).

Figura 1.7. *Haga clic en el botón Enroll Now.*

2. Haga clic en el botón **Continue** (Continuar), que se ve en la figura 1.8.

Figura 1.8. *Haga clic en el botón Continue.*

3. La mayoría de la gente que lea este libro seleccionará la opción I need to create a new account and Apple ID for an Apple Developer Program (Debo crear una nueva cuenta y Apple ID del Apple Developer Program (Programa de desarrolladores de Apple)) (véase la figura 1.9). Después haga clic en el botón **Continue** (Continuar). Si ya tiene una cuenta, con seguridad habrá realizado ya todo el proceso anteriormente, así que puede seleccionar la opción I have an Apple ID I would like to use for my enrollment in an Apple Developer Program (Ya cuento con una Apple ID que me gustaría utilizar para suscribirme al Apple Developer Program) y nos veremos en el paso 6, donde iniciaremos sesión en la página de desarrollo para iOS y descargaremos el SDK.

4. Como se va a dar de alta de forma individual, haga clic en el botón de la parte inferior izquierda, **Individual** (véase la figura 1.10). Si fuéramos a suscribirnos como empresa, haríamos clic en el botón **Company** (Empresa) de la parte inferior derecha y seguiríamos los pasos oportunos. Nos vemos en el paso 6.

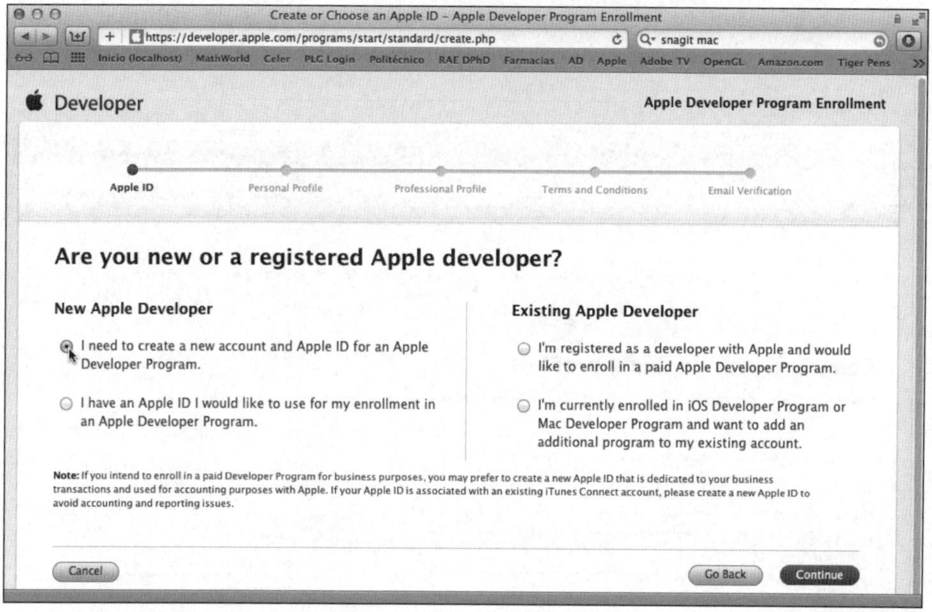

Figura 1.9. *Haga clic en el primer botón de radio de la parte izquierda de la pantalla.*

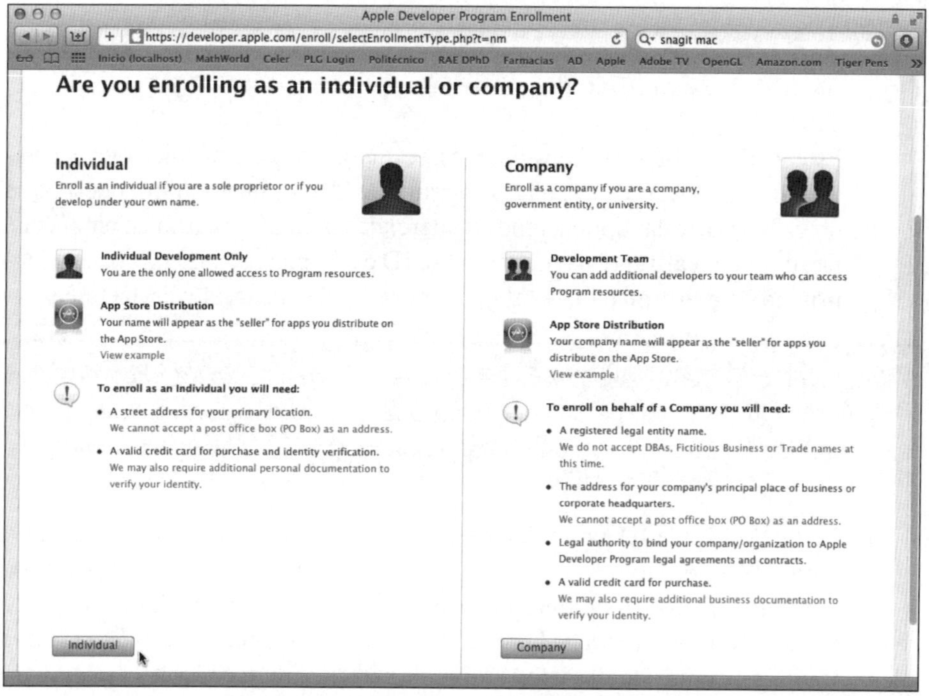

Figura 1.10. *Haga clic en el botón Individual.*

5. En la figura 1.11, podemos ver los distintos campos de información que deberá rellenar, así como el pago de 99$ para el programa estándar.

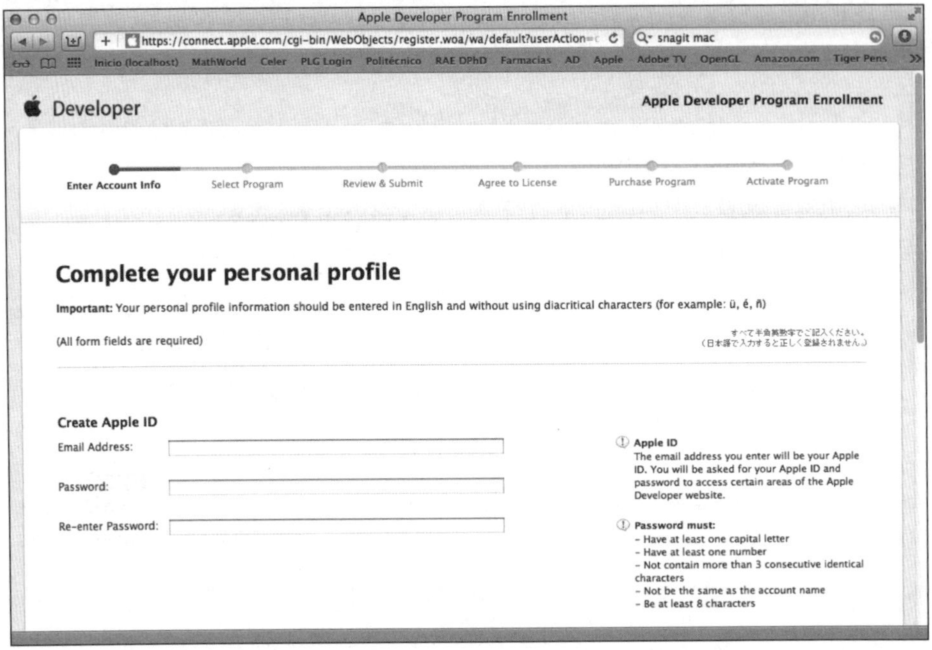

Figura 1.11. *Recogida de los datos personales.*

Éste le ofrece todas las herramientas, recursos y soporte técnico que necesitará. Realmente, no necesita el programa de 299$ con este libro, puesto que no va a desarrollar aplicaciones comerciales para uso interno en empresas. Después de realizar el pago, guarde su ID de Apple; recibirá un correo electrónico de confirmación en el que tendrá que realizar nuevas acciones.

> ***Nota:*** *Antes de pasar al paso 6, asegúrese de haber recibido el correo de confirmación y de que ha seleccionado una contraseña para completar el último paso de su registro como desarrollador de Apple. ¡Enhorabuena!*

6. Utilice su Apple ID para iniciar sesión en la página principal de desarrollo para iOS en `developer.apple.com`. Esta página muestra tres iconos para otros tantos programas de desarrolladores de Apple. Como se puede ver en la figura 1.12, debe hacer clic en el vínculo superior, iOS Developer Center (Centro de desarrolladores de iOS), para acceder a la página de descargas de software para iOS.

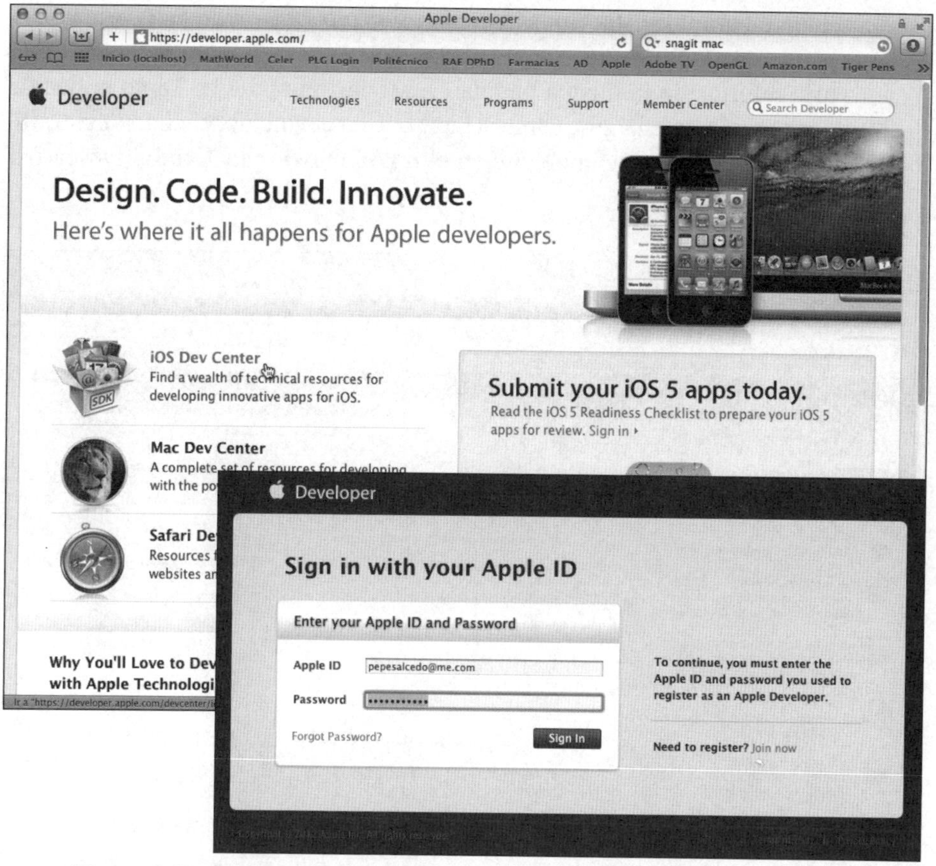

Figura 1.12. *Acceso a la cuenta de desarrollador en iOS Developer Center.*

> ***Nota:*** *Ya que estamos aquí, veamos las otras dos opciones. La que está inmediatamente debajo de iOS es la que sirve para descargar el entorno de programación de aplicaciones para Mac OS. Por su parte, la tercera opción, permite descargar el entorno adecuado para crear aplicaciones que se ejecuten en el navegador Safari.*

7. Después de iniciar sesión en su cuenta de desarrollador de iOS con su nombre de usuario y contraseña, tal como hemos descrito en el paso 6, verá una pantalla similar a la que muestra la figura 1.13.

   El iOS Dev Center contiene todas las herramientas necesarias para crear aplicaciones para iOS. Más adelante, pasaremos tiempo aquí, pero por ahora solo queremos dirigirnos a la página donde se encuentra el SDK más reciente para iOS. Hacemos clic en el vínculo `Downloads` (Descargas), situado en la parte superior izquierda de la pantalla, para dirigirnos a la parte inferior de la misma página (véase la figura 1.14). Tanto si decide desplazarse por la página como si hace clic en el vínculo, cuando llegue allí, descargue Xcode haciendo clic en el botón **Download Xcode** (Descargar Xcode).

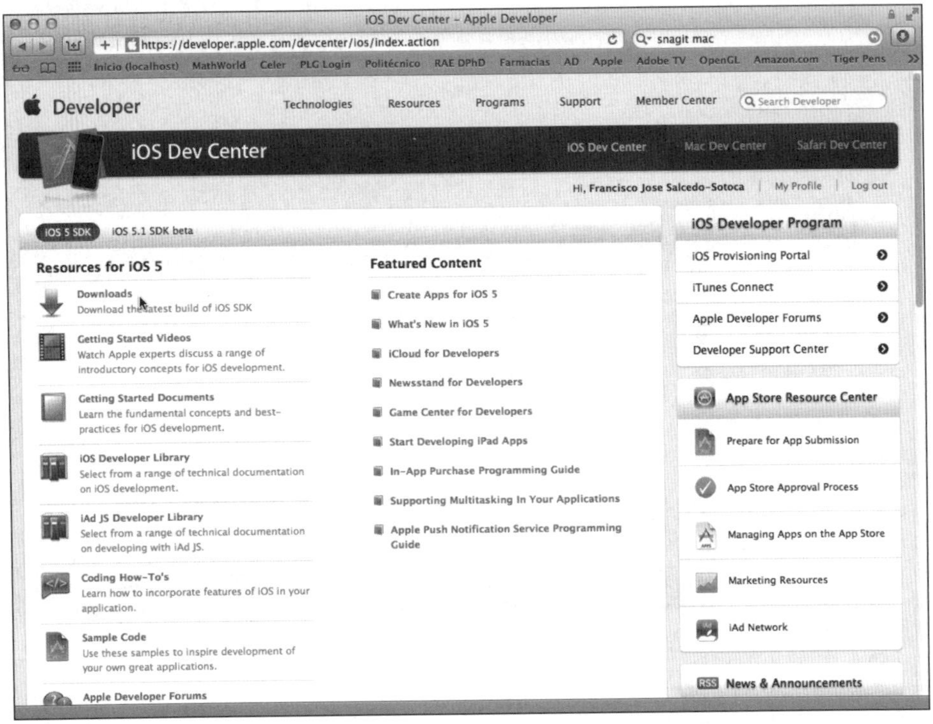

Figura 1.13. *Página de inicio del iOS Dev Center.*

> ***Nota:*** *Nuevamente, a la hora de escribir este libro, Xcode 4.3 e iOS 5 SDK eran las versiones más actuales de las herramientas. Lo más seguro es que cuando lea el libro, ya tengan números de versión más avanzados. Esto no es ningún problema, solo tiene que ir al paso 8.*

8. Probablemente estará pensando: "¡vaya! Solo quiero descargarlo ya...". Tenga en cuenta que hay miles de descargas en `Apple.com`. Esta (véase la figura 1.15) es la página de desarrollo de Xcode 4 y contiene todos los vínculos relevantes para la aplicación.

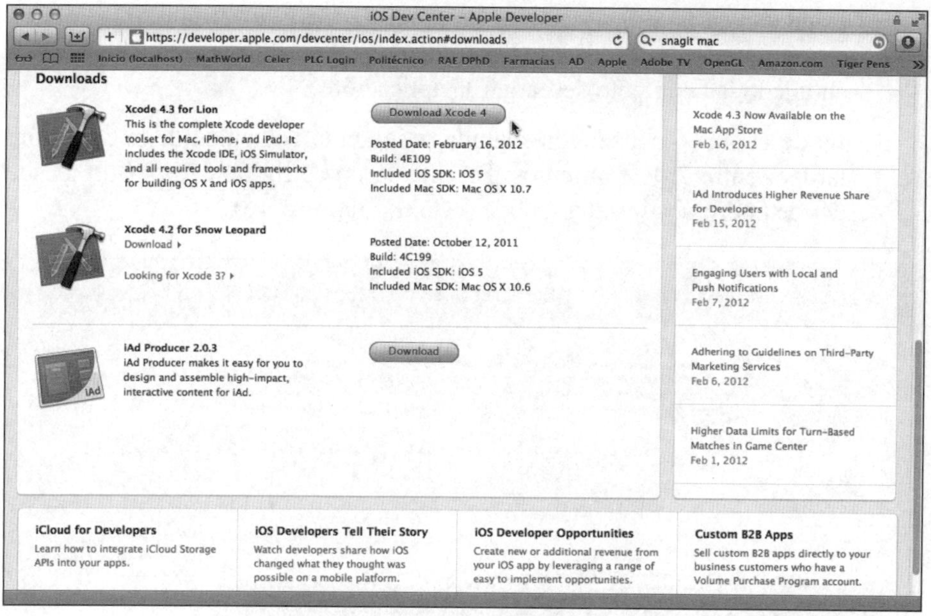

Figura 1.14. Descarga de Xcode.

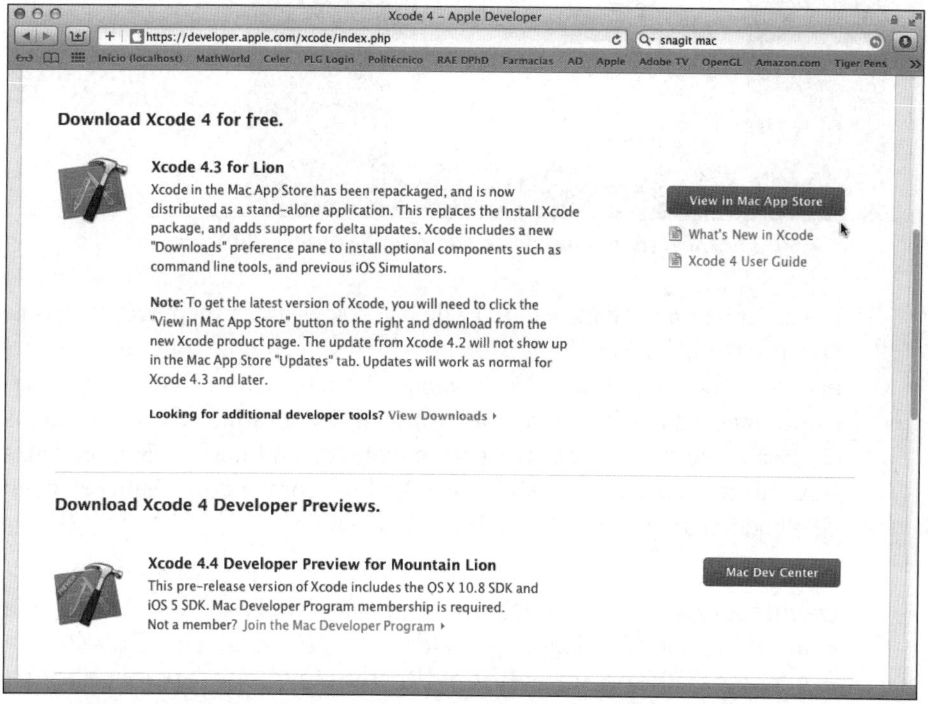

Figura 1.15. Haga clic en View in Mac App Store (Ver en Mac App Store).

Haga clic en la última versión. En la imagen, puede ver la última versión en el momento de escribir el libro. Puede que sea diferente en el momento en que lo lea e intente descargar la aplicación.

9. La descarga comenzará en seguida y, según la velocidad de la conexión, tardará entre 2 y 15 minutos. El vínculo nos dirigirá a App Store desde donde podremos instalar Xcode (véase la figura 1.16).

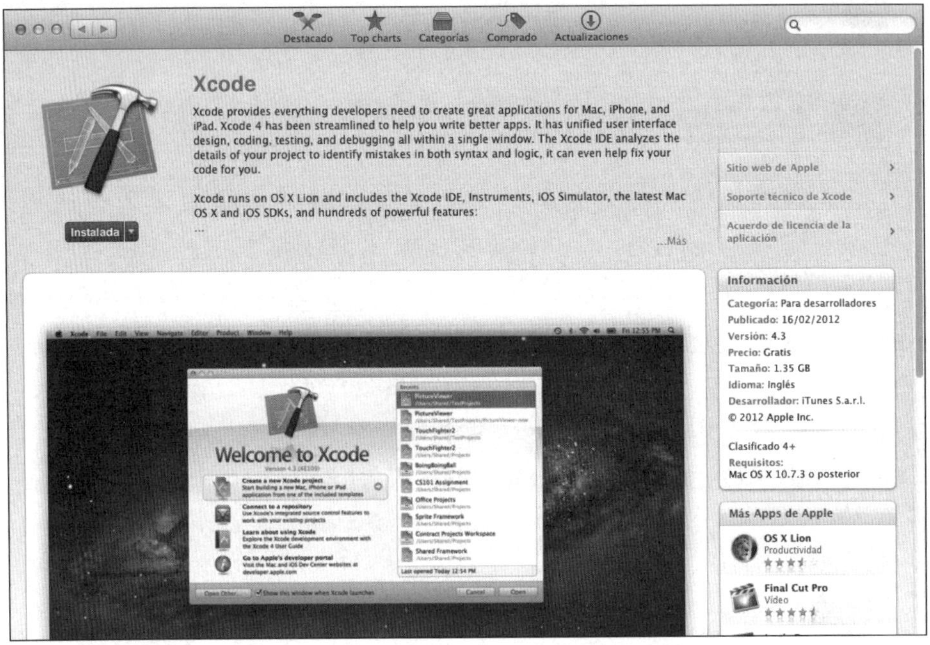

Figura 1.16. Página de descarga de Xcode en App Store.

10 Desde App Store, Xcode y el SDK de iOS 5 se instalan sin mayor intervención por parte del usuario. La descarga incluye el propio programa Xcode, que es el IDE (*Integrated Development Environment* o Entorno de desarrollo integrado) para programar con facilidad en Mac OS X. Usaremos extensamente Xcode junto con herramientas como Interface Builder, antes separada del IDE, o el simulador de iOS. Le recomiendo que sitúe el icono de Xcode junto con el del simulador en el Dock.

11. Para poner el icono de Xcode en el Dock, seleccione Macintosh HD>Developer>Applications>Xcode.app y arrástrela sobre el Dock. Para poner el icono de Simulador iOS, seleccione Macintosh HD>Developer>Platforms>iPhoneSimulator.platform>Developer>Applications>Simulador iOS.app y arrástrela sobre el Dock (véase la figura 1.17).

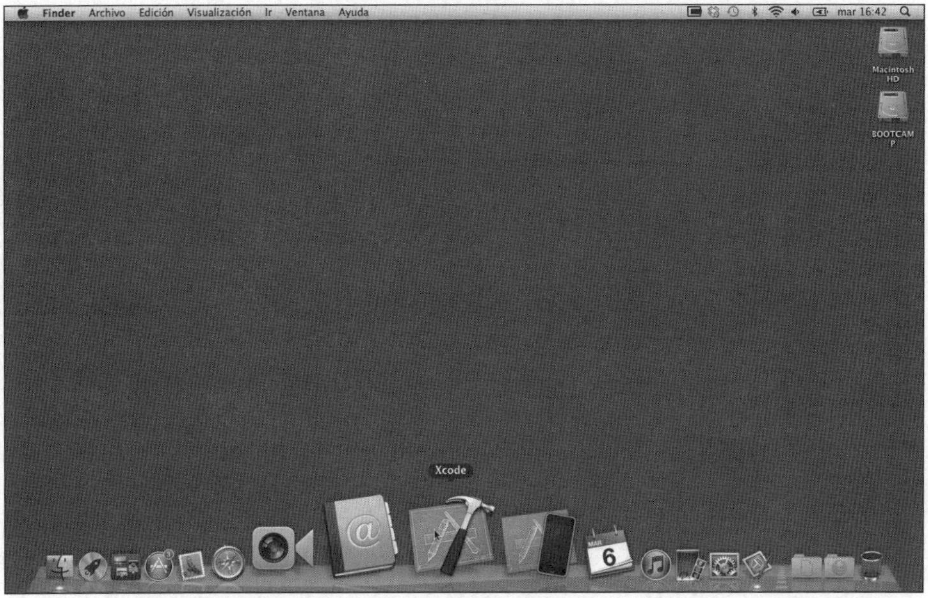

Figura 1.17. *Los iconos de Xcode y Simulador iOS.*

Nota: *Cuando nos referimos "iPhone" o "iPad", nos referimos a cualquier dispositivo iOS, y eso incluye al iPod Touch. Asimismo, cuando decimos Macintosh HD, queda claro que es el disco duro de su sistema.*

Lo que no le vamos a enseñar

Con Xcode y el Simulador iOS correctamente instalados y listos para acceder con facilidad, estamos listos para empezar. Pero ¡espere! Tenemos que saber a dónde nos dirigimos. En primer lugar, déjeme decirle hacia dónde no nos dirigimos, es decir, qué es lo que "no" se va a tratar e en el libro. No intentaremos enseñarle el funcionamiento de todas y cada una de las líneas de código. En su lugar, utilizaremos un enfoque de subsistema, el cual nos permitirá indicar qué fragmentos o secciones de código nos servirán que cada situación. Aunque que este libro se ha diseñado para ofrecer al lector unos conocimientos y habilidades exhaustivas, en él se tratarán los conceptos a un nivel "molecular", frente a un enfoque más fino o "subatómico". El énfasis estará en cómo reconocer atributos generales, comportamientos y relaciones de código de forma que no haya que enredarse con los detalles símbolo a símbolo. Juntos iremos a un lugar en el que podamos elegir en qué áreas desea especializarse.

Informática: un campo amplio y diverso

Considere la siguiente analogía: suponga que el dispositivo iOS es un coche. La mayoría de nosotros usamos los ordenadores igual que conducimos un coche. Es decir, al igual que no intentaríamos enseñarle como funcionan todas y cada una de las partes de su automóvil para conducirlo, tampoco vamos a enfocar la programación para iOS introduciéndonos en los fundamentos de la informática en primer lugar.

Incluso los mejores mecánicos que trabajan diariamente con los coches suelen desconocer los principios físicos de los modernos motores de combustión interna, así como de la electrónica que los acompaña y que forma, también, parte de todos los sistemas auxiliares. Por lo general, son capaces de conducir un coche, diagnosticar los problemas que pudiera tener y utilizar sus herramientas para repararlos. De forma similar, los programadores más inteligentes que crean aplicaciones para iOS rara vez conocen el código fundamental o los diseños lógicos de las plataformas hardware de Apple. En todo caso, son capaces de utilizar los dispositivos, de darse cuenta de las oportunidades que se presenten dentro del amplio abanico de las aplicaciones y, por último, de utilizar sus herramientas y aplicaciones para diseñar, codificar y poner sus ideas en el mercado.

Por continuar con la analogía, programar para iOS es como jugar con el motor de nuestro coche para personalizarlo y que haga las cosas que queremos que haga. Apple ha diseñado un motor de computación igual de fantástico que un moderno motor V8. Asimismo, nos ha proporcionado un chasis muy atractivo en el que podremos modificar y volver a construir nuestro motor. Sin embargo, tenemos restricciones en el modo de "tunear" nuestro "coche", iOS. Para los que nunca hayan tuneado su coche, demostraremos cómo maximizar las posibilidades creativas al tiempo que hacemos honor a las restricciones. Vamos a mostrar, sin excesivos detalles, cómo cambiar filtros, neumáticos, asientos y ventanas para transformar nuestro coche en un todoterreno, un deportivo, un monovolumen o lo que sea necesario. Una vez domine los contenidos de este libro, sabrá cómo centrarse en modificar la transmisión, el motor, la columna de dirección, el tren de rodaje, la eficiencia del consumo o el equipo estéreo del coche.

¿Por qué existe el purgatorio en Objective-C?

Doy por sentado que nunca ha trabajado en un coche, es decir, que nunca se ha manchado las manos de grasa, pero quiere tunear a su gusto uno de los automóviles más potentes del mundo, con su complejo motor V8. Pues bien, le mostraremos cómo hacerlo y trataremos de divertirnos mientras lo hacemos.

En primer lugar, no estaría de más que supiera cómo hemos llegado a tener automóviles con motores V8, es decir, iPhones y iPads. En 1971, Steve Jobs y Steve Wozniak se conocieron y, cinco años más tarde, fundaron Apple, desde donde produjeron uno de los primeros ordenadores personales comercialmente exitosos. En 1979, Jobs visitó el centro Xerox PARC (*Palo Alto Reseach Center*) y se aprovechó de los desarrollos realizados para el ordenador Xerox Alto, que incluyó en su siguiente producto, por entonces llamado Lisa. Pese a que nunca llegó a ser un producto comercial, el Alto fue el primer ordenador en utilizar la metáfora de escritorio en un GUI (*Graphical User Interface* o Interfaz gráfica de usuario). El Lisa fue el primer producto de Apple en incorporar una interfaz gráfica y un ratón.

A principios de 1985, Jobs salió derrotado en una lucha de poder en el seno del consejo de administración de Apple, abandonó la compañía y fundó NeXT Computers, la cual acabaría, eventualmente, siendo adquirida por Apple en 1997. Durante los años en NeXT, Jobs modificó algunos aspectos clave del Mac para que hablase en un nuevo lenguaje, el realmente intenso pero muy bello Objective-C.

El poder de este lenguaje reside en su capacidad para utilizar objetos con gran eficiencia. En vez de reprogramar código que se utiliza en una parte de la aplicación, Objective-C reutiliza los objetos. Finalmente, esta inspiración de Jobs acabó formando parte de los Macintosh creando un metalenguaje llamado Cocoa. Un metalenguaje es aquel que se utiliza para analizar y describir otro lenguaje.

Como ya hemos indicado, Objective-C es una bestia desafiante, y Cocoa, puede verse como el medio apropiado para amansarla y enjaularla.

Como recién llegado al mundo de la programación, no debe esperar hacerse con las sutiles diferencias entre los distintos códigos fuente. Aquí solo estamos dando un breve resumen para que pueda hacerse una idea del contexto histórico en el que situar su experiencia. Lo que trato de decir aquí es que tanto Objective-C como Cocoa son herramientas muy potentes y que ambas son relevantes para la programación de iOS.

Houston, tenemos un problema

Éste es el meollo del problema que me intrigaba y que me llevó a diseñar mi curso original: ¿cómo es posible enseñar a estudiantes no técnicos, como pueda ser el lector, algo que hasta los mejores estudiantes de ingeniería encuentran difícil? A nivel universitario, tenemos estudiantes que siguen un curso introductorio de programación y, luego, uno de introducción a la programación orientada a objetos, con lenguajes como C# o C++. Dicho esto, hay que tener presente que, en ocasiones, nos sumergiremos en Objective-C hasta el fondo. Habrá veces en las que tenga que leer dos o tres veces la misma página para comprender un concepto difícil.

De cómo visitaremos el purgatorio de vez en cuando

En momentos concretos de mis cursos, sé cuándo media clase va a pillar algo inmediatamente, un cuarto va tener que luchar con ello para enterarse, y el cuarto restante, se rendirá y abandonará. Este tercer grupo suele cambiar de carrera y pasarse a estudios menos exigentes. Yo sé dónde están esos momentos, y no voy a decírselo; repito: no voy a decírselo. No se preocupe, no permitiremos que tropiece con un nido de abejorros (de temas de Objective-C) y que acabe lleno de aguijones. Pero tampoco los vamos a retirar de su camino. No puede entenderlo ahora, pero tenga confianza y continúe con el libro, que lo superará con éxito.

Cuando se tropiece con alguno de esos momentos, persevere, no abandone. Siempre es posible volver a leer la sección o visitar el foro, donde mucha gente, incluido el autor, suele estar en línea y lista para ayudarlo de inmediato.

Lo que sí aprenderá

Cuando un estudiante comienza un curso complicado, suele sentirse animado por la perspectiva de crear algo interesante y divertido con relativa facilidad. A cada paso de este proceso, usualmente presentaremos un ejemplo que pueda leer, observar y digerir de inmediato. Más adelante, volveremos para analizar algunos de los primeros pasos con más detalle. Le explicaremos cómo hemos llevado a cabo alguna tarea o acción la primera vez sin ni siquiera saber cómo. Luego, comparando la primera vez con las modificaciones subsiguientes, aprenderá a modificar el programa un poco aquí y allí. De este modo, podrá seguir el curso con la suficiente motivación e inspiración para absorber la siguiente tanda de trucos, lecciones y métodos.

Crear aplicaciones interesantes y divertidas. Por qué enseño de este modo

Todos sabemos algo de cuál es la mejor manera de recordar las cosas: es mejor hacer que ver, y ver, mejor que oír, etc. Bien, también sabemos que los estudiantes adoran el sentido del humor. Quizá porque las lecciones divertidas son más fáciles de recordar que las aburridas y monótonas. Nos hemos dado cuenta de que todos los estudiantes, sin excepción, tardan mucho menos tiempo en resolver los problemas cuando trabajan sobre un código divertido y llamativo. Cuanto más nos apliquemos mentalmente a resolver un problema, mayor cantidad de interconexiones neuronales se producen en nuestro cerebro. Cuantas más neuronas se interconecten, más cosas somos capaces de recordar, y lo que es más importante, menos tiempo perderemos con métodos ineficaces. Cuanto más tiempo pasamos volcados en un tema concreto, mayores son las posibilidades de desarrollar un sexto sentido, una intuición, que nos dirá si un método concreto para resolver un problema funciona o no. Así pues, a medida que avance en el libro, tenga en cuenta que vamos a utilizar el sentido del humor para fijar los conceptos y métodos informáticos y de Objective-C en su cerebro, sin que para ello tenga que hacer ningún esfuerzo consciente.

Mis estudiantes suelen ponerse en contacto conmigo después de recibir deberes particularmente difíciles. Primero, me mandan un *tweet* para preguntarme si podemos vernos en Skype. Recuerdo una noche concreta, en la que estaba jugando al ajedrez con un colega, cuando recibí, un *tweet* preguntándome si estaba disponible; a lo que respondí que naturalmente que sí. Avisé a mi colega, también profesor en la universidad de Carolina del Norte, de que algunos estudiantes a los que él conocía estaban a punto de aparecer en Skype. Cuando se conectaron, vi que eran cuatro de mis estudiantes de ingeniería eléctrica, con los ojos como platos y sonriendo: "¡Vaya, Dr. Lewis! ¡Al final dimos con ello!, pero el último método que nos propuso...".

Cuando finalizamos nuestra conversación y apagué mi Mac eran las doce y media de la noche. Mi colega me dijo: "Rory, yo nunca he llamado a un profesor a esta hora de la noche. ¿No deberían hacerte esas preguntas en horario de atención al alumno?". Probablemente, tenía razón, pero después de pensarlo un poco, respondí: "En realidad estoy contento de que estén trabajando en los ejercicios que les he planteado". Mientras quedábamos para la siguiente partida de ajedrez, le oí murmurar algo sobre mi salud mental.

El tema es que deseamos que lea este libro completamente. Nos gustaría que trabajara en todos los ejemplos y que se sintiera feliz al completar cada ejercicio. Hemos hecho todo lo posible para que pueda disfrutar de este libro. Si se decide a adoptar las ideas aquí expuestas, este libro cambiará su vida. Por cierto, completar con éxito estas lecciones lo convertirá en un verdadero experto. Todos a su alrededor se darán cuenta de su creciente habilidad y asistirán a su transformación. Así que no se extrañe si lo siguen para pedirle que escriba aplicaciones para ellos.

Evangelizar a su abuela... El código que ha escrito es crucial

Es importante evitar que el código muy complejo lo supere. Hace unos dos minutos, entró un estudiante en mi oficina, tan confuso que ni siquiera pudo decirme lo que no sabía. Dijo algo como: "Mi array de segundo orden funciona bien en línea, pero no en una clase o en un método". A lo que respondí: "No, ¡eso es muy complicado! Aquí tienes una forma más fácil de decirlo...". Le describí cómo tenía una larga línea de código haciendo algo en un extremo mientras salía disparada por el otro, y que funcionaba realmente bien. Pero, cuando la ponía en un "método", no podía ver el principio de la larga línea, y cuando la ponía en una "clase", no podía verla en absoluto.

"¡Uf! ¡Ya sé lo que hice mal! Gracias, Dr. Lewis". Ahora, mientras escribo esto, ya se lo está explicando a sus dos colegas que vinieron ayer a hacer la misma pregunta. No se preocupe, la confusión que motiva esas preguntas, tales como la diferencia entre "métodos" y "clases" u otras entidades de programación, se verá más adelante en el libro. ¡Todo a su tiempo!

Si es capaz de mantener los pies en el suelo y de transformar aspectos complejos en ideas más simples, entonces podrá recordarlas y dominar su contenido. Domine este concepto y será capaz de transformar cualquiera de sus ideas en código fuente. Es por eso que estamos decididos a infundirle la habilidad para convertir cualquier cosa que su abuela pueda querer hacer en código fuente para iOS.

¿Cómo funciona todo esto?

Antes de enfrentarnos a nuestro primer programa en el capítulo 2, es importantísimo que sea capaz de dar un paso atrás y saber dónde hemos estado, dónde estamos ahora y hacia dónde nos dirigimos. En otras palabras, podría preguntarse lo siguiente: ¿cómo transformo una idea innovadora en una aplicación que me de dinero? ¿Cómo funciona todo esto? ¿Funciona siquiera, o todas esas historias de gente ganando un montón de dinero con aplicaciones para iOS no son más que cuentos chinos?

Bien, ¿son verdad esas historias? Eso es fácil de responder. Con fecha 2 de marzo de 2011, cuando Steve Jobs presentó el iPad 2, se anunció que Apple había pagado un total de 2.000 millones de dólares a los desarrolladores por las aplicaciones vendidas en App Store. Pero es que solo ocho meses antes, Apple anunció que había pagado 1.000 millones de dólares a los desarrolladores desde el lanzamiento de iTunes Store en julio de 2008.

Nunca antes se ha pagado una suma como 2.000 millones de dólares a un grupo de programadores. Así que, se va a introducir en un fenómeno épico y en plena expansión del mundo de la tecnología. Leer este libro y aprender a desarrollar aplicaciones va a cambiar su vida. En esta nueva era post-PC, Apple ha creado, por sí sola, un entorno nunca antes visto para que los desarrolladores puedan explotar estos potentes dispositivos móviles personales. Esta vibrante comunidad de programadores en la que está a punto de entrar ha elevado la cuenta de las aplicaciones para

Apple a más de 350.000. Ahora bien, todavía podría preguntarse cómo funciona todo esto. Para responder hemos creado un mapa de cómo funciona este proceso innovador, y sería bueno que lo comprendiera para que supiera hacia dónde se dirige con este libro. Observe la figura 1.18.

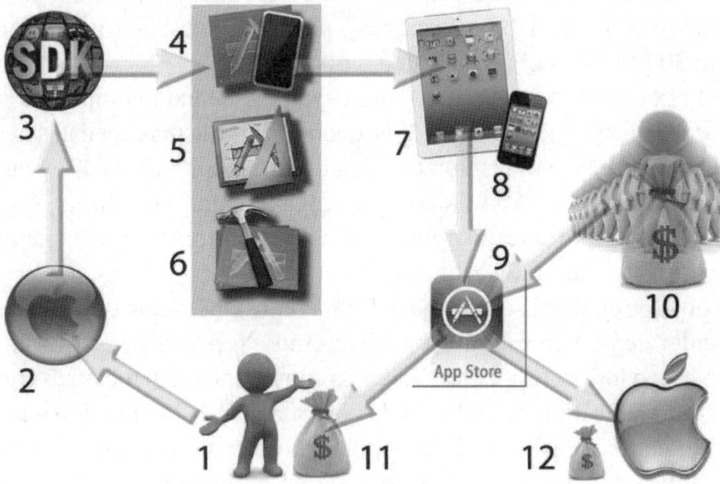

Figura 1.18. *Mapa del entorno de aplicaciones para iOS.*

Ahí estamos, en el número 1, junto a una gran bolsa de dinero, representada por el número 11. Estamos, pues, en el número 1 con nuestra brillante idea innovadora y la llevamos al número 2, que representa OS X en nuestro Mac. Cuando abrimos el Mac, podemos acceder al SDK (número 3) en el que se incluye el Simulador iOS (número 4) así como Xcode e Interface Builder (números 5 y 6, que están, desde la versión 4 de Xcode, integrados en una única aplicación). El 90 por 100 del libro trata de los elementos vistos hasta ahora. Lo único que no cubrimos aquí es dónde convertirá su idea en código fuente Objective-C.

Nota: *En la figura 1.18 se muestra Interface Builder como aplicación independiente, lo que no es así desde la versión 4 de Xcode. Todavía existe, solo que integrada, y lo vamos a utilizar extensamente a lo largo del libro. Así que, tenga en cuenta que, aunque alguien pueda decir que Interface Builder ha desaparecido como tal, esto no es así. A la izquierda de esta zona se encuentra el lugar donde ya hemos estado. Recuerde: ya tiene un Mac con OS X 10.7.2 o superior (número 2) que adquirió después de 2006 y ya se ha descargado el SDK de iOS (número 3). Asimismo, ha situado los iconos de Xcode y Simulador iOS en el Dock.*

En el capítulo siguiente, comenzará a utilizar Xcode e Interface Builder, así como el Simulador iOS para desarrollar aplicaciones. Hecho esto, utilizará iPads (número 7) e iPhones (número 8) "de carne y hueso" para probar las aplicaciones en dispositivos reales. Cuando se haya asegurado de que su aplicación funciona fantásticamente bien, podrá cargar su aplicación en iTunes Store (número 9) donde gente con dinero (número 10) la descargará, pagando antes, claro. Este dinero, se dividirá y un 30 por 100 del mismo irá a parar a Apple.

Ejecutaremos todos los programas que vayamos creando compilándolos para alguna de varias ubicaciones posibles. Los iconos de las mismas quedan a la derecha de la zona gris central. La ubicación principal será el Simulador iOS, y las secundarias serán el iPhone y el iPad físicos que tenga a mano. Por último, podríamos utilizar iTunes para subir nuestra aplicación a iTunes Store, donde la gente podrá comprarla o descargarla gratis. Ahí es a donde vamos.

Los dos objetos centrales en la figura 1.19, como sabe, serán donde pasemos la mayor parte del tiempo en este libro. Utilizaremos Xcode para escribir el código fuente como hacen los profesionales. Veremos cómo funcionan todas sus características, tales como la gestión de archivos, la compilación, la depuración y la gestión de errores. Mediante Interface Builder, Apple nos permite arrastrar y soltar objetos en nuestras aplicaciones para iOS. Si, por ejemplo, queremos un botón, simplemente lo arrastramos y soltamos en la ubicación deseada de nuestro iOS virtual.

Esencialmente, utilizaremos Xcode para gestionar, escribir, ejecutar y depurar nuestra aplicación, es decir, para crear el contenido y la funcionalidad. Por su parte, Interface Builder nos permitirá arrastrar y soltar los elementos sobre nuestra interfaz hasta que se convierta en la atractiva y colorista aplicación con la que hemos soñado, es decir, para dotarla de la apariencia, estilo y gusto deseado.

Después de integrar todos los elementos de la interfaz con el código que escribimos en Xcode, podremos dedicarnos a temas más avanzados como la modificación de los parámetros de la memoria y la eficiencia. Pero eso es ir demasiado lejos.

Nuestra hoja de ruta: utilizar Xcode e Interface Builder

Muy a menudo, los autores de libros de programación hacen las mismas cosas. En primer lugar, el simple y ubicuo programita "Hello World!", para seguidamente atiborrar al usuario con código que echa a patadas a un buen número de estudiantes y lectores al instante. Para utilizar Objective-C, con Cocoa, junto con el SDK de iOS, hemos tenido que repensar detenidamente este proceso introductorio y hemos identificado cuatro desafíos:

- Enseñarle a escribir el programita "Hello World!" y, luego, empezar con las tecnologías y API avanzadas sería contraproducente.
- No tendría sentido elegir una entre las diversas formas en que podemos decir "¡hola!" desde iOS. Será necesario conocerlas todas más adelante.
- Escribir una simple aplicación "Hello World!" en Objective-C es más complicado que lo que un principiante está preparado para asimilar, a menos que dividamos el proceso en etapas o capas.
- Decidir progresar despacio para ir encontrándonos a gusto y poder familiarizarnos con la nomenclatura y el proceso. Más adelante, se pasará al proceso de *storyboarding* (creación de la interfaz gráfica de la aplicación) así como a otros conceptos más avanzados.

La solución para superar estos problemas es sencilla: ver cómo decir "¡hola!" a todo el mundo desde iOS no de una forma, ni de dos, sino de muchas formas distintas, profundizando más cada vez y pasándonoslo en grande mientras lo hacemos.

Cada vez que nos adentremos en el territorio de Xcode, se nos preguntará inmediatamente por el tipo de vehículo que vamos a conducir. ¿Será un Jeep? ¿Un coche de carreras? ¿Un descapotable? Centrándonos en lo básico, aprenderemos a "conducir" en Xcode. El objetivo aquí no es otro que ganar habilidad y confianza con cualquier vehículo que debamos conducir. Así pues, veamos qué pueden ofrecer exactamente los distintos tipos de vehículo. Aquí le rogamos que nos siga puntualmente.

Prepárese para su primer proyecto de iOS

Damos por hecho que ya ha descargado el SDK e instalado Xcode y el Simulador iOS. Inicie sesión en su Mac y haga clic en el icono de Xcode que situó en el Dock. Debería ver una pantalla similar a la de la figura 1.19, donde aparece la bienvenida a Xcode y todos los recursos disponibles para iOS.

Asegúrese de mantener la marca de selección en la casilla Show this window when Xcode launches (Mostrar esta ventana cuando se abra Xcode). Encontrará muchos y valiosos recursos en esta ventana que le resultarán prácticos. Le sugiero que, más adelante, los explore y los pruebe adecuadamente. Esto le abrirá todo tipo de puertas creativas.

Sin iniciar realmente ningún proyecto nuevo, vayamos a la exposición y veamos algunos de los modelos que podríamos conducir. Para abrir un proyecto nuevo en Xcode, haga clic en el icono de Xcode y, o bien haga clic en Create a new

Xcode project (Crear nuevo proyecto Xcode) y luego en el botón **Open** (Abrir) de la esquina inferior derecha, o bien pulse **Comando-Mayús-N** simultáneamente. Esto abrirá una nueva ventana donde se mostrarán los distintos tipos de vehículos que podrá conducir en Xcode.

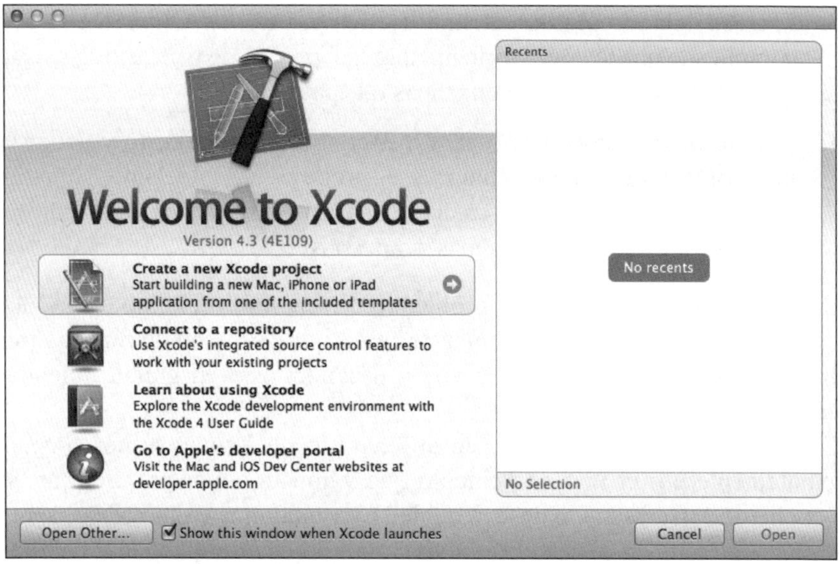

Figura 1.19. *Pantalla de bienvenida de Xcode.*

La figura 1.20 muestra los siete modelos de vehículo: Master-Detail Application (Aplicación maestra), OpenGL Game (Juego OpenGL), Page-Based Application (Aplicación basada en páginas), Single View Application (Aplicación de una sola vista), Tabbed Application (Aplicación con pestañas), Utility Application (Aplicación de utilidad) y Empty Application (Aplicación vacía).

Al principio, pasaremos la mayor parte del tiempo en Xcode con uno de los dos últimos tipos de aplicaciones. Dicho en términos informáticos, las estructuras de aplicaciones basadas en vistas y en ventanas serán las que utilicemos en el ciclo de desarrollo básico de iOS. Desde aquí accederemos a los *gadgets* y componentes más interesantes.

No se preocupe, que no he olvidado nuestro objetivo de crear una sencilla aplicación "Hello World!". De hecho, saludaremos al mundo desde varias de las opciones para familiarizarnos con ellas. Antes de empezar, vamos a comprobar que Xcode es capaz de compilar un documento vacío y de llamar al Simulador iOS. Para ello, haga clic en Single View Application (Aplicación de una sola vista) (seleccionada en la figura 1.20) y aparecerá algo muy similar a lo que puede ver en la figura 1.21.

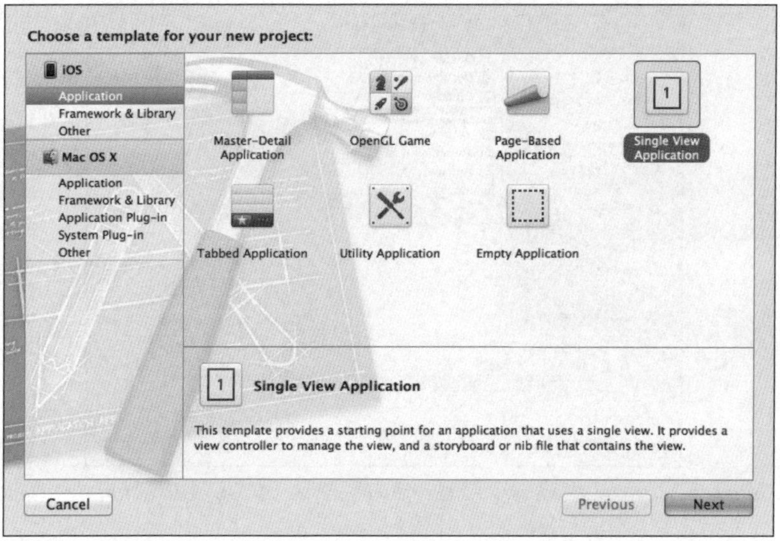

Figura 1.20. *Ventana con los distintos tipos de aplicaciones.*

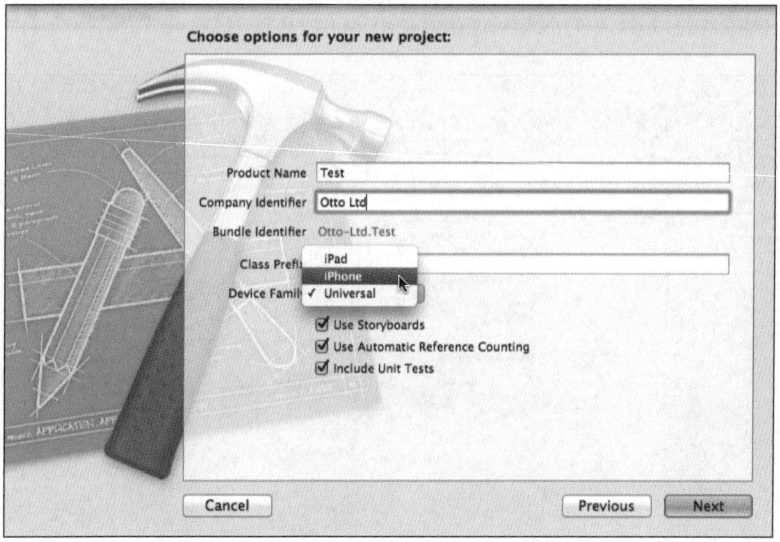

Figura 1.21. *Vamos a realizar una prueba.*

Escriba **Test** en el campo Product Name (Nombre del producto) asegúrese de seleccionar iPhone en el cuadro de lista desplegable Device Family (Familia del dispositivo) y, finalmente, haga clic en el botón **Next**. Si su programa no le ofrece por defecto la posibilidad de guardarlo en el escritorio, navegue hasta allí en el cuadro de diálogo y haga clic en el botón **Create** (Crear) (véase la figura 1.22).

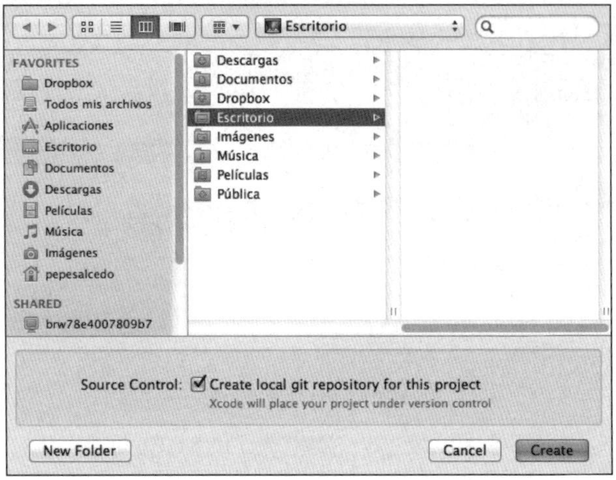

Figura 1.22. *Navegue hasta su escritorio y cree allí su aplicación de prueba.*

En la figura 1.23 puede observar la apariencia inicial del entorno integrado de XCode 4. No nos entretendremos en explicar todo ahora. Bastará con que haga clic en cualquiera de los archivos que terminan en "`.h`" o en "`.m`".

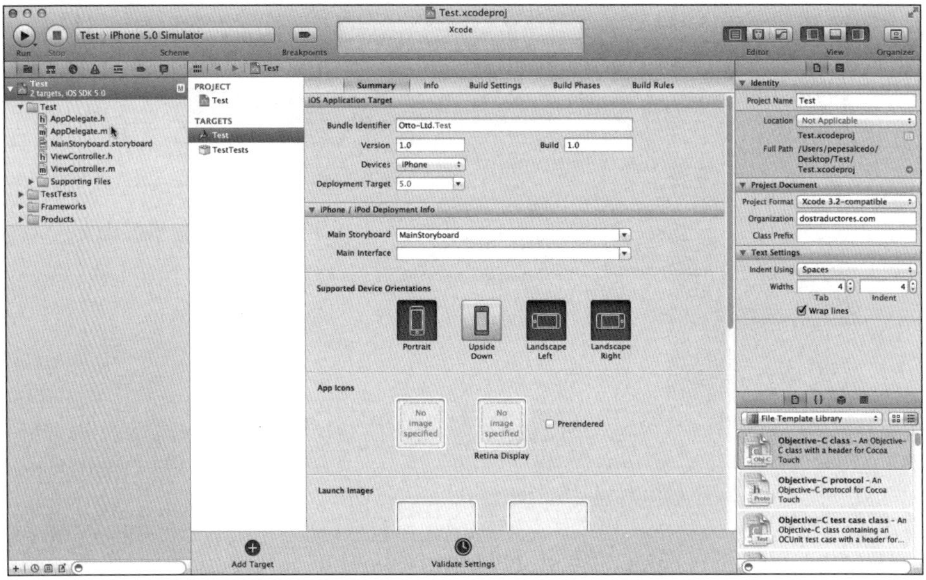

Figura 1.23. *Entorno integrado inicial de Xcode.*

Después haga clic en el archivo `ViewController.h`, situado en la carpeta `Test`, en la parte superior izquierda de la ventana de Xcode.

Esto mostrará una pantalla similar a la de la figura 1.24, desde la que podrá ejecutar su aplicación de prueba. Para ello, haga clic en el botón **Run** (Ejecutar) de la esquina superior izquierda de la ventana de Xcode.

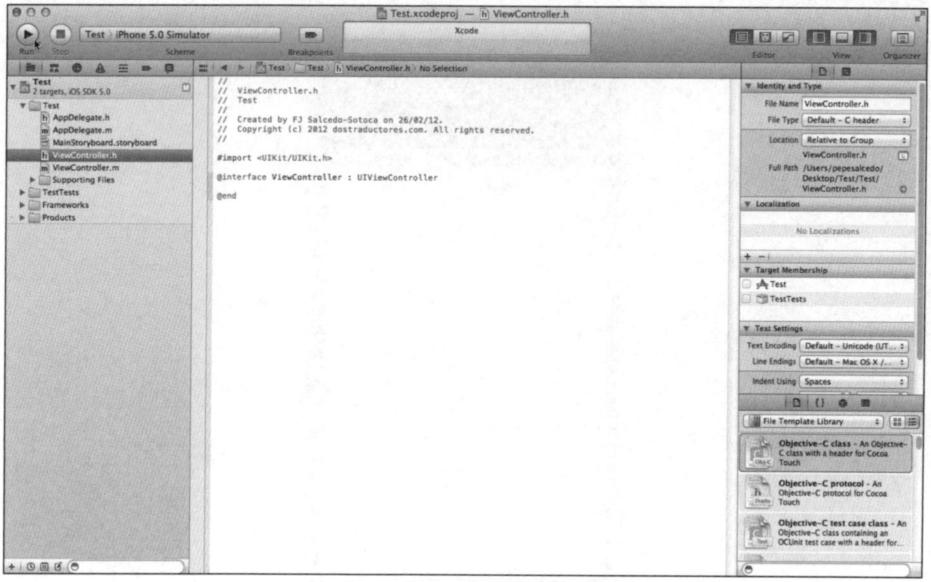

Figura 1.24. Botón para ejecutar el programa.

En seguida, aparece el Simulador iOS como en la figura 1.25. ¡Felicidades! Acaba de realizar su primera prueba con Xcode.

Hacer como que no se sabe. El arte de la desofuscación

Antes de empezar en serio, queremos reiterar nuestro compromiso de enseñarle a programar aprendiendo solo lo esencial. A medida que avancemos, iremos explicando los conceptos con mayor profundidad. Sin embargo, no haremos esto hasta que no estemos seguros de que domina los anteriores conceptos, más sencillos. Es una nueva manera de enseñar, una manera que nos ha proporcionado muchos éxitos.

Podría pensar que he perdido la cabeza, pero le exhorto a que siga mis instrucciones de todas maneras. Si le surge alguna pregunta que parezco no tratar adecuadamente, confíe en que no es relevante en ese momento. En todo caso, ya la veremos más adelante.

Cómo recorreremos cada paso

Este libro es completamente autosuficiente. Se puede leer completamente sin conexión a Internet, y todo lo que necesita, lo encontrará en sus páginas.

Figura 1.25. *Primera aplicación de prueba.*

Así que, ahora que ha terminado de comprobar los parámetros del sistema, que ya tiene su cuenta de desarrollador oficial de Apple y que se ha descargado el SDK, extraído las herramientas esenciales y configurado el Dock, es el momento de pasar al capítulo siguiente para empezar a escribir código.

Un pequeño ejercicio

Observe la figura 1.25. Como comprobará, la aplicación de ejemplo se ha ejecutado sobre la simulación de un iPhone que ha surgido en la pantalla del Simulador iOS. Bien, ¿qué hay del iPad? Ésa es la tarea para este ejercicio. Compruebe si es capaz de obtener la simulación en el iPad del Simulador iOS, como se puede ver en la figura 1.26. Las pistas están en la figura 1.21 y en la segunda carpeta, llamada `Test 2`, que se ve en la figura 1.26.

Figura 1.26. *iPad en el Simulador iOS.*

Lite

2. ¡Despegamos!

El primer programa que intentaremos crear será una aplicación básica y genérica del tipo "Hello World!". En este capítulo de introducción se emula lo que la experiencia nos ha enseñado que funciona muy bien en las aulas donde enseñamos este curso. Siempre utilizamos esta sencilla, inocente y benigna aplicación "Hello World!" como base para enseñar a los estudiantes las habilidades más críticas que utilizarán una y otra vez.

Como sucede con mis propios alumnos, para cuando haya terminado de leer este capítulo sabrá ejecutar su primera aplicación de tres formas diferentes, de acuerdo con las secciones siguientes:

1. Simulador iOS del iPhone.
2. Simulador iOS del iPad leyendo el entorno del iPhone (pseudo iPad).
3. Simulador iOS del iPad.

Durante las clases, nos gusta mantener el flujo de adrenalina creando una aplicación tras otra para transmitir esa sensación de genio de la informática que conquista el mundo. De este modo, recomiendo al lector que se centre en los primeros tres epígrafes de este capítulo y, luego, pase al capítulo siguiente para mantener el flujo constante. Los epígrafes que van del cuarto al sexto de este capítulo suelen quedar reservados, como trabajo opcional para clases de fin de semana, para aquellos estudiantes que deseen crear su propio negocio de venta de aplicaciones.

Nuestra primera aventura con estas nuevas herramientas consistirá en decir "¡Hola!" a todo el mundo a partir de la plantilla Single View Application (Aplicación de una sola vista) de Xcode. Más tarde, saludaremos desde la plantilla Tabbed Application (Aplicación con pestañas), primeramente, de forma muy básica, y después, con algunas modificaciones.

> ***Nota:*** *Además de la información presentada aquí, que incluye numerosas explicaciones y capturas de pantalla, en la página Web del libro encontrará los ejemplos de los capítulos. Estas descargas le ayudarán a avanzar con paso firme por el libro.*

Cómo ejecutar su aplicación en el simulador del iPhone

En este primer ejemplo, vamos a hacer clic en un botón que mostrará un texto que diga "Hello World!" por encima de él.

1. Antes de abrir Xcode, cierre todos los programas que tenga abiertos para optimizar toda su capacidad de procesamiento y para centrar su atención en el nuevo material. Pulse **Comando-Tab** seguido de **Comando-Q** para ir cerrando todas las aplicaciones, hasta que no quede más que el Finder abierto. Luego, haga clic sobre el icono de Xcode en el Dock, y se mostrará la pantalla de bienvenida, que ya hemos visto, de la figura 2.1.
2. Abrimos un nuevo proyecto en Xcode, o bien con el ratón, o bien mediante un método abreviado del teclado. Siempre aconsejamos que se utilice esto último porque ahorra mucho tiempo y hace que nos sintamos como auténticos profesionales. Tenga presente que la mejor manera de "no" conseguir trabajo como desarrollador para iOS 5 es utilizar el ratón para cosas que se pueden hacer con métodos abreviados. Así pues, con el teclado, pulsaremos **Comando-Mayús-N**. Si vamos a usar el ratón, haremos clic sobre Create a new Xcode project (Crear un nuevo proyecto Xcode). Después seleccionamos Single View Application (Aplicación de una sola vista) y pulsamos **Intro**. Le ponemos el nombre de **helloWorld_01**, escribimos nuestro nombre y seleccionamos iPhone en el cuadro de lista desplegable

Device Family (Familia del dispositivo) (véase la figura 2.2). Elimine las marcas de selección de las casillas de verificación Use Storyboard (Utilizar Storyboard), Use Automatic Reference Counting (Utilizar conteo de referencia automática) e Include Unit Tests (Incluir test de unidad) si estuvieran presentes, como se puede ver en la mencionada figura.

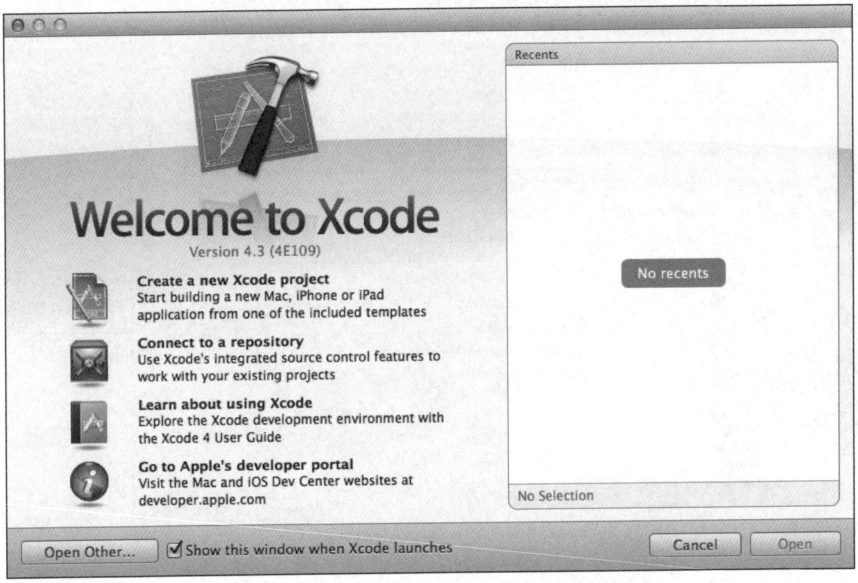

Figura 2.1. *Pantalla de bienvenida de Xcode.*

> ***Nota:*** *Si su icono* Single View Application *no aparece seleccionado por defecto, deberá hacer clic sobre él y guardar el proyecto como* ***helloWorld_01****.*

3. En cuanto guarde el proyecto en el escritorio, Xcode crea el entorno de proyecto para `helloWorld_01`, como se puede apreciar por el nombre de la ventana (véase la figura 2.3). La forma que tiene Apple de organizar todos los elementos de las futuras aplicaciones puede resultar atemorizante, pero no hay que preocuparse en exceso. Por el momento, debe seguir adelante y reservar sus preguntas para más tarde. Xcode ha creado cinco archivos:

   a. Dos clases que contienen dos archivos cada una: un archivo de cabecera o *header*, con extensión "`.h`", y un archivo de implementación, con extensión "`.m`". Dos se llaman `AppDelegate`, y otros dos, `ViewController`. Volveremos sobre ello, pero sepa, desde ahora, que cada "clase" se compone de dos archivos: un archivo de cabecera, o *header*, y uno de implementación.

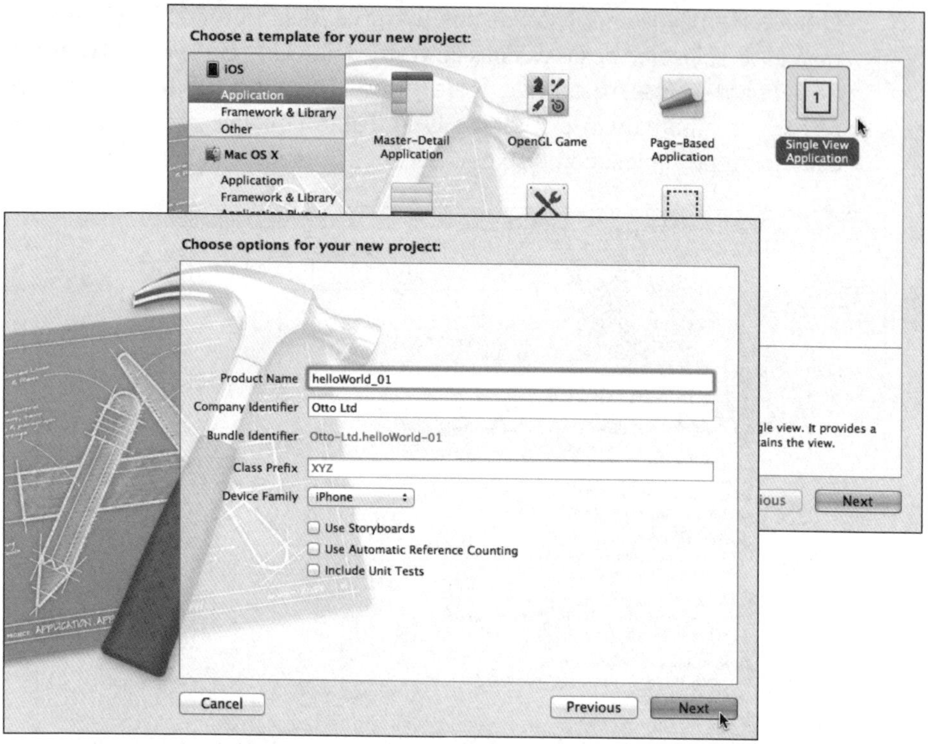

Figura 2.2. *Nueva aplicación View-Based App en Xcode, que llamaremos helloWorld_01.*

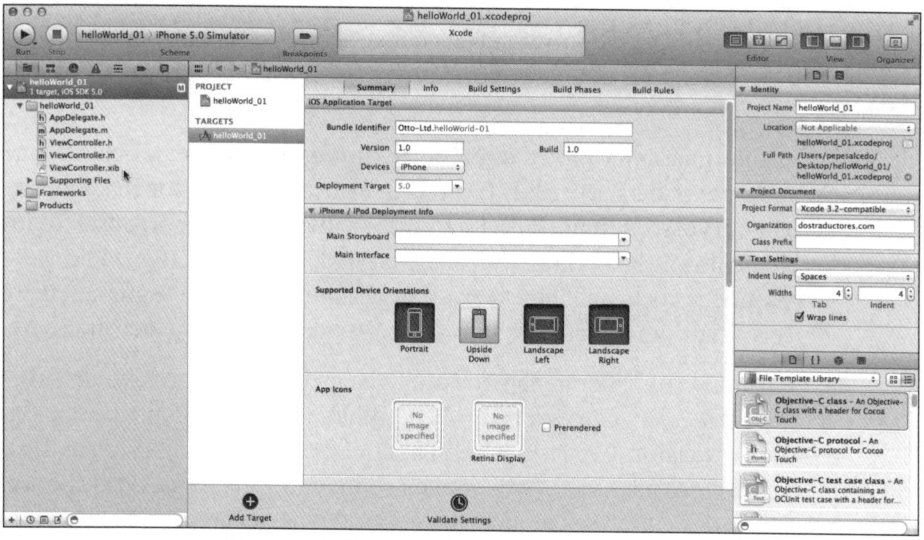

Figura 2.3. *Proyecto helloWorld_01 en Xcode.*

b. Un archivo *nib* (`.xib`) para la interfaz de usuario. No se pregunte ahora qué significa *nib*, solo abra el archivo y verá una previsualización de su programa. A su debido tiempo, tendrá que vérselas con múltiples *nibs*.

Como se muestra en la figura 2.3, haga doble clic en `ViewController.xib` (pronunciado *nib*) situado en la carpeta `helloWorld_01`, ubicada, a su vez, bajo la hoja azul de proyecto `helloWorld_01` en la esquina superior izquierda de la ventana de Xcode; en la zona de navegación del proyecto.

> ***Nota:*** *Podría darse el caso de que el panel de navegación, donde se muestran las carpetas con los contenidos de los proyectos, estuviese cerrado. Ningún problema. Para abrirlo, haremos clic en el icono izquierdo de los tres que forman el grupo* View *(Vista) en la parte derecha de la barra de herramientas. Los otros dos sirven para mostrar y ocultar las áreas de depuración (icono central) y de utilidades (icono derecho). Hecho esto, podría ser necesario seleccionar el icono de la carpeta, de color gris oscuro, situado en el extremo izquierdo de la barra de iconos que aparece entre el botón* **Run** *(Ejecutar) y la pestaña con el nombre del proyecto, por arriba, y el panel de navegación, por abajo.*

4. Para abrir el área de utilidades de Xcode, que incluye inspectores y bibliotecas, haremos clic en el icono derecho de los tres que forman el grupo View a la derecha de la barra de herramientas (véase la figura 2.4).

Figura 2.4. Icono de utilidades en el grupo View en la barra de herramientas.

5. Ahora vamos a trasladar algunos elementos desde la biblioteca de la parte derecha hasta el lienzo de la aplicación, pero antes pensaremos un poco lo que vamos a hacer. En nuestra aplicación pretendemos hacer clic en un botón que hará aparecer un texto que diga "Hello World!" por encima de él. Así pues, necesitamos algo sobre lo que hacer clic, el botón, y un lugar para mostrar el mensaje. Conseguirlo no es difícil. En primer lugar, hacemos clic y arrastramos una etiqueta, Label (Etiqueta) sobre el lienzo de nuestra aplicación (véase la figura 2.5) a la altura que prefiramos y la movemos horizontalmente con cuidado hasta que aparezca la guía azul de alineación centrada.

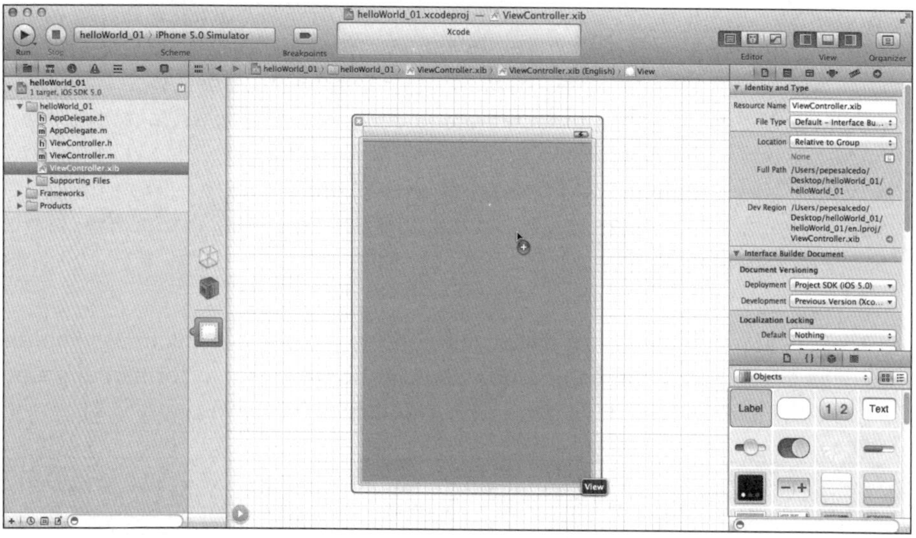

Figura 2.5. Situamos la etiqueta en el lienzo de la aplicación.

Eventualmente, esta etiqueta mostrará el texto "Hello World!", así que la ampliaremos a izquierda y derecha con los manejadores laterales para dejarle sitio. Seguidamente, borramos el texto **Label** de la caja de texto para que quede vacía. El texto aparecerá en la caja centrado. Pasemos al botón.

6. Arrastramos un botón y lo situamos por debajo del lugar que ocupará el texto y lo movemos lateralmente hasta que aparezca la guía azul que indica que está centrado (véase la figura 2.6). En ese punto, soltamos el botón del ratón. Después, hacemos doble clic sobre él y escribimos **Press Me** (Púlseme)

7. Ya tenemos los dos elementos en el lienzo; ahora conviene guardar nuestro trabajo antes de seguir. Para ello, pulsamos las teclas **Comando-S**. Después cerramos el área de utilidades volviendo a hacer clic en el tercer icono del

grupo View (Vista). Por último hacemos clic en el botón central del grupo Editor (Editor), a la izquierda de View, para mostrar el Assistant Editor (Editor asistente), como se puede ver por el cursor del ratón en la figura 2.7.

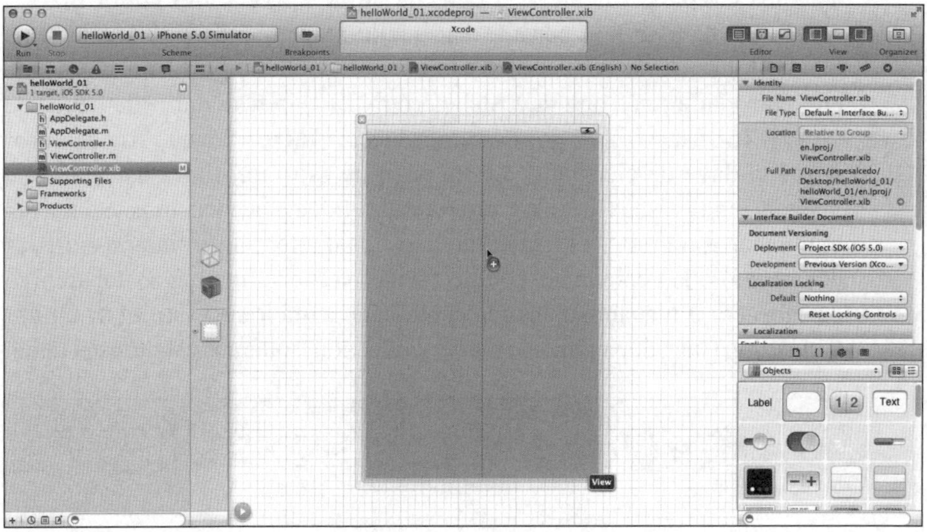

__Figura 2.6.__ Situamos el botón centrado.

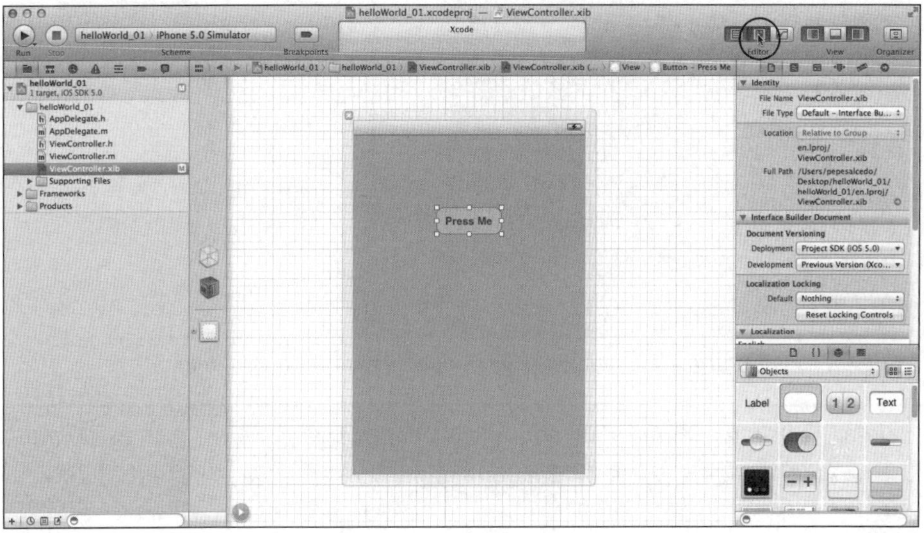

__Figura 2.7.__ Botón para el Assistant editor.

8. Aquellos lectores que ya hayan trabajado con Xcode antes, encontrarán aquí la diferencia más radical con versiones anteriores. En este paso, haremos algo completamente nuevo mediante el menú contextual Open URL (Abrir

URL). Queremos que se muestre el texto "Hello World!" cuando pulsemos el botón en la pantalla del iPhone. Llamamos a estas cosas conexiones o *outlets* y solíamos tener que codificarlas a mano. En Xcode, por el contrario, tenemos el código fuente a la derecha de la pantalla y el editor gráfico en el centro. Esto nos permite hacer clic manteniendo pulsada la tecla **Control** y arrastrar conexiones sobre el área del código fuente. Antes de ello, introduciremos una llave de apertura ("{") inmediatamente detrás de `UIViewController` y pulsaremos la tecla **Intro** para que Xcode introduzca la llave de cierre ("}") y un poco de espacio. Ahora haremos clic manteniendo pulsada la tecla **Control** en la etiqueta que tenemos encima del botón y arrastraremos el contenido hacia cualquier punto situado entre las dos llaves en la ventana del código fuente (véase la figura 2.8) del archivo de cabecera. En cuanto aparezca la etiqueta negra Insert Outlet or Outlet Collection (Introducir Outlet o Outlet Collection) soltamos el botón del ratón.

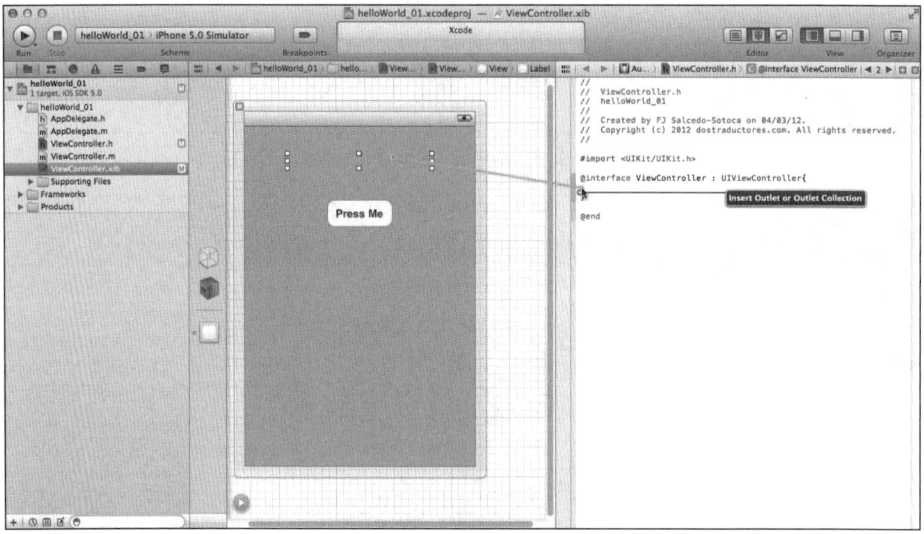

Figura 2.8. *Creación de un Outlet arrastrando y soltando.*

> ***Nota:*** *El asistente utiliza un editor dividido en dos paneles, que es donde se produce mucha de la magia de Xcode 4. Se puede abrir automáticamente el asistente pulsando la tecla* ***Opción*** *y haciendo clic en un archivo del proyecto en el panel izquierdo.*

9. Como se menciona en el paso 8, queremos que la conexión sea del tipo `Outlet` y, ya que así es como aparece por defecto, la mantendremos tal cual. Ni Object (Objeto) ni File's Owner (Propietario del archivo) deben

preocuparnos por el momento. Podemos nombrar la etiqueta como nos dé la gana, pero por el momento la llamará **label** (etiqueta) (véase la figura 2.9) para que su código sea igual que el mío.

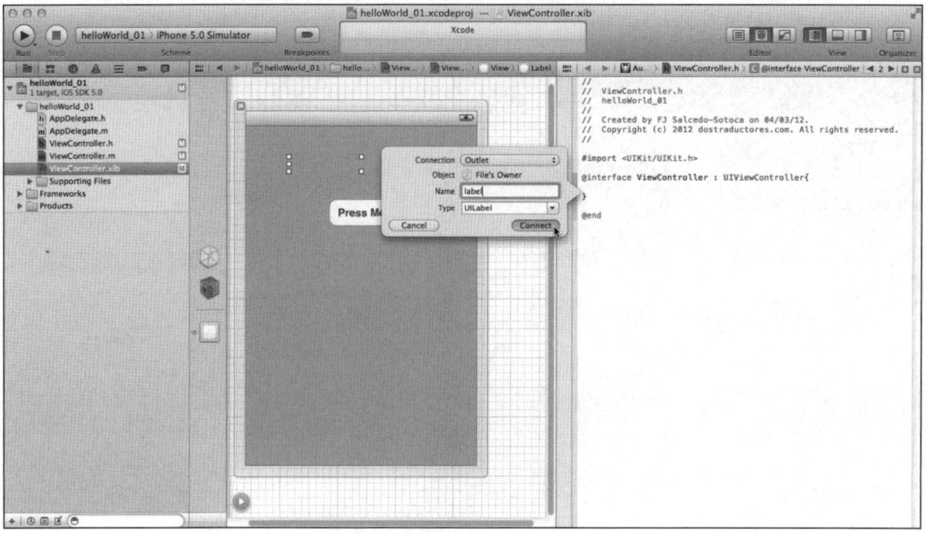

Figura 2.9. *Hacemos IBOutlet en una etiqueta (label).*

Tampoco se inquiete ahora por `UILabel`, pulse **Intro** y observará cómo mágicamente aparece el código `IBOutlet UILabel *label;`. Puede verlo destacado en negrita más abajo en el código fuente:

```
#import <UIKit/UIKit.h>

@interface helloWorld_01ViewController : UIViewController {

  IBOutlet UILabel *label;
}

@end
```

10. Ahora toca el turno del código para el botón que arrastramos sobre el lienzo, para que pueda realizar la "acción" (Action) deseada. En nuestro caso, el botón deberá comunicar a la etiqueta que conectamos en el paso 9 que muestre el texto. Llamamos a esto "declarar una acción". Por ahora, solo necesitamos asociar el botón con un código de acción.

Más adelante, definiremos exactamente en qué consistirán dichas acciones. Así pues, al igual que hicimos antes, hacemos clic sobre el botón manteniendo pulsada la tecla **Control** y lo arrastramos desde el lienzo hasta una zona justo por debajo de la llave de cierre (véase la figura 2.10). Cuando aparezca la etiqueta de color negro con el texto Insert Outlet, Action, or Outlet Collection (Introducir Outlet, Action o Outlet Collection) soltamos el botón del ratón.

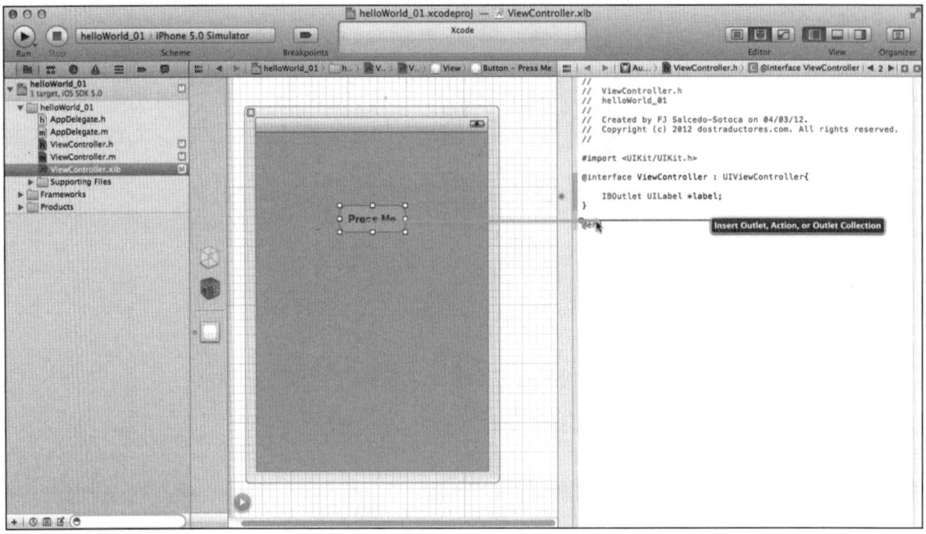

Figura 2.10. *Arrastramos el botón manteniendo pulsada la tecla Control.*

11. Como mencionamos en el paso 10, queremos que el tipo de conexión sea Action (Acción), así que tendremos que cambiar el contenido del cuadro de lista desplegable Connection (Conexión) de Outlet a Action. Nuevamente, no debe preocuparse por Object ni por File's Owner, solo escriba **button** (botón) en el campo Name (Nombre) e ignore todo lo demás (véase la figura 2.11).

12. Pulsamos la tecla **Intro** y vemos cómo aparece el código `- (IBAction) button:(id)sender;` que aparece en el fragmento de código de más abajo y en la figura 2.12. Veremos esto en detalle más adelante en este mismo capítulo. Por ahora, solo debemos seguir adelante.

```
#import <UIKit/UIKit.h>

@interface helloWorld_01ViewController : UIViewController {

  IBOutlet UILabel *label;
}
- (IBAction)button:(id)sender;

@end
```

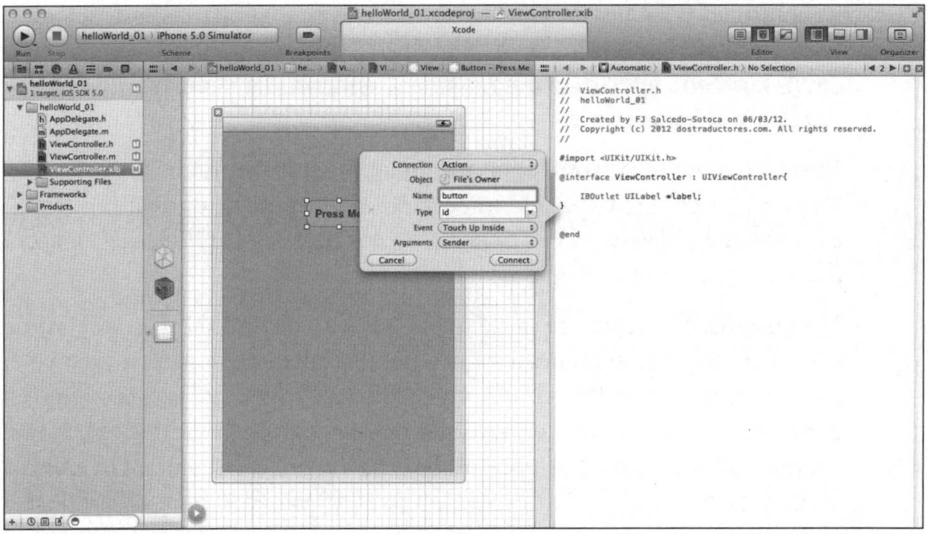

Figura 2.11. Creación de acciones para el botón.

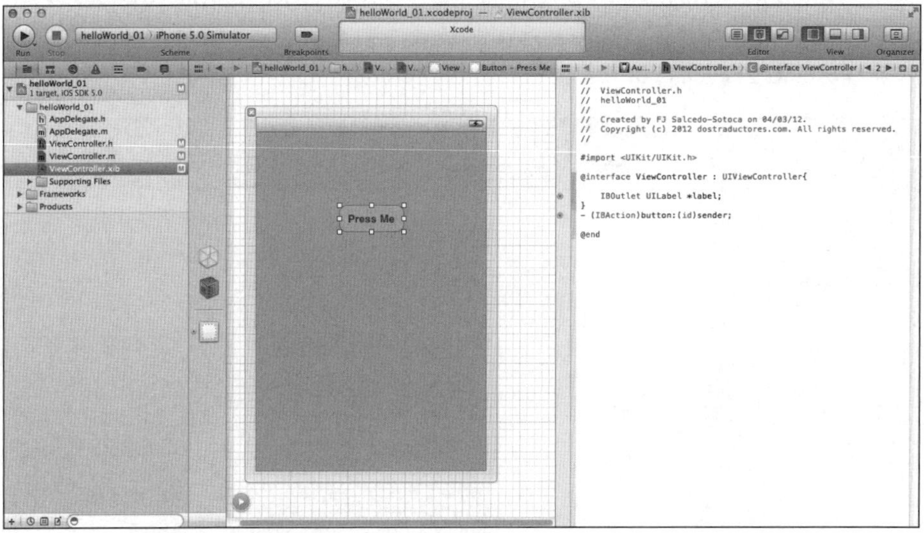

Figura 2.12. Completando el archivo header de ViewController.

Antes de pasar al punto 13, tenemos que detenernos a ver dónde estamos. Recordará que en el punto 3 dijimos que había "2 clases" que contenían dos archivos cada una. Un archivo de cabecera, *header*, con extensión "`.h`", y un archivo de implementación, con extensión "`.m`". Veamos un poco cuáles son las diferencias entre ambos.

El controlador de vistas, `ViewController`, gestiona las interacciones de nuestro código fuente con la pantalla del dispositivo y las interacciones del usuario con nuestro código fuente. Contiene una vista, pero no es una vista en sí misma.

Hasta el momento, solo tiene un conocimiento mínimo de la "clase" `ViewController`, pero lo importante aquí, como se dijo en el punto 3, es saber que todas las clases constan de dos partes: el archivo de cabecera o *header* (`.h`) y el de implementación (`.m`).

Me gustaría que leyera la parte que sigue en voz alta: "En el archivo de cabecera, decimos al ordenador qué tipos de órdenes se van a ejecutar en el archivo de implementación". Ahora, dígalo en el contexto de este código en particular: "En el archivo `ViewController.h` de `helloWorld_01`, decimos al ordenador qué tipos de órdenes se van a ejecutar en el archivo `ViewController.m` de `helloWorld_01`". Volvamos a nuestro ejemplo.

13. Para pasar al archivo de implementación desde este punto, conviene adoptar el hábito de cambiar en primer lugar desde el Assistant Editor (Editor asistente) (ya lo vimos en los puntos 2 a 7) al Standard Editor (Editor estándar) (véase la figura 2.13).

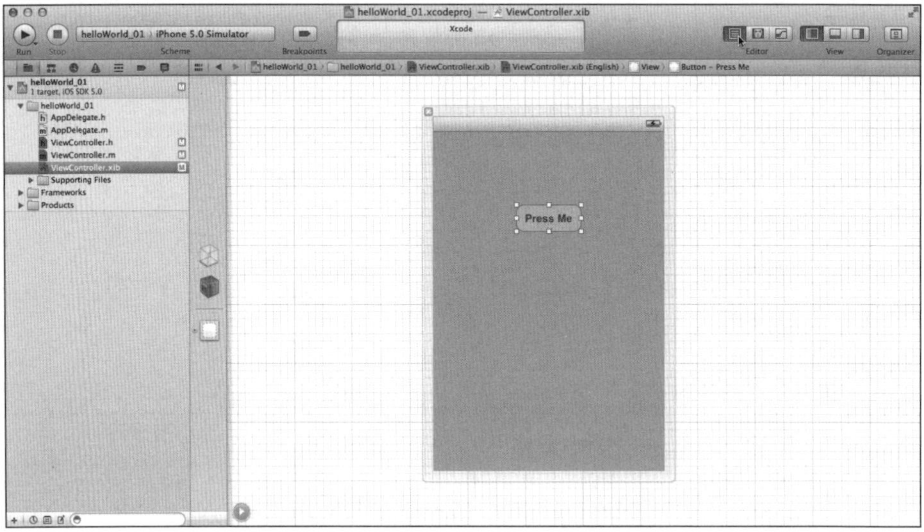

Figura 2.13. *Cambiamos al Standard Editor.*

14. Una vez en el Standard Editor, seleccionamos el archivo de implementación `ViewController.m` como se muestra en la figura 2.14.

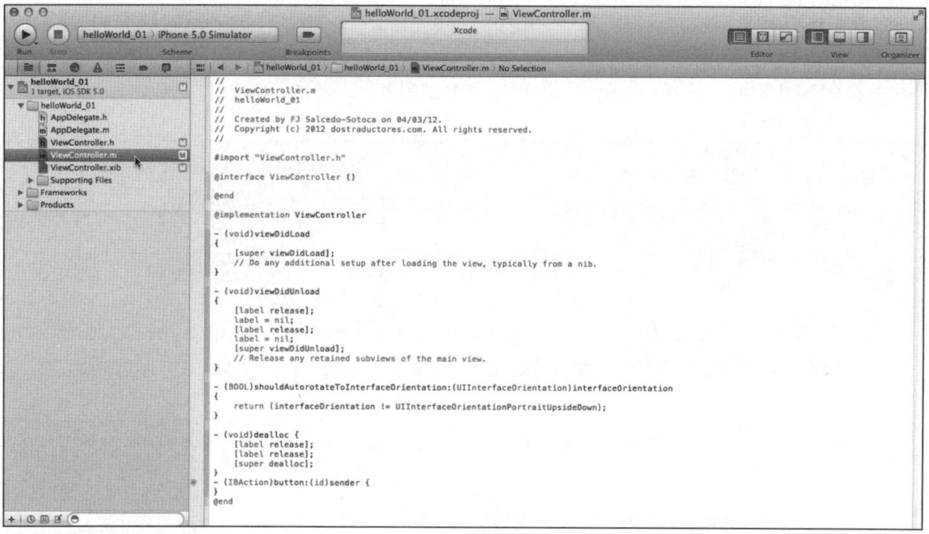

Figura 2.14. Abrimos el archivo de implementación ViewController.m.

Recordemos cómo, en el paso 10, "declaramos una acción" arrastrando (manteniendo pulsada la tecla **Control**) el botón hasta el código fuente del archivo de cabecera. Asimismo, recuerde que en dicho archivo de cabecera vamos a "declarar acciones", mientras que en el archivo de implementación, "implementaremos" dichas acciones.

Aquí, en el archivo de implementación `ViewController.m`, vamos a implementar las acciones que deseamos que ocurran cuando alguien pulse el botón en la pantalla de su dispositivo. Concretamente, queremos que muestre el mensaje "Hello World!" en el lugar ocupado por la etiqueta Label (Etiqueta). Para ellos, tendremos que introducir nuestro primer fragmento de código fuente.

En el interior del archivo de implementación `ViewController.m`, podemos ver que los ingenieros de Apple ya han incluido un buen número de métodos necesarios para que la aplicación con su etiqueta y su botón puedan ejecutarse en el iPhone. Por ahora, ignoraremos estos métodos, empezando por el primero, `dealloc`, que sirve para desasignar memoria, bajando hasta que lleguemos al método llamado `- (IBAction)button:(id)sender`. No le costará reconocer que este método es el mismo que introdujimos en el paso 12..., bueno, casi el mismo, en realidad. Aquel código acababa en un punto y coma (`;`) porque, en el archivo de cabecera, estábamos "declarando" la acción. Xcode sabe que se debe implementar esta acción en el archivo `.m`, así que lo reescribe por nosotros, solo que no como una declaración, sino como un método. Para ello, sustituye el punto y coma por un par de llaves ({ y }). Y esta es una regla que debe recordar porque la utilizará una y otra vez.

> ***Nota:*** *Una declaración en el archivo de cabecera,* `.h`*, se convierte en un método en el archivo de implementación,* `.m`*, sustituyendo el punto y coma con un par de llaves,* `{` *y* `}`*.*

Tras llegar a la implementación de la acción que declaró en la cabecera, debe situar el cursor entre las dos llaves, hacer clic y seguir leyendo.

```
#import "helloWorld_01ViewController.h"
@implementation helloWorld_01ViewController
- (void)dealloc

- (IBAction)button:(id)sender {
}
@end
```

15. El código que debe escribir es: `label.text = @"Hello World!"`, pero no va a ser tan fácil porque, a medida que va escribiendo, sucede algo inesperado.

    Xcode muestra, en un menú emergente, las distintas opciones para autocompletar el código fuente introducido (véase la figura 2.15).

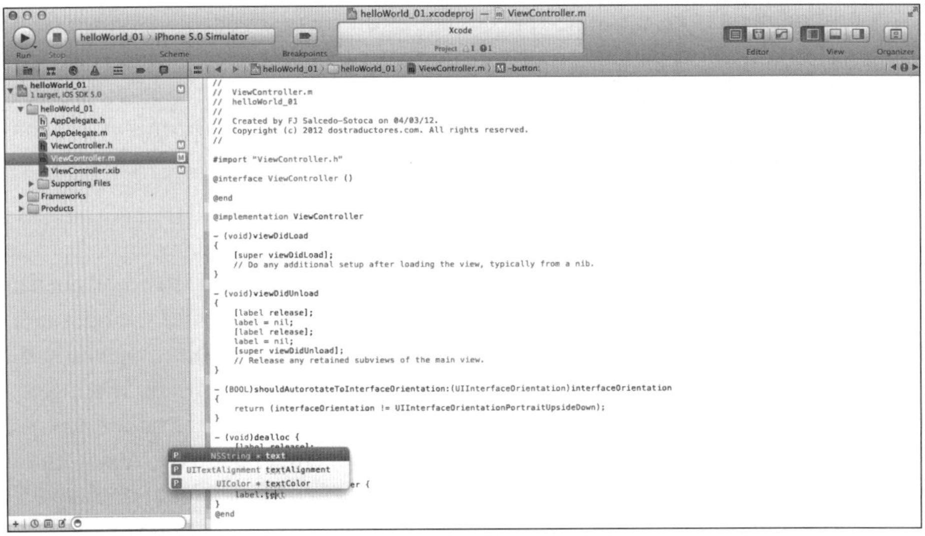

Figura 2.15. *Opciones de autocompletar.*

Si estamos de acuerdo con la opción seleccionada, no tenemos más que pulsar la tecla **Tab** y Xcode introducirá la expresión, correctamente escrita y puntuada, en el código fuente. Si la opción seleccionada no es la correcta, pero la ve más abajo en la lista, solo tiene que moverse con la tecla **Flecha abajo** hasta llegar a ella y, luego, pulsar **Tab**. Cuando acabe de escribir **label.text**, pase al punto 16.

16. Ahora tenemos que escribir **@"Hello World!"** ("¡Hola, mundo!"), que es lo que queremos decir. El código fuente debería ser tal como se muestra en la figura 2.16.

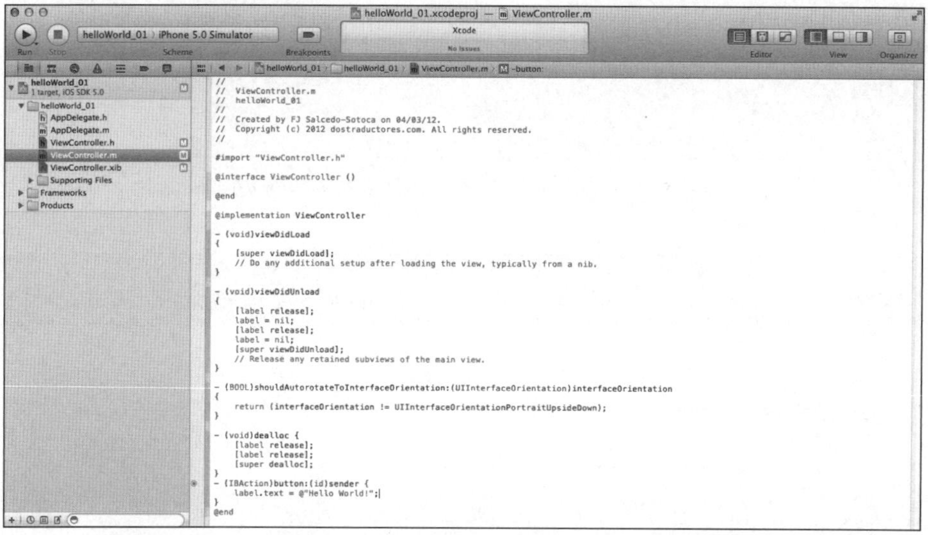

Figura 2.16. *Escribimos el texto que se mostrará detrás del signo @.*

17. Guarde su trabajo pulsando las teclas **Comando-S** o bien con el ratón en el menú File>Save (Archivo>Guardar) (véase la figura 2.17).

    Le recomiendo, no obstante, que no guarde el trabajo con el ratón y que, por el contrario, trate de hacer un hábito del uso de **Comando-S** para guardarlo a menudo. Es más rápido y se convertirá en un acto reflejo muy beneficioso para evitar perder su trabajo en caso de error. A menudo, tendrá también que guardar los archivos *header* y *nib* porque los habrá cambiado mientras lee el libro. Si un archivo está resaltado en gris, es que hay que guardarlo también.

18. Pulsamos **Comando-R** para ejecutar la aplicación, o hacemos clic en el botón **Run** (Ejecutar) como se muestra en la figura 2.18.

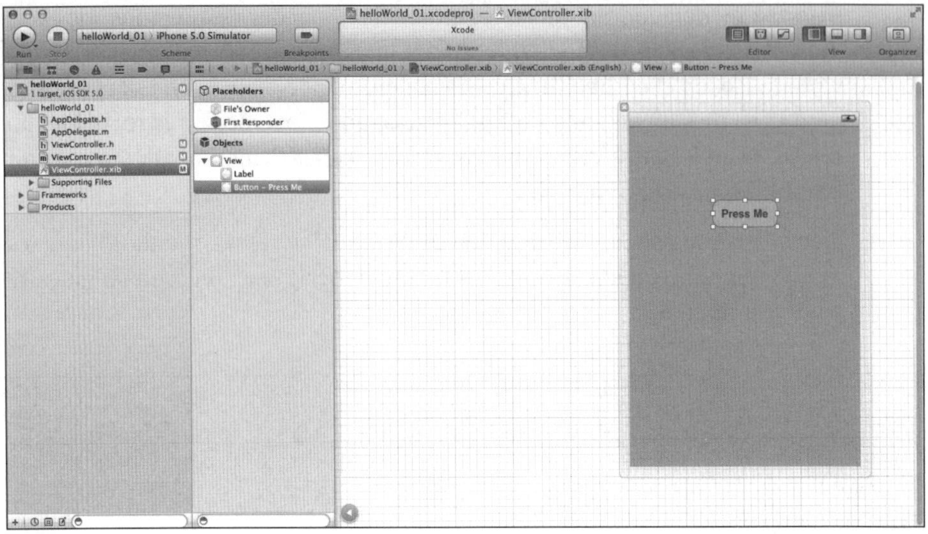

Figura 2.17. Guarde su trabajo habitualmente.

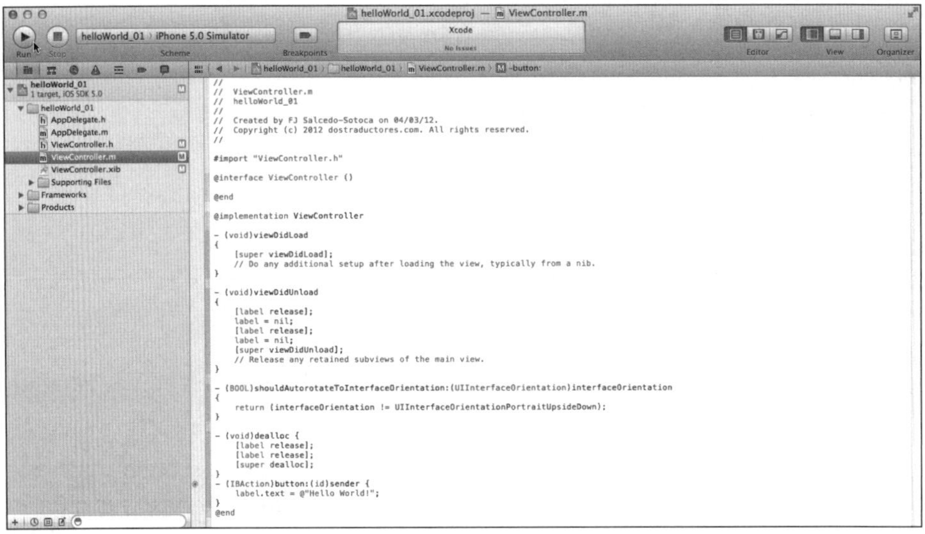

***Figura 2.18.** Comando-R o botón Run para ejecutar la aplicación.*

Como se puede ver en la figura 2.19, el Simulador iOS carga nuestra primera aplicación, espera a que pulsemos el botón y, luego, dice: "Hello World!".

¡Enhorabuena! Ha hecho algo muy especial hoy. Puede que le haya costado seguirme y que haya tenido dudas aquí y allá, pero ha dado un paso muy importante. Ha pasado de usuario de tecnología a creador de tecnología. Todavía nos quedan unas cuantas cosas por hacer, así que puede tomarse un descanso. Dedique un par de minutos a reflexionar y piense que acaba de comenzar un largo camino. En ocasiones, será difícil, pero si persevera podrá decir de sí mismo que es un programador de aplicaciones para el iPhone y el iPad.

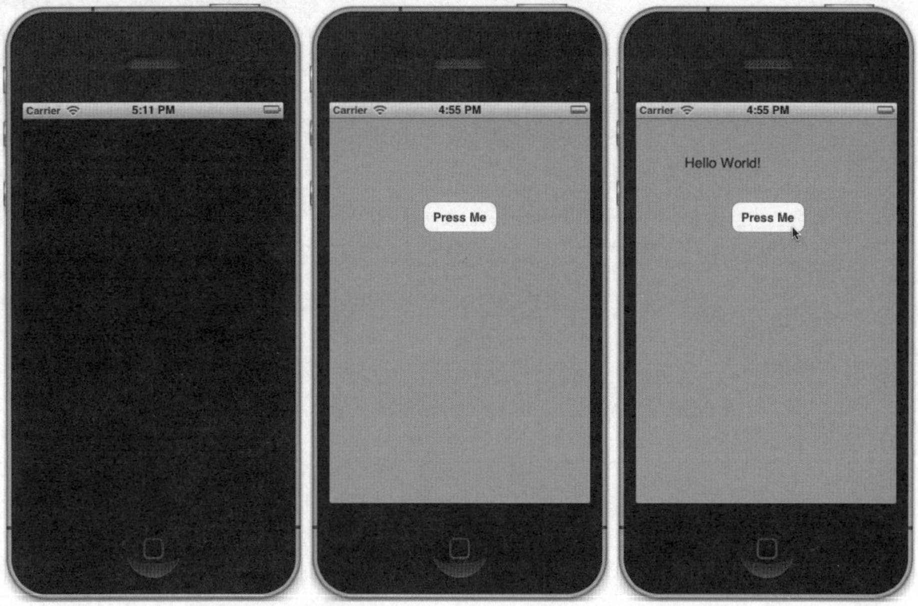

Figura 2.19. *Ejecución de la aplicación "Hello World!"*

Ejecución, en el simulador de iPad, de la aplicación que lee el entorno de iPhone

Existen dos métodos para ejecutar una aplicación de iPhone en el simulador de iPad:

- Primero, cambie el entorno en el simulador iOS. Para ello, todavía en el simulador de iPhone, haga clic en Hardware>Device>iPad (Hardware> Dispositivo>iPad) para que pueda ver cómo su primera aplicación se ejecuta como lo haría en un iPad (véase la figura 2.20). El resultado se muestra en la figura 2.21.
- El segundo método consiste en cambiar el dispositivo de salida desde el interior de Xcode. Para ello, cierre el Simulador iOS pulsando **Comando-Q**, pero asegurándose que está dentro del simulador en primer lugar. Acto seguido, irá de vuelta a Xcode.

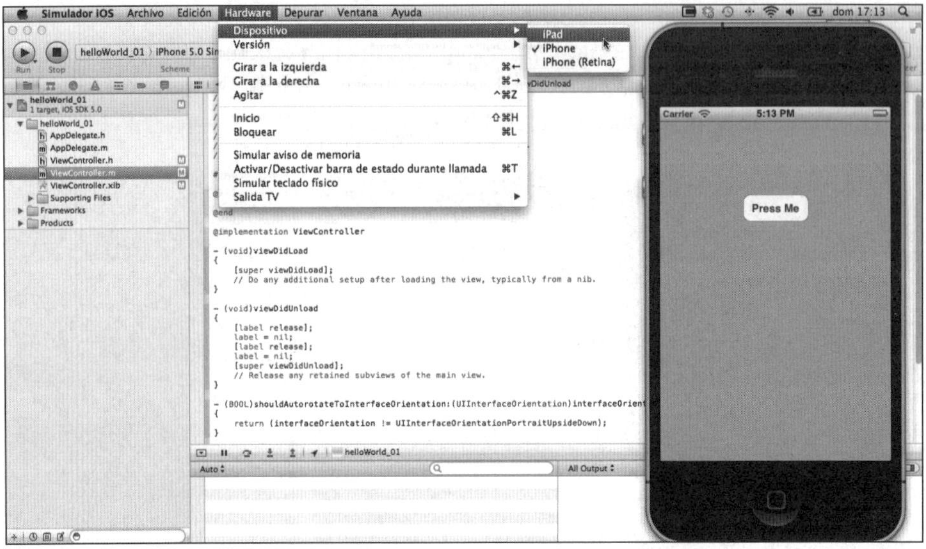

Figura 2.20. *La aplicación se ejecutará en el simulador de iPad.*

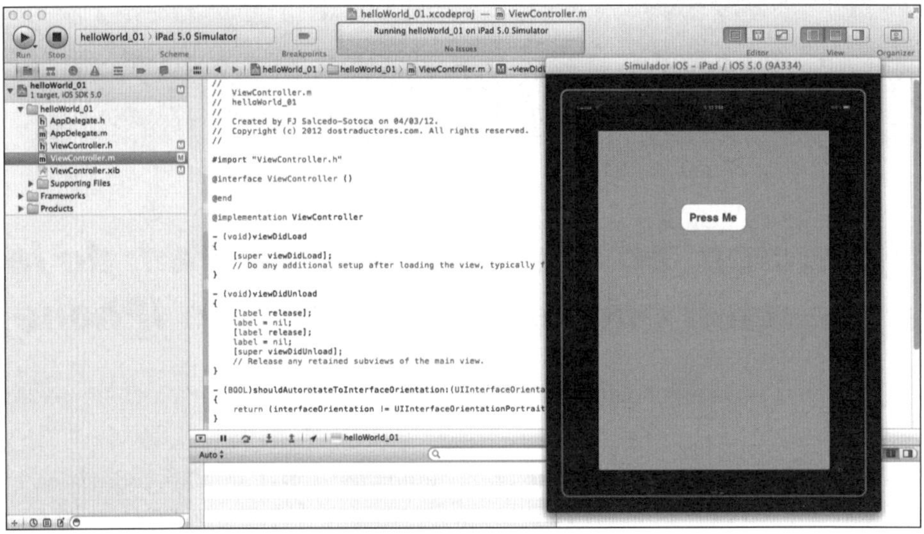

Figura 2.21. *Inicialmente, aparece en modo iPhone.*

> ***Nota:*** *Si no vuelve directamente a Xcode, significa que tiene otros programas abiertos, que es algo que le pedí expresamente que no hiciera. Para seguir el libro con exactitud, es necesario que mantenga su escritorio y programas exactamente como se le indica.*

a. Con Xcode abierto, cambie el esquema a iPad 5.0 Simulator (Simulador de iPad 5.0) en el cuadro de lista desplegable (véase la figura 2.22) que se muestra en la parte izquierda de la barra de herramientas. Puede que cuando lea este libro el número de versión del simulador haya cambiado.

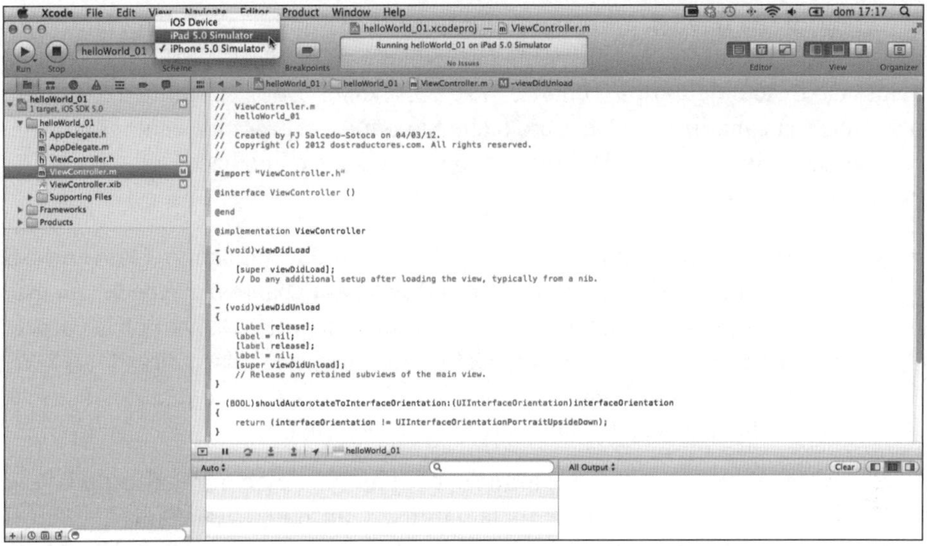

Figura 2.22. *El segundo método para ejecutar la aplicación iPhone en el iPad.*

b. Ahora pulse las teclas **Comando-R** para ejecutar la aplicación. Nuevamente, veremos los mismos resultados que en la figura 2.21.

Ejecutar la aplicación en el simulador de iPad

helloWorld_02 - iPad Simulator

Al principio del capítulo, hicimos un trato. Nos comprometimos a tomar una aplicación muy simple y ejecutarla de todas las distintas formas posibles. Concretamente, dijimos que nuestra primera aplicación se abriría en:

- El simulador de iPhone (¡Ok! figura 2.19).
- El simulador de iPad leyendo el entorno de iPhone (¡Ok! figura 2.21).
- El simulador de iPad.

En este punto ya hemos completado los dos primeros objetivos al ejecutar la aplicación en el simulador de iPhone y en el de iPad leyendo una aplicación iPhone. Sin embargo, no se trata de una verdadera aplicación para iPad. Una verdadera aplicación para iPad no se puede ejecutar en un iPhone porque incorpora gráficos y recursos con tamaños optimizados para iPad, que son demasiado grandes para la pantalla de un iPhone. En la figura 2.21, podemos ver cómo la primera imagen de la izquierda muestra la aplicación para iPhone en el interior del iPad escalada al tamaño exacto del propio iPhone. Si se pulsa en el zoom, se limita a ampliarla para llenar la pantalla del iPad, pero haciéndolo todo más grande en un modo que se ha dado en llamar "pseudoiPad". Así pues, veamos cómo hacer una aplicación específicamente para iPad.

1. Cierre la aplicación helloWorld_01 en Xcode pulsando **Comando-S** para guardar los cambios y **Comando-Q** para abandonar Xcode. En este momento, debería encontrarse en su escritorio vacío, salvo por la carpeta `helloWorld_01` que estará justo bajo el icono del disco duro de su Mac. Ahora vamos a ejecutar la aplicación helloWorld_02, que será exactamente igual a helloWorld_01 salvo por un par de pasos.
2. Abra Xcode y pulse **Comando-Mayús-N**. Seleccione Single View Application y pulse **Intro**. En la figura 2.2, introdujo **helloWorld_01** en el campo Product Name (Nombre de producto); ahora escriba **helloWorld_02** en el mismo campo. Análogamente, aquí debe elegir iPad, y no iPhone, en la lista desplegable Device Family (véase la figura 2.23). Hecho esto, le vamos a pedir que trate de recordar todos los pasos que dio con la aplicación helloWorld_01 hasta que la pudo ejecutar, después de lo cual obtendrá una aplicación que se ejecuta correctamente en el iPad.

Bien, sí, eso hemos dicho. Siempre pedimos a los estudiantes que rehagan helloWorld completamente, pero esta vez como una "verdadera" aplicación para iPad. Además, los animamos a que no consulten sus apuntes, sino que traten de hacerlo por su cuenta.

En todo caso, si tiene que consultar este libro, está bien, pero intente volver a hacer la aplicación una y otra vez, hasta que pueda realizar el proceso sin mirar.

Profundizando en el código

Al final de los capítulos, incluimos esta sección, llamada "Profundizando en el código", en la que iremos añadiendo información sobre el significado de buena parte del código que aparece en los archivos o que le pedimos que escriba. Nos hemos dado cuenta, no obstante, de que el cerebro humano establece sus propias asociaciones si continúa haciendo algo una y otra vez, y si ciertos resultados se obtienen cada vez que se repite la acción. En ese sentido, constatamos que dejar que los estudiantes pasen a través de grandes cantidades de código fuente, aun en su feliz ignorancia, resulta muy beneficioso para ellos, puesto que da oportunidad a sus cerebros para que establezcan conexiones que solo ellos pueden hacer. Así pues, aquí en "Profundizando en el código" iremos dando indicaciones sobre por qué ponemos tal código en tal sitio o en tal otro. Más adelante, según nos aproximemos al final del libro, se sentirá a sus anchas "profundizando en el código" y adentrándose en él. En este capítulo, sin embargo, no ha repetido las suficientes acciones como para comenzar a establecer sus propias asociaciones. De modo que, tómese un respiro y nos vemos en el capítulo siguiente.

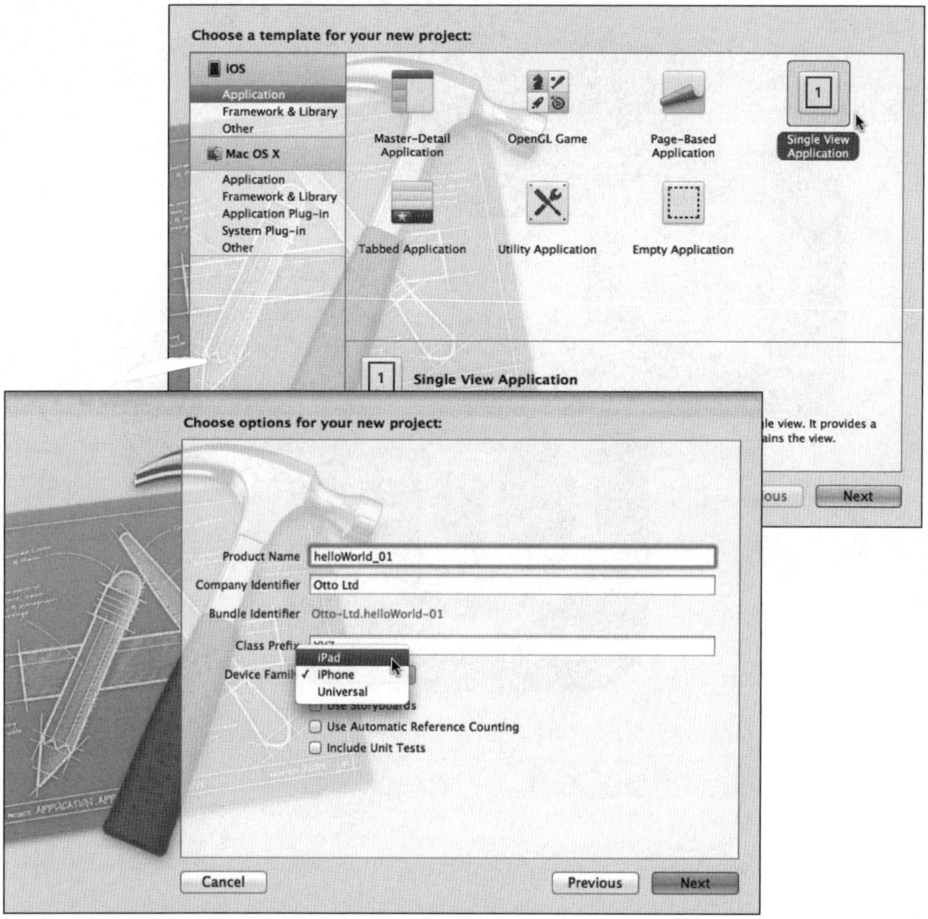

__Figura 2.23.__ Creación de la nueva aplicación para iPad.

Lite

3. Sea perseverante

Ahora que ya ha dado sus primeros pasos con la programación de dos aplicaciones para iOS, repítase a sí mismo que tiene que perseverar con más aplicaciones y más práctica para afianzar las nuevas conexiones neuronales. Al principio, muchos de nuestros colegas informáticos más tradicionales mostraban su desdén por este enfoque que consiste en obligar a los novatos a manejar código fuente prácticamente a ciegas y casi sin explicación alguna. Los años nos han enseñado cuándo es oportuno explicar las cosas y cuándo es mejor adentrarse en el código sin contemplaciones. Y lo que es más importante, tiene que ser perseverante y mantener su cerebro sintonizado con Xcode.

Esta tercera aplicación "Hello World!" sirve de introducción para conceptos nuevos como *Strings*, *Delegates* y un código de mayor complejidad. Recuerde que eso es Objective-C, un lenguaje de programación realmente complejo y difícil, así que solo le explicaremos lo que consideremos necesario. Esto pone de manifiesto un diferencia entre los capítulos 2 y 3. Si recuerda, en el epígrafe final del capítulo 2, "Profundizando en el código", dijimos que no se habían repetido las suficientes acciones como para que pudieran dar lugar a sus propias asociaciones. Pues bien, en este capítulo, comenzaremos realmente a introducirnos en el código. Así que, vamos ya con la siguiente aplicación. Cuando haya terminado, descanse y prepárese para volver con ella y revisar determinadas líneas del código fuente sobre las que nos centraremos, así como para ver cómo funciona todo el conjunto.

helloWorld_03. Una aplicación de tipo Single View Application

En los dos primeros programas, helloWorld_01 y helloWorld_02, dijo "Hello World!" desde una aplicación Single View Application (Aplicación de una sola vista) que tenía un solo botón. Esta tercera aplicación será también una Single View Application, pero algo más compleja. Cuando un usuario interaccione con ella, en primer lugar, se le pedirá que escriba su nombre en un campo de texto u objeto Text Field (Campo de texto). Cuando lo haya hecho, tendrá que pulsar el botón **Press Me** (Púlseme) y se mostrará un texto que indicará que el nombre de la persona dice "Hello World!".

Antes de comenzar con el siguiente método, tiene que guardar helloWorld_01 y helloWorld_02 en una carpeta que "no" esté en el escritorio. Para ello, puede crear una carpeta llamada `My Programs` en su carpeta `Documentos` y arrastrar allí las carpetas de los proyectos helloWorld_01 y helloWorld_02. Ahora, con el escritorio completamente vacío, cierre todas las demás aplicaciones que pudieran estar abiertas. Para ello, pulse las teclas **Comando-Tab** y **Comando-Q** para cerrar todo hasta que solo permanezca abierto el Finder.

1. Ahora, al igual que hicimos en el primer ejemplo, abrimos Xcode y, en él, un proyecto nuevo con las teclas **Comando-Mayús-N**. En su pantalla, debería ver el asistente para proyectos nuevos mostrado en la figura 3.1. Podría ser que la plantilla de aplicación Single View Application estuviese seleccionada por defecto, seguramente a causa de los ejemplos anteriores. Si esto no fuera así, haga clic en el icono Single View Application y después en el botón **Next**.

2. Introduzca el nombre **helloWorld_03** en el campo Product Name (Nombre de producto). En el campo Company Identifier (Identificador de empresa) debería aparecer automáticamente el nombre de su licencia de Xcode. Recuerde que helloWorld_02 se creó para el iPad, así que el cuadro de lista desplegable Device Family (Familia del dispositivo) aún podría mostrar el valor iPad. En cualquier caso, asegúrese de que, para helloWorld_03, esté configurado con el valor iPhone. Si las casillas Use Storyboard (Utilizar Storyboard), Use Automatic Reference Counting (Utilizar conteo de refe-

rencia automática) e Include Unit Tests (Incluir test de unidad) estuvieran marcadas por defecto, elimine la marca de selección. Hecho esto, y cuando su pantalla sea como la de la figura 3.2, haga clic en el botón **Next**.

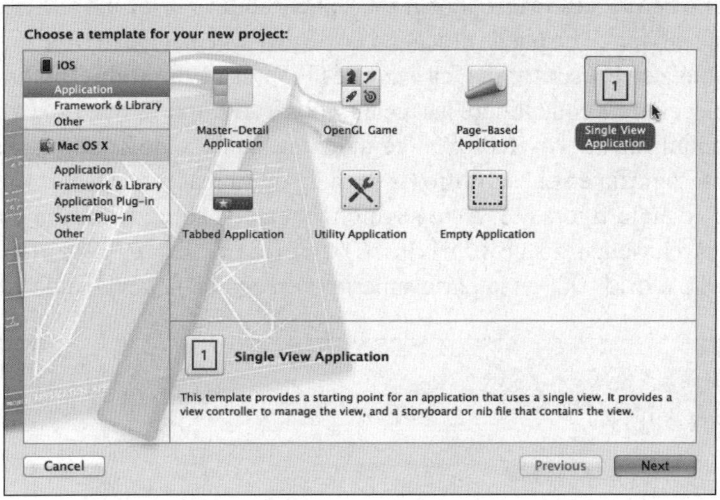

Figura 3.1. *Seleccionamos Single View Application.*

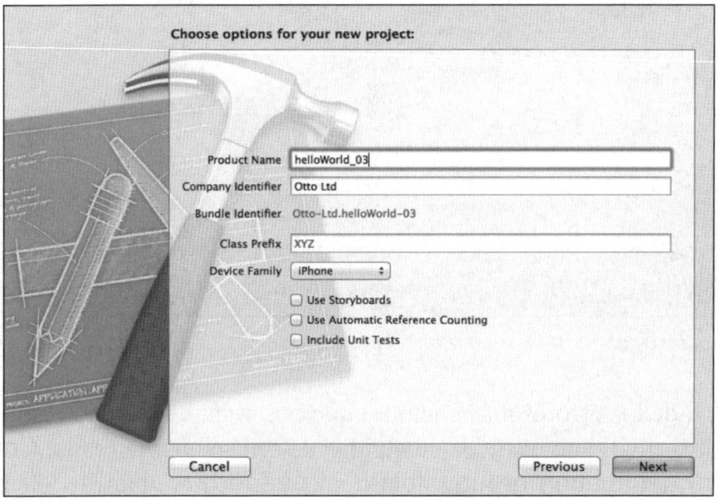

Figura 3.2. *Dé nombre al proyecto, asegúrese de que se trata de un proyecto para iPhone y haga clic en el botón Next.*

3. Para este trabajo, se suele pedir a los estudiantes que se hagan una foto, la recorten con un tamaño de 320x480 y la guarden en un archivo con formato `.png`. De este modo, es posible asociar los nombres con las caras más

rápidamente. Para los lectores de este libro que no sean nuestros alumnos: háganse una foto, o utilicen una de su mascota, recórtenla en 320x480 y guárdenla en el escritorio como un archivo `.png`.

Si no tiene acceso a un editor gráfico, puede utilizar la misma foto empleada en este proyecto. La puede descargar en página Web del libro (`DrLewis.png`). Sitúela en el escritorio. Una vez esté allí, pulse **Comando-Tab** hasta que se seleccione Xcode, libere las teclas y observe cómo Xcode pasa a ocupar su pantalla de nuevo. Reduzca ligeramente el tamaño de Xcode para acceder a la fotografía en el escritorio (la suya, la de su mascota o la del autor) como se ve en la figura 3.3. Acto seguido, haga clic sobre la misma y arrástrela a la carpeta `helloWorld_03/Supporting Files` del proyecto helloWorld_03, en la parte superior derecha de la ventana de Xcode.

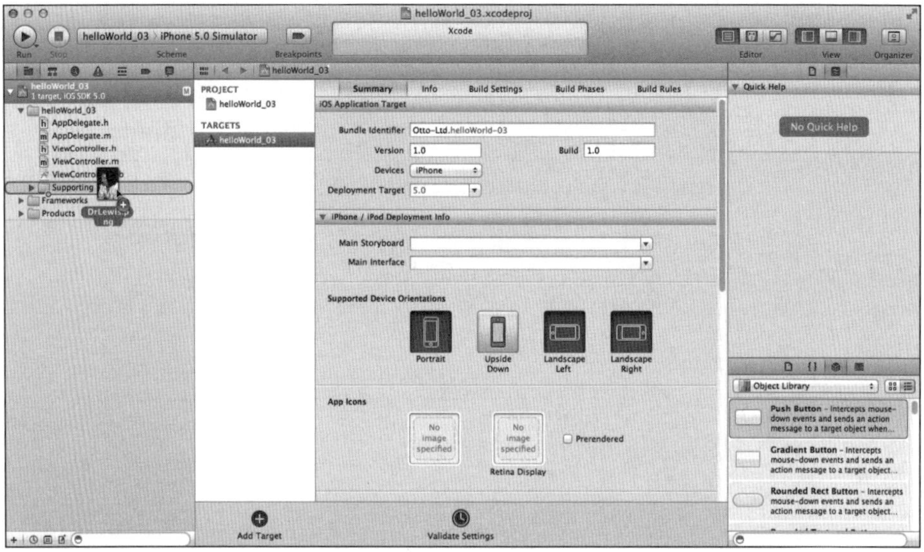

Figura 3.3. Arrastre la imagen a la carpeta Supporting Files (Archivos de soporte).

4. Uno de los errores más comunes que observamos entre los estudiantes es muy sencillo de resolver: se olvidan de seleccionar la casilla Copy items into destination group's folder (if needed) (Copiar los elementos en la carpeta de grupo de destino (si es necesario)). Si olvidamos marcar dicha casilla de verificación cuando importamos un archivo en la carpeta `Supporting Files` (Archivos de soporte), tendremos aún una falsa sensación de seguridad porque todo parecerá ir bien cuando arrastremos el icono del archivo a la carpeta. Así, aunque en apariencia hayamos guardado el recurso, una imagen en este caso, en `Supporting Files`, no es así en

realidad y la imagen sigue sin moverse del escritorio. Lo que sucede es que se crea un vínculo, *Pointer Reference* (puntero de referencia), con la imagen del escritorio, que le dice a Xcode dónde buscarla cada vez que hace falta. Cada vez que se abre Xcode, el vínculo actúa indicando el lugar correcto en el que está el archivo, mientras el proyecto siga en el ordenador que tiene el archivo en el escritorio. ¿Qué sucede cuando un confiado estudiante guarda su trabajo en un archivo zip y lo envía para su evaluación? Pues que el proyecto falla, y el estudiante, suspende. Ello es debido a que el vínculo *Pointer Reference* vuelve a indicar a Xcode que el archivo gráfico está en el escritorio, pero eso no es así puesto que se trata de otro ordenador; en este caso, el del profesor que va a poner un suspenso.

Para evitar eso, se debe seleccionar la casilla Copy items into destination group's folder (if needed) (Copiar los elementos en la carpeta de grupo de destino (si es necesario)). De ese modo, Xcode incorporará el archivo físicamente en el proyecto en vez de confiar en un *Pointer Reference*. Así, cuando se guarde el proyecto y se envíe al profesor, éste comprobará que todos los archivos de los recursos están en su lugar, ahí donde Xcode irá a buscarlos cuando le hagan falta. Bien, no olvide marcar la casilla Copy items into destination group's folder (if needed) (Copiar los elementos en la carpeta de grupo de destino (si es necesario)) después de arrastrar la imagen a la carpeta `Supporting Files` (véase la figura 3.4) y haga clic en **Finish** (Finalizar).

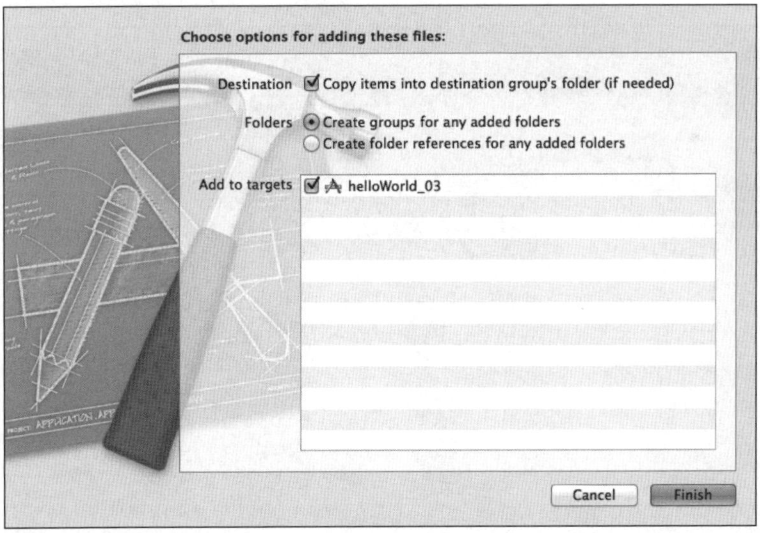

Figura 3.4. *Marque la casilla Copy items into destination group's folder (if needed) (Copiar los elementos en la carpeta de grupo de destino (si es necesario)).*

Nota: *Es muy probable que se esté preguntando por qué dan siquiera la opción. Daremos aquí una respuesta sencilla que satisface casi todos los supuestos. Supongamos que está diseñando un juego o programa que tiene una base de datos con millones y millones de archivos, películas, personajes o respuestas posibles de un jugador a las preguntas del juego y que dicha base de datos es demasiado grande para un iPhone o iPad. En este caso, no marcaría la casilla* Copy items into destination group's folder (if needed) *(Copiar los elementos en la carpeta de grupo de destino (si es necesario)) y haría que el puntero de referencia señalase la URL en la que se encontrara la base de datos.*

Creación de la interfaz de usuario

Ya está listo para comenzar a arrastrar y soltar elementos sobre el área de diseño de la vista, la imagen que el usuario ve cuando mira a su iPhone.

5. Para ello, abra el archivo *nib* (`.xib`) igual que hizo con las dos aplicaciones anteriores, es decir, seleccione el archivo `ViewController.xib` en la carpeta `helloWorld_03` del proyecto helloWorld_03 (véase la figura 3.5).

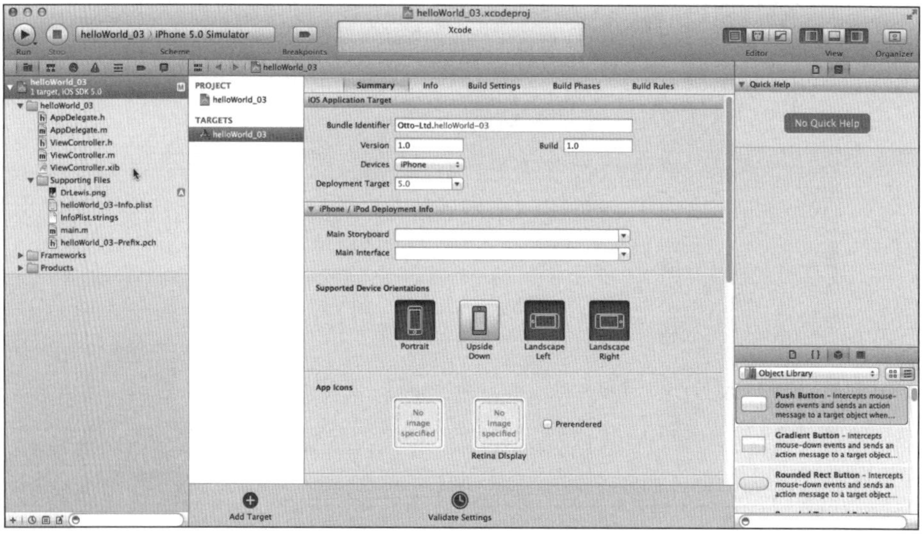

Figura 3.5. *Abra el archivo nib.*

6. Necesitará sitio en Xcode, así que primero cierre la vista Navigator (Navegador), porque no la necesitará de momento, y después abra la vista Utilities (Utilidades) para que pueda ver las herramientas e iconos necesarios para "vestir" la aplicación. En la figura 3.6, puede ver el cursor sobre el botón que cierra, y abre, la vista Navigator en el grupo View (Vista).

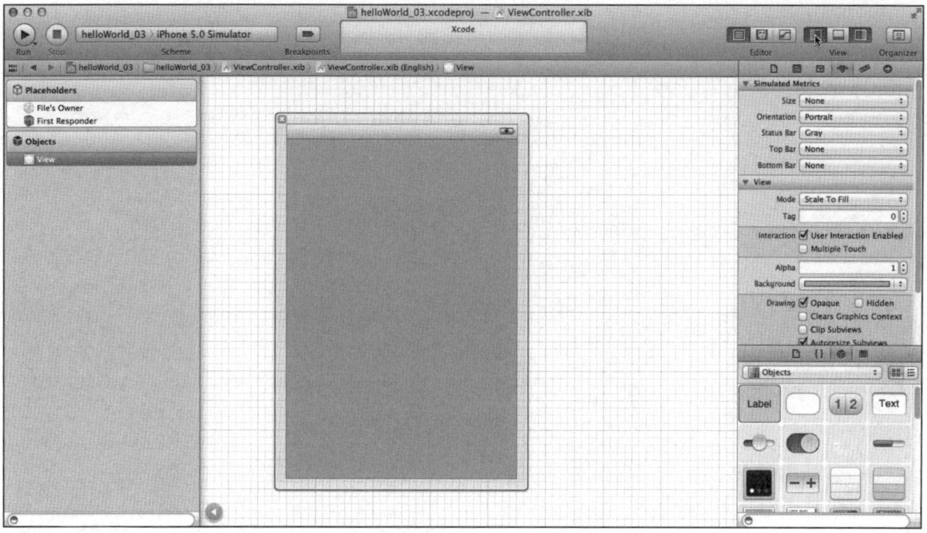

Figura 3.6. *Cierre la vista Navigation View.*

7. Con el panel Utilities del grupo View abierto (véase la figura 3.7), asegúrese de que en la parte inferior se muestran los iconos. Para ello, haga clic en el tercer icono por la izquierda, Show the object library (Mostrar la biblioteca de objetos) de la barra de herramientas. En este caso, en el panel superior, está seleccionado el icono Show the Attributes inspector (Mostrar el inspector de atributos). Después haga clic en el primer icono, Icon View (Vista de iconos) a la derecha del cuadro de lista desplegable Objects (Objetos). La vista debería ser como la de la figura 3.7. Seleccione el control UIImageView y arrástrelo a la ventana de diseño.

   Para situar la imagen que queremos poner al fondo, bajo los botones y las etiquetas de texto, se precisa un objeto UIImageView.

8. Recuerde la imagen que depositó en la carpeta `Resources` (Recursos) en la figura 3.3. Ésa será la que mostrará UIImageView. Para ello, asegúrese en primer lugar de que tiene seleccionado el inspector de atributos haciendo clic en el icono Show the Attributes inspector (Mostrar el inspector de atributos) que está justo bajo el grupo View (Vista) en la esquina superior

derecha de la ventana de Xcode. Con este inspector abierto, haga clic en el cuadro de lista desplegable Image (Imagen) de la sección Image View (Vista de imagen) y que arrastró en su momento a la carpeta `Resources` (véase la figura 3.8). Selecciónelo y observe cómo aparece la imagen en la ventana de diseño.

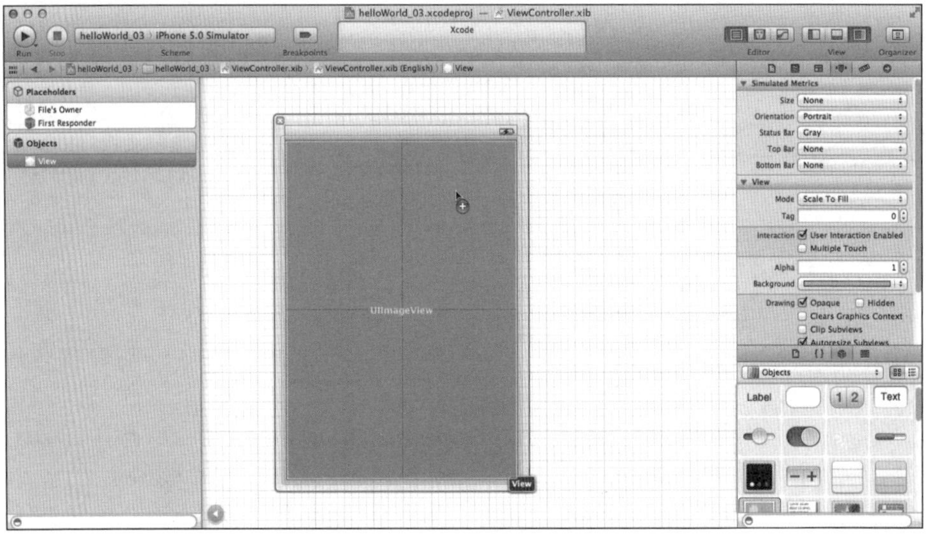

Figura 3.7. Arrastre UIImageView sobre la ventana de diseño.

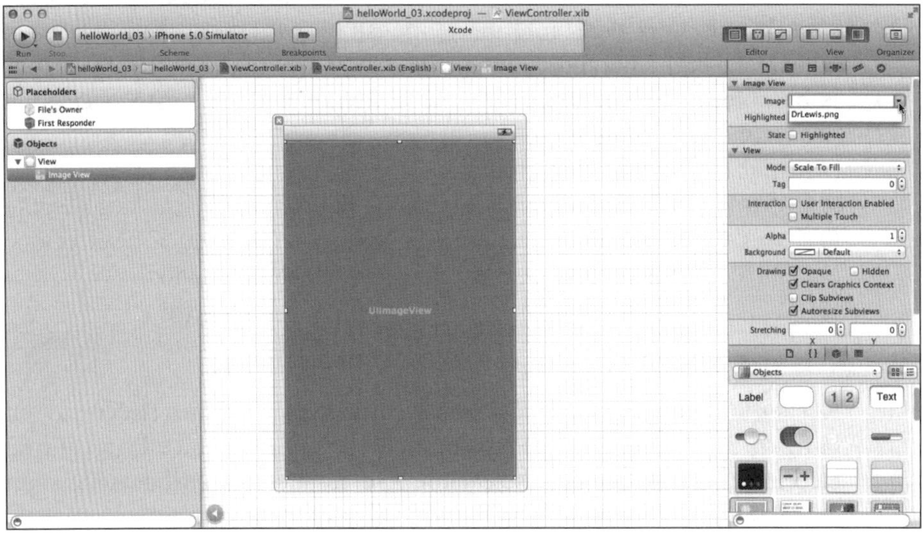

Figura 3.8. Asocie la imagen con el objeto UIImageView.

9. Arrastre un objeto Button (Botón) desde la biblioteca hasta la ventana de diseño y sitúelo en la parte inferior (véase la figura 3.9). Asegúrese de que está centrado.

Figura 3.9. *Arrastre un botón a la ventana de diseño.*

Solo como recordatorio, diremos que, cuando se haga clic sobre este botón, el código invocará una acción que tomará el nombre que el usuario haya introducido en un campo de texto, objeto Text Field (Campo de texto) y lo mostrará en una etiqueta seguido del texto "Hello World!" ("¡Hola, mundo!").

10. Nada más soltar el objeto, haga doble clic sobre el mismo y escriba **Press Me** (Púlseme), tal como hizo en los dos ejemplos anteriores. Ahora regrese a la biblioteca y arrastre un objeto Text Field (Campo de texto) sobre la ventana de diseño. Sitúelo cerca del borde superior (véase la figura 3.10) centrado. Recuerde que el texto que escriba el usuario se enviará a la etiqueta cuando pulse el botón **Press Me**.

11. Después de centrar el objeto Text Field (Campo de texto) y ampliarlo en la ventana de diseño, haga clic en el mismo y diríjase al Attributes inspector (Inspector de atributos). En el campo Text (Texto) introduzca el texto que desee mostrar en el objeto Text Field (Campo de texto), en este caso **Enter Your Name** (Introduzca su nombre), puesto que deseamos que el usuario escriba su nombre. Por último, centre el texto del interior haciendo clic en el icono central del control Alignment (Alineación) (véase la figura 3.11).

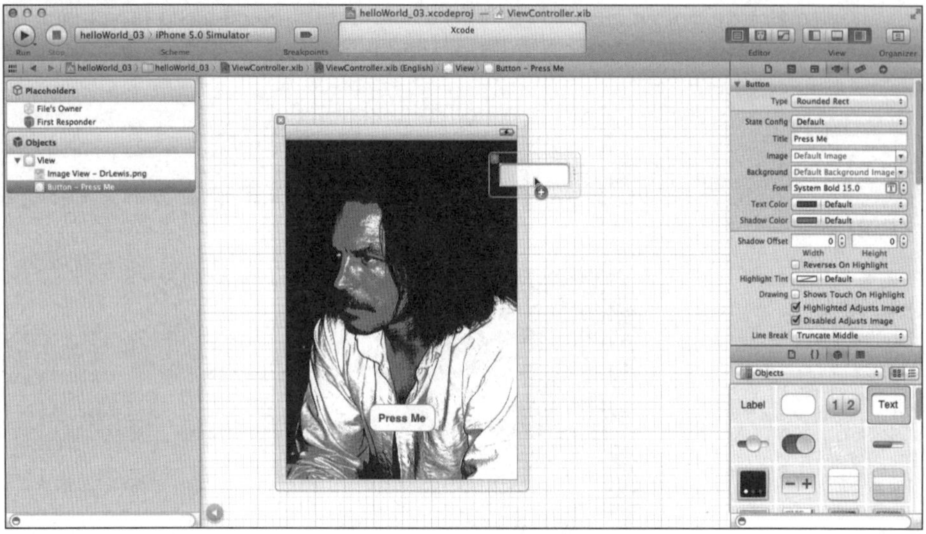

Figura 3.10. *Escriba "Press Me" y, luego, arrastre un campo de texto a la ventana de diseño.*

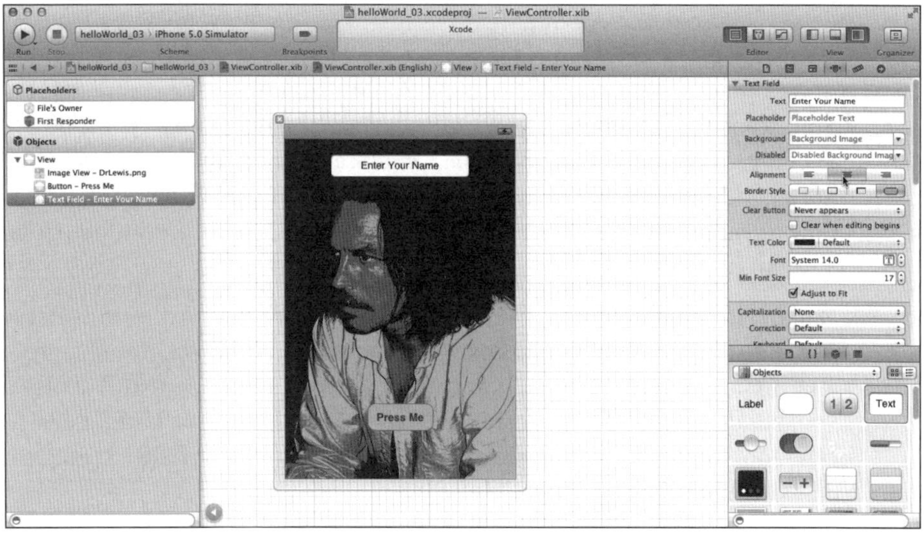

Figura 3.11. *Centre el objeto Text Field, introduzca el texto "Enter Your Name" y haga que aparezca centrado en el campo.*

12. Cuando el usuario comienza a escribir, el texto de solicitud debe desaparecer. Para asegurarse por partida doble de que esto sea así, en primer lugar mantenga visible el botón de limpiar el campo de texto (el familiar botón gris redondo con un aspa blanca en el centro). De este modo el usuario

podrá eliminar el texto de solicitud en cualquier momento. Para ello, en primer lugar, seleccione la casilla de verificación Clear when editing begins (Borrar cuando comience la edición). Después seleccione la opción Appears unless editing (Aparece salvo durante la edición) en el cuadro de lista desplegable Clear Button (Botón borrar). Por último, seleccione la opción Done (Hecho) en el cuadro de lista desplegable Return Key (Botón de retorno) para sustituir el texto **Return** (Retorno) por **Done** (Hecho) en el botón (véase la figura 3.12).

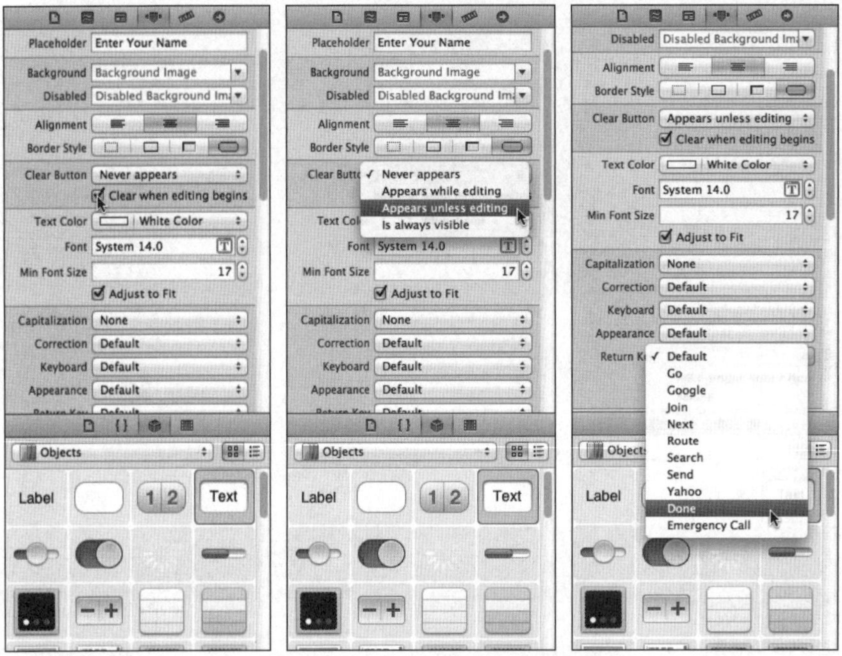

Figura 3.12. *Pasos para eliminar el texto de solicitud del campo de texto.*

13. Cuando el usuario introduzca su nombre en el campo de texto y pulse el botón **Press Me** (Púlsame), el sistema debería mostrar el nombre y el texto predeterminado en una etiqueta. Como aún no ha situado un objeto Label (Etiqueta) en la ventana de diseño, hágalo ahora arrastrándolo desde la biblioteca como en la figura 3.13.

14. Sitúe el objeto Label (Etiqueta) justo bajo Text Field (Campo de texto), céntrelo y amplíelo estirando de ambos lados hasta que aparezca la guía de centrado. Éste es el método más rápido de ampliar y centrar al mismo tiempo. Después centre el texto que aparecerá dentro de la etiqueta. Según el color de la imagen del fondo, deberá cambiar el color del texto que

se mostrará en la etiqueta para que destaque convenientemente. En este caso (figura 3.14), el color de debajo del texto era negro, así que el del texto debería ser blanco. Para ello, seleccionamos Table Cell Grouped Background Color (Color de fondo de la celda de tabla agrupada) en el cuadro de lista desplegable Text Color.

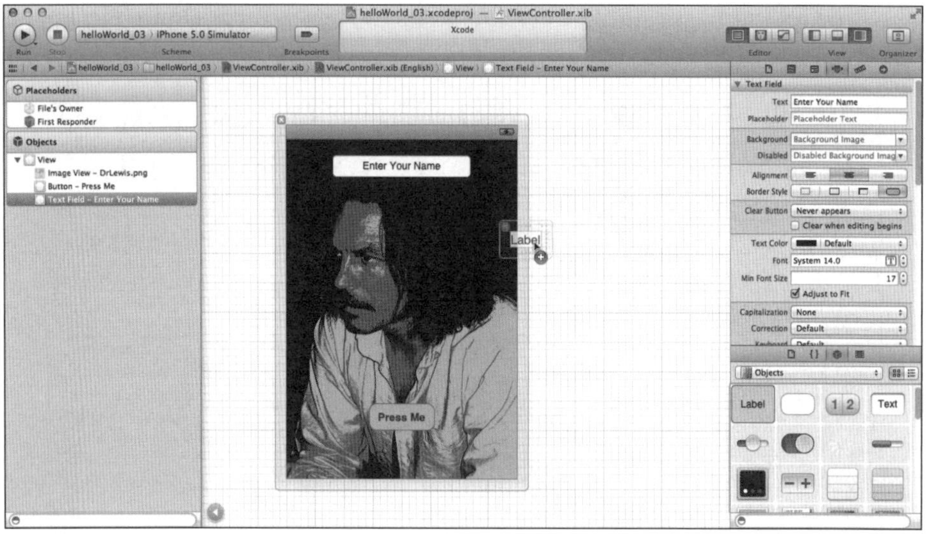

Figura 3.13. *Arrastre una etiqueta hacia la ventana de diseño.*

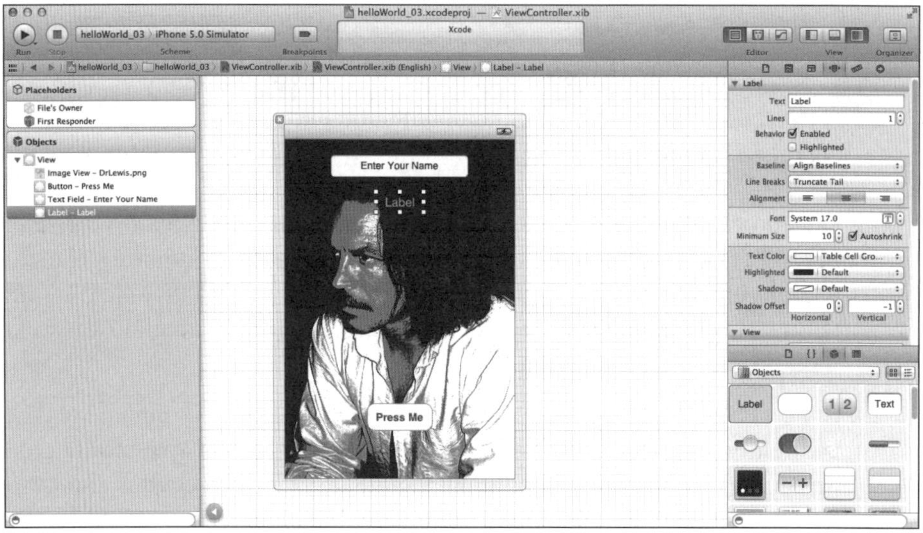

Figura 3.14. *Centre y amplíe la etiqueta. Cambie el color del texto a blanco.*

Conectar el código

Bien, ya sabe arrastrar objetos desde la biblioteca hasta el área de diseño. Es hora de conectar dichos objetos con File's Owner (Propietario del archivo) para poder así asociarlos al código.

15. Una de las propiedades más interesantes de Xcode 4 es el Assistant editor (Editor asistente) que muestra los archivos y páginas, *counterparts*, de forma muy ingeniosa. Haga clic en el botón central del grupo Editor (Editor) para invocar a Assistant editor (véase la figura 3.15). Observará que la disposición del programa cambia. Si selecciona el botón izquierdo de Editor, se abrirá el Standard editor (Editor estándar) que presenta una vista igual a la de versiones anteriores.

Figura 3.15. *Abra el Assistant Editor (Editor asistente).*

> ***Nota:*** *Puede utilizar métodos abreviados para abrir los editores. Por ejemplo,* ***Opción-Comando-Intro,*** *para el* Assistant Editor *(Editor asistente), y* ***Comando-Intro,*** *para el* Standard Editor. *Existen miles de métodos abreviados. Algunos son muy utilizados, mientras que otros no salen de los libros y los blogs especializados. Mencionamos estos dos porque, pese a la juventud del programa Xcode 4, hemos visto que se utilizan con gran naturalidad.*

16. Como puede ver, regresamos a la pantalla, ya conocida, que muestra el Interface Builder con el archivo de cabecera centrados en la ventana. Aquí podrá asociar *Outlets* (enchufes) y *Actions* (acciones) con los botones y las etiquetas que haya depositado en la ventana de diseño. Haga clic en la caja de texto y, manteniendo pulsada la tecla **Control**, arrástrela sobre el archivo de cabecera. Déjela entre las dos llaves (véase la figura 3.16). Si la llevara sobre un área equivocada, Xcode no mostraría el indicador de inserción (caja de texto blanco sobre fondo gris oscuro).

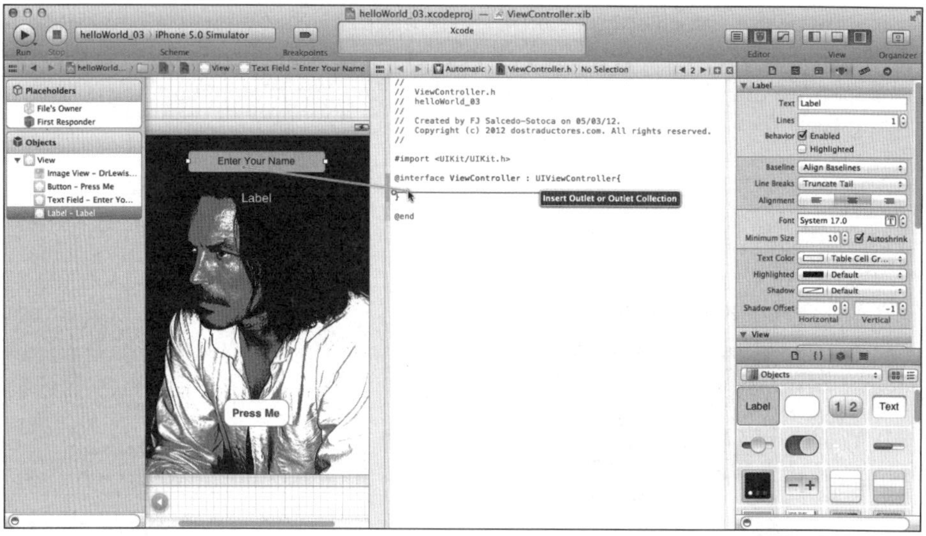

Figura 3.16. *Arrastre la caja de texto sobre el archivo de cabecera.*

17. Cuando vea aparecer el indicador de inserción al pasar sobre el área entre las dos llaves, suelte el botón del ratón. Xcode muestra un cuadro de diálogo en el que le indicaremos que el elemento debe ser un Outlet (Enchufe) seleccionándolo en el desplegable Connection (Conexión), y como ése es el valor por defecto, no lo modificaremos. Más adelante explicaremos qué es un *Outlet*, por el momento basta con que introduzca un nombre para el elemento en el campo Name (Nombre), en este caso **textBox** (véase la figura 3.17). Hecho esto, haga clic en el botón **Connect** (Conectar) y observe cómo se genera el código para el *Outlet*.

18. Haga clic en el interior de la etiqueta y arrástrela, manteniendo pulsada la tecla **Control**, sobre el archivo de cabecera. Déjela por debajo del *outlet* textBox. Arrastre hasta que aparezca el indicador de inserción como en la figura 3.18.

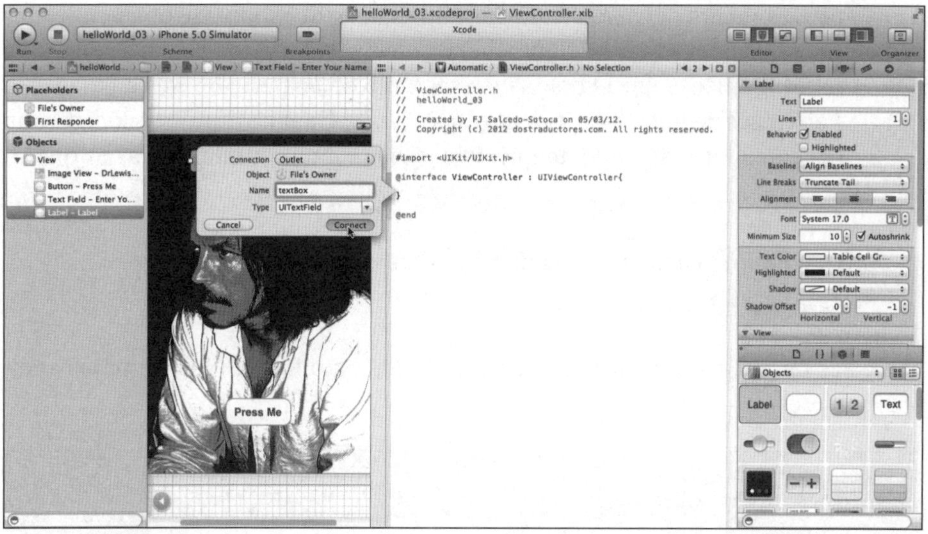

Figura 3.17. Especifique el tipo de conexión en el cuadro de diálogo.

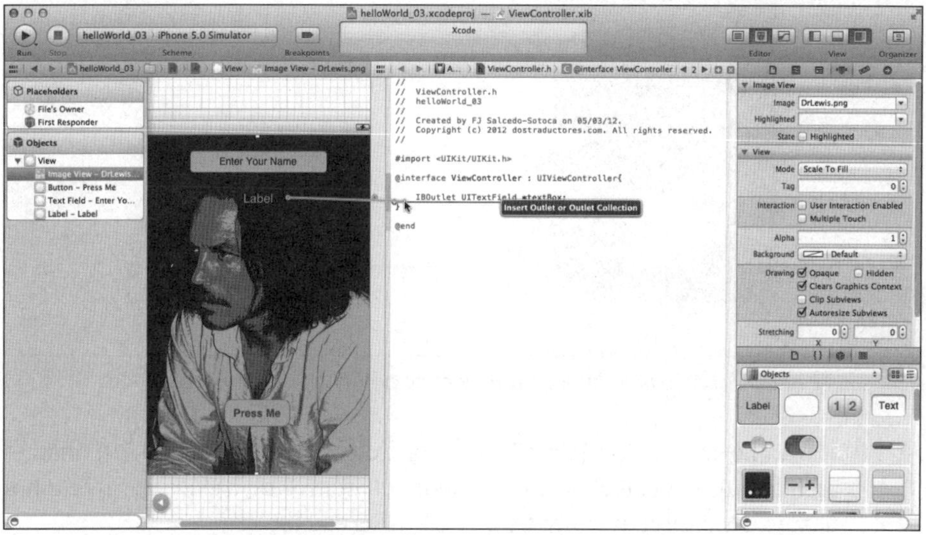

Figura 3.18. Arrastre la etiqueta sobre el archivo de cabecera.

19. Haga lo mismo que con textBox cuando aparezca el cuadro de diálogo. Mantenga la opción Outlet (Enchufe) en el cuadro de lista desplegable Connection (Conexión) y limítese a introducir el nombre en el campo Name (Nombre), en este caso **label** (véase la figura 3.19). Del mismo modo, cuando haga clic en **Connect** (Conexión), observará cómo aparece el

código fuente del *outlet* de forma automática, de modo que obtenemos dos líneas de código sin escribir nada, una para el *outlet* textBox y la otra para label. Si piensa que el botón va a ser también una acción, está en lo cierto. Pero antes veamos algo más de estos *outlets*. Cuando mire este código, aun sin entenderlo del todo, lo que debe saber sobre estas dos líneas es que

```
IBOutlet UITextField *textBox;
```

es un *outlet* hacia una caja de texto llamada textBox, y que

```
IBOutlet UILabel *label;
```

es un *outlet* hacia una etiqueta label, tal como hizo en los ejemplos anteriores.

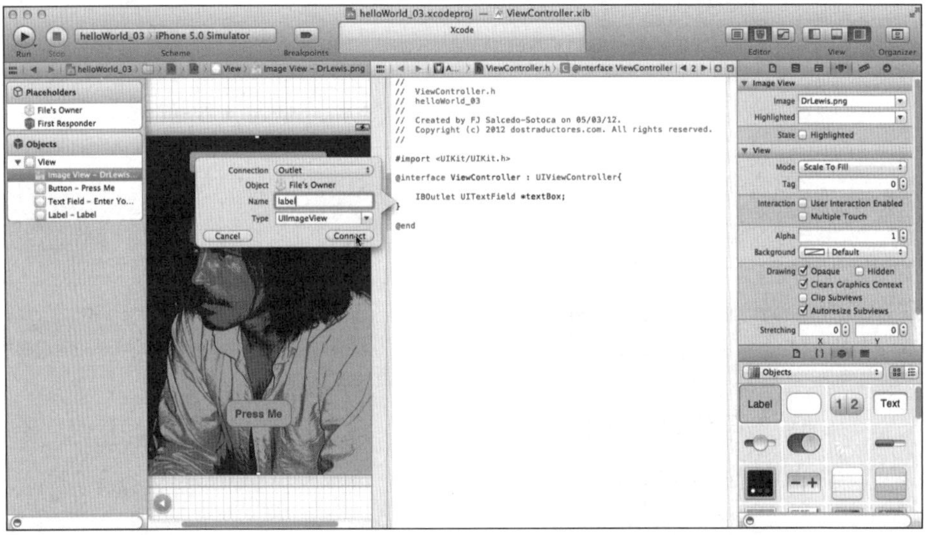

Figura 3.19. *Especifique el tipo de conexión en el cuadro de diálogo.*

20. Haga clic en el botón **Press Me** y arrástrelo (véase la figura 3.20), manteniendo pulsada la tecla **Control**, sobre el archivo de cabecera. Sitúelo por debajo de la directiva `@interface` y las dos llaves.

21. Arrastre hasta que vea aparecer el indicador de inserción como se muestra en la figura 3.21.

    Como puede observar, al arrastrar este elemento, Xcode sabe que las opciones que puede elegir son tres, y no dos, y así lo muestra en el indicador de inserción. Éste ofrece ahora una tercera opción, Action. Cuando esté situado debajo de la llave de cierre, suelte el botón del ratón.

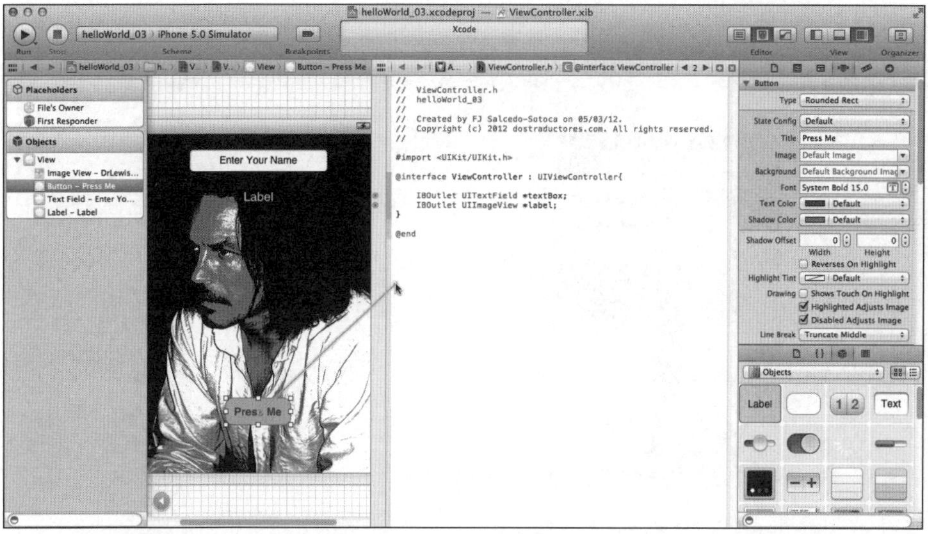

Figura 3.20. *Arrastre el botón Press Me con la tecla Control pulsada.*

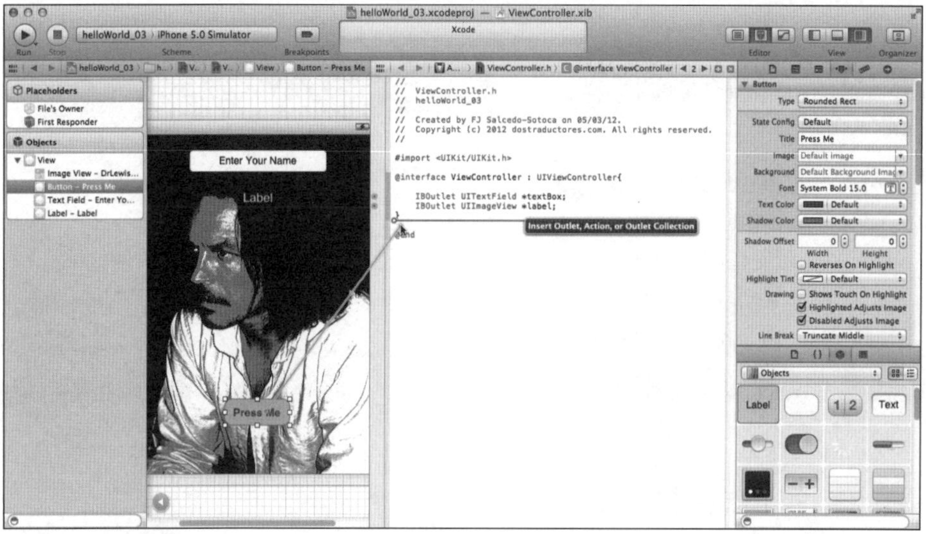

Figura 3.21. *El indicador de inserción presenta ahora tres opciones.*

22. Lo primero que tiene que hacer aquí es cambiar el tipo de conexión en el cuadro de lista desplegable Connection (Conexión) y seleccionar Action (Acción) (véase la figura 3.22). Es lo mismo que hicimos antes con Outlet.

23. Después de cambiar este botón de Outlet a Action, introduzca el nombre **button** en el campo Name (véase la figura 3.23).

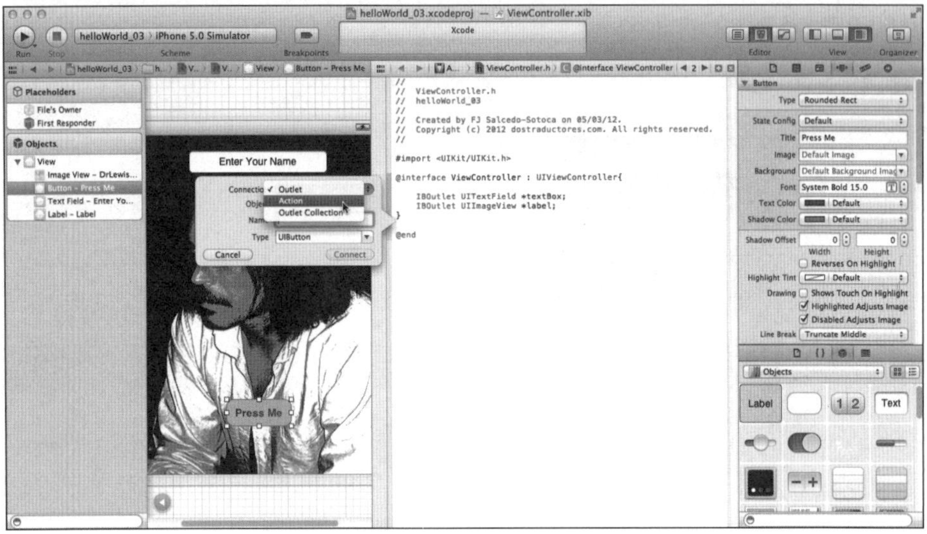

Figura 3.22. *Seleccione Action (Acción) en el cuadro de lista desplegable Connection (Conexión).*

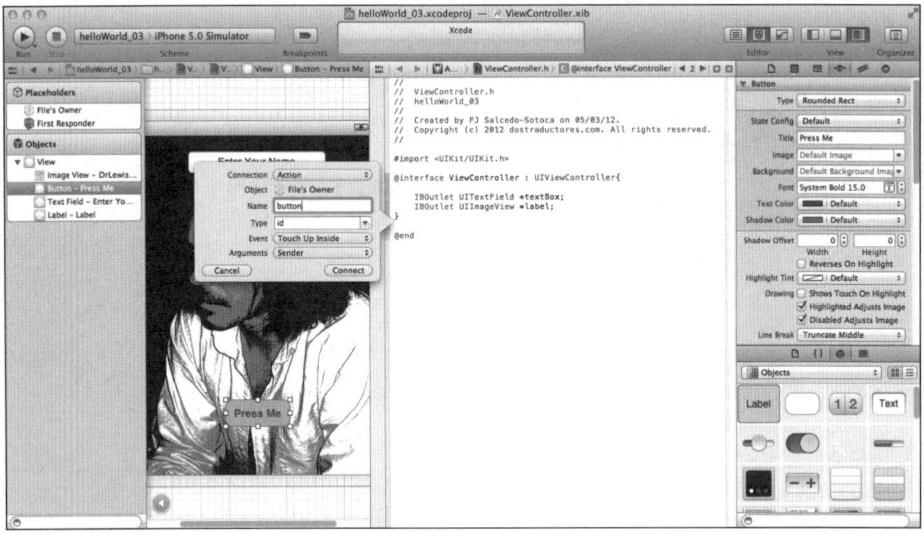

Figura 3.23. *Llame a esta acción button (botón) y haga clic en el botón Connect (Conectar).*

Después haga clic en el botón **Connect** (Conectar) y aparecerá el código siguiente:

```
- (IBAction)button:(id)sender;
```

LEA EN VOZ ALTA

Hablemos de este código brevemente. Lo que le voy a pedir es lo mismo que pido a mis alumnos en clase, es decir, que lea los siguiente tres veces a viva voz:
Esto se llama "método" y podría haberlo nombrado de cualquier otra forma, por ejemplo ***monkey*** *(mono). Si lo hubiera hecho así, habría quedado de ese modo:*

```
- (IBAction)monkey:(id)sender;
```

Solo debe saber dos cosas acerca de este método llamado `monkey`*. La primera es que tiene un "tipo de retorno", y la segunda, que tiene un "argumento".*

- *Que* `monkey` *tenga tipo de retorno quiere decir que nos va a devolver algo. En este caso, diremos que: "el tipo de retorno de* `monkey` *es* `IBAction`*". Lea en voz alta el código en negrita:*

  ```
  - (IBAction)monkey:(id)sender;
  ```

- *El argumento de* `monkey` *es de tipo* `(id)`*, que en nuestro caso señala, a través de* `sender`*, al botón que arrastramos sobre el archivo de cabecera en la figura 2.23. Lea en voz alta el código en negrita:*

  ```
  - (IBAction)monkey:(id)sender;
  ```

Bien, ahora puede tomarse un respiro. Ya hemos terminado de analizar el código por el momento. También hemos terminado con el archivo de cabecera y podemos pasar al archivo de implementación.

Cómo evitar un error molesto

Pero antes de pasar al archivo de implementación, debemos hacer limpieza.

24. Como ha podido ver, Xcode es capaz de hacer cosas muy reseñables. Sin embargo, en el momento de escribir este libro, sucede que ciertos programadores se tropiezan con un error muy irritante. Existe, por tanto, la posibilidad de que esto se haya solucionado para cuando lea el libro.

    Cierre el Assistant editor (Editor asistente) como se muestra en la figura 3.24 y después abra de nuevo el panel Utilities (Utilidades).

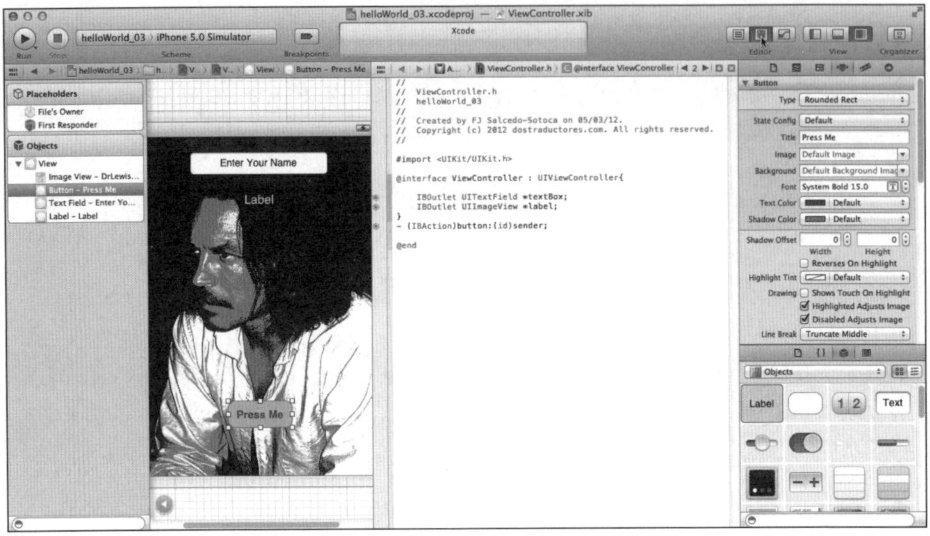

Figura 3.24. Cierre el Assistant editor.

25. La manera que ha tenido de conectar los objetos desde el Interface Builder directamente al código ha resultado muy entretenida, salvo porque parece que no podemos confiar todo lo que se ha de conectar a los ingenieros de Apple, todavía. Así pues, haga clic en la caja de texto y arrástrela, manteniendo pulsada la tecla **Control**, hasta File's Owner (Propietario del archivo) (véase la figura 3.25). Si no conectamos esto al delegado, obtendremos un error muy irritante llamado SIGABRT. Esto quiere decir que Xcode va a abortar el proceso porque no puede conectar. Realmente, son malas noticias, pero la buena noticia es que se puede evitar este error.

26. Cuando se aproxime a File's Owner con el cursor, aparecerá un menú contextual gris oscuro que le indicará que ya ha conectado File's Owner con el botón y el delegado. Pero ya sabe que eso no es así, que todavía lo tiene flotando por ahí. Lo que quiere es conectar textBox con el delegado. Para ello, ponga el cursor directamente sobre él y, cuando se active, suelte el botón del ratón (véase la figura 3.26).

    Hecho esto, habrá conectado todos los elementos que ha arrastrado a la ventana de diseño con el archivo de cabecera. Técnicamente, se dice que todas las *actions* y *outlets* están ahora funcionalmente conectadas. No solo suena bien, sino que, más o menos, sabe lo que está haciendo. Ha llevado botones, cuadros de texto y etiquetas a la vista de la aplicación. Después los ha conectado para que funcionen, o bien como *outlets*, o bien como *actions*. Ahora tendrá que escribir cierta cantidad de código donde sea necesario.

Figura 3.25. *Conecte el cuadro de texto al delegado. En primer lugar, active textBox y comience a arrastrarlo manteniendo pulsada la tecla Control.*

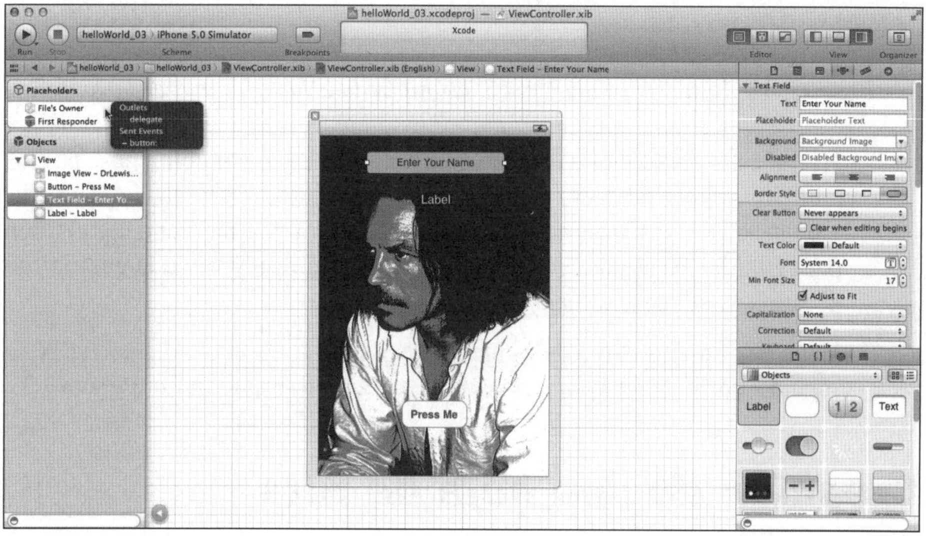

Figura 3.26. *Cuando se aproxime a File's Owner querrá conectarlo al delegado.*

Configurar el entorno para escribir código

Antes de introducir el código fuente, es necesario hacer unos pocos deberes más.

27. En primer lugar, tendrá que configurar su pantalla de forma óptima para escribir código. Para ello, haga clic en el botón **Navigator** (Navegador). Luego, haga clic en el botón **Standard editor** (Editor estándar) (el botón izquierdo del grupo Editor (Editor)) (véase la figura 3.27).

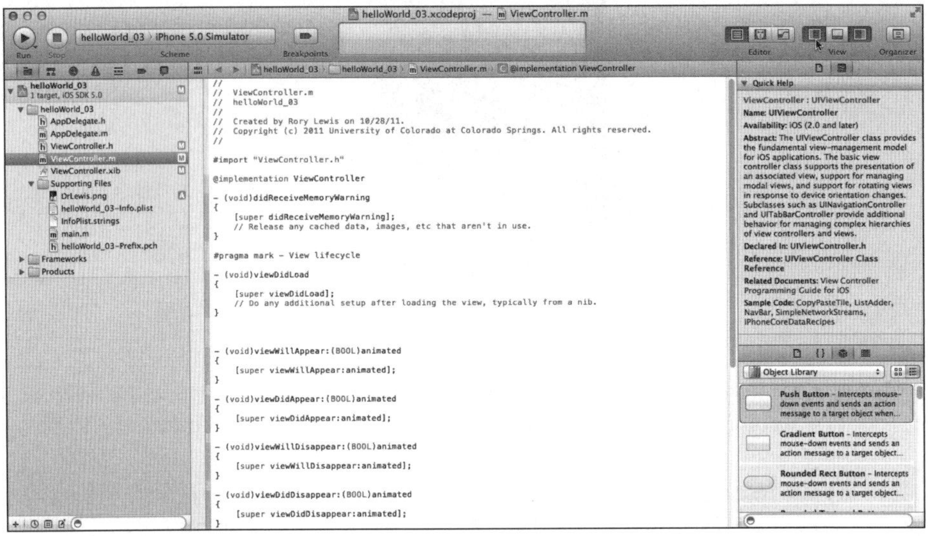

Figura 3.27. *Abra el Navigator y el Standard Editor. No olvide guardarlo todo.*

Hecho esto, afiance el hábito de guardar su trabajo. Para ello, pase por los archivos *nib*, de cabecera y de implementación, que aparecen ahora en gris, y pulse las teclas **Comando-S** para guardarlos. Y por favor, no use el ratón para guardar. Si alguna vez lo contrata una empresa y ven que guarda con el ratón, se reirán a carcajadas..., hablo en serio.

28. Haga clic en el archivo de implementación `ViewController.m`. Acto seguido, borre el método `viewDidUnload` como se muestra en la figura 3.28.

Creación de una hoja de ruta para programar

Ahora está listo para empezar a introducir código fuente que haga algo útil.

29. En este punto, veremos dos asuntos que encierran un gran interés: el primero es qué y dónde está programando, y el segundo, establecer una hoja de ruta que lo guíe mientras escriba su primer fragmento de código (véase la figura 3.29).

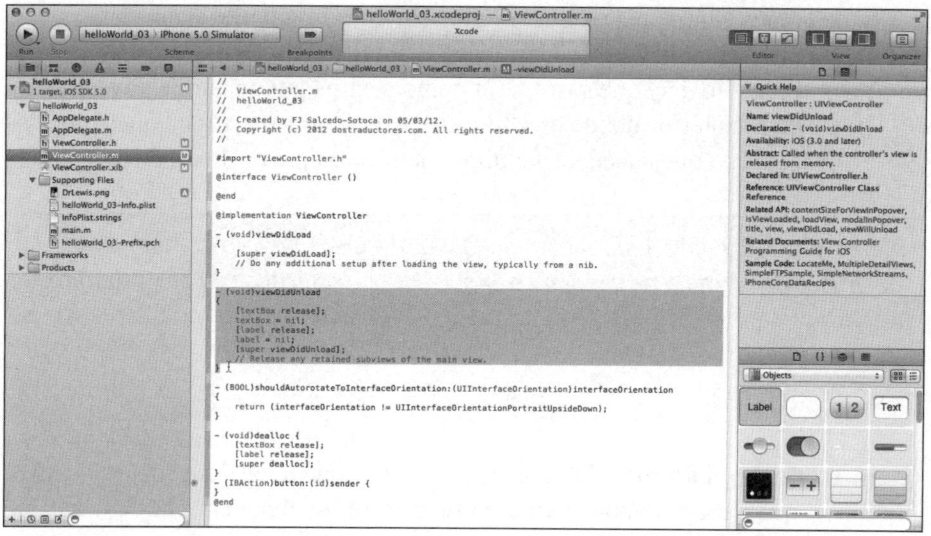

Figura 3.28. Abra ViewController.m y elimine el método viewDidUnload.

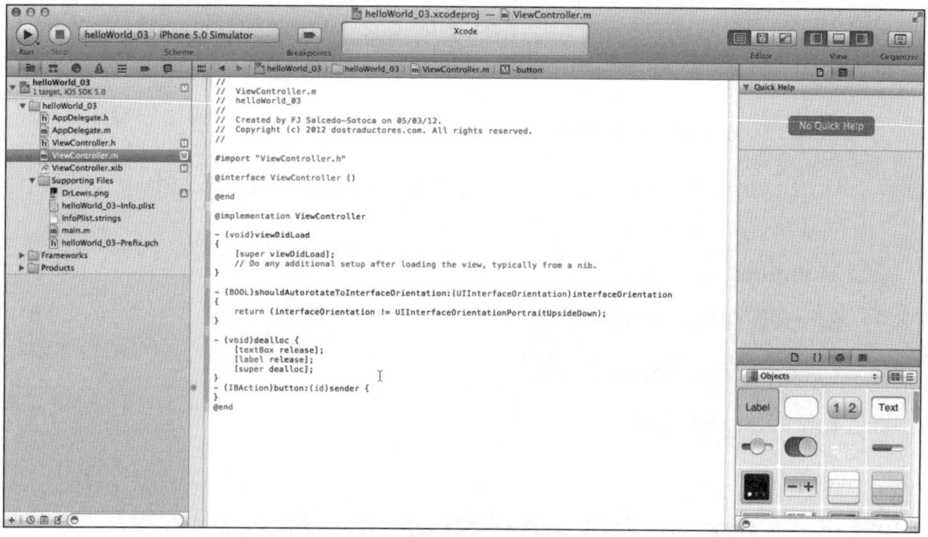

Figura 3.29. El método IBAction vacío, antes de empezar a programar el comportamiento del botón.

- **Observe "qué" está programando:** En las figuras 3.22 a 3.24, puede ver que existe el método `(IBAction)button:(id)sender{...}`, que es bastante similar a la acción instanciada al arrastrar una *action*, conectada al botón desde Interface Builder, al archivo de cabecera. La única diferencia es que en el archivo de implementación tendrá que programar lo que sucederá cuando alguien pulse el botón en la pantalla. Para ello, hay que sustituir el punto y coma por un par de llaves, y será en su interior donde escribirá con exactitud las instrucciones precisas sobre lo que sucederá siempre que alguien pulse el botón.

Nota: *Explicaremos esto dos veces. La primera, como un resumen, y después, de la manera específica que hemos desarrollado para programadores novatos en Objective-C. Esto será algo que repetiremos bastante a lo largo del libro. La realidad es que funciona bastante bien, así que tenga confianza y síganos por el camino.*

- **La hoja de ruta:** Su hoja de ruta indica que tiene dos cadenas de texto que deberá llamar **Name** y **Output**, respectivamente. `Name`, de tipo `NSString`, recibe el texto que el usuario introducirá en `textBox`. Después limpia `Output`, también `NSString`, y permite que reciba el texto desde `NSString`. Después de situarlo delante de ":says Hello World!", envía esto a `Label` para que el usuario pueda verlo. Por último, limpia `Output NSString`.

El código se divide en 5 pasos:

1. Crear las cadenas de texto, *strings*, para manejar la entrada y salida de texto.
2. Manipular el texto.
3. Mostrar el trabajo realizado.
4. Labores de mantenimiento.
5. Librarse del teclado.

Paso 1: crear las cadenas de texto para manejar la entrada y salida de texto

En primer lugar, tendrá que escribir dos instrucciones `NSString` entre las llaves. Lo que hará será crear dos cadenas de texto de tipo `NSString`, a las que llamará **Name** y **Output**, respectivamente. `NSString *Name` guardará el texto que el usuario escriba en el cuadro de texto, `textBox`. `NSString *Output` no contendrá nada, es decir, se limpia forzando el valor `nil` en su interior. Los asteriscos, `*`, representan punteros que señalan hacia direcciones de memoria que albergarán los contenidos de las `NSString`.

```
- (IBAction)button:(id)sender {
   NSString *Name = textBox.text;
   NSString *Output = Nil;
}
```

Paso 2: manipular el texto

Bajo las dos instrucciones `NSString` debe escribir la línea `Output`, que se muestra aquí en negrita:

```
- (IBAction)button:(id)sender {
   NSString *Name = textBox.text;
   NSString *Output = Nil;
   Output = [[NSString alloc] initWithFormat:@"%@ says: Hello World!",
Name];
}
```

Una vez haya escrito esto, observe `%@` en el código siguiente:

```
@"%@ says: Hello World!", Name];
```

Esto queda descrito en forma progresivamente más técnica en lo que sigue:

- El símbolo `@%` pone algo dentro de `Name` antes de **"says: Hello World!"**.
- El símbolo `@%` pone el texto en una dirección de memoria señalada por `Name` y, luego, copia ese texto de la memoria y lo inserta antes de **"says: Hello World!"**.
- El símbolo `@%` pone el texto localizado en memoria por el puntero `Name` y, luego, copia ese texto de la memoria y lo inserta antes de **"says: Hello World!"**.
- El símbolo `@%` pone la cadena de `*Name` antes de **"says: Hello World!"**.

No está mal. Como ve, el texto pasa de una descripción en lenguaje corriente a otra eminentemente técnica. En clase, solemos desafiar a los estudiantes para que se organicen en grupos y traten de establecer definiciones cada vez más técnicas.

Antes de pasar a lo siguiente, le encargo que explique la progresión anterior a una persona cercana que no sepa nada de ordenadores. Léale los cuatro puntos y, cuando se le escape algo, explíqueselo con sus propias palabras. Aprenderá mucho con este ejercicio.

Lo siguiente que debe hacer es fijarse en `[[NSString alloc] initWithFormat:@`, en la línea:

```
[[NSString alloc] initWithFormat:@"%@ says: Hello World!", Name];
```

Veamos:

- `[[NSString alloc] initWithFormat:@` coloca el texto que dice "***alguien* says: Hello World!**" de forma comprensible para los seres humanos.
- `[[NSString alloc] initWithFormat:@` coloca todas esas señales eléctricas en el microprocesador del iPhone utilizando el código que los ingenieros de Apple escribieron en su código `initWithFormat`, el cual convierte el lenguaje máquina que representa la frase "***alguien* says: Hello World!**" en texto comprensible para los seres humanos.

Una vez haya convertido todo lo utilizado para decir "***alguien* says: Hello World!**", en texto, lo almacena en `Output`, como se puede ver en el código siguiente:

```
Output = [[NSString alloc] initWithFormat:@"%@ says: Hello World!", Name];
```

Paso 3: mostrar el trabajo realizado

Lo siguiente es llevar el texto almacenado en `Output` a la pantalla del dispositivo del usuario. Los estudiantes suelen decir, llegados a este punto, que ya está todo hecho, pero eso no es así. El texto está flotando en el microprocesador, y lo queremos en la pantalla para que el usuario lo lea. Para eso hemos creado un lugar perfecto en la figura 3.13.

Ahora deberá poner el texto almacenado en `Output` en el objeto `label`. Para ello, introduzca la siguiente línea de código:

```
label.text = Output;
```

Lo que acaba de hacer aquí es acceder a algo llamado "propiedad del texto", la ha configurado con lo que quiera que se guarde en `Output` y, luego, la muestra en la pantalla en el interior de `label`.

```
- (IBAction)button:(id)sender {
    NSString *Name = textBox.text;
    NSString *Output = Nil;
    Output = [[NSString alloc] initWithFormat:@"%@ says: 'Hello World!", Name];
    label.text = Output;
}
```

Paso 4: labores de mantenimiento

Aunque no tiene que preocuparse por eso ahora mismo, es necesario ocuparse de las pérdidas de memoria. Una de las razones más comunes por las que se rechazan aplicaciones para iTunes Store es porque tienen pérdidas de memoria. Se trata de un tema complejo, que no veremos por ahora. Solo debe saber que el término `alloc` que se ha utilizado significa que después tendrá que liberar memoria. No sería mala idea añadir un comentario del tipo:

```
//Liberar el objeto.
```

Después libere efectivamente la memoria que ocupa el objeto, con la sentencia:

```
[Output release];
```

De este modo, el código debería quedar como sigue:

```
- (IBAction)button:(id)sender {
   NSString *Name = textBox.text;
   NSString *Output = Nil;
   Output = [[NSString alloc] initWithFormat:@"%@ says: 'Hello World!", Name];
   label.text = Output;
   [Output release];
}
```

Paso 5: librarse del teclado

Cuando el usuario introduzca su nombre y pulse el botón **Done** (Hecho), sería de esperar que el teclado desapareciera de la pantalla. Para ello, debe escribir un pequeño fragmento de código. Esto se realiza implementando un tipo especial de método delegado llamado `textFieldShouldReturn`. En este momento, no es preciso que se preocupe de los delegados, primeros respondedores, etc. Todo lo que debe saber es que este código reasigna el primer respondedor, su teclado y el campo de texto activo (en el que se está escribiendo el nombre), y lo guarda entre sus herramientas para reutilizarlo cada vez que sea necesario retirar el teclado.

```
- (BOOL) textFieldShouldReturn:(UITextField *)theTextField{
   [textBox resignFirstResponder];
   return YES;
}
@end
```

Ya ha terminado con el código por ahora. Puede sentirse orgulloso. Lo hemos guiado por las procelosas aguas del código fuente Objective-C, y si siente que no ha comprendido todo, no se apure. Objective-C es un lenguaje increíblemente difícil, y el hecho de que todavía esté leyendo esto indica que lo está haciendo bien. Recuerde que, a medida que vaya haciendo más y más ejemplos de este tipo, todas las piezas encajarán en su sitio. Para aquellos que hayan entendido todo de la forma en que se lo hemos presentado, nuestras felicitaciones.

30. La figura 3.30 muestra completo el método del botón y el método `textFieldShouldReturn` mientras se está introduciendo, de forma que se puede observar la función de autocompletar de Xcode.

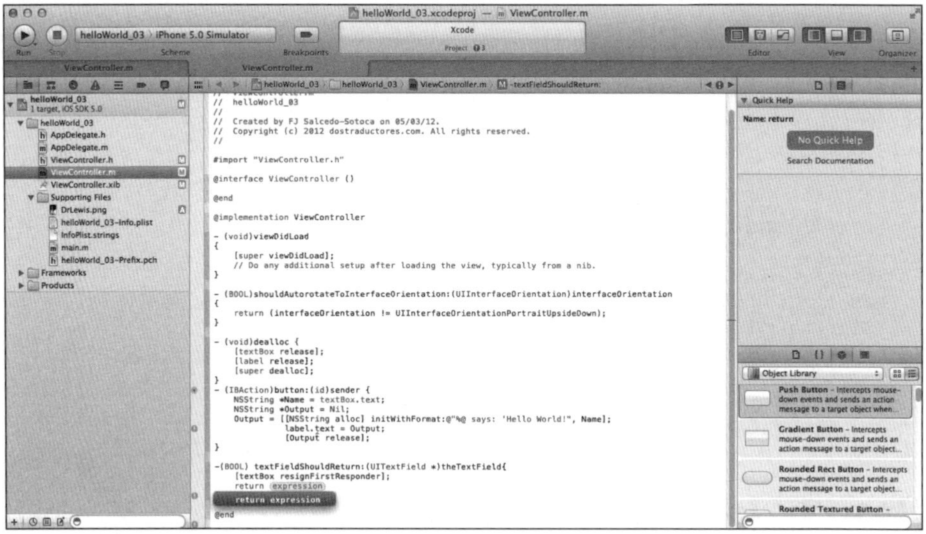

Figura 3.30. *Código fuente del método delegado textFieldShouldReturn.*

31. En primer lugar, asegúrese de guardar todo. Luego, si ejecutó la última aplicación en su dispositivo físico, deberá cambiar el objetivo a iPhone 5.0 Simulator (Simulador de iPhone 5.0), como se aprecia en la figura 3.31.

32. Ha trabajado muy duro en este ejemplo, y ahora es hora de observar los frutos de su labor. Haga clic en el botón **Run** (Ejecutar), como se muestra en la figura 3.32, y vea cómo su aplicación cobra vida.

33. Si está utilizando su foto, obviamente será esta la que aparezca como fondo en la pantalla. Observe las cuatro imágenes de la figura 3.33, en orden de izquierda a derecha:

    a. La primera imagen muestra el cuadro de texto con el texto de petición del nombre del usuario.

    b. Cuando el usuario pulsa sobre el cuadro de texto, el texto de petición desaparece de la vista y se muestra el teclado.

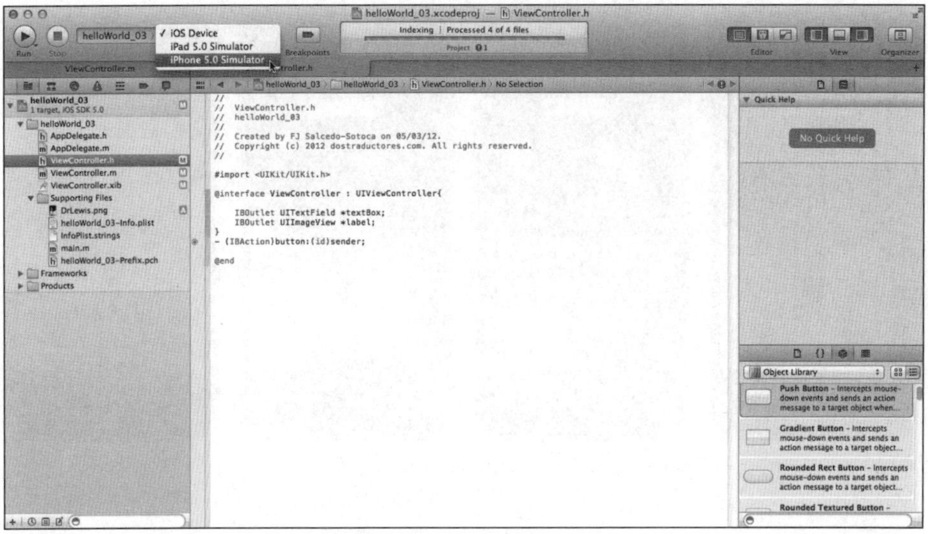

Figura 3.31. Selección del objetivo iPhone 5.0 Simulator (Simulador de iPhone 5.0) para la compilación.

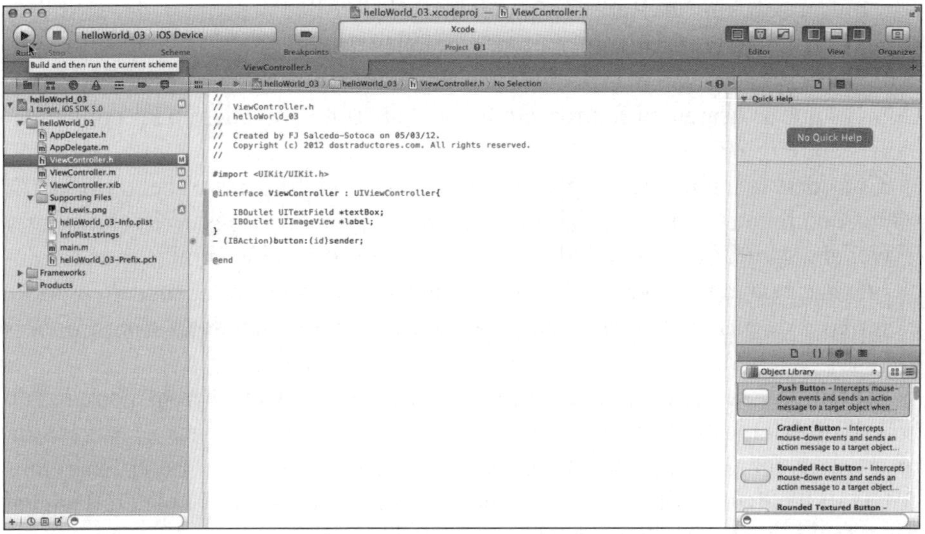

Figura 3.32. Ejecute la aplicación.

c. La tercera imagen muestra el estado de la aplicación inmediatamente después de que el usuario pulse el botón **Done** (Hecho).

d. La última imagen muestra el estado final de la aplicación, que aparece cuando el usuario pulsa el botón **Press Me** (Púlsame).

Figura 3.33. Los cuatro estados de la aplicación.

Profundizando en el código

En esta sección, revisaremos partes del código que acabamos de escribir y haremos referencia, asimismo, a otras porciones de código ya conocidas y explicaremos el proceso con más detalles. En este punto, presentaremos términos más técnicos que se usarán en futuros capítulos y que son habituales en las comunicaciones entre programadores.

Considere la siguiente analogía: tanto en helloWorld_01 como en helloWorld_02, vimos cómo entrar en un coche, girar la llave de contacto, pisar el acelerador y mover el volante. En helloWorld_03, fuimos en una dirección similar, pero conduciendo hacia un lugar concreto. Allí vimos que nuestro coche es un modelo híbrido, eléctrico y de gasolina, y también hablamos de clases, métodos, *strings*, *outlets* y *actions*.

Ahora que ya hemos llegado a nuestro destino, es decir, hemos completado helloWorld_03, es la hora de abrir el capó para ver cómo, al pisar el acelerador, unas veces actuaba el motor de gasolina, y otras, el eléctrico. Le enseñaremos dónde se localizan todos esos componentes. Sin embargo, para cuando llegue al final del libro, al mirar bajo el capó y profundizar en el código, describiremos la cantidad de gasolina que llega a los pistones desde el carburador, el par exacto del motor, la cantidad de calor que produce el motor eléctrico, etc. Y además, lo entenderá todo.

Un último comentario acerca de esta sección, que es muy importante: "Profundizando en el código" es una sección que se debe leer aun sin comprenderla por completo. Está bien si solo se consigue "pillar algo". Por supuesto que, si consigue entenderla completamente desde el principio con todos sus detalles, sería estupendo. Le sugerimos, no obstante, que lea estas secciones al final de los capítulos sin detenerse mucho en ellas, puesto que:

- Hemos recibido centenares de correos electrónicos de lectores de la primera edición, en los que se nos dice que saber que podían hacer eso les ha servido para no sentirse obligados a aprender todos los detalles del código.
- Asimismo, los estudiantes adoran que al final de cada clase les hagamos apagar los Macintosh, dejar a un lado los bolígrafos y relajarse mientras no hacen más que escucharnos.

Tenga en cuenta que mi campo de investigación son los daños cerebrales agudos, donde estudio el cerebro y las interconexiones neuronales. Esta metodología de primero conectar las neuronas para luego producir conexiones asociativas más profundas con el cerebro relajado la he venido desarrollando durante años. Así pues, me gustaría que tuviera en cuenta las opiniones de mis lectores anteriores, así como de mis estudiantes, sobre la materia y que se familiarizara con este teorema.

Nota: *Convertirse en un buen programador con éxito comercial demanda saltos neurológicos en su cerebro. Estos ocurren cuando tiene la mente abierta a absorber nuevos datos sin que el hipotálamo libere las hormonas de la ansiedad que perjudican la capacidad de sus neuronas para establecer conexiones nuevas, lo que permite vincular lógica y código al razonamiento ontológico.*

Así pues, relájese y haga la lectura en un estado meditativo y sin miedo. Cuando una vocecita le diga que no está entendiendo algo, no le haga caso y siga adelante. Tiene que relajarse mientras recorre los siguientes puntos:

- Nibs, Zibs y Xibs.
  - Instancias y creación de instancias.
- Métodos.
  - Métodos de instancia y métodos de clase.
- Archivos de cabecera.
- La barra de herramientas de Inspector.
- NSStrings.
- Gestión de memoria.

Nibs, Zibs y Xibs

Recuerde que, en la figura 3.5, se le pidió que abriera el archivo "nib". No era difícil ver que, en realidad, se escribe `.xib`, y por si fuera poco unos cuantos programadores los llaman archivos "zib". Puede ignorarlos y referirse a los archivos `.xib` como "nib". En una conferencia reciente en Denver, *360iDev for iPhone Developers*, quedó claro que la mayoría de los presentes se referían a los archivos `.xib` como "nibs" y no "zibs". Ahora bien, lo realmente importante no es saber cómo referirse a ellos, sino comprender su naturaleza y funcionamiento. ¿Qué son? ¿Los necesitamos? ¿Es preciso saber cómo funcionan?

Tal vez recuerde, del paso 5, figura 3.5, cómo se abrió la vista del Interface Builder cuando hizo clic en el archivo *nib*. Fue entonces cuando pudo acceder a la vista de diseño y comenzar a arrastrar y soltar elementos desde la biblioteca. Pues bien, ¿qué está sucediendo aquí realmente?

Cuando examinamos los archivos *nib* a nivel de Cocoa u Objective-C, vemos que contienen toda la información necesaria para activar los archivos UI (*User Interface* o interfaz de usuario) que convertirán el código en una obra de arte sobre el iPhone o el iPad. También es posible unir diferentes archivos *nib* para crear interacciones más complejas, como veremos próximamente. Pero, para seguir adelante, es necesario que añada dos palabras a su vocabulario: "instancia" e "instanciar".

- **Instancia:** Toda la información que reside en estos archivos está ahí para que sea posible "crear instancias de" los botones, las etiquetas, las imágenes, etc., que hayamos introducido. Esta colección de comandos se almacena en los archivos *nib* y después se convierte en la interfaz de usuario. Así pues, el código y los comandos unidos se convierten en algo real, algo que el usuario puede ver y oír.

- **Instanciar:** En el paso 29 explicamos que se tenía el método `- (IBAction) button:(id)sender{...}`, de apariencia muy similar a la acción "instanciada" cuando arrastramos una acción conectada al botón desde el Interface Builder al archivo de cabecera en las figuras 22, 23 y 24. El término instanciar se utiliza a veces de manera similar cuando se guarda un proyecto por primera vez. El ordenador "instancia" o, lo que es lo mismo, crea una instancia de un proyecto formado por numerosos archivos, es decir, lo dota de existencia, lo hace tangible, por así decir. En helloWorld_03 pudo ver cómo, en el paso 27, le pedí que repasara los archivos *nib* de cabecera y de implementación, que estaban coloreados en gris. ¿Cómo llegaron hasta allí esos archivos? Xcode los "instanció" durante la creación del proyecto. Xcode dotó al proyecto de "brazos y piernas": dos archivos `AppDelegate` y dos `ViewController`.

Nota: *Ahora estamos manipulando esos brazos y piernas para que hagan cosas interesantes en lo que llamamos aplicaciones, o "apps", para venderlas después en iTunes Store.*

Decimos que hemos "creado una instancia" de algo cuando hemos indicado al ordenador cómo y cuándo debe reservar cierto espacio en la memoria y utilizarlo con algún proceso o colección de procesos particular. De este modo, cuando se cumplen todos los parámetros, el usuario puede interaccionar con los datos, es decir, con lo que quiera que se guardase en la memoria. Algunas veces nos referimos a estas colecciones o archivos de descripciones y comandos como "clases", "métodos" u "objetos". En esta sesión de profundización en el código, estos términos pueden parecer sinónimos, pero no es ese el caso. A medida que avance en la lectura, comenzará a entender cada término como un elemento de programación diferenciado que se empleará en unas situaciones concretas y que se relacionará con otros elementos de acuerdo con unas normas gramaticales determinadas. Cuando decimos que ha creado una instancia de los botones y etiquetas en su archivo *nib*, lo que en realidad queremos decir es que, cuando el código se ejecute, habrá una determinada porción de la memoria del ordenador, conocida como dirección de memoria, que se hará cargo de esos elementos para garantizar que se genera la experiencia de usuario diseñada en el código. Cada vez que se abra su aplicación en un dispositivo iOS, los comandos almacenados en los archivos *nib* crearán la interfaz de usuario. Considere, por ejemplo, el archivo *nib* asociado a la acción mostrada en la figura 3.9. En ese caso, lo que hizo fue arrastrar un botón desde la biblioteca hasta la ventana de diseño, es decir, "creó una instancia" del objeto botón. Si tuviera que explicar esto rápidamente a alguien, diría algo así como: "Al crear una instancia de este botón, he indicado al ordenador que reserve memoria en el archivo `.xib` apropiado, el cual, cuando la aplicación se abra, aparecerá e interaccionará con el usuario exactamente como era mi intención".

Métodos

El siguiente concepto que analizaremos con más detalle es el de "método". Al igual que en el caso de los archivos *nib*, nuestro recorrido será de alto nivel en este momento. Con todo, ya hemos utilizado extensivamente los métodos, así que solo veremos lo que hemos hecho.

Observe la figura 3.23; después de arrastrar el botón sobre el archivo de cabecera, cambió su naturaleza de Outlet a Action (Acción) e hizo clic en el botón **Connect** (Conectar). Después vio la creación de una instancia de código:

```
- (IBAction)button:(id)sender
```

Después, para aclarar las cosas, vimos que habría dado igual llamar al método **monkey** (mono), lo que hubiera dado como resultado:

```
- (IBAction)monkey:(id)sender
```

Aquí lo que está haciendo es indicar al ordenador que asocie una acción con un botón.

- El primer símbolo en este fragmento de código es un signo menos, "-". Lo que significa que `monkey` es algo que llamamos "método de instancia".
- Por otro lado, si hubiera escrito un signo más, "+", como en el caso de + `(IBAction)`, se llamaría "método de clase".

Un símbolo indica al procesador la presencia de una instancia, mientras que el otro anuncia una clase. Lo que tienen en común ambas instrucciones es el método `monkey`. Más aún, solo con el nombre podemos ver que se trata de una acción que se llevará a cabo en Interface Builder. Eso es lo que quieren decir las letras `IB` que preceden a `Action`.

Considere la siguiente analogía. Un programador dice: "aquí tiene una aplicación que le ayudará a dibujar una casa". Éste es un anuncio de tipo "cabecera". Seguidamente, el programador introduce instrucciones específicas acerca de cómo se construirá la casa, cómo quedará enmarcada en el paisaje, etc. "Dibuja un horizonte ligeramente curvado a un tercio de la distancia entre el borde inferior y el superior de la pantalla. A medio camino de esto, sitúa un rectángulo de 4x7. Encima de éste, sitúa un trapezoide con una base de longitud..., etc.". Este tipo de instrucciones específicas pertenecerían al archivo de implementación, ya que describen acciones concretas, el "método", para dibujar la casa.

Así que, para conectar el botón a un método llamado **hello**, añadiríamos este código tal como se muestra en la figura 3.24.

```
- (IBAction)hello:(id)sender;
```

Este método crea una instancia del método **hello**, es decir, crea un espacio en la memoria en el que ejecutar el código contenido en dicho método.

Archivos de cabecera

Eche una mirada a este código, pero no en términos de métodos, sino desde su dimensión de archivo de cabecera y en cómo se relaciona con su archivo de implementación. Vuelva ahora al momento en el que arrastró y soltó los elementos de la interfaz en el archivo de cabecera, en la figura 3.24, y fíjese en el texto en negrita que sigue:

```
@interface helloWorld_03ViewController : UIViewController {

   IBOutlet UITextField *textBox;
   IBOutlet UILabel *label;
}

- (IBAction)button:(id)sender;

@end
```

Donde: helloWorld_03ViewController es el nombre de la clase; UIViewController es el nombre de la clase padre; `IBOutlet UITextField *textBox;` e `IBOutlet UILabel *label;` son variables de instancia; y `-(IBAction)button:(id)sender;` es un método.

> ***Nota:*** *A la hora de poner nombre a las cosas en el código fuente, representaremos lo relacionado con la interfaz de usuario con las iniciales* `UI` *(por User Interface, en inglés). Por su parte, Interface Builder se verá representado con las iniciales* `IB`.

Debemos tener en cuenta un par de cosas aquí. La primera es el símbolo `@`, que se relaciona con la parte más interna de Xcode, la que transforma el código fuente en acciones. La segunda es que su presencia indica que hay algo importante que anunciar. De hecho, cualquier expresión que comience con `@` se denomina "directiva". En este caso, la directiva `@interface` indica a Xcode que tenemos material de la interfaz relacionado con `helloWorld3`, y que los detalles concretos están incluidos entre las dos llaves, `{` y `}`.

Antes de empezar a arrastrar *outlets* sobre el código en la figura 3.16, las llaves estaban vacías. No obstante, ya sabíamos lo que queríamos hacer, así que reclamamos la atención del compilador con la directiva `@interface` y creando los *outlets* de Interface Builder (`IBOutlet`) para escribir sobre las etiquetas de la interfaz de usuario (`UILabel` o *User Interface Label*) y para contar con una acción (`Action`) separada, y asociada con el botón.

La barra de herramientas de Inspector

En el paso 8, figura 8.8, aun cuando explicamos brevemente la barra de herramientas de Inspector, dejamos para más tarde un análisis en profundidad.

Para acceder a Inspector (véase la figura 3.34), haga clic en el botón derecho de los tres que forman el grupo View, en la esquina superior derecha de la barra de herramientas de Xcode.

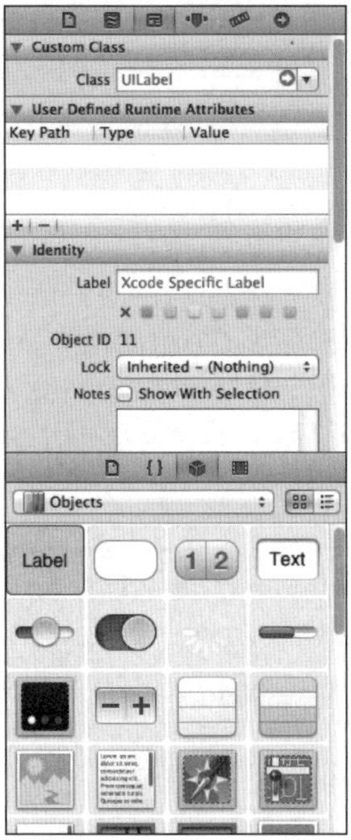

Figura 3.34. El Inspector.

A medida que se familiarice con Xcode, utilizará más y más el Inspector para tareas como cambiar de *workspace* (entorno de trabajo) en cualquier fase de la codificación que así lo requiera. Por ahora, nos limitaremos a describir las herramientas de la vista Utilities (Utilidades) (recuerde que es a la que se accede con el botón derecho de los tres que forman el grupo View (Vista)) porque es la que se utiliza con mayor asiduidad. En los apartados siguientes, analizaremos las herramientas por orden de izquierda a derecha y de arriba abajo.

- **File inspector (Inspector de archivos):** Desde aquí se gestionan atributos de archivo tales como el nombre, el tipo y la ruta dentro del proyecto.
- **Quick Help:** Ayuda rápida.
- **Identity inspector (Inspector de identidad):** Proporciona acceso a elementos más profundos como nombres de clases, accesos o etiquetas.
- **Attributes inspector (Inspector de atributos):** Ajusta los atributos disponibles para un objeto.
- **Size inspector (Inspector de tamaño):** Permite jugar con la posición y el tamaño iniciales de un objeto de la interfaz, así como con el dimensionamiento automático (*autosizing*).

- **Connections inspector (Inspector de conexiones):** Permite observar *outlets* y *actions* de los objetos de la interfaz.
- **Bindings inspector (Inspector de vínculos):** Para configurar vínculos *(bindings)* con las vistas.
- **Effects inspector (Inspector de efectos):** Para ajustar protocolos de animación, tales como transiciones, fusiones y otras características visuales de objetos seleccionados.
- **File templates (Plantillas de archivos):** Plantillas comunes que puede arrastrar desde la biblioteca al navegador del proyecto.
- **Code snippets (Fragmentos de código):** Es como una galería de *cliparts*, pero para programadores, es decir, contiene pequeños fragmentos de código que se pueden utilizar arrastrándolos a los archivos.
- **Objects (Objetos):** Estos objetos de la interfaz se arrastran directamente sobre la ventana de diseño de Interface Builder.
- **Media files (Archivos multimedia):** Se trata de gráficos, iconos y archivos de sonido que se pueden arrastrar directamente al archivo *nib* en la ventana de diseño del Interface Builder.

NSStrings

Volviendo atrás y profundizando en la instrucción `NSString` del archivo de implementación, revisamos esto con suficiente detalle mientras lo escribía. Aquí verá cinco términos que debe asociar, a partir de ahora, con `NSString`:

- `Output` es el valor de retorno.

```
Output = [[NSString alloc] initWithFormat:@"%@ says: Hello World!", Name];
```

- A la derecha del igual, está el mensaje.

```
Output = [[NSString alloc] initWithFormat:@"%@ says: Hello World!", Name];
```

- `NSString alloc` es el receptor.

```
Output = [[NSString alloc] initWithFormat:@"%@ says: Hello World!", Name];
```

- `initWithFormat` es el nombre del método.

```
Output = [[NSString alloc] initWithFormat:@"%@ says: Hello World!", Name];
```

- `@"%@ says: Hello World!"` y `Name` son los parámetros.

```
Output = [[NSString alloc] initWithFormat:@"%@ says: Hello World!", Name];
```

Más sobre gestión de memoria

Al final del paso 29, en el paso 4, labores de mantenimiento, hablamos un poco sobre `alloc` y sobre cómo se reservaba y liberaba memoria en momentos críticos durante la ejecución de la aplicación. Echaremos un último vistazo al código de implementación que escribimos para el botón, pero en este caso lo haremos desde el punto de vista de la gestión y de las pérdidas de memoria.

```
- (IBAction)button:(id)sender {
   NSString *Name = textBox.text;
   NSString *Output = nil;
      Output = [[NSString alloc] initWithFormat:@"%@ says: Hello World!", Name];
   label.text = Output;
   //release the object
   [Output release];
}
```

En el código de más arriba se puede observar cómo, en primer lugar, se reserva memoria (`alloc`) para la cadena de caracteres. Pero, cada vez de se reserva memoria, después es preciso liberarla (`release`). En Objective-C, esto se denomina "conteo de referencias". Sin embargo, lo que más problemas ocasiona a los estudiantes es cuando se utiliza `retain` después de `alloc`. Si alguna vez tiene que retener memoria, `retain`, después de asignarla, `alloc`, a continuación tendrá que practicar dos `release`, como se indica más abajo:

- `alloc` necesita `release`.
- `alloc` + `retain` necesita `release` + `release`.

Conclusión

Veo que ha llegado hasta aquí. Bien, muy bien. Ahora toca descansar y relajarse para acometer con fuerza el capítulo 4.

Lite

4. Botones y etiquetas con múltiples gráficos

En este capítulo abordaremos nuestro cuarto programa, y llega el momento de acelerar un poco el ritmo. Al igual que en el capítulo anterior, podrá simplemente ver las capturas de pantalla e implementar el código si recuerda la mayoría de los detalles; son pasos que se han descrito repetidamente en los ejemplos anteriores. Observará que hay menos figuras para cada paso, pero también más procedimientos. Asimismo, utilizaremos la información del capítulo anterior.

Además, como en el capítulo anterior, nada más completar el programa, revisaremos el código en la sección "Profundizando en el código". Inicialmente, cubriremos algunos aspectos y conceptos similares a los ya analizados en la misma sección del capítulo anterior, para ampliarlos después con nuevo código. No solo profundizaremos un poco más, sino que también ampliaremos nuestros horizontes mientras tomamos en consideración otros conceptos de programación vinculados a este nivel más profundo de análisis.

Es probable que también perciba un cierto cambio de estilo en este capítulo, por cuanto iremos abandonando el lenguaje "elemental" de capítulos anteriores. Asimismo, no le guiaremos tan estrechamente por las capturas de pantalla. Al fin y al cabo, toda la información está ahí. De modo que, si no es capaz de encontrar inmediatamente algún elemento al que hagamos referencia en el texto, no tendrá más remedio que buscarlo más despacio. Puede verlo como un ejercicio para forzar a su cerebro a crear asociaciones dando pequeños pasos. Así pues, acostúmbrese al nuevo ritmo: un poco más rápido, un poco más avanzado y con mayor uso de terminología técnica.

Cuando lleguemos al paso 29, utilizaremos veinte minutos del tiempo de clase para abrir el capó y ensuciarnos las manos con unos cuantos conceptos clave del código fuente. Sin duda, deberá dominar estos conceptos con soltura para continuar con el libro. Mas no se preocupe, se lo pondré fácil.

Nuevamente le recuerdo que, si no es capaz de quedarse con todos los conceptos y técnicas al completo, no pasa nada en absoluto. Relájese y disfrute de este siguiente ejemplo. Sin embargo, antes de comenzar la cuarta aplicación, revisaremos nuestra hoja de ruta brevemente.

Recapitulación

Hasta ahora, hemos realizado tres ejemplos en los que se saludaba al mundo entero desde el dispositivo iOS. Ahora tiene la oportunidad de familiarizarse con el proceso creativo en el contexto de la programación de aplicaciones, proceso al que se llega con una idea brillante, y del que se sale con un producto tangible y en funcionamiento. En diversas ocasiones, le pedimos que ignorase el código fuente más complejo porque consideramos que podía percibirlo como una amenaza o distraerlo del objetivo. También es posible que se haya dado cuenta de que, si intentaba comprender parte de este código más grueso, acababa por tener sentido a su manera extraña y caótica. Pues bien, a medida que avancemos, haremos que el caos de lo desconocido resulte menos inquietante.

Antes de tratar este asunto, déjeme tranquilizarlo diciéndole que, en lo que respecta a Objective-C, todavía estoy por conocer a un solo programador que conozca todos los símbolos y comandos. Al igual que en otros campos, la gente suele acumular muchos conocimientos de sus dominios específicos, por ejemplo, sobre cómo integrar Google Maps en un juego o aplicación.

Una analogía que encuentro muy atinada es la siguiente: los mecánicos de los coches solían ser capaces de desmontar completamente un motor y volver a montarlo, a menudo mejor de lo que estaba al principio. Hoy en día, los mecánicos tienden a estar muy especializados en aspectos concretos del automóvil, y solo hay unos pocos que sepan cómo desmontar completamente un coche moderno. En este sentido, se puede encontrar, por ejemplo, un especialista en motores híbridos de Ford, o en los circuitos eléctricos del Toyota Prius, o en los discos de freno de algún modelo concreto. Y no hay nada malo en ello. Todo ello resulta similar a nuestra forma de proceder. No en vano, ya se ha manchado las manos con nada menos que tres aplicaciones. Y ahora, si todo va como está previsto, profundizará un poco más cuando llegue al punto 29 y se encamine hacia el futuro henchido de confianza. Sé por experiencia que la confianza de los estudiantes puede desaparecer si se los intimida con demasiada complejidad o con gran cantidad de tecnicismos. Asimismo, he comprobado que los estudiantes son capaces de sobreponerse a los sobresaltos del camino si saben bien a dónde se dirigen.

helloWorld_04: una Single View Application

Ahora mismo: ¡siéntase bien consigo mismo! Ya se ha adentrado mucho en el bosque de Objective-C.

1. Como es habitual, empezaremos con el escritorio limpio y solo cuatro iconos: **Macintosh HD** y tres archivos de imagen, que se muestran como iconos en la figura 4.1.

Figura 4.1. *El escritorio vacío con solo cuatro iconos.*

Como estoy seguro de que ya se ha dado cuenta, encuentro esencial tener un escritorio totalmente despejado y siempre trato de animar a que se tenga a punto una mentalidad organizativa. Utilizando los métodos abreviados de teclado que ya le son familiares, cierre todos los programas. Después podrá descargarse las imágenes necesarias para este proyecto desde la página Web del libro. No obstante, lo animo a que prepare sus propias imágenes, puesto que, de ese modo, se involucrará más en el proyecto. Si se decide a dedicar el esfuerzo necesario para producir las tres imágenes, preste atención a lo siguiente.

2. El tamaño de la primera imagen, `STAIR.png` en nuestro caso (véase la figura 4.2), será el estándar para el iPhone, con 320 píxeles de ancho y 460 de altura. Ésta será la imagen inferior de dos, por lo que la llamamos "capa de fondo" (o de *background*).

Figura 4.2. *STAIR.png, la imagen de fondo o capa de fondo.*

Nuestra imagen de fondo será, entonces, una fotografía de las escaleras situadas en la parte posterior del edificio de ingeniería, aquí en la Universidad de Colorado en Colorado Springs. Usaremos esta imagen como fondo de otra de Immanuel Kant, el más grande filósofo de todos los tiempos, un hombre cuya filosofía formó la base del pensamiento de muchos de los antepasados de los Padres Fundadores de la Constitución de los Estados Unidos. Y lo que es más importante para nosotros, es el primero que empezó a trazar paralelismos entre la lógica matemática y las palabras del discurso. Cuando se ejecute el programa, se mostrará el fondo y, cuando el usuario haga clic en un botón, aparecerá la imagen de Kant encima de las escaleras. Eche un vistazo rápido a la figura 3.39 y verá que Immanuel Kant ha decidido volver a la universidad. Éste es nuestro escenario, entonces. Es habitual encontrarse en programación con que resulta conveniente que el usuario vea un fondo que le sea familiar, y que luego, al pulsar un botón, de repente aparezca algo totalmente inesperado. Esto será lo que nos enseñe helloWorld_04.

3. Para crear la segunda imagen, que conoceremos como "capa superior", tome la imagen para el fondo, que en este caso es STAIR.png, guarde una copia y recórtela con unas dimensiones exactas de 320 píxeles de ancho por 299 de alto. Ahora tiene una copia más o menos cuadrada de los dos tercios inferiores de la imagen del fondo. Después pegue sobre ella una imagen parcial, probablemente un recorte de algún objeto interesante o inusual. De este modo, obtendrá una imagen similar a la de la figura 4.3, que muestra a Immanuel Kant frente a la escena del fondo.

Figura 4.3. *Imagen de la capa superior.*

Seguidamente, guardaremos la escena como archivo `.png`, por supuesto. Así pues, al final tendrá una capa superior preparada con la sección inferior de la foto del fondo original, con algún objeto o persona interesante pegada encima. Es posible que ya se haya dado cuenta que pensamos programar el dispositivo para que abra con la imagen del fondo para, luego, mediante alguna entrada del usuario, insertar la capa superior de forma que encaje perfectamente. Esto dará la sensación de que nuestro invitado, persona interesante u objeto, se materializa repentinamente desde ninguna parte. La capa superior no afectará al tercio superior de la imagen del fondo. Reservaremos esta zona para mostrar el texto que programemos en el dispositivo. Tenemos que dar este rodeo porque iOS no soporta la transparencia en archivos `.png`.

4. El tercer archivo de imagen será un icono de su elección. Al igual que en el capítulo anterior, es posible que desee personalizar el icono. En nuestro caso, elegimos una porción de la imagen de Immanuel Kant, concretamente el rostro, y lo incluimos en el archivo de icono (véase la figura 4.4).

Figura 4.4. Imagen para el icono de pantalla.

Cuando tenga las tres imágenes listas (la capa del fondo, la capa superior y el icono) guárdelas en el escritorio, el cual quedará similar al de la imagen 4.1.

> ***Nota:*** *Recuerde que los iconos para el iPhone tienen un tamaño recomendado de 57x57 píxeles. Sin embargo, tenga en cuenta que si su aplicación es específica para iMac, los iconos deberán ser ligeramente más grandes, de 72x72 píxeles. Tenga siempre en cuenta estas dimensiones.*

5. Ahora, tal como hizo en el primer ejemplo, abra Xcode y cree un proyecto nuevo pulsando **Comando-Mayús-N**. Su pantalla mostrará el asistente para proyectos nuevos, como en la figura 4.5.

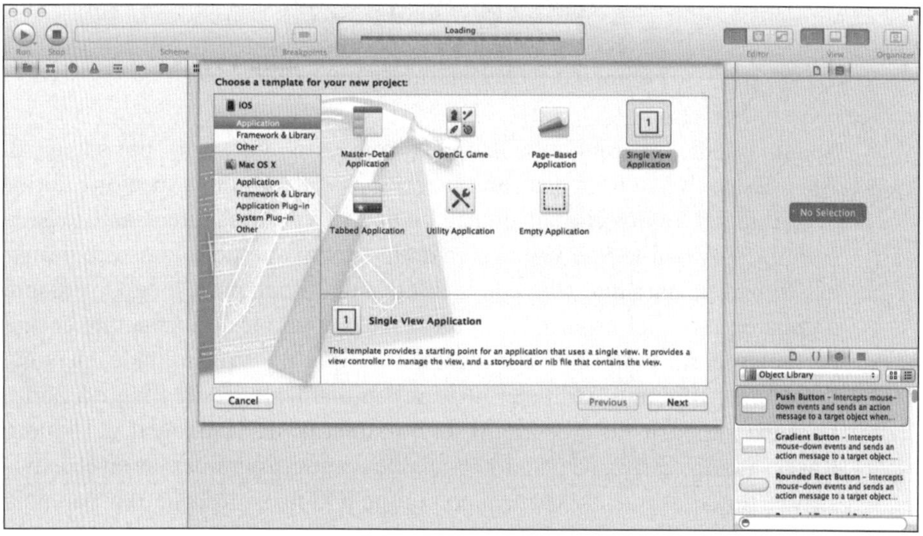

Figura 4.5. El asistente para proyectos nuevos en Xcode.

Podría ser que se encontrase seleccionada la plantilla Single View Application (Aplicación de una sola vista), que ya se usó en el ejemplo anterior. Si, por el contrario, la plantilla Single View Application no estuviera seleccionada, haga clic en el icono Single View Application y, luego, en el botón **Next** (Siguiente). Podría pensar que la plantilla Single View Application se suele utilizar para diseñar aplicaciones con una sola vista (como su propio nombre indica) y que deberíamos elegir otra porque acabamos de preparar dos vistas: la imagen de las escaleras y la imagen modificada con la cara de Immanuel Kant. Este razonamiento suena válido porque las aplicaciones basadas en la navegación presentan los datos jerárquicamente utilizando múltiples pantallas. Esta elección podría parecer la idónea para este proyecto, salvo porque no lo es.

Aquí trabajaremos con una sola perspectiva, sobre la cual mostraremos una imagen, no una vista. Si fuéramos a tener unas partes del código en un panel de navegación y otras partes en otro, probablemente elegiríamos una aplicación basada en navegación. En este proyecto, por tanto, vamos a manipular una vista en la que superpondremos imágenes, en vez de navegar de un panel a otro. En esencia, haremos un truco con una vista sencilla.

6. Como se trata del cuarto programa helloWorld, lo llamaremos **helloWorld_04** (véase la figura 4.6).

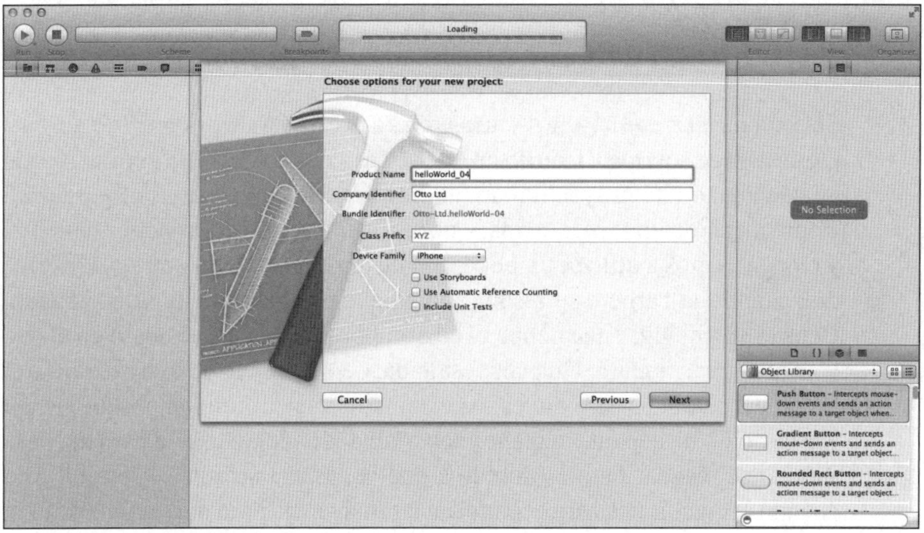

Figura 4.6. *Introduzca el nombre del proyecto y decida si será para iPhone o iPad.*

7. Guarde la aplicación en el escritorio como **helloWorld_04** (véase la figura 4.7). Ésta será la última aplicación helloWorld. Le sugiero que, terminado este ejemplo, guarde las cuatro aplicaciones en una carpeta llamada `Hello World` en el seno de la carpeta `Code`. Es probable que tenga que volver sobre

ellas para revisar el código. Más adelante, cuando entremos en los detalles de Objective-C y Cocoa, es probable que encuentre complicadas algunas cosas, pero también le resultarán familiares. Y será entonces cuando querrá revisar el código de las aplicaciones helloWorld que hizo al principio del libro.

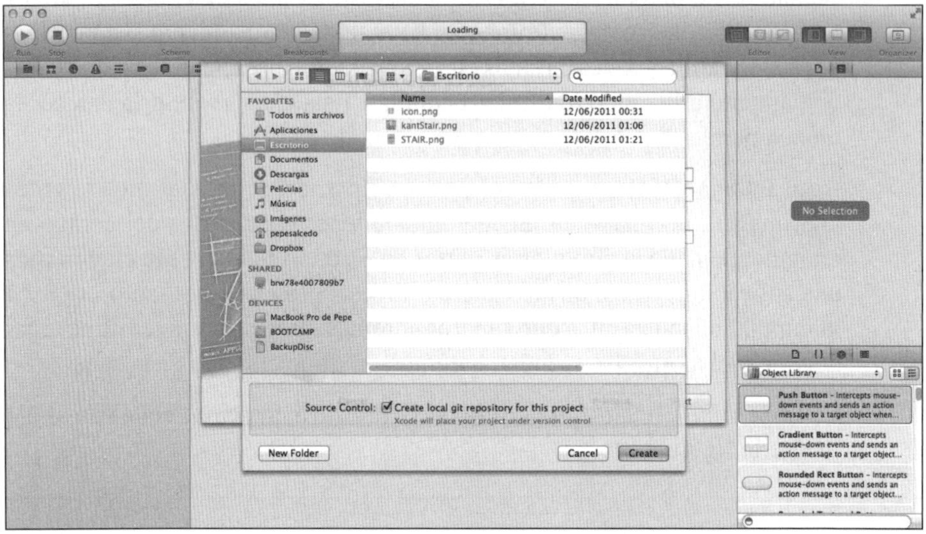

Figura 4.7. *Guarde la aplicación en el escritorio.*

8. Seleccione las tres imágenes y arrástrelas a la carpeta `Supporting Files` (Archivos de soporte). Confío en que se vaya dando cuenta de cómo Xcode ha instanciado un proyecto llamado helloWorld_04 (véase la figura 4.8). Como mencionamos más arriba, vamos a ir superando el lenguaje elemental y empezaremos a utilizar un poco más de jerga técnica específica. Observe que cuando la carpeta se resalta indica que el objeto se ha seleccionado. Céntrese en el lugar que ocupa el cursor, porque ése será el punto en el que la carpeta reaccionará. Una vez resaltada, deje el objeto en ella liberando el botón del ratón. En ocasiones los estudiantes se confunden porque tienen la sensación de que las imágenes deberían poder dejarse en la carpeta, pero ésta no se resalta. Esto es debido a que la carpeta se abre, o resalta, solo cuando el cursor, que carga con todas las imágenes, pasa por encima de ella. Así que, recuerde que cuando arrastre objetos sobre una carpeta, tiene que fijarse en el lugar que ocupa el cursor del ratón e ignorar todo lo demás.

9. Después de copiar la imagen en la carpeta `Supporting Files`, se le pedirá que aclare si las imágenes quedarán asociadas a su posición en el escritorio o si, por el contrario, deberían incluirse en el código de la aplicación (véase la figura 4.9).

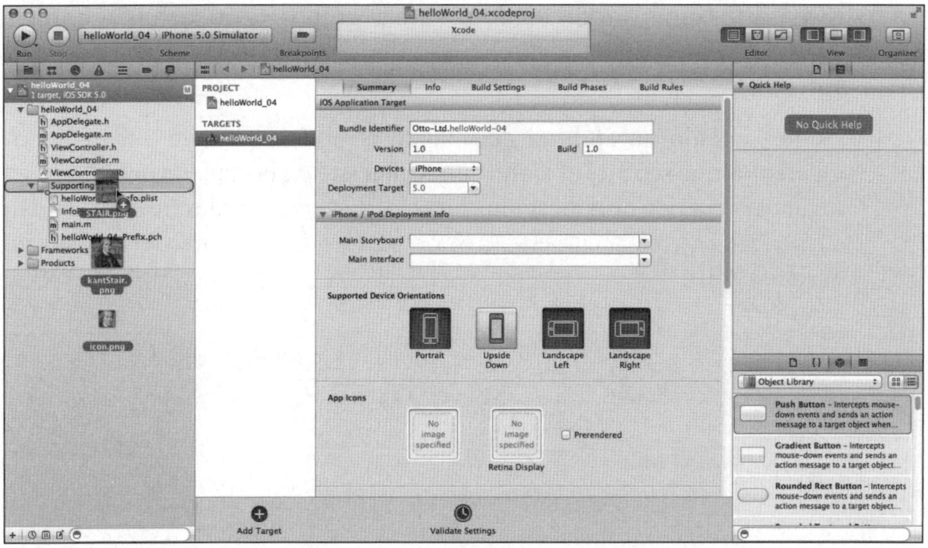

Figura 4.8. *Arrastre las tres imágenes a la carpeta Supporting Files.*

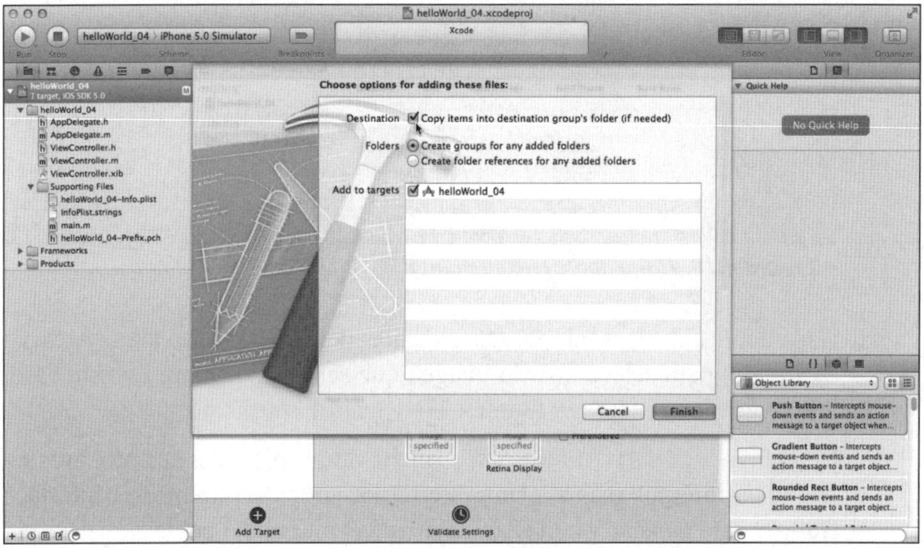

Figura 4.9. *Seleccione la casilla Copy items into the destination group's folder (if needed) (Copiar los elementos en la carpeta del grupo de destino (si es necesario)).*

Queremos que acompañe al código, así que debe marcar la casilla Copy items into the destination group's folder (if needed) (Copiar los elementos en la carpeta del grupo de destino (si es necesario)), y también Create groups for any added folders (Crear grupos para cualquier carpeta añadida). Por último, haga clic en el botón **Finish** (Finalizar) o pulse **Intro**.

10. Hemos creado un archivo de imagen de icono llamado `icon.png`. Queremos que sea éste el icono que se muestre en la pantalla del iPhone en lugar del genérico de aplicación. Para ello, hacemos doble clic en el archivo `info.plist` de la carpeta `Supporting Files`, como se muestra en al figura 4.10.

Figura 4.10. *Haga doble clic en el archivo helloWorld_04-info.plist.*

11. Haga doble clic en el campo Value (Valor) del registro Icon files (Archivo de iconos) para seleccionar la imagen que servirá de icono. En este caso, introduzca **icon** (véase la figura 4.11) y guarde su trabajo.

    El archivo `.plist` (*property list* o lista de propiedades) es otra área en la que entraremos más adelante. Pero, por ahora, pasaremos al Interface Builder para asociar y conectar las distintas piezas del puzle.

12. Haga clic en el archivo *nib* (véase la figura 4.12) para empezar a construir los objetos necesarios para el proyecto.

    Llegados a este punto, debería haber notado un patrón que se repite en todos los ejemplos. Primero llevamos las imágenes a la carpeta `Supporting Files` (Archivos de soporte); luego, arrastramos los objetos a la vista de la aplicación; y, por último, enlazamos los objetos con el código fuente.

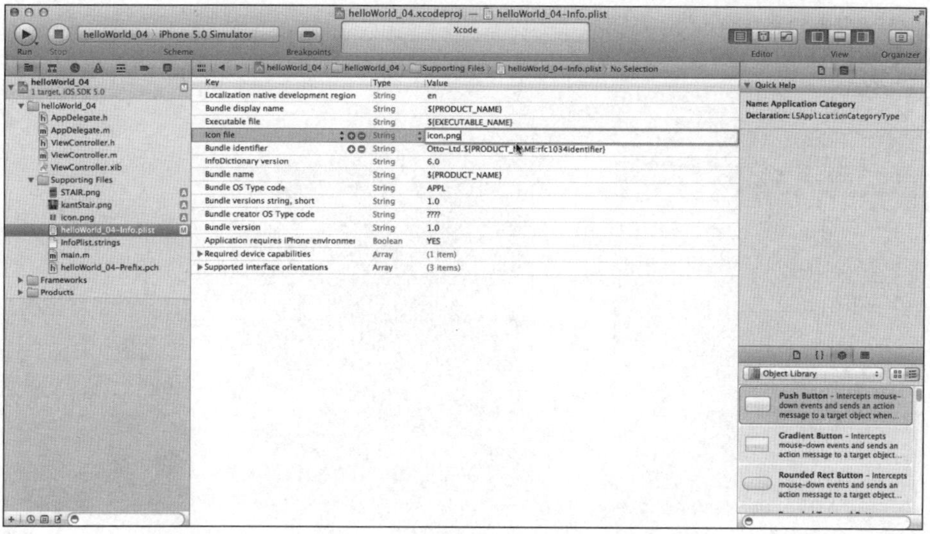

Figura 4.11. *Seleccione la imagen que servirá de icono.*

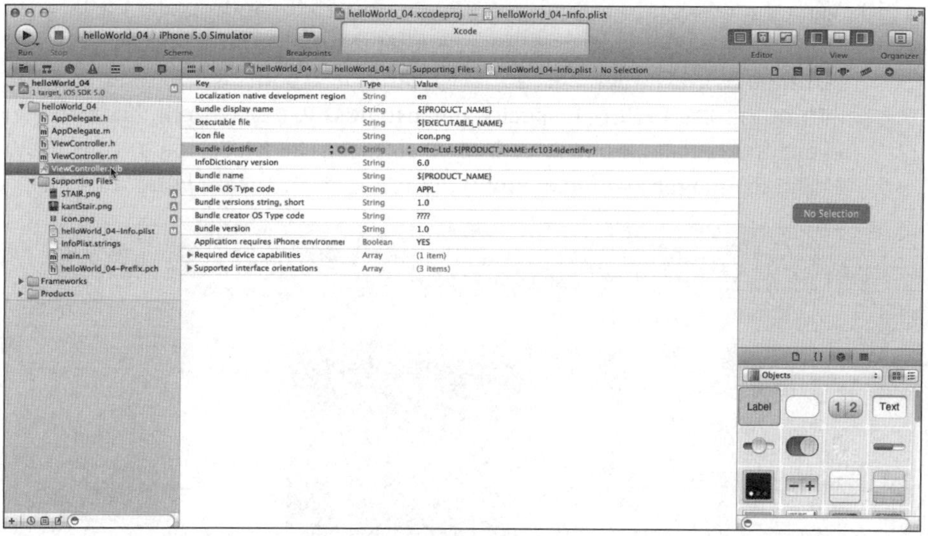

Figura 4.12. *Abra el archivo nib.*

13. La imagen de la capa superior se mostrará encima de la capa del fondo cuando el usuario pulse el botón. Así pues, vamos a manejar la capa del fondo como ya hicimos antes. Busque en la biblioteca de objetos Cocoa Touch el elemento Image View (Vista de imagen) y arrástrelo sobre la vista de diseño de la aplicación (véase la figura 4.13).

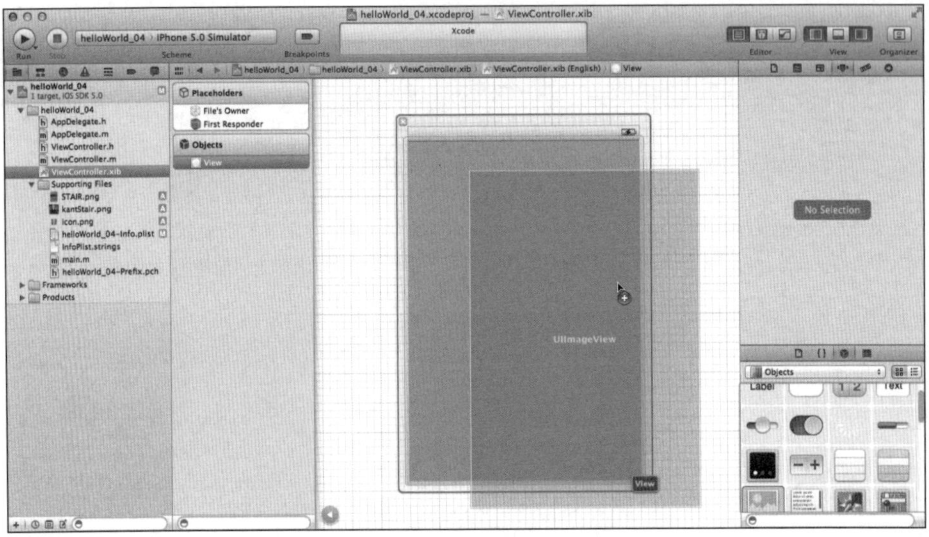

Figura 4.13. Arrastre el elemento UIImageView sobre la vista de diseño de la aplicación.

14. Vamos a conectar el archivo `STAIR.png` (320x460 píxeles) a la vista `UIImageView` para que aparezca en pantalla. En el panel Utilities (Utilidades), a la derecha de la ventana de Xcode, seleccione la ficha Attributes inspector (Inspector de atributos) y, una vez allí, haga clic en el cuadro de lista desplegable Image (Imagen) de la sección Image View (Vista de imagen) y elija el archivo `STAIR.png` (véase la figura 4.14).

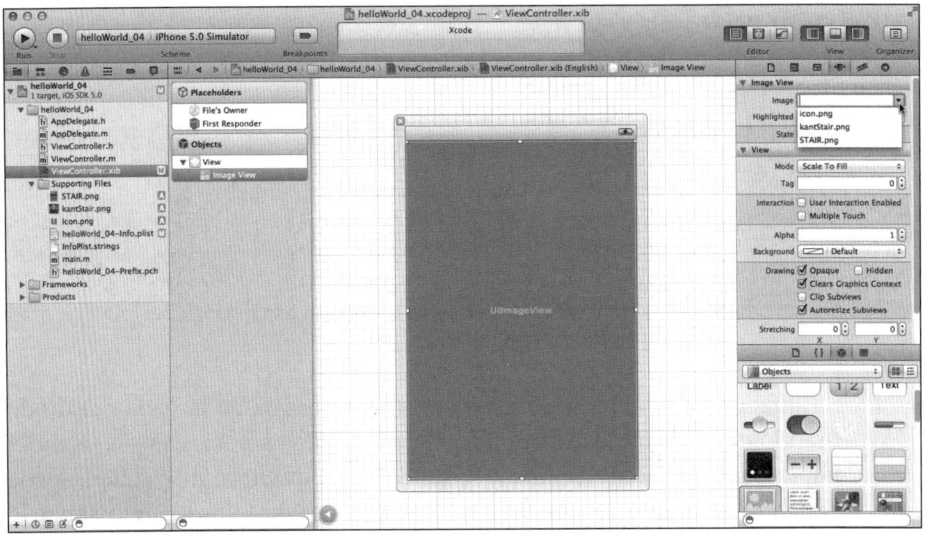

Figura 4.14. Asociación de una imagen a la vista UIImageView.

15. Tenemos planeado que, cuando el usuario pulse el botón, aparezca Immanuel Kant, salude y anuncie al mundo que ha vuelto. Para ello, utilizaremos una variable de instancia de etiqueta que incorporará la propiedad de texto: "Hello World, I'm back!" ("¡Hola, mundo. Estoy de vuelta!"). Así pues, arrastre una etiqueta, que será la variable de instancia y, más tarde, añadiremos la propiedad mencionada a la vista base. Cuando sitúe la etiqueta en la vista, ajuste su tamaño del mismo modo como lo hizo en los ejemplos anteriores (véase la figura 4.15).

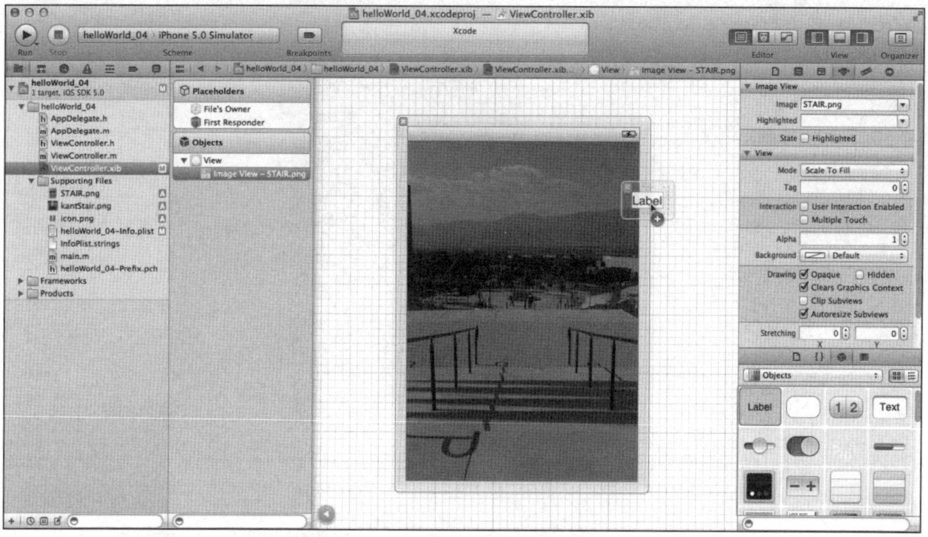

Figura 4.15. *Arrastre una etiqueta a la vista.*

16. Tal como hizo antes, centre el texto y póngalo de color blanco en las propiedades Alignment (Alineación) y Text Color (Color del texto) de la sección Label (Etiqueta) en Attributes inspector (Inspector de atributos) (véase la figura 4.16).

17. Queremos que la figura y el texto aparezcan cuando el usuario pulse un botón, así que es necesario un botón. Arrastre uno sobre la capa del fondo y, en su campo Title (Título), escriba "**Guess who's on campus?**" ("¿Adivina quién está en el campus?") (véase la figura 4.17).

    Cuando el usuario vea un botón con esta pregunta, se sentirá tentado de pulsarlo y, cuando lo haga, aparecerá Immanuel Kant saludando con el texto **"Hello World, I'm back!"**. Podría ser necesario ajustar el tamaño del botón como hicimos antes. Si se siente inclinado a hacer el botón más interesante que como lo hemos hecho aquí, podría añadirle una transparencia para que se adivine la imagen que hay por debajo. Para ello, hacemos clic en la imagen del fondo y, en Image View (Vista de imagen) del panel Attributes inspector (Inspector de atributos) buscamos el campo Alpha y establecemos su valor en **0.3**. Adelantándonos un poco, deberíamos pensar en lo que estamos haciendo en términos del código que vamos a escribir en breve.

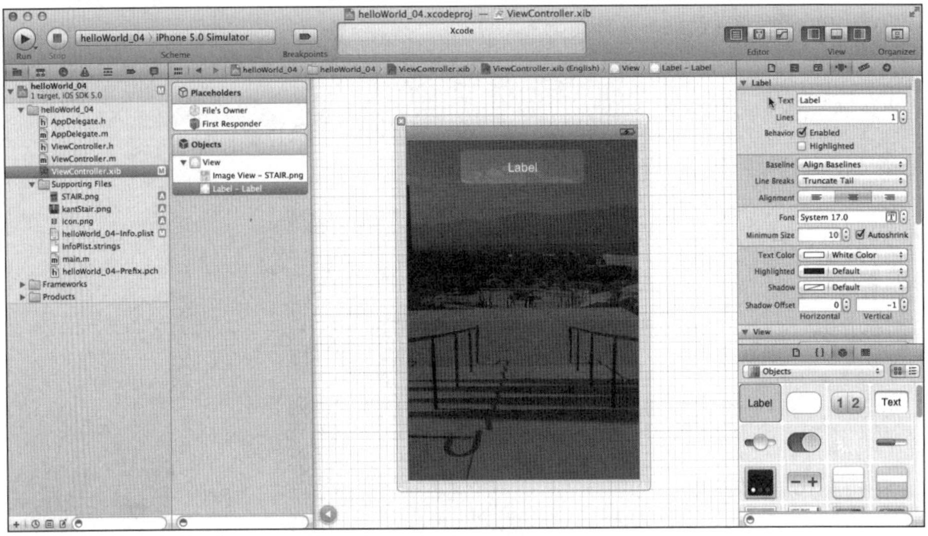

Figura 4.16. *Centre el texto y póngalo en blanco.*

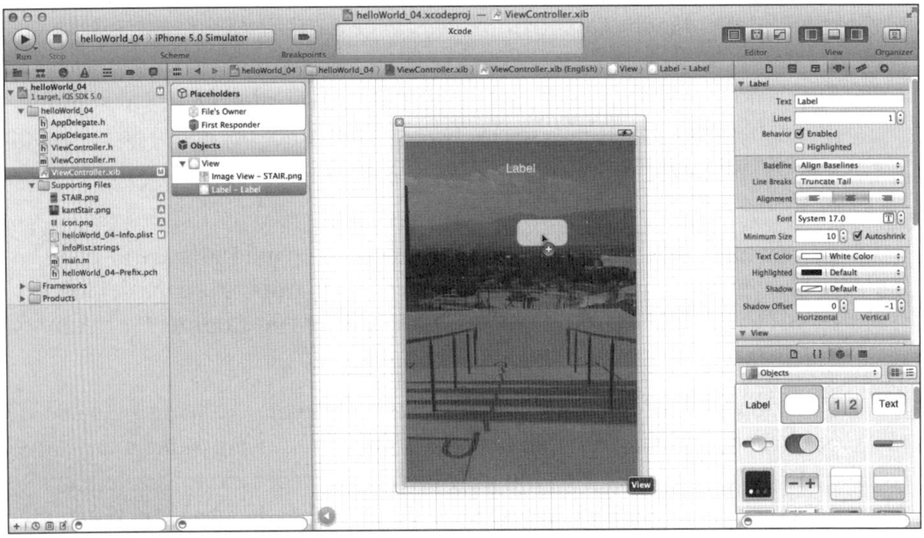

Figura 4.17. *Arrastre un botón sobre la capa del fondo y escriba su título.*

Estamos ante dos `IBOutlet`: una etiqueta y la imagen del fondo que hay por debajo. Cada categoría le "susurra" algo al Interface Builder. Una le dice que deseamos que una clase `UILabel` utilice el texto al que el puntero `*label` hace referencia, mientras que la otra dice que la clase `UIImageView` mostrará una imagen situada en la dirección de memoria a la que hace referencia el puntero `*uiImageView`. Bien, ¿qué hemos hecho hasta ahora en Interface Builder? Hemos instalado la imagen de fondo e insertado un botón que disparará ambos `IBOutlet`. Ahora, aunque dediquemos todavía un minuto a anticipar lo que ocurrirá cada vez que arrastremos *outlets* sobre el archivo de cabecera, veremos lo que estamos haciendo desde una perspectiva superior:

```
- (IBAction)nombreQueDaremosAlBoton:(id) sender
```

Esta línea, de hecho, invoca a ambos `IBOutlet` para la etiqueta y la imagen del fondo. En el caso de la etiqueta, con:

```
label.text = @"Hello World, I'm back!";
```

y para la imagen, con:

```
UIImage *imageSource = [UIImage imageNamed: @"kantStair.png"];
```

Para que todo lo anterior funcione en el archivo de implementación, es necesario realizar algunas acciones en el de cabecera. Por ejemplo, identificar la etiqueta y la imagen, acción que se denomina "declarar" ambas. La etiqueta se declara con:

```
IBOutlet UILabel *nombreQueDaremosALaEtiqueta
```

y la imagen, con:

```
IBOutlet UIImageView *nombreQueDaremosALaImagen
```

Después haremos algo que no explicaremos hasta el final del capítulo, en la sección "Profundizando en el código". Dicha acción se denomina "sintetizar" (*synthesis*) ambos *outlets*. Para ello, escribiremos dos instrucciones `@property`; para la etiqueta:

```
@property (nonatomic, retain) IBOutlet UILabel
*nombreQueDaremosALaEtiqueta
```

y para la imagen:

```
@property (nonatomic, retain) IBOutlet UIImageView
*nombreQueDaremosALaImagen
```

Asimismo, sintetizaremos lo anterior en el archivo de implementación, con:

```
@synthesize label, uiImageView
```

Bien, con esto concluye el viaje mental hacia el futuro. Eso quiere decir que estamos listos para la acción. Acabamos de crear un botón que llamará a ambos `IBOutlet`. Ahora tendremos que crear la imagen y la etiqueta, y asociarlas con los fragmentos de código apropiados.

18. Queremos que el botón invite al usuario a pulsarlo. Así que, le pedirá que adivine quién está de vuelta en la universidad. Para ello, haga doble clic en el botón y escriba **"Guess who's back in school?"** ("¿Adivina quién está de vuelta en la escuela?"). Se dará cuenta de que el botón ajusta su tamaño al del texto de forma automática (véase la figura 4.18).

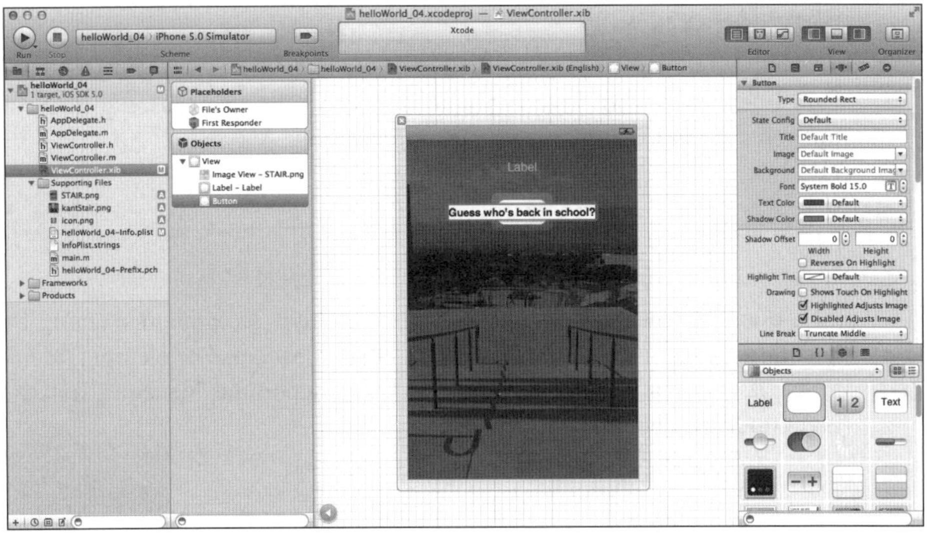

Figura 4.18. Escriba el texto en el botón.

19. Piense en esto durante unos instantes. Cuando se pulse el botón, la imagen `kantStair.png` deberá aparecer sobre el fondo, `STAIR.png`. Pero ¿dónde? Lógicamente en una vista de imagen o Image View. Así pues, arrastre un objeto Image View sobre la pantalla de la aplicación (véase la figura 4.19). Después de arrastrar el objeto, lo alinearemos con la parte inferior de la pantalla. La imagen no debe flotar en el centro de la vista, sino que tiene que aparecer como proyectándose desde abajo. Una vez haya arrastrado la imagen a la pantalla, déjelo estar. Todavía no hemos configurado ni el tamaño ni la ubicación de la imagen, eso queda para el punto siguiente.

20. Con el objeto Image View recién arrastrado, todavía seleccionado, hacemos clic en el cuadro de lista desplegable Mode en la sección View de Attributes inspector (Inspector de atributos). Como vemos, la opción por defecto es

Scale To Fill (Escalar para rellenar), pero la cambiaremos a Bottom (Abajo) (véase la figura 4.20). Antes de ir al paso siguiente, dedique un minuto a alinear la etiqueta con el botón y en contexto con el centro de la pantalla.

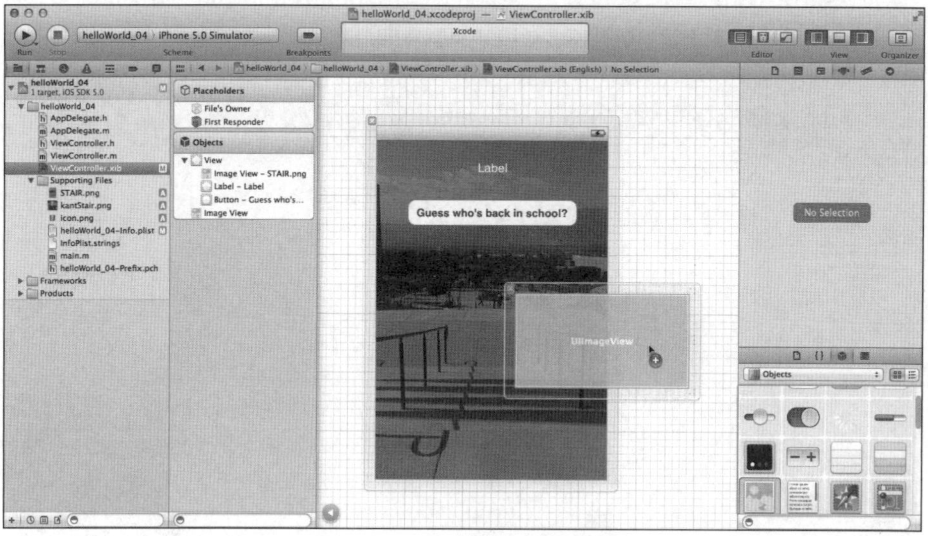

Figura 4.19. Arrastre la segunda Image View a la vista de la aplicación.

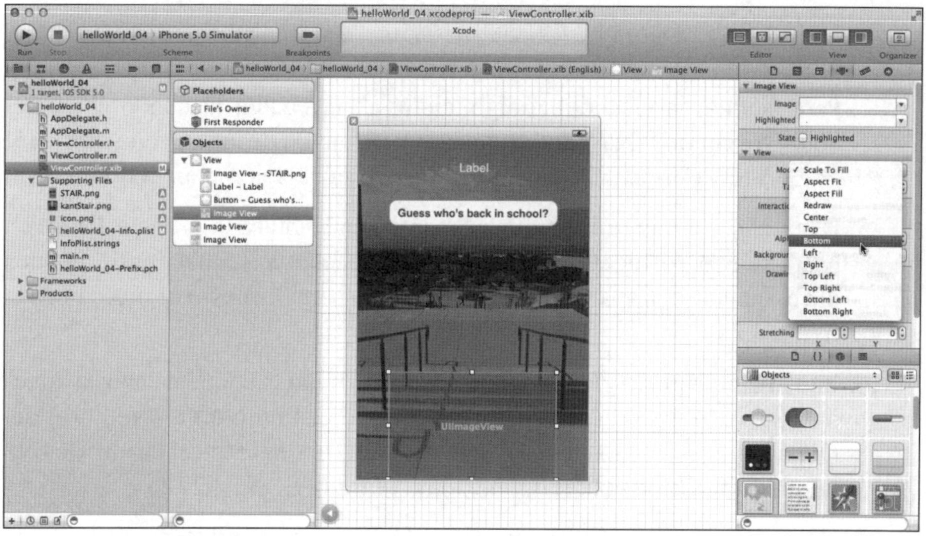

Figura 4.20. Ajuste la ubicación de la segunda vista de imagen.

Con esto se acaba el traslado de objetos hacia la vista. Ya tenemos una etiqueta, un botón y dos vistas de imagen. Ahora es el momento de guardarlo todo y de empezar a escribir código para todos los elementos.

21. Ahora va a empezar a configurar la vista para acomodar el código de la misma forma que en las tres aplicaciones anteriores. Para comenzar el cambio de Interface Builder a la vista de código, haremos clic en **Assistant editor** (Editor asistente) (el botón central de los tres que forman el grupo Editor) como se muestra en la imagen 4.21.

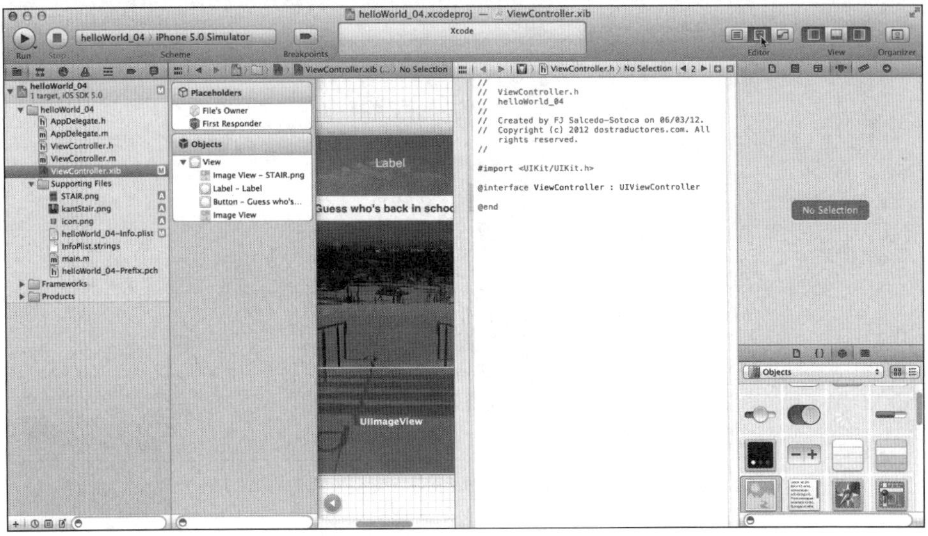

Figura 4.21. *Haga clic en Assistant editor.*

22. Para facilitar la vista del código, cierre el navegador haciendo clic en el botón **Navigator** (Navegador) (el botón izquierdo de los tres que forman el grupo View (Vista)). De este modo Xcode se verá como en la figura 4.22.

23. Haga clic y arrastre la etiqueta, manteniendo pulsada la tecla **Control**, hacia el código fuente del archivo de cabecera y suéltela entre las dos llaves cuando vea aparecer el indicador de inserción, como se muestra en la figura 4.23.

24. Inmediatamente después, cuando haya arrastrado la etiqueta hacia la directiva `@interface`, introduzca **label** en el campo Name (Nombre) del menú emergente y mantenga el valor Outlet (Enchufe) en el cuadro de lista desplegable Connection (Conexión) (véase la figura 4.24).

25. Haga clic y arrastre la segunda vista `UIImageView`, manteniendo pulsada la tecla **Control**, hacia el código fuente del archivo de cabecera y suéltela cuando vea aparecer el indicador de inserción, como se muestra en la figura 4.25. Asegúrese de soltar la nueva conexión justo entre la que acaba de introducir y la llave de cierre de la directiva `@interface`.

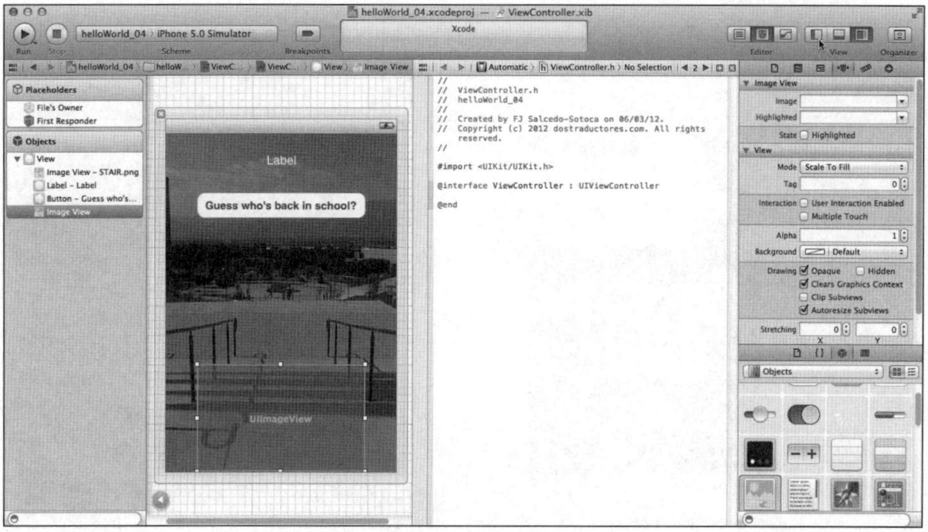

Figura 4.22. *Oculte el panel Navigator.*

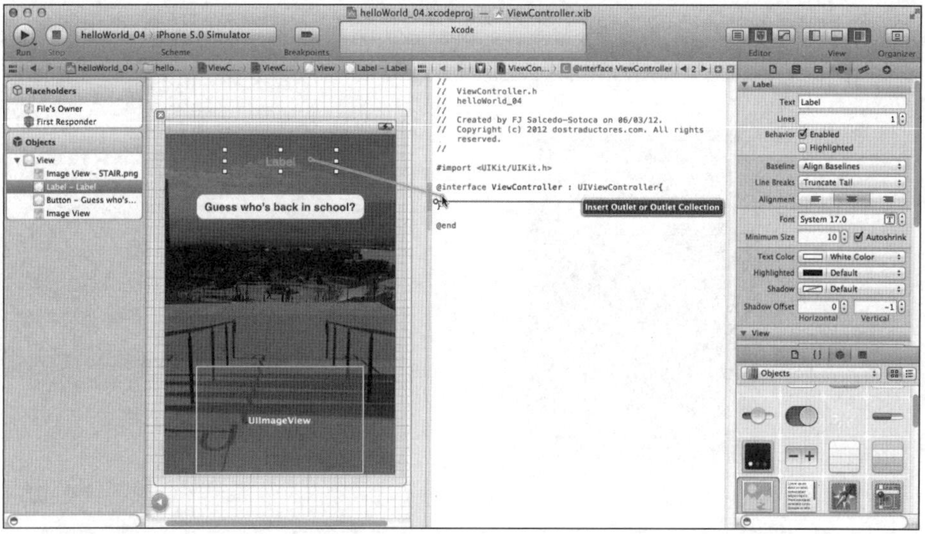

Figura 4.23. *Arrastre, manteniendo pulsada la tecla Control, una conexión entre la etiqueta de Interface Builder y el archivo de cabecera.*

26. Inmediatamente después, cuando haya arrastrado la segunda vista `UIImageView` hacia la directiva `@interface`, introduzca **Kant** en el campo Name (Nombre) del menú emergente y mantenga el valor Outlet (Enchufe) en el cuadro de lista desplegable Connection (Conexión) (véase la figura 4.26).

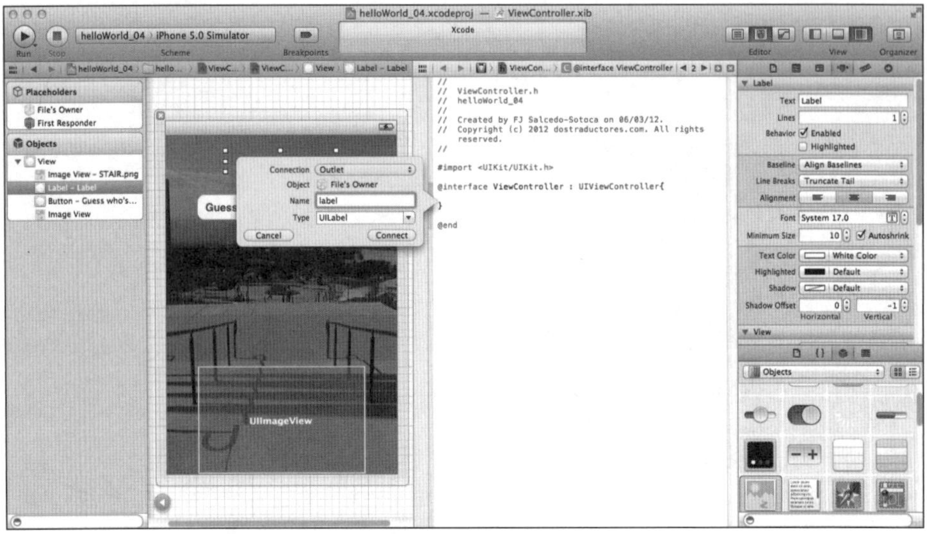

Figura 4.24. Llame "label" al outlet de la etiqueta.

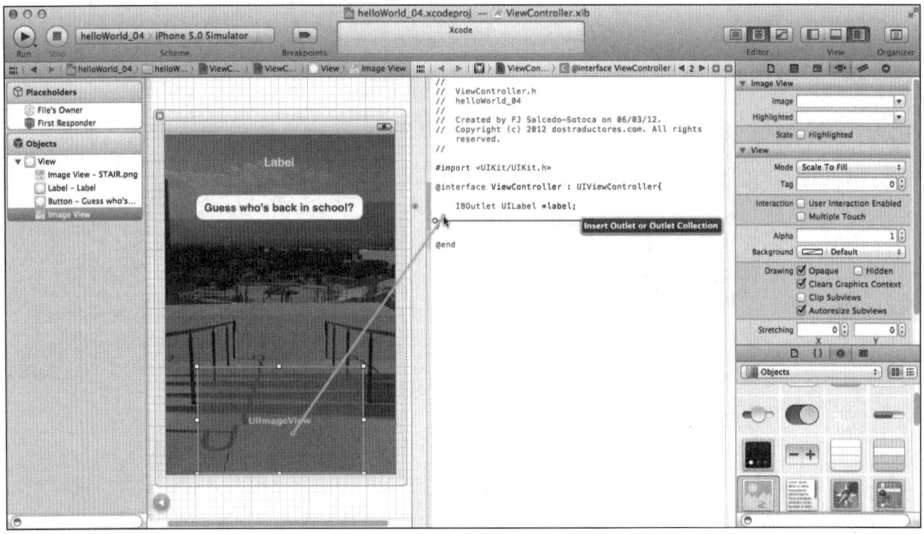

Figura 4.25. Arrastre, manteniendo pulsada la tecla Control, una conexión entre la segunda vista UIImageView de Interface Builder y el archivo de cabecera.

27. Haga clic y arrastre el botón, manteniendo pulsada la tecla **Control**, hacia el código fuente del archivo de cabecera y suéltelo cuando aparezca el indicador de inserción (véase la figura 4.27). Asegúrese de soltar la nueva conexión por debajo de la que acaba de introducir y fuera de la llave de cierre de la directiva `@interface`.

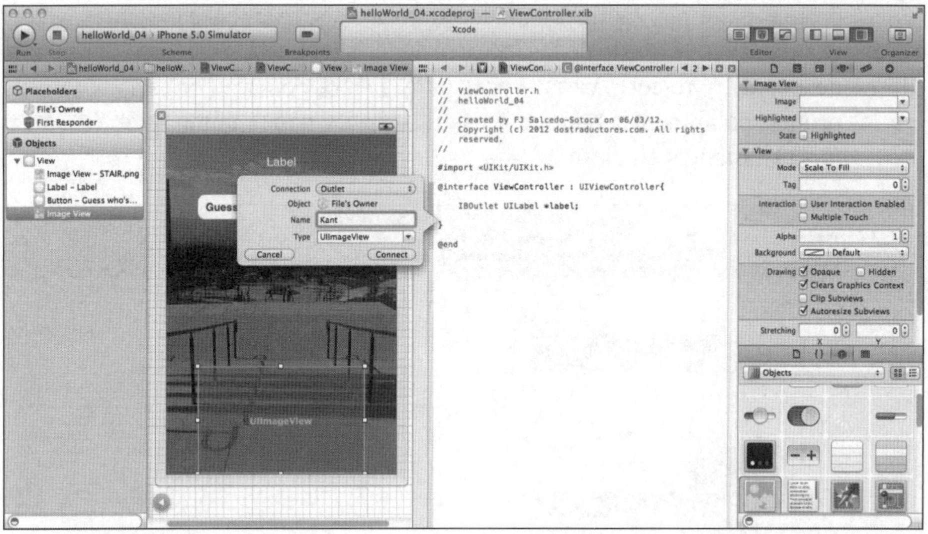

Figura 4.26. *Llame "Kant" al outlet de la segunda vista UIImageView.*

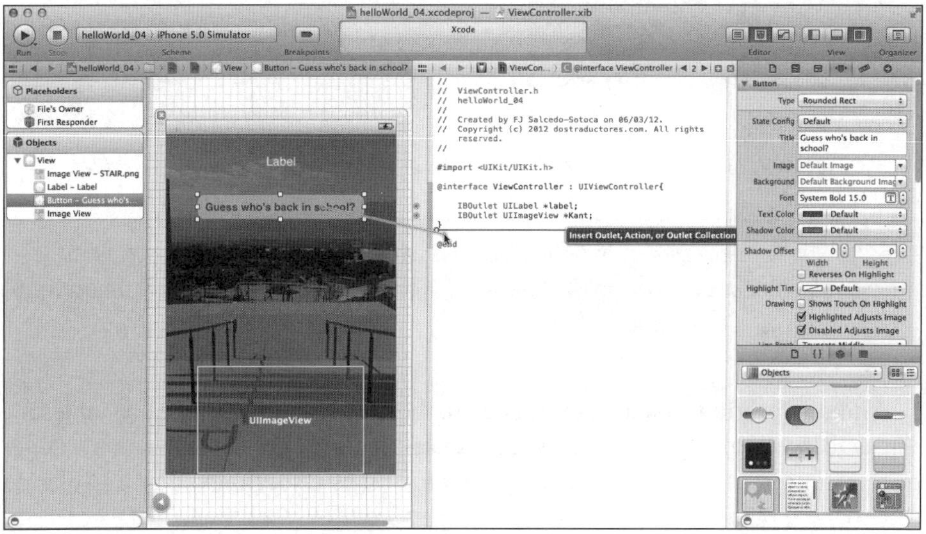

Figura 4.27. *Arrastre, manteniendo pulsada la tecla Control, una conexión entre el botón de Interface Builder y el archivo de cabecera.*

28. Cambie el tipo de conexión, en el cuadro de lista desplegable Connection (Conexión), de Outlet (Enchufe) a Action (Acción) (véase la figura 4.28).

29. Desde este momento, debe centrarse totalmente en lo que está haciendo. En clase, me aseguro de que los estudiantes se centran al 100 por 100 en esta sección. Siempre les hago reescribirla completamente, pero con sus

propias palabras. Asimismo, la incluyo en tests, exámenes parciales y en el examen final. El resto de los lectores debería leer esta sección con la cabeza despejada, y releerla varias veces para, luego, ponerla por escrito con sus propias palabras. Hágalo, pero usando lápiz y papel, como también hacen mis estudiantes en clase.

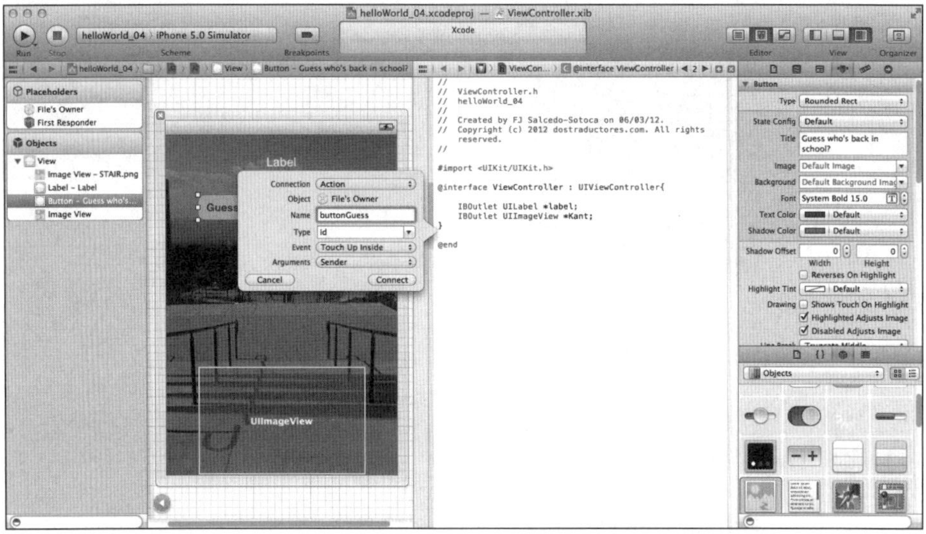

Figura 4.28. Cambie el tipo de conexión en el cuadro de lista desplegable.

> ***Nota:*** *No la escriba en su Mac porque acabaría copiando y pegando el texto. Levántese, tome lápiz y papel, y escríbala con sus propias palabras. Es muy importante que lo haga así.*

Vamos a escribir lo que antes mencionamos como "instrucciones de síntesis". Sin embargo, para que sea capaz de captar bien este concepto, vamos a tener que profundizar también en *outlets* y *actions*. En esta sección vamos a hablar de `IBOutlet`, punteros, propiedades de manejo y control, y sobre añadir `IBAction`. Sin embargo, antes de entrar en esos temas, conviene echar una ojeada a lo que ya hay en el archivo de cabecera, a lo que vamos a cambiar y sobre lo que nos vamos a centrar. Éste es el código que ha introducido hasta el momento:

```
#import <UIKit/UIKit.h>

@interface helloWorld_04ViewController : UIViewController {

   IBOutlet UILabel *label;
   IBOutlet UIImageView *Kant;
```

```
}

- (IBAction)buttonGuess:(id)sender;

@end
```

Ahora añadirá las dos líneas que aparecen aquí en negrita, sin pensar demasiado en lo que está haciendo, y después observe la figura 4.29.

```
#import <UIKit/UIKit.h>

@interface helloWorld_04ViewController : UIViewController {

   IBOutlet UILabel *label;
   IBOutlet UIImageView *Kant;
}
   @property (nonatomic, retain) IBOutlet UILabel *label;
   @property (nonatomic, retain) IBOutlet UIImageView *Kant;

- (IBAction)buttonGuess:(id)sender;

@end
```

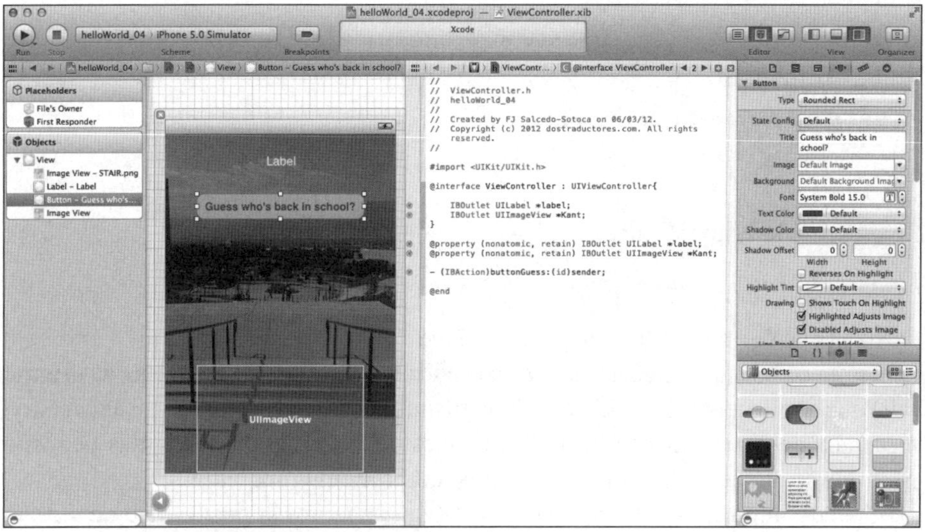

Figura 4.29. Apariencia final del código fuente, antes de introducir las instrucciones de síntesis.

Comprender los IBOutlet

En capítulos anteriores, hemos analizado en detalle las extensiones `.m` y `.h`. Hemos hecho lo que hace la mayoría de los programadores de Cocoa y Objective-C: empezar con la programación de los archivos de cabecera. Si tuviera que explicarlo a alguien en el foro, diría más o menos esto: "Haz clic en el triángulo de cierre del archivo de clases y abre el archivo con extensión `ViewController.h`". Como ya ha programado antes tres archivos de cabecera, debería estar acostumbrado a pasar rápidamente por este fragmento de código. Sin embargo, en este momento vamos a echar el freno y a pensar un poco más en lo que estamos haciendo. En todos los ejemplos anteriores, utilizábamos un `IBOutlet` nada más, que nos permitía interaccionar con el usuario. Pero seamos más técnicos y concretos, que esta frase resulta demasiado elemental. Veamos más en profundidad qué es un `IBOutlet` para que, cuando lleguemos a la sección "Profundizando en el código", podamos comprenderlo bien.

Analicemos el código que aparece en negrita:

```
#import <UIKit/UIKit.h>

@interface helloWorld_04ViewController : UIViewController {

    IBOutlet UILabel *label;
    IBOutlet UIImageView *Kant;
}

    @property (nonatomic, retain) IBOutlet UILabel *label;
    @property (nonatomic, retain) IBOutlet UIImageView *Kant;

- (IBAction)buttonGuess:(id)sender;

@end
```

Observe la primera línea:

```
#import <UIKit/UIKit.h>
```

Es la que permite utilizar la palabra clave `IBOutlet`. Empleamos `#import` para importar `UIKit`, que no es otra cosa que el *framework* de la interfaz de usuario (UI) que se encuentra incluido en IPhoneRuntime, el cual, a su vez, es una versión recortada del propio Mac OS X. Por supuesto, IPhoneRuntime es más pequeño para que se pueda usar tanto en el iPhone como en el iPad.

Cuando importamos el *framework* `UIKit`, ganamos la posibilidad de utilizar decenas de miles de líneas de código que Apple ha desarrollado para nosotros, llamadas "clases", una de las cuales es la ya popular clase `IBOutlet`.

La palabra clave `IBOutlet` es una directiva especial conocida como "variable de instancia", la cual le indica a Interface Builder que muestre los elementos que deseamos que aparezcan en pantalla. A su vez, Interface Builder utiliza estas sentencias para indicarle al compilador que conectaremos los objetos a los archivos `.xib`. Interface Builder no conecta estos *outlets* a ninguna parte, pero le dice al compilador que el programador los va a añadir.

Repasemos lo que vamos a utilizar: en primer lugar, la imagen de las escaleras para el fondo; en segundo lugar, la imagen para la capa superior con Kant; y en tercer lugar, el texto que dirá en su regreso al campus. En este ejercicio, va a utilizar dos `IBOutlet`: uno para el texto de la etiqueta, donde Kant saluda e informa de su regreso, y otro para la segunda vista, en la que Kant aparece como por ensalmo.

Ya que sabemos que nos harán falta dos `IBOutlet`, podemos visualizar su apariencia. Comenzaremos por centrarnos en el interior de las llaves que siguen a la sentencia `@interface helloWorld_04ViewController : UIViewController`.

El código tiene que aparecer como sigue:

```
#import <UIKit/UIKit.h>

@interface helloWorld_04ViewController : UIViewController {

   IBOutlet UILabel *label;
   IBOutlet UIImageView *Kant;
}

   @property (nonatomic, retain) IBOutlet UILabel *label;
   @property (nonatomic, retain) IBOutlet UIImageView *Kant;

- (IBAction)buttonGuess:(id)sender;

@end
```

Como puede ver si se fija únicamente en el código en negrita, los `IBOutlet` no son más que marcadores de posición. Uno de ellos producirá el texto que dice Kant, y el otro, una imagen superpuesta a la del fondo.

Ya sabemos que para mostrar texto en la pantalla del dispositivo empleamos la clase `UILabel`. Esta clase es la responsable de dibujar múltiples líneas de texto estático en pantalla. Así que, no debe temer nada por escribir `UILabel` junto al primer `IBOutlet`. Ahora piense qué necesita en el segundo `IBOutlet`. Ya sabe que se trata de mostrar la segunda imagen sobreimpresionada por encima del fondo. Aquí sería una buena idea utilizar la clase `UIImageView` porque nos proporciona el código escrito por Apple, capaz de mostrar imágenes estáticas y animadas. Dicho esto, no tiene más que añadir la clase `UIImageView` después del segundo `IBOutlet`:

```
#import <UIKit/UIKit.h>

@interface helloWorld_04ViewController : UIViewController {

   IBOutlet UILabel *label;
   IBOutlet UIImageView *Kant;
}
```

```
    @property (nonatomic, retain) IBOutlet UILabel *label;
    @property (nonatomic, retain) IBOutlet UIImageView *Kant;

- (IBAction)buttonGuess:(id)sender;

@end
```

Como puede ver, ahora cobra sentido lo que dijimos sobre tener dos `IBOutlet`:

- Uno para llamar a la clase `UILabel` y que ésta controle el texto.
- El otro para llamar a la clase `UIImageView` y que ésta controle la segunda imagen.

Punteros

Ahora que contamos con los medios para poner textos e imágenes en pantalla, tenemos que ser capaces de concretar cuáles serán dichos textos e imágenes. En ocasiones, se utiliza código predefinido, desarrollado por los ingenieros de Apple, que hace lo que debe haciendo referencia o apuntando a los recursos, es decir, nuestros textos e imágenes. Sin duda, se habrá dado cuenta de que éste es el contexto en el que se usan los punteros. En ejemplos anteriores, le pedimos que se despreocupara por la presencia del asterisco (`*`) en el código fuente. Pues bien, ahora es el momento de averiguar su función. Centrémonos por un momento en la forma que tienen los asteriscos (`*`), es decir, los punteros, de hacer lo que hacen. Necesitamos un método indirecto para situar nuestros textos e imágenes en la pantalla. Decimos "indirecto" porque en lugar de escribir nuestro propio código, utilizaremos el que nos brinda Apple para obtenerlos. Vamos a llamar a clases preexistentes, y serán éstas las que, a su vez, llamarán a nuestros textos e imágenes. Considere esta pequeña analogía. Suponga que usted atrapa a un ladrón que intentaba robar en su casa y lo retiene mientras llama a la policía. Luego, cuando llegan los agentes, son ellos los que se lo llevan detenido a comisaría, y no usted.

En este caso, cuando quiere mostrar texto en su dispositivo iOS, realiza una llamada a `UILabel` y, cuando esta "llegue", le indicará el texto que desea mostrar. A partir de entonces, es `UILabel` quien se encarga del texto. Cuando se trata de mostrar una imagen, actuará de forma análoga. Realizará una llamada a `UIImageView` y, cuando esta "llegue", le indicará la imagen que desea mostrar. A partir de entonces, será el código de `UIImageView` quien se encargue del texto.

Quizás se pregunte cuáles son los nombres de estos punteros o cómo deberían ser tales nombres. La buena noticia es que los puede llamar como guste. En este caso, apunte `UILabel` a `*label`, y `UIImageView`, al puntero `*Kant`. Nuevamente, aparecen en negrita en el código:

```
#import <UIKit/UIKit.h>

@interface helloWorld_04ViewController : UIViewController {

    IBOutlet UILabel *label;
    IBOutlet UIImageView *Kant;
}

    @property (nonatomic, retain) IBOutlet UILabel *label;
    @property (nonatomic, retain) IBOutlet UIImageView *Kant;

- (IBAction)buttonGuess:(id)sender;

@end
```

Los ingenieros de Apple describen su intención a la hora de crear *outlets* como la de "dar pistas" a Interface Builder sobre lo que debe esperar cuando deba mostrar la interfaz que implementemos.

- Un `IBOutlet` indica a Interface Builder que la clase `UILabel` utilizará cierto texto señalado por el puntero `*label`.
- El otro `IBOutlet` indica a Interface Builder que la clase `UIImageView` utilizará cierta imagen señalada por el puntero `*Kant`.

Aún no hemos terminado. Después de indicarle a Interface Builder lo que debe esperar, debemos indicarle al procesador de nuestro Mac, a través del compilador, que va a tener que encargarse de un evento importante. Una de las cosas más relevantes que el compilador desea anticipar es la llegada de un objeto. Esto es porque los objetos son masas independientes de números y símbolos que llegan al microprocesador y lo fuerzan a trabajar. Por eso, el programador debe indicarle cuándo tiene que atrapar el objeto y ponerlo en un lugar particular de la memoria.

Los objetos pueden presentarse de una gran variedad de formas y contenidos, que podrían ser tan conceptualmente diferentes como el fútbol y un maestro zen. Así que, para facilitar el trabajo del procesador cuando llegue el momento, debemos informarle puntualmente de que cada objeto que utilicemos en nuestro código tiene dos parámetros específicos y únicos: propiedades y tipo.

Aportar esta información es muy fácil, y solo consiste en dos pasos. El primero es el que acabamos de cubrir: enviamos al compilador un aviso respecto a los objetos que vamos a utilizar con la definición de sus dos parámetros específicos y únicos: sus propiedades y su tipo. El segundo paso es el siguiente: cuando el procesador reciba los datos, utilizará la información "sintetizándola". Es decir:

- Primero, declaramos las propiedades y el tipo de nuestro objeto.
- En segundo lugar, indicamos al ordenador que implemente, o "sintetice", esta información.

En otras palabras, le contamos al compilador cómo es nuestro objeto "declarándolo", es decir, incluyendo parámetros descriptivos específicos de sus "propiedades". Luego, autorizamos al compilador para que implemente el objeto diciéndole que lo "sintetice". Pero ¿cómo se hace eso de "declarar" y "sintetizar" o implementar? Utilizando unas herramientas de código llamadas "directivas". Para indicar que las expresiones del código fuente son directivas, se empiezan con el carácter `@`. De este modo, si vamos a declarar una propiedad de nuestro objeto, pondremos `@` antes de la palabra `property`, lo que dará lugar a la directiva: `@property`.

Desde ahora, siempre que veamos `@property` en el código fuente Objective-C, sabremos que se trata de una directiva de propiedad. Análogamente, si queremos indicar al compilador que procese y sintetice, es decir, que implemente, el objeto, pondremos `@` delante de la instrucción `synthesize`. De este modo, obtendremos la directiva `@synthesize`. En otras palabras (más técnicas):

- La directiva `@property` "declara" que el objeto tiene una propiedad con un "tipo" específico.
- La directiva `@synthesize` "implementa" los métodos declarados en la directiva `@property`.

Propiedades: manejo y control

En primer lugar, diremos que es necesario concretar si esta propiedad será de "solo lectura" (*read only*) o bien de "lectura-escritura" (*read-write*). En otras palabras, debemos especificar si se va a mantener siempre igual o si va a cambiar por algo nuevo. Técnicamente, denominamos a esto "mutabilidad" (*mutability*). La mayoría de las veces, utilizaremos el código de Apple para manejar la mutabilidad de las propiedades respecto a nuestros objetos.

Para hacer que el código de Apple se encargue de manejar la mutabilidad de una propiedad, designaremos a esta como `nonatomic`. Para aplicar este término con propiedad, podemos contrastar "nonatomic" (que podríamos traducir como "no atómico") con "atomic" (atómico). Por "atomic" entendemos algo poderoso, algo que implica llegar hasta el mundo microscópico y realizar cambios. Mientras que "nonatomic" significaría "no tan poderoso", más superficial y no manipulable.

Si designamos una propiedad, tal como mutabilidad, como `nonatomic`, básicamente estamos pidiendo a Apple que maneje la mutabilidad, y todo lo relacionado con ella, por nosotros. Más adelante, podríamos querer tomar directamente el control de esta propiedad, entonces la designaríamos como `atomic`. En este caso, vamos a adoptar el enfoque más relajado y dejaremos que Apple maneje los asuntos microscópicos. Así pues, a la hora de elegir entre un modo u otro, simplemente usaremos `nonatomic`.

En segundo lugar nos vamos a ocupar de los asuntos de la gestión de memoria. Es necesario tener en cuenta cómo indicaremos al dispositivo iOS el momento de guardar un objeto en memoria, ya sea este de solo lectura o de lectura-escritura. En otras palabras, debemos ser capaces de informar al ordenador de la naturaleza de la memoria asociada con un objeto, en relación a quién la puede cambiar, cuándo y cómo. En general, es preferible controlar esta información y mantenerla en nuestras manos, es decir, "retenerla" (`retain`). A medida que recorra los demás ejercicios de este libro, verá que siempre mantenemos el código en nuestras manos, es decir, que retenemos el derecho de gestionar la memoria.

Podemos resumir el añadido de estos detalles a las directivas `property` y la forma de modificar el código, de la siguiente manera:

- La directiva `@property (nonatomic, retain)` indica lo siguiente:
  - La mutabilidad debe ser "no atómica"; que Apple se encargue de ella.
  - Queremos "retener" la gestión de la memoria; mantener el control sobre ella.
- La directiva `@synthesize` implementa los métodos declarados en la directiva `@property`.

Aún tenemos que añadir una capa más de complejidad a la mezcla: añadiremos esas directivas en dos archivos diferentes. Definiremos la directiva `@property` en el archivo de cabecera con una expresión y, luego, la implementaremos con la directiva `@synthesize` en el archivo de implementación. Veamos cómo:

- En el archivo de cabecera: `helloWorld_04_ViewController.h`

  ```
  @property (nonatomic, retain) //Sigue el "código" que declaremos.
  ```

- En el archivo de implementación: `helloWorld_04_ViewController.m`

  ```
  @synthesize //El "código" que hayamos declarado en la directiva @
  property en el archivo de cabecera.
  ```

Tendremos que escribir dos de éstas para cada uno de los dos `IBOutlet`, uno del texto y otro de la imagen. Además, dado que aún estamos en el archivo de cabecera, tendremos que repetir esto cuando sinteticemos en el archivo de implementación. Bien, llega el momento de introducir el código:

```
#import <UIKit/UIKit.h>

@interface helloWorld_04ViewController : UIViewController {

    IBOutlet UILabel *label;
```

```
   IBOutlet UIImageView *Kant;
}

   @property (nonatomic, retain) IBOutlet UILabel *label;
   @property (nonatomic, retain) IBOutlet UIImageView *Kant;

- (IBAction)buttonGuess:(id)sender;

@end
```

Da la sensación de ser una explicación muy prolija para solo decir: `@property (nonatomic, retain)`. Recuerde, no obstante, que estamos diciendo al ordenador que queremos que Apple se encargue de la mutabilidad, pero que nosotros queremos retener el control sobre la gestión de la memoria. Más adelante, sintetizaremos estos comandos en el archivo de implementación para ambos `IBOutlet`. Volvamos sobre ellos, sobre los `IBOutlet`. El `IBOutlet` para el texto es `UILabel` con el puntero `*label`, así que introducimos el código para controlar el texto de la etiqueta como sigue:

```
#import <UIKit/UIKit.h>

@interface helloWorld_04ViewController : UIViewController {

   IBOutlet UILabel *label;
   IBOutlet UIImageView *Kant;
}

   @property (nonatomic, retain) IBOutlet UILabel *label;
   @property (nonatomic, retain) IBOutlet UIImageView *Kant;

- (IBAction)buttonGuess:(id)sender;

@end
```

El `IBOutlet` para la imagen es `UIImageView` con el puntero `*Kant`, así que introducimos el código para controlar la imagen que mostrará la vista como sigue:

```
#import <UIKit/UIKit.h>

@interface helloWorld_04ViewController : UIViewController {

   IBOutlet UILabel *label;
   IBOutlet UIImageView *Kant;
}

   @property (nonatomic, retain) IBOutlet UILabel *label;
   @property (nonatomic, retain) IBOutlet UIImageView *Kant;

- (IBAction)buttonGuess:(id)sender;

@end
```

Todavía no hemos terminado con el archivo de cabecera, aún tenemos que analizar las `IBAction`. Después de vérnoslas con los `IBOutlet`, llega el turno de la única `IBAction` del programa, la que sirve para controlar el botón.

Añadir IBAction

Sí, necesitábamos un botón. Así que, escribimos una `IBAction` para él en la figura 4.28. Y ahora llega el momento de profundizar sobre su código fuente. No obstante, la anterior ha sido una sección muy compleja técnicamente, así que dejaremos esto para cuando lleguemos a "Profundizando en el código". Mientras tanto, limítese a escribir el nuevo código, que aparece aquí en negrita y vea si es capaz de anticipar las funciones de las distintas piezas, o parámetros, y tómese un respiro después.

```
#import <UIKit/UIKit.h>

@interface helloWorld_04ViewController : UIViewController {

   IBOutlet UILabel *label;
   IBOutlet UIImageView *Kant;
}

   @property (nonatomic, retain) IBOutlet UILabel *label;
   @property (nonatomic, retain) IBOutlet UIImageView *Kant;

- (IBAction)buttonGuess:(id)sender;

@end
```

30. Debemos ahora modificar la interfaz de Xcode para poder trabajar en el archivo de implementación. Para ello, abandonaremos el Assistant Editor (Editor asistente) y pasaremos al Standard Editor (Editor estándar) haciendo clic en el botón izquierdo de los tres que aparecen en el grupo Editor (Editor) (véase la figura 4.30).
31. En este momento, se debe mostrar el panel izquierdo (véase la figura 4.31), Navigator (Navegador), para pasar del archivo de cabecera al archivo de implementación. Hay muchas formas de hacerlo, pero para simplificar limítese a hacer clic en el botón izquierdo de los tres que forman el grupo View (Vista).
32. En este momento, Interface Builder muestra el archivo *nib*. Guárdelo todo pulsando **Comando-S** y, luego, haga clic sobre el archivo de implementación `ViewController.m`, como se muestra en la figura 4.32.

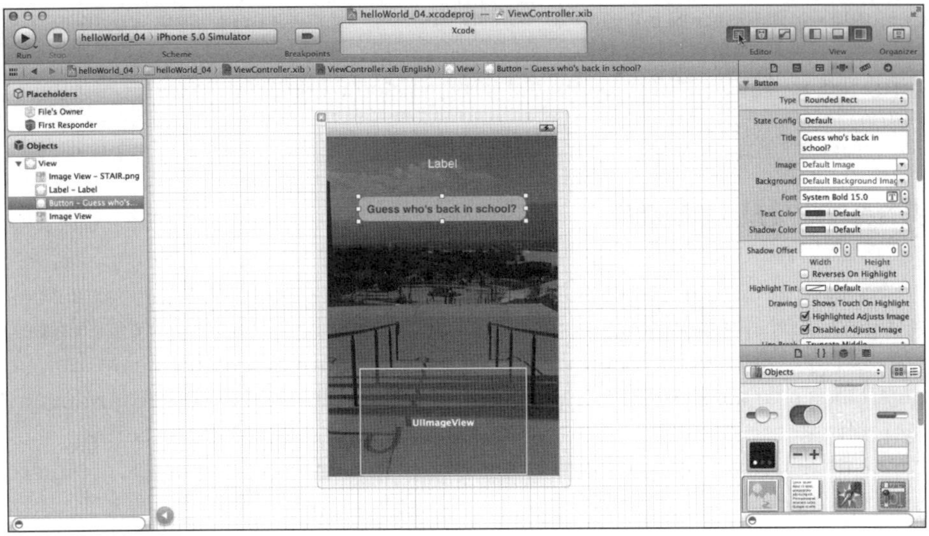

Figura 4.30. *Pase al Standard Editor.*

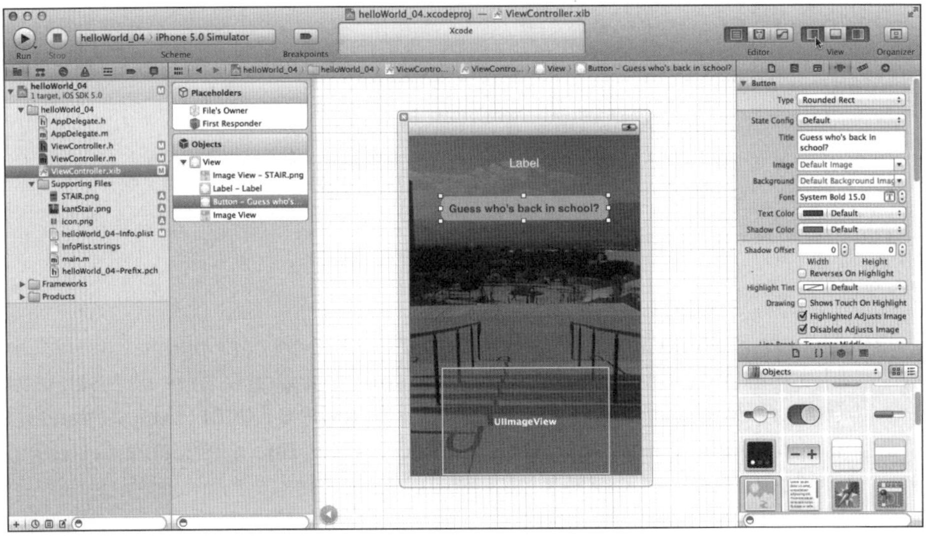

Figura 4.31. *Muestre el panel Navigator.*

33. Con el archivo de implementación abierto, observe la figura 4.33 y céntrese en cómo proporcionar la síntesis. Ya hemos construido las directivas `@property` para el texto y la imagen de Kant en el archivo de cabecera. Ahora toca escribir las directivas `@synthesize` para ambos `IBOutlet` en el archivo de cabecera. Escriba el código de síntesis tal como se ve aquí en negrita:

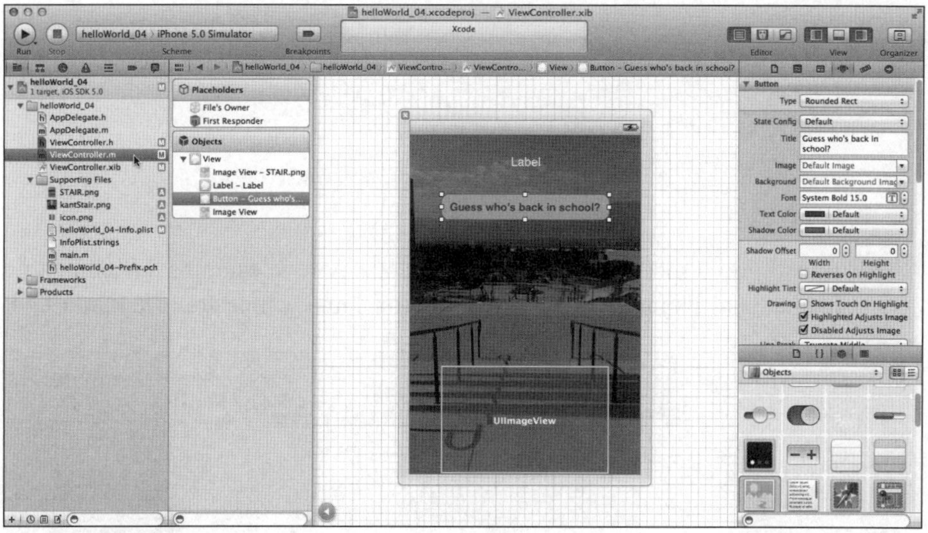

Figura 4.32. Guarde su trabajo y abra el archivo de implementación.

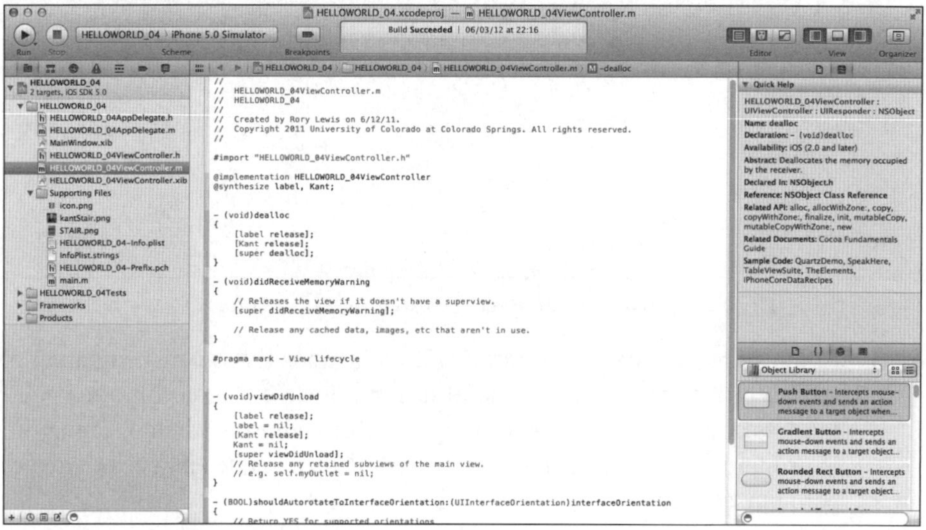

Figura 4.33. Con el archivo de implementación abierto, puede empezar a introducir código.

```
#import "helloWorld_04ViewController.h"

@implementation helloWorld_04ViewController
@synthesize label, Kant;

- (void)dealloc

{
```

```
    [label release];
    [Kant release];
    [super dealloc];
}
...

- (IBAction)buttonGuess:(id)sender {
}
@end
```

34. El código `viewDidLoad` no es necesario porque estamos haciendo algo ligeramente distinto, así que lo puede borrar como se muestra en la figura 4.34.

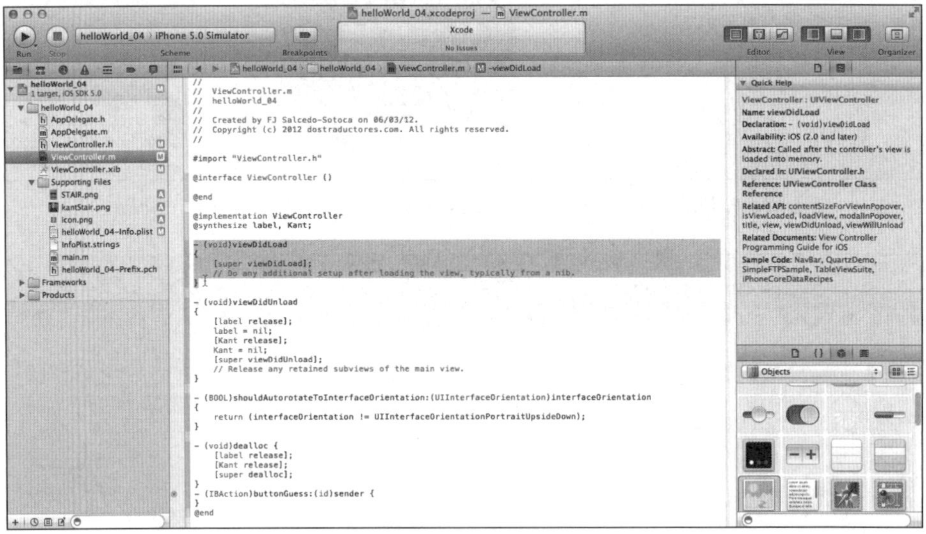

Figura 4.34. *Elimine el código viewDidLoad.*

35. Como se puede ver en la figura 4.35, ya estamos listos para programar el código que se ejecutará cuando el usuario pulse el botón. En otras palabras, estamos preparados para programar el código del botón. Para ello, lo primero es localizar el método `buttonGuess`, que aparece por abajo, pero que está vacío.

```
#import "helloWorld_04ViewController.h"

@implementation helloWorld_04ViewController
@synthesize label, Kant;
...

- (IBAction)buttonGuess:(id)sender {

}

@end
```

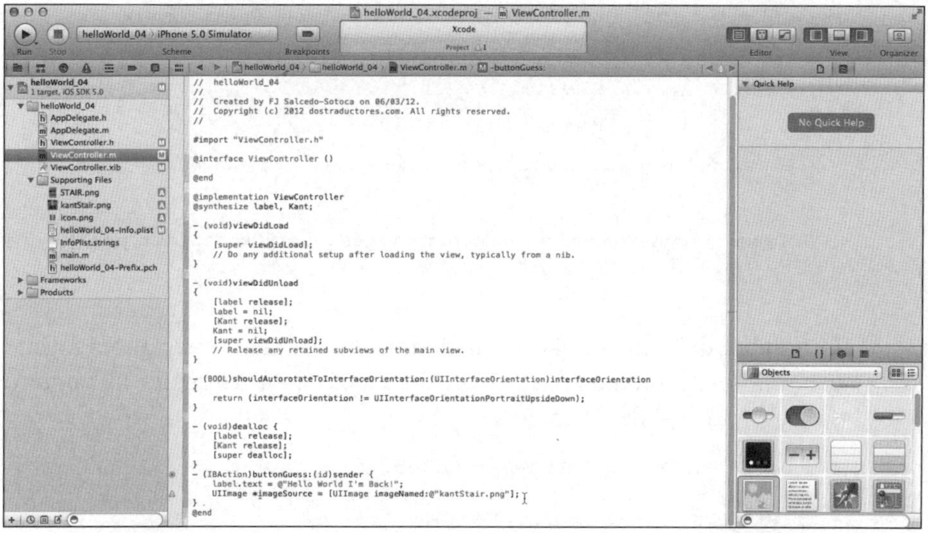

Figura 4.35. *Escriba las dos primeras líneas del método buttonGuess.*

Cuando el usuario abra la aplicación y pulse el botón, la imagen de Kant aparecerá instantáneamente sobre la escalera del fondo. Además, saludará a través de un texto incorporado: **"Hello World, I'm back!"** ("¡Hola, mundo. Estoy de vuelta!"). Para ello, tenemos que asociar la variable de instancia de la etiqueta con una propiedad de texto asignada a dicho texto, de la siguiente manera:

```
#import "helloWorld_04ViewController.h"

@implementation helloWorld_04ViewController
@synthesize label, Kant;
...

- (IBAction)buttonGuess:(id)sender {

   label.text = @"Hello World, I'm back!";
}

@end
```

Después de completar la tarea de codificar el texto, debe añadir el código que hará aparecer la imagen de Kant. Para ello, utilizará un método de clase llamado `imageNamed`, el cual se encargará de mostrar el archivo `kantStair.png`, es decir, la imagen que ha preparado para la capa superior al principio del proyecto. Introduzca la línea que aparece aquí en negrita, inmediatamente debajo del código que acaba de escribir para el texto:

```
#import "helloWorld_04ViewController.h"

@implementation helloWorld_04ViewController
@synthesize label, Kant;
...

- (IBAction)buttonGuess:(id)sender {

  label.text = @"Hello World, I'm back!";
  UIImage *imageSource = [UIImage imageNamed:@"kantStair.png"];
}
@end
```

El nombre del puntero que señala la imagen es `Kant`, pero ahora mismo el archivo de imagen `kantStair.png` está asignado al puntero `imageSource` de `UIImage`:

```
#import "helloWorld_04ViewController.h"

@implementation helloWorld_04ViewController
@synthesize label, Kant;
...

- (IBAction)buttonGuess:(id)sender {

  label.text = @"Hello World, I'm back!";
  UIImage *imageSource = [UIImage imageNamed:@"kantStair.png"];

}
@end
```

Hay que asignar este puntero asignado automáticamente, `imageSource`, a la imagen de Kant, como se muestra en el código siguiente:

```
#import "helloWorld_04ViewController.h"

@implementation helloWorld_04ViewController
@synthesize label, Kant;
...

- (IBAction)buttonGuess:(id)sender {

  label.text = @"Hello World, I'm back!";
  UIImage *imageSource = [UIImage imageNamed:@"kantStair.png"];
  Kant.image = imageSource;

}

@end
```

Es normal que no le encuentre sentido por completo en este momento. Tenga la seguridad de que hay una enorme cantidad de entidades con la palabra "image" formando parte de su nombre, objeto o asociación y, claro, resulta confuso. Más adelante, revisaremos todo ello en profundidad, pero por ahora no es necesario perder el sueño con eso. En la figura 4.36, se muestra el código tal cual debería aparecer en este punto.

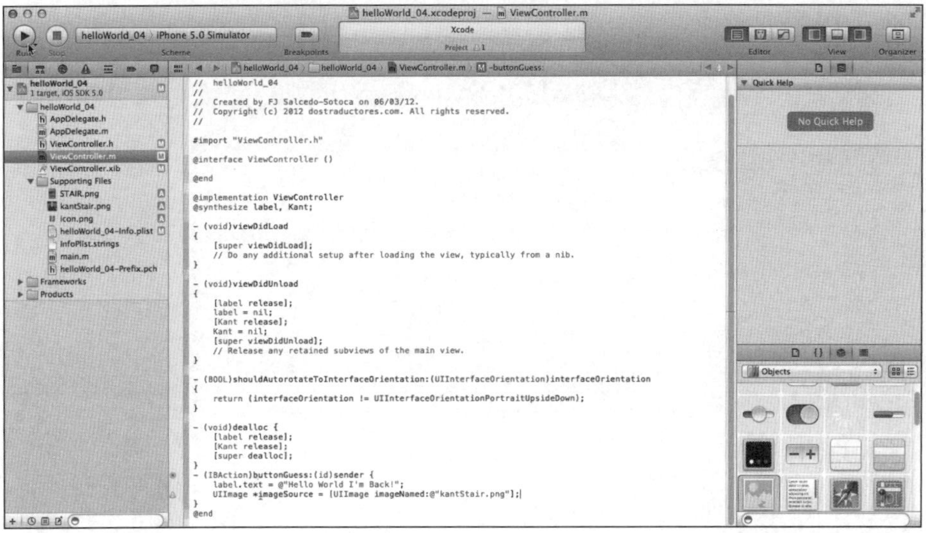

Figura 4.36. *Con el código ya introducido, ejecute la aplicación.*

Ahora guarde todo su trabajo pulsando **Comando-S** y siéntase orgulloso. Acaba de trabajar en los archivos de cabecera e implementación con mayor profundidad que en capítulos anteriores. Aunque ya había visto algunas de estas funciones antes, las ha revisado de nuevo con la mente abierta a una comprensión más profunda. No solo eso, también se ha enfrentado a un concepto muy difícil: la síntesis.

36. Ahora que ha finalizado la escritura del código, ejecútelo y vea si contiene algún error (véase la figura 4.36).

37. Como puede ver en la figura 4.37, se produce un error. En este caso, `lavel` debería ser, obviamente, `label`. Si ha seguido los fragmentos de código y las capturas de pantalla hasta ahora, no verá producirse ningún error, no obstante. En cualquier caso, con el error ya corregido, guardamos y ejecutamos la aplicación nuevamente.

38. La figura 4.38 muestra el Simulador iOS con la aplicación helloWorld_04 en ejecución con el botón pulsado.

39. La figura 4.39 ilustra las dos vistas de la aplicación helloWorld_04. La primera imagen es lo que se ve nada más abrirla. Sus imágenes pueden ser distintas, por supuesto, si las ha hecho usted, pero aparte de eso la pantalla

debería ser muy similar. La segunda imagen es lo que aparece cuando se pulsa el botón. Se muestra la etiqueta en la parte superior y surge la segunda imagen, con Kant, superpuesta a la imagen del fondo.

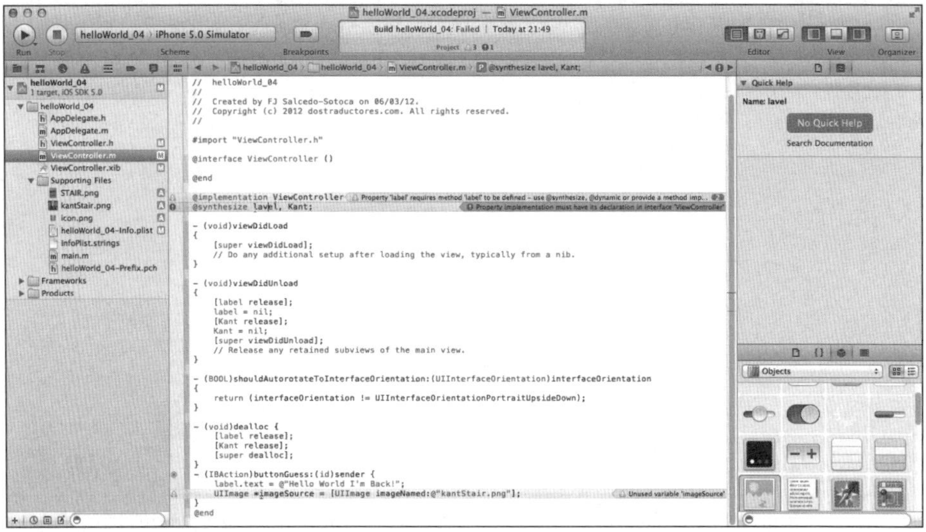

Figura 4.37. Un error en la escritura de "label".

Figura 4.38. Ejecución de la aplicación.

Figura 4.39. *Las dos vistas de helloWorld_04.*

Profundizando en el código

En esta sección, profundizaremos en el análisis de ciertos componentes con los que nos hemos encontrado en el capítulo. Repasaremos tanto `IBOutlet` como `IBAction`. También tocaremos los punteros y su relación con las direcciones en el código.

IBOutlet e IBAction

Ya hemos trabajado con ambas, así que ahora tocaremos un par de conceptos relacionados con ellas. En rigor, muchos programadores las consideran "casi-palabras clave". El Appkit de Objective-C ha convertido directivas del preprocesador del lenguaje C original, tales como `#define`, en directivas de preprocesador utilizables. Para pronunciar # vea la nota siguiente.

La directiva del preprocesador `#define` indica al ordenador que debe sustituir una cosa por otra. Parece un concepto sencillo, ¿no? Por ejemplo, si tuviera que programar un ordenador para que sustituyera con el número **100** todas las instancias de su nombre que encontrase, la instrucción en lenguaje C sería:

```
#define suNombre 100
```

Esto haría que el ordenador usara el valor **100** cada vez que procesara `suNombre`, una variable que reconocería instancias de su propio nombre.

> ***Nota:** En los Estados Unidos, el signo "#" se denomina "pound", sobre todo en el ámbito de Objective-C y otros entornos de programación. En el Reino Unido, por su parte, lo denominan "hash". Y en España, se conoce como "almohadilla". Finalmente, no son pocos los programadores que han empezado a referirse al texto* `#define` *como la "directiva* `define`*".*

De vuelta en Xcode y en el tema que nos ocupa, diremos que ni `IBOutlet` ni `IBAction` están definidas para ser nada en realidad. En otras palabras, no hacen nada sustancial "para el compilador", que es el núcleo mismo del ordenador.

Estas casi-palabras clave son, sin embargo, marcadores (*flags*) y resultan muy importantes en la comunicación con Interface Builder. Cuando éste ve los marcadores `IBOutlet` e `IBAction`, prepara su código interno para llevar a cabo determinadas tareas. Se dispone a manejar variables de instancia y todas las conexiones que se hayan realizado en ese ámbito.

Más acerca de los punteros

No resulta fácil para muchos estudiantes el concepto de "puntero". Tampoco resulta fácil explicar esta idea, por cuanto es una de las características más sofisticadas del lenguaje de programación C.

Antes, en este mismo capítulo, presentamos la analogía del propietario de una casa que ve a un ladrón intentando robar, llama a la policía y le indica dónde está retenido para que lo puedan detener..., los policías, y no el propietario. Se trata de una analogía que da buenos resultados con muchos estudiantes, pero ahora debemos profundizar un poco más. Si se preguntara a un profesor de informática lo que son los punteros, probablemente diría algo así como que "los punteros guardan las direcciones de variables o métodos".

Para aclarar lo que se entiende por "dirección", utilizaremos una analogía. ¿Alguna vez ha visto una película en la que un detective busca desesperadamente algo y se tropieza de vez en cuando con pistas e indicios, como huellas dactilares o billetes de autobús, que acaban por guiarlo hasta el criminal?

Pues nosotros llamaríamos "punteros" a esos indicios, puesto que indican el siguiente lugar al que ir para solucionar el problema planteado. No es necesario que proporcionen la dirección definitiva, en la que todo se resuelve finalmente, sino que es suficiente con que ofrezcan direcciones intermedias o lugares en los que continuar el trabajo.

Así pues, lo que el profesor de informática quiere decir es que los punteros no contienen realmente los objetos hacia los que nos dirigen, sino que contienen las direcciones del lugar en el que se encuentran. Esta importante característica convierte la familia de lenguajes C en herramientas muy potentes.

Esta sencilla idea hace que sea muy eficiente convertir tareas complejas en fáciles. Los punteros pueden pasar valores a tipos y argumentos a funciones, representar enormes cantidades de números y manipular nuestra gestión de la memoria de un ordenador. Muchos lectores pensarán que los punteros son similares a las variables en el mundo del álgebra, y estarán en lo cierto.

En nuestra primera analogía, un puntero hizo posible que un ciudadano desarmado detuviera a un peligroso criminal usando la indirección, es decir, llamando a la policía para que viniera y resolviera el problema.

Considere el ejemplo siguiente en el que usaremos un puntero para dirigirnos a la cantidad de dinero que tenemos en una cuenta bancaria. Para hacerlo, definiremos una variable llamada `bankBalance` como se muestra a continuación:

```
int bankBalance = $1000;
```

Ahora añadamos otra variable, a la que llamaremos `int_pointer`. Asumiremos también que hemos declarado la variable. Esto nos permitirá utilizar la indirección para conectar, indirectamente, el valor de `bankBalance` con la declaración:

```
int *int_pointer;
```

El asterisco indica a los lenguajes de la familia de C que nuestra variable `int_pointer` puede acceder indirectamente al valor entero de la cantidad de dinero almacenado en la variable `bankBalance`.

Para concluir, recordemos que esta profundización en el código no supone un tratamiento exhaustivo o riguroso de estos temas. Se trata de una divertida revisión tangencial de algunos temas relacionados. En este punto, no hay razón para sentirse mal si no se comprenden por completo los punteros. Ya hemos plantado las semillas y eso es lo que cuenta por ahora.

Donde dijimos "Hello!", digamos INDIO

Podemos dividir la mayoría de las aplicaciones para iPhone y iPad en cuatro funciones diferentes: **I**nteraction (Interacción), **N**avigation (Navegación), **D**ata (Datos) y **I**nput/**O**utput (Entrada Salida o E/S). Hemos visto las suficientes aplicaciones como para saber que podemos interaccionar con ellas, que podemos navegar de una pantalla a otra, que podemos manipular y utilizar datos y que, en definitiva, podemos suministrar información de entrada (teclado, pegar, hablar) y recibir una salida (imágenes, sonidos, texto, etc.).

Antes de aproximarnos a algún programa desde cualquiera de esas áreas específicas, tenemos, en primer lugar, que hacernos una idea cabal de cómo esos diferentes aspectos de la programación para iOS funcionan, aparecen en pantalla y se comportan. Asimismo, es preciso conocer sus limitaciones y sus pros y sus contras en relación a la proyectada experiencia de usuario tanto en el iPhone como en el iPad, teniendo en cuenta las diferencias entre ellos.

En helloWorld_04, sin ser plenamente conscientes de ellos, hemos continuado profundizando en INDIO (*Interaction, Navigation, Data and I/O*). Nuestro código recuperó dos imágenes, por distintos medios, que interaccionarán con el usuario. Este ejercicio nos llevó más cerca del aspecto de entrada/salida, I/O, de INDIO, que aún no dominamos, simple y llanamente, porque todavía no hemos llegado hasta él.

Modelo-Vista-Controlador

Como mencionamos anteriormente, los programadores que desarrollaron Cocoa emplearon un esquema conocido como Modelo-Vista-Controlador (MVC o *Model-View-Controller*, en inglés) como base del código para iOS. Veamos en qué se basa.

- **Modelo:** Guarda los datos y las clases que hacen que la aplicación funcione. Ésta es la parte del programa en la que puede encontrar secciones de código que le diremos que ignore. Este código también puede contener objetos que representan elementos incluidos en la aplicación, por ejemplo cliparts, dibujos, iconos, nombres en bases de datos, citas en la agenda, etc.
- **Vista:** Es la combinación de todos los elementos en la interfaz que el usuario ve cuando utiliza la aplicación. En la vista es donde los usuarios interaccionan con botones, deslizadores, controles, etc. La aplicación puede contener una vista principal compuesta de varias vistas.
- **Controlador:** Es la parte de la aplicación que enlaza el modelo con la vista, al tiempo que registra puntualmente todo aquello que haga el usuario. Puede pensar en esto como en la columna vertebral de la aplicación. Desde aquí se coordinan los botones que pulsa el usuario y, en caso necesario, cómo cambiar una vista por otra, siempre en respuesta a las entradas del usuario, sus reacciones, datos, etc.

Considere el siguiente ejemplo que ilustra cómo se puede utilizar el esquema MVC para dividir la funcionalidad de nuestro dispositivo iOS en tres categorías diferentes. La figura 4.40 muestra la representación de una aplicación llamada

MVC Explained. Como se puede ver VIEW (vista) muestra una representación, una etiqueta, que dice "Your very cool fantastic App Includes 3 layers: A, B, and C." ("Su fantástica aplicación incluye 3 capas: A, B y C.").

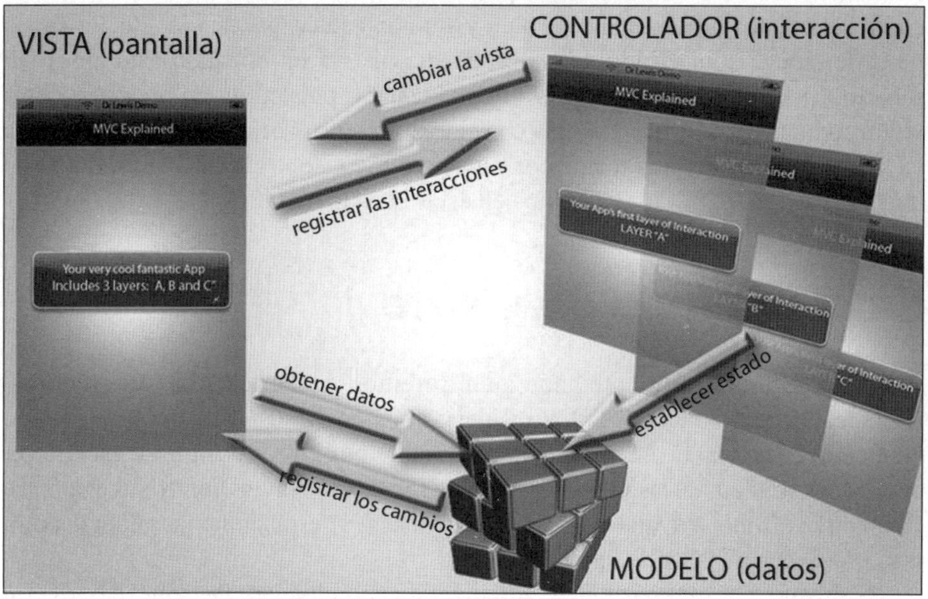

Figura 4.40. *El esquema Modelo-Vista-Controlador.*

En la sección CONTROLLER (controlador) de la aplicación, se pueden ver las tres capas separadas como LAYER "A", LAYER "B" y LAYER "C" (CAPA "A", CAPA "B" y CAPA "C"). Dependiendo del mecanismo de control que el usuario active en la vista, el controlador devolverá la respuesta adecuada en forma de una de las tres capas preparadas.

Lo más probable es que la aplicación utilice datos de uno u otro tipo, y esta información se guardará en el modelo, sección MODEL (modelo), del programa. Los datos pueden ser números de teléfono, clasificaciones de jugadores, localizaciones GPS en un mapa, etc.

Cuando el usuario interacciona con la vista (VIEW) de la aplicación, puede hacerse necesario obtener datos de una base de datos. Pensemos, por ejemplo, en los datos del lugar donde la usuaria dejó aparcado su coche. Cuando pulsa un determinado botón en la pantalla, los datos del GPS se recuperarán del modelo (MODEL). El modelo también se encargaría de registrar los datos cambiantes cuando el dispositivo estuviera en movimiento, y su usuaria, buscando el lugar donde dejó el coche. Por último, el controlador (CONTROLLER) se encargaría de modificar el estado (o modo) de los datos. Es posible que un estado muestre números de teléfono, que otro muestre geolocalizaciones del GPS o que un tercero muestre las clasificaciones en un determinado juego. El controlador también se encarga de las animaciones. Lo que ocurra en la animación podría afectar, y también modificar, el estado del modelo. Esto se puede llevar a cabo con varias herramientas, como los objetos UIKit, que controlan y animan cada capa, estado, etc.

Si le parece complicado, tenga en cuenta que ya ha utilizado esto antes sin saberlo. En el primer ejemplo, hizo que el usuario pulsara un botón y que obtuviera, como resultado, una etiqueta con el texto "Hello World!". Esto significa que ya ha construido una interacción con un objeto ViewController. Ni que decir tiene que, más adelante, profundizaremos en estas cuestiones.

En el capítulo siguiente

En el capítulo siguiente, nos adentraremos en la sección "Interaction" (Interacción) del concepto INDIO y dejaremos que el usuario añada y elimine elementos de una tabla. Al desarrollar eso, trataremos lo más posible de hacerle ver el cuadro completo de las interacciones..., a través de "Navigation" (Navegación). El objetivo último será que el usuario vaya de una información más general a otra más específica al pasar de una vista a otra.

Asimismo, pasaremos al siguiente nivel de complejidad: las aplicaciones con varias vistas. Examinaremos cómo un grupo de caracteres o roles en el seno del código fuente trabajarán conjuntamente para dirigir una respuesta, o una serie de respuestas, que ofrecerán al usuario la sensación de un flujo continuo.

Aprenderemos acerca de los delegados y de los controladores de vistas, sobre clases y subclases, y sobre las "lazy loads" o inicializaciones diferidas de los objetos. Asimismo, nos adentraremos en las profundidades de los archivos `.xib`, examinaremos el concepto de desasignación de memoria y aprenderemos todo acerca de los comentarios en el código fuente.

Lite

5. La aplicación Touches

En esta, su quinta aplicación, vamos a dar un paso de gigante y empezaremos a escribir una buena cantidad de código. Ahora bien, aunque se trate de un gran paso adelante, siempre existe una alternativa. La idea es que escriba todo el código fuente incluido mientras sigue el capítulo paso a paso. Sí, debe seguir adelante aunque piense que debería dejarlo. No obstante, en este punto, me gustaría dejarle algo claro, igual que hago con mis estudiantes.

Redefinir el "abandono"

Es necesario hablar de esto, y me gustaría que leyese toda la página porque es probable que lo necesite para prepararse para este capítulo. En el pasado, seguramente haya identificado el concepto de "abandono" con la renuncia total a conseguir algún sueño. Así pues, permítame compartir mi visión de estos tres términos: "abandono", "sueños" y "objetivos". Me gustaría tratarlos en torno a los cuatro puntos siguientes:

- Una persona puede acariciar un sueño hasta el mismo día de su muerte. Por ejemplo, uno puede soñar con ser un mago de la programación capaz de hacer aplicaciones que valgan millones. Una persona podría tener ese sueño aun sin haber tocado un iPhone nunca en su vida o sin saber lo que significa "Xcode". Esto es porque la ecuación que representa un sueño "no tiene en cuenta el factor tiempo".

- Un objetivo, por su parte, "no es más que un sueño en el que se tiene en cuenta el factor tiempo". Piénselo. Cuando el factor tiempo en la ecuación de un objetivo se acaba, fracasamos. Así de simple. Así pues, si planea convertirse en un mago de la programación capaz de hacer aplicaciones que valgan millones antes de doce meses, y no es capaz de compilar "hello world" en esos doce meses, significa que ha fracasado.
- Cuantos más objetivos logramos dentro de nuestro margen de tiempo, mayor confianza ganamos. Por eso, los buenos profesores guían a sus alumnos con pequeños pasos para permitirles lograr objetivos durante el aprendizaje. Por eso, los buenos profesores preparan pequeños programas que sirven para que sus alumnos se vayan acercando poco a poco a sus objetivos. Cada semana, mis estudiantes deben lograr un objetivo y para ello tienen que programar una aplicación. Si no me envían una aplicación completa dentro del límite de tiempo, los suspendo. Sin embargo, eso sucede rara vez, puesto que, en vez de rendirse cuando las cosas se ponen difíciles, cuento con ángeles de la guarda que ayudan a que mis estudiantes tengan éxito y consigan sus objetivos a tiempo.
- Para ello, cuando las cosas se ponen difíciles, se puede descargar el código fuente para el programa en la página Web del libro. Desde aquí, podrá comparar visualmente su código fuente con el mío. Siempre digo a mis estudiantes que traten de compararlo a ojo en primer lugar y que, si eso no funciona, copien y peguen mi código y el suyo, cada uno en un documento de texto. Después, podrán dejar el ordenador y ponerse a comparar línea por línea. Si esto no da resultado, no quiero que se rinda. Quiero que pegue mi código sobre el suyo después de arrastrar los iconos desde el archivo nib hasta el archivo de cabecera. Esto significa que todavía tiene que hacer los pasos del 1 al 30, que, en su mayoría, conllevan arrastrar y soltar. Después pegue el código de implementación en su archivo de implementación. Cuando se compile, debería volver a intentarlo por sí solo antes de pasar al capítulo siguiente.

Las medidas anteriores evitarán que abandone su objetivo de convertirse en un mago de la programación. Adoro recibir correos electrónicos de mis estudiantes y lectores contándome lo orgullosos que están de haberse convertido en programadores y cómo no pueden creer que haya tanta gente que compre y se descargue sus aplicaciones. Me gusta especialmente cuando me dicen que nunca antes en toda su vida habían programado ordenadores y cómo este libro les mostró que podían aprender a programar y a no rendirse. Una mujer de Montana, esposa y madre de cuatro hijos, me hizo llorar cuando me contó que después de que su marido perdiera el trabajo, ella compró mi libro y nunca abandonó; se convirtió en el sostén de su familia durante más de un año, hasta que su marido encontró un trabajo. Todavía hoy programa y vende aplicaciones.

Lo primero y principal de todo esto es que debe esforzarse al máximo para hacerlo después de leer el capítulo. Si resulta demasiado, descargue el código, deje el ordenador y léalo para comprobarlo visualmente, línea por línea. Como último recurso, puede pegar mi código sobre su archivo de implementación después de arrastrar y soltar los otros elementos del código. Vamos con ello.

Recapitulación de nuestra hoja de ruta

Retomando la analogía del mecánico de automóviles, vemos cómo, en la actualidad, los mecánicos son profesionales extremadamente especializados, y solo un puñado de ellos podría desmontar y montar un coche determinado, al completo. Hasta el momento hemos mirado por encima del hombro de uno de tales mecánicos y lo hemos visto cambiar y modificar componentes específicos del motor. Hoy vamos a construir un motor muy básico para una cortadora de césped. Conllevará más pasos de los que hemos tenido que dar hasta el momento pero, al final del capítulo, habrá avanzado enormemente.

A medida que va construyendo el motor, habrá veces en las que mirará hacia abajo y verá una montaña desordenada de herramientas, tornillos, tuercas y demás parafernalia que no había visto antes. Pero no abandone y sígame mientras le digo de vez en cuando que se levante y observe ese "desorden" desde mi punto de vista y no desde el suyo, y verá como todo tiene sentido.

Touches: una aplicación tipo Single View Application

La aplicación Touches mostrará inicialmente la portada de la edición americana de este libro. La fruta del centro de la carátula, sin embargo, se podrá mover con los dedos por toda la pantalla. Incluirá, asimismo, tres botones en la parte superior, llamados **Shrink** (Encoger), **Move** (Mover) y **Change** (Cambiar). El botón **Shrink** es especial. Después de pulsarlo, el icono de la fruta se encogerá e, inmediatamente después, el texto del botón cambiará a **Grow** (Crecer). Cuando el usuario pulse el botón **Grow**, que antes era **Shrink**, la fruta retornará a su tamaño original.

CGAffineTransform (struct)

Utilizaremos código de los propios ingenieros de Apple para programar animaciones, incluido en un paquete (***bundle***) llamado "estructura de datos" (***data structure***). Se trata de una herramienta importantísima que los desarrolladores emplean para llevar a cabo animaciones de sus objetos. La estructura de datos es capaz de encoger un objeto, cambiar su ángulo de visión, moverlo, inclinarlo y de realizar todo tipo de animaciones. Todo el código que Apple emplea para realizar las animaciones está incluido en unas estructuras de datos pertenecientes a la biblioteca Core Animation, llamadas ***structs***. Apple explica esto diciendo que la estructura de datos `CGAffineTransform` representa una matriz usada para la transformación afín. Esto significa que `CGAffineTransform` transforma los puntos críticos de un objeto que deseamos animar en una propiedad llamada ***"transform"***, la cual no es otra cosa que una matriz. Una vez el objeto que se va a animar está en dicha matriz, `CGAffineTransform` es capaz de cambiar la posición, ángulo, forma, escala, etc., de nuestro objeto. Eso será lo que hagamos con la fruta de la portada.

1. Ni que decir tiene que debe cerrar todos los programas, eliminar todo lo que no sirva y trasladar los archivos y carpetas a una ubicación definitiva para dejar un escritorio completamente limpio. Descargue las imágenes desde la página Web del libro y descomprima el archivo ZIP en su escritorio, donde aparecerán las siete imágenes que puede ver en la figura 5.1. Las imágenes de fondo son cinco versiones de la portada de la edición americana del libro. La primera imagen será la de la esquina superior izquierda de las de la figura 5.1, que es una imagen de la portada del libro sin la fruta que figura en la misma. El icono de la fruta más grande es el que aparecerá en la pantalla del usuario y el que será animado mediante `CGAffineTransform`. El icono más pequeño es la versión `icon.png`. El botón **Change** (Cambiar) recorrerá las cinco imágenes de fondo, mientras que los botones **Shrink** (Encoger) y **Move** (Mover) utilizarán las estructuras `CGAffine` para animar el icono de la fruta.

> ***Nota:*** *Puede emplear sus propias imágenes, por supuesto, pero lo cierto es que este capítulo es ya bastante largo de por sí y no es necesario complicarlo más cambiando las imágenes.*

2. Su escritorio debería ser muy similar al de la figura 5.2, con los siete archivos gráficos listos para ser usados en Xcode.

Figura 5.1. Las cinco imágenes de fondo junto con los dos iconos que se descargará de la Web.

Figura 5.2. Las siete imágenes depositadas en el escritorio.

3. Como en ocasiones anteriores, abra Xcode e inicie un nuevo proyecto pulsando las teclas **Comando-Mayús-N**. En el asistente para nuevos proyectos (véase la figura 5.3) haga clic en el icono de la plantilla Single View Application (Aplicación de una sola vista).

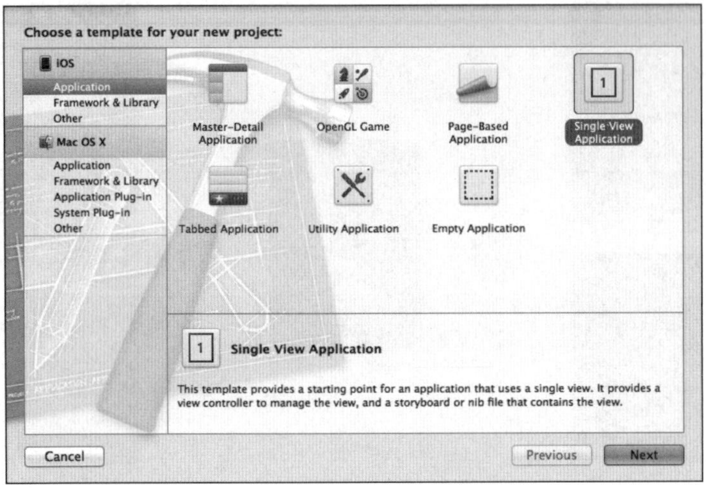

Figura 5.3. *Asistente para nuevos proyectos en Xcode.*

Una vez seleccionada la plantilla, haga clic en el botón **Next** (Siguiente).

4. Llame al proyecto **Touches** y no olvide eliminar la marca de selección de la casilla Use Storyboard (Utilizar Storyboard). Hecho esto (véase la figura 5.4) haga clic en el botón **Next** (Siguiente) o pulse la tecla **Intro**.

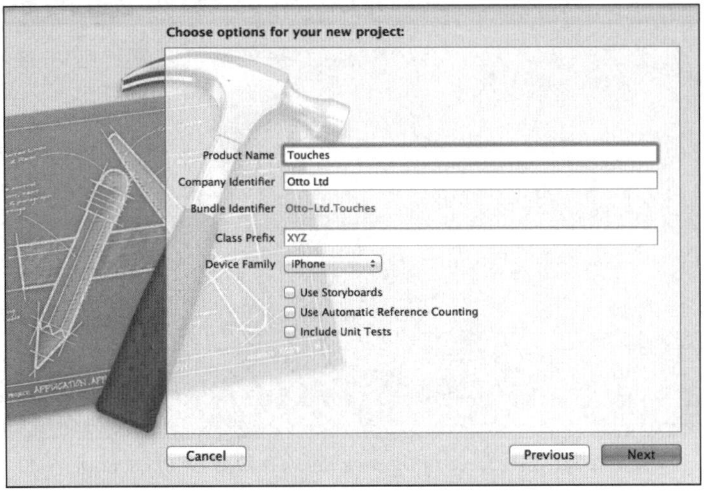

Figura 5.4. *El proyecto se llamará Touches.*

5. Guarde el proyecto en el escritorio (véase la figura 5.5) como hemos hecho siempre antes. Cuando lo haya realizado al completo, lo guardará en una carpeta definitiva.

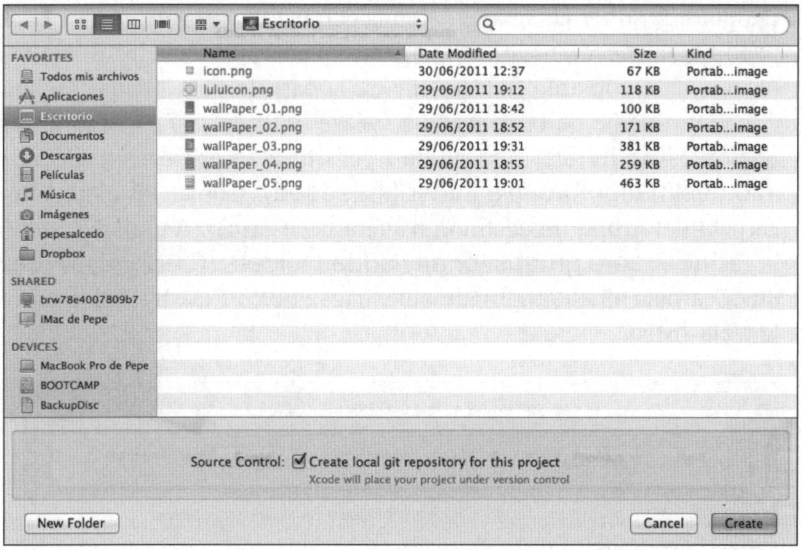

Figura 5.5. *Seleccione la opción para guardar el proyecto en el escritorio.*

6. Arrastre las imágenes desde el escritorio hasta la carpeta `Supporting Files` del proyecto, modificando antes el tamaño de la ventana de Xcode si fuera necesario (véase la figura 5.6).

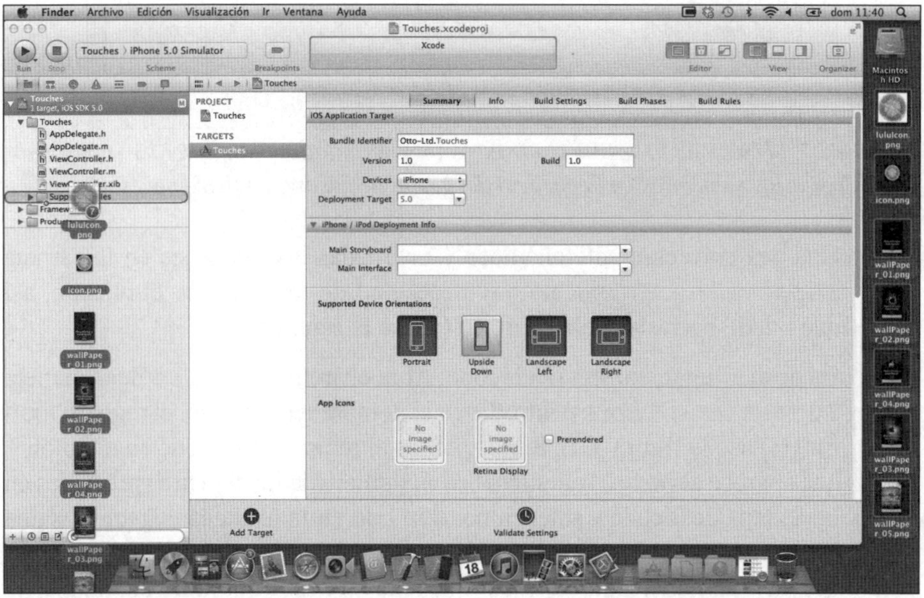

Figura 5.6. *Arrastre las imágenes a la carpeta Supporting Files.*

7. Después de soltar las imágenes en la carpeta `Supporting Files`, se le pedirá que seleccione si las imágenes quedarán asociadas desde el escritorio o si se copiarán físicamente en la carpeta para quedar incluidas en el código fuente de la aplicación (véase la figura 5.7). Como la segunda opción es preferible, seleccione la casilla de verificación Copy items into destination group's folder (if needed) (Copiar los elementos en la carpeta del grupo de destino (si fuera necesario)). Asimismo, seleccione la casilla Create groups for any added folders (Crear grupos para cualquier carpeta añadida). Finalmente, haga clic en **Finish** (Finalizar) o pulse la tecla **Intro**.

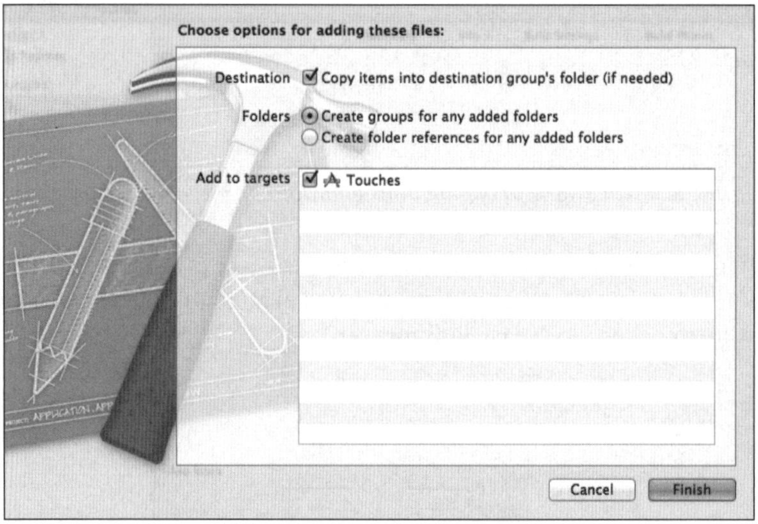

Figura 5.7. *Seleccione la casilla Copy items into destination group's folder (if needed) (Copiar los elementos en la carpeta del grupo de destino (si fuera necesario)).*

8. Una vez correctamente añadidas y guardadas las imágenes en la carpeta `Supporting Files`, no hay necesidad de tenerlas por duplicado, así que puede borrarlas del escritorio (véase la figura 5.8).

9. En primer lugar, configure el icono. Abra el archivo `.plist` de la carpeta `Supporting Files` e introduzca el nombre **icon.png** en el registro Icon File (véase la figura 5.9). Si no aparece el registro, haga clic en el botón + que aparece al pasar el cursor sobre cualquiera de los registros presentes en la ventana de Xcode y seleccione Icon File en la lista desplegable. Es una buena práctica seleccionar inmediatamente el icono en el archivo `.plist` después de haber guardado las imágenes, puesto que, tras abandonar la carpeta, podría olvidarse de hacerlo.

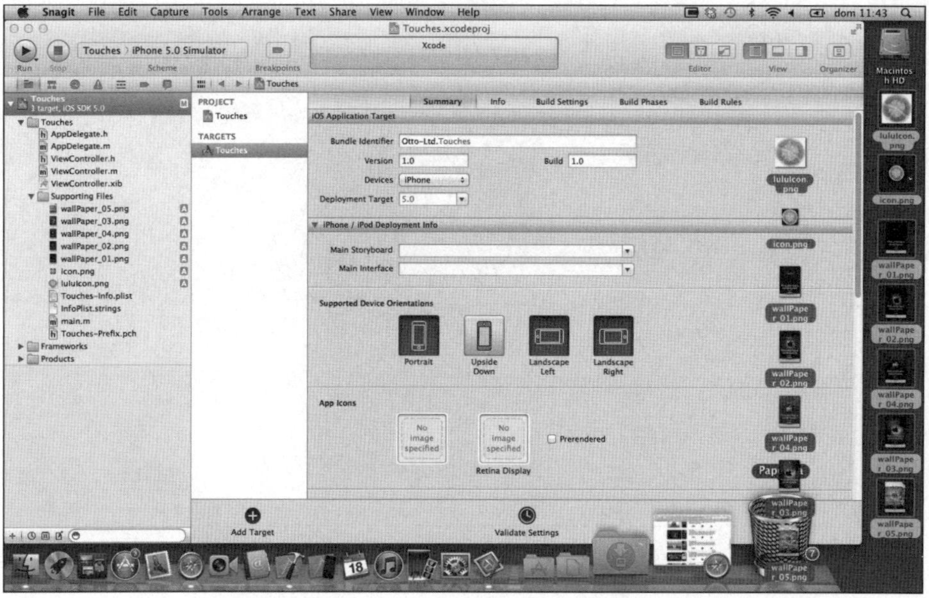

Figura 5.8. Elimine las imágenes del escritorio.

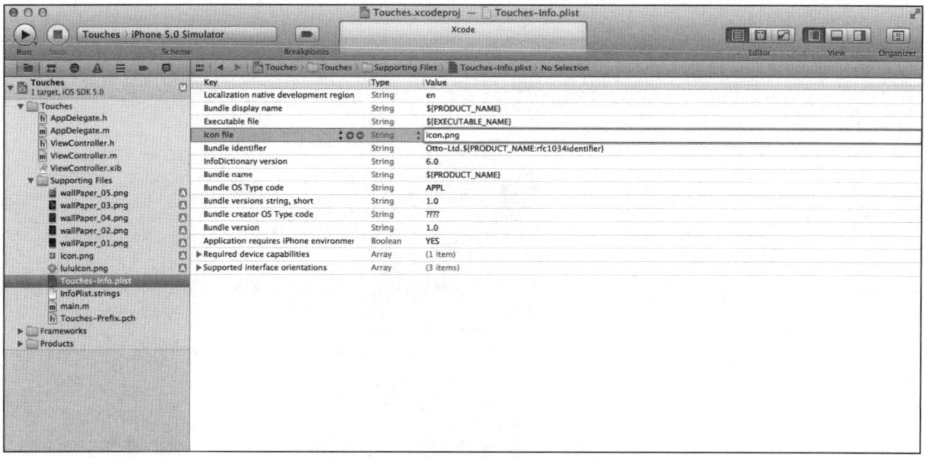

Figura 5.9. Configure el icono.

10. Una vez asociado el icono con el archivo `icon.png`, abra el archivo nib del proyecto. Como antes, será necesario más espacio, de manera que deberá cerrar la vista Navigator (Navegador) de la parte izquierda de la ventana de Xcode, porque no será necesario de momento. Asimismo, abra el panel Utilities (Utilidades) para mostrar los distintos elementos con los que va a configurar la interfaz (véase la figura 5.10).

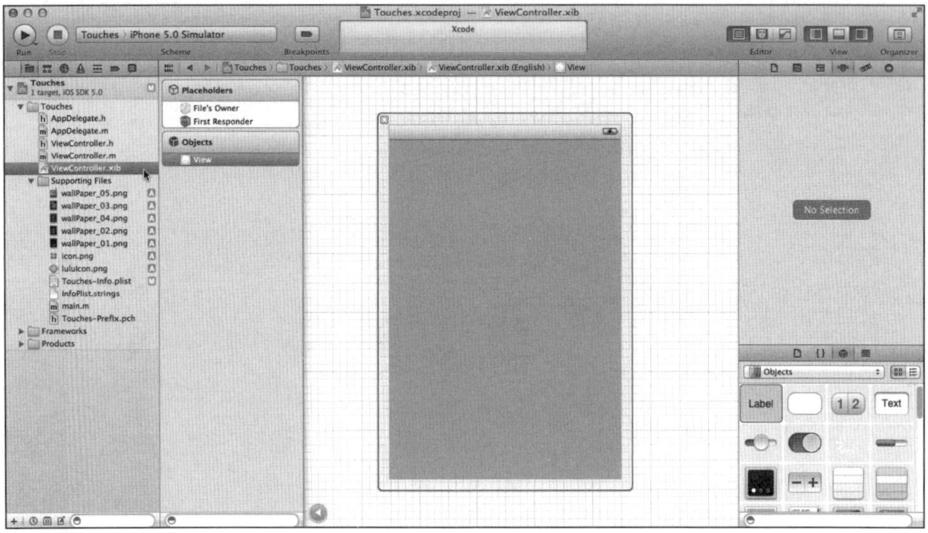

Figura 5.10. Abra el archivo nib; cierre la vista Navigator; abra la vista Utilities.

11. Con el panel Utilities (Utilidades) abierto, seleccione UIImageView en la parte inferior y arrástrelo sobre la ventana de diseño (véase la figura 5.11).

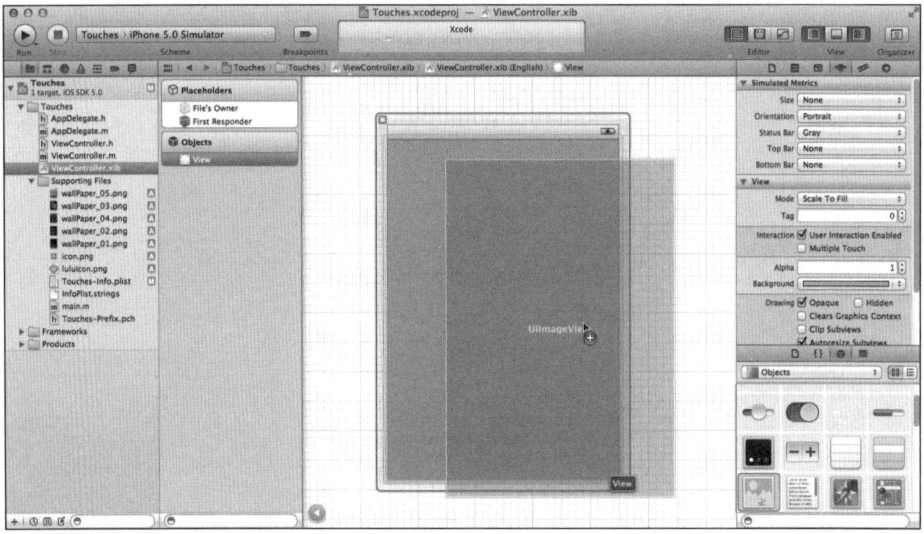

Figura 5.11. Arrastre un elemento UIImageView sobre el área de diseño.

El elemento UIImageView contendrá las cinco imágenes de fondo, llamadas `WallPaper_01-WallPaper_05`. Más tarde, explicaremos cómo escribir el código que determinará cuál de las cinco imágenes de fondo se mostrará en la vista en un momento dado. Asimismo, sabemos que el botón **Change** ejecutará el código responsable de cambiar la imagen de fondo. Así, no es difícil adivinar que lo siguiente es arrastrar botones a la ventana de diseño.

> ***Nota:*** *Los usuarios de Xcode también llaman a la ventana o área de diseño de la vista "pantalla de vista" y "marco de vista". Estas tres denominaciones se emplearán indistintamente a lo largo del libro.*

12. Como se puede ver en la figura 5.12, empiece a arrastrar los tres botones a la parte superior del marco de vista. Manténgalos alineados por su parte superior. Además, los dos botones exteriores deberán quedar alineados con el margen indicado por la línea de puntos que aparece a izquierda y derecha de la vista cuando se alinean. Por su parte, el botón central deberá estar centrado (aparecerá una línea de puntos cuando esto ocurra).

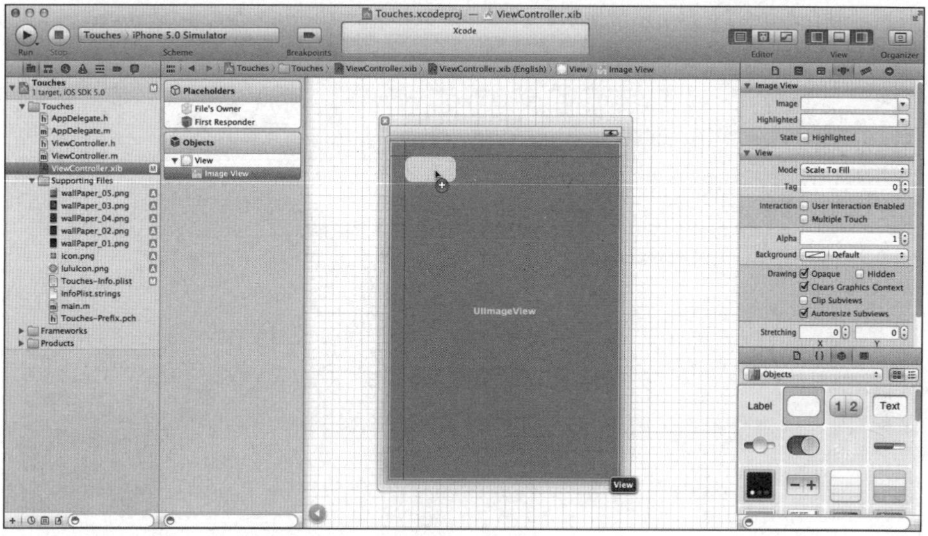

Figura 5.12. *Arrastre tres botones sobre el área de diseño de la vista.*

13. Una vez correctamente situados los tres botones en el marco de vista, haga clic sobre cada uno de ellos y póngales nombre: **Shrink** (Encoger), **Move** (Mover) y **Change** (Cambiar), como se puede ver en la figura 5.13.

14. Ahora necesitamos otra vista `UIImageView` en la que mostrar la fruta, que podremos mover por la pantalla con nuestro dedo, cambiarla de tamaño con un botón y encogerla con otro botón. Añada una segunda `UIImageView` como se muestra en la figura 5.14.

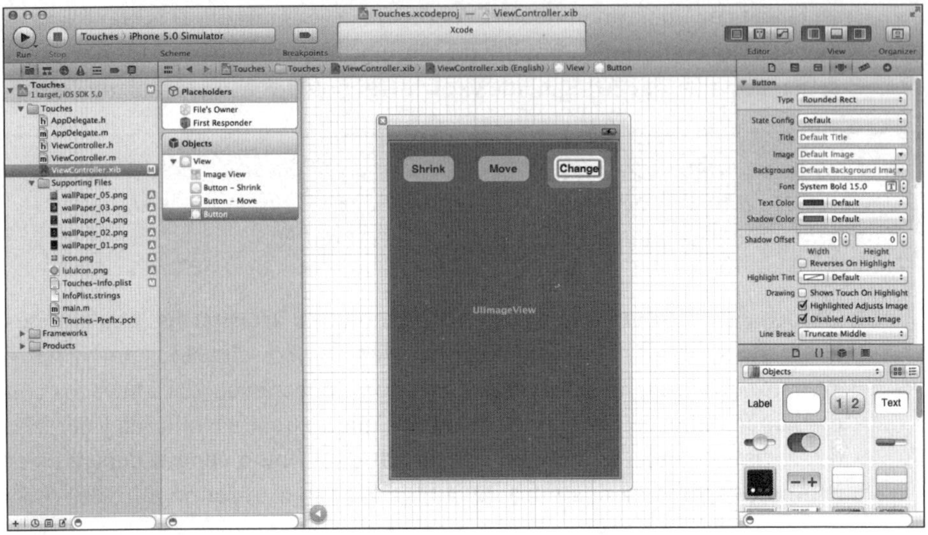

Figura 5.13. *Ponga nombre a los tres botones: Shrink, Move y Change.*

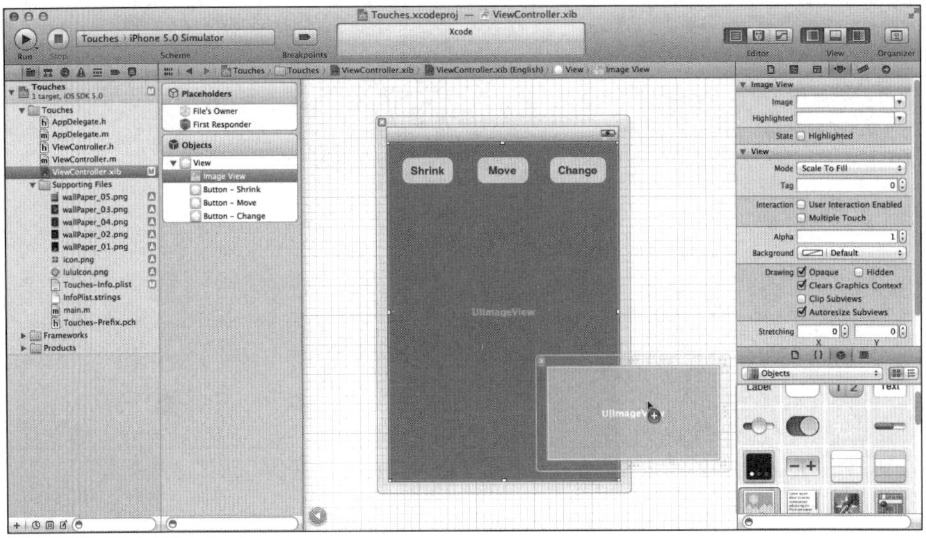

Figura 5.14. *Arrastre una segunda* `UIImageView` *a la ventana de diseño.*

15. Asocie el archivo con la imagen de la fruta, `luluicon.png`, con la segunda vista `UIImageView`. Para ello, seleccione **luluicon.png** en el cuadro de lista desplegable **Image** de la sección **Image View** en la parte superior derecha del panel **Utilities** (véase la figura 5.15).

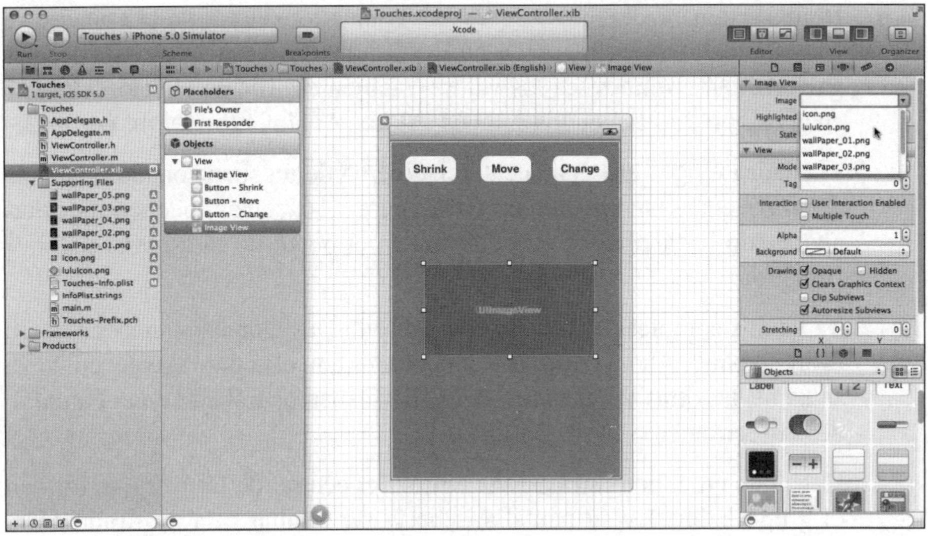

Figura 5.15. *Asocie el icono luluicon.png con la segunda vista UIImageView.*

16. Cuando la imagen del archivo `luluicon.png` aparezca dentro de la segunda vista `UIImageView`, debe pasar del Attributes inspector (Inspector de atributos) en el que se encuentra en el panel Utilities, al Size inspector (Inspector de tamaño). Para ello, haga clic en el icono correspondiente de la barra de herramientas del panel Utilities (véase la figura 5.16) o bien pulse las teclas **Comando-Opción-5**.

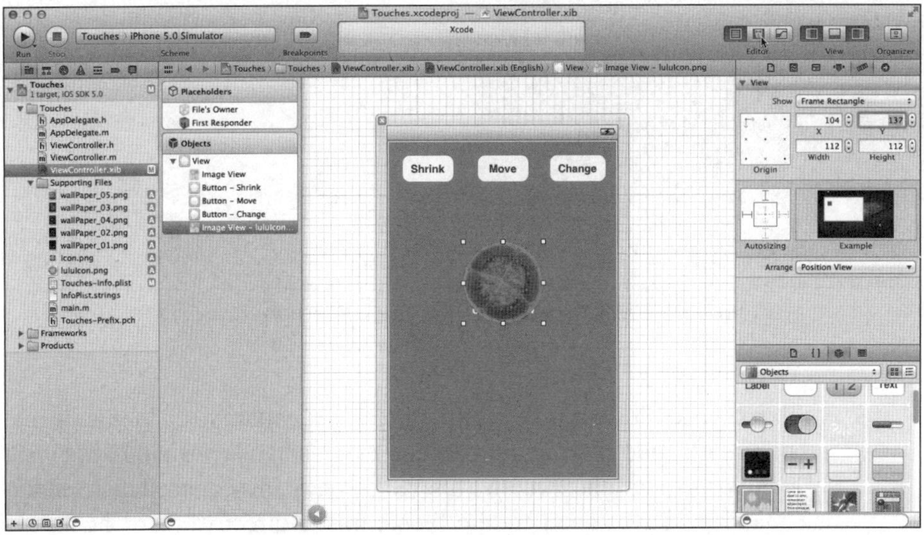

Figura 5.16. *Defina la ubicación y el tamaño de luluicon.png.*

Defina el tamaño de `luluicon.png` como un cuadrado de 112 píxeles de lado. Para ello, seleccione Frame Rectangle en el cuadro de lista desplegable Show e introduzca los valores siguientes: **104** en el campo X, **137** en el campo Y y **112** en los campos Width (Anchura) y Height (Altura).

El cuadro Origin que aparece a la izquierda de los mencionados campos, deberá quedar como se muestra en la figura 5.16, con dos pequeñas flechas apuntando hacia abajo y a la derecha en el punto de su esquina superior izquierda.

17. Ya hemos completado la ubicación de todos los elementos necesarios en el archivo nib. Ahora es preciso conectarlos con el código fuente, como ya se ha hecho otras veces antes. Para ello, debemos trabajar con el archivo de cabecera `ViewController.h`.

    Haga clic en el botón **Assistant editor** (el central de los tres que forman el grupo Editor) y su pantalla debería ser similar a la mostrada en la figura 5.17.

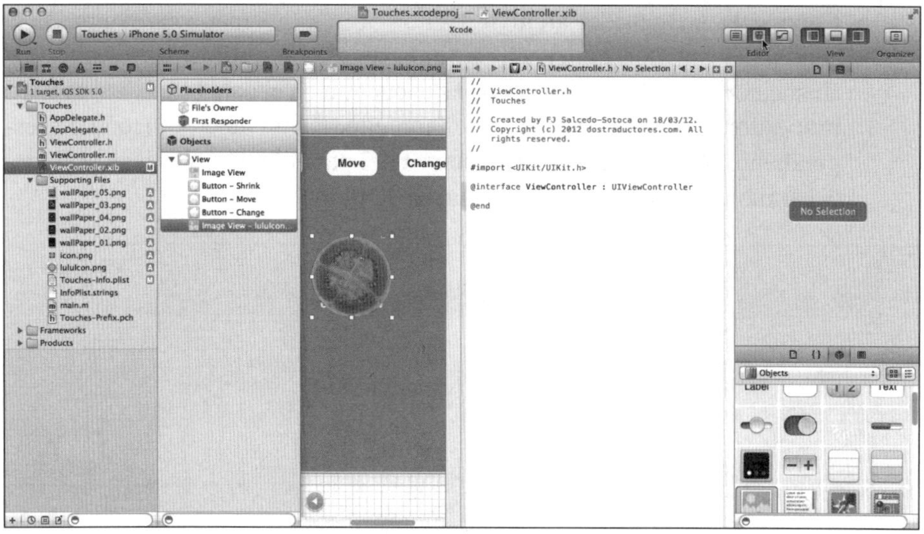

Figura 5.17. *Haga clic en el Assistant editor para descubrir el archivo de cabecera.*

18. Podrían suceder dos cosas. En primer lugar, dependiendo de lo grande que sea su pantalla, podría tener que cambiar el tamaño o la posición de la vista del archivo nib para tener acceso a los tres botones. En segundo lugar, tendría que añadir las llaves en el código fuente tras la directiva `@interface`, como se muestra en la figura 5.18.

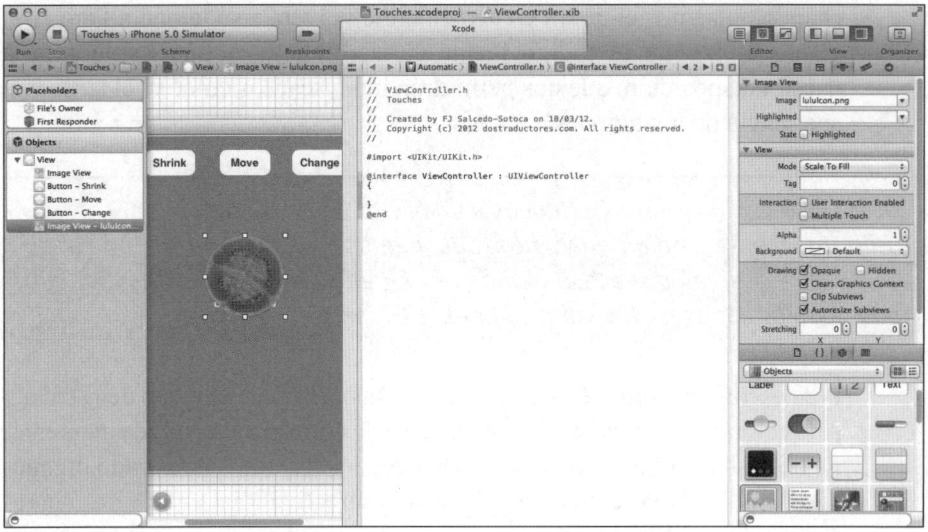

Figura 5.18. *Ajuste la posición de la pantalla para trabajar en el archivo de cabecera.*

> ***Nota:*** *Si usa la versión 4.0 o anterior de Xcode, las llaves se añaden solas al código fuente después de la directiva* `@interface`*. No obstante, con las versiones más recientes de Xcode, esto no sucede y es necesario introducir las llaves a mano.*

19. En el pasado, solía ser habitual, llegados a este punto, que le indicáramos qué debía arrastrar y dónde situarlo, totalmente a ciegas respecto al significado profundo de ello. Ahora, por el contrario, primero pensaremos en lo que vamos a hacer para facilitar la unión de las sinapsis de nuestras neuronas y aprender a crear un archivo de cabecera robusto. Recapitulando lo que hemos venido haciendo hasta ahora:

    - Los *outlets* (enchufes) conectan los elementos del archivo nib con el código fuente `UIImageView`, proporcionado por los ingenieros de Apple.
    - Las *actions* (acciones) conectan los botones de la interfaz con el código fuente que escribimos nosotros mismos en el archivo de implementación.

    Sigamos avanzando. Si recuerda, mencionamos en su momento que, cuando hagamos clic en el botón **Shrink** (Encoger), el icono de la fruta reducirá su tamaño y el botón cambiará su nombre por el de **Grow** (crecer). Después, cuando pulsemos el botón **Grow**, el icono volverá a su tamaño. Para ello, vamos a emplear el código fuente de las bibliotecas que Apple pone a nuestra disposición, que nos permitirán modificar los colores, el texto y la apariencia de los botones.

> ***Nota:*** *Este código fuente pertenece a una clase llamada* `UIButton`. *Cuando utilizamos este código, decimos que hemos creado una instancia de* `UIButton`. *Así pues, necesitaremos un outlet para el botón* ***Change****, que nos permita cambiar el texto de* ***Shrink*** *a* ***Grow****.*

Por descontado, también necesitaremos un *outlet* para el icono de la fruta y para el fondo que contendrá la imagen que le corresponda en cada momento. Es decir, hacen falta tres *outlets*. Una vez los hayamos arrastrado, manteniendo pulsada la tecla **Control**, bajo la directiva `@interface`, aparecerán así en el código fuente:

```
IBOutlet UIImageView *nombreDeVariable;
IBOutlet UIImageView *nombreDeVariable;
IBOutlet UIButton *nombreDeVariable;
```

Así es, tenemos que dar a cada uno de estos *outlet* un nombre de variable diferente. Usaremos **myIcon** para el icono de la fruta, **myBackground** para el fondo y **shrinkButton** para el botón responsable de disminuir el tamaño del icono de la fruta. El código fuente quedaría así:

```
IBOutlet UIImageView *myIcon;
IBOutlet UIImageView *myBackground;
IBOutlet UIButton *shrinkButton;
```

Hasta el momento, por lo que respecta a las acciones de los tres botones, permanecen igual. Tenemos tres acciones para los tres botones, que ubicaremos por debajo y por fuera de la llave de cierre de la directiva `@interface`. El código sería como este:

```
- (IBAction)nombreDeVariable:(id)sender;
- (IBAction)nombreDeVariable:(id)sender;
- (IBAction)nombreDeVariable:(id)sender;
```

Así es, tenemos que dar a cada una de estas *actions* un nombre de variable diferente. Usaremos **shrink** para el botón **Shrink**, **move** para el botón **Move** y **change** para el botón **Change**.

```
- (IBAction)shrink:(id)sender;
- (IBAction)move:(id)sender;
- (IBAction)change:(id)sender;
```

Ahora puede empezar a arrastrar el icono, manteniendo pulsada la tecla **Control**, desde la vista de diseño hasta la directiva `@interface`, como se puede ver en la figura 5.19.

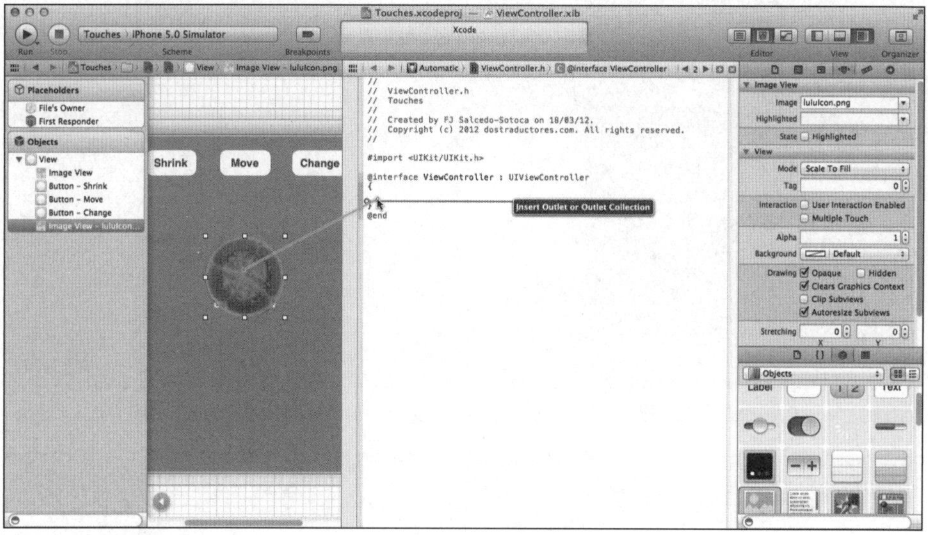

Figura 5.19. Arrastre, manteniendo pulsada la tecla Control, el icono desde la vista de diseño hasta el archivo de cabecera.

> ***Nota:*** *Se habrá dado cuenta de que en ocasiones decimos "arrastre, manteniendo pulsada la tecla **Control**, hasta el archivo de cabecera", mientras que otras decimos "arrastre, manteniendo pulsada la tecla **Control**, hasta la directiva `@...`". Esto lo hacemos así, no para confundirlo, sino para que se acostumbre a que significan lo mismo.*

20. Seleccione Outlet en el cuadro de lista desplegable Connection, e introduzca **myIcon** en el campo Name (véase la figura 5.20).
21. Ahora debe conectar la vista `UIImageView` del área de diseño en el archivo de cabecera. Para ello, arrastre, manteniendo pulsada la tecla **Control**, la vista `UIImageView` por debajo del *outlet* recién generado en la directiva `@interface` (véase la figura 5.21).
22. De nuevo, seleccione Outlet en el cuadro de lista desplegable Connection, e introduzca **myBackground** en el campo Name (véase la figura 5.22).

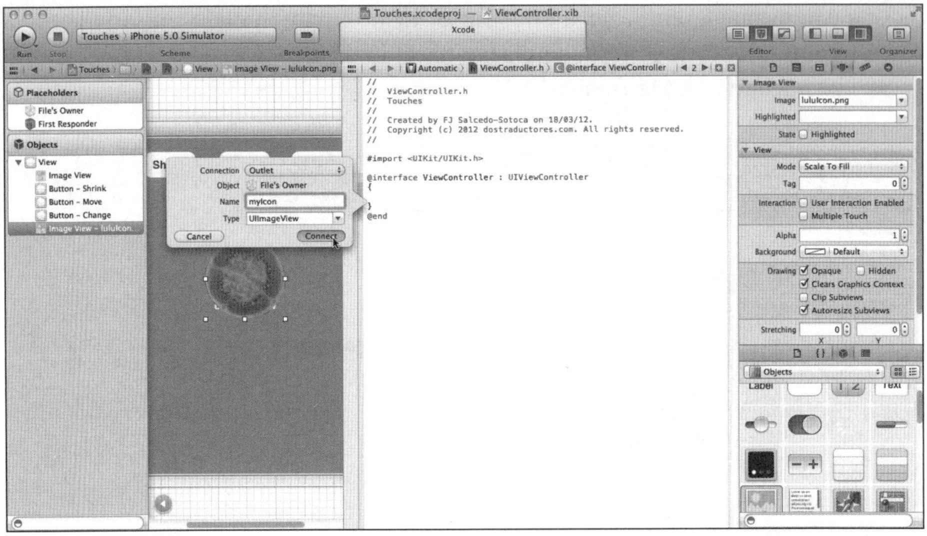

Figura 5.20. *Mantenga el icono como outlet y llámelo "myIcon".*

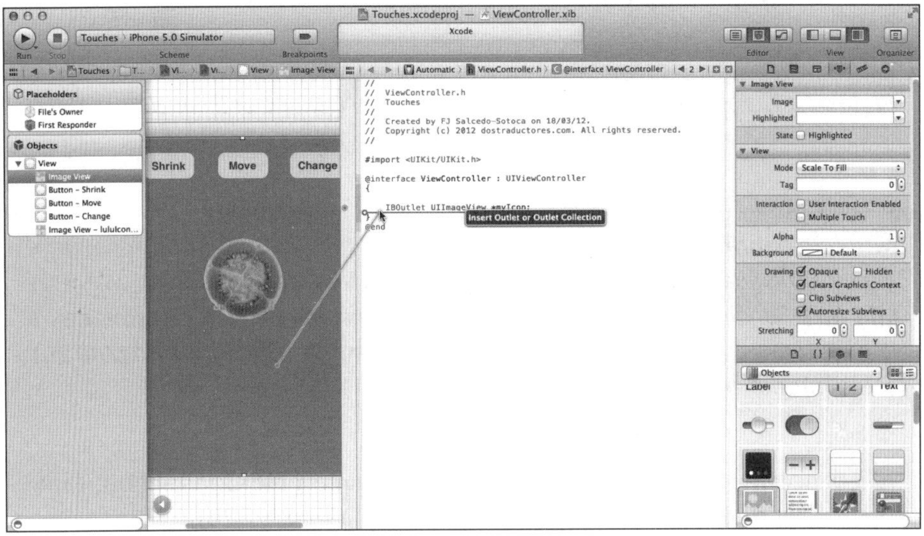

Figura 5.21. *Creamos la conexión bajo la directiva @interface.*

23. Como se muestra en la figura 5.23, debe arrastrar, manteniendo pulsada la tecla **Control**, el botón **Shrink** por debajo del *outlet* recién generado en la directiva `@interface`, antes de la llave de cierre. Es la primera vez que hace esto, que ya se analizó en el punto 19. Si no lo ha leído, le recomiendo que lo haga ahora. De este modo, podrá comprender porque conectamos un botón como *outlet*.

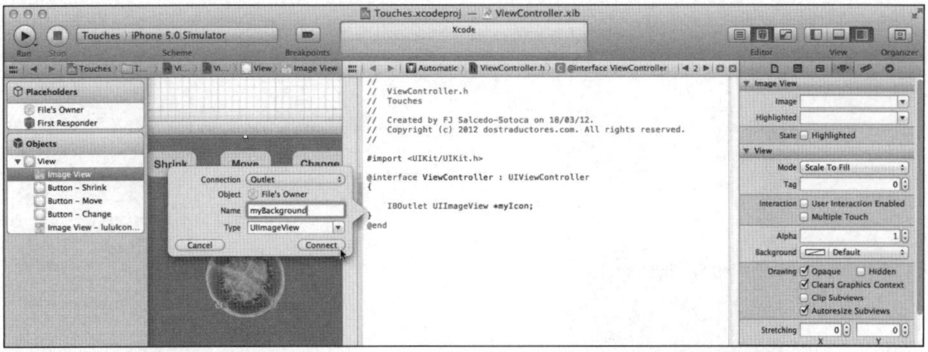

Figura 5.22. *Mantenga el fondo como outlet y llámelo "myBackground".*

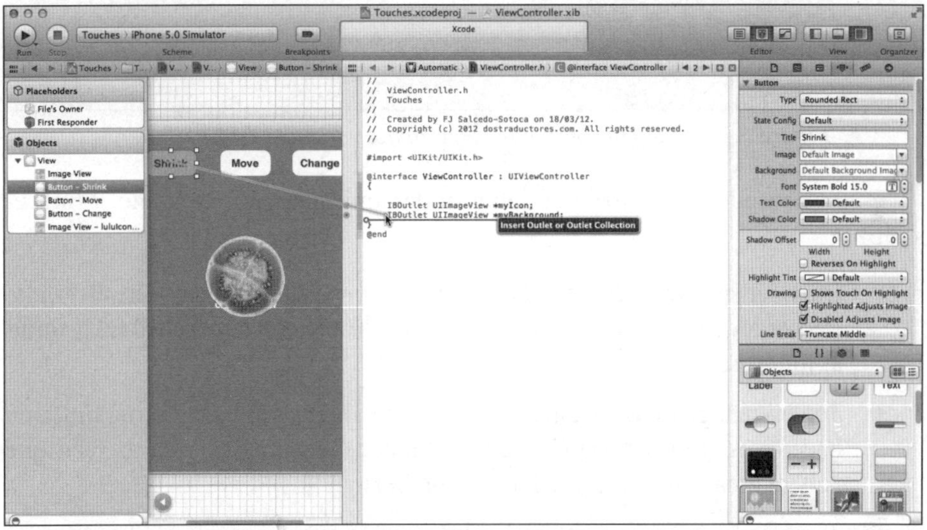

Figura 5.23. *Arrastre, manteniendo pulsada la tecla Control, una conexión desde el botón Shrink hasta el archivo de cabecera.*

24. Seleccione Outlet en el cuadro de lista desplegable Connection, e introduzca **shrinkButton** en el campo Name (véase la figura 5.24).

Escribir el código en el archivo de cabecera

Después de comprender que hemos conectado los *outlets*, normalmente podemos abandonar la directiva `@interface` y, fuera de ella, conectar los botones como *actions*. En este caso, por el contrario, debemos configurar unas pocas variables y punteros adicionales. Aun sin profundizar demasiado en ello, vamos a enfatizar "por qué" es preciso que lo hagamos.

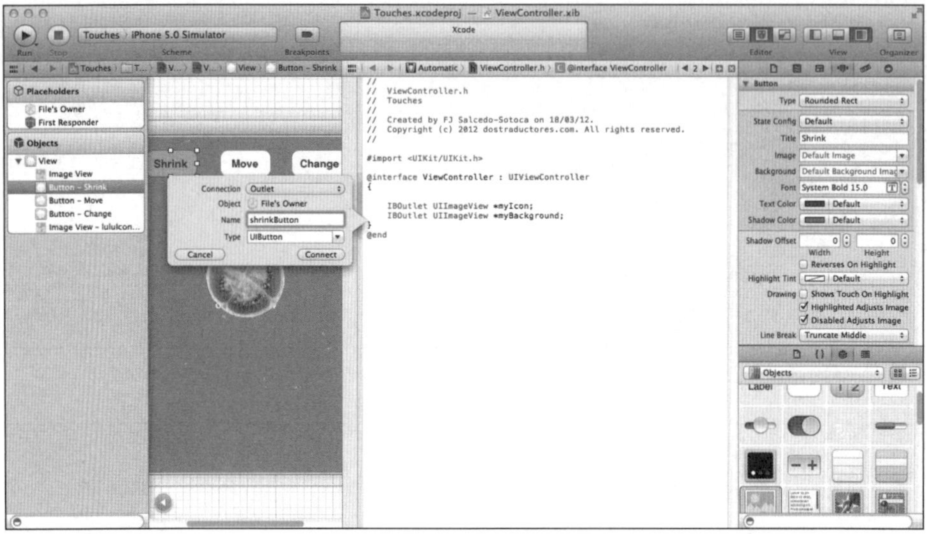

Figura 5.24. *Mantenga el botón como outlet y llámelo "shrinkButton".*

Es preciso mantener el seguimiento de las imágenes. En concreto, es necesario:

- Conocer qué imagen se está mostrando en cada momento en el fondo. Recuerde que va a tener cinco de ellas, así que llamaremos **currentBackground** al fondo actual de la vista.
- Tendrá que guardar las cinco imágenes en alguna parte. La forma típica de hacerlo es emplear una estructura llamada "array". Esto quiere decir que deberá crear un array, que llamará **bgArray**.
- También es necesario saber de algún modo si se han pulsado los botones **Shrink** (Encoger) o **Move** (Mover), por cuanto esto cambiaría el estado de la aplicación. Explicaremos esto con más detalle en breve, por ahora, sin embargo, basta con saber que la ubicación y el tamaño del icono cambiarían y que ello afectaría a lo que se puede hacer después. Así pues, hay que registrar dos estados: el estado del botón **Shrink** y el estado del botón **Move**. Los llamaremos **hasShrunk** ("se ha encogido") y **hasMoved** ("se ha movido").
- ¿Recuerda cuando hablamos acerca de cómo usaríamos la clase `CGAffineTransform` para manipular el icono? Bien, la clase `CGAffineTransform` es necesaria para mover el icono de la fruta cuando se pulsa el botón **Move**, así como para modificar el tamaño del mismo cuando pulsamos el botón **Shrink**. Así pues, son necesarias dos

transformaciones CGAffineTransform, que llamaremos **translate** (en rigor, la traducción española es "traducir", pero pensamos que el autor tiene un desliz y quiere decir "trasladar") y **size** (tamaño).

Así tendremos seis elementos:

- El array bgImages.
- Un medio de seguir la pista de las imágenes del fondo, current Background.
- El estado hasMoved.
- El estado hasShrunk.
- Una manera de transformar la posición de la fruta, translate.
- Una manera de transformar el tamaño de la fruta, size.

Ahora que tenemos claro qué necesitamos y cómo llamarlo, tenemos que hacer posible que cada elemento cumpla su cometido. Es decir, debemos asociarlo internamente con un tipo. Esto es muy sencillo, Apple ya lo ha previsto todo. No tenemos más que conocer las herramientas que pone a nuestra disposición para asociarlas a cada una de las variables.

- Para el array, Apple cuenta con la clase NSArray.
- Para seguir la pista de las imágenes del fondo, le asignaremos a cada una un número de serie de tipo entero, int.
- Para los botones, es suficiente con saber si han sido o no pulsados, sí o no, es decir, son de tipo *boolean*. Así, asociaremos valores booleanos a los estados hasMoved y hasShrunk.
- En último lugar, tenemos que asignar la clase CGAffineTransform a las variables translate y size.

Observe el siguiente código cuidadosamente:

```
NSArray *bgImages;
int currentBackground;
bool hasMoved;
bool hasShrunk;

CGAffineTransform translate;
CGAffineTransform size;
```

Se han destacado en negrita los tipos de datos de las variables. Esto se insertará en el archivo de cabecera por debajo de los tres IBOutlet, como se puede ver aquí:

```
@interface touchesViewController : UIViewController
{
   IBOutlet UIImageView *myIcon;
   IBOutlet UIImageView *myBackground;
   IBOutlet UIButton *shrinkButton;

   NSArray *bgImages;
   int currentBackground;
   bool hasMoved;
   bool hasShrunk;

   CGAffineTransform translate;
   CGAffineTransform size;
}
```

25. Ahora, y solo ahora que ha creado y definido correctamente las variables, puede empezar a conectar los botones como *actions* por debajo de la llave de cierre de la directiva `@interface`. En primer lugar, arrastre, manteniendo pulsada la tecla **Control**, el botón **Shrink** (Encoger) hacia el archivo de cabecera, bajo la llave de cierre de la directiva `@interface`, como se muestra en la figura 5.25.

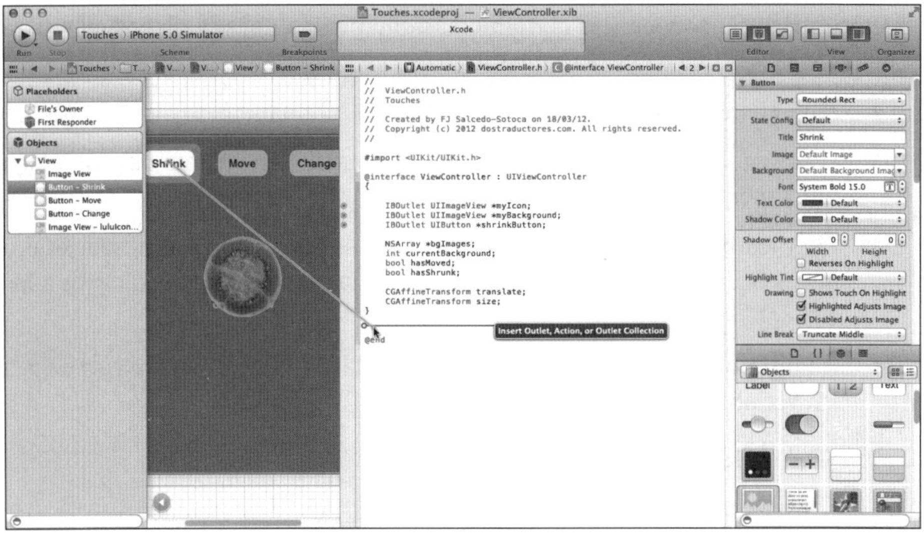

Figura 5.25. *Después de añadir los elementos a la directiva, arrastre los botones.*

26. Seleccione Action en el cuadro de lista desplegable Connection nada más arrastrar, manteniendo pulsada la tecla **Control**, el botón **Shrink** (véase la figura 5.26).

27. Una vez haya creado la acción para el botón **Shrink**, llámela **shrink** como en la figura 5.27.

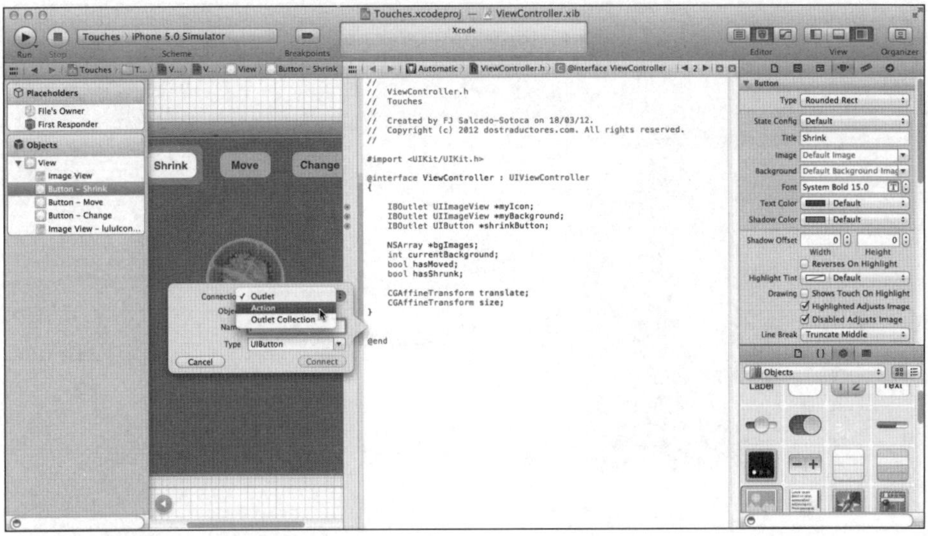

Figura 5.26. Cambie el tipo por defecto a Action para el botón Shrink.

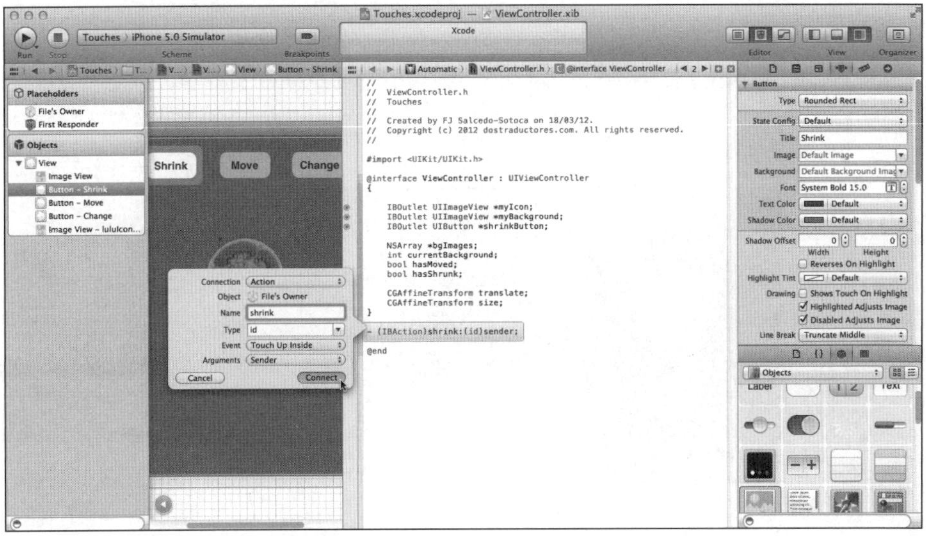

Figura 5.27. Póngale el nombre de "shrink".

28. Repita el procedimiento con los botones **Move** y **Change** (véase la figura 5.28). Asegúrese de convertirlos en *actions* y de llamarlos **move** y **change**.

29. Antes de crear la directiva para la síntesis (los métodos *getters* y *setters*), me gustaría que se asegurara de que su código fuente es exactamente igual al mío de la figura 5.29.

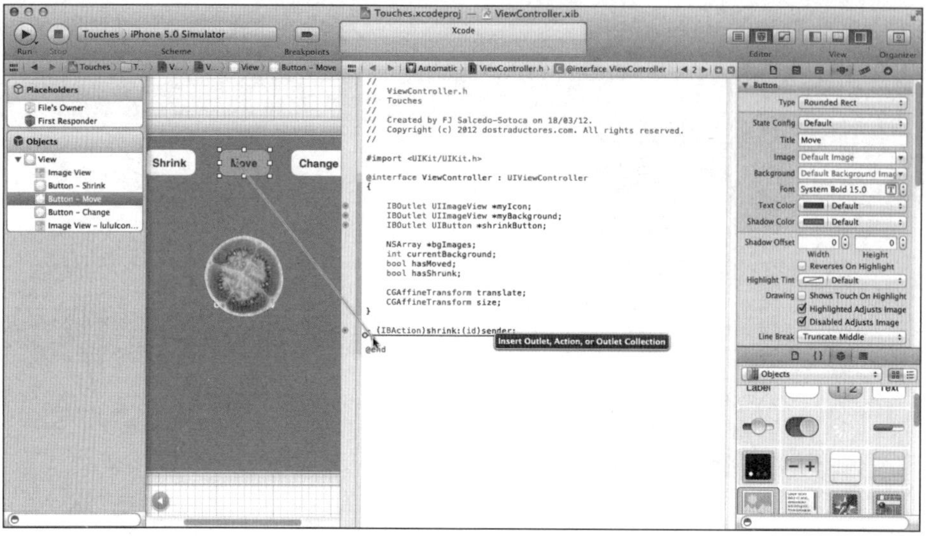

Figura 5.28. Cree las acciones correspondientes a los botones Move y Change.

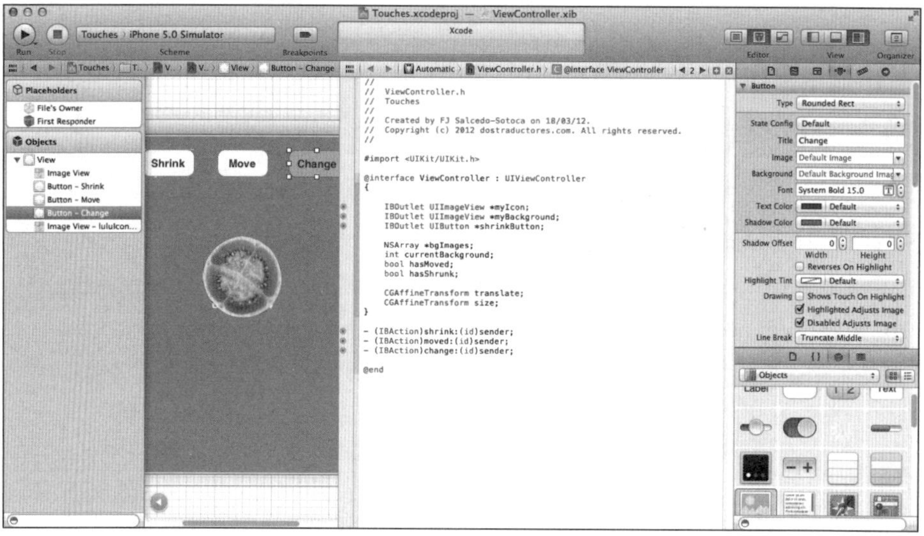

Figura 5.29. Compruebe que su código fuente es igual a este.

30. Ahora debe introducir las propiedades de síntesis, como explicamos en el capítulo anterior. Debe sintetizar los tres `IBOutlet` y el array con una directiva `@property (retain, nonatomic)`. Si recuerda del capítulo anterior, cuando configuramos que la mutabilidad sea `nonatomic` estamos dejando el control de esta característica en manos de Apple. Por el

contrario, `retain` implica que vamos a mantener la gestión de la memoria bajo control. Escriba el código siguiente donde se puede observar en la figura 5.30:

```
@property (retain, nonatomic) UIImageView *myIcon;
@property (retain, nonatomic) UIImageView *myBackground;
@property (retain, nonatomic) NSArray *bgImages;
@property (retain, nonatomic) UIButton *shrinkButton;
```

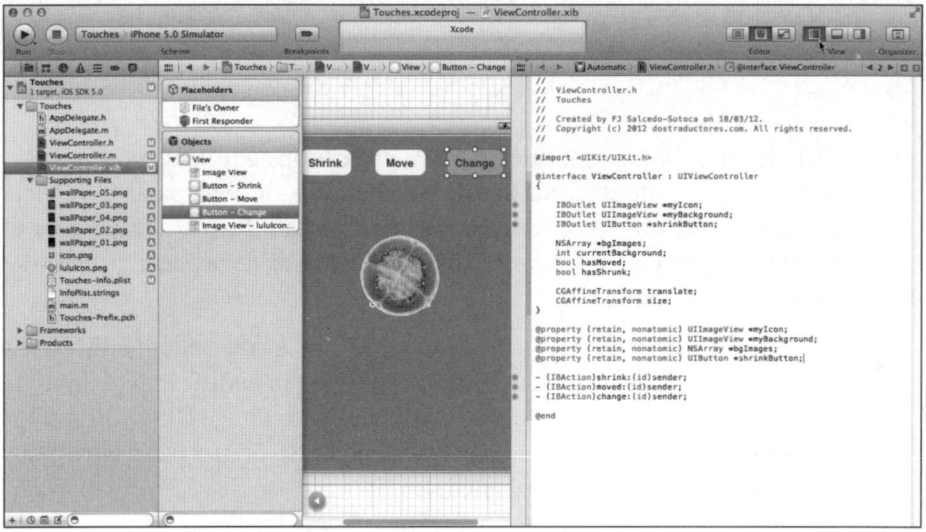

Figura 5.30. *Después de escribir las directivas, abra la vista Navigator.*

Hecho esto, habrá finalizado de codificar el archivo de cabecera. No obstante, antes de pasar al de implementación, debe comprobar todas y cada una de las líneas de código. Verifique cada letra, cada espacio, cada punto y coma, cada línea en blanco y cada coma del código para que sea igual que el mío. Cuando acabe, grabe todo y pase al archivo de implementación. Resumiendo, su archivo de cabecera debería ser como este:

```
#import <UIKit/UIKit.h>
@interface touchesViewController : UIViewController
{
   IBOutlet UIImageView *myIcon;
   IBOutlet UIImageView *myBackground;
   IBOutlet UIButton *shrinkButton;

   NSArray *bgImages;
   int currentBackground;
   bool hasMoved;
   bool hasShrunk;
```

```
    CGAffineTransform translate;
    CGAffineTransform size;
    UIButton *move;
}


@property (retain, nonatomic) UIImageView *myIcon;
@property (retain, nonatomic) UIImageView *myBackground;
@property (retain, nonatomic) NSArray *bgImages;
@property (retain, nonatomic) UIButton *shrinkButton;
- (IBAction)shrink:(id)sender;
- (IBAction)move:(id)sender;
- (IBAction)change:(id)sender;

@end
```

Cuando tenga la seguridad de que cada línea de su código fuente se corresponde exactamente con cada una de las anteriores, debe preparar su ventana de Xcode para una respetable cantidad de código. Para empezar, abra el panel Navigator (Navegador) en la parte izquierda de la pantalla, como se vio en la figura 5.30.

31. Ya no es necesario ver ni el archivo nib ni el Assistant editor (Editor asistente). Lo que sí necesitará es mucho espacio para codificar el archivo de implementación. Con el panel Navigator cerrado, abra el Standard editor (Editor estándar) como se puede ver en la figura 5.31. Y en el panel Navigator seleccione el archivo de implementación `ViewController.m`.

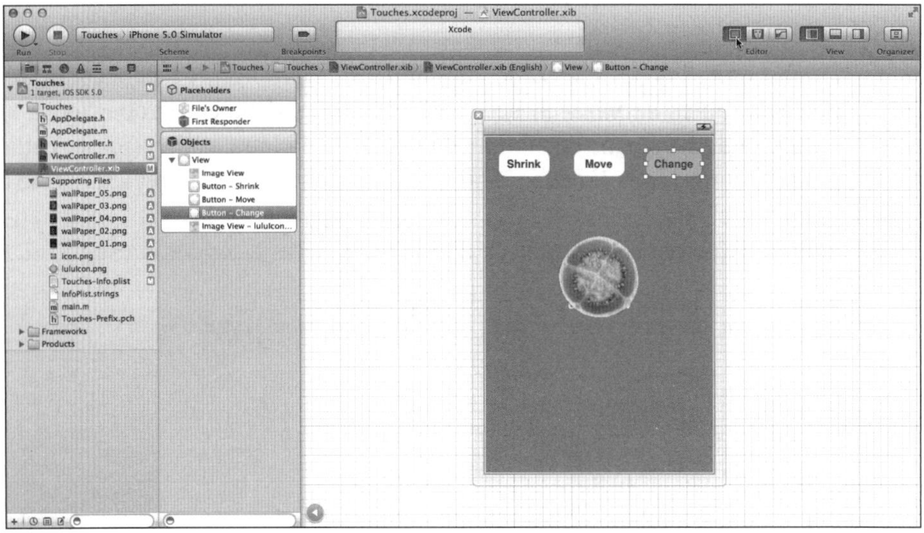

Figura 5.31. *Tras abrir Navigator, cierre Assistant editor y abra Standard Editor.*

El archivo de implementación

En esta sección, aprenderá cómo llevar a cabo las dos primeras tareas. Una se tiene que realizar inmediatamente después de abrir el archivo de implementación. La primera tarea es la síntesis, que no suele ser más que una línea de código. La segunda es el método `viewDidLoad`, que suele instanciarse automáticamente, lo que no quita para que, en codificaciones más complejas, tengamos que añadir líneas de código al método `viewDidLoad`, como haremos ahora.

Síntesis

Siempre me empeño en que mis estudiantes y mis lectores creen el hábito de sintetizar en el archivo de implementación inmediatamente después de escribir las directivas `@property` en el archivo de cabecera. Se habrá dado cuenta de que tanto en el capítulo anterior como en este, lo último que hemos escrito han sido las directivas `@property` para la síntesis. Esto se hace precisamente para potenciar el hábito mencionado de realizar inmediatamente la síntesis de los elementos recién codificados en el archivo de cabecera. De este modo, no se olvidará nunca de hacerlo. Para realizar la síntesis, se escribe la directiva `@synthesize` para los elementos `myIcon`, `myBackground`, `bgImages` y `shrinkButton`. Veamos la idea general:

```
@implementation touchesViewController
@synthesize elementos recién generados con la directiva @property
- (void)didReceiveMemoryWarning
...
...
...
```

Y así quedaría el código fuente definitivo:

```
@implementation touchesViewController
@synthesize myIcon, myBackground, bgImages, shrinkButton;
- (void)didReceiveMemoryWarning
...
...
...
```

viewDidLoad

El código fuente del método `viewDidLoad` se ejecuta después de que el lenguaje máquina reserve una cierta cantidad de memoria para la vista. Se dará cuenta de que lo primero que se llama en el interior del método `viewDidLoad` es a su superclase `super viewDidLoad`. Esto es muy sencillo, igual que ratas y ratones son subclases de los roedores, así `viewDidLoad` es subclase de `super viewDidLoad`. Así que, lo primero que hace el código de la subclase es llamar al código de su superclase. Y es en este preciso instante cuando se tienen que realizar varias tareas. Veamos:

```
- (void)viewDidLoad
{
   [super viewDidLoad];

Poner todos los botones y fondos en su estado inicial.
Crear un array que contenga todos los fondos.
Determinar la cantidad de reducción que aplicará el botón Shrink sobre el
icono de la fruta.
Determinar cuánto moverá el botón Move el icono de la fruta.
Fijar como imagen de fondo la imagen actual.

}
```

Poner todos los botones y fondos en su estado inicial

Veamos cómo poner todos los botones y fondos en su estado inicial. Esto se hace para crear una vista limpia antes de que el programa empiece a ejecutarse. Para crear esta vista en el código, tenemos que poner el valor de las variables de estado a cero. Tenemos tres de tales variables que nos indican si un estado tiene cambios o no: `hasMoved`, `hasShrunk` y `currentBackground`. Recuerde que tanto `hasMoved` como `hasShrunk` son variables booleanas, es decir, solo pueden tener los valores `YES` (verdadero) y `NO` (falso). El estado inicial más obvio para ellas es en el que no han sido modificadas, así que fijaremos ambas con el valor `NO`. Esto nos deja `currentBackground`, que sigue la pista de cuál de los cinco fondos se encuentra actualmente a la vista. Recuerde que hemos definido `currentBackground` como de tipo entero, así que la inicializaremos con el valor cero. Observe el código en negrita:

```
- (void)viewDidLoad
{
   [super viewDidLoad];
hasMoved = NO;
   hasShrunk = NO;
   currentBackground = 0;

Crear un array que contenga todos los fondos.
Determinar la cantidad de reducción que aplicará el botón Shrink sobre el
icono de la fruta.
Determinar cuánto moverá el botón Move el icono de la fruta.
Fijar como imagen de fondo la imagen actual.
}
```

Crear un array que contenga todos los fondos

Ahora vamos a crear un array, que no es más que una lista de cosas, y lo rellenaremos con las imágenes de fondo. En términos técnicos, vamos a crear un objeto `NSArray` y a inicializarlo con objetos de tipo png. Recuerde que declaramos un array en el archivo de cabecera con el código

```
NSArray *bgImages;
```

Hay muchas formas de usar los arrays, pero vamos a utilizar los métodos de la propia Apple con los inicializadores de `NSArray`.

```
nombre_del_array = [[NSArray alloc] initWithObjects: @"primerObjeto",
@"segundoObjeto", @"tercerObjeto", nil];
```

Esto tiene un aspecto muy desordenado. Mirando el final, vemos que los objetos están separados por comas y que indicamos el final del array con la palabra `nil`. Hagamos dos cosas aquí. La primera es poner el nombre verdadero del array (`bgImages`) en la plantilla y, luego, situar los objetos entre comas, cada uno en una línea, para ver cómo queda:

```
bgImages array = [[NSArray alloc] initWithObjects:
@"primerObjeto",
@"segundoObjeto",
@"tercerObjeto",
nil];
```

Antes de dar vida al array, debemos hacer otra cosa. Tenemos que habituarnos a la clase `UIImage`, que es un objeto que los ingenieros de Apple ponen a nuestra disposición para mostrar imágenes. Debemos usar `UIImage` junto con un método llamado `imageNamed` que devuelve objetos de imagen conectados a nombres completos de archivo. Así pues, para cada nombre de archivo, emplearemos `UIImage imageNamed`, tal como se puede ver aquí:

```
nombreDelArray [[NSArray alloc] initWithObjects:
[UIImage imageNamed:@ "WallPaper_01.png "],
[UIImage imageNamed:@ "WallPaper_02.png "],
[UIImage imageNamed:@ "WallPaper_03.png "],
[UIImage imageNamed:@ "WallPaper_04.png "],
[UIImage imageNamed:@ "WallPaper_05.png "],
nil];
```

Con este código, hemos creado un array que contiene las cinco imágenes. Todo lo que tiene que hacer ahora es insertarlo en el código fuente:

```
- (void)viewDidLoad
{
   [super viewDidLoad];
hasMoved = NO;
   hasShrunk = NO;
   currentBackground = 0;
```

```
bgImages = [[NSArray alloc] initWithObjects:
      [UIImage imageNamed:@"WallPaper_01.png"],
      [UIImage imageNamed:@ "WallPaper_02.png "],
      [UIImage imageNamed:@ "WallPaper_03.png "],
      [UIImage imageNamed:@ "WallPaper_04.png "],
      [UIImage imageNamed:@ "WallPaper_05.png "],
      nil];
Determinar la cantidad de reducción que aplicará el botón Shrink sobre el
icono de la fruta.
Determinar cuánto moverá el botón Move el icono de la fruta.
Fijar como imagen de fondo la imagen actual.
}
```

Determinar la cantidad de reducción que aplicará el botón Shrink sobre el icono de la fruta

Es realmente sencillo definir cuánto se reducirá el icono de la fruta cuando pulsemos el botón **Shrink** (Encoger). Al principio de este capítulo vimos cómo `CGAffine` es capaz de obedecer las instrucciones que le demos para cambiar la posición, ángulo, forma, escala, etc., de un objeto. En este caso, la reducción será de un 25%, lo que significa que tenemos que indicarle a `CGAffine` dos cosas: la primera, que deseamos escalar la imagen, y la segunda, cuánto deseamos que se escale en los ejes X e Y. Para ello, usaremos `CGAffineTransformMakeScale` y definiremos un escalado de **0.25** para cada eje. Veamos el código fuente:

```
- (void)viewDidLoad
{
   [super viewDidLoad];
hasMoved = NO;
   hasShrunk = NO;
   currentBackground = 0;

bgImages = [[NSArray alloc] initWithObjects:
      [UIImage imageNamed:@"WallPaper_01.png"],
      [UIImage imageNamed:@ "WallPaper_02.png "],
      [UIImage imageNamed:@ "WallPaper_03.png "],
      [UIImage imageNamed:@ "WallPaper_04.png "],
      [UIImage imageNamed:@ "WallPaper_05.png "],
      nil];
size = CGAffineTransformMakeScale(.25, .25);
Determinar cuánto moverá el botón Move el icono de la fruta.
Fijar como imagen de fondo la imagen actual.
}
```

Determinar cuánto moverá el botón Move el icono de la fruta

Del mismo modo en que hicimos que `CGAffineTransformMakeScale` guardase la cantidad de reducción en la variable `size`, usaremos ahora `Translation`. Es decir, indicaremos cuánto vamos a hacer que se mueva por la pantalla en `CGAffineTransformMakeTranslation` para decirle a la variable `move` que creamos en el archivo de cabecera con el tipo `CGAffineTransform` y que guarde dicha cantidad. En este caso, la fruta se moverá 100 píxeles hacia arriba a lo largo del eje Y. Para que vaya "hacia arriba" tendremos que restar píxeles del eje Y. Es decir, restaremos 100 píxeles del eje Y, mientras que el valor para el eje X no cambiará: (0, -100), como se puede ver en el código:

```
- (void)viewDidLoad
{
   [super viewDidLoad];
hasMoved = NO;
   hasShrunk = NO;
   currentBackground = 0;

bgImages = [[NSArray alloc] initWithObjects:
      [UIImage imageNamed:@"WallPaper_01.png"],
      [UIImage imageNamed:@ "WallPaper_02.png "],
      [UIImage imageNamed:@ "WallPaper_03.png "],
      [UIImage imageNamed:@ "WallPaper_04.png "],
      [UIImage imageNamed:@ "WallPaper_05.png "],
      nil];
size = CGAffineTransformMakeScale(.25, .25);
   translate = CGAffineTransformMakeTranslation(0, -100);
Fijar como imagen de fondo la imagen actual.
}
```

Fijar como imagen de fondo la imagen actual.

La última tarea que nos queda en `viewDidLoad` es configurar la imagen actual como imagen de fondo. ¿Qué quiere decir esto? Hemos creado un array que almacena las cinco imágenes. Asignaremos un número a cada una de ellas. Cuando pulsemos el botón **Change** (Cambiar), cualquiera que sea el número de imagen que se encuentre establecido como imagen de fondo será sustituido por el siguiente. Hemos configurado `currentBackground` como cero, así que, la primera vez que alguien pulse el botón **Change**, usará el código que vamos a introducir para cambiar `currentBackground` de 0 a 0+1. Esto significa que la siguiente imagen pasará a ser la de fondo.

> ***Nota:*** *No voy a explicar el código en este punto porque la mayoría de nosotros nos limitamos a pegarlo cuando necesitamos tener el objeto en un índice y situarlo dentro de una variable que hemos creado.*

Vea el código siguiente:

```
- (void)viewDidLoad
{
   [super viewDidLoad];
```

```
hasMoved = NO;
   hasShrunk = NO;
   currentBackground = 0;

bgImages = [[NSArray alloc] initWithObjects:
      [UIImage imageNamed:@"WallPaper_01.png"],
      [UIImage imageNamed:@ "WallPaper_02.png "],
      [UIImage imageNamed:@ "WallPaper_03.png "],
      [UIImage imageNamed:@ "WallPaper_04.png "],
      [UIImage imageNamed:@ "WallPaper_05.png "],
      nil];
size = CGAffineTransformMakeScale(.25, .25);
   translate = CGAffineTransformMakeTranslation(0, -100);
myBackgrund.image = [bgImages objectAtIndex:currentBackground];
}
```

32. Con todo esto completado, `viewDidLoad` debería quedar como se ve en la figura 5.32.

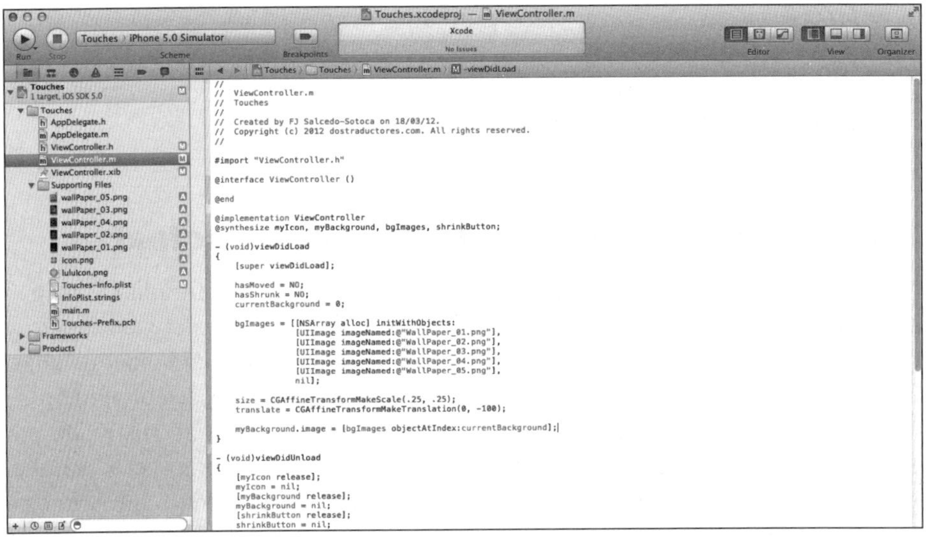

Figura 5.32. Compruebe que su código fuente está completo en el archivo de implementación.

Descarga de memoria: viewDidUnload

Nos vamos a encargar personalmente de manejar la descarga de memoria asociada a nuestras vistas. Para ello, utilizaremos nuestro propio código cuando pasemos de una vista a la siguiente, así que podemos deshacernos de parte del código que Apple inserta automáticamente (*boilerplate*, como se conoce técnicamente).

33. Como se puede ver en la figura 5.33, sitúese en `viewDidUnload`, seleccione todo el código entre `[myIcon release]` y `shrinkButton = nil` y bórrelo.

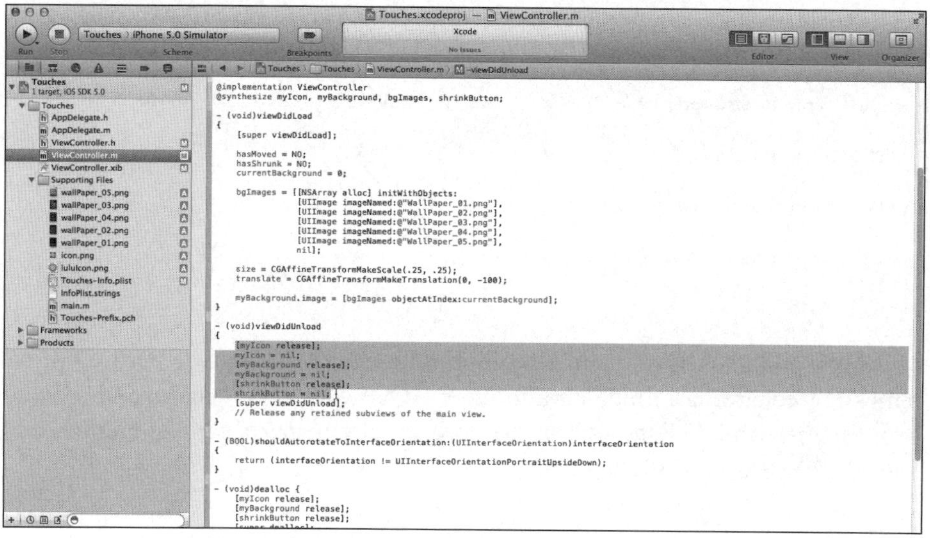

Figura 5.33. *Recorte el código en viewDidUnload.*

34. Ahora es el turno de codificar el método `touchesMoved`. Para ello, tras recortar el método `viewDidUnload`, vamos a recorrer el código, pasando los métodos instanciados por Apple, `viewWillAppear`, `viewDidAppear`, `viewWillDisappear`, `viewDidDisappear` y `shouldAutorotateToInterfaceOrientation`, hasta llegar a los tres métodos de las tres acciones que creamos en el archivo de cabecera para los tres botones:

```
- (IBAction)shrink:(id)sender {
}
- (IBAction)move:(id)sender {
}
- (IBAction)change:(id)sender {
}
@end
```

Esto es estupendo porque vamos a situar todo el código en el interior de estos métodos. No obstante, no están completos; falta uno, falta el que se encargará de gestionar todos los toques y movimientos del icono de la fruta. Así es, hay que crearlo desde cero. Justo por encima del método `shrink`, situado en la parte superior, deberá introducir cuatro líneas en blanco y, luego, simplemente empiece a escribir

touches y verá cómo aparece la funcionalidad de autocompletar el código ofreciéndole `touchesMoved`. Para aceptarlo, pulse **Intro** y después escriba **touches** nuevamente. En este caso, autocompletar mostrará `touches withEvent: (UIEvent *) event{`.

Bien, ya tiene los cuatro métodos que debe codificar, como se ilustra más abajo. Observe en negrita las cuatro variables creadas en el archivo de cabecera.

```
-(void) touchesMoved:(NSSet *)touches withEvent:(UIEvent *)event{
}
- (IBAction)shrink:(id)sender {
}
- (IBAction)move:(id)sender {
}
- (IBAction)change:(id)sender {
}
@end
```

Ahora podemos introducir el código en `touchesMoved`, pero empezaremos por echar una mirada de alto nivel. ¿Qué queremos que haga el método `touchesMoved`? Esto podría no parecer obvio, pero solo queremos que `touchesMoved` haga lo siguiente:

```
-(void) touchesMoved:(NSSet *)touches withEvent:(UIEvent *)event{}
Atrapar el código capaz de percibir los toques en la pantalla
Comprobar si se realiza un toque sobre el icono de la fruta. Si es que sí...
Comprobar si el icono se movió y encogió usando los botones. Si es que sí...
Mantener el tamaño reducido y mover el icono a su posición anterior al
botón Move
Comprobar si el icono se movió pero no se encogió usando los botones. Si
es que sí...
Mover el icono a su posición anterior al botón Move
Situar el icono en la posición actual del toque en la pantalla
}
```

Parte de mi método de enseñanza consiste en que no siempre lo enseño todo. Ya ha sido testigo de esto cuando tuvo que codificar a ciegas los dos primeros ejemplos del libro. En este punto, le voy a enseñar a emplear ciertas herramientas para determinadas tareas. No le enseñaré ahora el funcionamiento de todas ellas, pero sí le diré qué herramienta debe usar. En este punto, tenemos que disponer un código capaz de registrar todos los toques en la pantalla. Solo quiero que recuerde que cuando desee que la interfaz de usuario haga algo interesante con los toques, tendrá que llamar al código desarrollado por Apple para registrar los toques.

Así pues, escriba **UITouches** y una de las opciones que le ofrecerá autocompletar será `UITouch *touch = [[event allTouches] anyObject]`, que no es otra que la herramienta que debe invocar antes de que pueda hacer nada con los toques. No se pregunte cómo funciona ahora mismo, solo quédese con que hay que invocarla en este momento (fíjese en el código en negrita):

```
-(void) touchesMoved:(NSSet *)touches withEvent:(UIEvent *)event{
UITouch *touch = [[event allTouches] anyObject];
Comprobar si se realiza un toque sobre el icono de la fruta. Si es que sí...
Comprobar si el icono se movió y encogió usando los botones. Si es que sí...
Mantener el tamaño reducido y mover el icono a su posición anterior al
botón Move
Comprobar si el icono se movió pero no se encogió usando los botones. Si
es que sí...
Mover el icono a su posición anterior al botón Move
Situar el icono en la posición actual del toque en la pantalla
}
```

Ahora necesitaremos una instrucción `if` para comprobar si un toque en la pantalla se realiza sobre el icono de la fruta. Hay que saber si el iPhone vigila el rectángulo en el que se encuentra el objeto y ver si el usuario ha puesto su dedo en dicho rectángulo. Para ello, utilizaremos `if (CGRectContainsPoint([myIcon frame], [touch locationInView:nil]))`. Solo es necesario que escriba **if** y **CGRect** para que la función autocompletar rellene el resto. Anidaremos dos instrucciones `if` adicionales en el interior de esta. Observe cómo hemos tomado las tareas de la hoja de ruta y las hemos anidado en el interior de instrucciones `if`:

```
-(void) touchesMoved:(NSSet *)touches withEvent:(UIEvent *)event{
UITouch *touch = [[event allTouches] anyObject];
   if (CGRectContainsPoint([myIcon frame], [touch locationInView:nil]))
   {
Comprobar si el icono se movió y encogió usando los botones. Si es que sí... {
Mantener el tamaño reducido y mover el icono a su posición anterior al
botón Move
}

Comprobar si el icono se movió pero no se encogió usando los botones. Si
es que sí... {
Mover el icono a su posición anterior al botón Move
   }
Situar el icono en la posición actual del toque en la pantalla
}
}
```

En este punto, es necesario introducir dos condiciones anidadas en la instrucción `if` que acabamos de crear. Pensemos un poco en ello. Todo lo que hay que hacer es comprobar si el icono de la fruta se ha movido por acción de los botones, y en caso afirmativo, haya sido encogido o no, reiniciar su estado a uno anterior al movimiento.

Las dos posibilidades para el movimiento de la fruta son: movido y encogido, y movido pero no encogido. En cualquiera de los casos, queremos pasar al estado anterior de no movido para que, cuando el usuario toque el icono de la fruta, podamos afirmar que no se ha movido pero que ahora sí se está moviendo. Lo que no se puede es decir "se ha movido y ahora se mueve otra vez".

```
-(void) touchesMoved:(NSSet *)touches withEvent:(UIEvent *)event{
UITouch *touch = [[event allTouches] anyObject];
   if (CGRectContainsPoint([myIcon frame], [touch locationInView:nil]))
   {
      if (hasMoved == YES && hasShrunk == YES) {
         myIcon.transform = CGAffineTransformTranslate(size, 0, 0);
         hasMoved = NO;
}

if (hasMoved == YES && hasShrunk == NO) {
      myIcon.transform = CGAffineTransformMakeTranslation(0,0);
      hasMoved = NO;
}

Situar el icono en la posición actual del toque en la pantalla
}
}
```

La última tarea que debemos emprender es fijar la ubicación del icono en la posición exacta que ocupe el dedo que se mueve por la pantalla en cualquier momento. Se trata de código automático (*boilerplate*) que emplearemos una y otra vez para seguir la pista de un objeto mientras sigue al dedo del usuario por la pantalla. Emplearemos el código `nombreVariable.center = [touch locationInView: nil]`, como se puede ver en el código siguiente:

```
-(void) touchesMoved:(NSSet *)touches withEvent:(UIEvent *)event{
UITouch *touch = [[event allTouches] anyObject];
   if (CGRectContainsPoint([myIcon frame], [touch locationInView:nil]))
   {
      if (hasMoved == YES && hasShrunk == YES) {
         myIcon.transform = CGAffineTransformTranslate(size, 0, 0);
         hasMoved = NO;
}

if (hasMoved == YES && hasShrunk == NO) {
      myIcon.transform = CGAffineTransformMakeTranslation(0,0);
      hasMoved = NO;
   }

myIcon.center = [touch locationInView:nil];
   }
}
```

Con esto, acabamos de escribir el método `touchesMoved`. Compare su código con el mío de la figura 5.34.

Escribir el código del botón Shrink

Vamos a escribir ahora el código fuente que se invocará cuando el usuario pulse el botón **Shrink**.

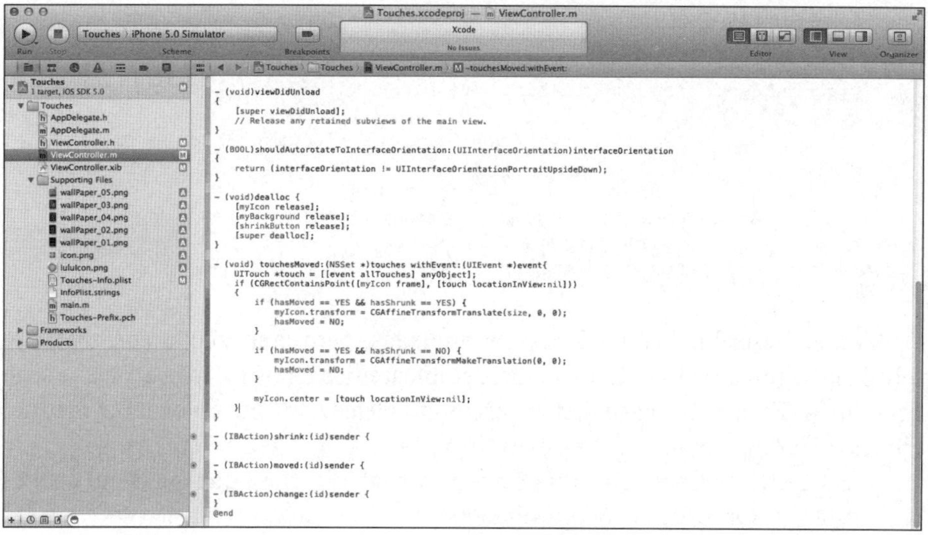

Figura 5.34. *Método touchesMoved.*

35. Recuerde que, en el archivo de cabecera, hemos creado un *outlet* que nos permite cambiar el nombre del boton de **Shrink** (Encoger) a **Grow** (Crecer) una vez que el usuario pulse el botón. Esto es así porque no podemos permitir que la fruta se encoja dos veces seguidas, para que no desaparezca. Así pues, lo primero que debemos hacer es cambiar el texto del botón. Después tendremos que registrar el posible estado de los botones **Shrink** y **Move** (Mover), para que podamos pedir a `CGAffine` que transforme el icono de la fruta de la forma adecuada. El código seguirá estas líneas maestras:

```
-(IBAction)Shrink:(id)sender
{
Si no se ha encogido, mantener el texto "Shrink"; en caso
contrario, cambiarlo a "Grow"
Si no se ha encogido ni movido, realizar tareas...
Además si no se ha encogido pero sí movido, realizar tareas...
Además si se ha encogido y movido, realizar tareas...
En caso contrario, realizar tareas...
}
```

Para cambiar el texto, usaremos `setTitle` y `forState:UIControlStateNormal` con el formato siguiente: `nombreVariable namesetTitle:@"su texto" forState:UIControlStateNormal`.

El *outlet* del botón **Shrink** se llama `shrinkButton` en el archivo de cabecera. El texto que utilizaremos cuando cambie será **Grow** (Crecer), y **Shrink** (Encoger) cuando cambie de nuevo. Se trata de un bucle que continua para siempre, como se puede ver en el código siguiente:

```
-(IBAction)Shrink:(id)sender
{
   if (hasShrunk) {
      [shrinkButton setTitle:@"Shrink" forState:UIControlStateNormal];
   } else {
      [shrinkButton setTitle:@"Grow" forState:UIControlStateNormal];
   }
Si no se ha encogido ni movido, realizar tareas...
Además si no se ha encogido pero sí movido, realizar tareas...
Además si se ha encogido y movido, realizar tareas...
En caso contrario, realizar tareas...
}
```

Vamos a escribir instrucciones `if` anidadas, pero empezando con un `if` y terminando con un `else`. Entre ambos, emplearemos todos los `else if` que sean necesarios. En nuestro caso, hemos escogido aleatoriamente colocar las instrucciones `if` como sigue: `if 'ambos NO'; else if 'NO y YES'; else if 'ambos YES'`; y finalmente un `else` para cualquier cosa que quede, el cual es `'YES y NO'`. Observe el código siguiente:

```
-(IBAction)Shrink:(id)sender
{
   if (hasShrunk) {
      [shrinkButton setTitle:@"Shrink" forState:UIControlStateNormal];
   } else {
      [shrinkButton setTitle:@"Grow" forState:UIControlStateNormal];
   }

if(hasShrunk == NO && hasMoved == NO)
{
- realizar tareas
}
else if(hasShrunk == NO && hasMoved == YES)
{
- realizar tareas
}
else if(hasShrunk == YES && hasMoved == YES)
{
- realizar tareas
}
else
{
- realizar tareas
}
}
```

Antes de "realizar tareas" con el estado del icono de la fruta en cada `if` anidado, tenemos que realizar, en cada `if` anidado, ciertos trabajos preliminares. Tenemos que indicar al microprocesador cuántos segundos deseamos que duren las "tareas" y, después de hacer cualquier tarea que deseemos que haga el icono con `CGAffineTransform`, tendremos que actualizar su estado. Explicamos esto en lenguaje natural dentro del código siguiente:

```
-(IBAction)shrink:(id)sender
{
   if (hasShrunk) {
      [shrinkButton setTitle:@"Shrink" forState:UIControlStateNormal];
   } else {
      [shrinkButton setTitle:@"Grow" forState:UIControlStateNormal];
   }

if(hasShrunk == NO && hasMoved == NO)
{
Iniciar la animación con una duración de 1 segundo
- realizar tareas
"Commit" las animaciones y actualizar el estado encogido
}
else if(hasShrunk == NO && hasMoved == YES)
{
Iniciar la animación con una duración de 1 segundo
- realizar tareas
"Commit" las animaciones y actualizar el estado encogido
}
else if(hasShrunk == YES && hasMoved == YES)
{
Iniciar la animación con una duración de 1 segundo
- realizar tareas
"Commit" las animaciones y actualizar el estado encogido
}
else
{
Iniciar la animación con una duración de 1 segundo
- realizar tareas
"Commit" las animaciones y actualizar el estado encogido
}
}
```

Mantendremos esta hoja de ruta en lenguaje natural para estos trabajos elementales en este estado durante un tiempo, de forma que no desorganice la codificación mientras nos centramos en elementos más importantes. Ahora tenemos que adoptar una aproximación de muy alto nivel sobre lo que haremos en cada uno de los cuatro casos.

1. **If:** "(Si) no se ha pulsado ningún de los botones" y pulsamos el botón **Shrink** (Encoger), entonces:
   - Encogeremos el icono de la fruta.
2. **Else if:** (Además si) no se ha pulsado el botón **Shrink**, pero sí se ha pulsado el botón **Move** (Mover), entonces:
   - Dejaremos el icono donde se haya movido, y encogeremos el icono de la fruta.
3. **Else if:** (Además si) se han pulsado los botones **Shrink** y **Move**, y pulsamos nuevamente el botón **Shrink**, entonces:

- Haremos crecer el icono de la fruta hasta que regrese a su estado original y lo moveremos a su nueva ubicación.
- Recordar que ya hemos codificado el texto del interior del botón **Shrink** para que cambie de **Shrink** a **Grow**.

4. **Else if:** (Además si) se ha pulsado el botón **Shrink**, pero no el botón **Move**, entonces:
   - Agrandar el icono de la fruta hasta su estado original y mantenerlo en su posición actual.

Pongamos las condiciones anteriores en el código en lenguaje natural, como antes:

```
-(IBAction)shrink:(id)sender
{
   if (hasShrunk) {
      [shrinkButton setTitle:@"Shrink" forState:UIControlStateNormal];
   } else {
      [shrinkButton setTitle:@"Grow" forState:UIControlStateNormal];
   }

if(hasShrunk == NO && hasMoved == NO)
{
Iniciar la animación con una duración de 1 segundo
Encoger el icono
"Commit" las animaciones y actualizar el estado encogido
}
else if(hasShrunk == NO && hasMoved == YES)
{
Iniciar la animación con una duración de 1 segundo
Mantener movido el icono y encogerlo
"Commit" las animaciones y actualizar el estado encogido
}
else if(hasShrunk == YES && hasMoved == YES)
{
Iniciar la animación con una duración de 1 segundo
Mantener movido el icono y devolverlo a su tamaño normal
"Commit" las animaciones y actualizar el estado encogido
}
else
{
Iniciar la animación con una duración de 1 segundo
Mover el icono a su posición original y devolverle su tamaño original
"Commit" las animaciones y actualizar el estado encogido
}
}
```

Ahora lo sustituiremos por verdadero código fuente.

- En el primer caso, para encoger el icono de la fruta, haremos lo siguiente:

  - Fijar la transformación del icono de la fruta para que sea del tamaño contenido en la variable `size`.
- En el segundo caso, para mantener el icono en el lugar al que se movió, y todavía encogido, haremos lo siguiente:
  - Fijar la transformación del icono de la fruta para que lo sitúe en el lugar al que el método de transformación lo haya enviado.
  - Pero ahora hemos perdido el "tamaño" (`size`) modificado, así que tenemos que volver a encogerlo a 0,25 de su estado original.
- En el tercer caso, para devolver el icono de la fruta a su tamaño original y moverlo a su ubicación nueva, tenemos que hacer lo siguiente:
  - Fijar la transformación del icono de la fruta para que lo sitúe en el lugar al que el método de transformación lo haya enviado.
  - Devolverlo a su tamaño original.
- En el último caso, devolveremos el tamaño del icono de la fruta a su estado original y lo mantendremos en su posición actual, para ello:
  - Devolverlo todo a su estado original.

Situando los ejemplos anteriores en el código fuente, obtenemos lo siguiente:

```
-(IBAction)shrink:(id)sender
{
   if (hasShrunk) {
      [shrinkButton setTitle:@"Shrink" forState:UIControlStateNormal];
   } else {
      [shrinkButton setTitle:@"Grow" forState:UIControlStateNormal];
   }

if(hasShrunk == NO && hasMoved == NO)
{
Iniciar la animación con una duración de 1 segundo
myIcon.transform = size;
"Commit" las animaciones y actualizar el estado encogido
}
else if(hasShrunk == NO && hasMoved == YES)
{
Iniciar la animación con una duración de 1 segundo
myIcon.transform = CGAffineTransformScale(translate,.25, .25);
"Commit" las animaciones y actualizar el estado encogido
}
else if(hasShrunk == YES && hasMoved == YES)
{
Iniciar la animación con una duración de 1 segundo
myIcon.transform = CGAffineTransformScale(translate,1, 1);
"Commit" las animaciones y actualizar el estado encogido
```

```
}
else
{
Iniciar la animación con una duración de 1 segundo
myIcon.transform = CGAffineTransformIdentity;
"Commit" las animaciones y actualizar el estado encogido
}
}
```

Ahora tenemos que pensar en cómo vamos a actualizar el estado encogido del icono de la fruta. En los dos primeros casos, hemos reducido el icono de la fruta, así que tenemos que actualizar el estado encogido a **YES**. En los dos últimos casos, no se encogió, así que deberíamos actualizarlo a **NO**, como en el código siguiente:

```
-(IBAction)shrink:(id)sender
{
   if (hasShrunk) {
      [shrinkButton setTitle:@"Shrink" forState:UIControlStateNormal];
   } else {
      [shrinkButton setTitle:@"Grow" forState:UIControlStateNormal];
   }

if(hasShrunk == NO && hasMoved == NO)
{
Iniciar la animación con una duración de 1 segundo
myIcon.transform = size;
"Commit" las animaciones
hasShrunk = YES;
}
else if(hasShrunk == NO && hasMoved == YES)
{
Iniciar la animación con una duración de 1 segundo
myIcon.transform = CGAffineTransformScale(translate,.25, .25);
"Commit" las animaciones
hasShrunk = YES;

}
else if(hasShrunk == YES && hasMoved == YES)
{
Iniciar la animación con una duración de 1 segundo
myIcon.transform = CGAffineTransformScale(translate,1, 1);
"Commit" las animaciones
hasShrunk = NO;

}
else
{
Iniciar la animación con una duración de 1 segundo
myIcon.transform = CGAffineTransformIdentity;
"Commit" las animaciones
hasShrunk = NO;

}
}
```

Ahora cambiaremos las frases en lenguaje natural por líneas de código auténtico:

```
-(IBAction)shrink:(id)sender
{
   if (hasShrunk) {
      [shrinkButton setTitle:@"Shrink" forState:UIControlStateNormal];
   } else {
      [shrinkButton setTitle:@"Grow" forState:UIControlStateNormal];
   }
if(hasShrunk == NO && hasMoved == NO)
{
[UIView beginAnimations:nil context:NULL];
[UIView setAnimationDuration:1.0];
myIcon.transform = size;
[UIView commitAnimations];
hasShrunk = YES;
}
else if(hasShrunk == NO && hasMoved == YES)
{
[UIView beginAnimations:nil context:NULL];
[UIView setAnimationDuration:1.0];
myIcon.transform = CGAffineTransformScale(translate,.25, .25);
[UIView commitAnimations];
hasShrunk = YES;
}
else if(hasShrunk == YES && hasMoved == YES)
{
[UIView beginAnimations:nil context:NULL];
[UIView setAnimationDuration:1.0];
myIcon.transform = CGAffineTransformScale(translate,1, 1);
[UIView commitAnimations];
hasShrunk = NO;
}
else
{
[UIView beginAnimations:nil context:NULL];
[UIView setAnimationDuration:1.0];
myIcon.transform = CGAffineTransformIdentity;
[UIView commitAnimations];
hasShrunk = NO;
}
}
```

Por último, añadiremos más espacio entre las secciones de cada instrucción condicional, como se puede ver en la figura 5.35.

Escribir el código del botón Move

Programar el código fuente que hace funcionar el botón **Move** (Mover) es exactamente igual que en el caso del botón **Shrink** (Encoger), salvo porque el texto del botón no cambia.

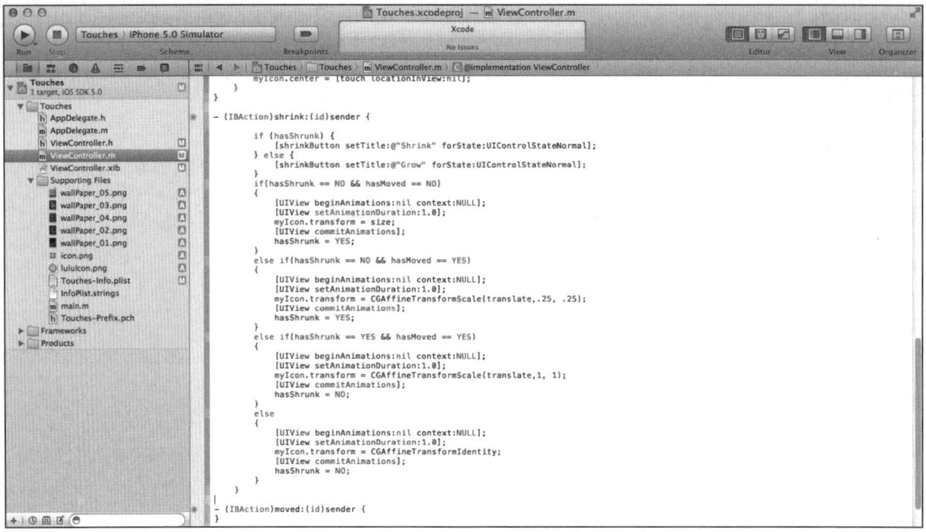

Figura 5.35. Codificación del método shrink.

36. Nos quedamos entonces con los mismos cuatro estados y sustituimos las instrucciones de `shrunk` (encogido) por `moved` (movido). Compruebe el código fuente con el mío en la figura 5.36.

> ***Nota:** Le recomiendo que copie y pegue las primeras sentencias `if` del método `shrink` y que cambie después `shrunk` por `moved`. Después de ello, cópielo y péguelo otras tres veces; cambie `if` por `else if` y `else`, según sea necesario. Por último, cambie el escalado por el movimiento en `CGAffineTransformTranslates`.*

Escribir el código del botón Change

Lo único que queda por hacer es escribir el código encargado de intercambiar las imágenes de fondo cuando se pulsa el botón **Change** (Cambiar).

37. Básicamente, se realizarán cinco tareas: incrementar el fondo actual, asegurarse de que el incremento mantiene las imágenes contenidas en el array, inicializar `UIView`, crear animaciones para el momento de cargar los fondos y, en último lugar, cambiar el fondo. Veamos la hoja de ruta en el código:

```
-(IBAction)change:(id)sender
{
Incrementar el contador de fondos a la siguiente imagen
```

```
Comprobar que currentBackground no se sale del array
Inicializar UIView
Crear animaciones
Commit y cambiar la imagen
}
```

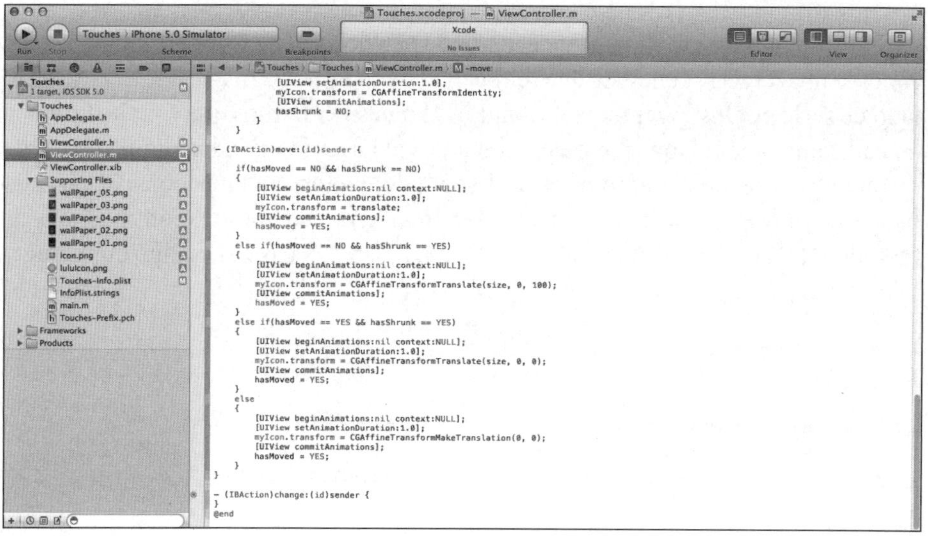

Figura 5.36. *Codificando el método move.*

Hemos dicho antes que, cada vez que se pulse el botón **Change** (Cambiar), la imagen de fondo será sustituida por la siguiente en el array. Es decir, si la imagen actual es `wallPaper_01` y pulsamos **Change**, el valor del contador se incrementará y pasará a señalar la imagen siguiente, `wallPaper_02`. Esto quiere decir que, cada vez que se pulse el botón **Change** (Cambiar), antes de hacer nada más, tenemos que incrementar el valor de la variable `currentBackground`:

```
-(IBAction)change:(id)sender
{
currentBackground++;
Comprobar que currentBackground no se sale del array
Inicializar UIView
Crear animaciones
Commit y cambiar la imagen
}
```

Si siguiéramos incrementando sin ton ni son, nos saldríamos del límite del array de imágenes. Así pues, es necesario reiniciar el contador a cero cuando se alcanza la última imagen. Esto queda ilustrado en el código siguiente:

```
-(IBAction)change:(id)sender
{
currentBackground++;
```

```
if(currentBackground >= [bgImages count])
   currentBackground = 0;
Inicializar UIView
Crear animaciones
Commit y cambiar la imagen
}
```

Para inicializar `UIView`, necesitamos solo dos cosas, pero nosotros hemos añadido una tercera. Tenemos que reiniciar el método `beginAnimations`, aportado de serie por los ingenieros de Apple. Después tendremos que fijar la duración de cada animación. Como se mencionó antes al hacer la inicialización, el periodo de inicialización entre cambios es de 1 segundo. La tercera tarea consiste en establecer la suavidad con que comenzará y finalizará cada animación mediante el método `UIViewAnimationCurveEaseInOut`. Véase el código siguiente:

```
-(IBAction)change:(id)sender
{
currentBackground++;
if(currentBackground >= [bgImages count])
   currentBackground = 0;
[UIView beginAnimations:@"changeview" context:nil];
[UIView setAnimationDuration:1];
[UIView setAnimationCurve:UIViewAnimationCurveEaseInOut];
Crear animaciones
Commit y cambiar la imagen
}
```

> ***Nota:*** *Para realizar el cambio de los fondos tenemos que leer con atención y seguir las indicaciones siguientes.*

Vamos a dividir el cambio de cada fondo en dos pasos.

1. En primer lugar, preguntaremos si el valor numérico del fondo actual es el que estamos manejando realmente. Si es así, se ejecutará el código contenido en las llaves (que se puede ver más abajo).
2. Luego, usaremos el método `setAnimationTransition` para ejecutar cualquier otro método que hayamos escogido. Hay métodos para doblar hacia arriba y hacia abajo, entrar por la izquierda y por la derecha, etc. O bien podemos crear nuestro propio método, pero tal vez sea un poco pronto para eso. En este caso solo vamos a usar un par de transiciones sencillas.

Para cada animación, usaremos el siguiente código:

```
if(currentBackground == númeroElegido)
[UIView setAnimationTransition:
   UIViewAnimationTransitionAnimaciónElegida
   forView:self.view
    cache:YES];
```

Veamos cómo queda el código con las animaciones elegidas:

```
-(IBAction)change:(id)sender
{

currentBackground++;
   if(currentBackground >= [bgImages count])
      currentBackground = 0;

[UIView beginAnimations:@"changeview" context:nil];
[UIView setAnimationDuration:1];
[UIView setAnimationCurve:UIViewAnimationCurveEaseInOut];

if(currentBackground == 1)
[UIView setAnimationTransition:
   UIViewAnimationTransitionFlipFromLeft
   forView:self.view
   cache:YES];

if(currentBackground == 2)
[UIView setAnimationTransition:
   UIViewAnimationTransitionCurlDown
   forView:self.view
   cache:YES];

if(currentBackground == 3)
[UIView setAnimationTransition:
   UIViewAnimationTransitionCurlUp
   forView:self.view
   cache:YES];

if(currentBackground == 4)
[UIView setAnimationTransition:
   UIViewAnimationTransitionFlipFromRight
   forView:self.view
   cache:YES];

Commit y cambiar la imagen
}
```

Como última acción, nos queda aceptar el cambio y ejecutar el código:

```
-(IBAction)change:(id)sender
{
currentBackground++;
   if(currentBackground >= [bgImages count])
      currentBackground = 0;

[UIView beginAnimations:@"changeview" context:nil];
[UIView setAnimationDuration:1];
[UIView setAnimationCurve:UIViewAnimationCurveEaseInOut];

if(currentBackground == 1)
[UIView setAnimationTransition:
```

```
        UIViewAnimationTransitionFlipFromLeft
        forView:self.view
        cache:YES];

    if(currentBackground == 2)
    [UIView setAnimationTransition:
        UIViewAnimationTransitionCurlDown
        forView:self.view
        cache:YES];

    if(currentBackground == 3)
    [UIView setAnimationTransition:
        UIViewAnimationTransitionCurlUp
        forView:self.view
        cache:YES];

    if(currentBackground == 4)
    [UIView setAnimationTransition:
        UIViewAnimationTransitionFlipFromRight
        forView:self.view
        cache:YES];

    [UIView commitAnimations];
    myBackground.image = [bgImages
        objectAtIndex:currentBackground];
    }
```

Compruebe el código con el de la figura 5.37 y hemos terminado. Todo lo que tiene que hacer ahora es ejecutar la aplicación.

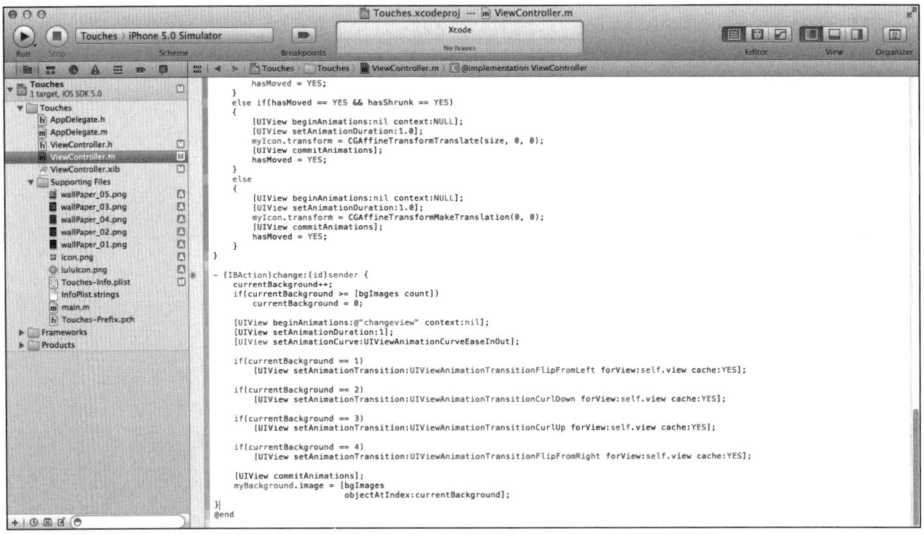

Figura 5.37. *Codificar el método change.*

Ejecutar el código

Vamos a explicar una cosa. La probabilidad de que el código se ejecute es muy baja, y eso está bien. No está mal que el código no se ejecute a la primera. Esperar que lo haga no es realista, dada la complejidad de las tareas de desarrollo. Así pues, debemos estar preparados para encontrarnos con errores. La depuración del código es una de las partes más importantes, enormemente importante, a decir verdad, de la labor del desarrollador. Pensar que no vamos a cometer errores no es realista. Si en algún momento no los hubiera, solo habríamos tenido suerte.

38. Cuando lo ejecute, puede elegir una de entre cuatro opciones: pulsar uno de los tres botones o mover el icono por la pantalla. En la figura 5.38 se ve la pantalla inicial.

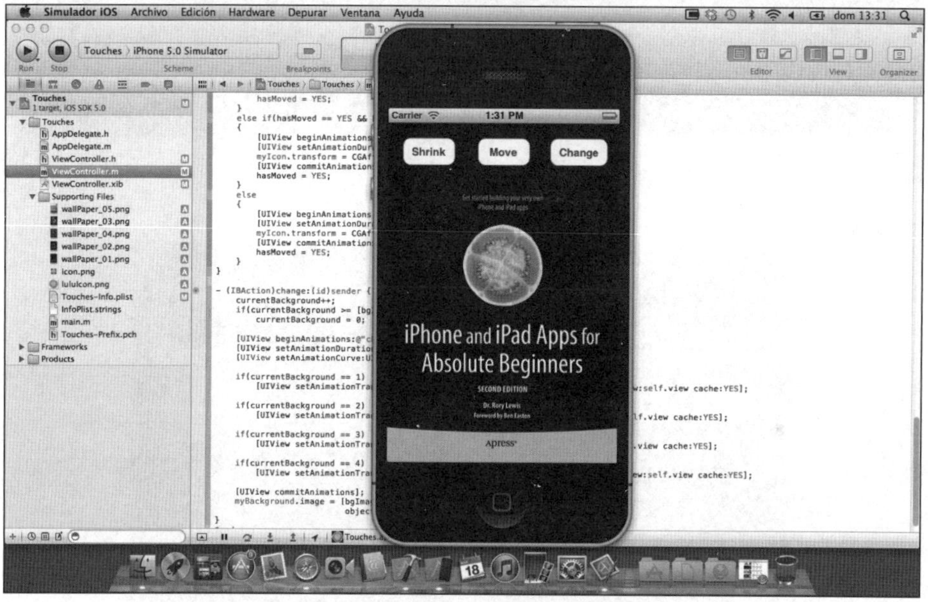

Figura 5.38. Pantalla inicial de la aplicación.

39. La figura 5.39 muestra tres imágenes. En la primera, se pulsa **Shrink** (Encoger); en la segunda, el icono aparece más pequeño y el botón ha cambiado a **Grow** (Agrandar); en la tercera, se ha pulsado **Grow** (el icono vuelve al tamaño original) y se ha comenzado la transición de un fondo a otro.

40. La figura 5.40 muestra el efecto de transición doblando un extremo de la página para pasar al cuarto fondo. En la imagen de la derecha, podemos ver el icono siendo movido por la pantalla.

Figura 5.39. *Vistas de la aplicación en acción.*

Figura 5.40. *Cambio de fondo.*

Profundizando en el código

Ya hemos analizado el código mientras lo escribíamos. Este capítulo significaba un enorme salto, así que no podíamos diferir el análisis del código como en capítulos anteriores. En el capítulo siguiente veremos cambios de vistas, ejecutaremos el código rápidamente y, luego, repasaremos lo que hayamos hecho en "Profundizando en el código".

En el capítulo siguiente

En el capítulo siguiente entraremos en el próximo nivel de complejidad: cambio de vistas en las aplicaciones. Examinaremos cómo un grupo de caracteres o roles en el seno del código trabajan juntos para lograr un resultado o una serie de resultados, que proporcionarán al usuario la sensación de un flujo suave y sin interrupciones.

Aprenderemos mucho acerca de los delegados y controladores de cambio de vista, de las clases y subclases y de las cargas diferidas. Asimismo, entraremos en los detalles de los archivos `.xib`, examinaremos el concepto de la desasignación de memoria y aprenderemos a comentar el código fuente.

Lo espero en el capítulo siguiente.

Lite

6. Switches

¡No se asuste! Echemos una mirada a su cerebro

Después de terminar la aplicación Touches en el capítulo anterior, puede decir que ha escrito aplicaciones Objective-C sin amilanarse. Si siente que, mientras escribía el código del capítulo anterior, estaba luchando por avanzar por un camino difícil, no es el único. Le digo esto porque todos los programadores han tenido que pasar por un camino así. Es completamente normal mirar el capítulo anterior y pensar que se es incapaz de recordar lo que se hizo. Sí, es normal, y se lo voy a demostrar. Pero primero le voy a decir por qué tiene que tomar un descanso aquí.

Según mi experiencia como profesor de lenguajes como C, C++, C#, ensamblador, Java, etc., muchos estudiantes abandonan hasta cuando parece que lo están haciendo bien. Desde hace unos años, vengo abordando a estudiantes cuando noto que están en esa disyuntiva y les pregunto por qué están pensando en abandonar. Todos me dicen algo similar a esto: "Sé que he hecho mi trabajo, pero tengo miedo de suspender porque en realidad no lo estoy pillando. No me hago con ello." Hace unos cuatro años, intenté un experimento. Un día, a medida que los estudiantes iban entrando al aula, les pedía que cerraran los libros de texto y los portátiles porque íbamos a dar una clase de neurología del cerebro. De hecho, íbamos a ilustrar científicamente por qué muchos de ellos se sentían estúpidos y pensaban que no estaban aprendiendo. Por lo general, el aula al completo acababa estallando en risas al final de esta clase especial que llamo "¡No te asustes! Echemos una mirada a tu cerebro". Algunos estudiantes se acercaban a mí llorando al final de la clase para darme las gracias. Ni uno solo de ellos abandonaba.

En este momento, estoy seguro de que piensa que no ha retenido nada del capítulo anterior y que se siente un poco desbordado e inseguro de su capacidad. Bien, eso es normal, limítese a seguir leyendo y verá por qué se siente así. Aunque se sienta seguro en este punto, es muy probable que flaquee en algún momento cuando el camino se haga más duro. En todo caso, le pido que siga leyendo. Esto es importante, así que debe esforzarse en entenderlo.

Una de las mejores formas de explicar esto es preguntarle algo que no tenga nada que ver con Objective-C ni con la informática. Algo sobre los recuerdos de la infancia.

¿Alguna vez ha olido algo que no había olido antes y sin ningún aviso previo ha visto como su cerebro lo llevaba de vuelta a su más tierna infancia? Sí, eso nos ha pasado a todos. Después de oler este olor, todo se aclara instantáneamente en nuestra cabeza: las paredes, la gente, etc. Está tan claro que puede despertar emociones muy intensas. Podemos incluso sentirnos mal por no haber pensado durante años en esas paredes o imágenes que ahora, de repente, nos abruman. Déjeme explicarle por qué sucede esto y cómo está relacionado con las conexiones neuronales que acaba de crear.

Observe detenidamente la imagen que acompaña a esta nota.

Bajo el primer título, "ILUSTRACIÓN", verá una ilustración simplificada de cómo, una vez su cerebro recibe un nuevo estímulo, algo que no ha experimentado antes, crea un núcleo en el interior del cuerpo de una célula, que retiene el evento. Esto se conecta con el resto del cerebro mediante hilos y axones. A medida que se experimentan nuevos eventos relacionados con el primero, un árbol de sinapsis y neuronas se conecta a ese núcleo. Algunas de esas conexiones se llenan de lo que llamamos dendritas.

Cuando no era más que un niño en Durban, Sudáfrica, bajé un día hasta donde los sirvientes estaban lavando la ropa. Por entonces, año 1963, la mayoría de las familias utilizaban un jabón tradicional con alto contenido en amoniaco que desprendía un olor característico. Este olor creó un nuevo núcleo en mi cerebro de niño, que me conectaba con las alegres canciones que los criados zulúes cantaban mientras lavaban la ropa a mano. Mi cerebro asoció también las imágenes de las paredes, las pinturas y de mi perro Samson. Estos conectores de las canciones, las paredes, la pintura y el perro formaron cuatro grupos de conexiones con aquél olor nuevo para mí, como se ilustra en la imagen SINTETIZADO de la figura. Algunos grupos tuvieron inmediatamente más conexiones, como las canciones, porque yo solía cantar muchas canciones zulúes cuando era niño. El siguiente gran grupo probablemente era el de mi perro. He etiquetado los grupos del 1 al 4 por su tamaño.

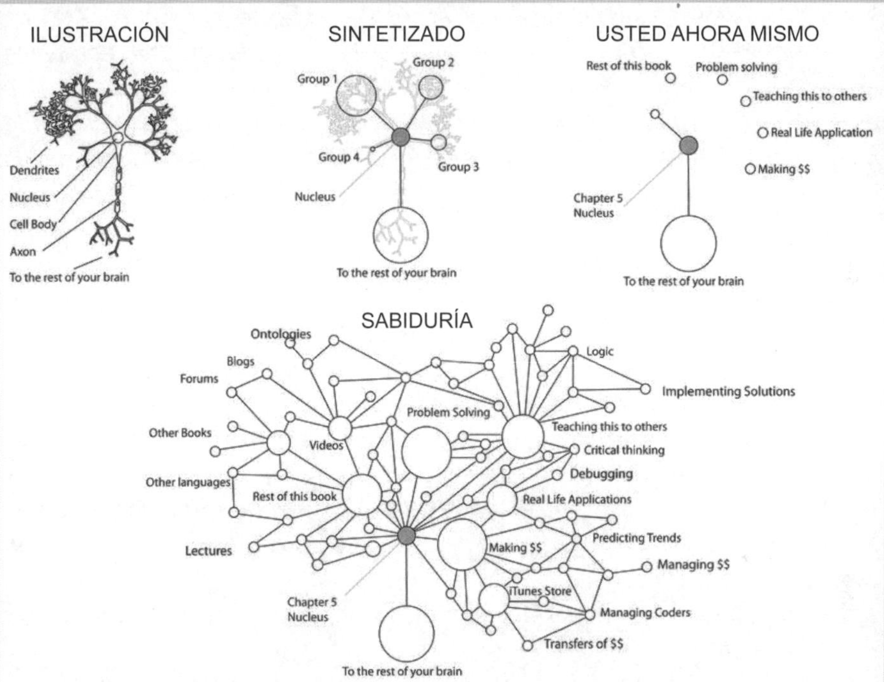

Muchos años más tarde, en Nueva York, seguramente hacia el año 1993, me dirigía a toda prisa hacia una cita con un profesor de derecho con el que había quedado para comer en un pequeño restaurante. Mientras corría por la octava avenida, me di cuenta de que había gente limpiando la acera frente a un restaurante. Usaban agua y jabón y cepillaban bien la superficie. De pronto, lo olí. Ese olor que no había percibido desde que tenía tres años. De repente, vi a todos los criados, podía oír sus canciones y sus risas, y hasta podía ver a mi viejo perro Samson. Aquello me desbordó,

la gente, la energía de tan atrás. Me sentí tan embargado por la emoción que detuve mi carrera y rompí a llorar. Cuando llegué al restaurante, el profesor de derecho se levantó resplandeciente en su traje de tweed y me dijo: "Rory, no pasa nada porque llegues un par de minutos tarde. Vaya por Dios, ¿estás llorando?"

Así que, ¿qué fue lo que sucedió? ¿Qué ocurre cuando experimentamos eventos similares? ¿Por qué esto sucede tan a menudo con el olfato? Miremos primero los acontecimientos de nuestra vida, tales como la primera vez que nos dimos cuenta que $1+1=2$. ¿Recuerda la primera vez que se dio cuenta de eso? Probablemente no. Y eso es porque, desde entonces, habrá creado trillones de conexiones al núcleo que almacena $1+1=2$. Cada vez que realiza una función relacionada con $1+1=2$ su cerebro establece una conexión con el núcleo que contiene $1+1=2$. Incluso cuando recorre este libro y va desde la página n a la página $n+1$, está estableciendo conexiones sinápticas con dendritas y grupos de asociaciones conectadas con $1+1$. En algún lugar de esos trillones de conexiones de $1+1=2$, se encuentran los recuerdos visuales y los efectos de sonido de la habitación en la que se dio cuenta de eso, pero confundidos entre los restantes trillones de conexiones.

Ese olor extraño, no obstante, es diferente. Piénselo. He ilustrado cuatro grupos asociados con dicho olor, de cuando yo tenía tres años. Durante los siguientes 30 años, después de la creación de dicho núcleo y de los cuatro grupos vinculados con él, nunca hubo una sola conexión. Simplemente, quedaron ahí. Sin embargo, cuando corría por la octava avenida y percibí ese olor, se invocaron el núcleo y los cuatro grupos de forma instantánea. Estos conectores eran tan fuertes porque no estaban interconectados con otras relaciones complejas.

Eso hizo que las canciones, mis sentimientos hacia mi perro, las risas y el resto de eventos me llegaran a toda velocidad.

Vuelva ahora al cuando leyó el capítulo 5 por un momento y eche una mirada a la imagen USTED AHORA MISMO de la figura anterior. Como ve, acaba de crear un conjunto de núcleos mientras leía el capítulo 5. Imagine, como ilustración, que solo aprendió una sola cosa mientras leía el capítulo 5. El núcleo que contiene dicho conocimiento estaría contenido en el círculo gris. Usted podría, como mucho, haber creado una apariencia de conectividad con algún pensamiento o concepto relacionado. Por eso he conectado un pequeño grupo con el núcleo de conocimiento del capítulo 5. Lo que es más importante, tenga en cuenta que he creado otros cinco grupos con potenciales conectores al capítulo 5: "Resto del libro", "Resolución de problemas", "Enseñar esto a otras personas", "Aplicación en la vida real" y "Ganar dinero". Por ahora, es completamente natural que estos grupos carezcan de conectividad con el núcleo de conocimiento del capítulo 5, puesto que usted no ha tenido tiempo de crear estas conexiones. Por ejemplo, ahora mismo, mientras lee este capítulo, probablemente sienta que no hay ninguna conexión con el conocimiento adquirido en el capítulo 5. Esto es porque, mientras lee esto, no hay conexión alguna. Como tampoco hay conexión con ganar dinero, desde lo que aprendió en el capítulo 5, ni a los otros grupos.

He elegido cuidadosamente los temas, los matices y la semántica para optimizar, lo mejor que he podido, la conectividad entre lo que enseño en cada momento con lo que se ha enseñado anteriormente. Para cuando llegue al final del libro, cree su primera aplicación y la venda en iTunes Store, su cerebro habrá empezado a crear muchos conectores con el capítulo 5. He ilustrado esto en la imagen SABIDURÍA de la parte inferior de la figura. Algo que conecta una cantidad gigantesca de sinapsis con los núcleos que contienen conceptos difíciles de entender es enseñar a otros. Resulta magnífico, para eso, visitar foros, como el mío en `http://www.rorylewis.com/ipad_forum/` *o* `bit.ly/oLVwpY`*, y ayudar a los novatos con sus dudas, aun si se es uno mismo un novato, puesto que eso crea muchas conexiones con el concepto difícil, lo que nos hace más inteligentes. En esencia, ayudar a los demás nos fuerza a responder a la misma pregunta de miles de formas diferentes. Así pues, lo animo con entusiasmo a que se pase por el foro, haga preguntas y, luego, a medida que vaya acumulando conocimientos, ayude a los demás.*

En resumen, la primera buena noticia es que no está mal sentirse desconectado de lo que codificamos en el capítulo 5. Ya irá estableciendo las conexiones a medida que avance.

La segunda buena noticia es que el capítulo 6 no significará un salto tan enorme como el capítulo 5 fue respecto al 4. Por el contrario, tomará un respiro del código más duro y conectará nuevas ideas a las sinapsis que estableció con el código del capítulo 5. De hecho, tanto en el capítulo 6 como en el capítulo 7 verá muy poco código.

En lugar de eso, vamos a conectar nuevos pensamientos a la porción de su cerebro que está asociando el código con las ideas exploradas en el capítulo 5. Una vez que haya establecido estas conexiones en su cerebro, podrá asociar más código. En este capítulo, vamos a explorar un método popular para navegar a través de las aplicaciones iOS, que consiste en utilizar las vistas basadas en pestañas.

Switch: una aplicación basada en pestañas

Hasta el momento ha escrito código que permitía al usuario interaccionar con un iPhone o iPad de ciertas formas para hacer cosas interesantes. Esto está a punto de cambiar. En este capítulo, vamos a ver cómo crear una aplicación iOS que nos permita realizar todas esas funciones sin desbordar al usuario. Para ello, dividiremos la funcionalidad de la aplicación en varias pestañas fáciles de localizar. Este modelo es tan popular entre los desarrolladores que Apple ha incluido la plantilla Tabbed Application en Xcode. En otras palabras, como Apple sabe que el modelo es muy popular, ha incluido casi todo el código necesario. Cuando acabe de escribir esta aplicación, tendrá una pantalla con dos fichas en la parte inferior. El contenido de la primera ficha será una imagen que fijará mediante Interface Builder, con un botón sobreimpresionado en la misma. Este botón abrirá Mobile Safari directamente en la Web del libro. El contenido de la segunda ficha será una imagen diferente, pero puede establecer el nombre de la imagen y otros atributos en el archivo de implementación y solo configurar lo suficiente de un *framework* en Interface Builder para hacerlo posible.

Obtener los recursos

Puede descargar el código del proyecto, también en la página Web del libro, para así poder compararlo con el mío. Y lo que es más importante, o bien descarga las tres imágenes necesarias de la página Web del libro, o bien crea las suyas propias con las mismas dimensiones que las mías: 320x480 para las imágenes grandes y, por supuesto, 57x57 para el icono.

1. Para empezar, limpie su escritorio por completo. Después, o bien crea sus propias imágenes como hemos indicado más arriba, o bien descarga las tres imágenes de la página Web del libro. El resultado se puede ver en la figura 6.1.

Crear la aplicación

Ahora vamos con la aplicación.

2. Para empezar, inicie el proyecto como hizo con todos los anteriores, pulsando las teclas **Comando-Mayús-N**. Seleccione la plantilla **Tabbed Application** (Aplicación con pestañas) en el diálogo que aparece. Esta

plantilla configura buena parte del *framework* de las pestañas automáticamente. De este modo no tendrá más que centrarse en rellenar el contenido y no preocuparse por los detalles del modelo de interacción. Después haga clic en **Next** (Siguiente) como se puede ver en la figura 6.2.

Figura 6.1. *Descargue las tres imágenes en su escritorio.*

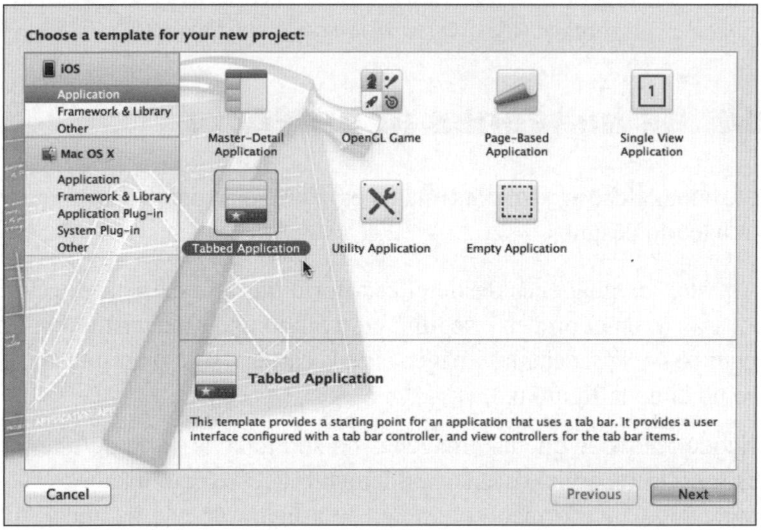

Figura 6.2. *Inicie una aplicación basada en pestañas.*

3. Como se puede ver en la figura 6.3, introduzca **Switch** en el campo Product Name (Nombre del producto) y asegúrese de que ninguna casilla de verificación esté seleccionada. La casilla Use Storyboard (Usar *storyboard*) modifica drásticamente la configuración de una aplicación basada en pestañas, y se explorará en detalle en el capítulo siguiente. En esta aplicación, vamos a seleccionar específicamente iPhone en el desplegable Device Family (Familia de dispositivos) porque las fichas son más complejas en el iPad.

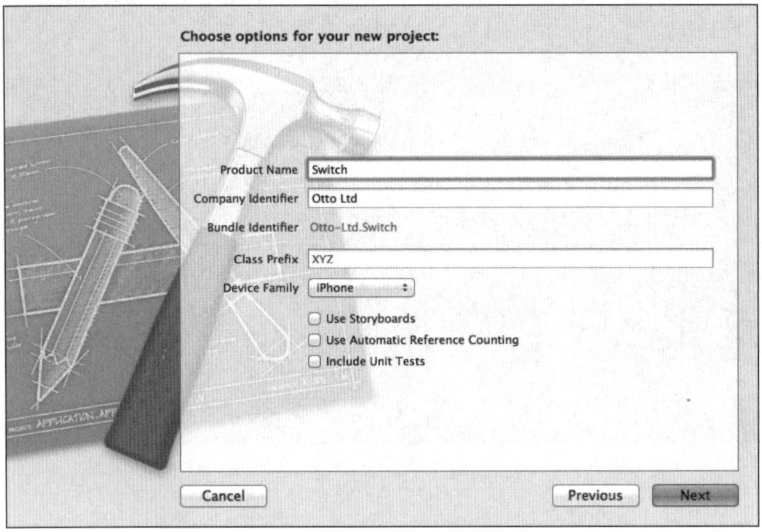

Figura 6.3. *Configuración de la aplicación.*

Añadir las imágenes al proyecto

En este punto, debe arrastrar las imágenes al proyecto para no tener que preocuparse por hacerlo después.

4. Arrastre las imágenes desde el escritorio hasta la carpeta `Supporting Files` y, en el proceso, seguirá cultivando una sana costumbre (véase la figura 6.4). Tras dejar las imágenes en la carpeta, se le presentará un diálogo, como el de la figura 6.5.

5. Xcode reconoce que las imágenes no son todavía parte de este proyecto, así que le recomienda encarecidamente que le deje añadirlas. Como ya indicamos anteriormente, también se asegura de que ha encapsulado las imágenes en su interior para que, si decide ejecutar el código en otro orde-

nador, pueda mostrarlas sin problemas. Este diálogo también le da la oportunidad de cambiar las acciones que está a punto de realizar, mas en general lo que asume es correcto, así que no tiene más que aceptar sus recomendaciones (véase la figura 6.5).

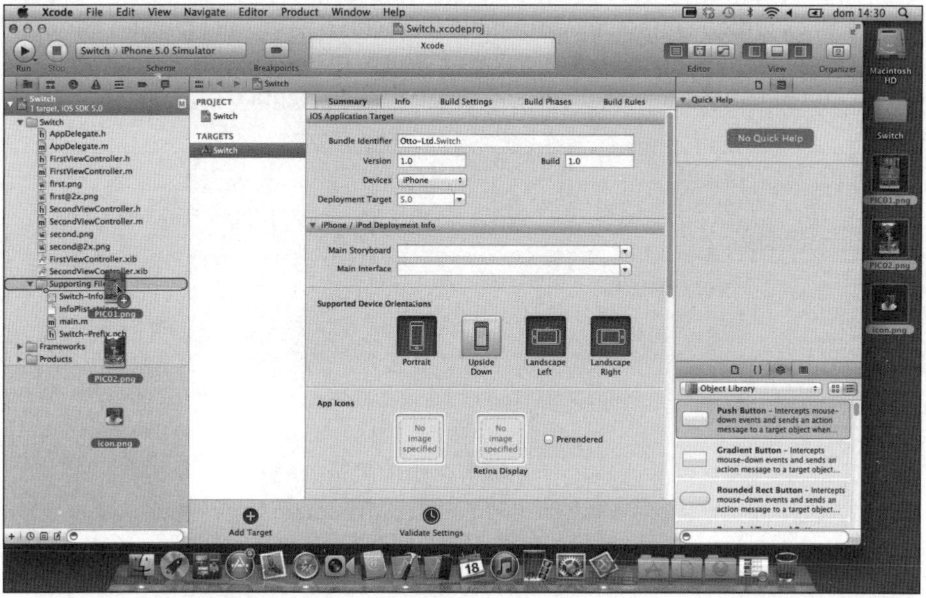

Figura 6.4. Arrastre sus tres imágenes desde el escritorio.

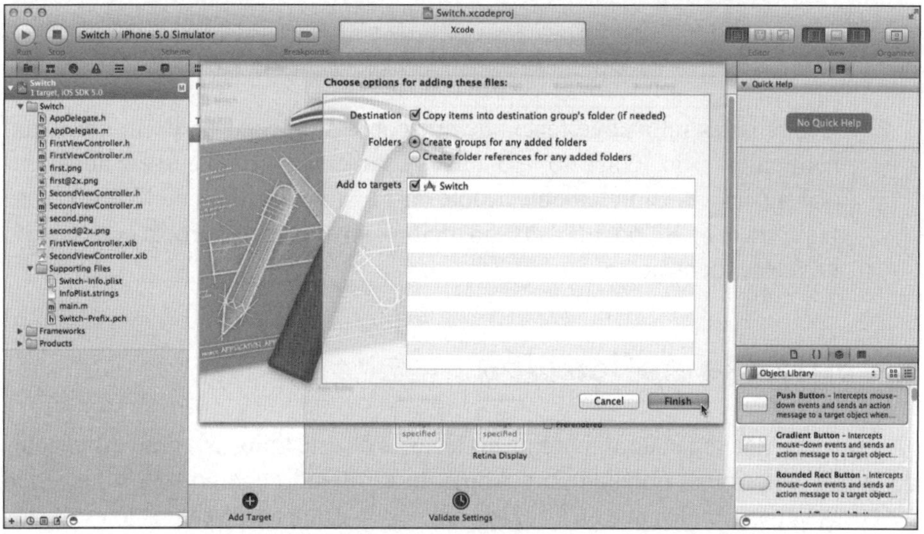

Figura 6.5. Copie los elementos en la carpeta de destino.

6. Típicamente, se utiliza la lista de propiedades `.plist` para incluir el icono en la aplicación. En este caso, utilizará una forma nueva de asociar un icono con su aplicación. Así que, arrastre el archivo de icono a las propiedades de la aplicación. Observe cómo Xcode se encarga de ponerlo en el lugar adecuado del proyecto y de configurar los vínculos necesarios. Este paso no es crítico si no tiene disponible un archivo `.png` del tamaño correcto. Siempre puede cambiarlo después. Observe que solo permite dejar un icono con el tamaño adecuado en su lugar (véase la figura 6.6).

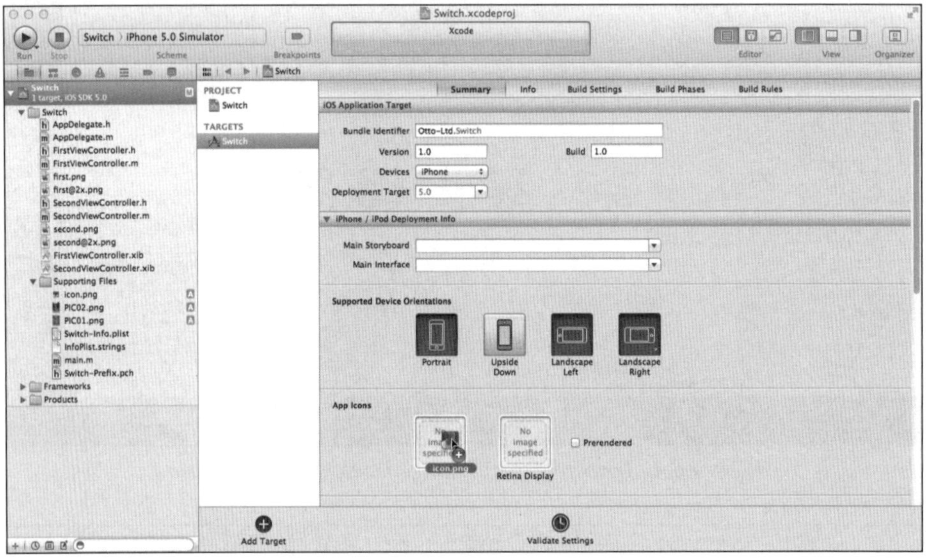

Figura 6.6. Arrastre el icono a las propiedades del icono de la aplicación.

7. Xcode muestra la advertencia de que copiará el icono desde su ubicación habitual al sitio "correcto", lo que es estupendo. Como con las advertencias anteriores, simplemente acepte las recomendaciones de Xcode (véase la figura 6.7). Si, por el contrario, dejó la imagen en la carpeta correcta, no verá este mensaje.

Ejecutar la aplicación

Conviene que sepa que algunos de los lectores de este libro, así como estudiantes de cursos anteriores, trabajan para Apple desarrollando código iOS y haciendo las cosas tan especiales que está a punto de ver en este paso. Veamos lo que estos programadores han codificado para la aplicación basada en pestañas.

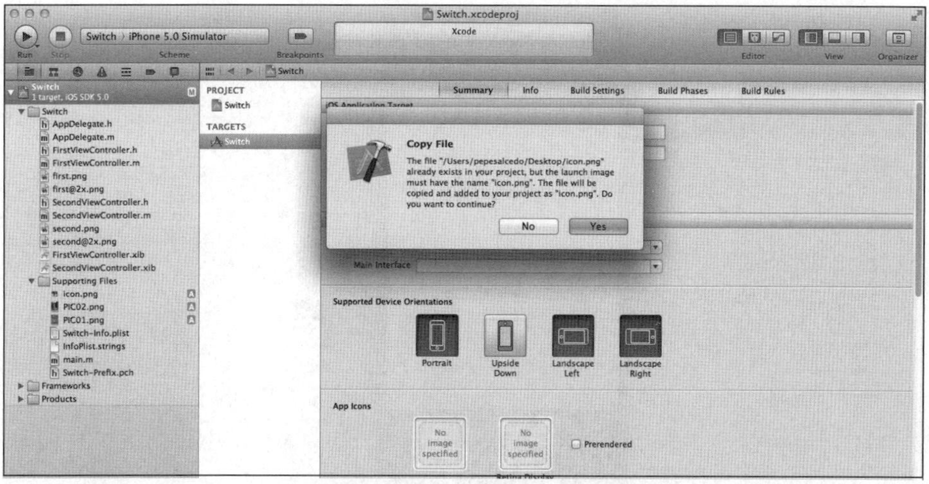

Figura 6.7. Advertencia de que dejó las imágenes en el lugar equivocado.

8. Ejecute la aplicación haciendo clic en el botón **Run** (Ejecutar) o pulsando las teclas **Comando-R**. Si ha seguido las instrucciones al pie de la letra verá el mensaje Build Succeded (Compilación con éxito) como en la figura 6.8, y se abrirá el Simulador iOS.

***Figura 6.8.** Ejecute la aplicación para ver lo que Apple ha preparado para nosotros.*

9. Como se puede ver en la figura 6.9, después de ejecutar la aplicación verá cómo el Simulador iOS muestra una primera vista.

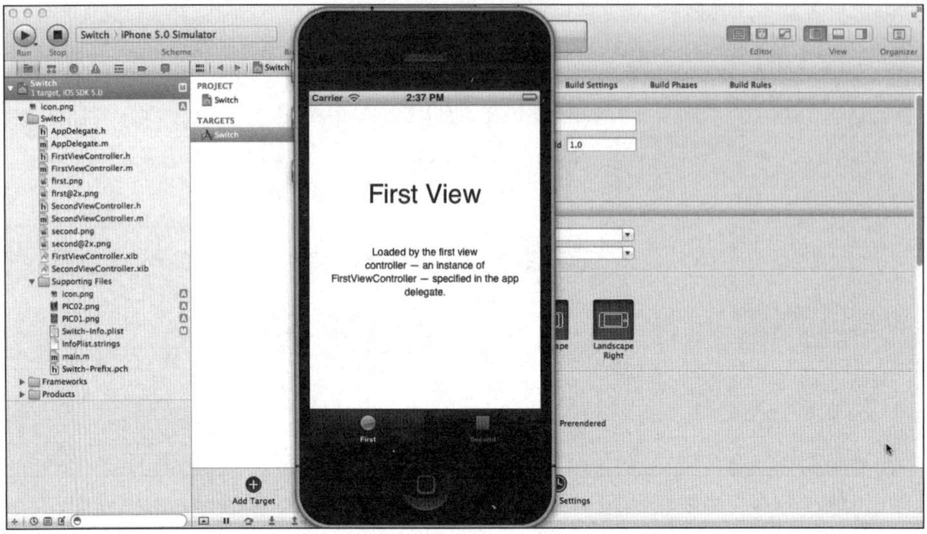

Figura 6.9. La primera vista que sale es... la primera vista.

Sorprendente. Los ingenieros de Apple han escrito tanto y tan buen código que apenas dejan sitio para que hagamos nuestras cosas. Dedique los próximos minutos a explorar la aplicación.

Pulse las pestañas para comprobar que realmente hay dos vistas con información. Recuerde que ni siquiera hemos tocado el archivo `.xib`, por no mencionar el código. Así pues, aquí acaba la magia de la plantilla Tabbed Application (Aplicación con pestañas) y comienza nuestra labor creativa.

10. Cuando pulsa la segunda pestaña, situada también en la parte inferior de la ventana, verá aparecer la segunda vista o Second View (véase la figura 6.10), lo que demuestra que las pestañas están funcionando a la perfección. Estoy seguro de que se dará cuenta de que, si bien la plantilla Tabbed Application ha configurado bastante bien las pestañas, el contenido que les ha puesto es bastante anodino. Es más, no refleja nada de lo que podríamos querer que hiciera. Veamos cómo arreglar eso.

Cómo personalizar las pestañas

La segunda vista que aparece en la figura 6.10 se puede sustituir, junto con la primera vista introductoria, con código, con el siguiente nivel de un videojuego o con los detalles de una ficha de direcciones o una receta de cocina. Nosotros nos limitaremos a introducir una imagen distinta en cada vista.

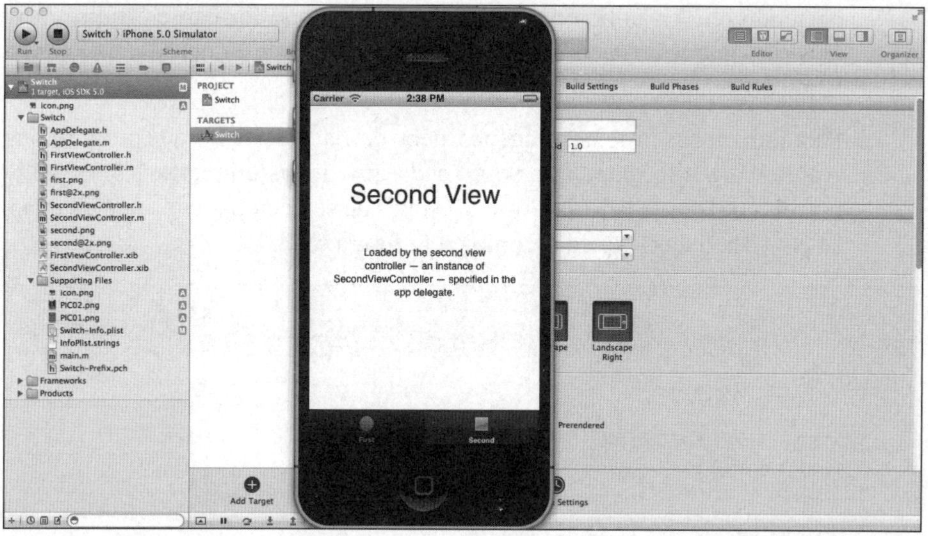

Figura 6.10. *La segunda vista se muestra... cuando pulsamos la segunda pestaña.*

11. Regrese a Xcode y haga clic en el botón **Stop** (Detener). Seleccione el archivo nib llamado `FirstViewController.xib` (véase la figura 6.11).

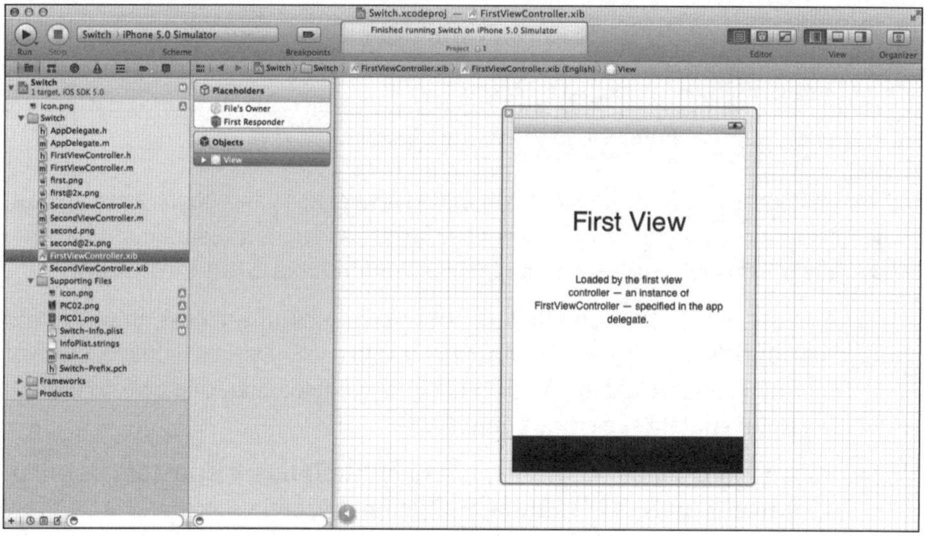

Figura 6.11. *Abra el archivo nib de la primera vista, First View.*

Como puede ver, se muestra lo mismo que en el Simulador iOS, salvo por la barra de pestañas, Tab Bar. Vamos a configurar el entorno para que le sea más fácil editar el archivo nib. Abra la vista Utilities (Utilidades) haciendo clic en el botón derecho de los tres que forman el grupo View (Vista). Aunque no necesita la vista Navigator (Navegador) de su izquierda, la puede dejar abierta si lo desea.

12. Para utilizar sus propias imágenes, debe deshacerse de las que proporciona Apple. Para ello, haga clic sobre cada una de las etiquetas `UILabel` y bórrelas pulsando la tecla **Supr**. Después de seleccionar cada una de ellas, su pantalla debería quedar como en la figura 6.12.

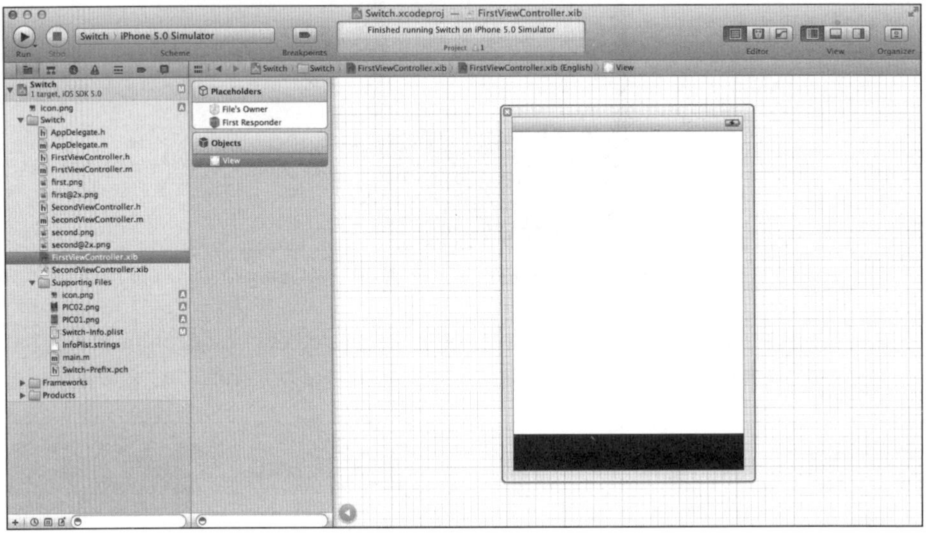

Figura 6.12. *Borre las etiquetas UILabel.*

Las fichas pueden contener texto, pero las nuestras van a contener imágenes, así que esos elementos no son necesarios. Al final, quedará con una vista vacía, como se puede ver en la parte izquierda del Standard Editor.

13. Arrastre, desde la vista Utilities View (Vista de utilidades), un elemento UIImageView al área de diseño. Mientras lo hace, observará que se expande automáticamente al tamaño del área que puede ocupar, que en este caso es la vista completa (véase la figura 6.13).

14. En la vista Utilities (Utilidades), abra el Attributes Inspector (Inspector de atributos) pulsando **Comando-Opción-4** y, en la sección Image View (Vista de imagen), seleccione la imagen `PIC01.png` en el cuadro de lista desplegable Image (Imagen) (véase la figura 6.14).

15. Como se puede ver en la figura 6.15, la imagen `PIC01` se muestra en la vista. Ya sabe que la imagen tiene el tamaño correcto para la vista con pestañas pero, no obstante, es una buena costumbre alinearla con la parte

superior o inferior para que encaje a la perfección. En la figura 6.15 se puede ver la selección del modo de vista para la imagen. Para ello, haga clic en el desplegable Mode (Modo) de la sección View (Vista) y seleccione Top (Superior), como en la figura, para que se alinee con la parte superior.

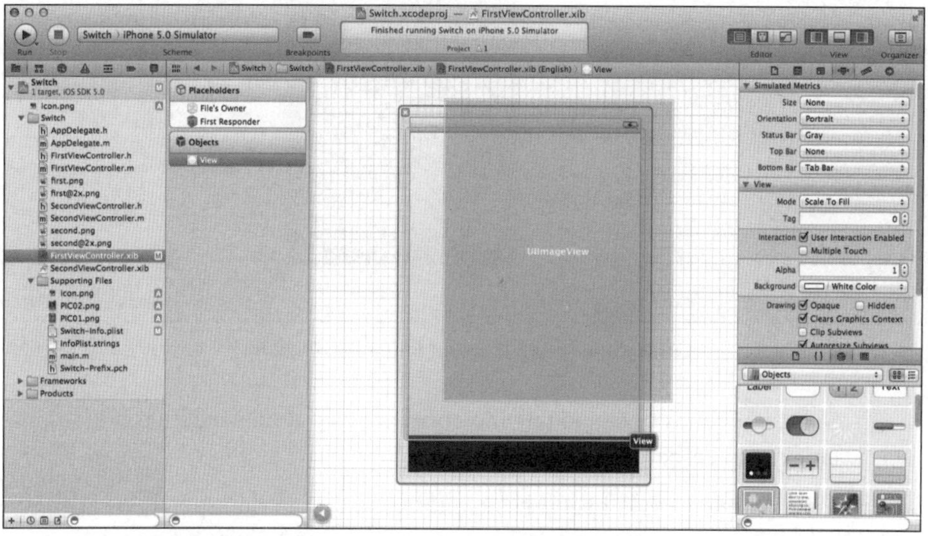

Figura 6.13. *Arrastre un elemento UIIMageView sobre la vista.*

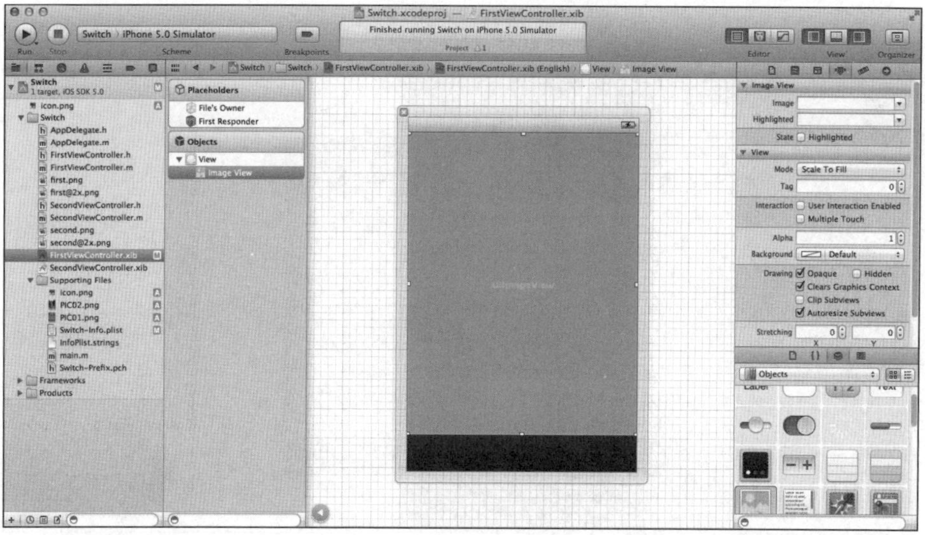

Figura 6.14. *Asocie la primera imagen con el primer elemento UIImageView.*

Figura 6.15. Seleccione un modo de vista.

Si las imágenes tienen el tamaño correcto, esto no tiene demasiada importancia, sin embargo.

16. Veamos qué hemos hecho hasta ahora. Como era de esperar, en la figura 6.16 comprobamos que la primera ficha tiene la apariencia que definimos en Interface Builder.

Figura 6.16. Ejecute la aplicación.

17. Hasta el momento no hemos tocado la segunda ficha. Seleccione Second View (Segunda vista) y observará lo mismo que en la figura 6.17, como era de esperar. Vamos a añadir una imagen a esta ficha también, pero en vez de indicar a Xcode qué imagen debe cargar, directamente en Interface Builder escribirá un par de líneas de código que carguen la imagen cuando se muestre la ficha.

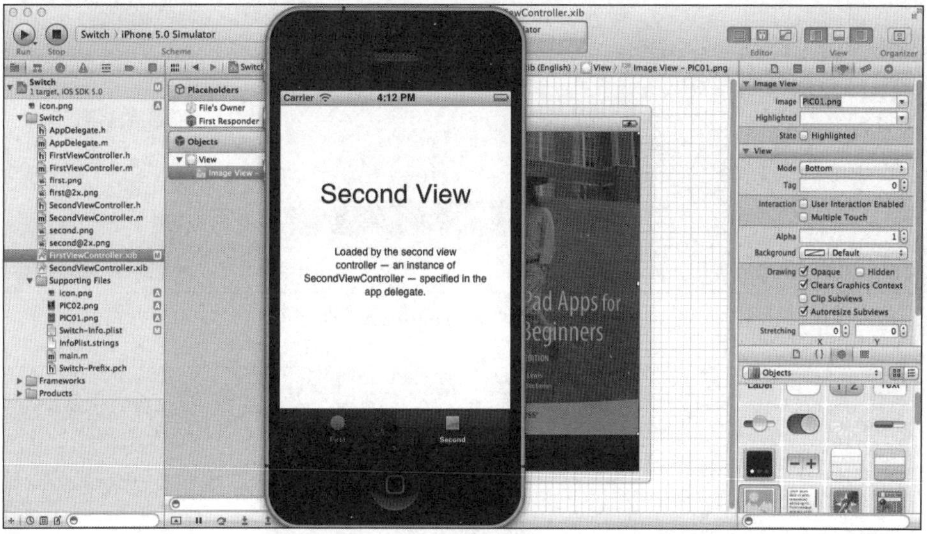

Figura 6.17. *La segunda vista aún está vacía.*

18. Comencemos por corregir la segunda vista, Second View, de la misma forma que hicimos con la primera. Para ello, seleccione Second View en Navigator y configure su espacio de trabajo (véase la figura 6.18). Después elimine todas las etiquetas y deje limpia la vista.

19. Ahora tiene que trabajar con la segunda vista, así que abra el archivo `SecondViewController.xib` y arrastre un nuevo elemento `UIImageView` a la ventana de diseño, como ya hizo con la primera vista (véase la figura 6.19). Hasta este punto, todo es igual. Sin embargo, en lugar de usar Attributes Inspector (Inspector de atributos) y el desplegable Mode (Modo) de View (Vista) para configurar la imagen, ahora hará algo diferente.

20. Abra Assistant Editor (Editor asistente) para mostrar el archivo de cabecera (`.h`) correspondiente al archivo nib `SecondViewController.xib`. Esto le permitirá indicar a Xcode cómo desea la comunicación entre el código que está a punto de escribir y la interfaz que acaba de diseñar (véase la figura 6.20).

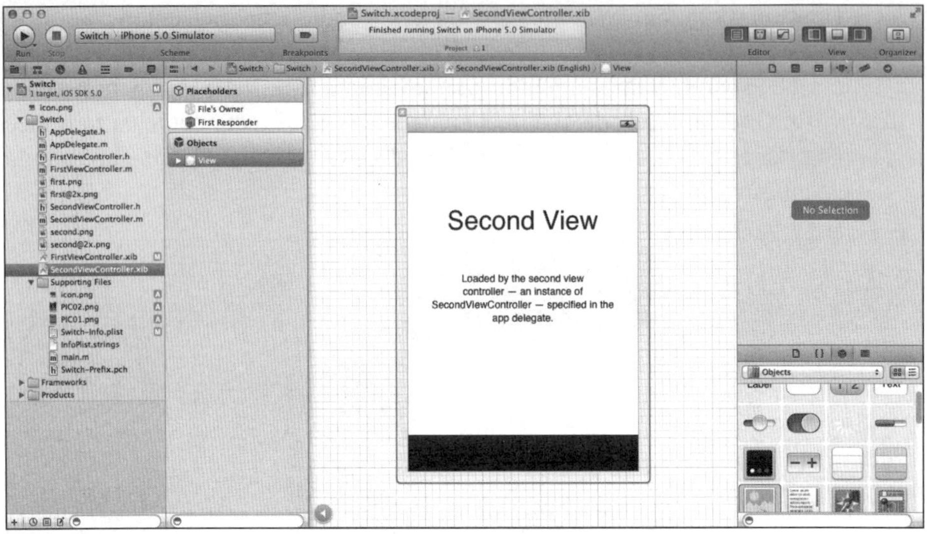

Figura 6.18. *La segunda vista.*

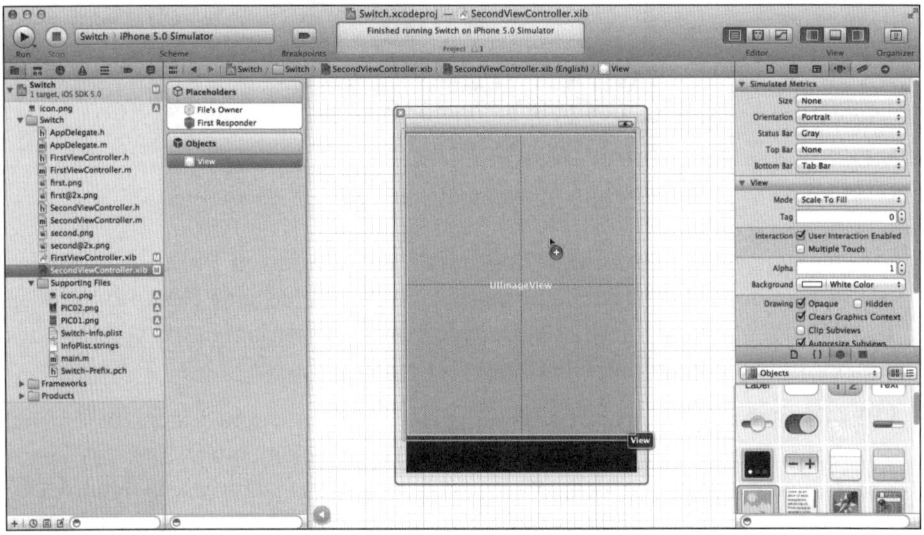

Figura 6.19. *Abra el archivo SecondViewController.xib y arrastre un elemento UIImageView a la ventana de diseño.*

21. Arrastre, pulsando **Control**, el elemento `UIImageView` desde el área de diseño a un punto situado entre las directivas `@interface` y `@end` (véase la figura 6.21), Xcode muestra el mensaje Insert Outlet or Outlet Collection (Introduzca *outlet* o colección de *outlets*). Las colecciones de *outlets* conforman un tema más avanzado, pero los *outlet* son algo ya conocido.

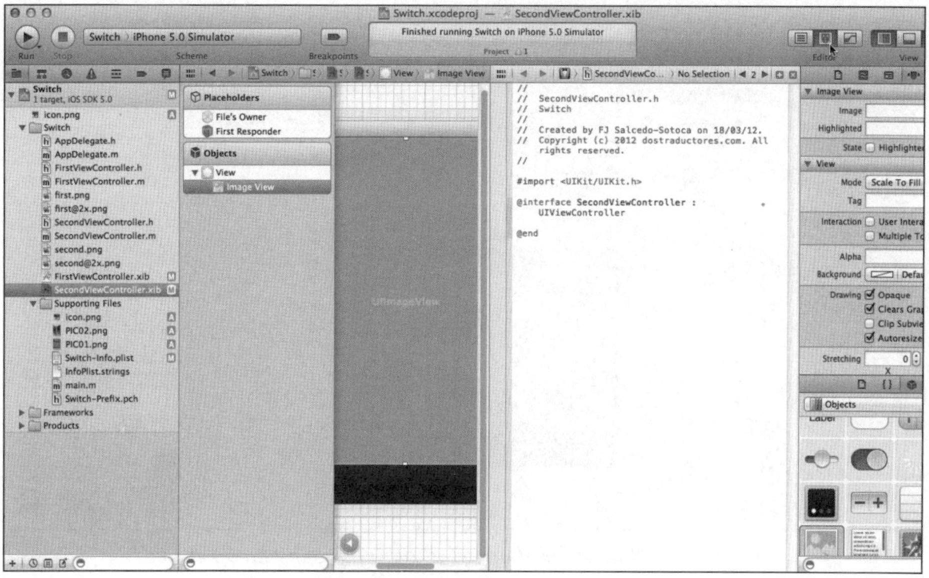

Figura 6.20. Abra Assistant Editor.

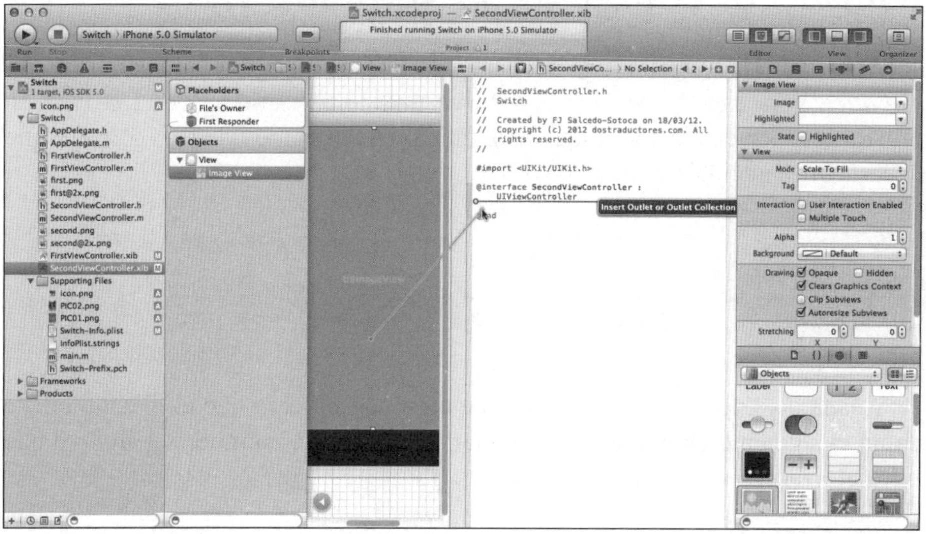

***Figura 6.21.** Arrastre, manteniendo pulsada la tecla **Control**, el elemento* `UIImageView` *al archivo de cabecera.*

22. Nada más soltar el ratón, aparecerá un menú emergente que le solicita información adicional. En el cuadro de lista desplegable Connection, seleccione Outlet e introduzca **myImage** en el campo Name (véase la figura 6.22).

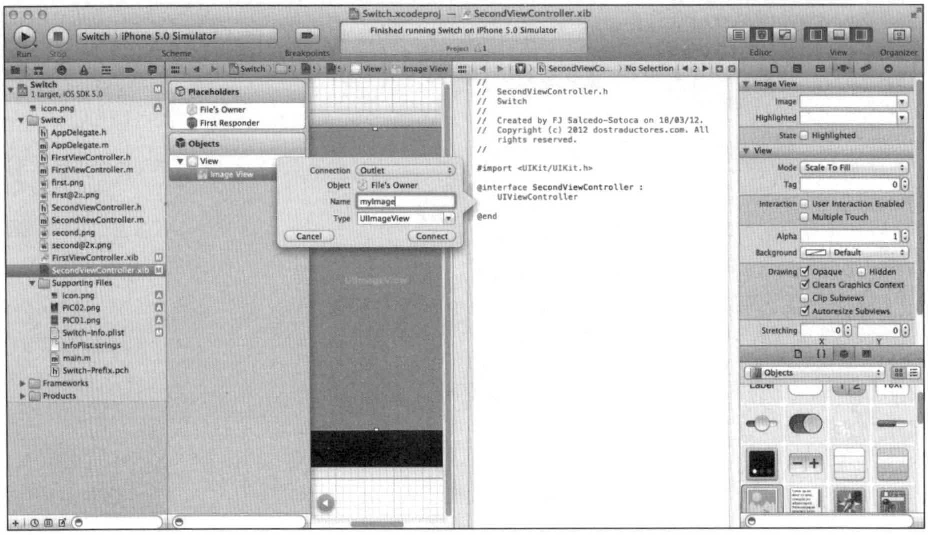

Figura 6.22. Llame "myImage" al outlet que acaba de crear.

Escribir el código de la segunda vista

Ahora vamos a escribir una pequeña cantidad de código fuente para manejar el *outlet*. Para ello, seleccione el archivo `SecondViewController.m` en Navigator (Navegador) y busque la definición del método `viewDidLoad`, que debería ser parecida a esto:

```
- (void)viewDidLoad
{
[superviewDidLoad];
// Realiza cualquier configuración adicional después de cargar la vista,
típicamente, desde un nib.
}
```

Añada las líneas destacadas más abajo en negrita para que el método quede como el siguiente. Asegúrese de cambiar `PIC02` por el nombre del archivo que haya utilizado si es distinto al mío.

```
- (void)viewDidLoad
{
[superviewDidLoad];
// Realiza cualquier configuración adicional después de cargar la vista,
típicamente, desde un nib.

   [myImage setImage:[UIImage imageNamed:@"PIC02"]];
   [myImage setContentMode:UIViewContentModeBottom];
}
```

Estas dos líneas de código son más o menos equivalentes a los cambios que realizó antes en la vista Utilities. La diferencia principal reside en que, en los pasos 14 y 15, establecimos los atributos directamente en el archivo nib durante el desarrollo, mientras que el código que acaba de escribir establece los atributos en tiempo de ejecución, una vez el proyecto haya sido compilado para el dispositivo. Veremos la diferencia entre tiempo de compilación y tiempo de ejecución, con más profundidad en la sección "Profundizando en el código" de este capítulo.

23. Cuando haya finalizado, compruebe su código frente al de la figura 6.23, que debería ser igual. Después podrá cerrar la segunda vista.

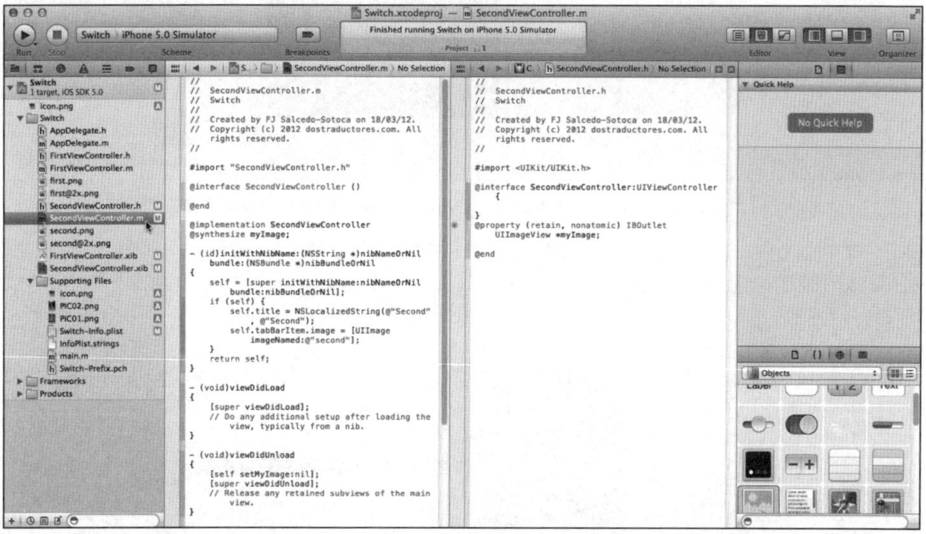

Figura 6.23. *Es la hora de escribir un poquito de código para la segunda vista.*

Añadir un botón

Ahora vamos a añadir un botón que lleve a la página Web `apress.com` para mostrar cómo incluir código fuente en una vista.

24. Incluiremos el botón en la primera vista. Para ello, abra `FirstView Controller.xib` y arrastre un botón sobre la imagen de fondo como se muestra en la figura 6.24. Una vez centrado, haga doble clic y escriba **Apress Web Site** en el botón.

25. Ha arrastrado ya tantos botones desde un archivo nib a uno de cabecera, que todo lo que tengo que decirle es que abra Assistant Editor (Editor asistente) y que arrastre, manteniendo pulsada la tecla **Control**, el botón sobre el archivo de cabecera tal como se muestra en la figura 6.25.

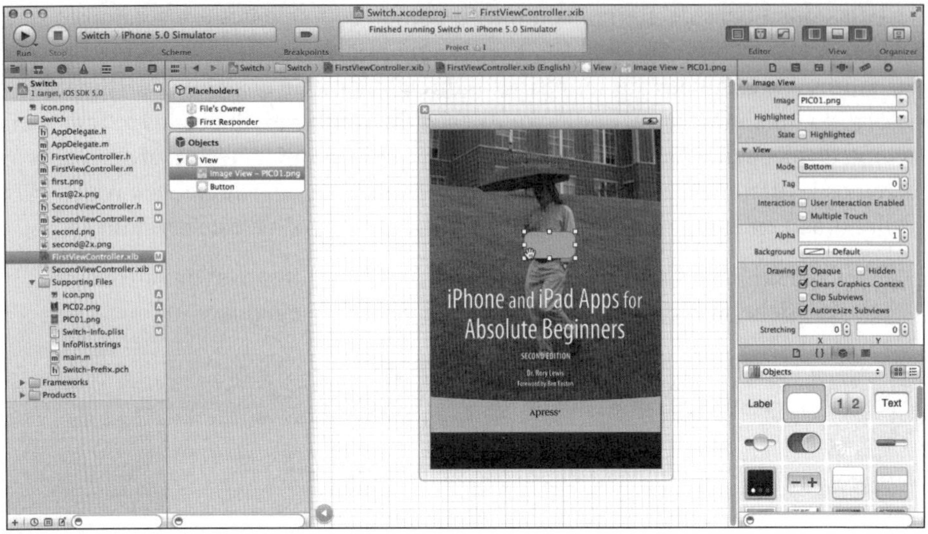

Figura 6.24. Arrastre un botón sobre la primera vista.

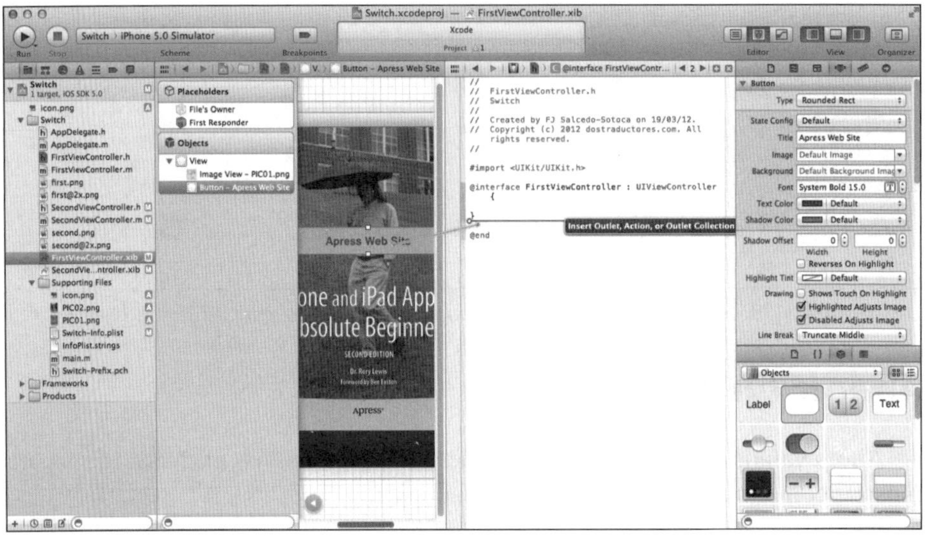

Figura 6.25. Arrastre, pulsando **Control***, el botón hacia el archivo de cabecera.*

26. Ya sabe que si el botón va a llevar a cabo una acción, *action*, esta no puede ser un *outlet*. Así pues, como puede ver en la figura 6.26, debe cambiar Connection a Action.

27. Esta acción debe llevar al usuario a la dirección `apress.com` cuando pulse el botón. Pero antes debe ponerle nombre a la acción. Para ello, escriba **goToApress** en el campo Name y haga clic en **Connect** (véase la figura 6.27).

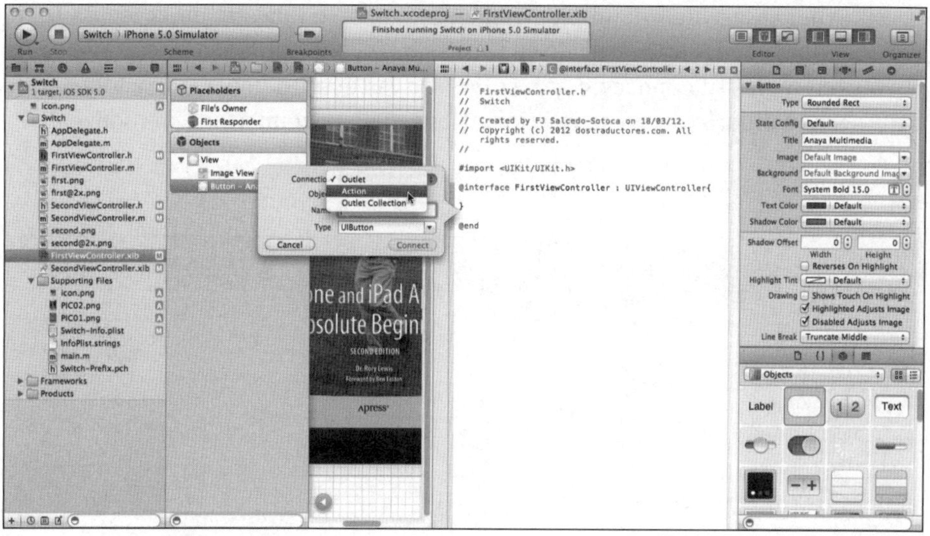

Figura 6.26. Cambie la conexión por defecto a "Action".

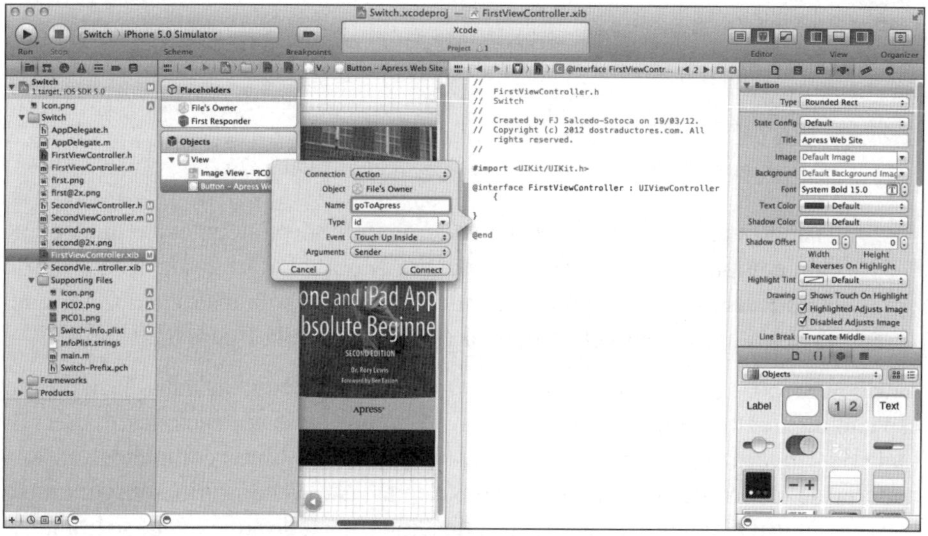

Figura 6.27. Llame a la acción "goToApress".

Escribir el código fuente del botón

Para continuar con el ejercicio, ahora debe escribir el código fuente del botón.

28. Abra su archivo de implementación, como se muestra en la figura 6.28. Como puede ver destacado en la imagen, Xcode ha creado un método vacío (en inglés se conocen como *stubs*, son las descripciones de métodos pero sin instrucciones en su interior). Haga clic en su interior e introduzca:

```
[[UIApplication sharedApplication] openURL:[NSURL
URLWithString:@"http://apress.com"]];
```

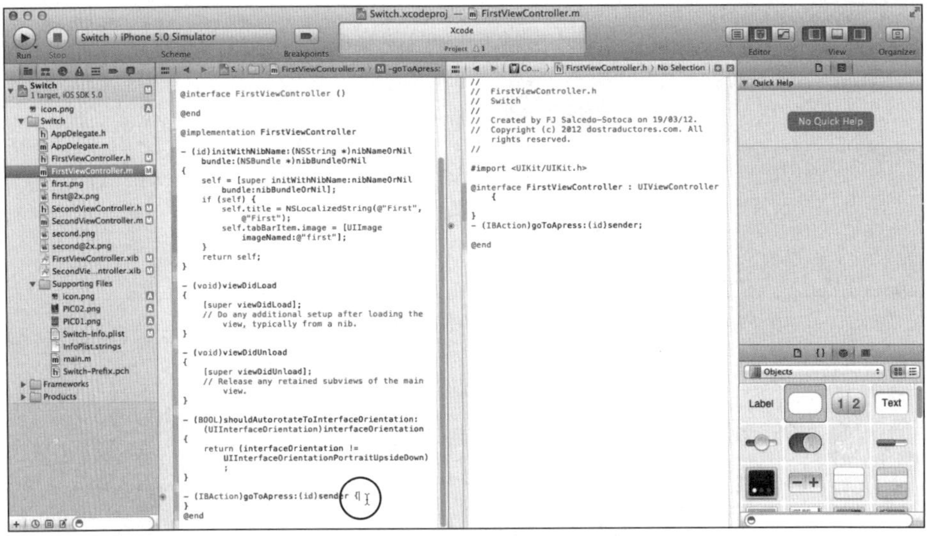

Figura 6.28. *Introduzca el código en el método goToApress.*

29. Cuando se piensa en ello, es verdaderamente sorprendente que una operación compleja como abrir el navegador Mobile Safari desde el interior de la aplicación se haya podido condensar en una sola instrucción. Así que, vamos a diseccionar el código tal como se ve en la figura 6.29.

En iOS, todas las aplicaciones están *sandboxed*, es decir, aisladas en su propio espacio de memoria que no puede ser invadido por otras aplicaciones. La tecnología de *sandboxing* es tan compleja que se han escrito libros completos sobre la materia, de modo que no profundizaremos demasiado. Al contrario, será suficiente con saber que iOS no va a dejar que su aplicación haga todo aquello que se le antoje, sino que tendrá que hacer uso de determinadas API que proporciona Apple para indicar al sistema que acometa esas tareas de parte de la aplicación. En este caso, se envía un mensaje a la clase `UIApplication` para obtener una referencia a `sharedApplication`, que es un objeto que representa el punto de comunicación de nuestra aplicación con el resto del sistema. Este objeto cuenta con un método llamado `openURL`, que es el encargado de abrir la URL en el navegador cuando recibe una instancia de `NSURL`.

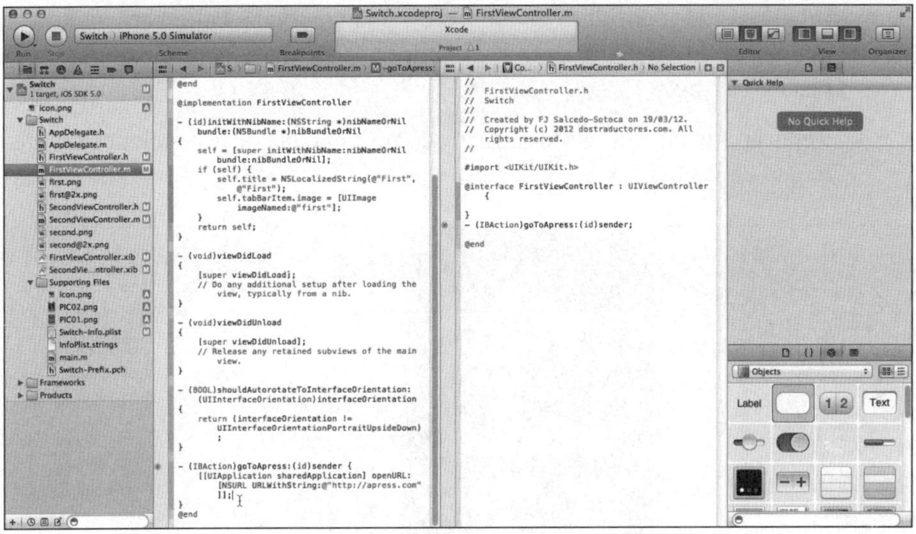

Figura 6.29. Vuelva a inspeccionar el código.

Para hacer esto, pasar una instancia de `NSURL` a `openURL`, enviamos el mensaje `URLWithString` a la clase `NSURL`, el cual convertirá la cadena que le proporcionemos en una instancia de `NSURL` de forma transparente.

Usar el botón

Es hora de comprobar el funcionamiento del botón.

30. Como se puede ver en la figura 6.30, cuando ejecutamos la aplicación y hacemos clic en el botón **Apress Web Site**, la aplicación llama a iOS y abre Mobile Safari (véase la figura 6.31).
31. ¡Enhorabuena! Ha completado con éxito su sexta aplicación para iPhone (véase las figuras 6.31 y 6.32).

Profundizando en el código

En este capítulo, hemos pasado rápidamente por encima de unos temas avanzados para completar la aplicación. Llega el momento de recapitular el código que hemos escrito y echar un vistazo más en profundidad a algunos de esos temas.

- En el paso 15, configuró un modo de visualización, Mode, para modificar la manera en que la imagen se recortaría y escalaría para mostrarse en la vista `UIImageView`.

  Repasaremos lo que eso significa y cómo cada una de las opciones se diferencia de las demás.

Figura 6.30. *Ejecute la aplicación.*

Figura 6.31. *El iPhone muestra la página Web de Apress.*

Figura 6.32. *Su sexta aplicación iOS, al completo.*

- En el paso 24, he mencionado la diferencia que existe entre tiempo de compilación y tiempo de ejecución. A los efectos del desarrollo de la aplicación, era suficiente con saber que esa diferencia llevaba a dos formas diferentes de invocar el mismo comportamiento. Aquí vamos a analizar la filosofía del código y veremos los pros y los contras de ambas estrategias en una situación dada.

Modos de contenido de las vistas

En el paso 15, cargamos una imagen en una vista `UIImageView`. Si utilizó las imágenes de la Web del libro, la imagen era "casi" del tamaño adecuado; en realidad, era del tamaño de la pantalla completa del iPhone. Como la barra de pestañas ocupa parte de la pantalla, el espacio disponible para la vista `UIImageView` era un poco más corto que la imagen. Inicialmente, Xcode redujo la foto para encajarla en el espacio disponible. Este modo de vista, por defecto, se conoce como Scale To Fill (Escalar para rellenar) y es la clase `UIViewContentModeScaleToFill`, puesto que escala la imagen tanto en el eje X como en el eje Y para rellenar el área disponible. A menos que sus imágenes sean exactamente del mismo tamaño que `UIImageView`, esto dará como resultado una distorsión. Esto no sucede cuando cargamos imágenes específicamente diseñadas para encajar en la vista, directamente en Interface Builder o mediante el método `viewDidLoad`, pero sí que puede limitar la funcionalidad de la aplicación. Por otro lado, si se van a cargar imágenes de tamaño desconocido o no restringido, puede que alguno de los otros modos sea más adecuado. En la figura 6.33, se pueden ver los distintos modos disponibles.

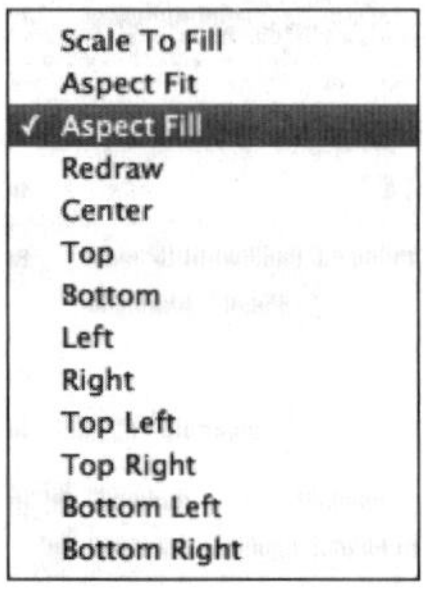

***Figura 6.33.** Modos de vista en Xcode.*

Empezando desde arriba, tras Scale To Fill (Escalar para rellenar), Aspect Fit (Encajar aspecto) y Aspect Fill (Rellenar aspecto), a la sazón, `UIViewContent ModeAspectFit` y `UIViewContentModeAspectFill`, probablemente sean los más útiles.

- **Aspect Fit:** Escala el contenido manteniendo la relación de aspecto hasta que la dimensión más grande es igual a la dimensión correspondiente en la vista de la imagen. Así, si tiene un elemento `UIImageView` similar al de este capítulo y una foto tomada en formato apaisado, este modo la escalará de forma que se vea completa, pero quedará espacio vacío en la parte superior e inferior de la vista.
- **Aspect Fill:** Escala la imagen hasta que la otra dimensión rellena el espacio disponible. De este modo, la imagen rellena completamente la vista, pero a expensas de verse recortada. Análogamente al ejemplo anterior, si ponemos de este modo una imagen apaisada en una vista como la del capítulo, los bordes izquierdo y derecho de la misma se verían recortados por la vista.

Los nueve modos restantes, desde Center(Centrar) hasta Bottom Right (Abajo a la derecha) no escalan la imagen en absoluto, y se limitan a fijar el punto correspondiente de la imagen con el de la vista. Por ejemplo, si selecciona Top Left (Arriba a la izquierda), el área superior izquierda de la imagen se mostrará de forma que la esquina superior izquierda de la misma esté perfectamente alineada con la esquina superior izquierda de la vista `UIImageView`. Cualquier área extra de la imagen que vaya más allá del tamaño de la vista, será recortada. En esta aplicación, hemos escogido Bottom (Fondo) de forma que los bordes inferiores de vista e imagen aparezcan alineados, y que la porción superior de la imagen sea la recortada.

El modo Redraw (Redibujar) proporciona una forma de personalizar la manera que el contenido tiene de escalarse y su comportamiento constituye un tema más avanzado que el de este punto.

Tiempo de compilación y tiempo de ejecución

En el paso 24, mencionamos los términos "tiempo de compilación" o *compile-time* y "tiempo de ejecución" o *runtime*. La diferencia en ese contexto radicaba en que el primero realizaba la configuración directamente en Interface Builder, y el segundo escribiendo código en el archivo de implementación. Esta definición era suficiente entonces, pero ahora vamos a hacer una definición más formal.

Compile-time o tiempo de compilación implica que algo sucede cuando el proyecto está siendo compilado antes de su ejecución en el simulador o en un dispositivo iOS físico. Esto incluye la definición de las clases en los archivos `.h` y `.m`, la organización y configuración de las vistas `UIView` en los archivos nib y la configuración que se lleva a cabo en los distintos inspectores de Xcode. Todo aquello que se establece en tiempo de compilación define exactamente el estado que tendrá la aplicación cuando se inicie.

Runtime o tiempo de ejecución, por su parte, describe el comportamiento de la aplicación una vez abierta y en funcionamiento. En este periodo es cuando todo el código que hemos escrito se ejecuta en realidad y efectúa cambios en el estado de la aplicación tal como se definió en tiempo de compilación. En este capítulo, especificamos la imagen de la segunda ficha a través de un mensaje en el archivo de implementación. Así pues, la imagen que se mostraría no estaba especificada en tiempo de compilación, pero, en tiempo de ejecución, se ejecutaron una serie de instrucciones para mostrar la imagen deseada en la vista `UIImageView` configurada.

¿Por qué es significativa esta diferencia? Hemos visto, durante el curso de la escritura de esta aplicación, que podemos hacer exactamente lo mismo en tiempo de compilación que en tiempo de ejecución. Sin embargo, ejecutar las instrucciones para que hagan lo que deseamos ha requerido varios clics y arrastres extra, así como unas cuantas líneas de código más. Si ya sabe cómo va a configurar algo en tiempo de compilación, las ventajas de escribir código para hacer lo mismo disminuyen. Sin embargo, si desea cambiar dinámicamente las propiedades de un objeto durante la ejecución de la aplicación, y la aplicación del último capítulo es un buen ejemplo de esto, obviamente es imposible fijar todos los aspectos del estado en tiempo de compilación.

En breve, en tiempo de compilación se define el estado inicial de la aplicación, mientras que en tiempo de ejecución se describen las acciones que ocurren cuando ya hemos abierto la aplicación.

En el capítulo siguiente

En el capítulo próximo pasaremos al siguiente nivel de complejidad: el *storyboard*. Los *storyboard* son el nuevo medio que tiene Apple de facilitar la configuración de los interfaces de usuario de las aplicaciones, es decir, de definir cómo el usuario se moverá por la aplicación. Y lo hace de una forma muy similar a cómo un guionista de cine dibuja las escenas y cómo pasan de una a la siguiente. Los *storyboard* proporcionan *segues* o mecanismos que conectan cada vista de nuestra aplicación con otras vistas de la misma. Resulta tentador abordar los *storyboard* directamente, pero conviene aprender antes un poco acerca del código que hay detrás de estos botones e imágenes, tal como ya hemos hecho. Tómese un descanso y nos vemos en el capítulo siguiente.

Lite

7. Storyboards

Este capítulo introducirá una nueva manera de crear aplicaciones de forma rápida y visual. En primer lugar, crearemos algunas vistas, veremos cómo conectarlas sin escribir código y, por añadidura, tendremos a nuestra disposición algunas transiciones animadas, totalmente gratis.

Esta nueva técnica se presentó al público por vez primera cuando Apple anunció que introduciría los *storyboard* en Xcode. Con esta nueva característica se buscaba facilitar el flujo de trabajo en el diseño de aplicaciones que hicieran uso de pestañas para navegar entre vistas.

Apple incluso llegó a decir que los *storyboard* se encargarían de los controladores de vistas por nosotros al tiempo que permitirían disponer de una panorámica global visual del proyecto.

Esta tecnología especificaría las transiciones y *segues* utilizadas para cambiar entre vistas, sin tener que escribir el código a mano. Así pues, nos tenía a todos esperando con expectación la primera versión beta que, cuando por fin salió, nos maravilló por completo. Se puede decir que cambió completamente el panorama del desarrollo de código.

Contar historias

Cuando uno cuenta una historia, se está comunicando con los demás. Jóvenes y viejos, a todos nos gustan las historias. Contar historias forma parte integral de nuestras comunicaciones cotidianas con nuestros semejantes. A la hora de comunicarnos con un usuario, lo que hacemos no es otra cosa que decirle cómo debe moverse por los caminos que hemos creado para él, caminos que lo llevarán a los sitios donde encontrará lo que busca, ya sea un mapa, una canción, una receta, el pronóstico del tiempo, un número de teléfono, una película o cualquier otra cosa. De acuerdo, pero ¿por qué no se pensó en esto mucho antes? ¿Por qué siempre se ha visto la programación como una serie de individuos raros escribiendo código, mientras que los contadores de historias se percibían de una forma diferente? No estoy seguro de la respuesta pero, pensando en ello, he llegado a la conclusión de que tal identificación era un concepto increíble.

Cuando Walt Disney comenzó a pensar en cuáles serían los medios más eficientes para organizar y estructurar los dibujos animados, allá por los primeros años 20 del siglo pasado, desarrolló el esquema conceptual que conocemos como *storyboard*. Solía reunir a sus artistas y estos montaban una serie de tableros (*board* en inglés) en los que fijaban las escenas principales de una historia (*story* en inglés). De esta forma, podían organizar la historia completa de un modo visual. Esta técnica resultó ser un completo éxito y se extendió rápidamente por toda la industria cinematográfica. Hoy día, forma el esquema esencial de cualquier película moderna.

Puede ver un vídeo muy interesante (en inglés) que ilustra cómo la técnica de *storyboarding* de Disney se extendió por toda la industria cinematográfica en `bit.ly/oWg5mc`.

La nueva característica de *storyboarding* de iOS 5 es muy similar a esto salvo porque no necesariamente se observan imágenes, sino que se emplea una representación global de la aplicación que nos permite organizarla de forma visual. Antes de que apareciera iOS 5, se utilizaban los archivos *nib* para definir la interfaz de usuario. No había otra opción que hacer esto con los controladores de vistas de uno en uno. Si se tenían 16 controladores de vistas, había que definir la interfaz de usuario 16 veces. No solo resultaba aburrido, sino que se hacía excesivamente complicado y confuso. A la inversa, como verá en breve, un archivo de *storyboard* captura todas las interfaces de usuario de la aplicación en una única vista global y nos proporciona la capacidad de crear y modificar los controladores individuales con gran facilidad, así como las transiciones entre ellos. Se pueden mover como los naipes de una baraja dispuestos sobre una mesa, igual que hacían los artistas de los estudios Disney. Resulta muy fácil captar y modificar el flujo global de la interfaz de usuario de la aplicación.

Recapitulación de la hoja de ruta

Ya sabe lo suficiente del funcionamiento interno de una aplicación como para instaurar una nueva manera de hacer las cosas. Es como si ya hubiera pasado el tiempo suficiente trasteando con el motor de una cortadora de césped o un motor de automóvil básico para apreciar la instalación de un motor nuevo en su viejo coche. Mientras lo instala, ya sabe que en su interior hay pistones, bujías, un carburador, etc. Ya no tiene que abrir el bloque de motor para saber que todo eso existe, le basta con instalarlo y conectarlo al chasis, a la dirección y al sistema eléctrico. Con los *storyboard* va a utilizar un sistema completamente nuevo para diseñar la aplicación; simplemente tendrá que conectar los *outlet*, los controladores de vistas y el resto de elementos de la aplicación. No tendrá que abrir el *storyboard* y mirar en su interior porque ya sabe cómo funciona. Lo único que tendrá que hacer es conectar las piezas. Veamos cómo.

Las cuatro fases de la hoja de ruta

Hemos dividido en cuatro fases el desarrollo de esta aplicación. La más importante de todas es la primera, puesto que ésta será común para la mayoría de usuarios potenciales de los *storyboard*. Nos vamos a centrar en ellos de forma especial porque son el mínimo común denominador para muchas de las aplicaciones futuras que pueda desarrollar. Así, lo animo a que realice los ejercicios que le permitirán ganar eficiencia en el uso de los *storyboard*. La fase I sienta las bases de algo que se repetirá una y otra vez, mientras que las tres fases siguientes son específicas de esta aplicación en particular.

- **Fase I:** La fase I sienta las bases para la mayoría de las configuraciones potenciales de los *storyboard*.
- **Fase II:** Comienza en la figura 7.22 y comprende la configuración de los controladores de vista para `Male` (Masculino), `Female` (Femenino) y `Geek` (literalmente, "cretino, obseso"; en el ámbito de la informática se traduce como "entusiasta, obseso de la informática", que será lo que se utilice en este capítulo).
- **Fase III:** Comienza en la figura 7.34 y comprende el establecimiento del contenido para los controladores de vistas.
- **Fase IV:** Comienza en la figura 7.54 y comprende la conclusión y la escritura del código fuente de la aplicación.

Evolve: una aplicación basada en storyboard

Una vez más va a utilizar imágenes, y no código, para representar un estado concreto de su aplicación. Siempre animo a mis estudiantes a que utilicen imágenes porque, si algo no funciona, está claro que es un error en el código de alto nivel que dirige al usuario de un estado a otro y no un error en el código fuente de un estado concreto.

En esta aplicación va a observar un divertido conjunto de estados que muestran la situación de un miembro del género masculino, uno del femenino y de uno de otro tipo de ser humano: el *geek*. Asimismo, mostrará que cuando un hombre o una mujer se elevan a un grado superior de conciencia..., se convierten en *geeks*. Luego, para mostrar otro estado, por diversión y para ilustrar este punto, veremos que cuando un *geek* pasa a un estado superior de conciencia se convierte en..., *übergeek* (este es un término muy popular en la jerga informática de los Estados Unidos, vendría a ser como un súper fanático de la informática). Por divertido que sea, también nos ofrece un magnífico conjunto de estados que, en *storyboarding*, serán fáciles de modelar pero que, con los antiguos ficheros *nib* "de uno en uno", hubieran sido sustancialmente más difíciles de manejar.

En primer lugar, descargue las imágenes de la página Web del libro, desde donde también podrá descargar el código fuente del proyecto. Una vez haya descargado el archivo `.zip` que contiene las imágenes, descomprima la carpeta y almacene las imágenes en el escritorio.

A partir de aquí no lo voy a llevar tan de la mano como en los capítulos anteriores. En lugar de eso, asumiré que sabe cómo realizar algunas de las funciones que ya ha hecho en repetidas ocasiones a lo largo del libro. Asimismo, le hablaré de una forma más técnica.

Fase I: Creación de las configuraciones básicas para el storyboard

Empezamos aquí la primera fase, en la que va a construir una configuración básica.

1. Para empezar, seleccione la plantilla Single View Application (Aplicación de una sola vista) tras pulsar las teclas **Comando-Mayús-N**. Esta plantilla será el punto de partida de nuestra aplicación (véase la figura 7.1).

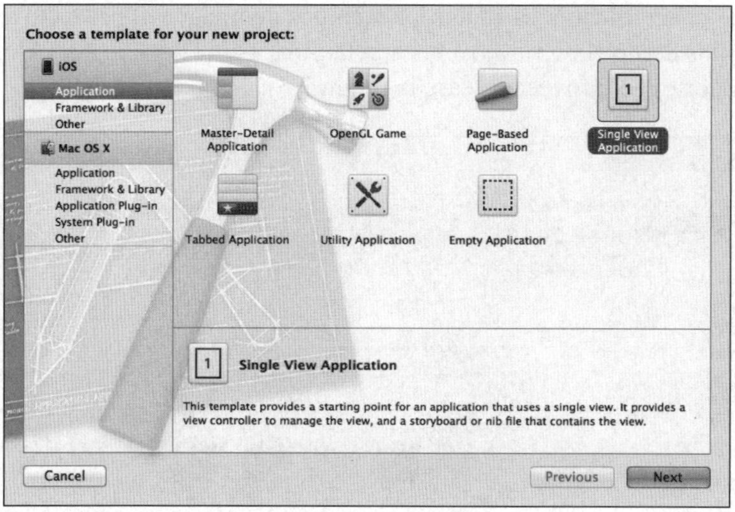

***Figura* 7.1.** *Elija la plantilla Single View Application.*

2. Llame a esta aplicación **MyStory** y, para mayor simplicidad, seleccione iPhone en el desplegable Device Family (Familia de dispositivos). Seleccione la casilla de verificación Use Storyboard (Utilizar *storyboard*) como en la figura 7.2. De este modo, Xcode presentará una configuración de proyecto ligeramente diferente una vez haya guardado estos primeros datos. Para ello, haga clic en el botón **Next** (Siguiente).

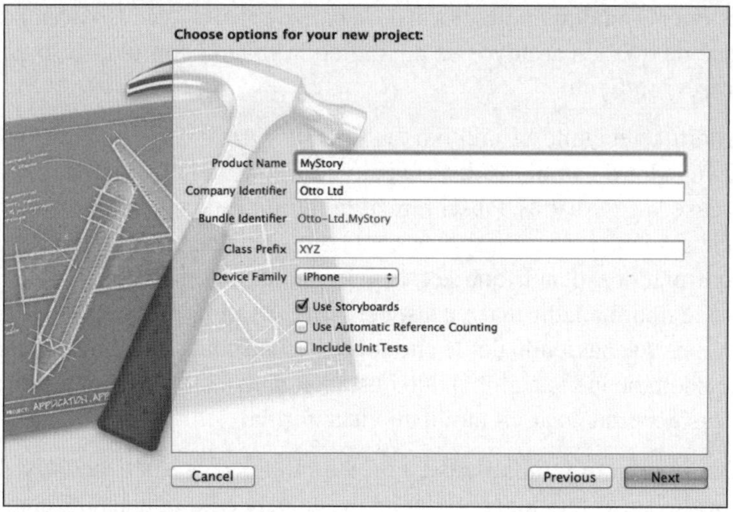

***Figura* 7.2.** *Para comenzar, implementaremos una versión para iPhone con la técnica de storyboarding. Llame a la aplicación "MyStory".*

3. Lo primero ahora es añadir los archivos de imagen al proyecto arrastrándolos desde el escritorio a la carpeta `Supporting Files` (Archivos de soporte) del proyecto (véase la figura 7.3).

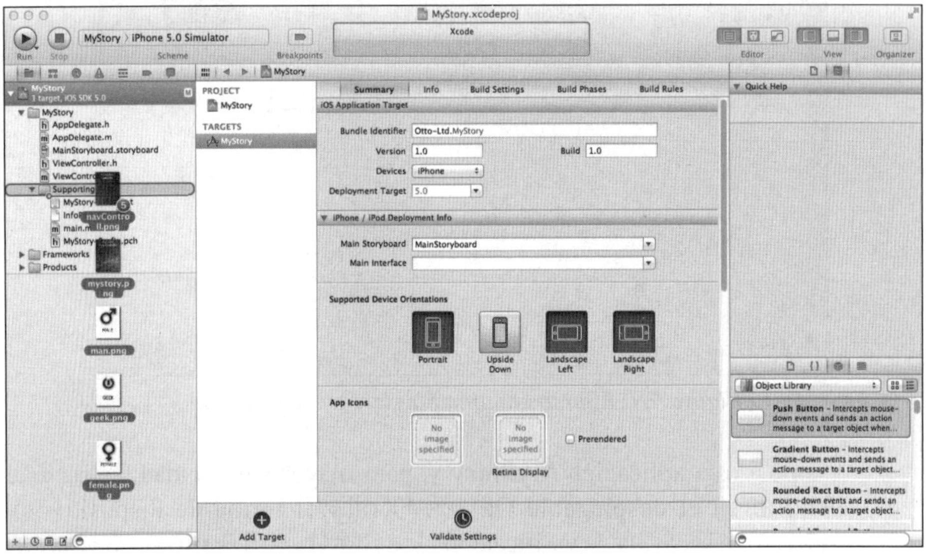

Figura 7.3. Arrastre las imágenes descargadas para el proyecto a la carpeta Supporting Files.

Este no es más que un directorio lógico, y las imágenes podrían ir en prácticamente cualquier directorio de la carpeta `MyStory`. No obstante, asegúrese de que los archivos se copian en la misma con el cuadro de diálogo correspondiente.

4. Ahora seleccione el archivo `MainStoryboard.storyboard` en el navegador de archivos de proyecto de Xcode, a la izquierda de la pantalla (véase la figura 7.4). Observará algo familiar: una vista `UIView`. Pero, en este caso, no solo es una vista `UIView`, sino que también lleva consigo un controlador asociado que se crea y se vincula automáticamente a la vista. En breve podrá añadir más vistas, pero una cosa importante a tener en cuenta aquí es que haciendo doble clic sobre la cuadrícula podrá modificar el nivel de zoom de la vista global. No obstante, para añadir elementos a las vistas, éstas deberán estar en modo de vista normal.

5. Es importante familiarizarse con los modos de visualización y de zoom, puesto que es habitual ampliar una vista para editar un detalle e, inmediatamente después, reducirla de nuevo para ver el *storyboard* completo (véase la figura 7.5). Haciendo clic en el botón con el signo "igual que" (=), que

aparece en la parte inferior derecha de la ventana de Xcode, volveremos a la vista normal. Los botones de los lados, por su parte, nos permitirán aumentar y disminuir el nivel de zoom de la vista.

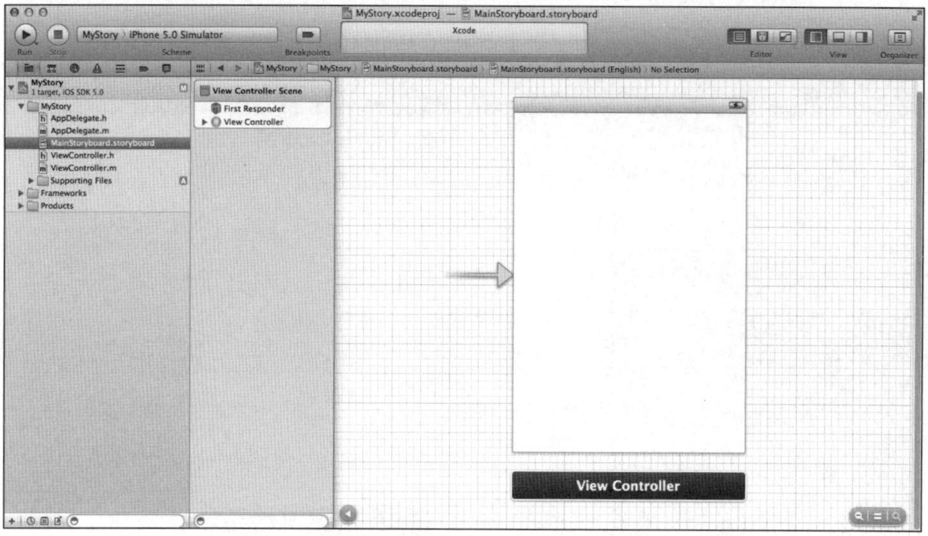

Figura 7.4. Seleccione el archivo MainStoryboard.storyboard y observará la única vista por defecto.

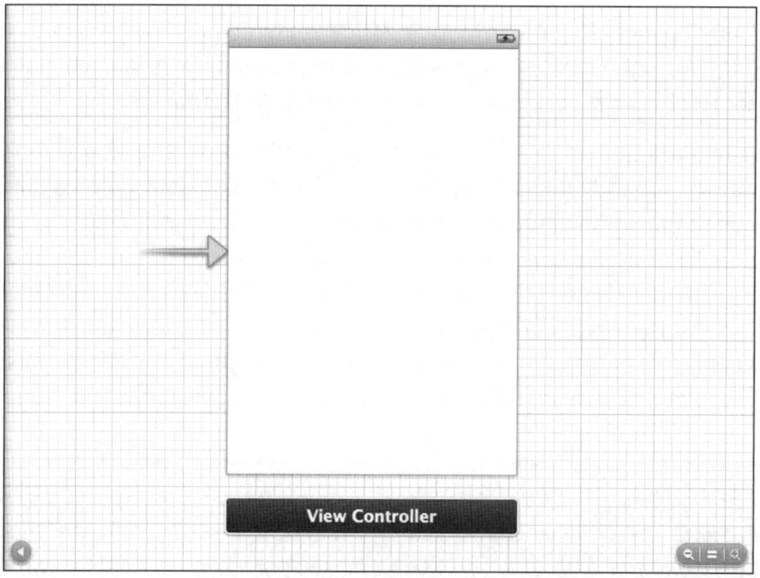

Figura 7.5. Hacer clic en el botón con el igual devuelve la vista al tamaño normal. Los botones de los lados permiten ampliarla y reducirla.

6. Abra el panel Utilities (Utilidades) haciendo clic sobre el botón derecho de los tres que forman el grupo View (véase la figura 7.6). Contar con una pantalla de grandes dimensiones siempre es mejor para trabajar con Xcode, por cuanto los paneles no dejan de ocupar cada vez más sitio.

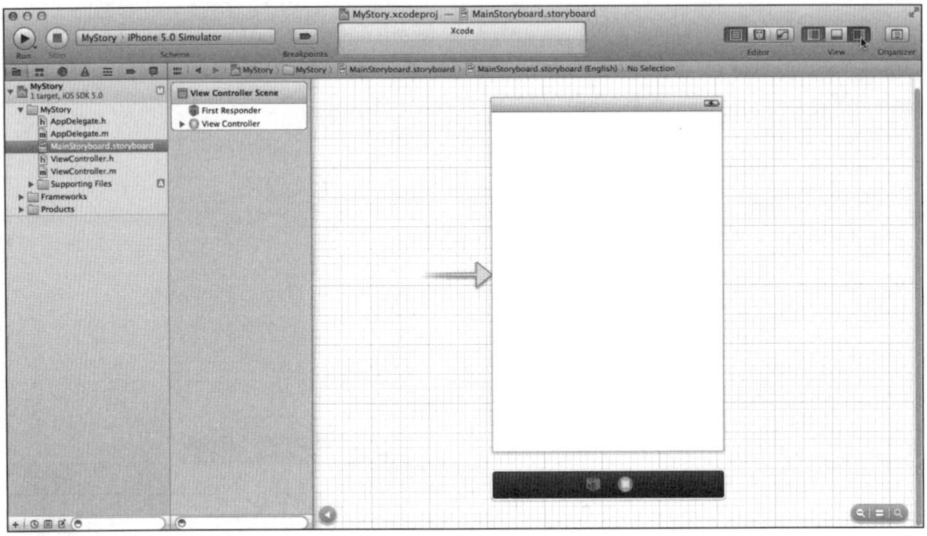

Figura 7.6. *Es necesario abrir el panel Utilities para poder añadir vistas al proyecto.*

7. Con el panel Utilities abierto, localice el elemento Navigation Controller (`UINavigationController`). Selecciónelo y comience a arrastrarlo sobre el *storyboard*, como se puede ver en la figura 7.7.
8. A medida que arrastra el Navigation Controller sobre el *storyboard* verá que, en lugar de una sola vista, obtiene un par de controladores conectados que se muestran como vistas. Déjelo en cualquier parte. Tiene la libertad de moverlo a donde más le convenga; de hecho, esto es así para casi todo lo que haga dentro de un *storyboard* (véase la figura 7.8). No estamos tratando solo con vistas, en realidad estamos viendo instancias de cada elemento como una vista y un controlador que nos permiten, en conjunto, construir transiciones. Estas transiciones en Xcode se llaman *segues* (pronunciado "seg-ways").

> ***Nota:*** *Un segue (segway) se utiliza a menudo para indicar cuándo los músicos o los artistas de performance pasan, sin interrupción, de una pieza musical o escena a la siguiente. Es decir, nos referimos a una transición suave de una escena a la siguiente.*

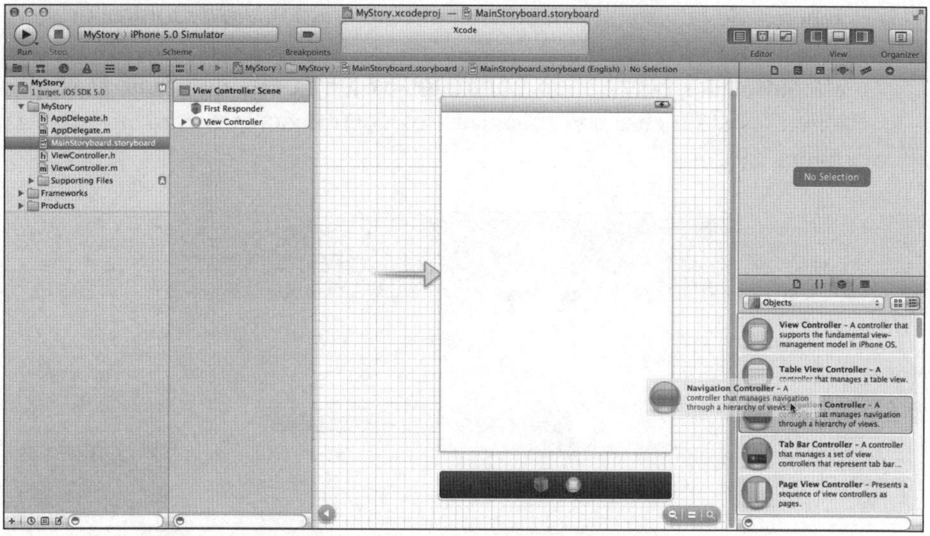

Figura 7.7. *Seleccione un controlador Navigation Controller.*

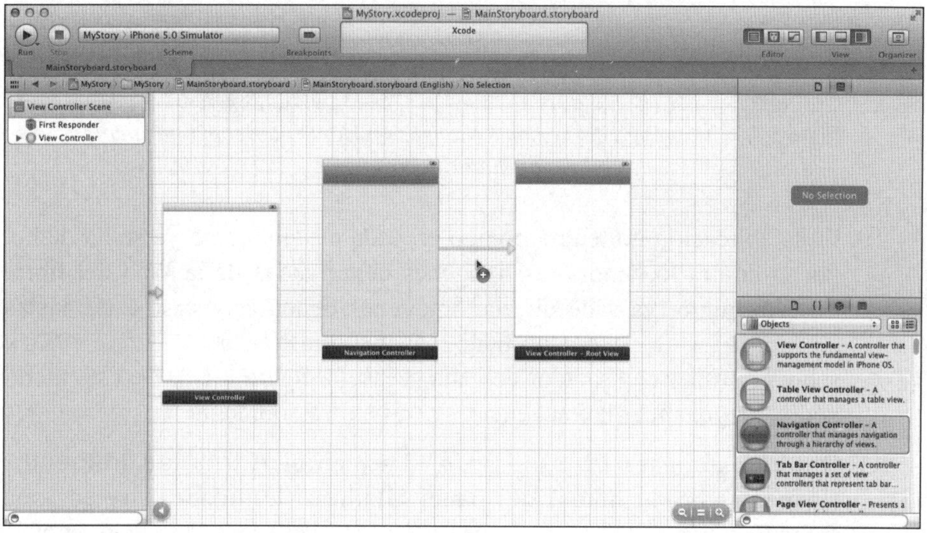

Figura 7.8. *Arrastre un nuevo controlador Navigation Controller al storyboard. La ubicación exacta no es relevante en este momento.*

9. Vamos a dejar este primer Navigation Controller tranquilo por el momento. La razón es que ésta será la primera vista que observará el usuario, y todo lo que queremos aquí es acceder al código fuente que proporciona Apple para la lógica asociada a la barra de navegación azul situada en la parte

superior de la vista. En rigor, el controlador Root View Controller de la derecha es realmente la primera vista que observará el usuario, ya que el controlador Navigation controller pasa a la pila de vistas. Mas, por ahora, es suficiente con organizar los controladores en orden (véase la figura 7.9).

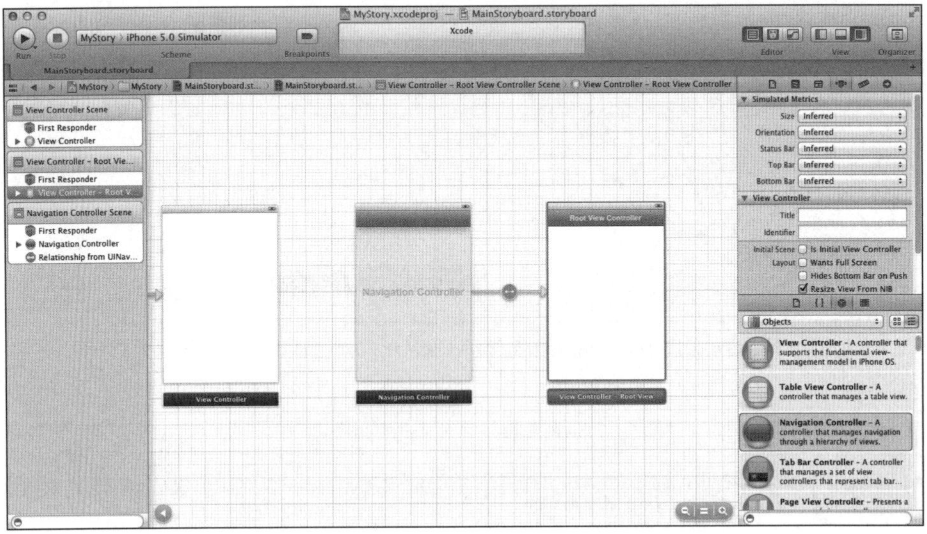

Figura 7.9. *Mantenga este primer Navigation Controller como un simple controlador de vista.*

10. En la aplicación no tendrá código en cada estado, como ya se ha dicho. Por el contrario, tendrá las imágenes descargadas de la Web del libro. En este punto, ya sabe que las imágenes deben asignarse a las vistas `UIImageView`, así que no tiene más que arrastrar una `UIImageView` sobre el primer controlador de vista (véase la figura 7.10). De este modo podrá, luego, situar la imagen `mystory.png` sobre ella.

11. Desde los ajustes de `UIImageView` en el Attributes Inspector (Inspector de atributos) del panel Utilities (Utilidades), seleccione `mystory.png` en el desplegable Image (Imagen) como se puede ver en la figura 7.11.

12. Como puede ver en la figura 7.12, debe situar un botón en el controlador de la vista principal. Así pues, arrastre un botón Round Rect Button (`UIButtonView`) sobre el mismo, para contar así con un elemento accionable que el usuario pueda pulsar, lo cual enviará el siguiente controlador de vista a la pila.

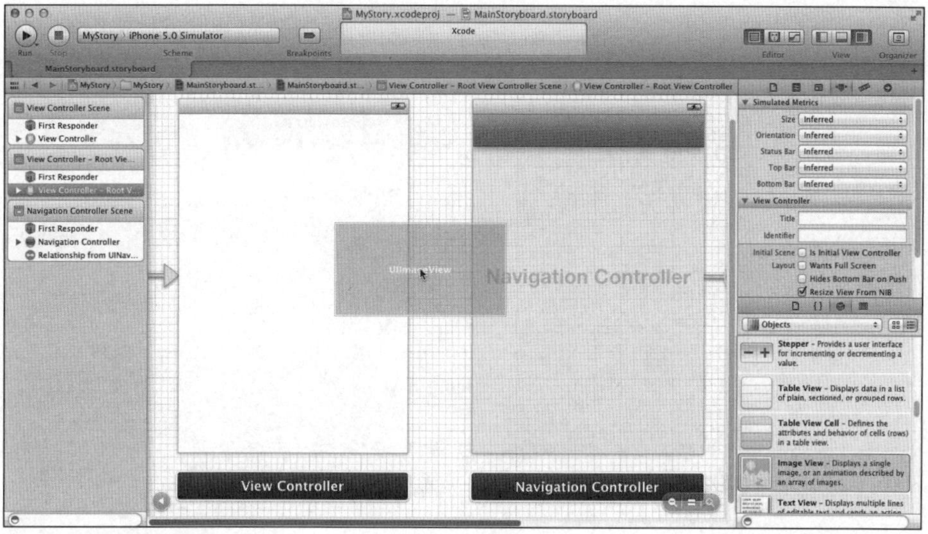

Figura 7.10. Arrastre una vista UIImageView al primer controlador de vista.

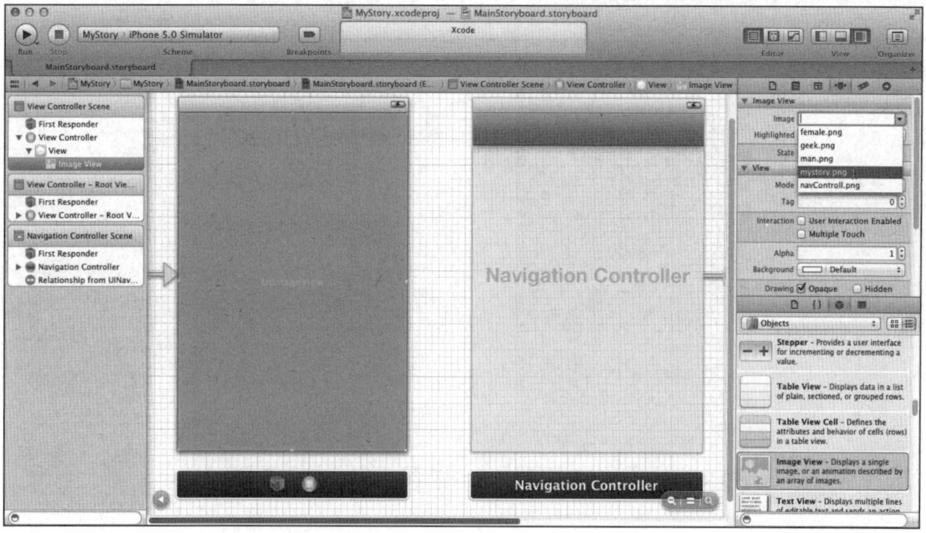

Figura 7.11. Seleccione el archivo mystory.png.

13. Cuando el usuario pulsa este primer botón, debe pasar al controlador de navegación. Le diremos al usuario que esto va a suceder si pulsa el botón. Para ello, haga doble clic en el botón e introduzca el texto **Show Navigation Controller** (Mostrar el controlador de navegación). Esto se ilustra en la figura 7.13.

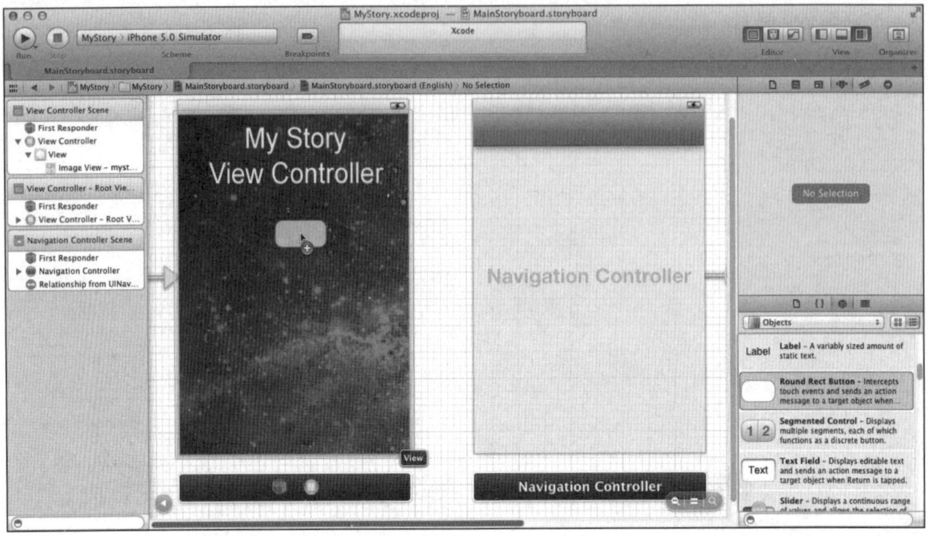

Figura 7.12. Arrastre un botón UIButtonView sobre el controlador de vista principal.

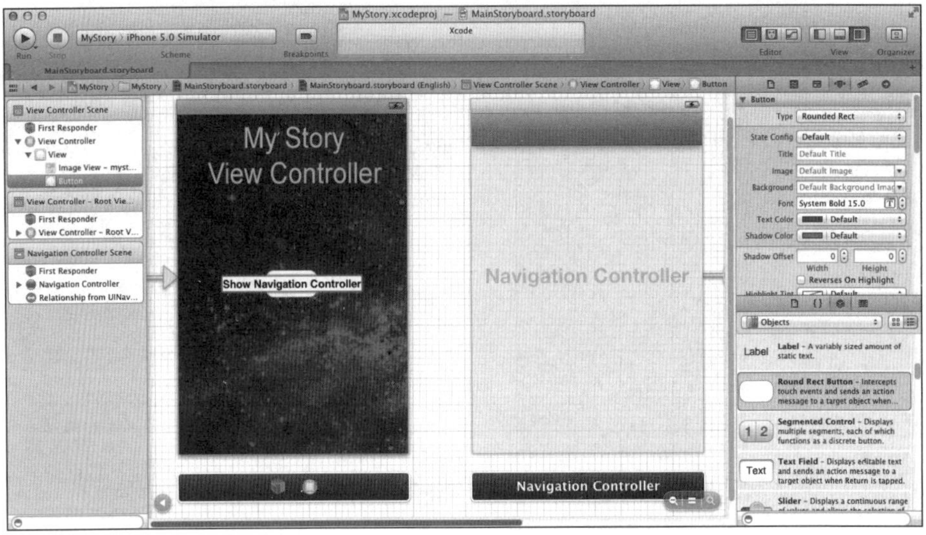

Figura 7.13. Introduzca el texto Show Navigation Controller en el botón.

14. Este paso realmente es el corazón del desarrollo con *storyboard*. Veámoslo detenidamente. Queremos dirigir al usuario hacia el controlador de navegación nada más que pulse el botón **Show Navigation Controller**. En vez de escribir código, no tiene más que vincular el botón con el controlador de navegación. Para ello, sitúe el ratón sobre el botón y después haga clic

y arrástrelo, manteniendo pulsada la tecla **Control** sobre el controlador Navigation Controller para crear un vínculo de transición. Esto es lo mágico: no se necesita escribir ni una línea de código para crear esta transición con animación (véase la figura 7.14).

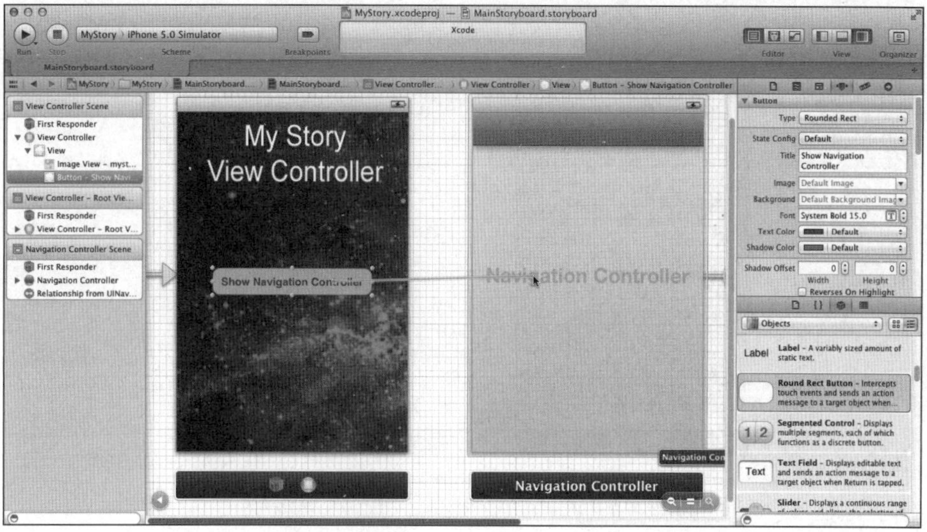

Figura 7.14. *Establezca el vínculo real.*

15. Nada más dejar el conector en el controlador de navegación, aparece un menú contextual con tres opciones para el formato del *segue*: Push (Empujar), Modal (Modal) y Custom (Personalizado). En este caso debe seleccionar la primera de las opciones, Push (véase la figura 7.15). En la sección "Profundizando en el código" hemos añadido un apartado que describe cómo añadir el método `performSegueWithIdentifier: sender:` mediante código fuente. Por otra parte, si no ve esta opción, vaya al paso 16.

> ***Nota:*** *No puede crear un segue si arrastra, manteniendo pulsada la tecla* ***Control,*** *desde una* `UIView` *o desde el controlador* View Controller *básico. Es necesario que exista un elemento accionable para crear un segue, y el botón* `UIButtonView` *es uno muy fácil de usar.*

16. Ahora va a cambiar el título del controlador Root View Controller por algo útil. Le sugiero **Root** porque no es necesario cuidar del aspecto del Modelo-Vista-Controlador (MVC) para que la aplicación funcione. Esta

etiqueta también es una parte integrante de la libertad a la hora de nombrar los botones de navegación que se verán a la hora de ejecutar la aplicación. Esto se ilustra en la figura 7.16.

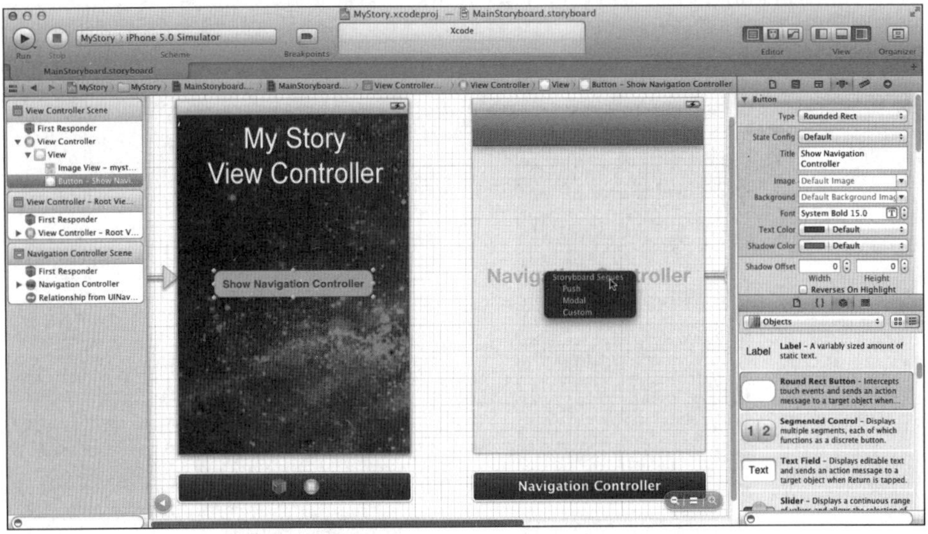

Figura 7.15. *Seleccione la opción "Push".*

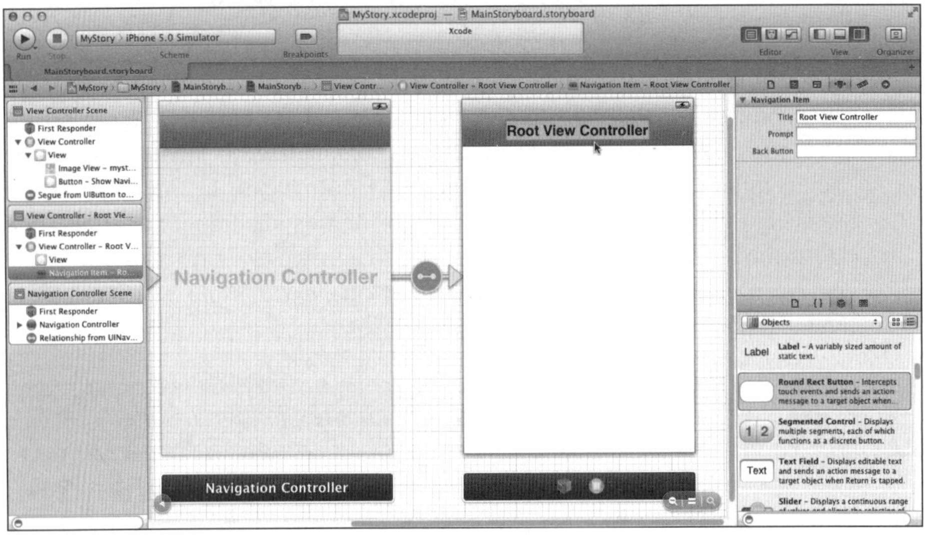

Figura 7.16. *Cambie el nombre de Root View Controller por "Root".*

Poner nombre a estas barras de navegación es importante para que el usuario sepa dónde se encuentra en la aplicación y cómo llegó hasta allí. Haciendo doble clic en la barra de títulos o escribiendo en la sección Title (Título) del panel Attributes (Atributos) podrá editar este valor. Cuando el usuario recorre atrás y adelante la aplicación con un Navigation Controller, estas etiquetas aparecen en el título y en el botón de retorno. Veremos esto en breve, cuando probemos la funcionalidad de la aplicación.

17. Antes de ir demasiado lejos, nos detendremos un rato a recapitular. Hemos creado con éxito no solo la base para el *storyboard* de esta aplicación, sino la base metodológica que usaremos como punto de partida para muchas otras aplicaciones. Es decir, un controlador de vista conectado al control de navegación Root Navigation Controller. En esencia, hemos creado un controlador de vista con un botón que lleva al usuario a un controlador de navegación que hemos llamado **Root** (véase la figura 7.17). El resto de su *storyboard* florecerá de esta raíz. Ahora, sin embargo, verá estilos de *segue*, estilos de transición y, por último, hará una ejecución de prueba, todo ello en los tres pasos siguientes. Para cuando llegue al paso 20, se le pedirá que vuelva atrás y ejecute estos primeros veinte pasos.

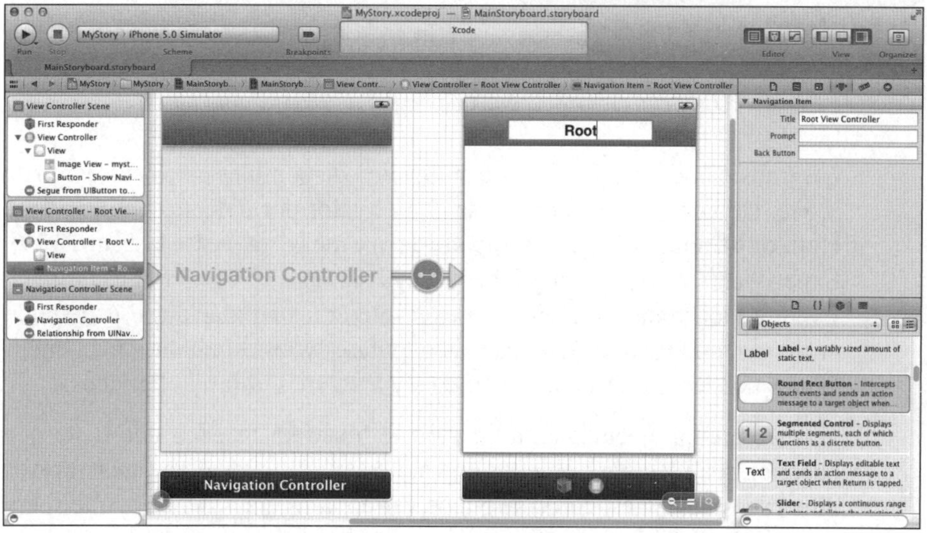

***Figura 7.17.** Casi ha completado la fase I, solo tiene que asignar estilos a segues y transiciones y ejecutar una prueba.*

18. Seleccione el *segue* del *storyboard* que acaba de crear y escoja un estilo. En el panel Attributes (Atributos) puede elegir uno de los tres que hay para el *segue* en el desplegable Style. Entre ellos, Push es la animación estándar donde la vista se desliza desde la derecha. Modal es un tipo que podemos usar para un *segue* que va atrás y adelante entre dos vistas. Para Custom

es preciso escribir nuestro propio tipo de *segue*, algo que haremos más adelante. Por el momento, dejaremos el valor por defecto porque funciona muy bien (véase la figura 7.18).

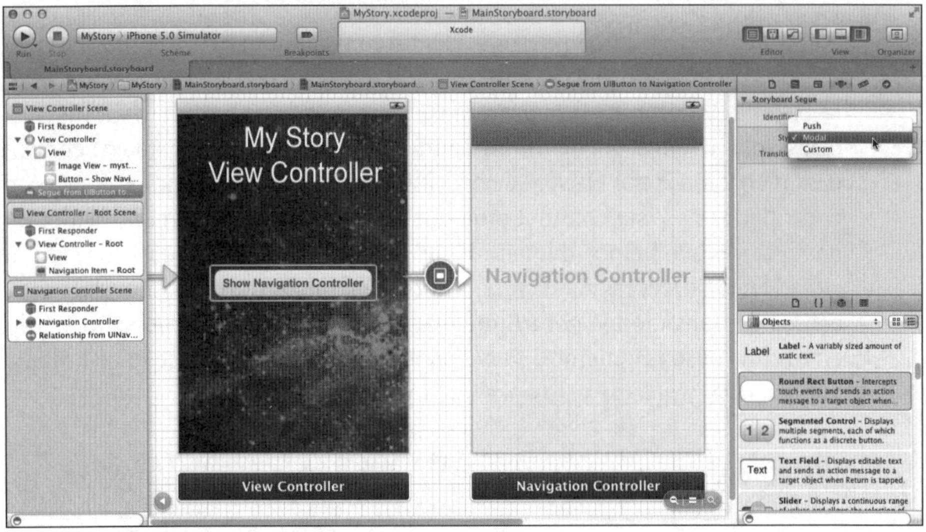

***Figura** 7.18. Seleccione el segue que acaba de crear y elija un estilo.*

19. Las transiciones son los tipos de animación disponibles para cada estilo de *segue*. De nuevo, puede quedarse con el valor por defecto. Yo elegí Flip Horizontal por ningún motivo aparte de que me gusta (véase la figura 7.19). Experimente a su gusto aquí, pero tenga siempre en cuenta la usabilidad. Es muy fácil tratar de lucirse en exceso con las animaciones. A menudo encuentro que las aplicaciones más populares y los estudiantes más inteligentes tienden a usar menos artificios y a ser más útiles y eficientes.

20. En este punto, ejecutar la aplicación le mostrará lo poco que tiene que hacer en realidad para obtener una aplicación funcional con unas breves directrices. Así pues, como se puede ver en la figura 7.20, haga clic sobre el botón **Run** (Ejecutar) y vea lo que sucede.

***Nota:** Es posible que quiera emular lo que obligo a hacer a mis estudiantes en este punto. Yo hago que borren todo lo que lleven hecho hasta el momento, salvo los cinco iconos en su escritorio. Luego, les hago repetir estos pasos una y otra vez hasta que pueden: uno, llegar a este punto, excluyendo los pasos 18 y 19; dos, ejecutar la aplicación; y tres, hacer que aparezca en el simulador, en menos de 50 segundos y sin usar el libro. Realmente lo* *animo a que haga esto. Al igual que un golfista debe practicar el swing una y otra vez para memorizar el golpe, así tiene que ser capaz el lector de llegar a este punto sin tener que pensar siquiera. En primer lugar, hágalo a su propio ritmo con el libro delante, y después, cada vez más rápido hasta que consiga hacerlo en menos de 50 segundos sin mirar el libro.*

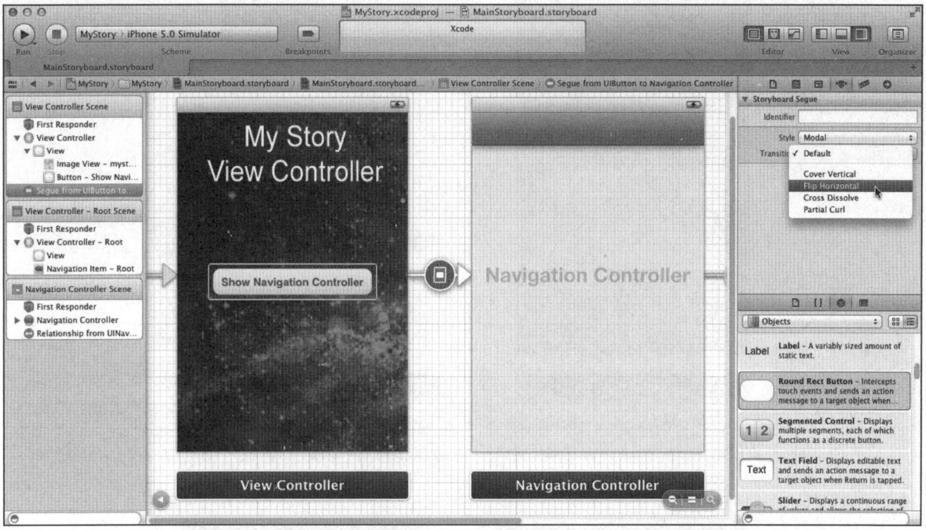

Figura 7.19. Seleccione la transición que más le guste.

21. Tras hacer clic en el botón **Run** (Ejecutar), se abre el simulador y se ejecuta la aplicación. Apenas hemos hecho nada, no hemos escrito código alguno, solo hemos arrastrado y conectado unos pocos elementos y tenemos una aplicación en funcionamiento. Haciendo clic en el botón la vista se cambia con la animación y da paso a una vista en blanco con la barra de navegación, llamada Root en su parte superior, como se puede ver en la figura 7.21.

Fase II: Configuración de los controladores de vistas

Lo normal es que quiera que esta aplicación haga cosas más interesantes que las que ahora lleva a cabo. Recuerde que el programa está en evolución y que en él tiene tres tipos de humanos: hombres, mujeres y *geeks*, los cuales eventualmente pueden evolucionar a *übergeeks*. Esto significa que tendrá que contar con tres vistas conectadas directamente al controlador de navegación Navigation Controller. No obstante, antes de que empiece a arrastrar tres controladores de vista al *storyboard*, debe asegurarse de lo siguiente:

Figura 7.20. *Ejecute la aplicación y vea lo que se ha conseguido en la fase I.*

Figura 7.21. *Haciendo clic en el botón pasamos a una vista en blanco que tiene una barra de navegación llamada "Root" en su parte superior.*

- De que puede verlo todo. Es decir, de que tiene bastante espacio para los tres controladores `UIViewController` dispuestos horizontalmente.
- De que su alineación en la rejilla se puede mantener de forma que las líneas de conexión no sean estúpidamente enrevesadas y, por tanto, difíciles de seguir.

Dicho esto, continuamos con el desarrollo de la aplicación.

22. Sitúe otros tres controladores de vistas en el *storyboard*, a la derecha del Root View Controller. Otra forma de hacer esto consiste en arrastrar y soltar uno y, luego, manteniendo pulsada la tecla **Opción**, arrastrarlo a otra posición creando, de paso, una copia. Intente que su pantalla se vaya pareciendo a la figura 7.22, la cual muestra el primero de los tres `UIViewController` que se van a arrastrar sobre el *storyboard*. Recuerde que, si experimenta dificultades con el zoom, no tiene más que hacer clic en el botón con el signo "igual" (=) situado en la esquina inferior derecha del área de diseño.

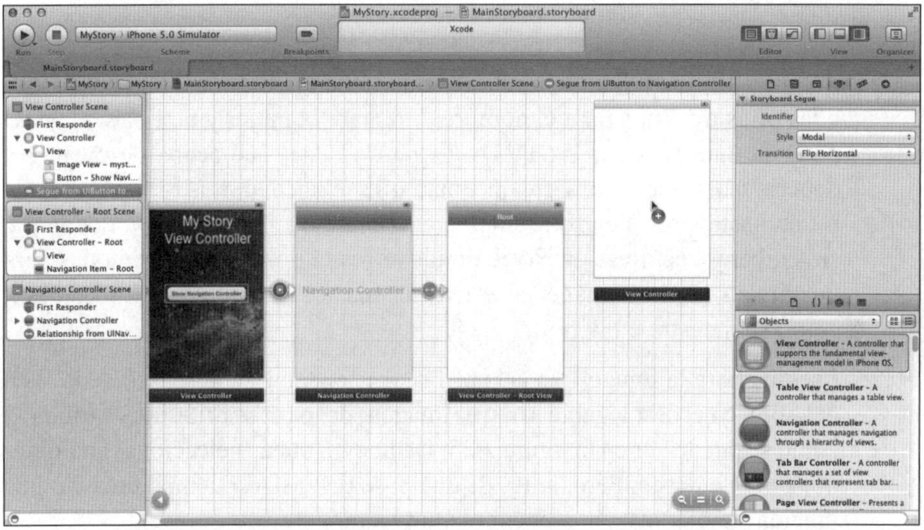

***Figura** 7.22. Arrastre un nuevo controlador de vista sobre el storyboard.*

23. Como puede ver en la figura 7.23, así quedaría su pantalla después de arrastrar los tres controladores sobre el *storyboard*. Observe que están perfectamente alineados y espaciados uniformemente sobre la cuadrícula.

> ***Nota:** ¿Los objetos no se quedan sobre la cuadrícula? Asegúrese de retornar al nivel de zoom normal.*

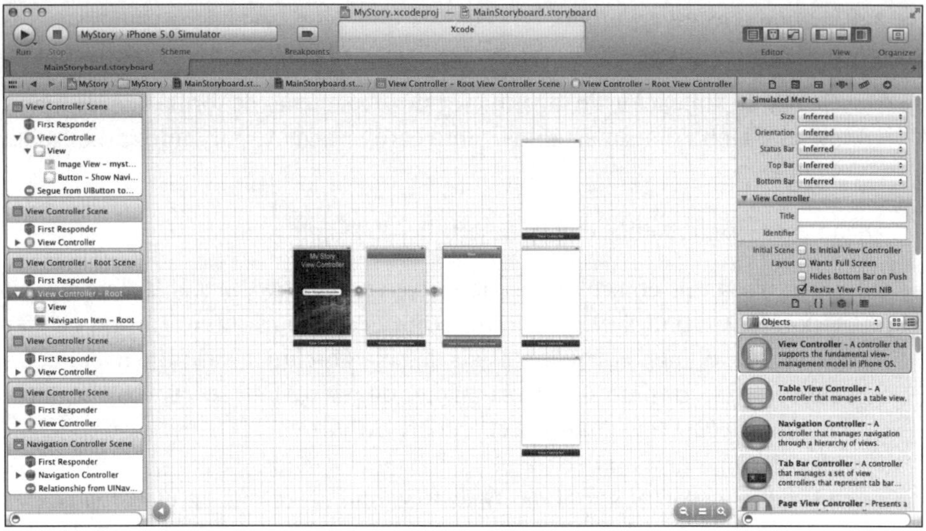

Figura 7.23. *Apariencia del storyboard después de arrastrar los tres controladores de vistas.*

24. En el futuro inmediato tendrá que situar cuatro imágenes: una para Root y las otras tres (una para el hombre, otra para la mujer y otra para el *geek*) en cada uno de los tres `UIViewController` que acaba de crear. No debería tener que recordarle que, para que se puedan mostrar imágenes en los controladores, tiene que emplear un objeto `UIImageView`. Por ahora, sin embargo, céntrese en Root, donde necesita una imagen y botones para dirigirse a las tres imágenes. Arrastre una `UIImageView` sobre Root como se muestra en la figura 7.24.

25. Escoja ahora la imagen `NavControll.png` que se descargó de la Web del libro, en el desplegable Image (Imagen) del panel Attributes (Atributos) como se puede ver en la figura 7.25. De nuevo, puede seleccionar cualquier imagen que desee. Pero, antes de que pase demasiado tiempo creando una imagen propia, lea con atención la nota siguiente.

> ***Nota:*** *Recuerde que en los meses venideros, a medida que utiliza los storyboard para crear sus aplicaciones, no tendrá ninguna imagen aquí. En su lugar, tendrá código fuente representando un selector (picker), una tabla o el nivel de un videojuego, por nombrar algunos ejemplos. Por ahora, limítese a utilizar mi imagen, pero tenga en cuenta que, más adelante, utilizará cosas más interesantes en este punto del storyboard.*

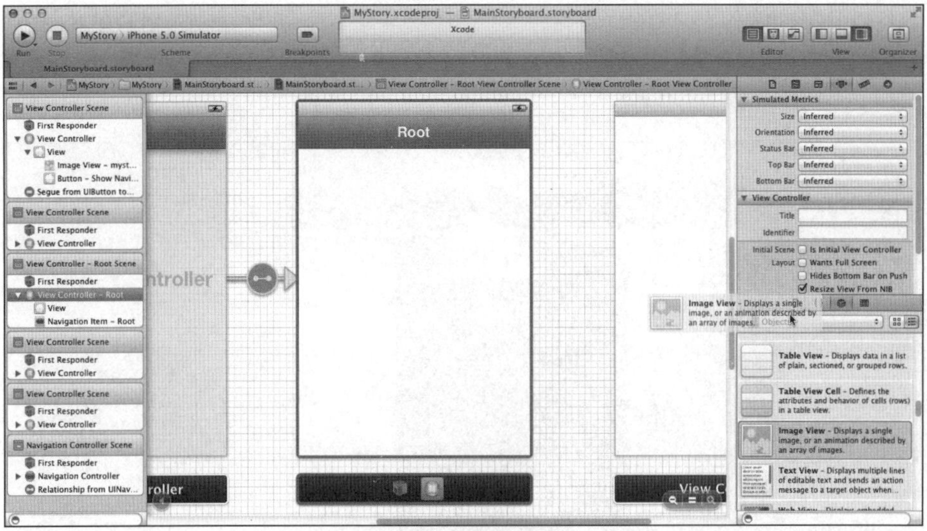

Figura 7.24. Añada una UIImageView.

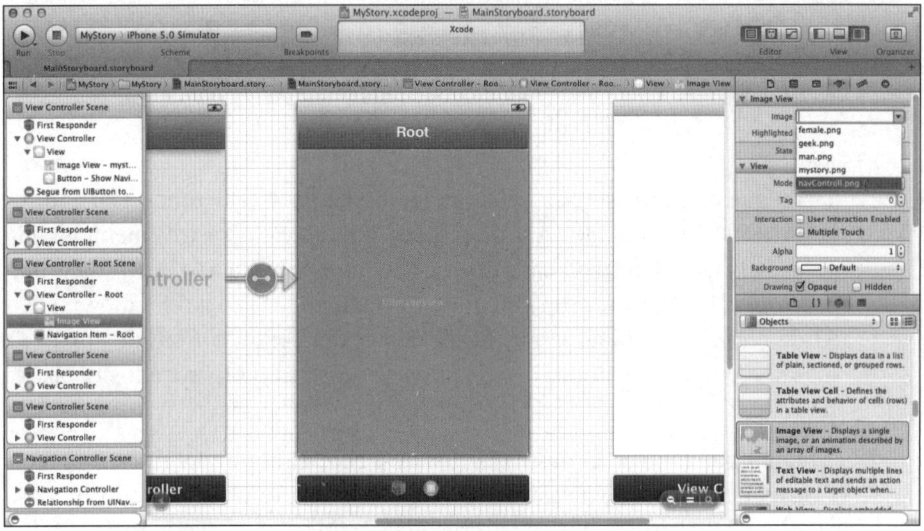

Figura 7.25. Establezca la imagen en el panel Attributes.

26. Como se puede ver en la figura 7.26, debe añadir un botón `UIButtonView` a la vista. Podrá utilizar la pulsación sobre cada botón por parte del usuario para pasar a otra vista. Puede o bien arrastrar tres botones, repitiendo el proceso tres veces, o bien poner en práctica la técnica de arrastrar el botón manteniendo pulsada la tecla **Opción**, que ya vio anteriormente. Así que arrastre, manteniendo pulsada la tecla **Opción**, el primer botón que

dejó sobre la vista y haga dos copias. Luego, llame a los botones **Male** (Masculino), **Female** (Femenino) y **Geek**, en orden descendiente, y fije su tamaño como mejor le parezca.

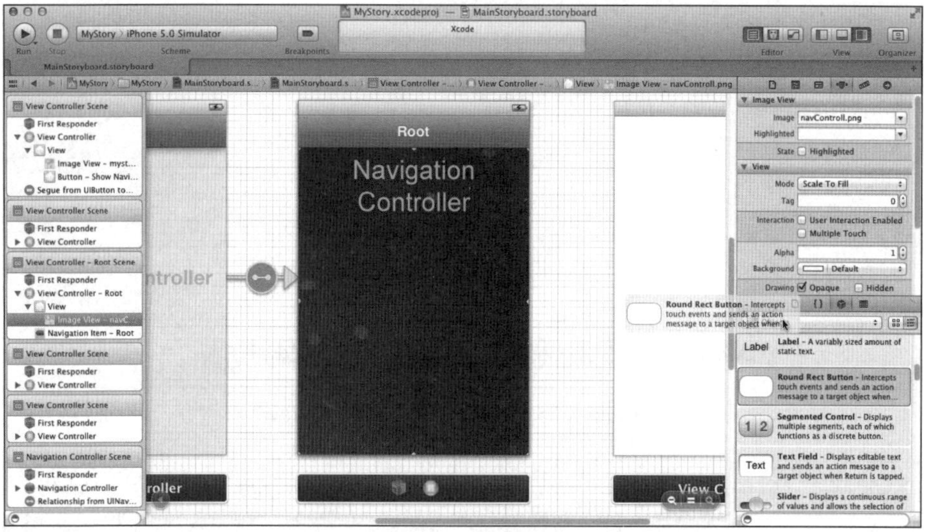

***Figura** 7.26. Arrastre un botón UIButtonView sobre el controlador de navegación, y duplíquelo.*

27. Tiene que crear los *segues* desde cada uno de los tres botones a su controlador de vista asociado. Así que, igual que antes, arrastre, manteniendo pulsada la tecla **Control**, cada uno de los botones hasta uno de los controladores de vista para crear un vínculo *segue* entre ellos. Yo he elegido vincular **Male** con el control superior, **Geek** con el del centro y **Female** con el de más abajo. De este modo, los vínculos se mostrarán organizados (véase la figura 7.27).

28. Al igual que hizo en el paso 15, cuando libere el botón del ratón y la tecla **Control** con los que arrastró el botón **Male** sobre el controlador correspondiente, observará que se le ofrece la posibilidad de elegir entre Modal, Push y Custom. Esto se ilustra en la figura 7.28.

29. La figura 7.29 muestra el *segue* completo que conecta el botón **Male** (Masculino) con su controlador de vista. Observe que he colocado el controlador de vista de **Geek** en el centro para que lo pueda extender más adelante. Esto ilustra la posibilidad de tener un orden previsto para el usuario de la aplicación y otro distinto en los controladores de vistas en el *storyboard*.

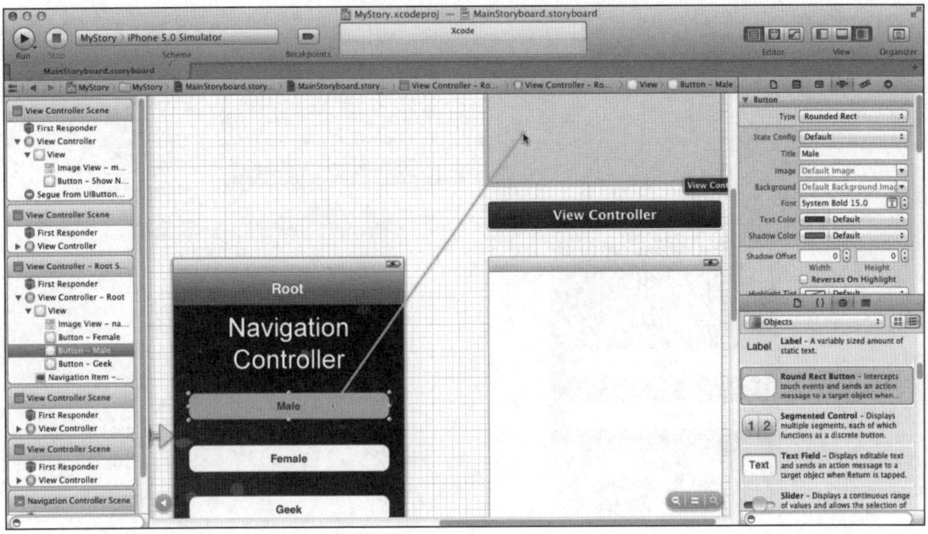

***Figura** 7.27. Cree los segues entre cada botón y su controlador de vista.*

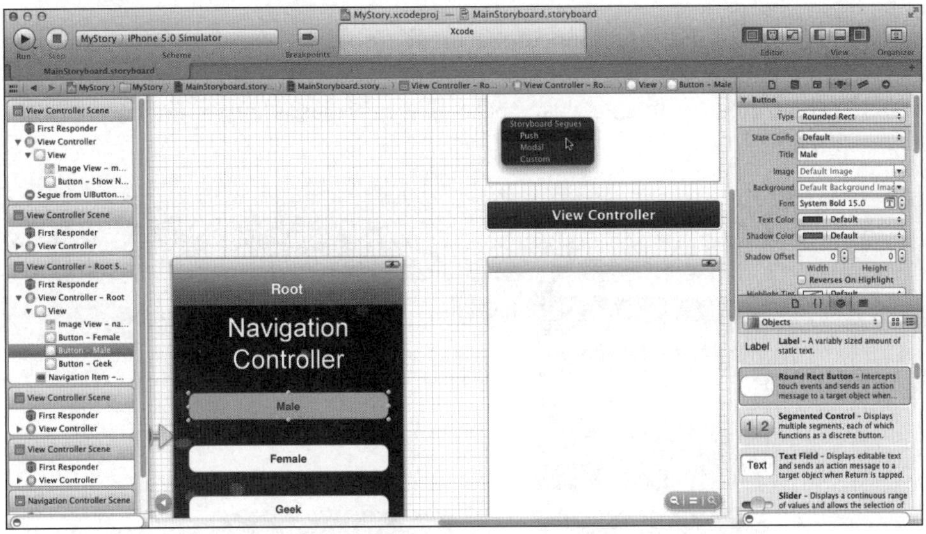

***Figura** 7.28. Conecte a "performSegueWithIdentifier:sender:".*

Asimismo, se dará cuenta de que hasta que no desarrolle una intuición sobre cómo los *segues* muestran su conectividad, tardará en conseguir que se vean tan elegantes como en la figura 7.29. No se sienta frustrado, solo es cuestión de práctica aprender a situar correctamente los controladores de vistas y cómo mantener la simetría sobre la cuadrícula.

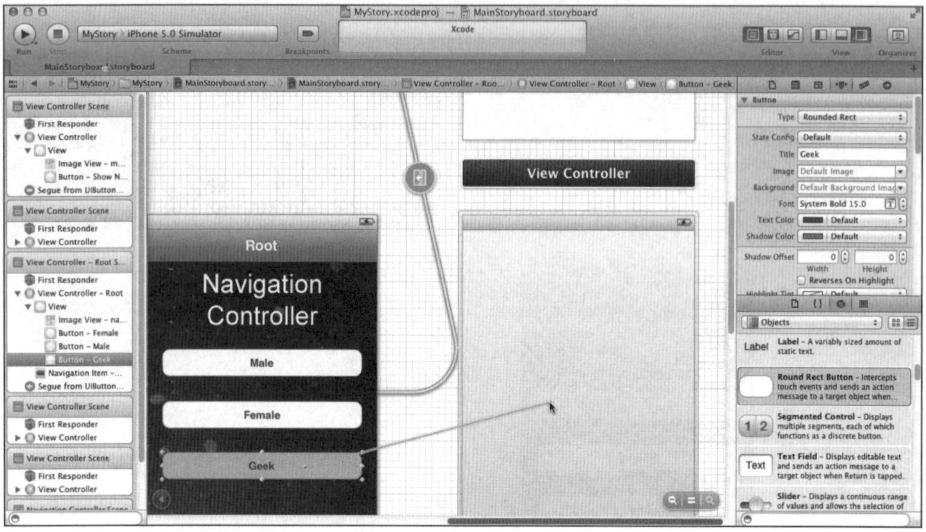

***Figura 7.29.** El segue de Male está completo y el de Geek aparece en progreso.*

30. Para la última conexión, debe crear un *segue* entre el botón **Female** (Femenino) y su controlador de vista. En la figura 7.30 puede ver la primera parte de este paso, pero hay más pasos cuyas indicaciones no repetiré.

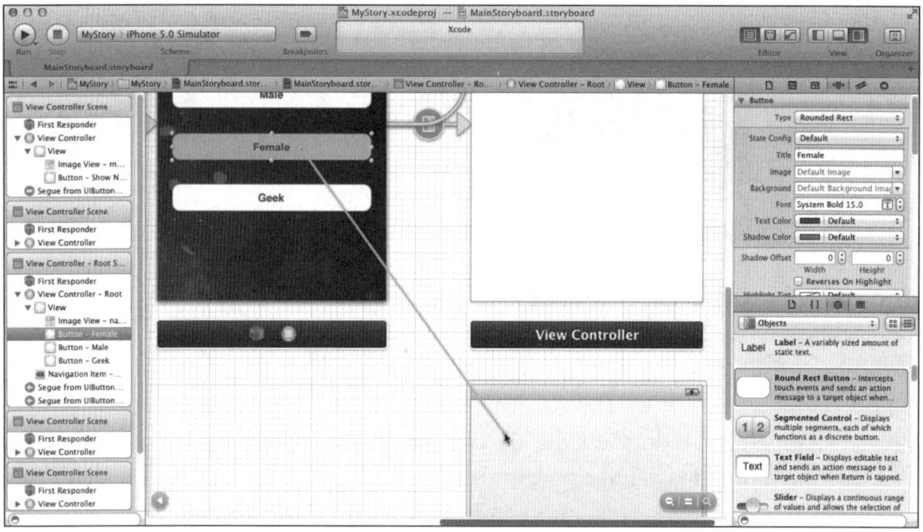

***Figura 7.30.** El último segue, desde el botón Female hasta su controlador de vista.*

31. Inicialmente, no creí que tendría que dedicar mucho tiempo a la organización de los objetos/vistas en el *storyboard*. Sin embargo, después de encontrarme yo mismo con ciertas dificultades y de ver algunos líos fantásticos de mis estudiantes, decidí dedicar algo de tiempo para desarrollar algunos principios básicos que sirvieran para evitar esos embrollos maravillosos. Lo primero es reducir el tamaño para que se vean todas las vistas, como en la figura 7.31, y luego siga estas normas:

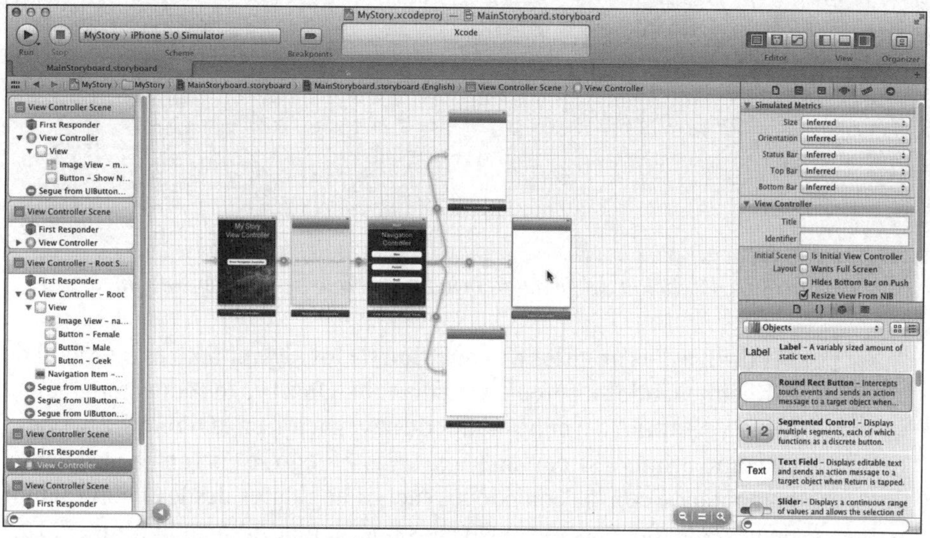

Figura 7.31. *Disminuya el zoom y coloque las vistas.*

- **Exclusividad mutua:** Ya he mencionado el primer paso, que no es otro que mantener el orden de los botones mutuamente exclusivo respecto del orden de las vistas. Los botones del controlador de navegación siguen el orden (de arriba a abajo): **Male**, **Female** y **Geek**. Mantener el mismo orden en el *storyboard* originaría problemas, por cuanto violaría alguno de los principios siguientes.
- **Mantener el momento inicial:** Si, por ejemplo, en la vista `Woman`, en la parte inferior de la figura 7.31, tiene un abanico de diez *segues* a otras tantas vistas que están vacías de *segues* hacia la rama de `Geek`, entonces mantenga esos diez *segues* yendo hacia abajo.
- En la figura 7.32 se puede apreciar un magnífico ejemplo de cómo "no" mantener el momento inicial. No solo están escondidas las conexiones *segue*, sino que además se solapan y entorpecen la posibilidad de seguir los *segues* de principio a fin.

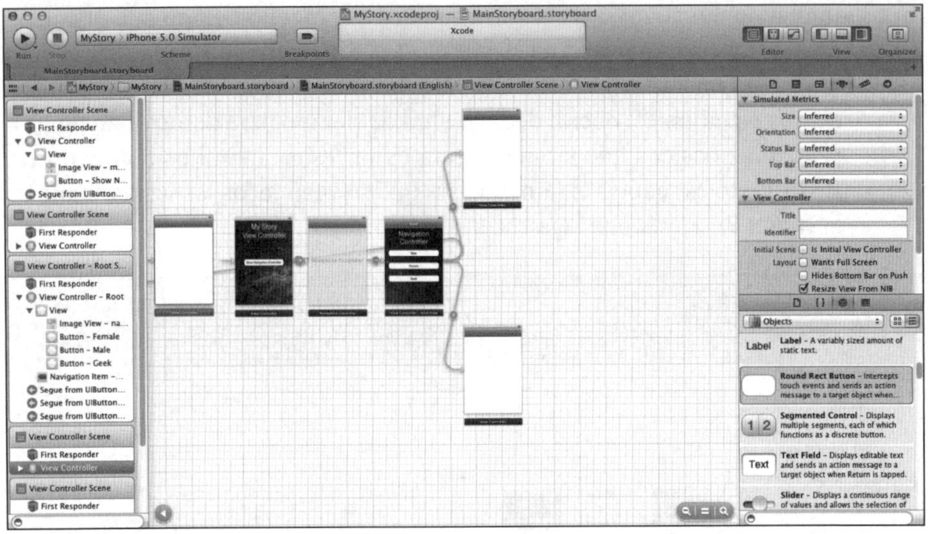

Figura 7.32. *Violación del segundo principio: mantener el momento inicial.*

- **Minimizar los ángulos de conexión de los *segue*:** Esto es más fácil de explicar cuando se aprecia visualmente. Observe los conectores *segue* Male y Female del controlador de navegación en la figura 7.31. Fíjese en cómo primero se curvan hacia atrás y luego se curvan hacia delante, comparados con las conexiones menos angulares desde el controlador de navegación a las mismas vistas que se muestran en la figura 7.32 y siguientes. Una forma fácil de cumplir esta norma es, una vez se haya conectado el *segue*, mover el objeto horizontal o verticalmente hasta que la conexión aparezca casi completamente vertical u horizontal.

33. Para cumplir las normas tanto "mantener el momento inicial" como "minimizar los ángulos de conexión de los *segues*", se debe mover el objeto Geeks hacia delante, como se puede ver en la figura 7.33.

Fase III: Establecer el contenido de los controladores de vista

34. El siguiente paso consistirá en añadir imágenes a los controladores de vistas Male (Masculino), Female (Femenino) y Geek. Comenzaremos por el de más arriba y arrastraremos una vista `UIImageView` sobre Male, como se puede ver en la figura 7.34

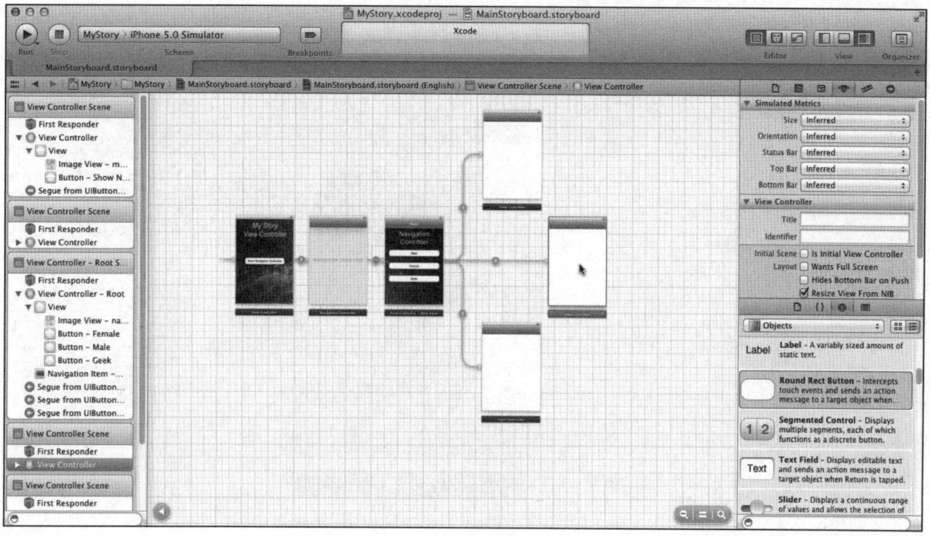

Figura 7.33. Mueva "Geeks" hacia delante.

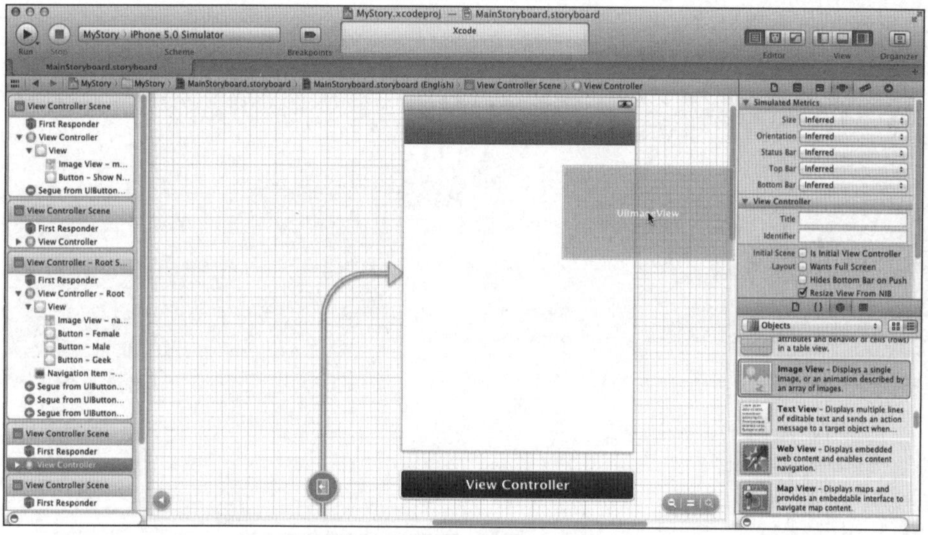

Figura 7.34. Añada una vista UIImageView al controlador Male.

35. Asocie la imagen `man.png` con el controlador Male seleccionando el archivo en el desplegable Image del panel Attributes (véase la figura 7.35).
36. Ahora tiene que arrastrar un elemento `UIImageView` y asociarle una imagen, tal como hizo con Male, otras dos veces. Empiece por la vista Geek, arrastre sobre ella un `UIImageView` como en la figura 7.36.

Figura 7.35. Seleccione la imagen que se usará en la vista Male, en el panel Attributes.

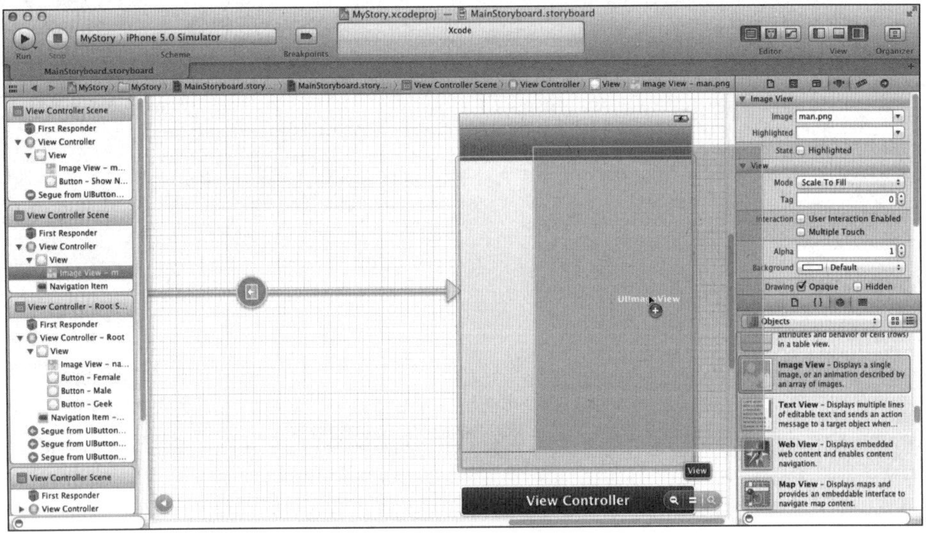

Figura 7.36. Añada un UIImageView a la vista Geek.

Nota: *Observe cómo los pequeños iconos del segue muestran el tipo de éste que se va a realizar.*

37. Seleccione la imagen `Geek.png` para el controlador **Geek** en el campo **Image** del panel **Attributes**, como se puede ver en la figura 7.37.

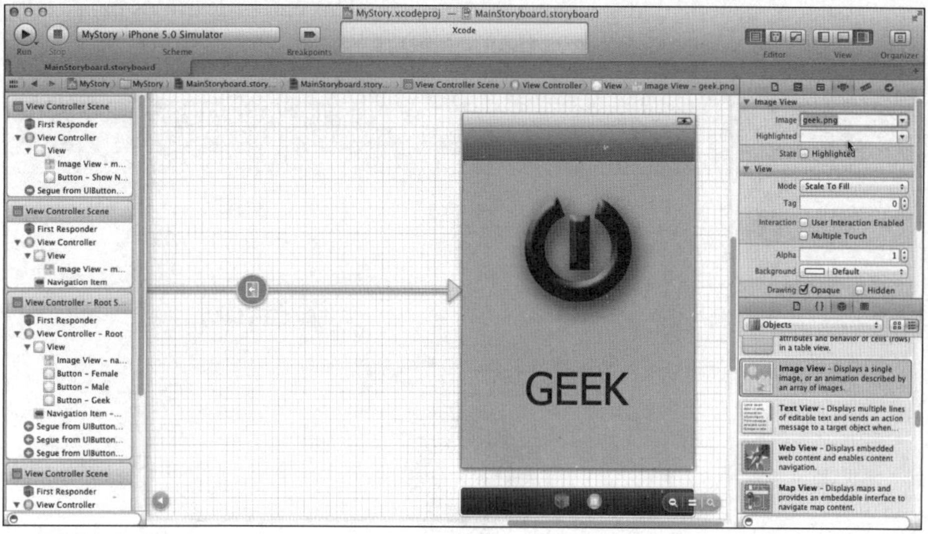

Figura 7.37. *Seleccione la imagen para el controlador Geek.*

38. Añada un `UIImageView` y la imagen `female.png` al controlador **Female**, como se ve en la figura 7.38.

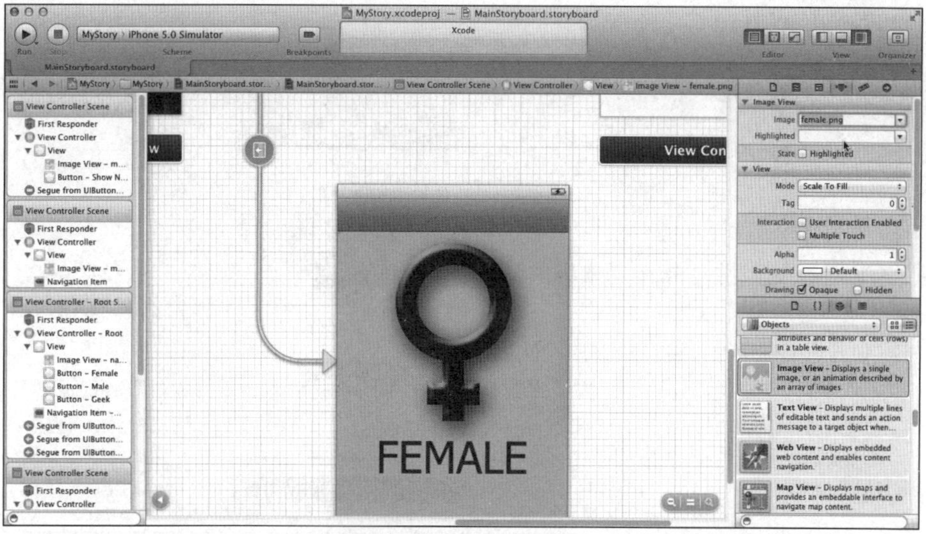

Figura 7.38. *Añada un UIImageView y seleccione una imagen para Female.*

39. Poner nombre a los controladores en el *storyboard* instancia el código fuente por debajo y elimina, así, la necesidad de codificarlo después por nuestra cuenta. Añadir el nombre a la barra de controlador en el *storyboard* supone generar código fuente. Haga esto con las barras de títulos para Male, Female y Geek (véase la figura 7.39).

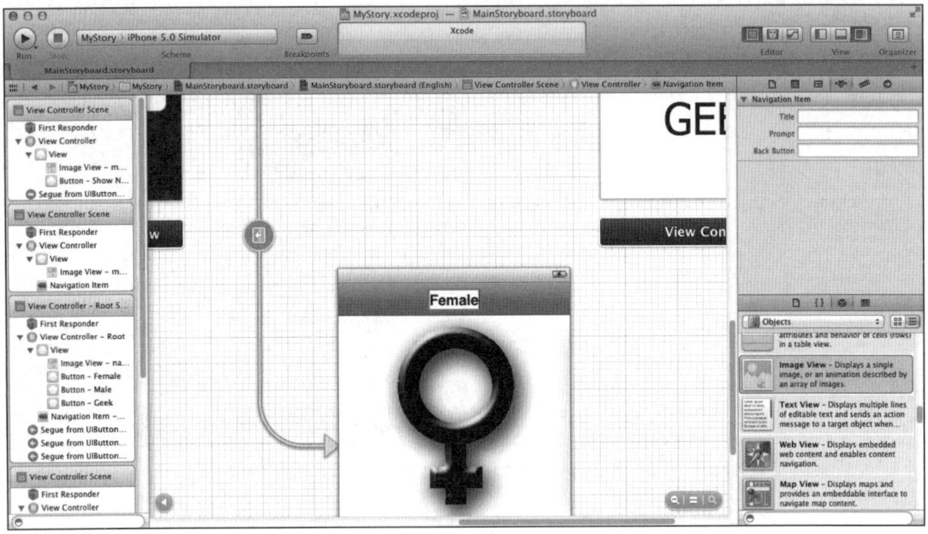

Figura 7.39. El nombre de la barra del controlador Female.

40. La figura 7.40 muestra el nombre del controlador Geek.

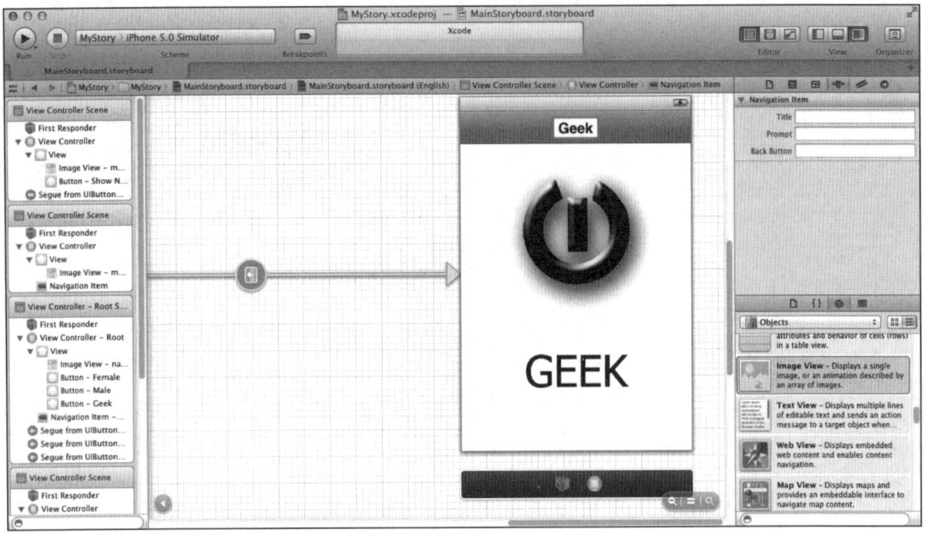

Figura 7.40. El nombre de la barra del controlador Geek.

41. La figura 7.41 muestra el nombre del controlador **Male**.

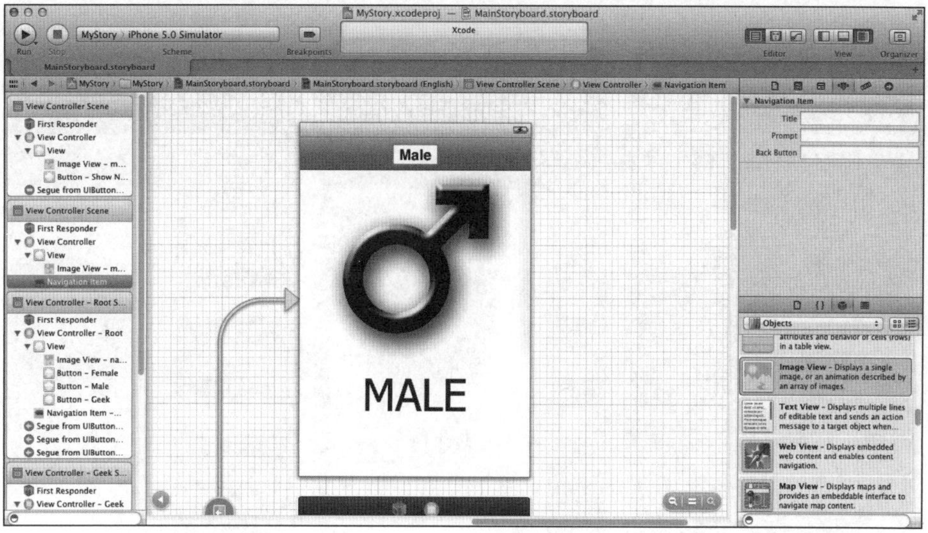

Figura 7.41. El nombre de la barra del controlador Male.

42. La figura 7.42 muestra cómo ejecutar la aplicación para ver si las conexiones *segue* y las imágenes funcionan bien. Para ello, haga clic en el botón **Run**.

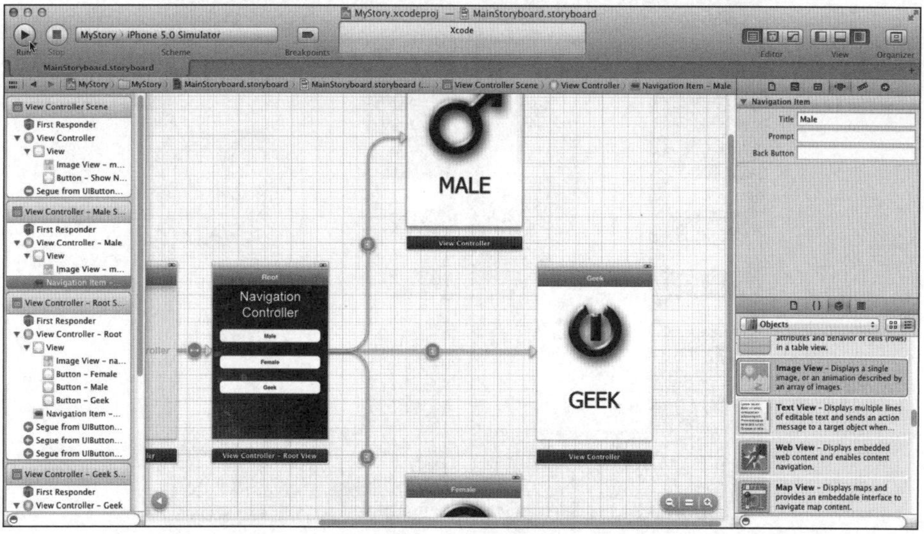

Figura 7.42. Ejecute la aplicación y compruebe si funciona correctamente.

43. Las imágenes de la figura 7.43 muestran como la aplicación, sin escribir ningún código fuente, funciona a las mil maravillas.

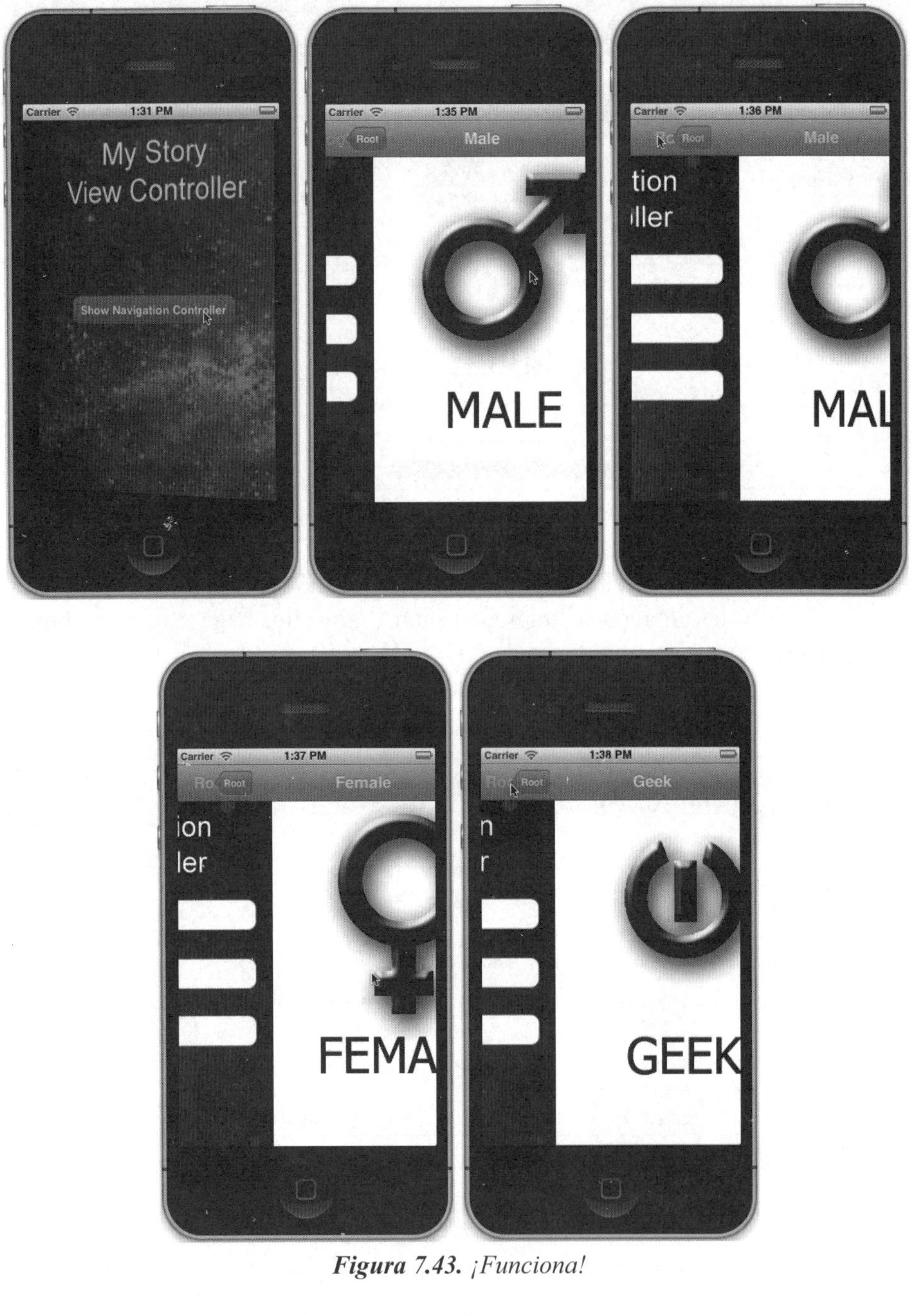

Figura 7.43. *¡Funciona!*

En las imágenes se muestra la transición entre dos estados conectados por un *segue*. Desde el controlador de vistas, en la parte izquierda, puede ver cuatro imágenes, a la derecha. La imagen superior muestra la pulsación del botón **Male**. La imagen siguiente muestra la pulsación en la barra de navegación para regresar al controlador de navegación. Las dos imágenes siguientes muestran transiciones *segue* desde el controlador de navegación hasta Female y Geek.

> ***Nota:*** *Como no hemos cambiado el tipo de segue, el efecto de transición es el mismo en todas.*

44. Está llegando a la parte divertida de la aplicación, donde mis estudiantes se ríen a carcajadas. Todos sabemos que en este mundo hay hombres y mujeres. En su aplicación, sin embargo, va a demostrar a todo el mundo que la evolución todavía ocurre. Y que tanto hombres como mujeres pueden elevarse a un nivel superior de conciencia: el *geek*. Así que, es preciso contar con *segues* desde Male y Female hasta Geek. Para ello, va a añadir un botón a la barra de navegación de ambas vistas, y lo llamará **Evolve** (Evoluciona). Después podrá establecer *segues* desde estos botones a la vista Geek.

    Lo primero ahora es arrastrar un elemento Bar Button ha la vista Male como se puede ver en la figura 7.44.

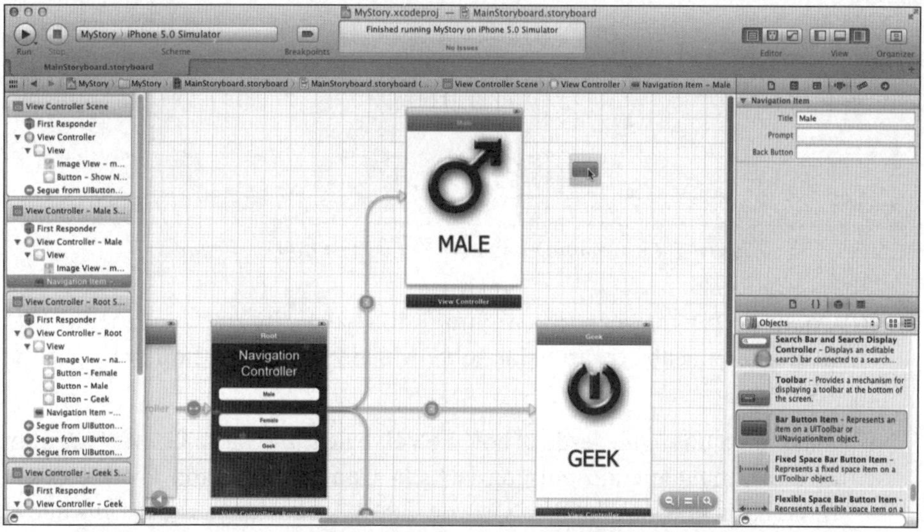

Figura 7.44. *Evolucionemos.*

Una vez haya dejado su segundo Bar Button en la vista Female, hay una cosa muy importante que quiero que recuerde de los botones de la barra de navegación: funcionan como unos `UIButtonView` ordinarios, aunque tienen una apariencia diferente y están diseñados para ir solo en un sitio: la barra de navegación.

Nota: *Estos botones funcionan como botones* `UIButtonView` *ordinarios, aunque tienen una apariencia diferente y están diseñados para ir solo en un sitio: la barra de navegación.*

45. Como se puede ver en la figura 7.45, lo siguiente es renombrar el Bar Button que acaba de arrastrar sobre la barra de navegación de Female como **Evolve**.

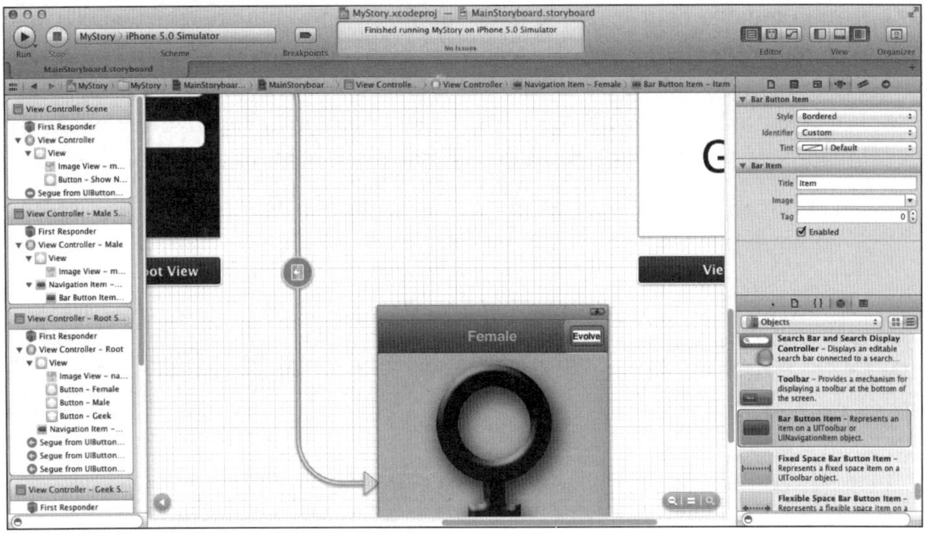

__Figura 7.45.__ Cambie el nombre del Bar Button de Female.

46. Como se puede ver en la figura 7.46, haga clic en el elemento Bar Button que acaba de arrastrar sobre Male y cambie su nombre por el de **Evolve**.

47. Establezca un *segue* desde el botón **Evolve** de Male hasta Geek. Para ello, arrastre, manteniendo pulsada la tecla **Control**, el botón **Evolve** desde Male hasta el controlador de vista de Geek. Lo que tiene aquí es una nueva manera de establecer un *segue* a otra vista. Observará el menú con las tres

opciones de *segues*; seleccione Push. Observe que mantengo las transiciones lineales para mayor simplicidad. También pueden tener bucles o ser completamente circulares. Esto se ilustra en la figura 7.47.

***Figura** 7.46. Cambie el nombre del Bar Button de Male.*

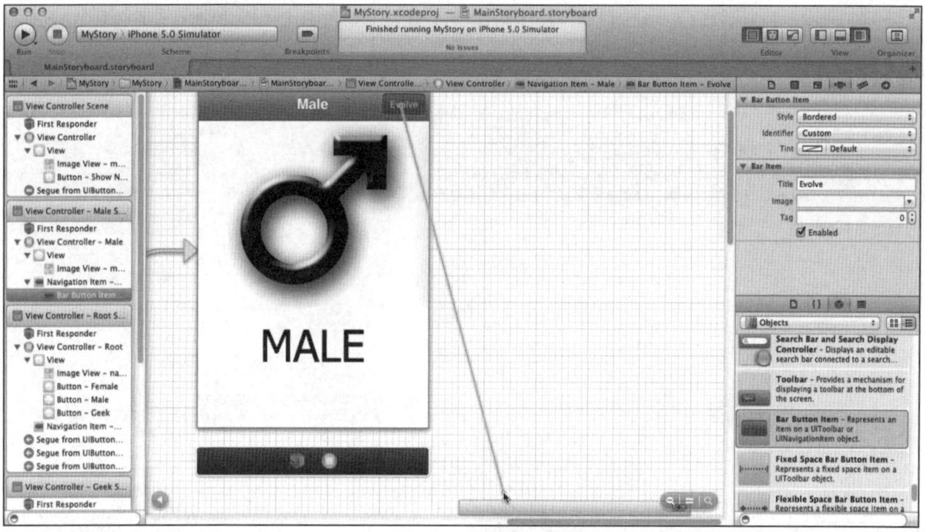

***Figura** 7.47. Arrastre, pulsando la tecla Control, el botón Evolve de Male a Geek.*

48. La figura 7.48 ilustra la conexión completa entre el botón **Evolve** (Evolucionar) de Male y el objeto Geek.

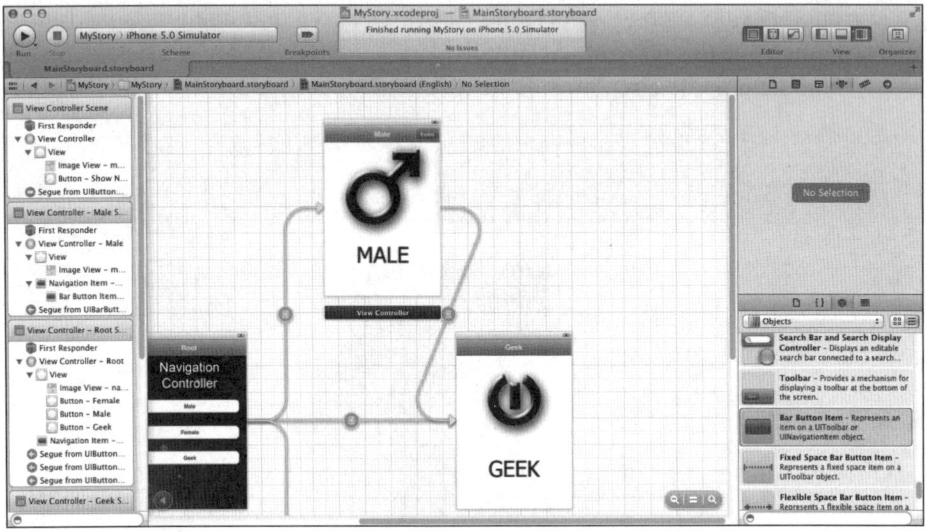

Figura 7.48. Conexión completa entre el botón Evolve de Male y Geek.

Es posible que se dé cuenta de que, ha mejorado una violación de la tercera norma, es decir, "minimizar los ángulos de conexión de los *segues*. Así que tiene que moverla a la derecha hasta que se minimicen los ángulos.

49. Ahora que ha conectado el botón **Evolve** de Male al objeto Geek, haga lo mismo con el de Female (véase la figura 7.49).

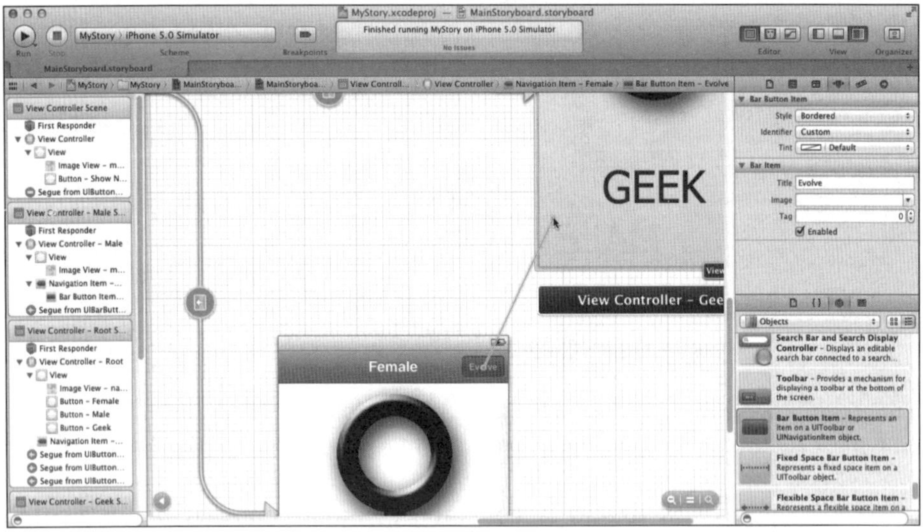

Figura 7.49. Establezca un segue entre el botón Evolve de Female y Geek.

50. La figura 7.50 le recuerda que ya no le cuento cada mínimo paso. Como puede ver, aparece de nuevo el menú contextual para los últimos *segues* que ofrece las opciones Push (Empujar), Modal (Modal) o Custom (Personalizar); seleccione la primera en todos los casos.

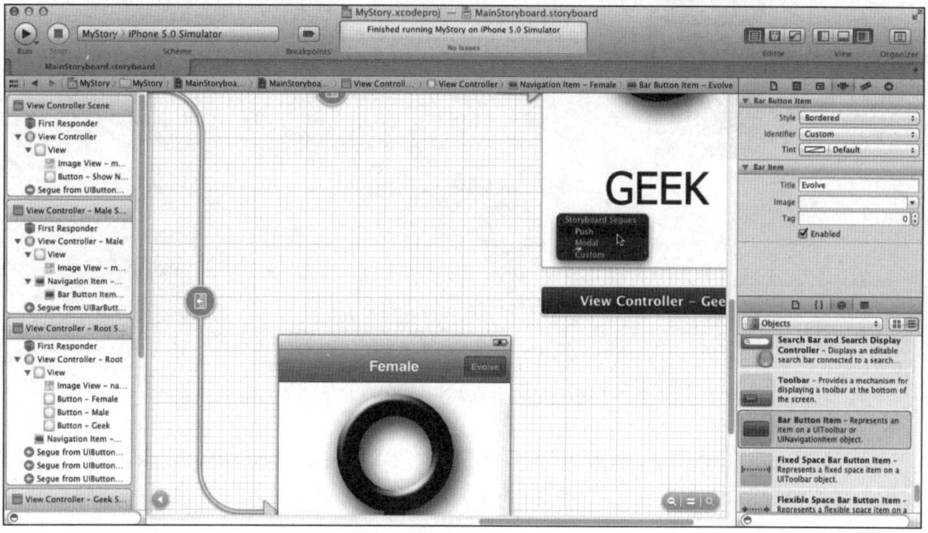

Figura 7.50. *Por si lo había olvidado.*

Si lo ha estado haciendo por su cuenta y olvidó que no se lo estaba diciendo en los últimos pasos, es una muy buena señal. Si le costó trabajo superar los últimos tres *segues*, déjeme recordarle que es mi intención dejarlo pensar un poco por sí mismo cada paso. El libro está diseñado para que, a medida que coja confianza, pueda simplemente mirar las figuras y los comentarios y volar. Bien, pasemos a otra cosa.

51. Volviendo un momento a lo que se dijo en el paso 48, mueva el objeto Geek un poco a la derecha para hacerle cumplir la tercera norma. Esto queda ilustrado en la figura 7.51.

Después de un tiempo, no tendrá ni que pensar en las normas uno, dos y tres. Simplemente, llevará a cabo la reorganización de las vistas para conseguir la simetría adecuada de forma inconsciente.

52. Bueno, como ya sabe, hay un último estado elevado de la conciencia humana: el *übergeek*. Los *übergeeks* son muy raros y solo los reconocen los *geeks*, pero esto se queda ilustrado en su aplicación. En esencia, lo único que necesita es añadir otro estado de evolución humana más allá del *geek*.

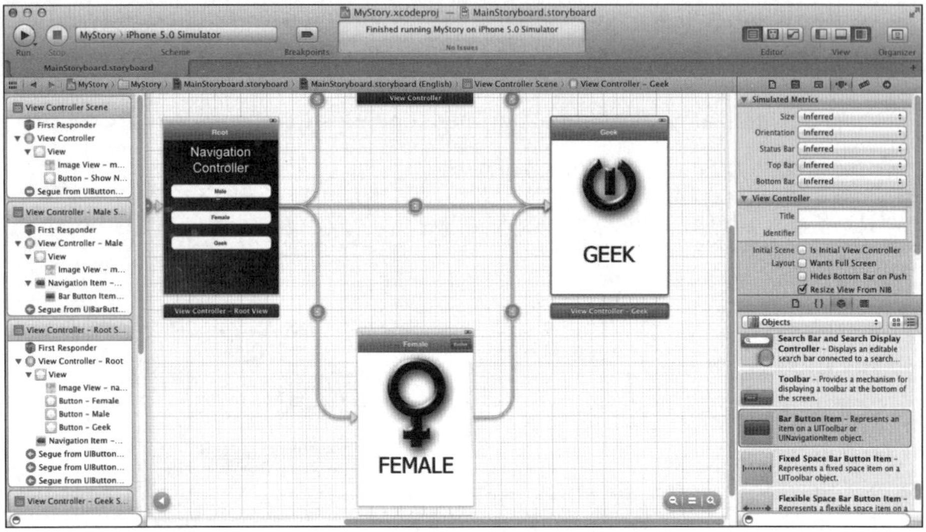

Figura 7.51. Cumpla con la tercera norma de los storyboard.

Para ello, añadirá otro `UIViewController`, con el que demostrará la forma de acceder al controlador y a sus datos (véase la figura 7.52).

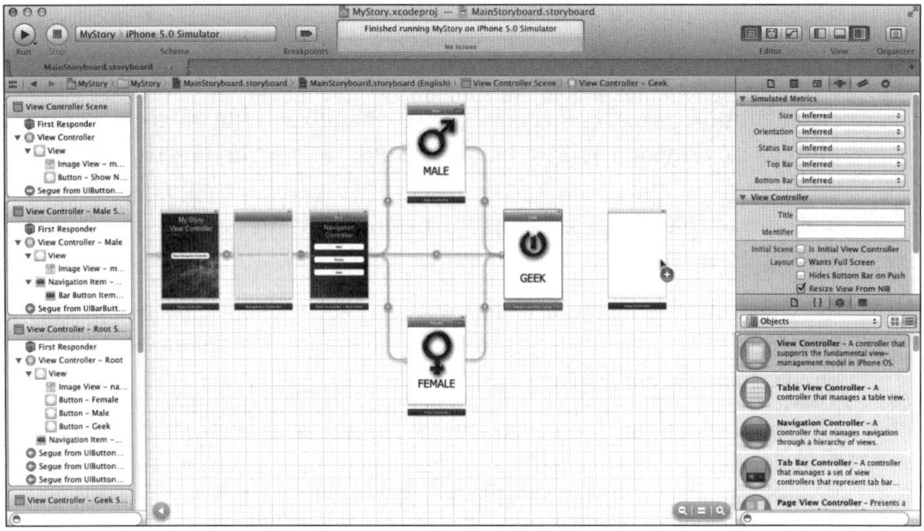

Figura 7.52. Un último UIViewController.

53. Como bien sabe, solo los *geeks* saben que existe un estado superior de la conciencia humana por encima de *geek*. El siguiente estado, *ÜberGeek*, resulta invisible. Así que debe hacer un botón invisible que solo los *geeks*

sepan que enlaza con el estado superior de *ÜberGeek*. Se preguntará que cómo puede hacer un botón invisible. Bien, eso forma parte de ser un *geek*, pero el lector ya ha evolucionado lo suficiente para aprender a hacer un botón invisible. Lea esto con atención y no deje que nadie que no sea *geek* lo lea, por favor. Como se puede apreciar en la figura 7.53, arrastre un simple botón rectangular sobre el objeto Geek.

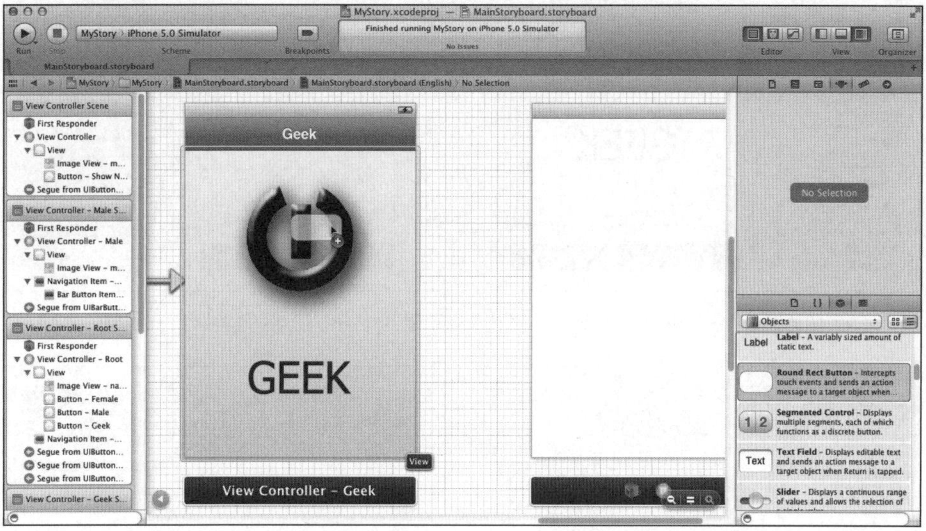

Figura 7.53. *Puede utilizar un simple botón invisible sobre el fondo de la vista para evitar invertir mucho trabajo en un botón personalizado.*

Fase IV: Cierre y codificación

Entramos aquí en la fase final de la aplicación.

54. Como se puede ver en la figura 7.54, una vez sitúe el botón en el objeto Geek, amplíelo para que cubra todo el símbolo de los *geeks*.

55. Para hacerlo invisible, seleccione el tipo de botón en Custom, como se muestra en la figura 7.55, y la interfaz lo tornará invisible de inmediato; mas aún será "pulsable" para los *geeks* de este mundo.

56. Ahora que el botón es invisible, puede establecer un *segue* para la siguiente transición. Haga clic donde sepa que se halla el botón y arrástrelo, manteniendo pulsada la tecla **Control**, hasta el controlador de la vista (véase la figura 7.56).

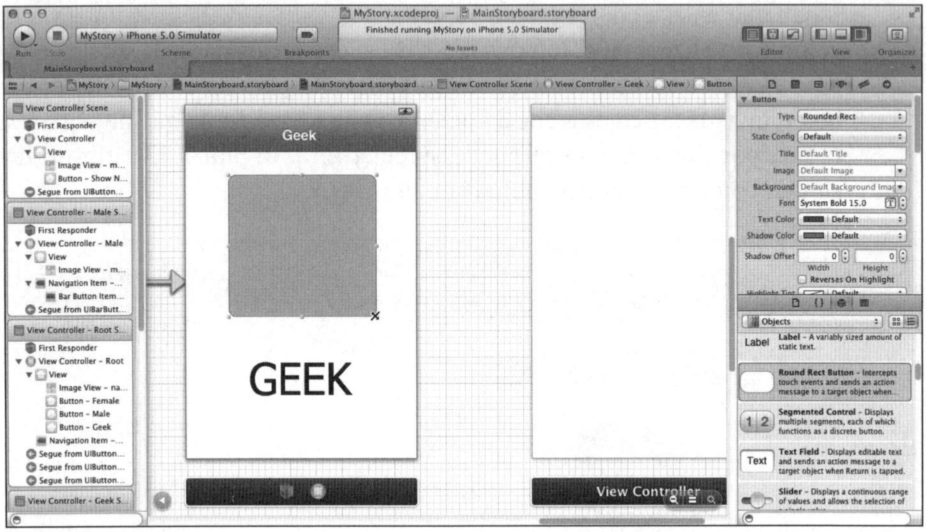

Figura 7.54. *Cubra completamente el símbolo de los geeks con el botón.*

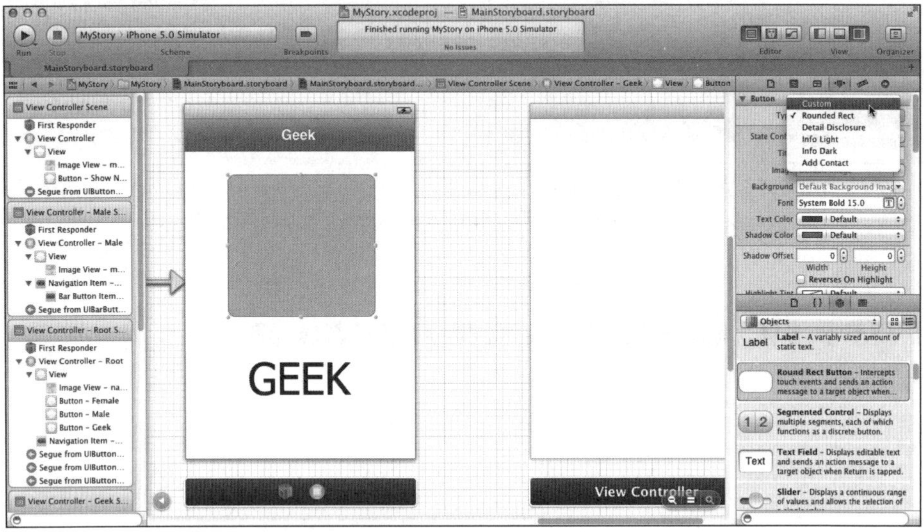

Figura 7.55. *Haga que el botón se evapore en el aire.*

57. Para este último estado deberá, para profundizar su aprendizaje, disponer de algo más que una imagen. Así, introducirá una URL. Para ello arrastre, en primer lugar, un objeto Web View sobre la vista. En la sección "Profundizando en el código" analizaremos `UIWebView` con más detalle pero, por ahora, limítese a arrastrar este elemento sobre el controlador de la vista *ÜberGeek*, como se puede ver en las figuras 7.57 y 7.58.

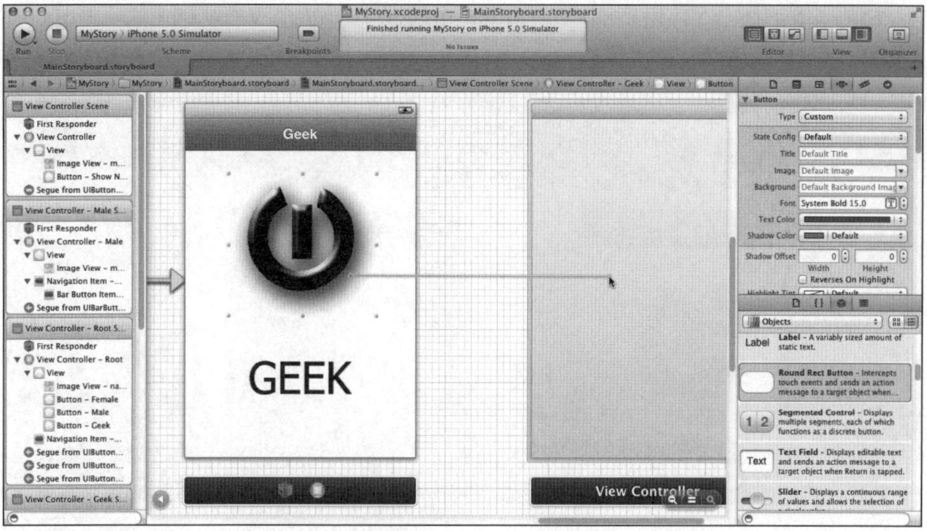

Figura 7.56. *Haga clic, manteniendo pulsada la tecla Control, y arrastre el botón invisible sobre el controlador de vista.*

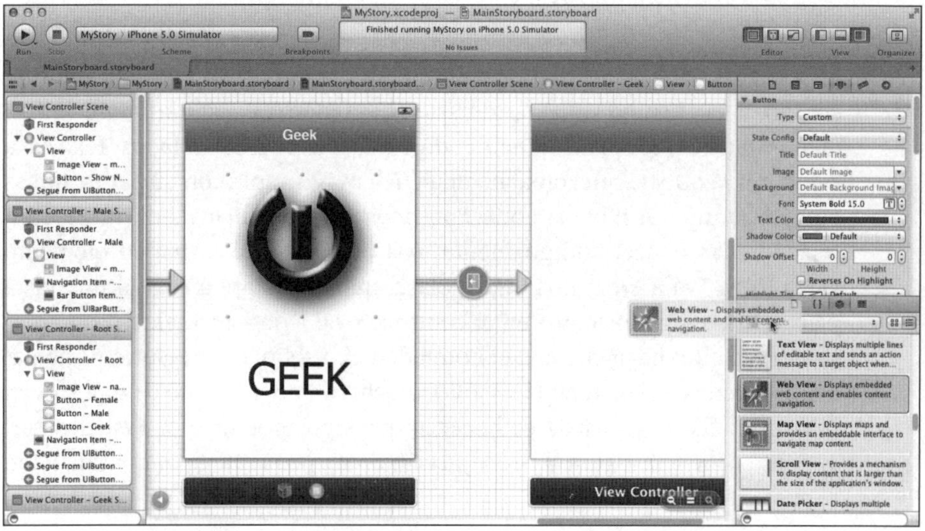

Figura 7.57. *Esta vez, añada un objeto Web View a la vista.*

Nota: *Siempre introduzco los vínculos primero para evitar tener que redimensionar las cosas en el interior de las vistas cuando añado la barra de navegación.*

58. La figura 7.58 ilustra cómo situar un control Web View en el controlador de vista Über Geek.

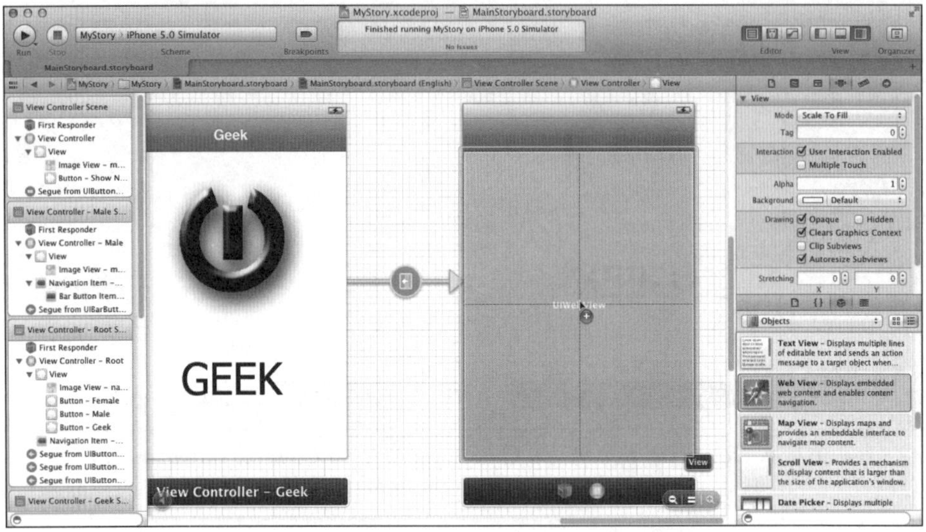

Figura 7.58. *Sitúe el objeto Web View.*

59. Si recuerda, dije antes que en este ejemplo usaría imágenes en lugar de código. Bien, eso ha sido cierto hasta ahora, pero es necesario que vea, al menos una vez, cómo introducir código tras uno de estos estados. Esta es la razón por la que he seleccionado una URL muy simple con un par de líneas de código que, al menos, conectará unas cuantas sinapsis en su cerebro relacionadas con el código fuente. Así pues, para este nuevo elemento Web View, va a crear una nueva clase, que conectará a esta última vista y accederá a algunos datos en el controlador de vista mediante programación. Para ello, haga clic con el botón derecho sobre el directorio principal del proyecto y seleccione New File (Archivo nuevo) como se muestra en la figura 7.59. Si es capaz de hacer lo que sigue por sí solo, pase después al punto 61 y a la figura 7.61. Si necesita una pequeña guía, continúe con el paso siguiente.

60. Utilice el método abreviado de teclado **Comando-N** o seleccione New File (Archivo nuevo) en el menú contextual de la carpeta principal del proyecto, como se puede ver en la figura 7.60.

61. Seleccione una subclase UIViewController Subclass, como se muestra en la figura 7.61. Desde un punto de vista técnico, se puede decir que esto se corresponde con el mismo tipo del objeto en el Interface Builder.

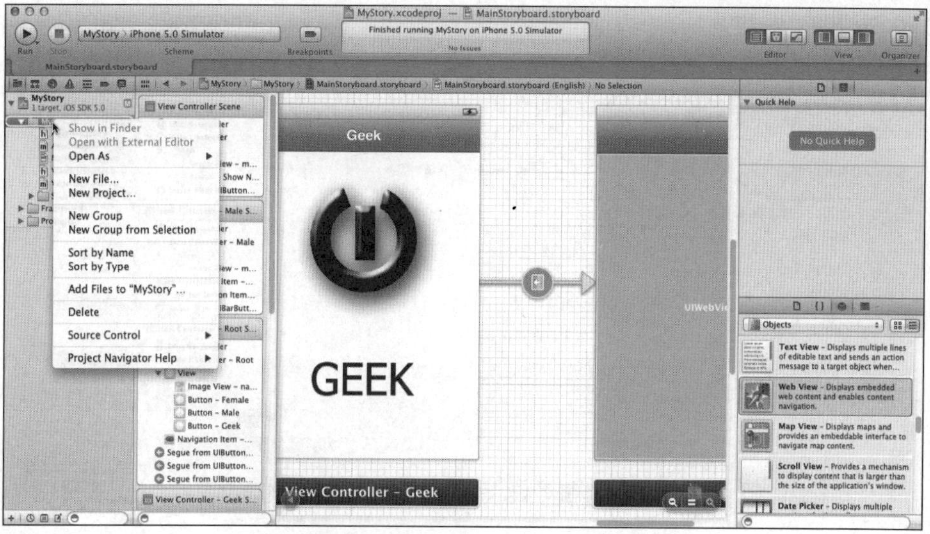

Figura 7.59. Creación de una nueva clase.

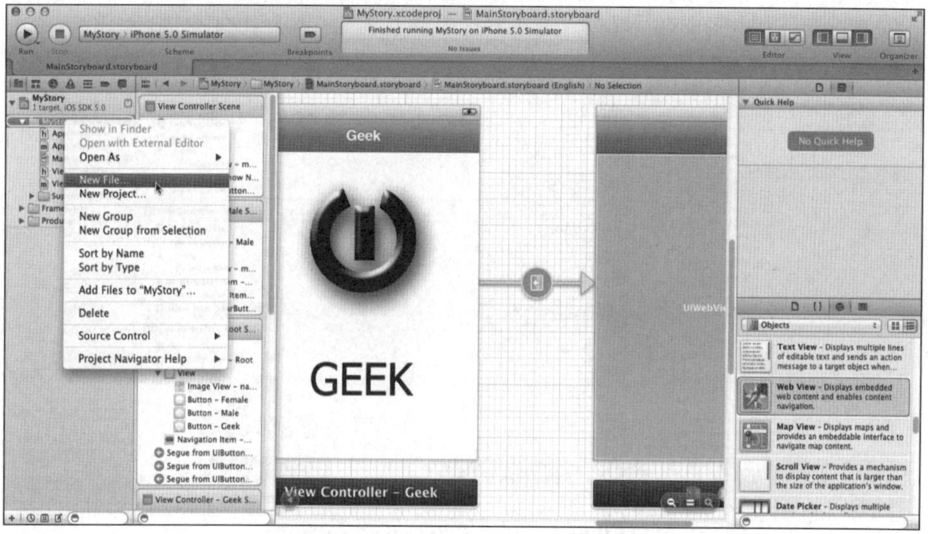

Figura 7.60. Seleccione "New File".

62. Introduzca el nombre de **ÜberView** y haga clic en el botón **Next** (Siguiente) como en la figura 7.62.

63. A continuación, como puede ver en la figura 7.63, haga clic en el botón **Create** (Crear).

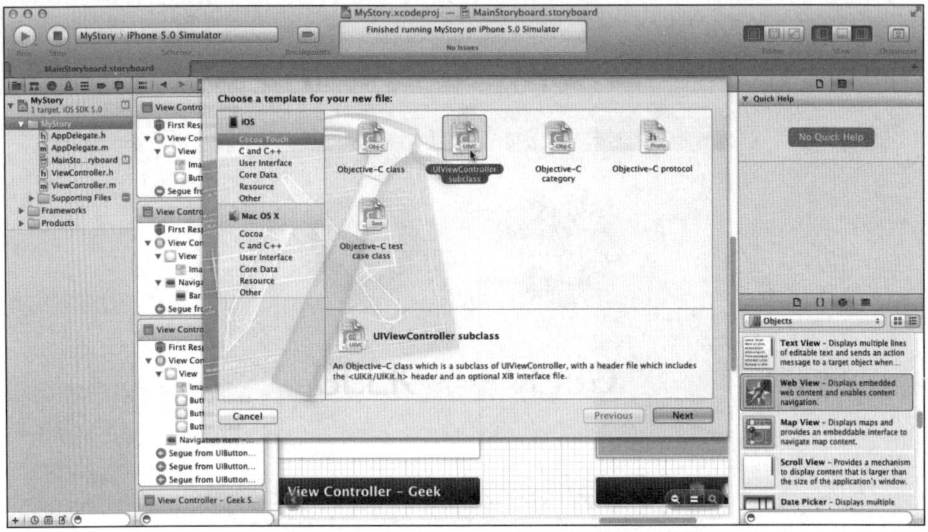

Figura 7.61. Seleccione una subclase de UIViewController.

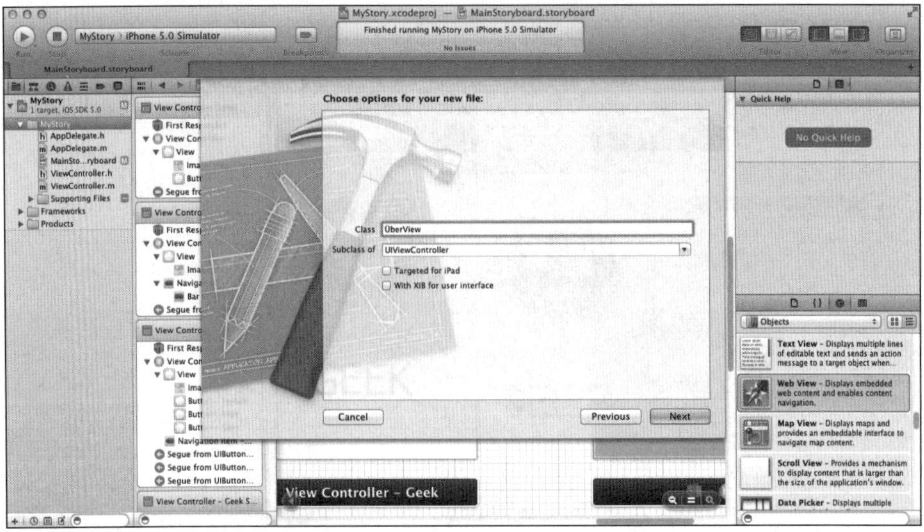

Figura 7.62. Haga clic en Next.

64. Abra el Assistant Editor (Editor asistente) el archivo de cabecera como en la figura 7.64.

65. Haga clic nuevamente en el archivo de *storyboard* para mostrarlo en el editor principal y así aparecerán los archivos de cabecera asociados en la parte derecha, como se puede ver en la figura 7.65.

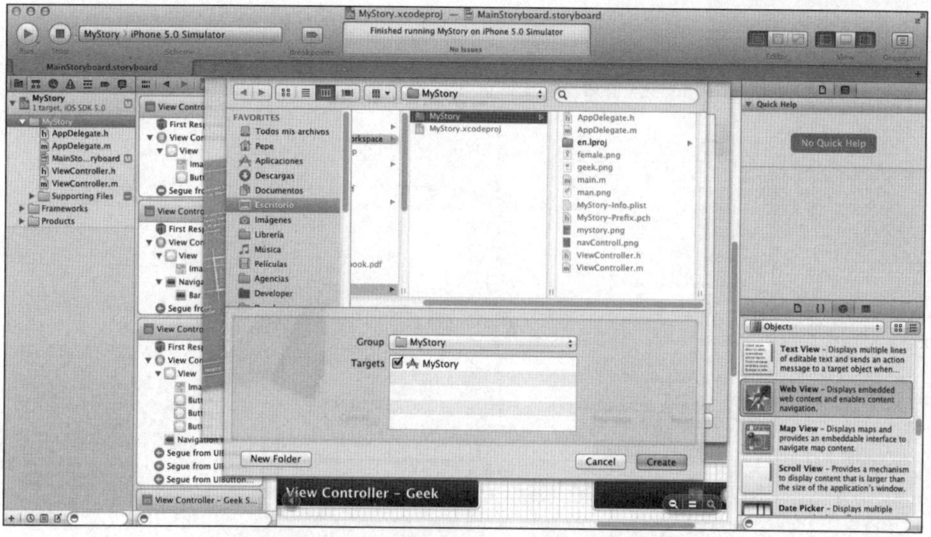

Figura 7.63. Cree la nueva subclase ÜberView.

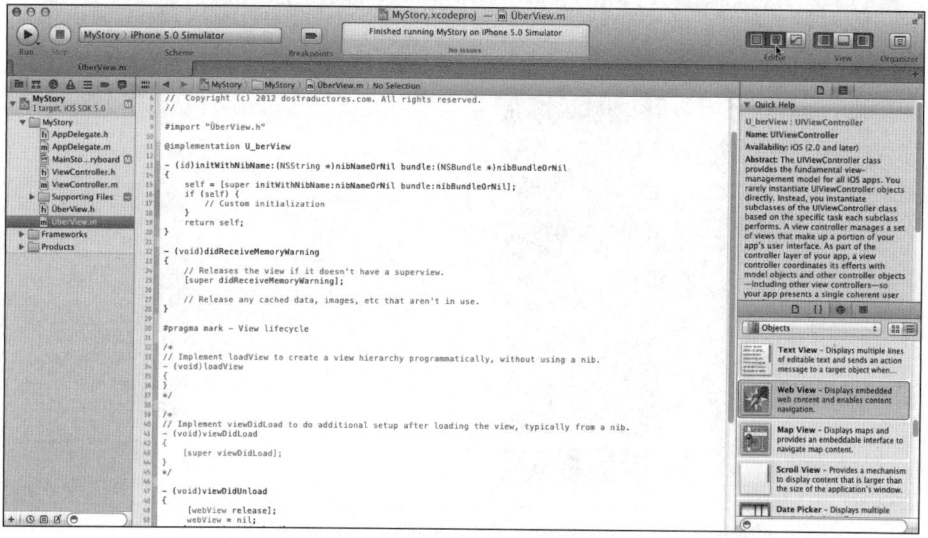

Figura 7.64. Abra el Assistant Editor.

66. A diferencia de las aplicaciones anteriores, ahora las cosas son algo más complicadas. Así pues, tendrá que ayudar al asistente a que muestre la vista correcta. Para indicar al Assistant Editor (Editor asistente) lo que tiene que mostrar, seleccione el controlador de vista que albergue el objeto Web View, como se puede ver en la figura 7.66.

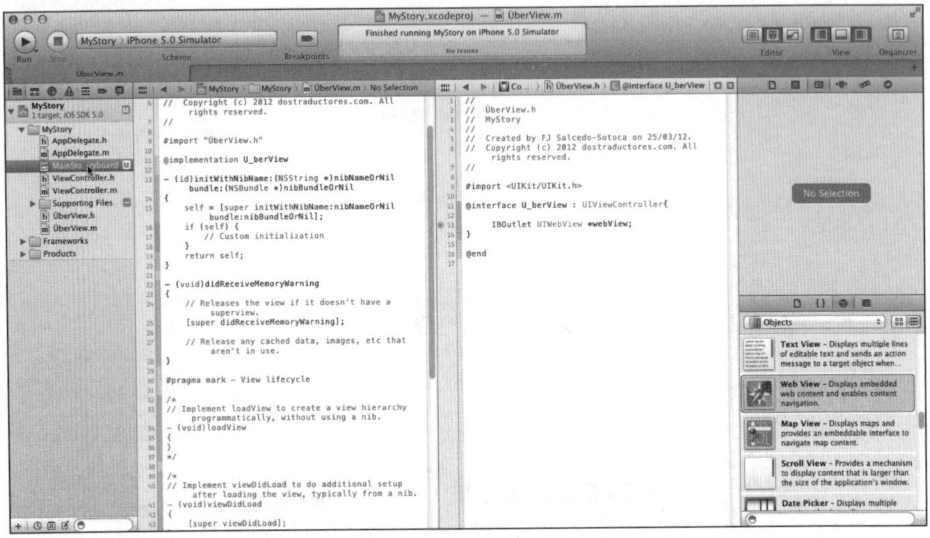

Figura 7.65. Abra el archivo de storyboard.

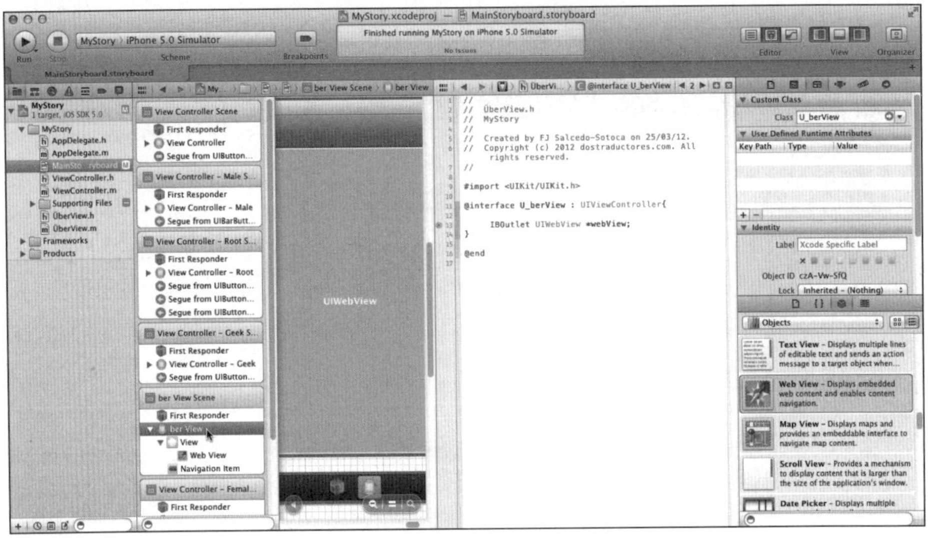

Figura 7.66. Seleccione el controlador de vista apropiado.

Observe que, en la columna de los controladores de vistas, éstos aparecen ordenados en orden de creación. Ahí se pueden ver Male (Masculino), Female (Femenino) y Geek, entre otros. En la zona inferior, se encuentra el que acaba de hacer, bajo el nombre de View Controller Scene, puesto que aún no lo ha nombrado definitivamente. Además, el que incorpora el elemento Web View es el controlador que busca.

67. Seleccione ÜberView en el cuadro de lista desplegable Class (Clase) de la sección Custom Class (Clase personalizada) en el panel Attributes (Atributos) como en la figura 7.67. Para ello tendrá, en primer lugar, que hacer clic en el tercer icono empezando por la izquierda de la barra de herramientas superior del panel Properties (Propiedades). De otro modo, no verá el desplegable Class (Nueva clase) en el que debe seleccionar ÜberView.

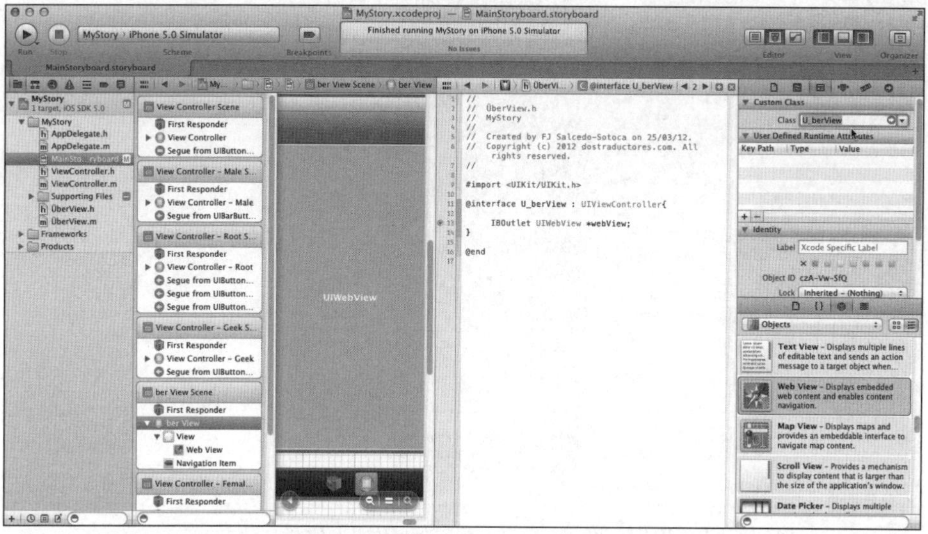

Figura 7.67. *Elija la clase ÜberGeek para el controlador de vista.*

68. Ahora tiene que crear `UIOutlet` para la URL en el archivo de cabecera, así que tendrá que abrir el archivo `ÜberView.h` en el Assistant Editor (Editor asistente). Como hay más de un archivo, tendrá que indicar cuál de ellos quiere como en la figura 7.68.

69. Con el Assistant Editor (Editor asistente) configurado correctamente, no tiene más que arrastrar, manteniendo pulsada la tecla **Control**, desde la vista `UIWebView` hacia el archivo de cabecera, justo por debajo de la directiva `@interface` de `ÜberView` (véase la figura 7.69).

70. Mantenga el objeto como Outlet e introduzca **webView** en el campo Name (Nombre), como se puede ver en la figura 7.70.

71. Cuando introduzca código en un estado como este, lo más probable es que haga algo más que utilizar una URL. Tendrá que pasar del archivo de cabecera al de implementación, y viceversa, como poco. Así pues, de

vuelta en el archivo de implementación para la nueva clase controlador, puede hacer que su Web View realice alguna tarea. Esto se muestra en la figura 7.71.

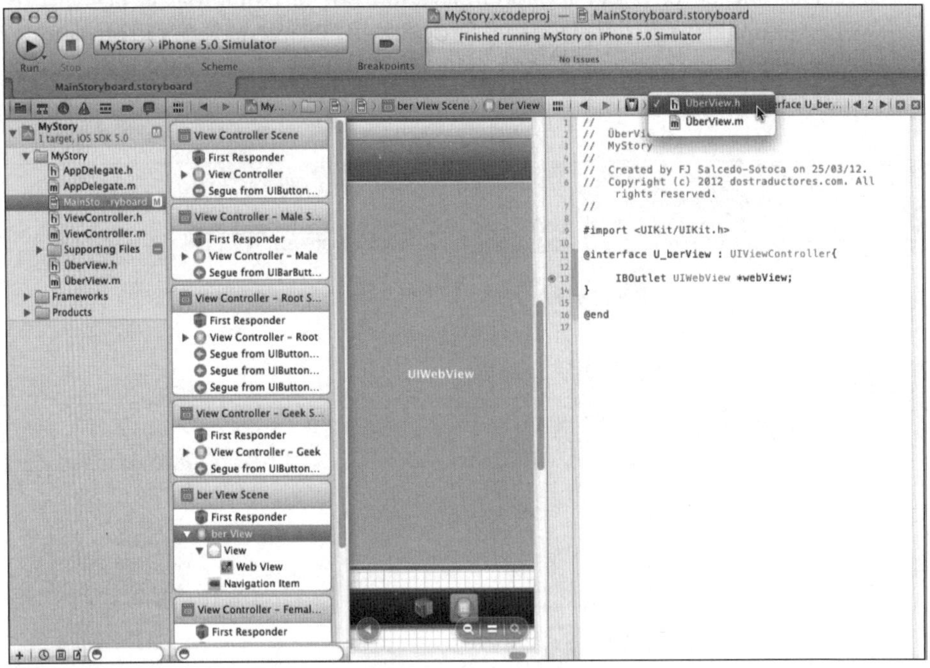

Figura 7.68. Seleccione el archivo ÜberGeek.h.

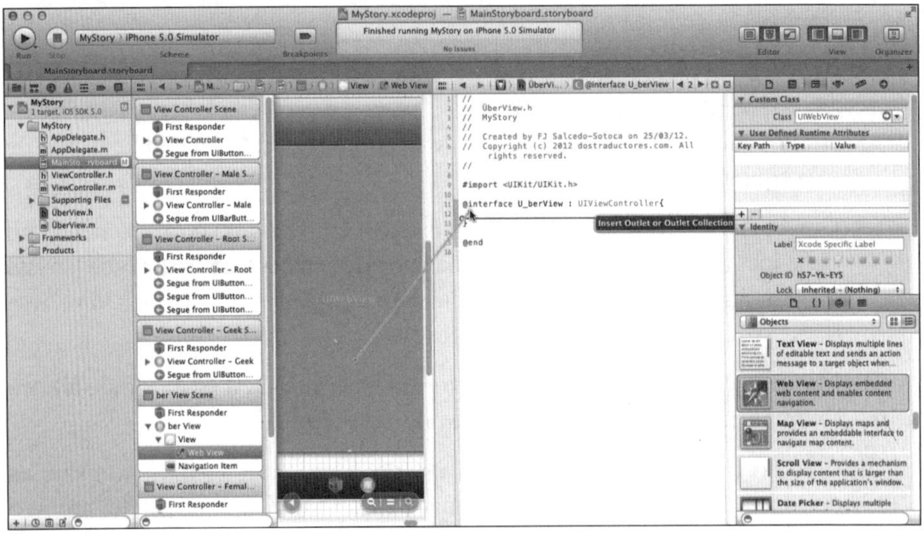

Figura 7.69. Arrastre, manteniendo pulsada la tecla Control, sobre el archivo de cabecera.

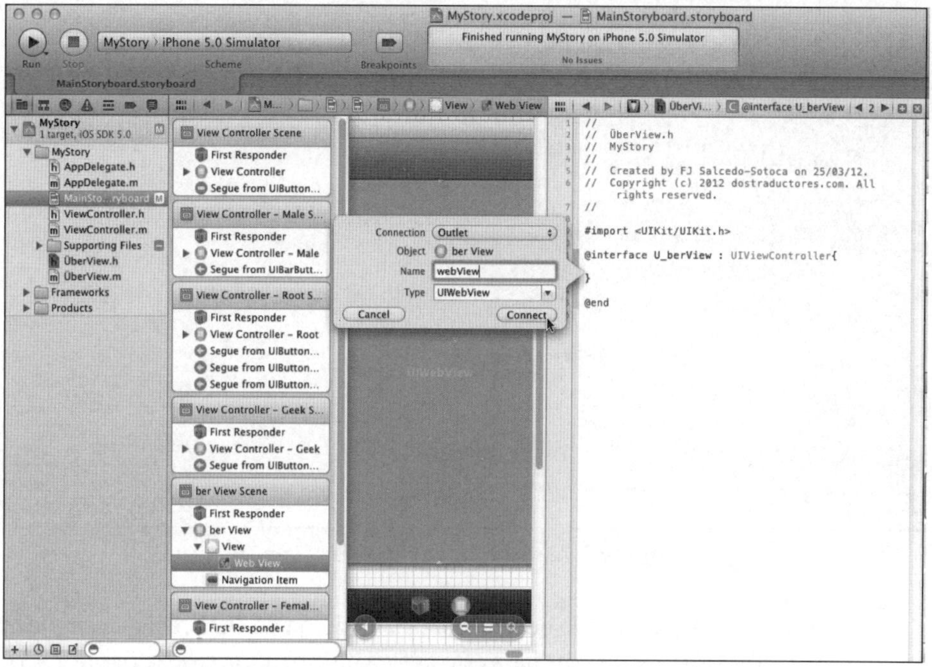

Figura 7.70. Ponga el nombre de "webView" al objeto.

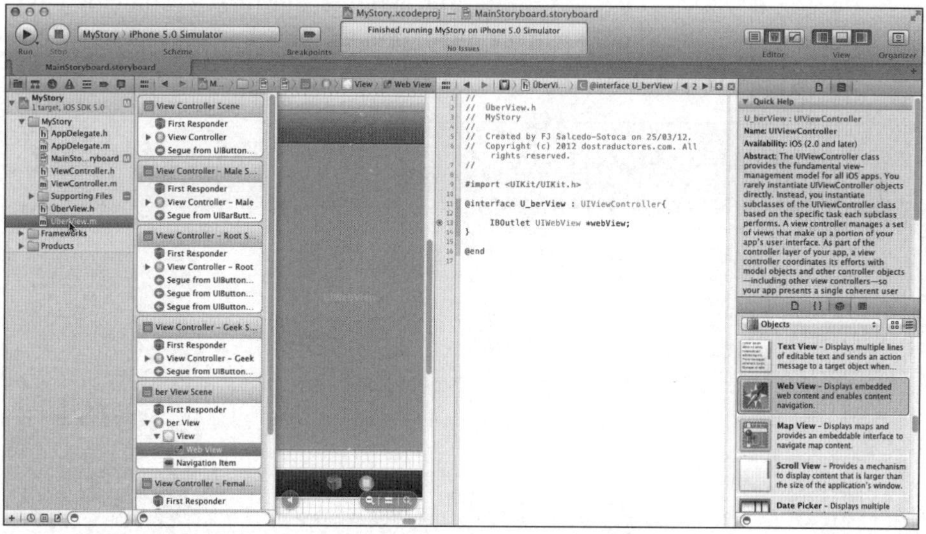

Figura 7.71. Abra el archivo de implementación.

72. Elimine la marca de comentario del método `viewDidLoad`, puesto que es ahí donde comenzará a introducir el código fuente (véase la figura 7.72).

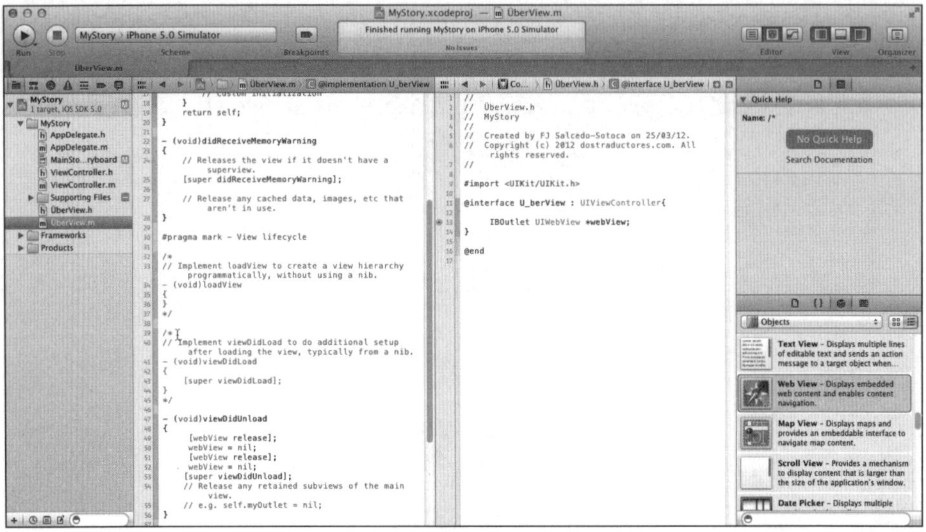

Figura 7.72. Escriba un poco de código.

73. Tiene que delegar el flujo de datos para la petición de URL, así que empiece con `NSURLRequest`, que hará esto automáticamente (véase la figura 7.73). En la sección "Profundizando en el código" encontrará más información acerca de `NSURLRequest`. Fíjese en la figura, que ofrece la funcionalidad de autocompletar, porque tiene que introducir ahí el código fuente que se detalla en el punto 75.

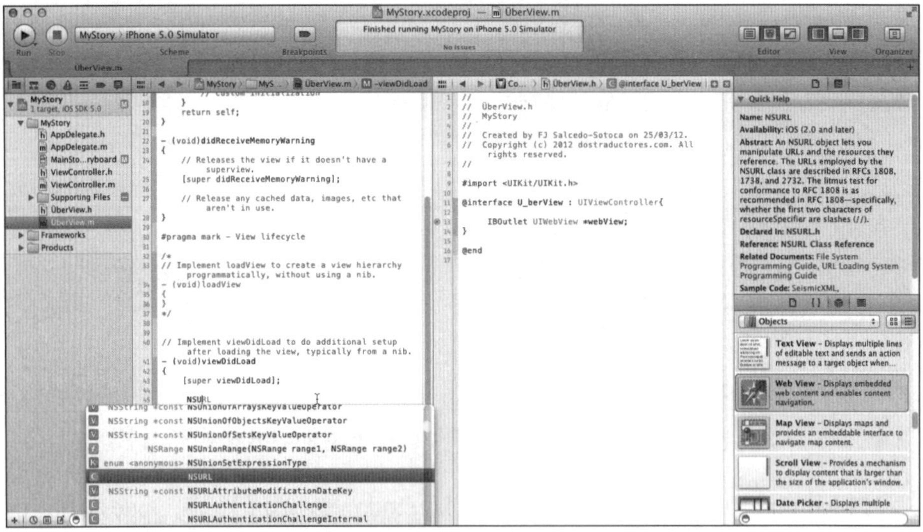

Figura 7.73. Comience con una NSURLRequest.

74. Debe añadir la dirección URL a la solicitud *(request)* y pedir al objeto `webView`, que antes vinculó con un *outlet*, que la cargue (véase la figura 7.74). Todo ello está incluido en el código fuente del punto 75.

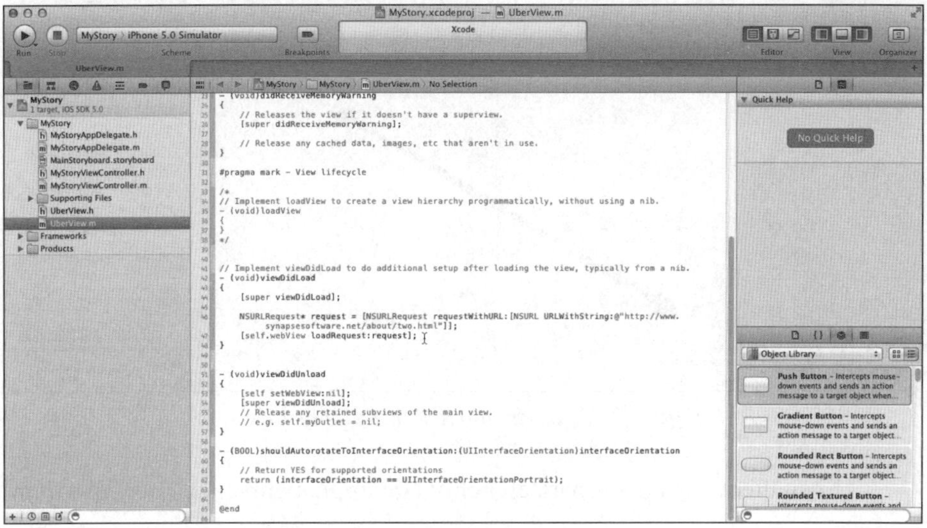

Figura 7.74. *Añada la URL a la solicitud.*

75. Esto es importante. Por alguna razón, a los estudiantes les cuesta trabajo hacerse con ello, así que lo he ilustrado en el libro. Debe asociar el *outlet* `webView` del archivo de cabecera con las condiciones establecidas en el archivo de implementación. Esto se puede ver en la figura 7.75.

    En esencia, lo que queremos es añadir la URL a la solicitud y pedir al objeto `UIWebView`, para el que configuramos un `IBOutlet`, que cargue la solicitud. Más abajo está el código fuente tanto del archivo de implementación como del de cabecera. Estúdielo detenidamente y asegúrese de que entiende bien la correlación de `webView` en ambos archivos.

    El siguiente listado es para el archivo de cabecera `ÜberView.h`:

```
// Archivo de cabecera:
#import <UIKit/UIKit.h>

@interface UberView : UIViewController {
  UIWebView *webView;
}

@property (nonatomic, strong) IBOutlet UIWebView *webView;

@end
```

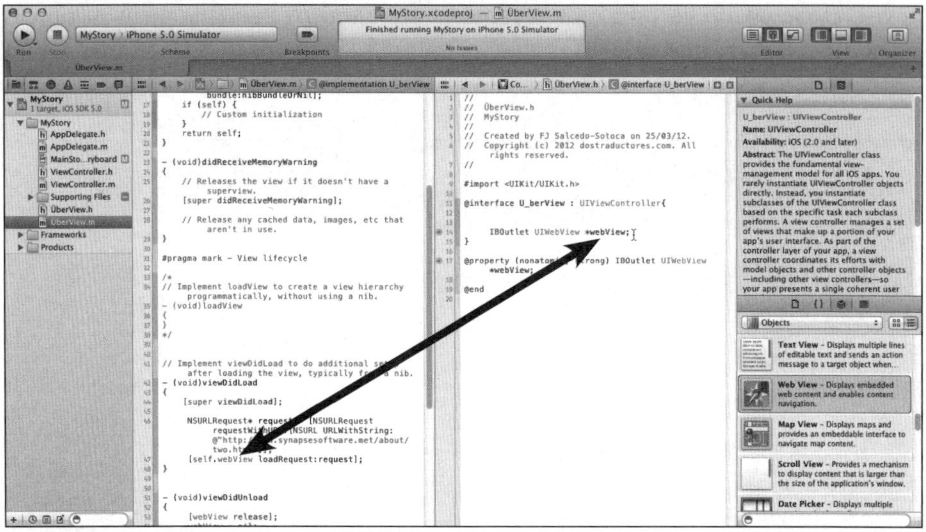

Figura 7.75. El vínculo del outlet de webView.

El siguiente listado es para el archivo de implementación `ÜberView.m`:

```
//Archivo de implementación:
#import "UberView.h"

@implementation UberView
@synthesize webView;

- (id)initWithNibName:(NSString *)nibNameOrNil bundle:(NSBundle *)
nibBundleOrNil
{
   self = [super initWithNibName:nibNameOrNil bundle:nibBundleOrNil];
   if (self) {
      // Inicialización personalizada
   }
   return self;
}

- (void)didReceiveMemoryWarning
{
   // Libera la vista si carece de supervista.
   [super didReceiveMemoryWarning];
   // Libera cualquier dato de la caché, imágenes, etc., que no esté en uso
}

#pragma mark - View lifecycle

/*
// Implementar loadView para crear una jerarquía de vistas
// con programación, sin usar archivos nib.
- (void)loadView
```

```
{
}
*/

// Implementar viewDidLoad para realizar ajustes adicionales
después de cargar la vista, típicamente desde un nib.
- (void)viewDidLoad
{
   [super viewDidLoad];

   NSURLRequest* request = [NSURLRequest requestWithURL:[NSURL
URLWithString:@"http://www.synapsesoftware.net/about/two.html"]];
   [self.webView loadRequest:request];
}

- (void)viewDidUnload
{
   [self setWebView:nil];
   [super viewDidUnload];
   // Liberar cualquier subvista de la vista principal retenida.
   // e.g. self.myOutlet = nil;
}

- (BOOL)shouldAutorotateToInterfaceOrientation:
(UIInterfaceOrientation)interfaceOrientation
{
   // Devolver YES (sí) para las orientaciones soportadas
   return (interfaceOrientation == UIInterfaceOrientationPortrait);
}
@end
```

76. Escriba **ÜberGeek** en la barra de navegación del último controlador de vista.

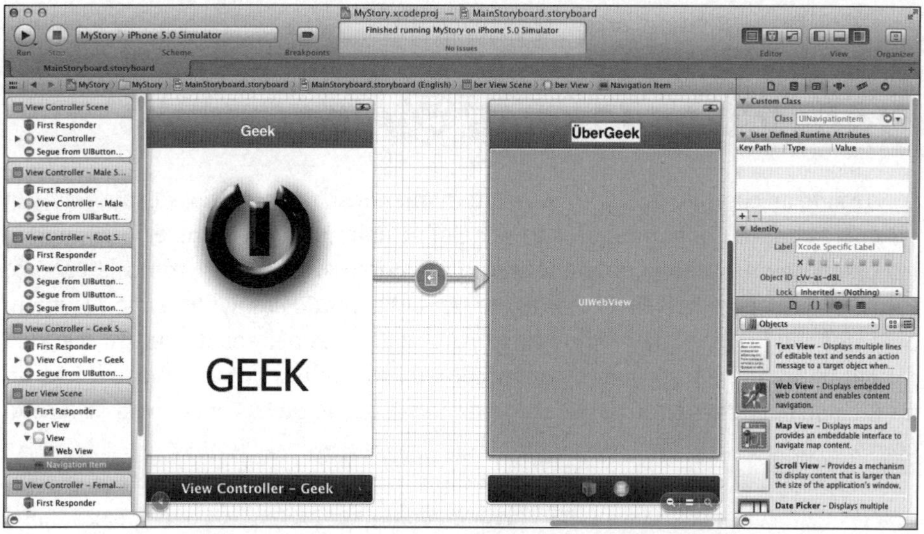

Figura 7.76. *Introduzca el nombre ÜberGeek en la barra de navegación.*

77. No olvide guardar todos los cambios en todos los archivos pulsando **Comando-S**. Haga clic en el botón **Run** (Ejecutar) para ejecutar la aplicación en el emulador iOS, como se puede ver en la figura 7.77.

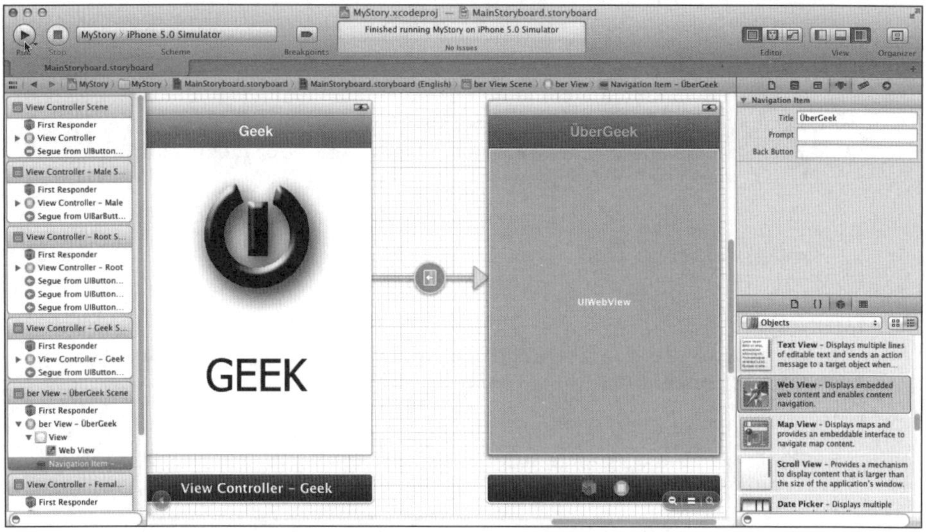

***Figura** 7.77. Guarde los cambios y ejecute la aplicación haciendo clic en Run.*

78. En la figura 7.78, de izquierda a derecha, se pueden ver todos los estados superiores de la conciencia humana, a los que se llega con los botones y barras de herramientas de navegación.

Profundizando en el código

Ha sido un capítulo agotador. Mis estudiantes acaban quemados después de esta clase, y siempre me he preguntado por qué. Cuando les digo que esto es mucho más fácil que programar, siempre me miran como si hubiera perdido la cabeza. Con esto bien presente, he decidido emplear el capítulo siguiente como resumen, pero utilizando un modelo de negocio para matar dos pájaros de un tiro. De esta forma, podrá utilizar lo que ha aprendido en este capítulo pero aplicándolo a un modelo de negocio válido para demostrar lo adecuado que es el proceso de diseño con *storyboard* a los modelos financieros.

La sección "Profundizando en el código" de este capítulo servirá como referencia avanzada, a la que se podrá volver en cualquier momento cuando se afronten aspectos más avanzados de los *storyboard*. Así que, puede pasar directamente al capítulo siguiente o bien echar un vistazo a esta sección, pero no se obsesione con absorberlo todo. Solo permita a su cerebro ver qué hay aquí y después relájese y descanse hasta el capítulo siguiente.

***Figura** 7.78. ¡Bien hecho!*

Controladores de vista del storyboard, iOS 4 y cómo crearlos programáticamente

La pregunta que más me hacen estudiantes y conocidos por igual es si los *storyboard* serán compatibles con iOS 4. No estoy seguro de por qué tanta gente quiere saber esto. La verdad es que lo que hay que hacer es adoptar las nuevas tecnologías y seguir avanzando por territorios nuevos. En cualquier caso, la respuesta es no. Los *storyboard* nunca han sido, ni nunca serán, compatibles con iOS 4, puesto que están basados en clases de tiempo de ejecución que solo están disponibles en iOS 5 y Lion. La siguiente pregunta más popular es si es posible programar un *storyboard*. Bueno, esto es lo mismo que decir "vale, tengo un coche y puedo conducirlo, pero ¿puedo bajarme y empujarlo?"

No puedo entender por qué hay tanta gente que quiere cambiarlo o que pretende perder el tiempo mirando las tripas del sistema. Podría entenderlo en el caso de alguien que, tras dominar por completo los *storyboard*, encontrase grandes lagunas que quisiera salvar. Sin embargo, en el momento en el que escribo esto, los *storyboard* apenas llevan un poco de tiempo disponibles y ya hay gente que, sin haber hecho ni uno solo, ya quiere cambiarlos. No obstante, voy a responder a esta pregunta porque, para cuando el libro se haya publicado, es posible que la respuesta sea relevante.

Para responder a esto, es preciso ver los *storyboard* desde el punto de vista del tiempo de ejecución. Las transiciones y *segues* entre los controladores de vistas deben verse en tiempo de ejecución. En este punto, alguien podría destacar que de hecho existe un mecanismo para instanciar *segues* programáticamente.

- En primer lugar, para saber cómo programar y modificar programáticamente un *segue* existente, es preciso mirar el código fuente entre el controlador de vista actual y el controlador de vista de destino. Ése es el punto en el que podríamos lanzar el *segue* programáticamente con el método `performSegueWithIdentifier:sender:` de `UIView Contoller`.
- En segundo lugar, si no existe un *segue* entre los controladores de vista pero se ha definido un destino en el archivo de *storyboard*, estamos de suerte. En tal caso, se puede cargar el controlador de vista programáticamente con el método `instantiateViewControllerWithIdentifier:` de `UIStoryboard`. Hecho esto, es posible conectar el controlador de vista simplemente poniéndolo en una pila de navegación. Una advertencia: no intente acceder a él a través de Interface Builder. He visto cómo los Mac de algunos de mis estudiantes se colgaban completamente por eso.

- Por último, si el *storyboard* no está conectado al controlador de destino, podemos crearlo programáticamente. Sin embargo, el autor no ha explorado esto con la suficiente profundidad en la Web de desarrolladores de Apple. No se me ocurre por qué podría nadie querer hacerlo pero, en todo caso, eso está en la guía *View Controller Programming Guide for iOS* (Guía de programación de controladores de vistas para iOS).

Si desea entender bien los *storyboard*, es importante que recuerde dos cosas:

- La primera es que heredan de la clase `NSObject`.
- Y la segunda, que su *framework* está en `/System/Library/Frameworks/UIKit.framework`.

Lo más importante que quiero que entienda es que, ahora mismo, puede programar sin límite con lo que ya sabe sobre los *storyboard*. Es importante que tenga presente los fundamentos, y que los comprenda bien. Olvídese de manipular los *storyboard* programáticamente y úselos tal cual son, partiendo de los fundamentos. La primera función básica de los *storyboard* que debe recordar es que todos deben empezar con un controlador de vista inicial que represente el punto de partida de nuestra aplicación y que conecte con la interfaz de usuario. Esta será la primera pantalla que vea el usuario. En este caso, se ha tratado del controlador de vista My Story.

Si se producen errores, podría resultar deseable comprobar las transiciones del controlador de vista inicial en un archivo de *storyboard* diferente del archivo definido en el archivo `Info.plist` de la aplicación, bajo la clave UIMainStoryboardFile. Este no es otro que el controlador de vista inicial que se carga y se presenta automáticamente cuando se abre una aplicación.

En el capítulo siguiente

En el capítulo siguiente nos introduciremos en el mundo de la depuración (*debugging*) del código fuente. En primer lugar, daremos un repaso general al panorama de la depuración y hablaremos acerca de algunas de las herramientas que se utilizan en esta labor, qué significan, cuándo las podremos usar y, lo que es más importante, cómo podremos depurar el código utilizando una herramienta muy simple. Aprenderá a buscar un error en el interior de código fuente escrito en un capítulo anterior. Y lo que es más importante, se convertirá en un adepto al arte de la depuración, en lugar de verla como un pozo sin fondo, una labor sin final ni esperanza posible. Que se vayan preparando los errores que nos esperan en el capítulo siguiente.

Lite

8. Depuración del código

En este capítulo vamos a empezar a operar a un nivel más alto. Observará que utilizamos un enfoque diferente a la hora de enseñar la depuración del código fuente. Para que pueda entender la importancia de este capítulo, me gustaría que viese el camino que he seguido para presentarlo junto a sus ejercicios.

Así pues, ¿de qué va esto de la depuración de código? En 1988, en la Universidad de Montana en Bozeman, me encontré a mí mismo en mi primera clase de informática. Era muy divertido dejar, por un tiempo, de trastear con los aparatos electrónicos en el edificio de Ingeniería Eléctrica para dedicarse al software. Recuerdo que atravesábamos el campus en medio de grandes nevadas, a 20 bajo cero, para alcanzar el edificio de Informática. Durante mi clase de Pascal pasó algo sorprendente. Pascal es un viejo lenguaje de programación que aprendíamos para, luego, pasar a Fortran y, finalmente, a C, que era poco menos que un imperativo categórico para todos en Bozeman.

Recuerdo que estaba tratando de compilar un ejercicio de clase, y cada vez que lo intentaba, el código daba errores que relucían en verde sobre la pantalla negra. En aquellos días, no había indicación de cuántos errores se habían producido, ni de cuáles, ni de dónde podían estar. Solo salía el mensaje: *"ERROR: FAILED TO COMPILE"* ("ERROR: NO SE REALIZÓ LA COMPILACIÓN"). Como no fui capaz de arreglarlo, mi afición por los ordenadores empezó a venirse abajo de forma vertiginosa. Viéndome tan enojado, el profesor se dirigió inmediatamente a toda la clase y exclamó en voz muy alta: "Escuchen todos. No quiero ver a nadie molesto o enfadado como está Rory en su puesto. El código fuente ¡NUNCA SE COMPILA A LA PRIMERA! ¿Me oyen? El código fuente, ¡NUNCA!, se compila a la primera, ténganlo en cuenta".

Nunca he olvidado eso, en particular, ahora que veo a tantos estudiantes jóvenes de informática e ingeniería abandonar sus estudios durante el primer año, justo en el momento cuando llegan a los arrays y a la depuración de código.

También recuerdo algo que me enseñó mi tío cuando era niño en Durban, Sudáfrica, la ciudad donde nací. Estaba enseñándome a hacer surf sobre las grandes olas traicioneras y me dijo que si quería aprender a manejar olas de entre tres y seis metros, primero tenía que aprender a "ser barrido". Me decía: "Rory, no tengas duda de que te barrerán muchas veces. Y estarás bajo el agua 15 o 20 segundos. Así que es obligatorio que aprendas a sobrevivir a un gran barrido. De este modo, no tendrás miedo en el mar".

Nunca pensé que tardaría años en asociar esas dos situaciones análogas y sus lecciones. Después de aquello, comencé a hacer que mis estudiantes tomaran cierta cantidad de código que sabían que podían manejar y que introdujeran errores en él. Después, tenían que dárselo a algún compañero y guiarlo a medida que cada uno depuraba el código del otro.

A lo largo de los años, las herramientas de depuración han evolucionado y, de hecho, se han vuelto muy complejas e intimidatorias para los estudiantes. Con esto bien presente, he creado un *segue* para que le guste la depuración y se interese por las herramientas más complejas. Se encuentra en un momento en el que va a escribir más código que nunca antes. Cometerá errores, delo por hecho, y es mi intención prepararlo para que sea capaz de manejar esos tiempos difíciles. Así que le voy a dar la primera lección:

> **Nota:** *Se equivocará, seguro. Aprenda a equivocarse rápido, a sobrevivir y a volver a volar en seguida.*

Panorama de la depuración de código en Xcode

Cuando se asoma al panorama de la depuración de código, observará una sola herramienta sencilla que destaca sola entre una cierta cantidad de programas más complejos. En este capítulo, voy a utilizar esa herramienta sencilla para enseñarle a encontrar un error en el código que haya escrito. En la sección "Profundizando en el código", trataremos de las herramientas más complejas, pero también más potentes, de depuración. En esencia, se las presentaré y le mostraré cómo funcionan, cuándo usarlas y cómo aprender más acerca de ellas fuera de este libro.

Las herramientas de Xcode

Antes de empezar, quisiera hablar acerca de algunas de las herramientas de depuración más avanzadas, que dejaremos estar por ahora, pero sobre las que volveremos más adelante. Las herramientas de depuración de Xcode se han venido desarrollando sistemáticamente y proporcionan un conjunto de entornos de depuración muy útiles para localizar y eliminar errores con seguridad. En "Profundizando en el código", probaremos esas herramientas con algunas imágenes como referencia. Por ahora, solo las presentaremos brevemente.

Herramientas de Xcode: el editor de texto

La primera herramienta es el editor de texto, la cual nos proporciona la capacidad de depurar el código fuente directamente entre las líneas. Seguro que se ha dado cuenta de las pequeñas señales rojas con signos de exclamación que surgen cuando el código no se compila. El editor de texto nos permite añadir *break points* (puntos de ruptura), poner fichas en la pila de llamadas, acceder al valor de las variables con solo situar el cursor sobre ellas, ejecutar una sola línea de código, así como realizar las operaciones *step into* (entrar), *step out* (salir) y *step over* (saltar) sobre las llamadas a métodos o funciones.

Herramientas de Xcode: la ventana del depurador

La segunda herramienta que acompaña Xcode se conoce como la "ventana de depuración". Cuando se comienza a trabajar con código muy intenso o, simplemente, muy abundante, se utiliza mucho la ventana de depuración. Así, no solo proporciona las mismas características de depuración de código que el editor de texto con una interfaz tradicional, sino que nos permite ver nuestra "pila de llamadas" y las variables a ella asociadas. Suponga que tiene una pila llamada **dog**, y que las variables asociadas con ella son raza, sexo, edad y nombre. Si mirase a la pila y solo viese sexo, edad y nombre, sabría inmediatamente que falta la raza. Este simple ejemplo equivale a decir que la NASA dispara grandes trozos de metal al espacio, a veces con gente dentro. La ventana de depuración es un instrumento novedoso y potente que podría llegar a apreciar algún día.

Herramientas de Xcode: consola GDB

La tercera herramienta, llamada consola GDB, viene incluida en el IDE de Xcode. Es un depurador GNU basado en texto, con más funcionalidad que la ventana del depurador y una interfaz gráfica bastante decente, que facilita recorrer el código. Según mi experiencia, cuando vemos a desarrolladores volar a través del código en la consola de GDB, significa que tienen mucha experiencia en ello.

Herramientas de Xcode: salida de la consola y logs de dispositivo

El cuarto entorno de depuración proporcionado por Xcode simplemente interacciona con cosas que ya sabe que están sucediendo. Estoy seguro de que ha visto, cuando algún programa se cuelga, que iOS produce en su Mac entradas en los archivos de *log* que muestra en la consola de Xcode para informar del código que falla. Pues bien, también usted podrá generar mensajes de consola en sus aplicaciones iOS. Los desarrolladores recurren a menudo a la función `NSLog`, porque estos *logs* de consola les ayudan a depurar a un nivel más bajo.

Herramientas de Xcode: NSZombie

La quinta herramienta de depuración proporcionada por Xcode trata específicamente de las fugas de memoria. Antes de Xcode 4.2, era necesario monitorizar personalmente qué porciones de código estaban utilizando la cantidad establecida de memoria. Cuando se acababa con un fragmento de código, había que liberar la memoria de ese método o clase para que pudiera utilizarla la siguiente parte del código en ejecución. No obstante, dicho esto, es importante saber cuándo activar NSZombie en una porción de código.

Activar `NSZombieEnabled` nos permite ver *logs* que nos indican el estado de la memoria, en particular de la memoria desasignada, como se indica más abajo.

```
2011-09-10 20:01:12.8813 storyboard[2019:f2c] *** -[GSFont ascender]:
message sent to deallocated instance 0x127910
```

Herramientas de Xcode: Shark

La sexta herramienta de depuración es muy popular y, al igual que NSZombie, se destina específicamente a la depuración de las fugas de memoria. La diferencia está en que resulta muy divertido trastear con la amigable interfaz de usuario de Shark. Shark nos proporciona acceso a eventos de nivel de sistema, tales como interrupciones y memoria virtual. Podemos ver cómo cada hilo se comunica con los demás hilos del código y si la memoria se libera, se pierde o causa cuellos de botella durante las interacciones. Shark es una herramienta que, muy probablemente, verá en el curso de su trabajo con Xcode, así que, por ahora, recuerde al menos su nombre.

Herramientas de Xcode: Pruebas unitarias

La séptima y última herramienta la forman las pruebas unitarias o *unit testing*. Mediante pruebas unitarias, los directores de proyecto pueden configurar baterías de test que comprueben el código línea por línea para asegurarse de que todo funciona conforme se ha diseñado.

Si un director de proyecto no utiliza las pruebas unitarias y se da cuenta de que su proyecto, formado por 30 personas y más de 40.000 líneas de código, no funciona..., sabrá que es demasiado tarde para empezar a depurarlo. Las pruebas unitarias se emplean mayoritariamente en grandes proyectos de software con Xcode. Es necesario destacar la importancia que para las empresas y consultoras tienen las pruebas unitarias en los proyectos de software. Es muy probable que se exija experiencia con el diseño, implementación o control de pruebas unitarias en cualquier proyecto de software de cierta envergadura. Es recomendable, por tanto, invertir un cierto tiempo en su aprendizaje práctico a través de ejemplos. Las pruebas unitarias quedan fuera del alcance de este libro, pero aún así les dedicaremos algo de tiempo más adelante.

Nuestra herramienta: FileMerge.app

¿Recuerda lo de los barridos y las olas? Bien, pues `FileMerge.app` nos servirá para hacer eso mismo. Hace un tiempo, pensaba que sería suficiente con proporcionar acceso al código de todas las aplicaciones presentadas en este libro a mis estudiantes y a los lectores de mis libros, para que pudieran averiguar dónde estaban los problemas en su código. Me equivocaba. El mero hecho de descargar el código de la Web no era suficiente para resolver todos sus problemas. Como soy muy metódico, me gusta llevar un registro de casi todo y puedo decir que, durante el año pasado, he enviado más de 6.070 correos electrónicos de respuesta con un vínculo a mí código fuente. De entre las 6.070 personas que lo han recibido y descargado el código, 4.208 no fueron capaces de depurar su propio código fuente. Claramente, estaba haciendo algo mal y tenía que revisar mis métodos. Y lo hice.

Ofrezco mi respuesta en este capítulo, que muestra cómo descargar el código fuente y usar `FileMerge.app` para depurar su propio código fuente y encontrar los errores. En otras palabras, le enseñará a ser barrido por las olas o, en términos informáticos, sufrir cuelgues y errores de código.

En el capítulo anterior se introdujo el concepto de *storyboard*. Sin duda, resultó divertido arrastrar objetos por el área de diseño y conectarlos con *segues*. En este momento, va a empezar a añadir una gran cantidad de código fuente detrás de esos objetos para hacerlos más inteligentes. Y quiero decir "una gran cantidad de código fuente". Es preciso que aprenda a depurar con `FileMerge.app`, comparando mi código con el suyo. Esta es una lección que, insisto en ello, debe seguir con suma atención.

Switch-mistake: una lección en el arte de colgar aplicaciones

Vamos a revisitar el código del capítulo 6, pero esta vez no codificará la aplicación entera y, lo que es más importante, forzará un error. Después se bajará mi código fuente de la Web del libro, abrirá `FileMerge.app` y depurará el código. Se preguntará por qué no usamos directamente el código fuente de Switch y lo depuramos, la respuesta es triple:

- En primer lugar, como dije, no vamos a utilizar todo el código fuente que escribimos en el capítulo 6, y además lo tenemos que hacer en otro orden. Así que es necesario hacerlo desde cero, paso a paso, en este capítulo.
- En segundo lugar, los nombres en el código serán diferentes. Esto tiene que ser así para que el error no sea demasiado evidente, como explicaremos después.
- En tercer lugar, es bueno que practique rehaciendo una aplicación con la que ya está familiarizado. De este modo, sus errores y la depuración se convierten en el objetivo principal.

Inicio del proyecto

Así pues, lo primero es limpiar el escritorio y descargar el código fuente y las imágenes de la Web del libro.

> **Nota:** *Las instrucciones en los puntos que llevan a la introducción del error serán muy sucintas, por cuanto ya hemos hecho el ejercicio antes.*

1. Con el escritorio limpio y conteniendo solo las tres imágenes descargadas, abrimos un nuevo proyecto pulsando las teclas **Comando-Mayús-N**. Cuando aparezca el asistente de nuevo proyecto, como en la figura 8.1, seleccione la plantilla Tabbed Application (Aplicación con fichas).

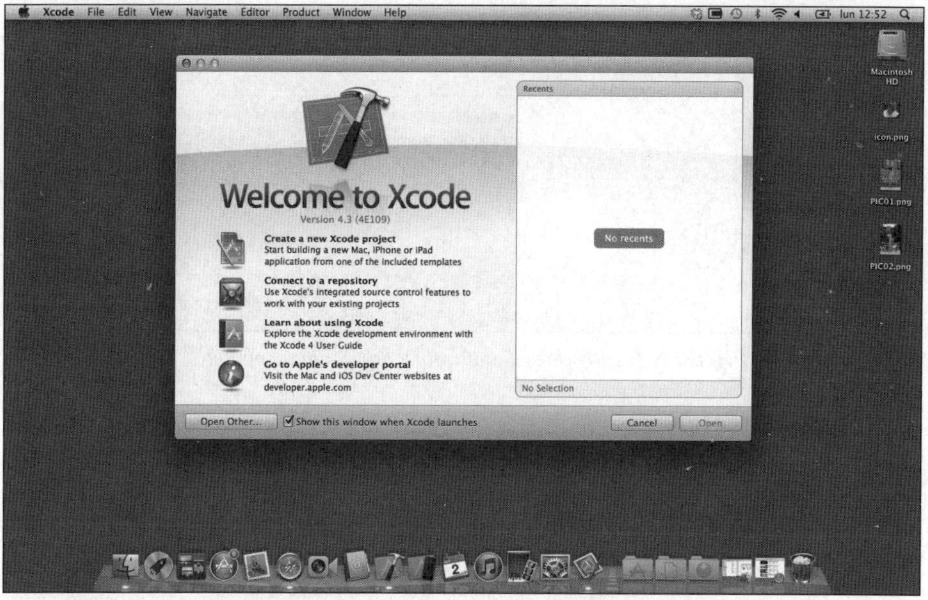

Figura 8.1. *Abra un proyecto Tabbed Application.*

2. Como se puede ver en la figura 8.2, introduzca **Switch-mistake** en el campo Product Name (Nombre de producto), seleccione iPhone en el cuadro de lista desplegable Device Family (Familia de dispositivos), elimine la marca de selección de la casilla de verificación Use Storyboard (Utilizar *storyboard*) y haga clic en **Next** (Siguiente) o pulse **Intro**.

3. Arrastre el icono de la aplicación, `icon.png`, desde el escritorio hasta la caja App Icon como se puede apreciar en la figura 8.3.

4. La figura 8.4 muestra el icono correctamente situado en su lugar. Normalmente, se suele determinar la imagen para el icono de la aplicación mediante la lista de propiedades `.plist`. En este caso, sin embargo, ha utilizado el método de arrastrar y soltar por segunda vez.

5. Arrastre las dos imágenes restantes a la carpeta `Supporting Files` (Archivos de soporte) como se puede ver en la figura 8.5.

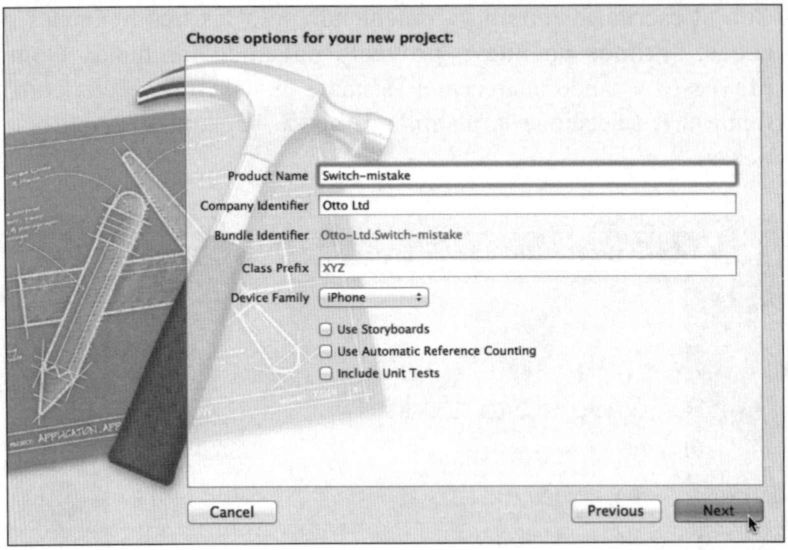

***Figura 8.2.** Introduzca el nombre de "Switch-mistake".*

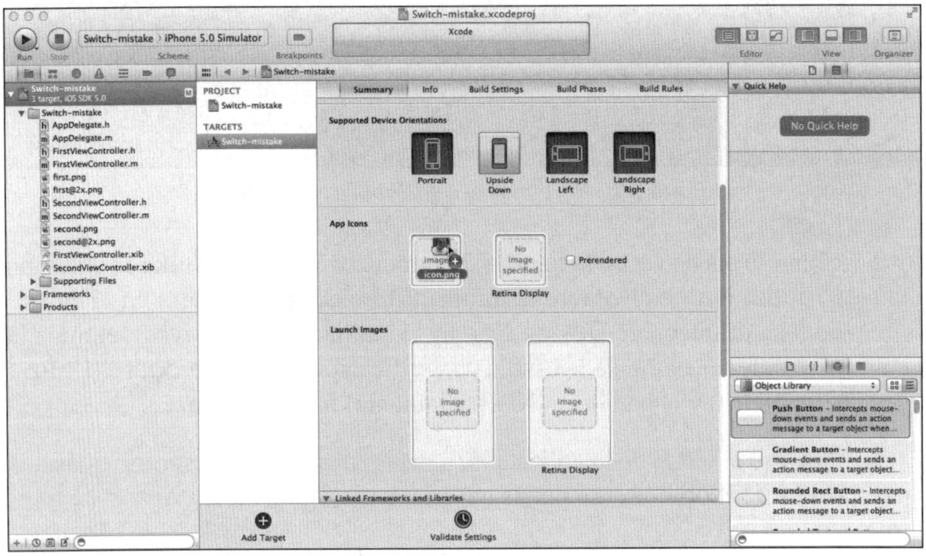

***Figura 8.3.** Arrastre el icono a la caja App Icon.*

6. Después de dejar las imágenes en la carpeta, asegúrese de marcar la casilla de verificación Copy items into destination group's folder (if needed) (Copiar los elementos a la carpeta del grupo de destino (si fuera necesario)). Asimismo, seleccione el botón de radio Create groups for any added

folders (Crear grupos para cualquier carpeta añadida) y verifique que el proyecto esté seleccionado bajo Add to targets (Añadir a los objetivos), como en la figura 8.6.

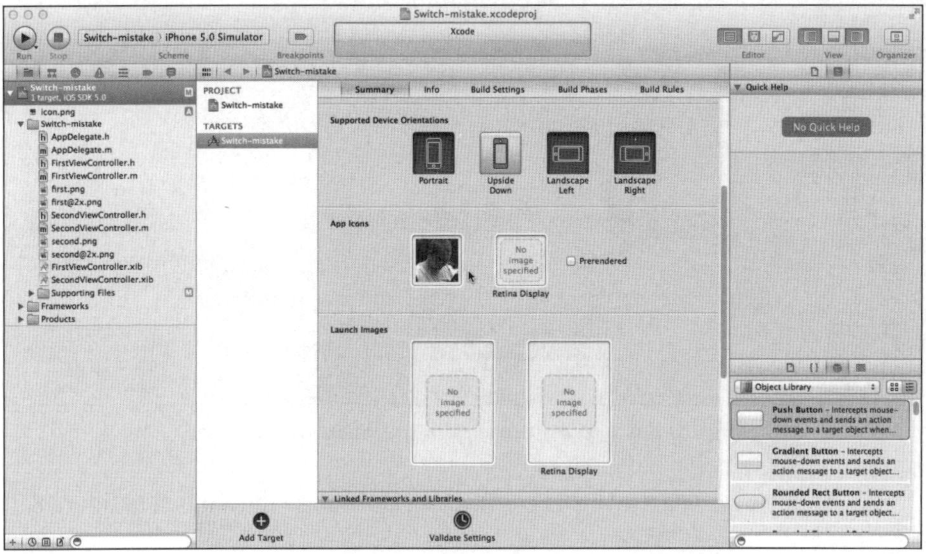

Figura 8.4. *El icono de la aplicación en su lugar.*

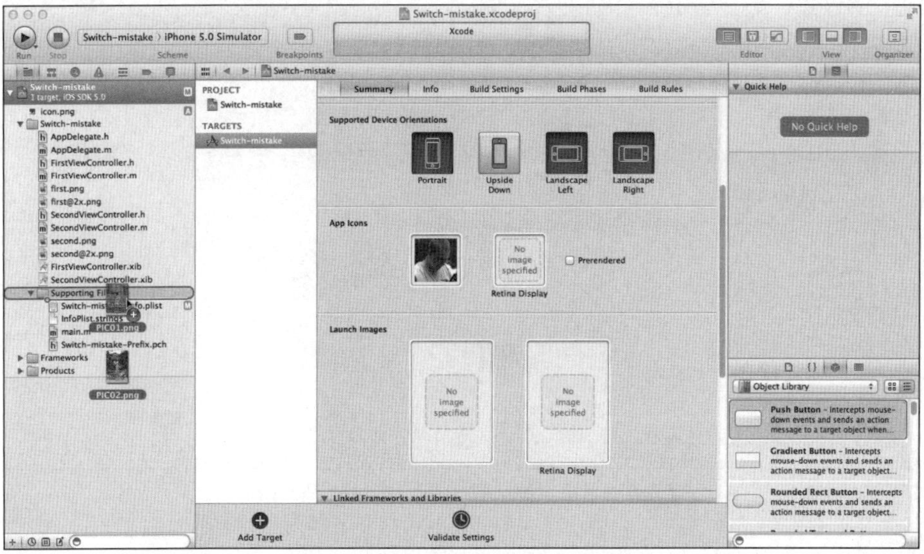

Figura 8.5. *Arrastre las dos imágenes restantes a la carpeta Supporting Files.*

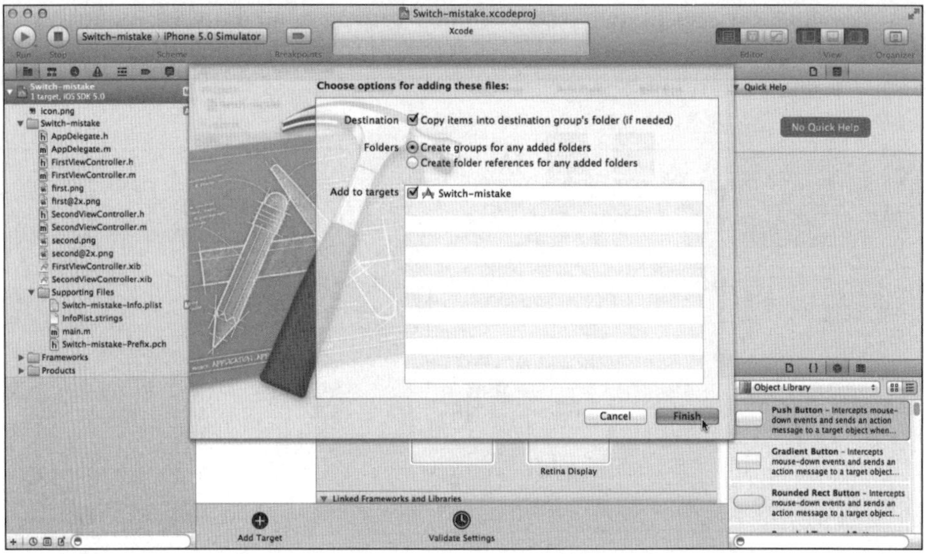

Figura 8.6. Crear grupos para las carpetas añadidas.

7. Abra `FirstViewController.xib` como se muestra en la figura 8.7.

Figura 8.7. Abra FirstViewController.xib.

8. Abra Utilities Inspector (Inspector de utilidades) como se muestra en la figura 8.8.

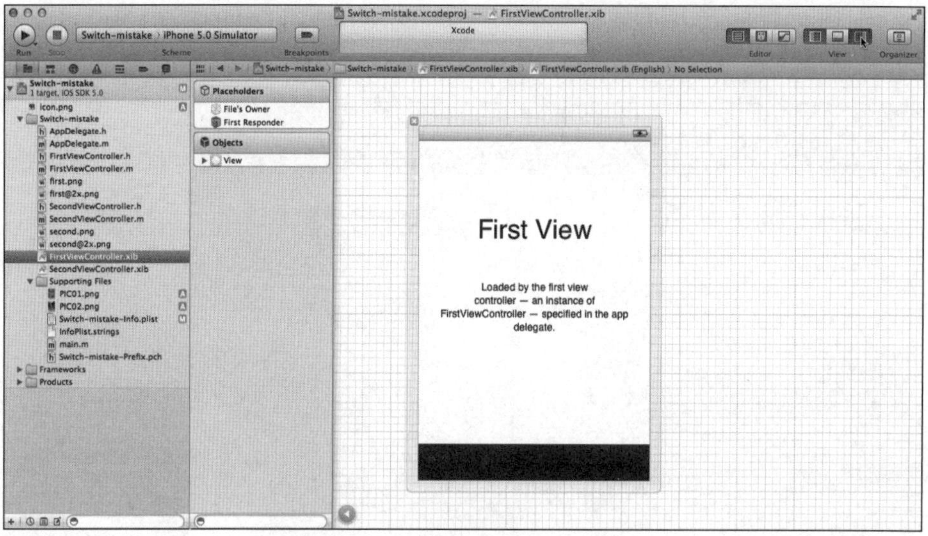

Figura 8.8. Abra Utilities Inspector.

9. Debe limpiar la primera vista, First View, para añadir su contenido, así que borre la etiqueta First View y la que tiene el texto que empieza "Loaded by the first view controller..."("Cargado con el primer controlador de vista..."). En la figura 8.9 podemos ver que la primera etiqueta ya ha sido borrada y que se va a borrar esta última.

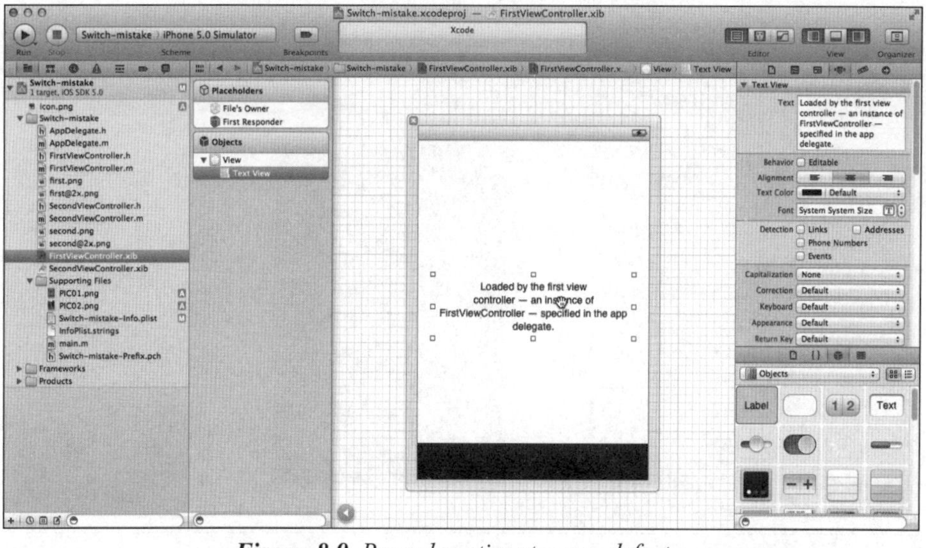

Figura 8.9. Borre las etiquetas por defecto.

10. Con el panel Utilities (Utilidades) abierto, arrastre una vista `UIImageView` sobre el área de diseño, como en la figura 8.10.

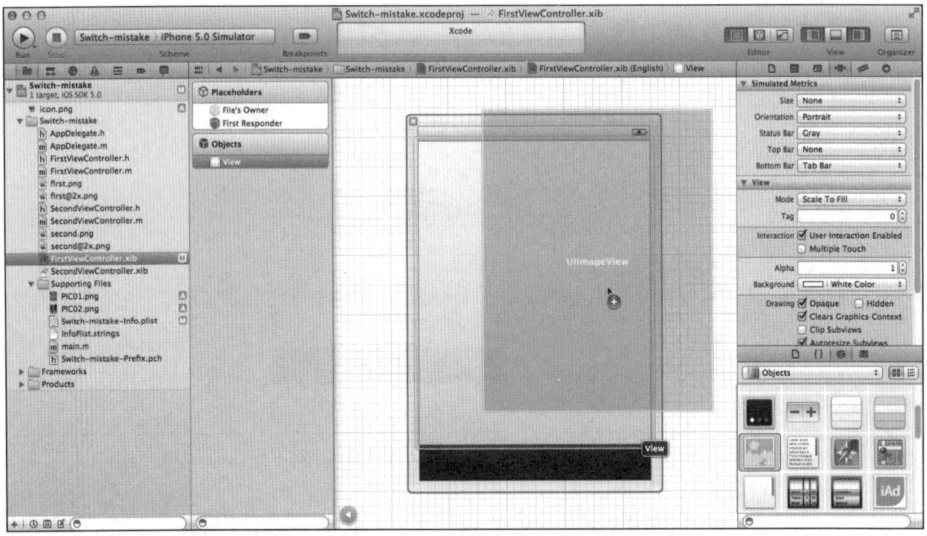

Figura 8.10. *Arrastre una vista UIImageView al área de diseño.*

11. Con la primera `UIImageView` seleccionada, diríjase al cuadro de lista desplegable Image (Imagen) en el panel Utilities (véase la figura 8.11) y seleccione el archivo `PIC01.png`.

Figura 8.11. *Asocie la imagen PIC01.png con First View.*

12. Como se puede ver en la figura 8.12, haga clic en Mode (Modo) y seleccione Bottom (Fondo) en la lista desplegable.

Figura 8.12. *Seleccione "Bottom" como modo de visualización.*

13. Abra el segundo controlador de vista, Second View Controller haciendo clic sobre el archivo `SecondViewController.xib` como en la figura 8.13.

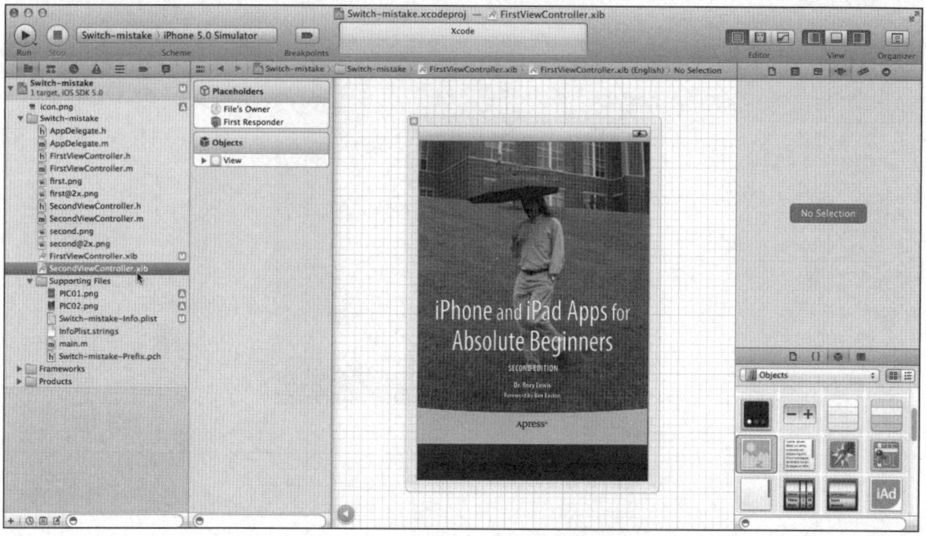

Figura 8.13. *Abra el segundo controlador de vista.*

14. En la figura 8.14, puede ver el comienzo del borrado de las etiquetas de la segunda vista, tal como se hizo con la primera.

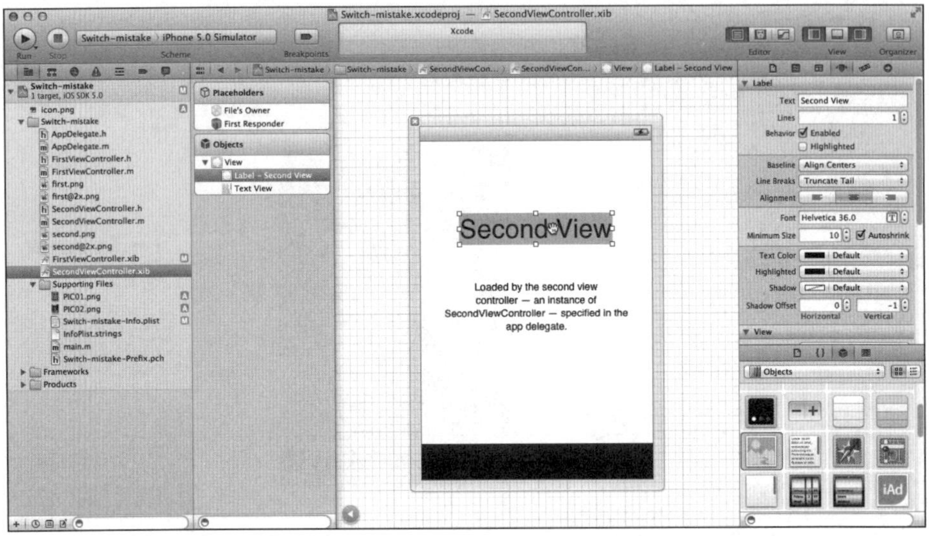

Figura 8.14. *Borre las etiquetas de la segunda vista.*

15. Cierre el panel Utilities (Utilidades) como se muestra en la figura 8.15.

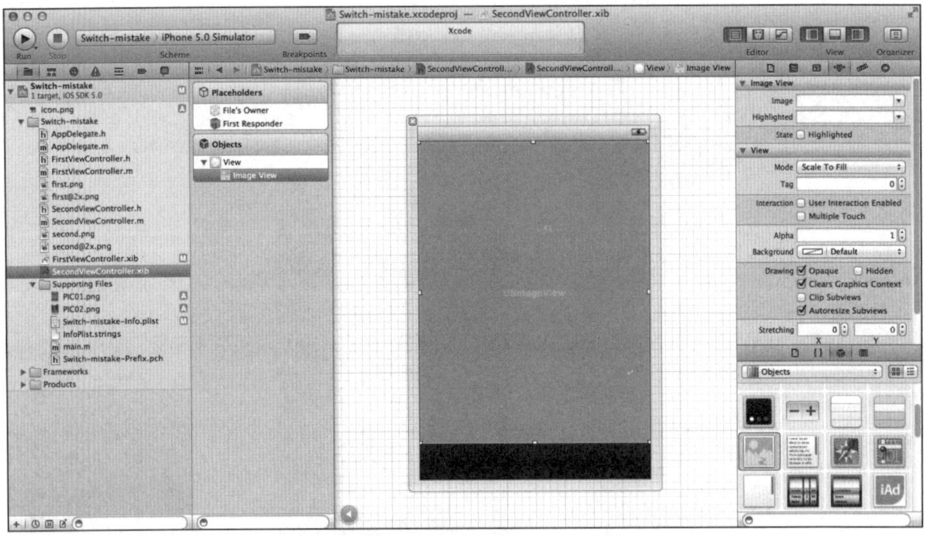

Figura 8.15. *Cierre el panel Utilities.*

16. Abra el Assistant Editor (Editor asistente) como en la figura 8.16.

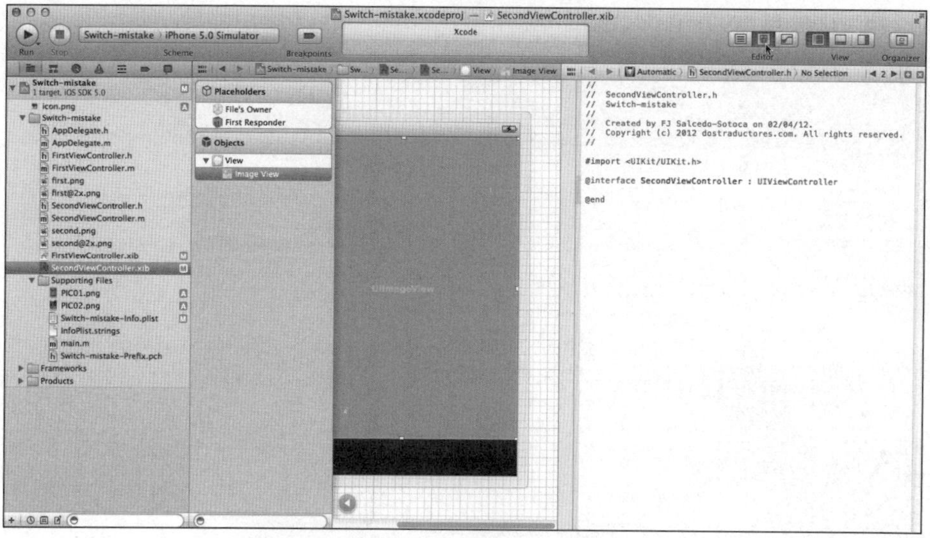

Figura 8.16. Abra el editor asistente.

17. Arrastre, manteniendo pulsada la tecla **Control**, sobre el archivo de cabecera de `SecondViewController` y configure un *outlet* llamado **myImage**.

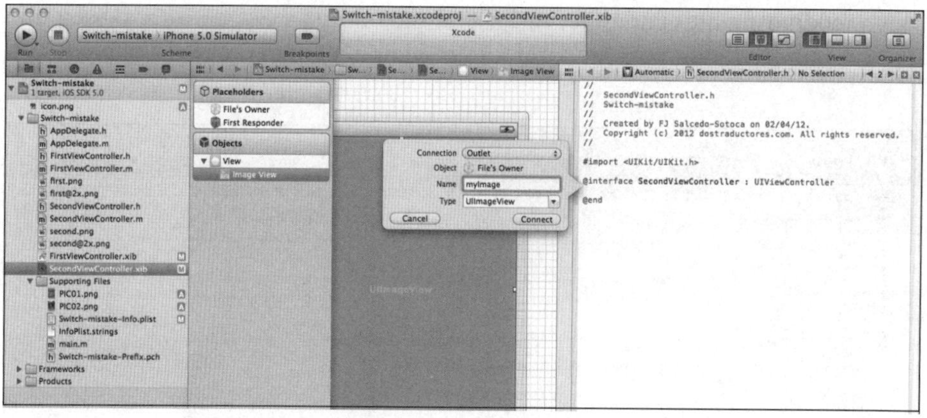

Figura 8.17. Configure un outlet llamado "myImage".

Creación del error (bug)

Ahora debe introducir el código fuente para el *outlet* que ha creado e introducir el error o *bug*, como se conoce en la jerga informática, para después depurarlo (obviamente, *debugging* es depuración).

18. Abra el archivo de implementación como en la figura 8.18.

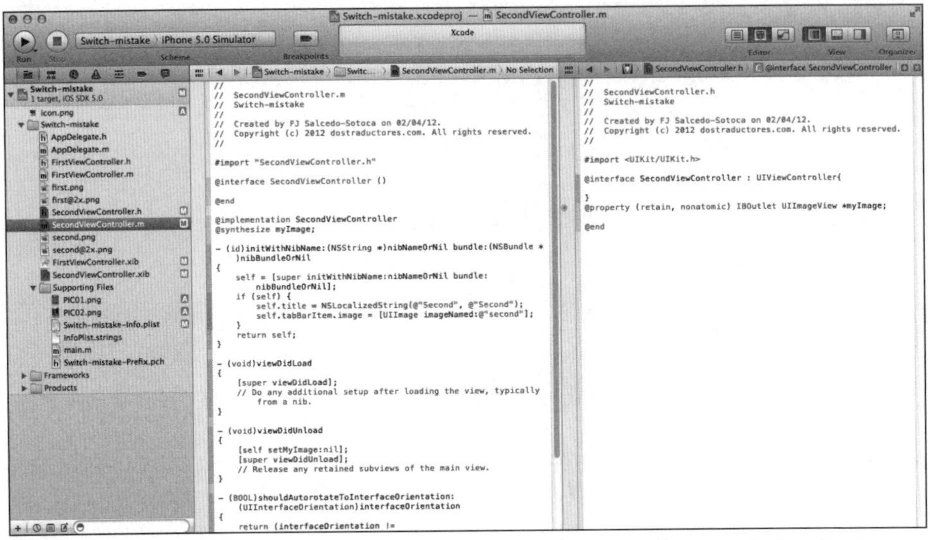

Figura 8.18. *Abra el archivo de implementación del segundo controlador de vista.*

19. Ahora va a hacer que First View cargue la foto incorrectamente mediante código fuente. Para ello, diríjase al método `viewDidLoad` y haga clic entre las llaves para empezar a introducir el código (véase la figura 8.19).

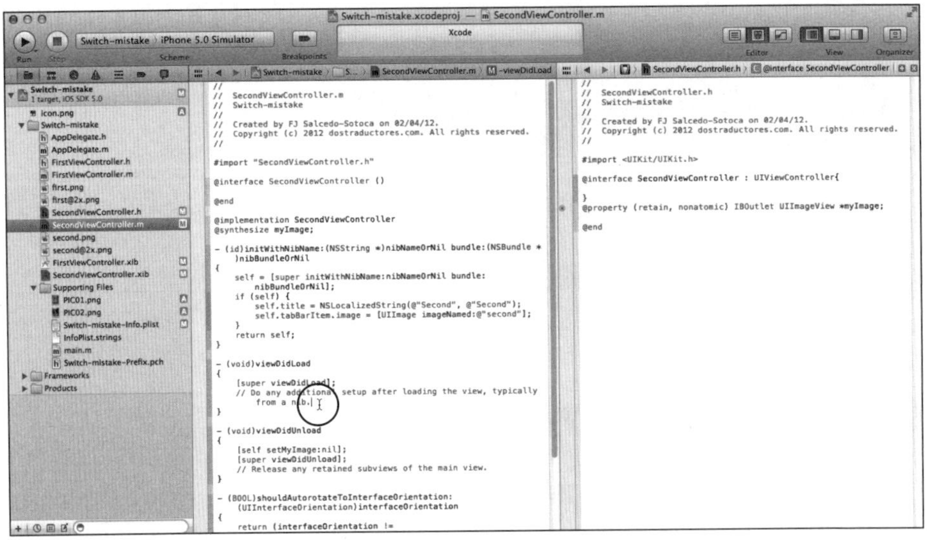

Figura 8.19. *Haga clic en el método viewDidLoad.*

Una vez abra `viewDidLoad`, fije la imagen `UIImage` en el archivo `PIC02.png`. Recuerde que ya configuró la primera vista con `PIC01.png` en Interface Builder. Hay que establecer el contenido, la imagen, para que se sitúe, escalado, en la parte inferior de la vista. Esto es un error, por supuesto, y será el *bug* que rastrearemos más adelante en el ejemplo. Este error no existe en el código fuente de la aplicación, y no lo introdujo en el capítulo 6, así que podemos utilizar aquel código para rastrear el problema comparando los archivos. Este *bug* no generará un error, pero se verá extraño cuando ejecute el código fuente, lo bastante extraño para servir de ejemplo en el que buscar el problema que insertamos y corregirlo. El código en el interior de `viewDidLoad` quedará como sigue:

```
- (void)viewDidLoad
{

   [super viewDidLoad];

   [myImage setImage:[UIImage imageNamed:@"PIC02"]];
   [myImage setContentMode: UIViewContentModeScaleAspectFit];
}
```

Así, vamos a hacer como que no sabemos que es `UIViewContent ModeScaleAspectFit` quien nos va a hacer la vida imposible.

20. Como se muestra en la figura 8.20, cuando ejecutamos la aplicación y observamos la primera vista, todo está correcto.

Figura 8.20. *Ejecute la aplicación.*

21. No obstante, la segunda vista se ve mal. Observe las dos bandas blancas a los lados de la imagen en la figura 8.21.

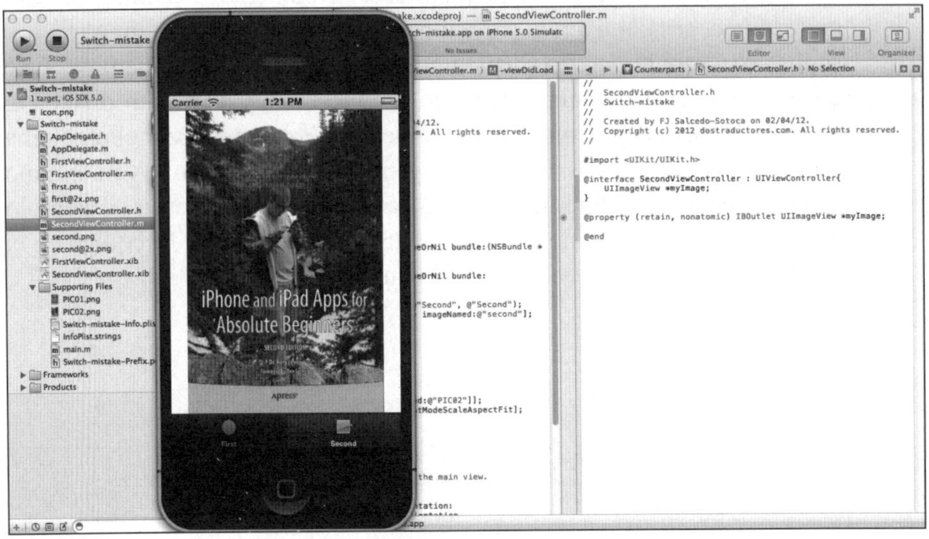

Figura 8.21. *¡Houston! Tenemos un problema.*

Comparar los códigos fuente

Ahora va a comparar su código con el mío para ver qué ha podido pasar.

22. En la página Web del libro, descargue el archivo ZIP con el código fuente y déjelo en el escritorio. Después (véase la figura 8.22) descomprima la carpeta con el código fuente y déjela también en el escritorio. Asegúrese de que tiene localizado el archivo `SecondViewController.m`.

23. Como se ve en la figura 8.23, debe localizar el archivo `FileMerge.app`. Para ello, en el Finder, pulse las teclas **Comando-N** para abrir una nueva ventana. De este modo conservará abierta la ventana con el contenido de la carpeta descomprimida y el archivo `SecondViewController.m` bien visible y listo para arrastrarlo sobre `FileMerge.app` cuando lo ubique en esta nueva ventana.

24. Para llegar al archivo `FileMerge.app`, debe abrir la carpeta `/Developer`. Para ello, pulse las teclas **Comando-Mayús-G** e introduzca **/Developer** en el campo Ir a carpeta del menú desplegable (véase la figura 8.24). Después pulse **Intro**.

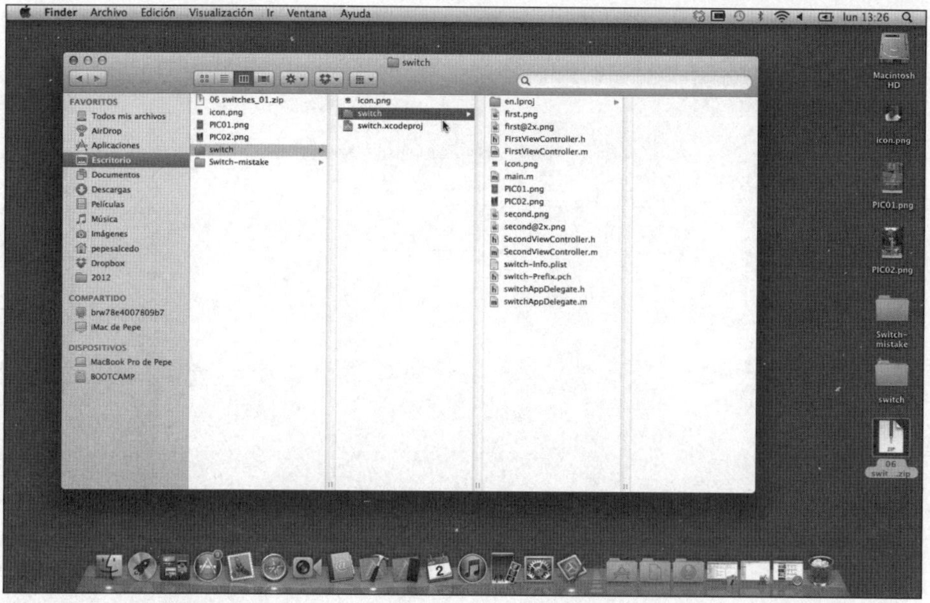

Figura 8.22. *Descomprima la carpeta con el código fuente en el escritorio.*

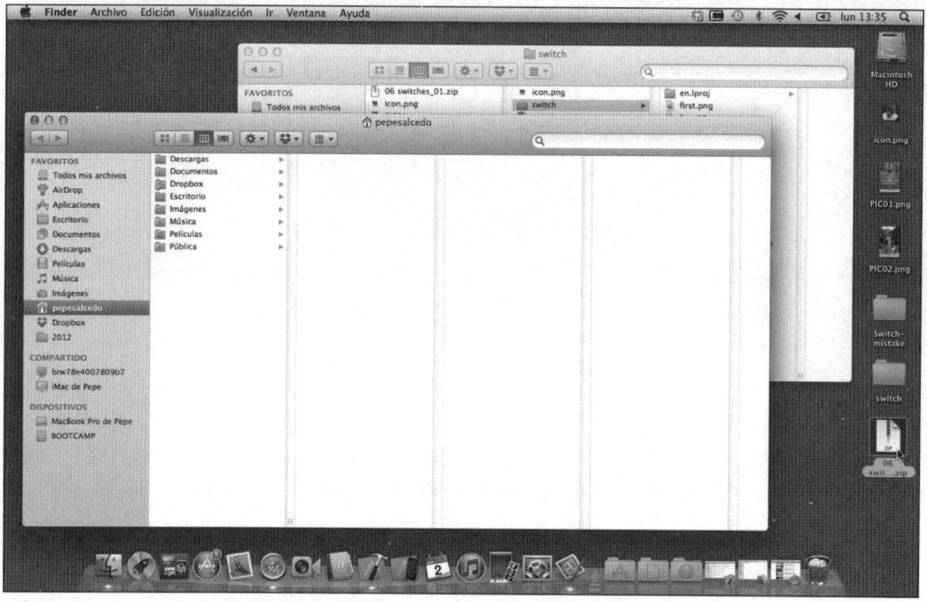

Figura 8.23. *Abra una nueva ventana del Finder.*

25. Una vez en la carpeta `Developer`, diríjase a `Applications/Utilities/FileMerge.app` y ábrala (véase la figura 8.25).

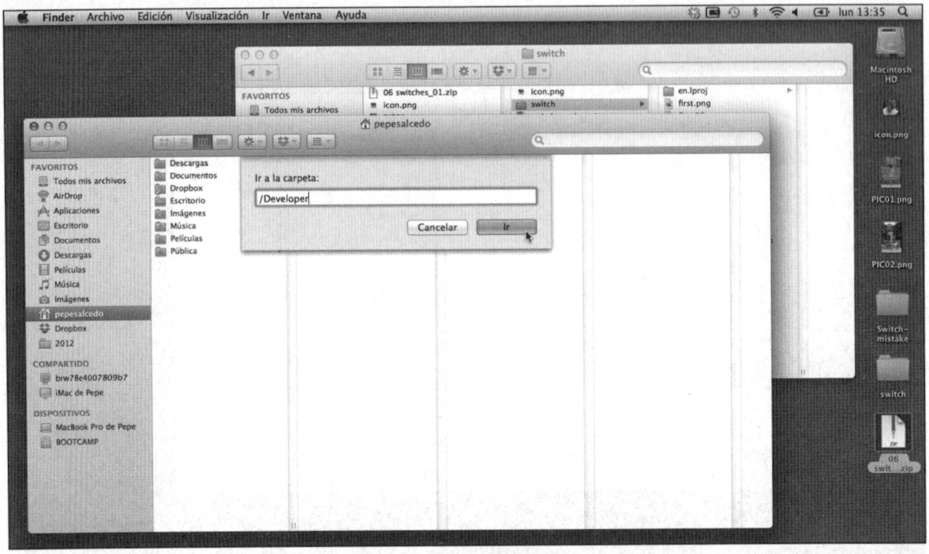

Figura 8.24. Diríjase a la carpeta Developer.

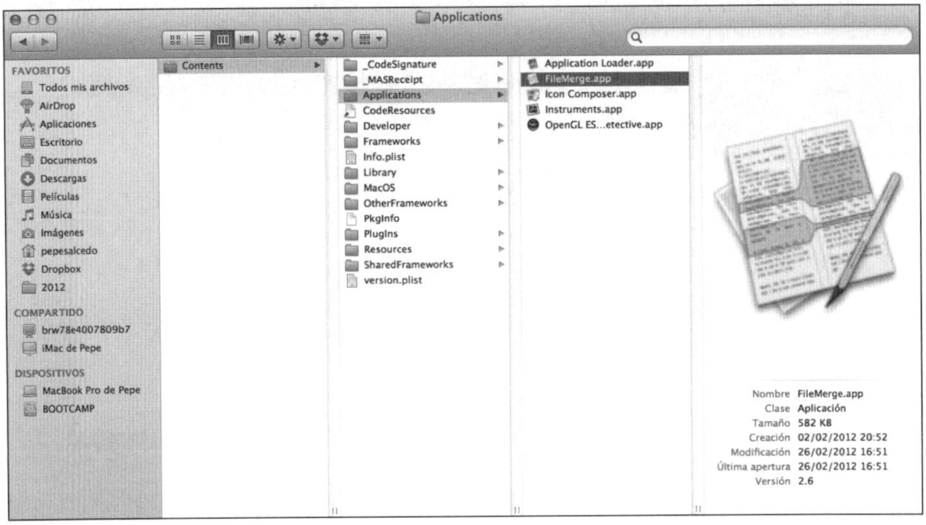

Figura 8.25. Diríjase a la aplicación FileMerge.app.

26. Como puede ver `FileMerge.app` carece del relumbrón de otras aplicaciones. Parece sencilla, pero hace bien su trabajo. En esencia, lo que va hacer es arrastrar el código fuente de su archivo `SecondViewController.m` al cuadro Left (Izquierda) y, luego, el código fuente correcto al cuadro Right. En la figura 8.26 se puede ver la aplicación `FileMerge.app` abierta.

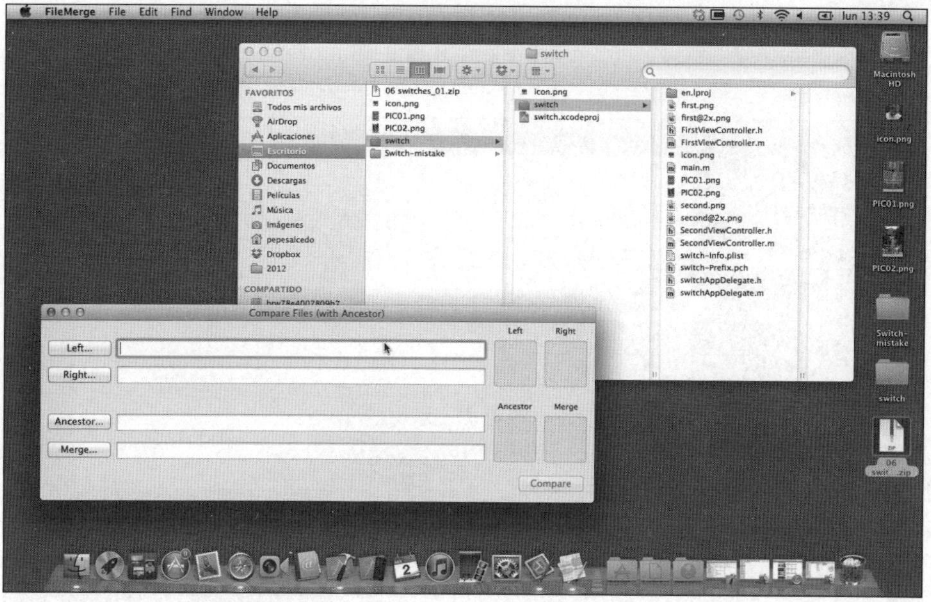

Figura 8.26. La aplicación FileMerge.app abierta.

27. La figura 8.27 muestra la carpeta que contiene su archivo `SecondView Controller`. Debe arrastrarlo a `FileMerge.app`, al recuadro **Left**.

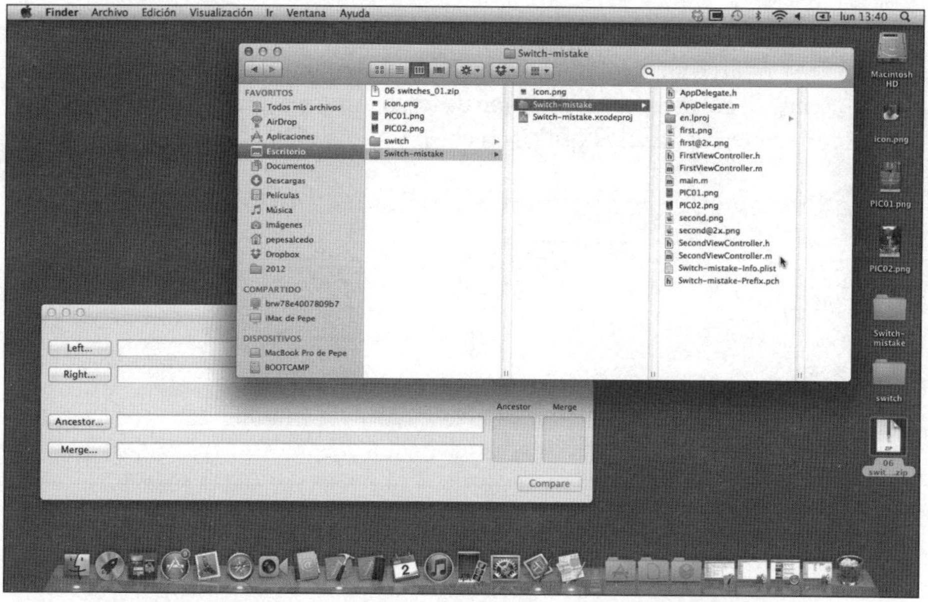

Figura 8.27. Abra la carpeta contenedora de SecondViewController.

28. En la figura 8.28, puede ver cómo se arrastra el archivo `Second ViewController.m` sobre el panel **Left** de `FileMerge.app`.

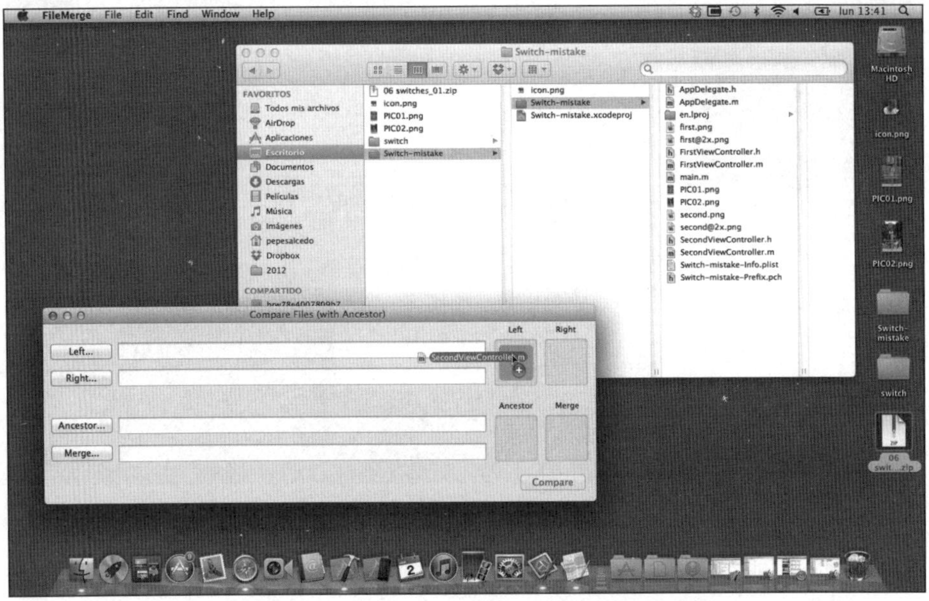

Figura 8.28. Arrastre el archivo SecondViewController.m al recuadro "Left".

29. Como se puede ver en la figura 8.29, cuando se arrastra `SecondView Controller.m` sobre el recuadro **Left** (Izquierda), aparece la dirección completa del archivo en el campo de texto. Ahora es preciso situar el archivo correcto en el panel **Right** (Derecha).

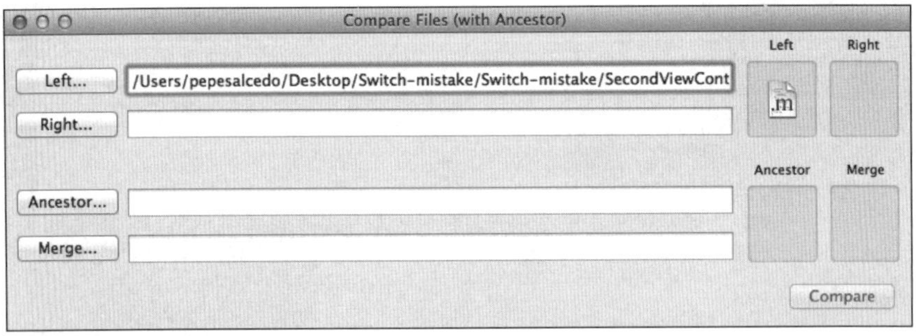

Figura 8.29. El archivo SecondViewController.m situado en su recuadro correspondiente.

30. Ahora arrastre el código fuente correcto desde el archivo descomprimido hasta `FileMerge.app`, como en la figura 8.30.

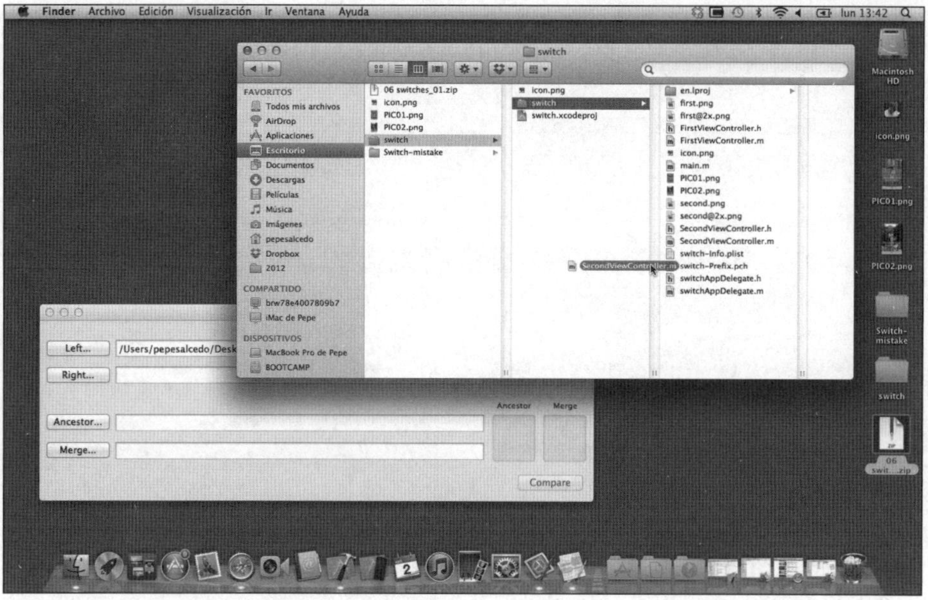

Figura 8.30. Arrastre el código correcto sobre FileMerge.app.

31. En la figura 8.31, puede ver los dos archivos situados correctamente en los recuadros de `FileMerge.app`. Ahora debe hacer clic en el botón **Compare** o pulsar la tecla **Intro**.

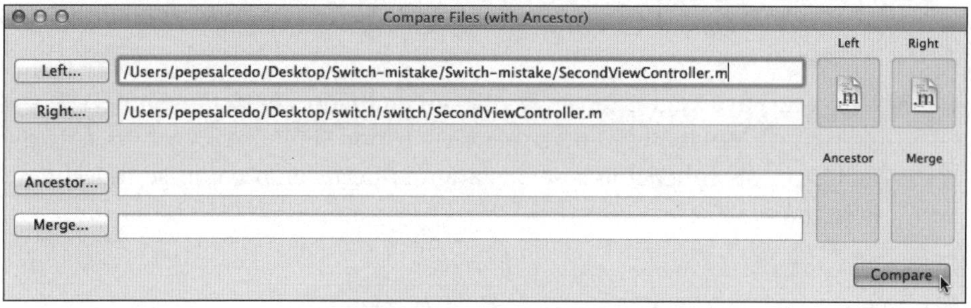

Figura 8.31. Compare.

32. Como puede ver en la figura 8.32, una vez que `FileMerge.app` se abre, aparecen algunas líneas de texto que son claramente diferentes, como su nombre y el mío, su fecha y la mía, etc. Sin embargo, más abajo, en el método `viewDidLoad`, puede ver dónde cometió el error. Como ve, debería ser `UIViewContentModeBottom` en vez de `UIViewContentMode ScaleAspectFit`. Cámbielo.

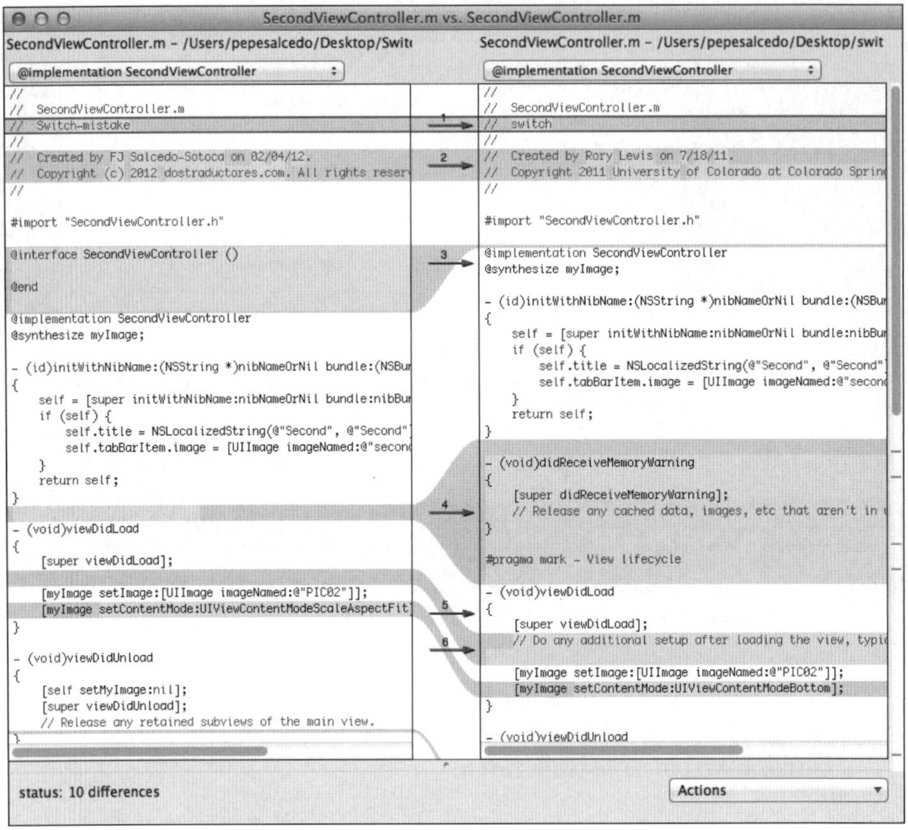

Figura 8.32. FileMerge.app haciendo su trabajo.

33. Una vez haya regresado a Xcode y cambiado correctamente `UIView ContentModeScaleAspectFit` por `UIViewContentMode Bottom`, su aplicación se ejecutará a la perfección como se muestra en la figura 8.33.

Profundizando en el código

La herramienta más utilizada de Xcode, de largo, son los *breakpoints* del editor de código. Ejecutar la aplicación y ver cuál es el estado del código en cada *breakpoint* puede ilustrar si una variable se reconoce, cuál es el retorno, etc. Los *breakpoints* son muy potentes. Para añadir un *breakpoint* a una línea, haga doble clic en el margen del código fuente, a la izquierda, mantenga el botón del ratón y seleccione el botón +. Marque la casilla de verificación Continue (Continuar) si no desea que el depurador pare realmente la ejecución del código en dicho punto. La enseñanza en profundidad de los *breakpoints* es asunto de libros más avanzados que este.

Figura 8.33. *¡Todo correcto!*

La consola del depurador

La siguiente herramienta de depuración más utilizada es la consola del depurador. Es una manera eficiente que tienen los desarrolladores de comunicarse con el GDB (*The GNU Project Debugger*).

Para utilizarla en Xcode, diríjase al menú Run (Ejecutar) o pulse **Comando-Mayús-R**. También puede seleccionar Edit Active Scheme en el menú emergente Scheme para seleccionar, o bien el compilador LLVM (*Low Level Virtual Machine* o Máquina virtual de bajo nivel), o bien el depurador GDB bajo el Run item (Ejecutar elemento) en la columna izquierda. Yo suelo preferir el compilador LLVM porque es ahí donde las nuevas *red flags* (literalmente, banderas rojas) de Fix-it hacen su trabajo (véase la sección siguiente).

Para la mayor parte del código de este libro, el LLVM resultará adecuado. No obstante, si prefiere utilizar GDB, puede dirigirse al panel Info y seleccionar este depurador en el menú emergente Debugger (Depurador). Para ver la salida y escribir los comandos de GDB, asegúrese primero de que la ventana de salida está abierta y después de que ha hecho clic en el botón central de los tres que forman el grupo View.

Fix-it

Dando por hecho que va a decantarse por LLVM, diremos que Fix-it (literalmente, "arréglalo") escanea su código fuente a medida que va escribiéndolo y marca los errores de sintaxis con un subrayado rojo y una banderita roja en el margen. Se puede leer el mensaje de Fix-it haciendo clic en este símbolo. Aquí podrá leer los motivos que lo llevan a indicarle un posible error de sintaxis. A menudo, Fix-it repara automáticamente los errores más pequeños.

Documentación

La herramienta siguiente entre las más extendidas, gracias a su fácil disponibilidad, es la documentación de Xcode. Todo lo que hay que hacer es abrir la ventana Organizer (Organizador) pulsando las teclas **Comando-Mayús-2**, hacer clic en el botón Documentation (Documentación) situado en la barra de herramientas y después hacer clic en la barra de navegación para recorrer la documentación (véase la figura 8.34).

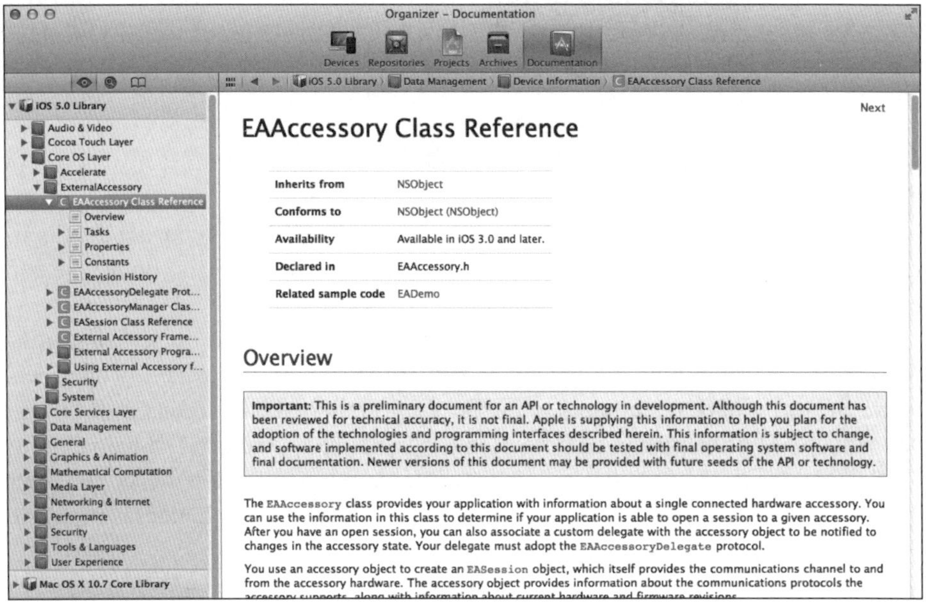

Figura 8.34. *La ventana Organizer.*

Xcode proporciona también ayuda en línea para el IDE. Para acceder a la misma, hay que hacer clic en el triángulo de cierre situado junto a la ayuda de Xcode en el navegador de documentación, o bien seleccionando Help>Xcode

Help (Ayuda>Ayuda de Xcode). Como comprobará, la mayoría de los documentos de ayuda en línea están acompañados de un vídeo. También conviene saber que muchos de los artículos de la ayuda están disponibles también como ayuda contextual, como se explica (en inglés) en la Web de Apple `http://bit.ly/oY2jG9`. Esto significa que los artículos de la ayuda son accesibles desde menús emergentes que se obtienen haciendo **Control-clic** sobre las principales zonas del área de trabajo (*workspace*) o en la ventana `Organizer`.

La ayuda rápida, *Quick Help*, en Xcode 4.2 y siguientes es más potente de lo que lo ha sido nunca antes. En este punto, nos limitamos a surcar rápidamente los tutoriales, pero más adelante los encontrará realmente útiles según vaya evolucionando como programador.

Para abrir la ayuda rápida en Xcode, tiene que hacer **Opción-clic** sobre el elemento del que desee ayuda (véase la figura 8.35).

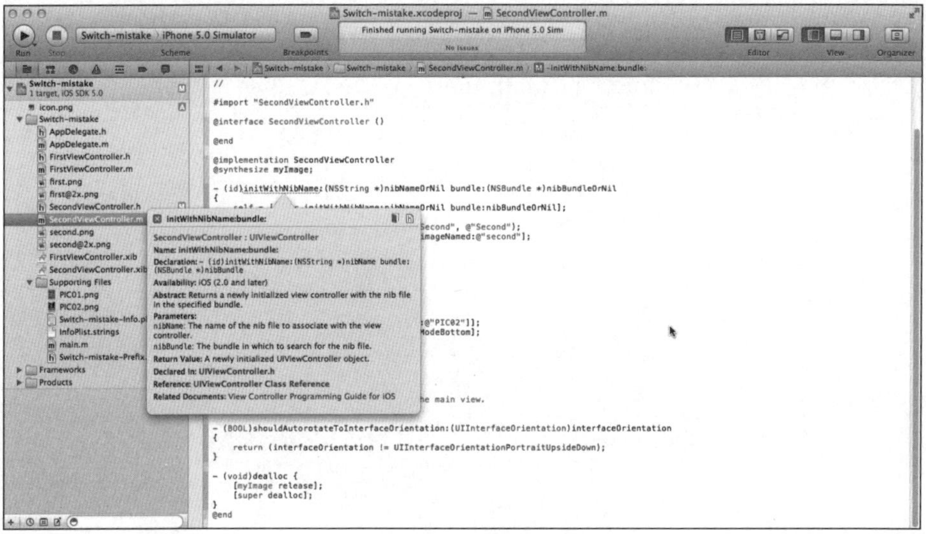

Figura 8.35. *Quick Help.*

Análisis estático

El análisis estático de Xcode 4.2 le permite analizar, depurar y editar el código fuente en la propia ventana del área de trabajo. Para ello, basta con seleccionar el proyecto que quiera depurar en el navegador de proyectos y después seleccionar Product>Analyze (Producto>Analizar). El analizador recorrerá el código fuente y el navegador abrirá una lista con los incidentes encontrados. Finalmente, unas flechas azules le indicarán dónde están los errores.

En el capítulo siguiente

En el capítulo siguiente, veremos cómo combinar dos potentes herramientas de iOS 5, los *storyboard* y MapKit, para desarrollar aplicaciones de iPhone e iPad. Se trata de una sencilla aplicación con una gran curva de enseñanza y aprendizaje detrás.

Esta aplicación que va a desarrollar simplemente muestra un alfiler en un punto con latitud y longitud previamente determinadas. Lo más importante de todo esto es cómo vincular los *storyboard* con MapKit.

Lite

9. MapKit & Storyboarding

He deseado escribir este capítulo sobre MapKit y los *storyboard* desde que concebí este libro. Éste y los dos capítulos siguientes son la culminación de nuestro trabajo conjunto. Nuestro viaje casi ha terminado y lo suyo es que lo acabemos a lo grande. Confío en que la integración del *framework* MapKit, los *storyboard*, las vistas `TableView` e iTunes no lo van a defraudar. No es éste un asunto baladí. Nuestro viaje de los próximos tres capítulos discurrirá del siguiente modo: este capítulo tratará de los *storyboard* y el *framework* MapKit; el capítulo 10 tratará de los *storyboard*, las vistas de tabla y el *framework* MapKit; y, por último, el capítulo 11 tratará de los *storyboard* e iTunes Store, que es el lugar en el que publicará sus aplicaciones. En resumen, veremos cómo las aplicaciones más interesantes incorporan los *storyboard*, el *framework* MapKit, las vistas de tabla, Internet e iTunes Store.

En este capítulo, veremos que algunas de las aplicaciones de mayor éxito están basadas en el *framework* MapKit. Situaremos este *framework* sobre los *storyboard* en lo que supone un gran hito. La principal razón por la que he reservado estos conceptos para el final es que requieren cierta experiencia para que no sobrepasen al estudiante. Mi experiencia con los estudiantes novatos me enseña que siempre que he cedido a su entusiasmo y he intentado enseñar MapKit a mitad de un semestre, lo único que he conseguido es hacerlos darse contra un muro.

Aunque MapKit nos proporciona los medios para escribir aplicaciones muy potentes, también demanda un buen conocimiento de sus métodos, clases y *frameworks*. Incorporar esto a los *storyboard* incrementa el nivel de desafío. En su origen, este libro no tenía previsto incluir todos estos conceptos, pero al final no podía escribir el libro y dejar fuera MapKit.

Así pues, antes de que empecemos, tenemos que sentarnos y revisar unas cuantas cosas. MapKit, como herramienta, está formado por un conjunto complejo de utilidades y dispositivos. No obstante, cubriremos los aspectos básicos y aprenderemos a usarlos con los *storyboard* para navegar con éxito por los contenidos de este capítulo. Hablaremos, en primer lugar, de los *frameworks* y las clases. Después veremos lo que MapKit puede hacer por nosotros sin tener que escribir ni una línea de código. Más tarde, profundizaremos en ejemplos de otros programadores que usan MapKit y aprenderemos lo más posible de ellos. Ya hemos visto antes los *storyboard*, pero ahora les vamos a añadir funcionalidades innovadoras. Después de afianzar nuestros conocimientos de los métodos y una vez hayamos aprendido lo bastante de los *frameworks*, las clases y el resto de tecnologías de MapKit, abordaremos el ejercicio.

En la última parte del capítulo, tendremos un extenso apartado "Profundizando en el código". Allí, en lugar de finalizar con una ecléctica mezcla de referencias técnicas, presentaré los proyectos de tres de mis estudiantes, relacionados con MapKit. Tengo la esperanza de que, cuando vea de lo que han sido capaces estos estudiantes, no le asuste abordar nuevos desafíos.

Mi objetivo es que todos los lectores lleguen a un lugar en el que puedan decir: "Ya he programado una aplicación básica de MapKit para iPad con *storyboard* y soy capaz de entender cómo puedo avanzar con confianza hacia la coordinación de los *storyboard*, las vistas de tabla y el *framework* Mapkit en el capítulo 10".

Lo básico de los frameworks

Después de que lo despidieran de Apple, Steve Jobs fundó la empresa NeXT Computer. A principios de los años 90, su empresa produjo unos ordenadores negros con un diseño extraordinario que me pusieron verde de envidia. Unos cuantos de mis profesores universitarios tenían máquinas NeXT, lo que me permitió conocer sus capacidades. Lo más importante de todo esto no eran los ordenadores bien diseñados, sino que estos usaban un lenguaje llamado Objective-C. Jobs se dio cuenta de que, si bien era difícil programar en este lenguaje, el código fuente que producía era muy eficiente en términos de comunicación con el microprocesador. Bien, ¿qué tiene esto que ver con MapKit?

Lo que NeXT hizo fue crear *frameworks* con el complejo código fuente Objective-C, que podemos ver como las herramientas que un carpintero tiene en su caja de herramientas. Cuando usemos MapKit, estaremos incorporando a nuestro código fuente un *framework* de herramientas relacionadas con los mapas.

En este punto, incorporaremos dos *frameworks* en Xcode que no habíamos usado antes. Uno de ellos es el *framework* CoreLocation, que se encarga de localizarnos geográficamente. Y el otro será MapKit, que hace posible interaccionar con mapas de muy distintas formas.

Como sabemos, la manera que tienen los usuarios de interaccionar con sus dispositivos iOS es completamente distinta de cualquier cosa que hayamos visto antes. Antes de la llegada de estos dispositivos, el 99% de la interacción con los ordenadores se realizaba a través del teclado y el ratón. Los ejemplos anteriores nos han permitido ver que se emplean aquí unos métodos y clases únicos para pasar de pantalla a pantalla y para saber qué toca un usuario en la pantalla con cualquiera de los múltiples gestos implementados. A este formidable juego de herramientas, vamos a añadir ahora los *frameworks* CoreLocation y MapKit.

La mayoría de la programación que hemos hecho hasta ahora ha sido relativamente transparente. Sin embargo, en este capítulo no será tan perceptible. Vamos a tener que mantener viva la concentración para poder seguir al pie de la letra el modo en que MapKit sabe dónde nos encontramos en un mapa. Examinaremos cómo es capaz de seguir las interacciones de nuestros dedos en la pantalla y cómo nos ubica en las distintas pantallas asociadas con los mapas.

Una de las áreas centrales del desarrollo para iOS es el manejo de eventos o *event handling*. Como este apartado suele normalmente confundir a mis estudiantes, haré cuanto esté en mi mano para que todos nos centremos solo en lo que es preciso saber de todo esto. Si logramos una comprensión firme de los conceptos relativos a *frameworks* y clases, no percibiremos la sobrecarga de tener que preocuparnos del manejo de eventos. Podemos hacernos una idea de la escala de esto si consideramos que mientras que una parte de nuestra aplicación se encarga de interaccionar tanto con los mapas como con los satélites GPS, otra debe estar siempre pendiente de cuándo el usuario va a dirigir el programa a un nuevo evento.

Cosas importantes que hay que saber

Hay tres cosas importantes que se deben conocer acerca de los fundamentos de las aplicaciones iOS que usan *storyboard* y mapas. Estas dos aplicaciones críticas en el capítulo 9 y 10 dependen de cuatro importantes tecnologías: *storyboard*, MapKit, CoreLocation y la clase de referencia `MKAnnotationView`. Como ya he indicado anteriormente, no vamos a entrar en el funcionamiento interno de estas sofisticadas herramientas, sino más bien en cuándo debemos utilizar cada una de ellas. Entre otras cosas, estas herramientas nos permiten crear, sin esfuerzo, un bello flujo de tecnología en nuestras aplicaciones, con los *storyboard*, los mapas, las anotaciones e incorporando geocodificación, que funciona con longitud y latitud, e interaccionar con nuestra ubicación a través de CoreLocation.

Cuando deseemos interaccionar sin esfuerzo con Google Maps, utilizaremos el *framework* MapKit proporcionado por Apple. Cuando queramos obtener nuestra ubicación o hacer cosas interesantes utilizando la tecnología de satélite GPS, con Google Maps, usaremos el *framework* CoreLocation. Cuando vayamos a unirlo todo y presentárselo integrado al usuario, tomaremos toda la tecnología mencionada y la situaremos en *storyboard*. Por último, cuando queramos poner alfileres en un mapa, crear referencias, dibujar marcas o insertar una imagen de nuestro perro que indique dónde está en el mapa, cosas que llamaremos "anotaciones", usaremos `MKAnnotationView`.

Aplicaciones MapKit preinstaladas

Para sacar el máximo partido a las ideas expuestas en este capítulo y esté preparado para pasar a un nuevo nivel de creatividad, analizaremos, en primer lugar, las aplicaciones existentes, preinstaladas en el iPad y el iPhone. Es importante que nos familiaricemos con ellas para que podamos añadir funcionalidad más fácilmente a nuestras propias creaciones.

Encuéntrese a sí mismo

Imagine que se halla en un vecindario que no es el suyo buscando un restaurante. Con un iPhone podrá marcar su posición en un mapa para averiguar cómo llegar hasta él. El iPhone 4 es capaz de ubicarnos fácilmente y con precisión mediante una combinación de GPS, WiFi y antenas de móviles. Según nos vamos moviendo, el iPhone actualiza nuestra posición automáticamente y, cuando lleguemos al punto buscado, podemos marcar la ubicación con un alfiler y compartirla con otros a través del correo electrónico o de un mensaje MMS (véase la figura 9.1).

Busque una ubicación

¿Cuál es el sitio más próximo para tomar un café? Nuestro iPhone con el *framework* MapKit tiene la respuesta. Simplemente escriba **cafetería** en el campo de búsqueda de Mapas y, de repente, aparecerán todas las cafeterías próximas en el mapa. Todas representadas con alfileres. La búsqueda funciona también con direcciones concretas y nombres de establecimientos. Cuando hemos encontrado lo que buscábamos, basta con pulsar sobre el alfiler para obtener más información, como números de teléfono, direcciones Web, etc. El alfiler extrae todas las anotaciones que hayamos programado en nuestra `MKAnnotationView` (véase la figura 9.2).

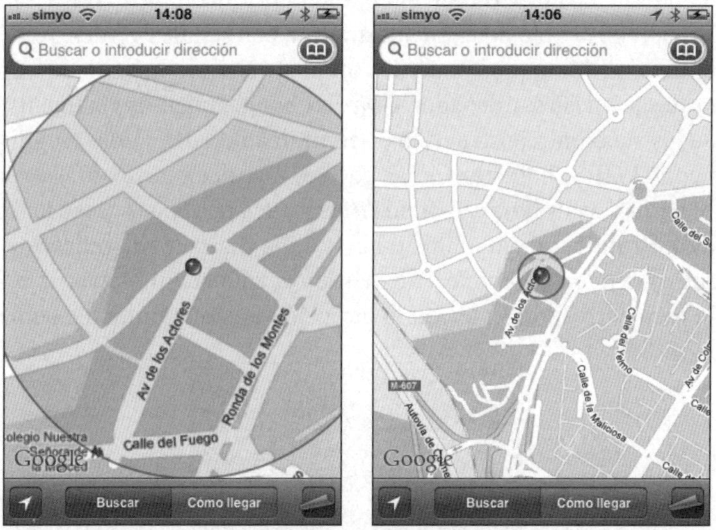

Figura 9.1. *¡Encuéntrese! La potente función de zoom en un mapa del iPhone.*

Figura 9.2. *Búsqueda de una cafetería.*

Cambie la vista. Vea el tráfico

La aplicación mapas se ve increíblemente nítida y detallada en la pantalla Retina Display del iPhone 4. Podemos cambiar entre la vista de mapa, la de satélite y una vista híbrida. Podemos incluso ver una vista a pie de calle de una dirección particular. Podemos pulsar por dos veces o ampliar o reducir un mapa cualquiera. Los mapas en el iPhone nos proporcionan también información en vivo del tráfico, así como indicación de la velocidad en nuestra ruta con señales verdes, rojas y amarillas, fáciles de leer. Ahora nos podemos olvidar del viejo método de imprimir las direcciones desde nuestro ordenador. Con el iPhone, podemos ver una lista pormenorizada de instrucciones paso a paso o seguir una ruta detallada y seguir nuestros progresos con el GPS. Podemos optar por ver instrucciones para caminar o para conducir, y hasta ver los horarios de los transportes públicos (véase la figura 9.3). La aplicación Brújula trabaja junto con la brújula digital para indicarnos la dirección a la que mira nuestro iPhone. Además, en la aplicación Mapas, la brújula gira en pantalla para corresponderse con la dirección a la que miramos de frente.

Figura 9.3. *Modifique la vista y observe el tráfico. A partir del iPhone 3GS, se muestra la dirección en la que nos movemos gracias a la brújula digital.*

Aplicaciones con MapKit como inspiración

Mientras enseñaba a mis estudiantes MapKit y los *storyboard*, sucedió algo muy gracioso: la mayoría creía saber qué era MapKit en realidad, pero pocos se hacían una idea de lo increíblemente bueno que es el *framework* MapKit.

Así que, antes de entrar de lleno en el capítulo, invertiremos unos minutos en aprender algo más de las fantásticas características que nos ofrece el *framework* MapKit.

> ***Nota:*** *Uno de mis antiguos estudiantes empezó a trabajar recientemente para Apple en iOS 5. Se le daba excepcionalmente bien MapKit y, casualidades, de todos los departamentos en los que la podrían haber destinado, recaló en el framework MapKit. Una de las primeras cosas que me dijo fue que la división era enormemente grande y que, por mucho que le gustaba MapKit, nunca hubiera podido imaginarse la cantidad de gente inteligente y talentosa que había trabajando en los distintos equipos de MapKit.*

Me he dado cuenta de que lo que realmente ayuda a mis estudiantes después de mostrarles las aplicaciones incluidas en iOS es analizar algunas de las mejores aplicaciones de terceras partes que hagan uso de MapKit. Así pues, imagine que se encuentra en clase con nosotros y disfrute de este recorrido por once aplicaciones con MapKit.

- **FlightTrack:** Esta aplicación MapKit nos permite gestionar cualquier aspecto de nuestros vuelos domésticos e internacionales con actualizaciones en tiempo real y atractivos mapas ampliables. Podemos recibir información actualizada de puertas de embarque, retrasos y cancelaciones, para, de este modo, poder reservar otros vuelos. La aplicación cubre más de 5.000 aeropuertos y 1.400 líneas aéreas.
- **Metro Paris Subway:** Para no perderse nunca en la Ciudad de la Luz. Metro París Subway es una guía exhaustiva para viajar por París, que incluye los planos oficiales de Metro, RER y autobús, así como sus horarios. Se completa con un mapa interactivo y un planificador de rutas. Metro París Subway nos permitirá orientarnos por París como auténticos parisinos en nada de tiempo (véase la figura 9.4).
- **iMapMyRide:** Utilizo este MapKit todo el tiempo (véase la figura 9.5). Simplemente lo abro y empiezo a pedalear con mi bici. La aplicación registra mi velocidad, el tiempo y la distancia, así como la pendiente. También tiene en cuenta mi edad, mi sexo y mi masa corporal para decirme cuántas calorías he consumido. El punto es que esta aplicación calcula todas esas cosas mientras yo estoy paseando en mi bici. Cuando llego a casa, puedo ver la ruta en mi ordenador. Este hace la mayor parte del trabajo utilizando y manipulando las aplicaciones MapKit preinstaladas.

Figura 9.4. Metro Paris Subway muestra los datos GPS de los trenes y nos permite saber así cuándo llegará el siguiente.

Figura 9.5. iMapMyRide en acción.

- **QuickMaps:** Este mapa "hágalo usted mismo" es muy fácil de utilizar (véase la figura 9.6). Primero, introduce sus lugares favoritos. Para ir de uno a otro, basta con pulsar en el origen y arrastrar hasta el destino. Después se abre la ruta en pantalla sobre el mapa. Se integra bien en un gran número de lugares, incluida su página Web, Google Earth e incluso su GPS.

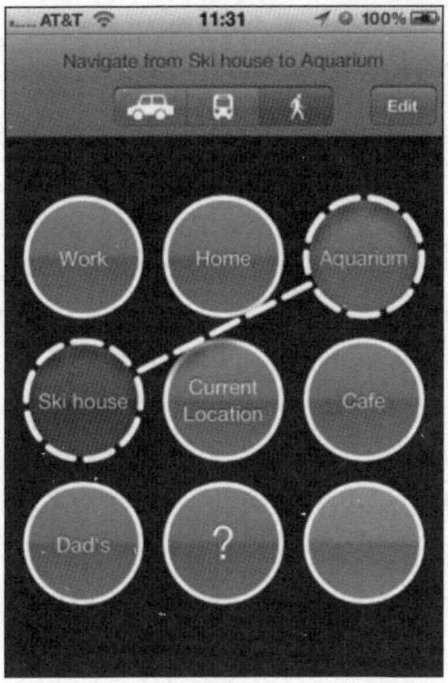

Figura 9.6. Elija el origen y el destino de su viaje.

- **360 Cities: The World In Virtual Reality:** Esta aplicación muestra panorámicas de 360º de más de 50 ciudades del mundo. Es la tecnología perfecta para los agentes inmobiliarios, guías turísticos y aventureros de todo pelaje.
- **Cool Maps: 7 Wonders of the World:** Esta aplicación muestra las siete maravillas del mundo de la antigüedad y las siete maravillas del mundo moderno. Se incluyen maravillas naturales, maravillas subacuáticas, extrañas maravillas y maravillas locales. Estoy impresionado con la ingeniosa interfaz de usuario que han desarrollado sus creadores.
- **Blipstar:** Esta aplicación convierte las URL de los negocios en sus equivalentes de ladrillo y las muestra en un divertido mapa.
- **Twitter Spy:** Esta aplicación permite ver la ubicación actual de la persona que envía un *tweet*. Increíble pero cierto.
- **Geo IP Tool:** Esta aplicación muestra la longitud y latitud de los negocios en la Web. Después nos ofrece la mejor manera de llegar hasta ellos.
- **Map Tunneling Tool:** Esta es inteligentemente divertida. Imagine dónde iría a parar si excavase un agujero directamente bajo sus pies desde cualquier parte del mundo. ¿La respuesta siempre es China?
- **Tall Eye:** Esta aplicación le muestra a dónde iría si empezase a caminar en línea recta alrededor del mundo.

MyStory_01: una aplicación sencilla

En este ejercicio, vamos a empezar con cierta cantidad de código por defecto y algunas pantallas de bienvenida e iconos que cumplan nuestros requerimientos, y los modificaremos después. Vamos a recorrer algunos de los bloques básicos y archivos que hemos visto a través de este libro y se nos desafiará para que veamos qué áreas del código fuente son las mismas y cuáles son diferentes.

La capacidad de reconocer patrones y visualizar estructuras bajo la superficie es una poderosa capacidad que todos tenemos, pero que los programadores llevan a su máxima expresión. Vamos a participar en un pequeño juego para ver si podemos anticipar algunos de los movimientos que vamos a realizar.

Posibles preparativos para la aplicación

Vamos a considerar una amplia variedad de componentes que utilizaremos para construir la aplicación. Antes de eso, no obstante, me gustaría asegurarme de que todos conocemos bien cierta terminología. En este proyecto, los programadores tiene que recordar ciertos conceptos de geografía y geología básicas para que el código sea lo más eficiente posible.

Cuando hagamos que el ordenador anime un alfiler cayendo sobre el mapa, con anotaciones, en una ubicación concreta, con su longitud y latitud, tenemos que saber qué significan realmente esos términos. Las líneas de latitud, o paralelos, son las líneas imaginarias que circundan el globo "horizontalmente". Estas líneas invisibles se miden en grados, minutos y segundos al norte y al sur del Ecuador. El Ecuador es el lugar geométrico de los puntos en la superficie de la Tierra que se encuentran a medio camino de los polos, los cuales sí son puntos físicos. El Polo Norte se encuentra a 90º latitud norte, y el Polo Sur, a 90º latitud sur.

Las líneas de longitud, o meridianos, son líneas imaginarias "verticales" que atraviesan los polos de la tierra recorriendo la superficie del globo. Se miden también en grados, minutos y segundos, al este u oeste del meridiano principal o de Greenwich. A diferencia del Ecuador, que recorre toda la circunferencia terrestre, el meridiano principal (0º de longitud) es una semi elipse que va del Polo Norte al Polo Sur pasando por la ciudad inglesa de Greenwich. La otra mitad de la elipse se conoce como Línea internacional de cambio de fecha y se encuentra a 180º longitud este u oeste del meridiano principal.

Para la aplicación del capítulo 9, podemos utilizar la ubicación que deseemos. Para ello, tenemos que localizar las coordenadas de longitud y latitud del lugar, información que podremos sacar de Google Maps, un GPS o de diferentes Webs dedicadas a ello, como la de la figura 9.7 (`http://bit.ly/vGszNu`).

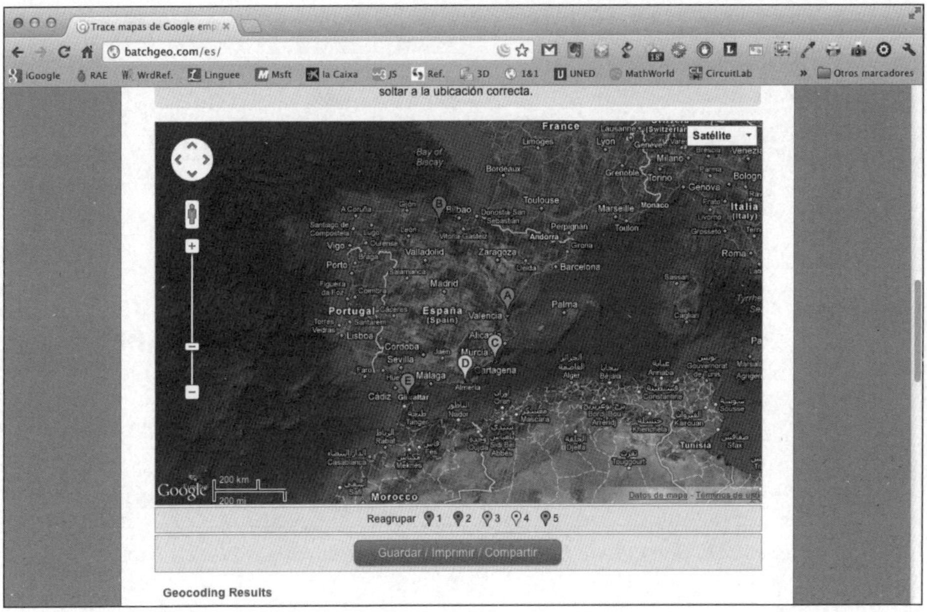

Figura 9.7. *Batchgeo (www.batchgeocode.com/lookup) es una de las muchas Webs en las que se pueden introducir una dirección y recibir sus coordenadas de latitud y longitud.*

Preliminares

Como en capítulos anteriores, descargue las imágenes y el código de la Web del libro. Las imágenes incluyen tres archivos con iconos, dos pantallas de bienvenida y dos archivos de código. Más tarde le explicaré qué significan todas esas cosas. Por el momento, basta con que las deje en su escritorio totalmente limpio.

Una nueva plantilla Single View Application

Empecemos. Seleccione la plantilla Single View Application (Aplicación de una sola vista).

1. Abra Xcode y pulse las teclas **Comando-Mayús-N**, seleccione la plantilla Single View Application (véase la figura 9.8) y haga clic en el botón **Next** (Siguiente).

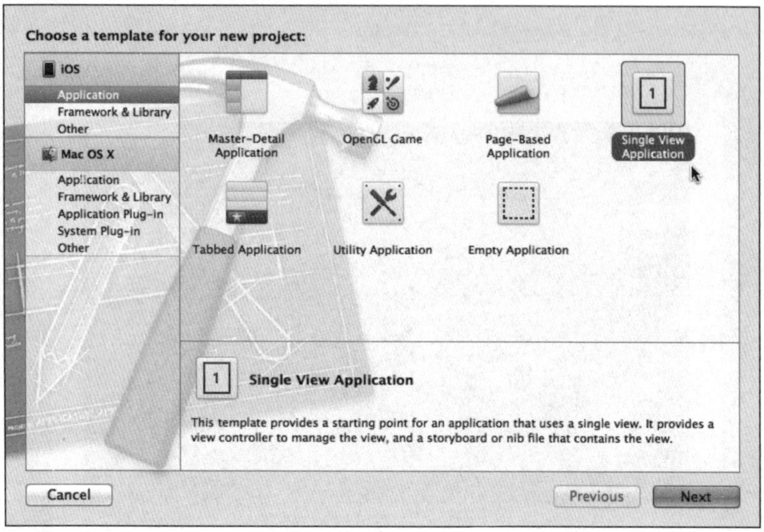

Figura 9.8. *Seleccione Single View Application y haga clic en Next.*

2. Introduzca **MyStory_01** en el campo Product Name (Nombre de producto), seleccione iPhone en el desplegable Device Family (Familia de dispositivos), deje sin marcar la casilla Include Unit Tests (Incluir pruebas unitarias) y seleccione las casillas Use Storyboard (Utilizar *storyboard*) y Use Automatic Reference Counting (Utilizar conteo automático de referencias) (véase la figura 9.9).

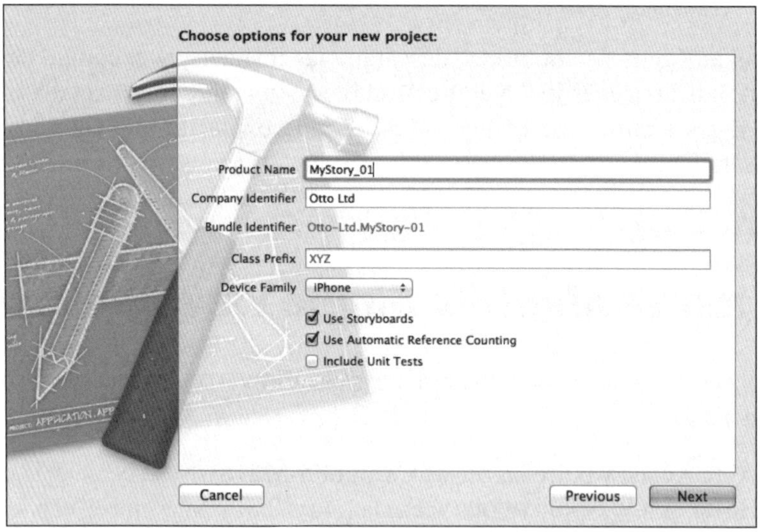

Figura 9.9. *Llame a la aplicación MyStory_01.*

Preliminares: añadir el archivo de anotaciones

3. Mientras configuramos el proyecto, tenemos que crear un archivo de anotaciones e importar algunos *frameworks*. Empecemos con el archivo de anotaciones. Como mencionamos previamente, necesitamos contar con un medio de controlar nuestras anotaciones y, para ello, vamos a crear una clase Objective-C que controlará las características que deseemos mostrar en esta anotación. Haga clic en la carpeta `Classes` y pulse **Comando-N**, como se muestra en la figura 9.10. Cuando finalice haga clic en **Next** (Siguiente).

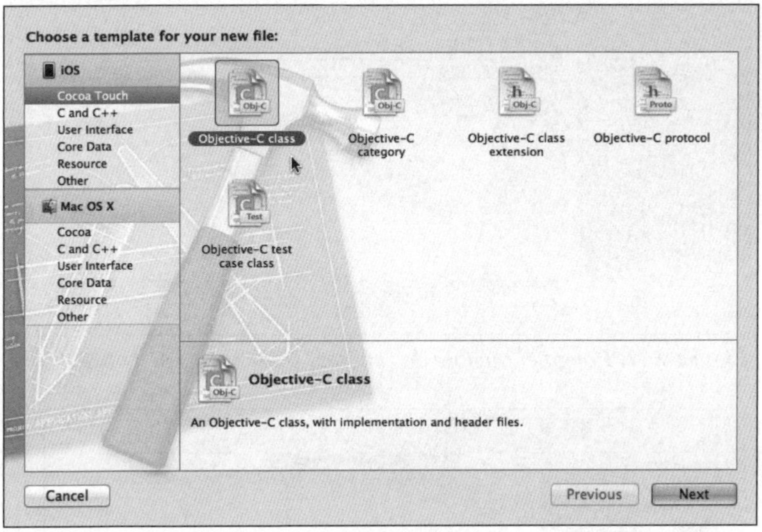

Figura 9.10. *Cree una clase Objective-C para sus anotaciones.*

4. Como este controlador estará a cargo de controlar las anotaciones de nuestra ubicación, lo llamaremos **myPos** (por *my position*, mi posición en inglés). En el desplegable Subclass of (Subclase de) debemos hacerlo subclase de NSObject como en la figura 9.11.

5. Asegúrese de seleccionar MyStory_01 en el desplegable Group (Grupo) así como de marcar la casilla de verificación MyStory_01 en Target (Objetivo) como en la figura 9.12.

6. Como se puede ver en la figura 9.13, los dos nuevos archivos de tipo `NSObject`, `myPos.h` y `myPos.m`, se ubican en el directorio raíz del proyecto. Tenemos, por tanto, que moverlos a la carpeta adecuada. Yo suelo poner los archivos ordenados según la secuencia en la que trabajaré sobre

ellos, bajo los archivos *nib* o de *storyboard*. Como, por lo general, no se trabaja mucho con los archivos `AppDelegate`, los suelo dejar al principio para que no estorben. De igual modo, como voy a empezar a codificar los `NSObjects` que van a registrar mi posición, de inmediato, los ubicaré justo por debajo del *storyboard*.

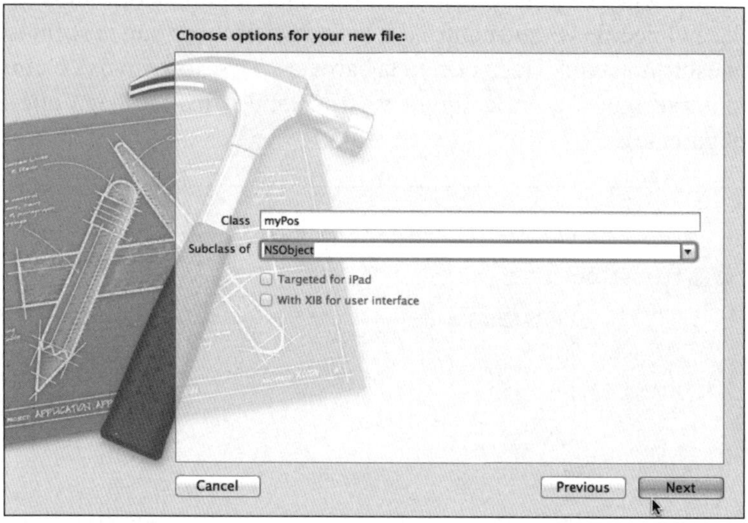

Figura 9.11. *Ponga el nombre de "myPos" a las subclase de NSObject.*

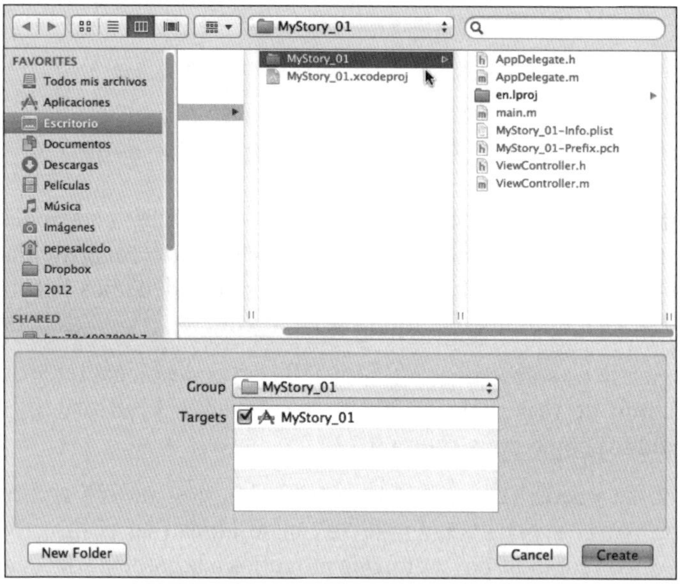

Figura 9.12. *Guarde la clase en MyStory_01.*

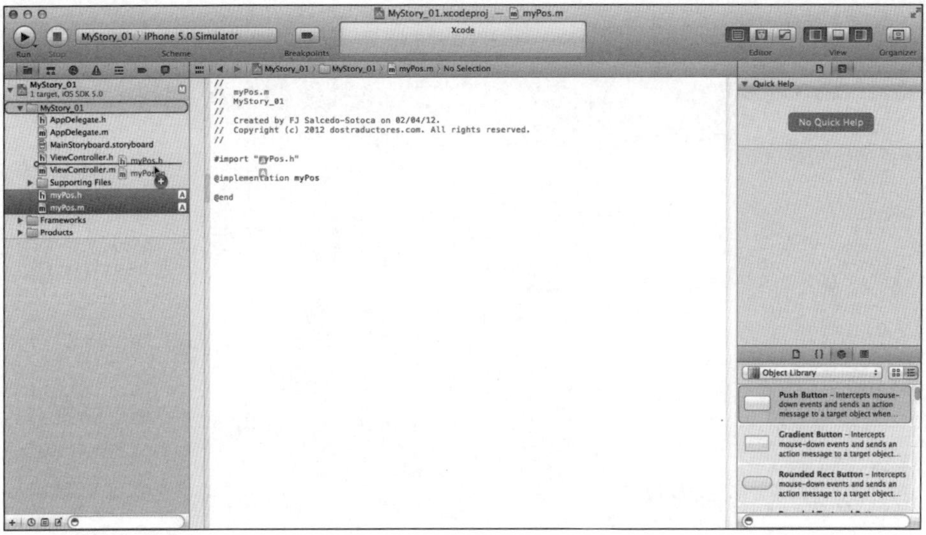

Figura 9.13. Mueva los archivos recién creados a su ubicación correcta.

Preliminares: añadir los frameworks

7. Lo primero que tenemos que hacer es añadir dos *frameworks*. Se trata de unas bibliotecas de código especializado que pondremos en un directorio jerárquico y que encapsulan elementos compartidos, tales como archivos *nib*, archivos de imagen, cadenas de localización, archivos de cabecera y documentación de referencia en un solo paquete. En nuestra aplicación, usaremos los *frameworks* CoreLocation y MapKit y, cuando los incorporemos a nuestra aplicación, el sistema los cargará en memoria según sea necesario y compartirá la única copia de los mismos entre todas las aplicaciones cuando sea posible. Así pues, nos dirigimos al directorio raíz y hacemos clic en la ficha Build Phases como se muestra en la figura 9.14.
8. Como se muestra en la figura 9.15, haga clic en el triángulo de cierre de Link Binary With Libraries (Enlazar binarios con bibliotecas) y después en el signo más (+).
9. Puede buscar entre todas las opciones o introducir **location** (ubicación) en el cuadro de búsqueda y después seleccionar los *frameworks* CoreLocation. Seguidamente, haga clic en **Add** (Añadir) (véase la figura 9.16).
10. Para seleccionar MapKit, haga lo mismo que en el paso anterior. Introduzca **map** en el campo de búsqueda y seleccione MapKit en la lista. Acto seguido, haga clic en **Add** (Añadir) como se puede ver en la figura 9.17.

Figura 9.14. En el directorio raíz de MyStory_01, seleccione la ficha Build Phases.

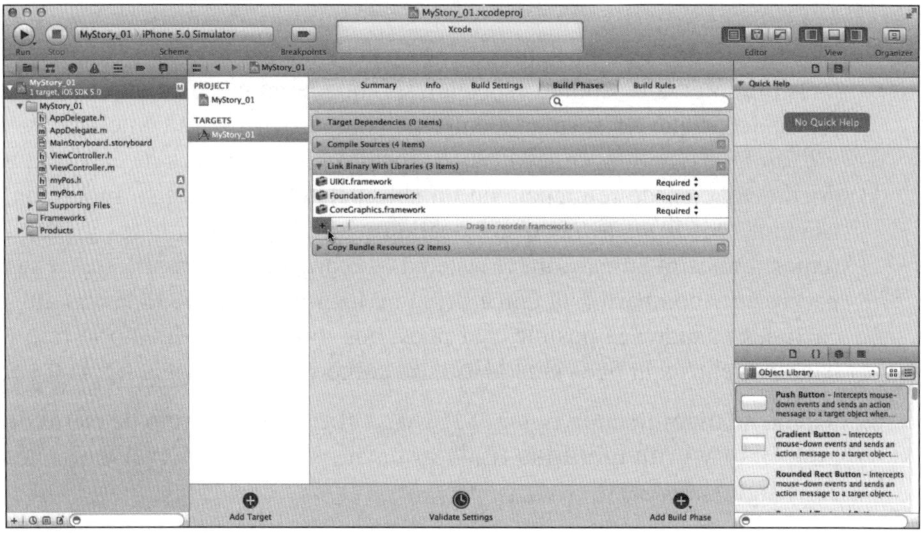

Figura 9.15. Haga clic en Link Binary With Libraries y después en el signo más.

11. Como se puede ver en la figura 9.18, debe tomar los dos *frameworks* recién importados, que por defecto se ubican en el directorio raíz del proyecto, y moverlos a la carpeta de *frameworks*. Es importante que desarrolle buenos hábitos y que guarde todos los *frameworks* en la carpeta apropiada.

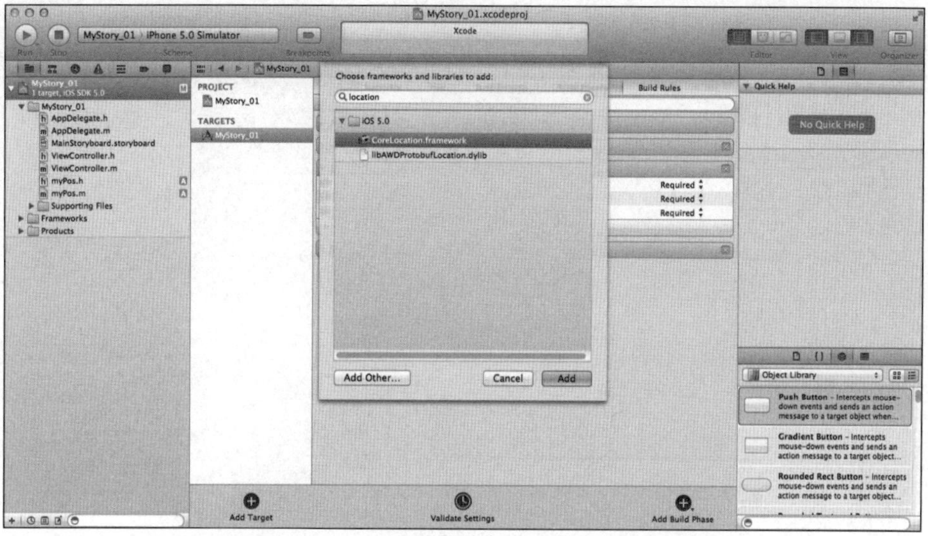

Figura 9.16. Seleccione el framework CoreLocation.

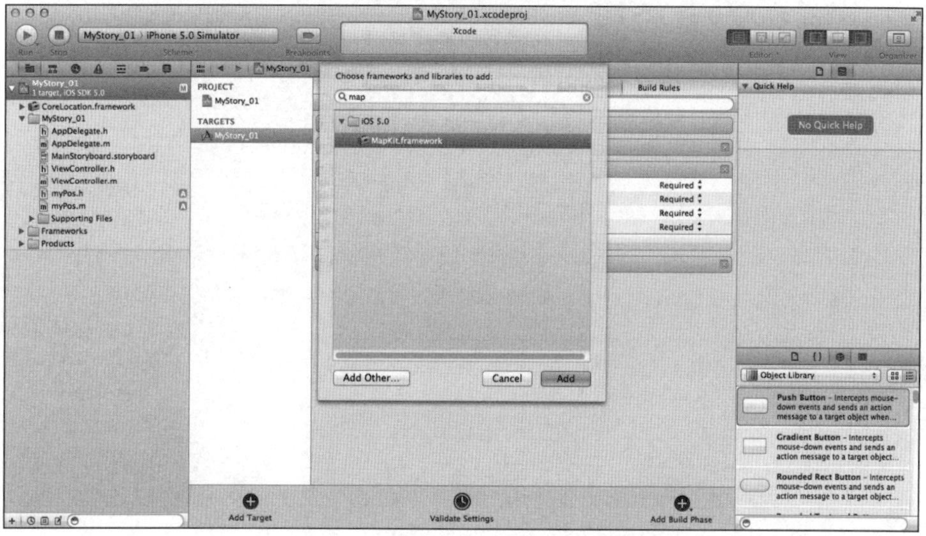

***Figura 9.17.** Introduzca map en el campo de búsqueda y seleccione MapKit en la lista.*

12. Antes de seguir adelante, tiene que comparar su proyecto con el mostrado en la figura 9.19. Tiene que asegurarse de que los archivos `myPos.h` y `myPos.m`, así como los *frameworks* CoreLocation y MapKit, estén ubicados igual que en el ejemplo.

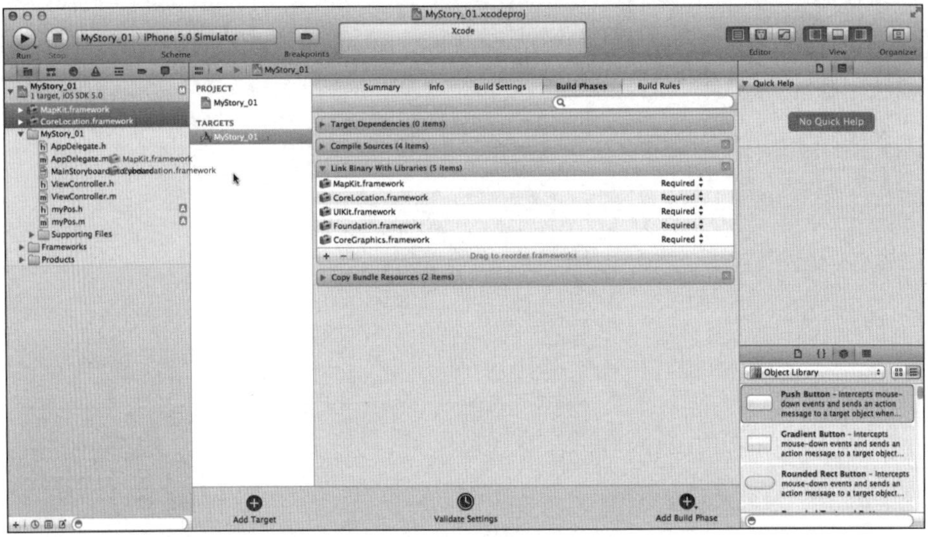

***Figura 9.18.** Mueva los frameworks a la carpeta Frameworks.*

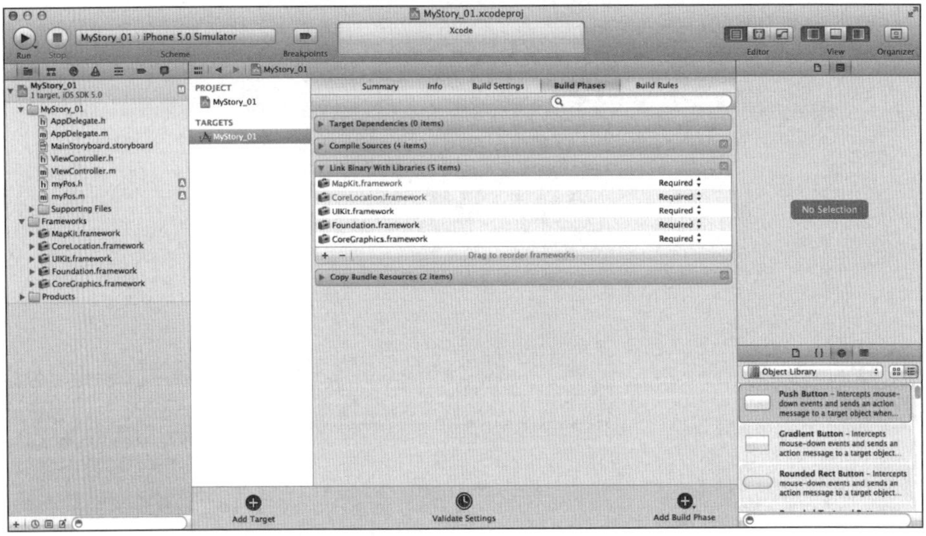

***Figura 9.19.** Compruebe sus directorios.*

Incorpore las imágenes

Vamos a tener cinco imágenes principales en cada aplicación. Éstas se pueden descargar de la Web del libro y comprenden los iconos esenciales y dos pantallas de bienvenida. Se incluyen versiones de 57x57 píxeles para el iPhone, de 72x72 para el iPad y de 114x114 para el iPhone 4S con Retina Display. Las dos pantallas de bienvenida se han diseñado para que las utilice si lo desea. Una pantalla aparece mientras se carga la aplicación y suele verse menos de un segundo, pero sirven para centrar la atención del usuario y le permiten notar el "tono" de la aplicación. Son necesarias dos imágenes porque hay que acomodar las distintas configuraciones de iPad e iPhone que podría tener el usuario. La versión de 640x960 es para los iPad y los iPhone con Retina Display, y la de 320x480 para los iPhone "clásicos". Después de descargarlas, siempre las podrá usar como plantillas para sus futuras aplicaciones.

> ***Nota:*** *En esta aplicación, solo vamos a usar la del iPhone. En el capítulo siguiente, cuando diseñemos MyStory_02, emplearemos tanto el iPhone como el iPad y podremos utilizar todos los iconos. Así que, no pierda el icono extra del iPad para usarlo más tarde cuando diseñe sus propios iconos.*

13. Manteniéndose en el directorio raíz después de importar los *frameworks*, arrastre los iconos a sus recuadros correspondientes. En la figura 9.20, se puede ver el icono de 57x57 del iPhone clásico en su recuadro correspondiente, y el icono para el iPhone Retina Display, mientras se lo arrastra hacia la suya.

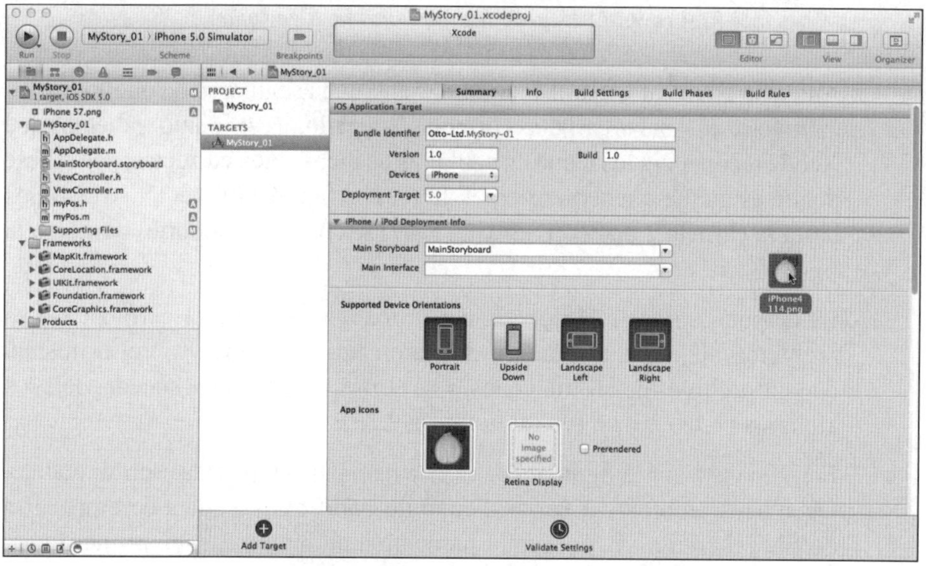

Figura 9.20. *Arrastre los iconos.*

14. De forma similar a lo hecho con los iconos, importe ahora las pantallas de bienvenida en sus recuadros correspondientes. La figura 9.21 muestra la imagen de bienvenida para la pantalla Retina Display, de 640x960, en su recuadro correspondiente, y la imagen del iPhone clásico, de 320x480, ya en su lugar. Una vez hayamos arrastrado estas imágenes, estamos listos para empezar a escribir código.

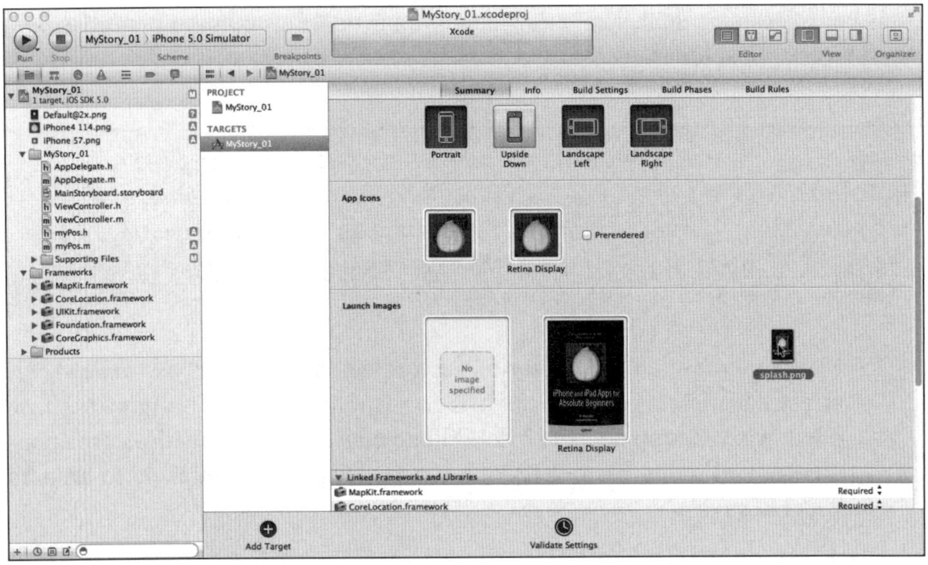

Figura 9.21. Arrastre las pantallas de bienvenida.

15. Antes de empezar a escribir código, tiene que asegurarse de que todos los archivos están en las carpetas correctas. Llegados a este punto, sabemos que Xcode reconocerá los iconos y pantallas de bienvenida correctas, pero fíjese dónde están. Se encuentran en el directorio raíz del proyecto. Arrástrelos hasta la carpeta `Supporting Files` (Archivos de soporte) como en la figura 9.22.

16. La carpeta `Supporting Files` probablemente estará cerrada. No es problema, dejamos el puntero del ratón unos instantes sobre la misma, con los archivos de las imágenes, y se abrirá. Cuando esto suceda, deje los archivos en la carpeta (véase la figura 9.23).

17. Eche un vistazo a la figura 9.24. Ya está listo para empezar a escribir código. Debe acostumbrarse a ver su lienzo de codificación antes de empezar a escribir el código. Esto es muy parecido a un pintor que, en primer lugar, compra un lienzo, luego, compra pinturas aguarrás, pinceles, trapos y un

modelo antes de empezar a pintar. Eso es lo que acabamos de hacer. Tiene que acostumbrarse a configurarlo todo por adelantado antes de escribir código.

Figura 9.22. *Arrastre los iconos a la carpeta correcta.*

Figura 9.23. *Deje los archivos en la carpeta Supporting Files.*

Figura 9.24. *Listo para codificar.*

Nota: *No puedo comprender por qué algunos estudiantes se lanzan a codificar inmediatamente después de recibir los ejercicios de clase. Siempre los detengo y les hago prepararlo todo como hemos hecho aquí y por todo el libro. Es en este tiempo, en el que yo siempre incorporo todos mis archivos y creo todos los nuevos frameworks y objetos* `NSObject` *que sean necesarios, cuando mi mente se relaja en un estado de semi-meditación y puedo planificar cómo escribiré el código fuente. Durante este período, mi mente indaga todo tipo de opciones diferentes y, para cuando he acabado la preparación, estoy totalmente listo para escribir código.*

Codificar el NSObject myPos

Recuerde que MyStory_01 es un primer paso para MyStory_02, que es donde estará la verdadera acción. De hecho, muchas aplicaciones MapKit necesitarán un `NSObject` separado para registrar las posiciones. En esta pequeña aplicación, no tenemos necesidad real de programar `myPos.h` ni `myPos.m`, pero debe acostumbrarse a crear siempre un `NSObject myPos` para que registre su posición o un array de posiciones para las anotaciones y el *framework* MapKit. Por tanto, debe seguirme mientras explico en detalle que es lo que vamos a hacer aquí. En

MyStory_02 obviaré alguno de estos pasos porque asumiré que se han hecho los deberes y que se ha programado MyStory_01 muchas veces hasta que se pueda hacer sin consultar el libro.

17. Haga clic en el archivo `myPos.h` situado en la carpeta raíz de `MyStory_01`. Después de abrirlo, como se muestra en la figura 9.25, verá lo siguiente:

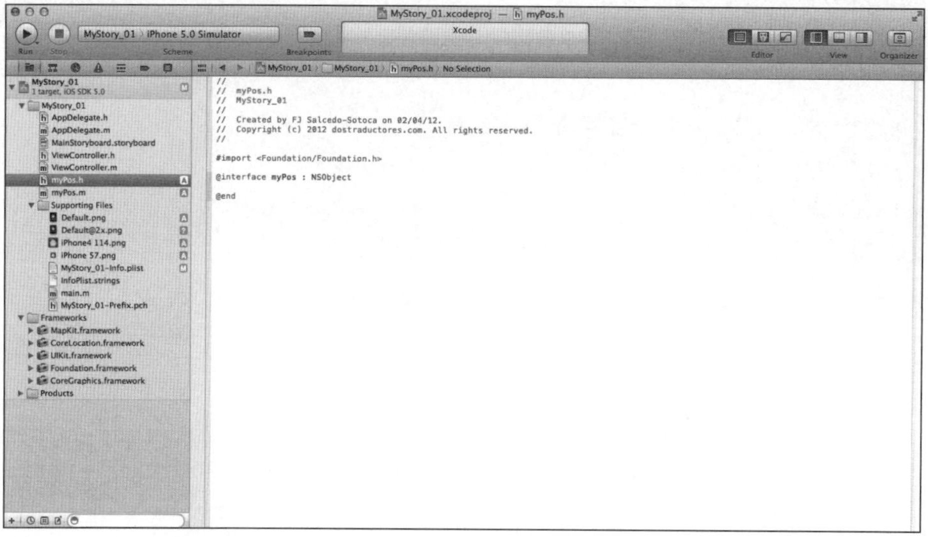

Figura 9.25. *Apariencia de myPos.h nada más abrirlo.*

```
#import <Foundation/Foundation.h>
@interface myPos : NSObject
@end
```

- Lo primero que hacemos es añadir un *framework* MapKit para nuestras anotaciones añadiendo la sentencia `#import <MapKit/MkAnnotation.h>` a la directiva `@interface myPos : NSObject`.
- También tenemos que añadir `<MkAnnotation>`, un protocolo. Explicaré lo que son los protocolos en "Profundizando en el código", pero por ahora significa que tendremos que escribir nuestro propio objeto de anotación que implemente dicho protocolo. Tenga en cuenta que un objeto que adopte este protocolo debe implementar una propiedad que llamamos coordenada, lo cual, por supuesto, haremos.
- También estableceremos nuestra clase de referencia `CLLocation` para incorporar las coordenadas geográficas y la altitud al dispositivo con una variable que llamaremos coordenada. Lo haremos con la línea:

```
CLLocationCoordinate2D coordinate;
```

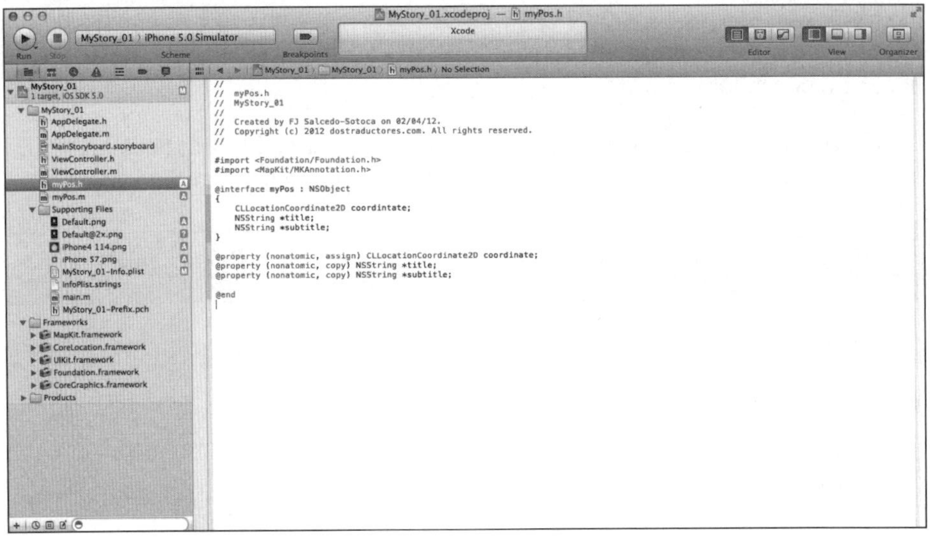

Figura 9.26. *myPos.h incorpora las coordenadas geográficas y la altitud del dispositivo.*

- Ahora, necesitamos dos variables de tipo `NSString` para que guarden los títulos y subtítulos, que llamaremos `*title` y `*subtitle`, como sigue:

```
NSString *title;
NSString *subtitle;
```

- Finalmente, crearemos unas instrucciones `@property` para las coordenadas, el título y el subtítulo, como se puede ver en el código de más abajo. Hechas estas modificaciones, el código quedará como el que aparece en la antedicha figura 9.26.

```
#import <Foundation/Foundation.h>
#import <MapKit/MkAnnotation.h>

@interface myPos : NSObject <MKAnnotation>
{
  CLLocationCoordinate2D coordinate;
  NSString *title;
  NSString *subtitle;
}

@property (nonatomic, assign) CLLocationCoordinate2D coordinate;
@property (nonatomic, copy) NSString *title;
@property (nonatomic, copy) NSString *subtitle;

@end
```

19. Ahora estamos listos para codificar el archivo de implementación `myPos.m`. Para ello, haga clic en el archivo `myPos.m` ubicado en la carpeta raíz del proyecto `MyStory_01`. La figura 9.27 muestra el archivo `myPos.m` abierto en Xcode. En este punto, simplemente va a sintetizar las coordenadas, el título y el subtítulo con una instrucción `@synthesize`, que incluirá `coordinate`, `title` y `subtitle`. Hecho esto, el archivo debería parecerse al de la figura 9.28. No olvide guardar los cambios.

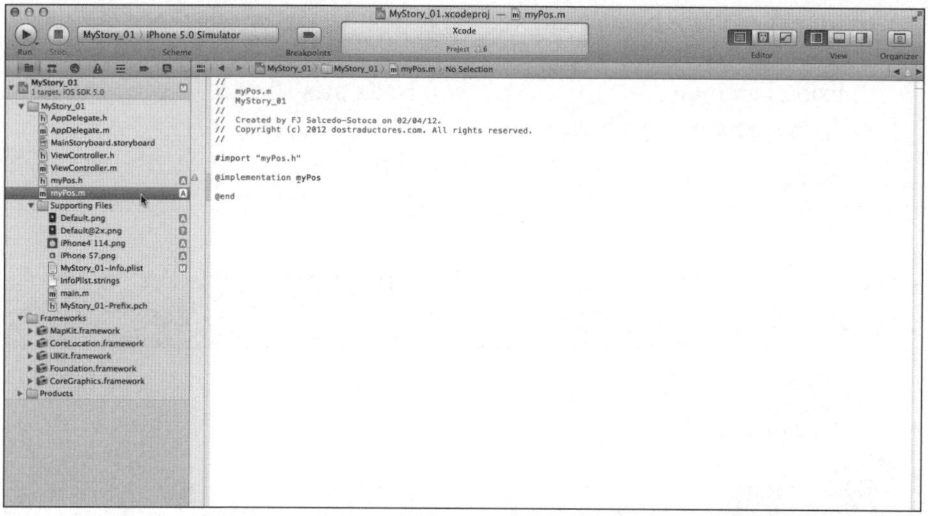

Figura 9.27. Apariencia del archivo de implementación myPos.m.

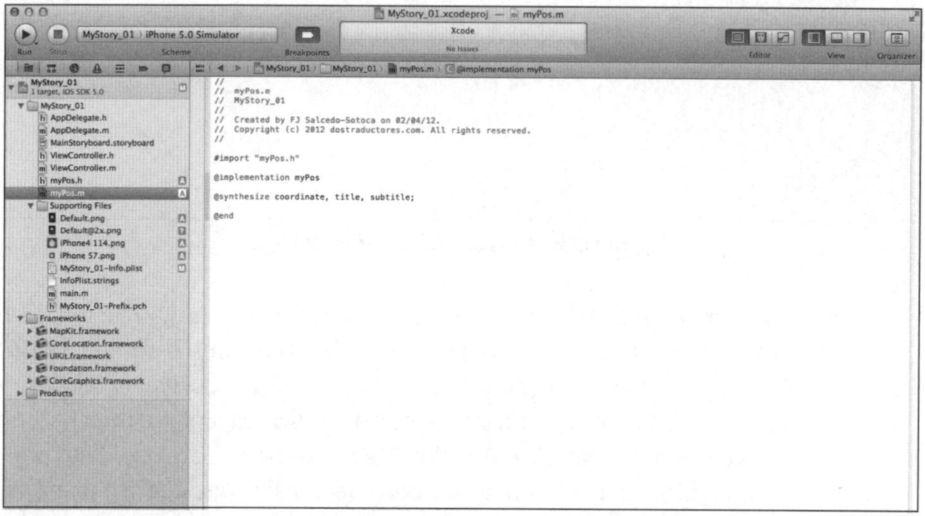

Figura 9.28. Apariencia del archivo de implementación myPos.m después de la síntesis.

Codificación del controlador de vista

Comenzaremos por declarar las clases, los métodos y los *outlets* en el archivo `ViewController.h` para después implementarlos en el archivo `ViewControler.m`. He incluido cierto código de relleno que podemos utilizar en el archivo de implementación. Sin embargo, ahora voy a repasar línea por línea, así que lo mejor es que me siga sin incluir este código de relleno automáticamente.

20. Comenzaremos como siempre, con el archivo de cabecera, que abriremos haciendo clic en `ViewController.h` en el interior de la carpeta raíz, bajo el archivo `myPos.m` o por ahí. Nada más abrirlo, se verá similar al de la figura 9.29 y al que sigue.

```
#import <UIKit/UIKit.h>
@interface ViewController : UIViewController
@end
```

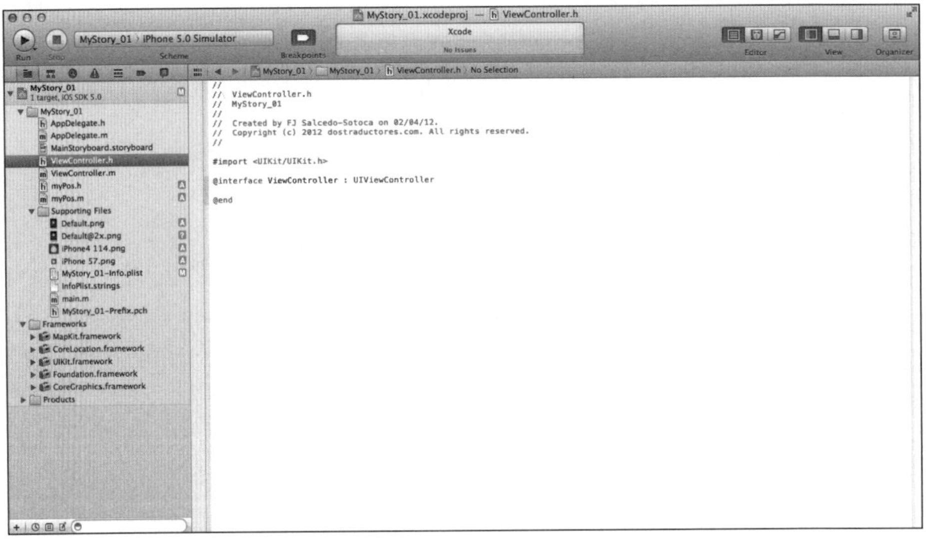

Figura 9.29. *Abra el controlador de vista.*

- Lo primero que tenemos que hacer es indicar a la aplicación que hemos importado el *framework* MapKit. Haremos esto con la directiva `#import <MapKit/MapKit.h>` bajo la línea `#import <UIKit/UIKit.h>`. Lo siguiente será indicar al archivo de cabecera que vamos a utilizar el protocolo `MKMapViewDelegate`. Este protocolo define un conjunto de métodos opcionales que nuestro mapa va a utilizar para recibir los registros actualizados del mapa.

- Lo siguiente será añadir el protocolo `<MKMapViewDelegate>` para la clase del controlador.
- Ahora podremos añadir un *outlet* con un puntero a la clase `MKMapView`. Para ello, escribiremos `MKMapView *mapView`, que declara un objeto de tipo `MKMapView`.
- Por último, definiremos la propiedad, escribiendo la directiva:

```
@property (nonatomic, retain) IBOutlet MKMapView *mapView
```

> ***Nota:*** *Alguien podría decir que acabo de declarar un* `IBOutlet` *fuera del archivo de interfaz. En realidad, aunque declare* `IBOutlet MKMapView *mapView` *dentro del archivo de interfaz o "fuera" de él, seguirán estando dentro, y no hay necesidad de declararlo dos veces. Prefiero utilizar los outlets en las directivas* `@property` *porque hacen más clara la gestión de la memoria de los objetos cargados del storyboard. Más adelante profundizaré en esta gestión de la memoria de los objetos del storyboard en "Profundizando en el código".*

- Cuando haya hecho todo esto, el código debería quedar como el que se muestra en la figura 9.30, que es el siguiente:

```
#import <UIKit/UIKit.h>
#import <MapKit/MapKit.h>

@interface ViewController : UIViewController <MKMapViewDelegate>
{

  MKMapView *mapView;
}

@property (nonatomic, retain) IBOutlet MKMapView *mapView;

@end
```

La implementación del controlador de vista

Como mencionamos en la introducción a este capítulo, controlar y trabajar con MapKit y CoreLocation no es un asunto trivial pero, por muy difíciles que resultasen, no podía dejarlos fuera. A partir de ahora, construiremos sobre lo que hemos aprendido, buscando patrones familiares, integrando lo que podamos y simplemente siguiendo las instrucciones oportunas cuando las cosas se vuelvan demasiado complicadas como para comprenderlas de forma inmediata.

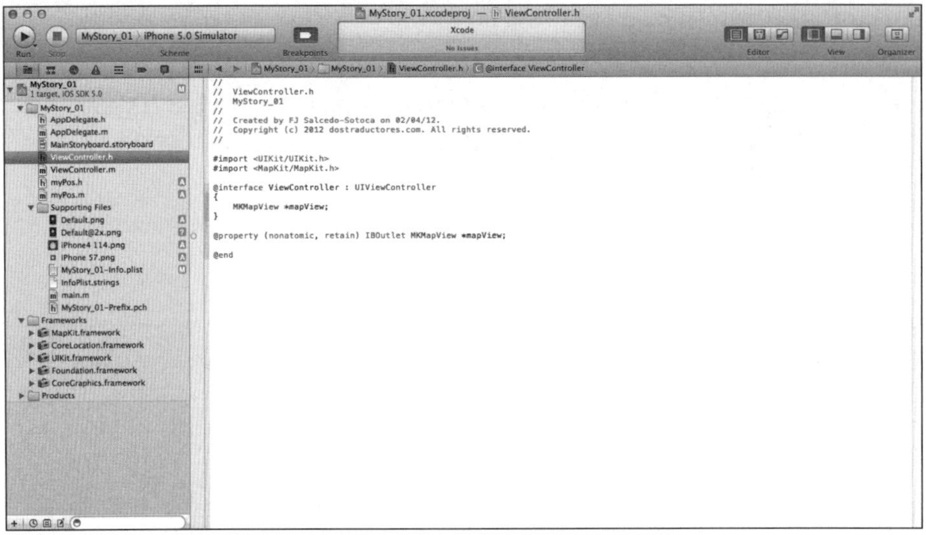

Figura 9.30. El archivo de cabecera ViewController.h, completo.

Pensemos sobre esto. Después de la necesaria importación del archivo de cabecera `myPos.h` y de la síntesis del controlador `ViewController` que acabamos de configurar en el archivo de cabecera, tenemos que hacer un par de cosas:

- Configurar las coordenadas de mi oficina, que será el lugar elegido, en el método `viewDidLoad`, y después...
- Hacer que un alfiler se clave en la latitud y longitud exactas configuradas en `viewDidLoad` y poner una anotación en él que indique que ésa es la oficina del Dr. Lewis.

En nuestro caso, configuraremos el tipo de mapa como híbrido. Si lo prefiere, sin embargo, puede utilizar un mapa de satélite o uno de callejero. Recuerde que, en este punto, utilizaremos la ubicación de mi oficina en la Universidad de Colorado en Colorado Springs, pero que puede emplear la que usted desee.

21. Cuando abra por primera vez el archivo `ViewController.m`, observará código por defecto como el de la figura 9.31. Incorporemos, primeramente, el archivo de cabecera y realicemos la síntesis:
    - Justo bajo la directiva `#import "ViewController.h"` queremos importar nuestro archivo de cabecera `myPos.h`. Para ello, escribimos, sencillamente `#import "myPos.h"`.
    - Ahora, bajo la directiva `@implementation`, añadiremos nuestra síntesis de `mapView`: `@synthesize mapView;`.

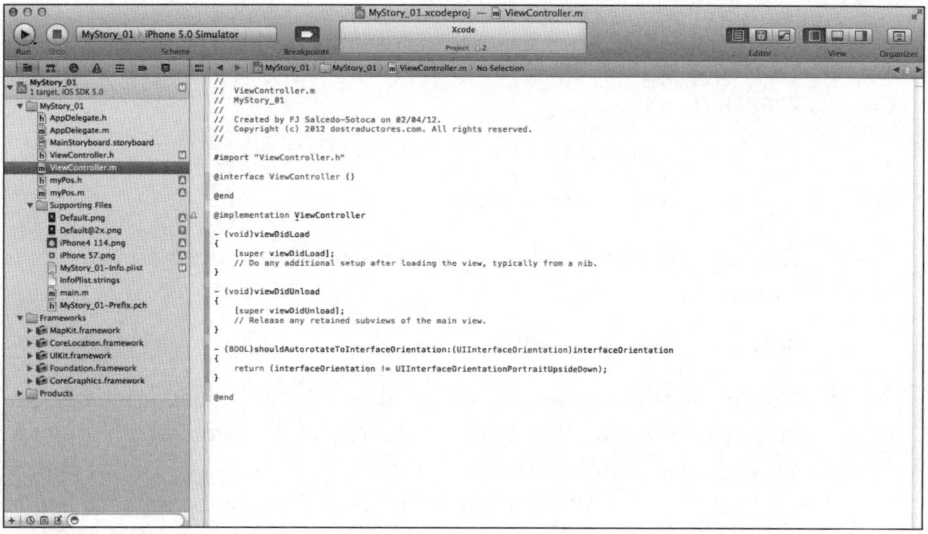

Figura 9.31. *El archivo de implementación de ViewController antes de codificar.*

- Después podemos copiar y pegar el código que tenemos en el archivo `viewDidLoad coord.rtf` para que sustituya directamente el comentario `// Do any additional...` (// Haga cualquier...) en el método `viewDidLoad` bajo la sentencia `[super viewDidLoad];` como se muestra aquí:

```
[super viewDidLoad];
//Do any additional setup after loading the view, typically from a nib.
```

- Y el código que pegaremos sería éste:

```
[mapView setMapType:MKMapTypeStandard];
[mapView setZoomEnabled:YES];
[mapView setScrollEnabled:YES];
mapView.mapType=MKMapTypeHybrid;

MKCoordinateRegion region = { {0.0, 0.0 }, { 0.0, 0.0 } };
region.center.latitude = 38.893432;
region.center.longitude = -104.800161;
region.span.longitudeDelta = 0.01f;
region.span.latitudeDelta = 0.01f;
[mapView setRegion:region animated:YES];
[mapView setDelegate:self];

myPos *ann = [[myPos alloc] init];
ann.title = @"Dr. Rory Lewis";
ann.subtitle = @"University of Colorado at Colorado Springs";
ann.coordinate = region.center;
[mapView addAnnotation:ann];
```

22. Ahora, recorriendo esto línea por línea:

- En primer lugar, lo haremos estándar y habilitaremos zoom y desplazamiento:

```
[mapView setMapType:MKMapTypeStandard];
[mapView setZoomEnabled:YES];
[mapView setScrollEnabled:YES];
```

- Después reiniciaremos las coordenadas anteriores poniendo sus valores a cero:

```
MKCoordinateRegion region = { {0.0, 0.0 }, { 0.0, 0.0 } };
```

- Luego, introduciremos las coordenadas de nuestro lugar de interés, que en este caso es mi oficina en la Universidad de Colorado en Colorado Springs. Para ello introduciremos `region.center.latitude` = `38.893432`, donde el valor positivo denota que se trata de latitud norte, y `region.center.longitude` = `-104.800161`, donde el valor negativo denota que se trata de longitud oeste.

```
region.center.latitude = 38.893432;
region.center.longitude = -104.800161;
```

- Relacionados con estos parámetros, tenemos que fijar el valor del incremento `Delta` = `0.01f` para latitud y longitud. Si sus conocimientos de física o matemáticas flojean, recuerde que el incremento es la variación o diferencia entre dos valores.

```
region.span.longitudeDelta = 0.01f;
region.span.latitudeDelta = 0.01f;
```

- Hemos optado por animar el movimiento de caída del alfiler.

```
[mapView setRegion:region animated:YES];
```

- La acción siguiente pasa por configurar la clase del controlador de vista como *delegate* (delegado), que indica que se encargará de manejar la interacción entre los *frameworks* de la vista `mapView`. Para ello, escribiremos:

```
[mapView setDelegate:self];
```

Nota: *En relación al alfiler y su etiqueta, decir que será necesario que el objeto de tipo anotación sea el que contenga la información de nuestras coordenadas. Nuestra vista de anotación es el tipo de vista asociado al* *objeto "anotación". Por otra parte, el objeto anotación tiene que cumplir con todas las reglas expresadas en el protocolo* `MKAnnotation`. *Así, para crear este objeto anotación, debemos definir una nueva clase, lo que hicimos en su momento al crear las clases* `myPos`.

- Seguidamente, debemos instanciar el objeto `myPos` y añadirlo a nuestro mapa. Para ello, añadimos la función delegada que mostrará las anotaciones en el mapa. En primer lugar, haremos que `myPos` nombre un puntero que llamaremos `ann`.

```
myPos *ann = [[myPos alloc] init];
```

- Después estableceremos el valor de `title` (título) que, en este caso, es mi nombre.

```
ann.title = @"Dr. Rory Lewis";
```

- Procedemos análogamente con `subtitle` (subtítulo):

```
ann.subtitle = @"University of Colorado at Colorado Springs";
```

- Asimismo, queremos que el alfiler se clave en el centro del mapa, por tanto, escribimos:

```
ann.coordinate = region.center;
```

- Referenciamos todo lo anterior con:

```
[mapView addAnnotation:ann];
```

En este punto, sacaremos partido del código fuente del siguiente método que la mayoría de los mapas MapKit utilizan. A diferencia del archivo `viewDidLoad coord.rtf`, `MKAnnotationView.rtf` contiene un fragmento de código que todos usamos. Lea la nota siguiente.

Nota: *Rara vez se cambian los fragmentos de código fuente como el de* `viewDidLoad coord.rtf`, *y, para cuando este libro esté a la venta, podría muy bien formar parte de una nueva función o clase. La razón de esto es que cuando la gente comienza a utilizar el mismo fragmento de código una y otra vez, suele ser el momento en que Apple decide convertirlo en una nueva clase o función y darle un nombre concreto.*

Por ahora, hay unas cuantas cosas que todos debemos saber sobre este código fuente:

- Da origen a un método delegado que maneja nuestra anotación durante el zoom y el desplazamiento. En otras palabras, sigue la pista de dónde se encuentra el usuario aun cuando este amplíe, reduzca o se desplace fuera del mapa.
- Crea un identificador estático que controla la cola de significado. Si no puede "desencolar" nuestra anotación, asignará en memoria otra que elijamos. También he incluido código que pone el alfiler de color rojo, además de permitir *callout views* (vistas *callout*).

Copie y pegue el código contenido en `MKAnnotationView.rtf` justo por detrás del método `- (void)viewDidLoad` y justo antes de `- (void) viewDidUnload`. Hecho esto, el archivo de implementación debería quedar como sigue:

```
#import "ViewController.h"
#import "myPos.h"

@implementation ViewController
@synthesize mapView;

- (void)didReceiveMemoryWarning
{
    [super didReceiveMemoryWarning];
    // Liberar cualquier dato en la caché que no esté en uso,
    // como imágenes, etc.
}

#pragma mark - View lifecycle

- (void)viewDidLoad
{
    [super viewDidLoad];
        [mapView setMapType:MKMapTypeStandard];
        [mapView setZoomEnabled:YES];
        [mapView setScrollEnabled:YES];
        mapView.mapType=MKMapTypeHybrid;

        MKCoordinateRegion region = { {0.0, 0.0 }, { 0.0, 0.0 } };
        region.center.latitude = 38.893432;
        region.center.longitude = -104.800161;
        region.span.longitudeDelta = 0.01f;
        region.span.latitudeDelta = 0.01f;
        [mapView setRegion:region animated:YES];
        [mapView setDelegate:self];

        myPos *ann = [[myPos alloc] init];
        ann.title = @"Dr. Rory Lewis";
        ann.subtitle = @"University of Colorado at Colorado Springs";
        ann.coordinate = region.center;[mapView addAnnotation:ann];
}
```

```
- (MKAnnotationView *)mapView:(MKMapView *)mV viewForAnnotation:(id
<MKAnnotation>)annotation
{
   MKPinAnnotationView *pinView = nil;
   if(annotation != mapView.userLocation)
   {
      static NSString *defaultPinID = @"com.rorylewis";
      pinView = (MKPinAnnotationView *)[mapView dequeueReusableAnnotation
ViewWithIdentifier:defaultPinID];
      if ( pinView == nil )
         pinView = [[MKPinAnnotationView alloc]
initWithAnnotation:annotation reuseIdentifier:defaultPinID];

      pinView.pinColor = MKPinAnnotationColorRed;
      pinView.canShowCallout = YES;
      pinView.animatesDrop = YES;
   }
   else
   {
      [mapView.userLocation setTitle:@"I am here"];
   }

   return pinView;
}

- (void)viewDidUnload
{
   [super viewDidUnload];
   // Liberar cualquier subvista de la vista principal
   // e.g. self.myOutlet = nil;
}

- (void)viewWillAppear:(BOOL)animated
{
   [super viewWillAppear:animated];
}

- (void)viewDidAppear:(BOOL)animated
{
   [super viewDidAppear:animated];
}

- (void)viewWillDisappear:(BOOL)animated
{
   [super viewWillDisappear:animated];
}

- (void)viewDidDisappear:(BOOL)animated
{
   [super viewDidDisappear:animated];
}

- (BOOL)shouldAutorotateToInterfaceOrientation:(UIInterfaceOrientation)
interfaceOrientation
{
```

```
    // Devolver YES (sí) para las orientaciones soportadas
    return (interfaceOrientation !=
UIInterfaceOrientationPortraitUpsideDown);
}

@end
```

El storyboard

Abra el archivo de *storyboard* y observará algo muy similar a la figura 9.32.

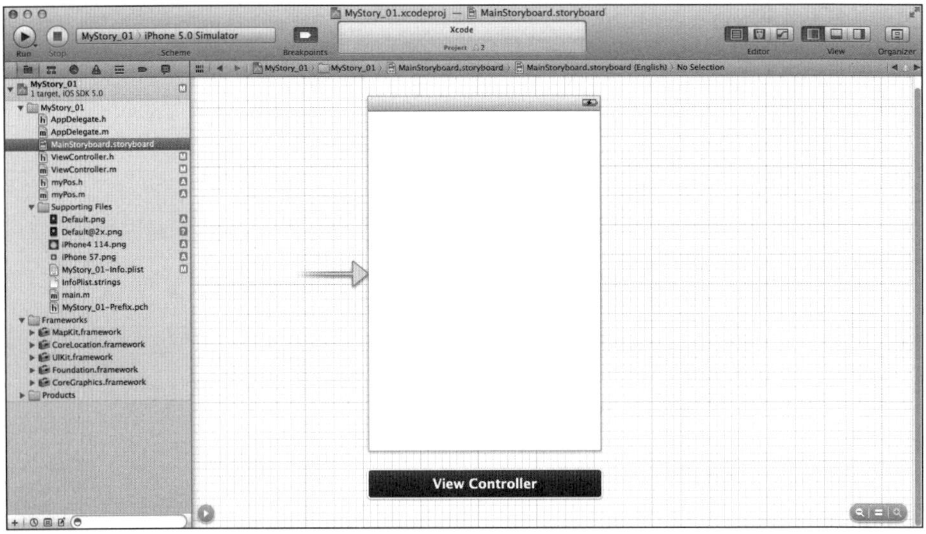

Figura 9.32. *Abra el storyboard.*

Como ya he mencionado unas cuantas veces, he elegido específicamente MyStory_01 como *segue* de MyStory_02, que tendrá un *storyboard* muy complejo. Para esta aplicación, solo quiero que se centre en configurar el *framework* MapKit.

En MyStory_02, configuraremos el *framework* MapKit igual que aquí, y luego una bonita vista de tabla `tableView` en un *storyboard*. Hacerlo todo de una vez no sería práctico, créame que lo sé. Así que, por ahora, esta sección del *storyboard* será relativamente sencilla con nada más que dos pasos. En MyStory_02 no será éste el caso.

23. Con *storyboard* abierto, cierre el inspector y abra Utilities (Utilidades). Después arrastre una vista Map View (`MKMapView`) sobre la ventana de diseño, como se muestra en la figura 9.33.

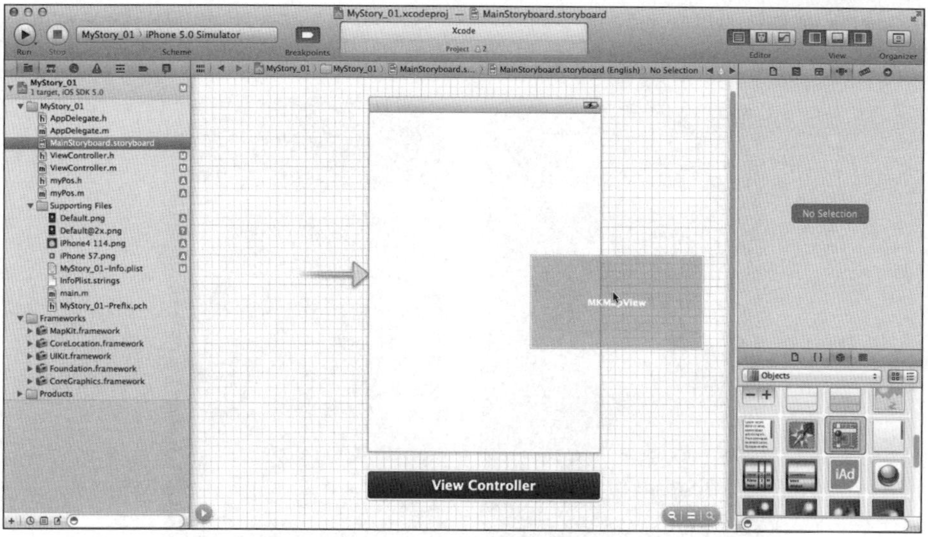

Figura 9.33. *Arrastre una vista MKMapView.*

24. Es necesario conectar `mapView` a `MKMapView`. En la barra Document Outline seleccione el controlador de vista y después haga clic en Connection Inspector y arrastre, manteniendo pulsada la tecla **Control**, desde `mapView` hasta `MKMapView` (véase la figura 9.34). Se generará el código:

```
(MKAnnotationView *)mapView:(MKMapView *):
```

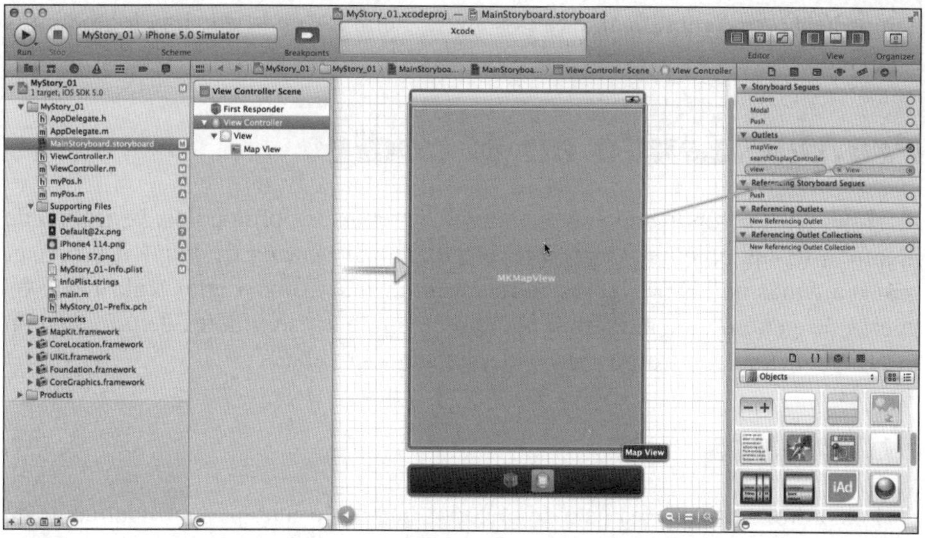

Figura 9.34. *Abra el Connection Inspector y arrastre, manteniendo pulsada la tecla Control, hasta MKMapView.*

25. Y ya está. Ahora ejecute la aplicación. Observará una pantalla de bienvenida y, luego, cómo se clava un alfiler en la ubicación exacta de mi oficina.

Figura 9.35. MapKit y los storyboard en acción.

¡Enhorabuena! Una vez más, hemos implementado exitosamente una aplicación de cierta complejidad y hemos empezado con un cuerpo de código que no hemos hecho sino modificar. Veamos ahora ejemplos de lo que han logrado mis estudiantes.

Profundizando en el código

Aquí, en "Profundizando en el código", veremos los protocolos, la gestión de memoria de los objetos *storyboard*, servidores de *parsing* de MapKit y revisaremos algunos de los proyectos de mis estudiantes. Como vamos a abrir nuevas puertas le sugiero que, al menos, lea la sección de los servidores de *parsing* con la suficiente atención como para poder hablar sobre ella.

Protocolos

Los protocolos son una lista de métodos que no forman parte oficialmente de un lenguaje, pero que una clase puede implementar. Típicamente, se usan protocolos cuando hay que definir métodos que deban ser implementados por otras clases. Dicho esto, hay que tener en cuenta que Apple define los protocolos de una forma ligeramente distinta. Apple dice, oficialmente, que los protocolos definen métodos que cualquier clase puede implementar. Los protocolos resultan útiles al menos en tres situaciones:

- Para declarar métodos que se espera que otros implementen.
- Para declarar la interfaz de un objeto mientras se oculta su clase.
- Para capturar similitudes entre clases no jerárquicamente relacionadas.

Gestión de memoria de los objetos storyboard

En Objective-C, `ivar` es la abreviación de *instance variable* (variable de instancia). Ahora bien, `IBOutlet` forma parte de la interfaz pública de una clase y por eso creo que es mejor declarar los métodos en el interior de la implementación `@property`. Recuerde que las variables de instancia de `IBOutlet` llaman a los métodos *setter*, si existen. Sin embargo, si no encuentran ninguno, el objeto cargado desde el *nib* se retiene directamente. Esto significa que publicar la propiedad como `IBOutlet` aclara, al menos, que el *setter* de la propiedad se usará siempre y que seguirá cualquier regla de gestión de memoria que se haya establecido para dicha propiedad. Apple lo explica así:

"Los objetos en el archivo *nib* se crean con el conteo de retención a 1 y luego se liberan automáticamente (*autorelease*). Como reconstruye la jerarquía del objeto, `UIKit` restablece las conexiones entre los objetos mediante `setValue:forKey;`, el cual usa el método *setter* disponible o retiene el objeto por defecto si no hay disponible ninguno. Esto significa que, asumiendo que se sigue el patrón establecido en *outlets*, cualquier objeto para el que se haya establecido un *outlet* permanece válido. Si hay algún objeto de nivel máximo que no se almacene en *outlets*, sin embargo, se debe retener, o bien el array devuelto por el método `loadNibNamed:owner:options:`, o bien los objetos en el interior del array para evitar que dichos objetos se liberen de forma prematura". En pocas palabras, se tiene la opción, como en el paso 20, de hacer lo que hicimos:

```
#import <UIKit/UIKit.h>
#import <MapKit/MapKit.h>

@interface ViewController : UIViewController <MKMapViewDelegate>
{
   MKMapView *mapView;
}

@property (nonatomic, retain) IBOutlet MKMapView *mapView;

@end
```

O bien, esto otro:

```
#import <UIKit/UIKit.h>
#import <MapKit/MapKit.h>

@interface ViewController : UIViewController <MKMapViewDelegate>
{
   IBOutlet MKMapView *mapView;
}

@property (nonatomic, retain) MKMapView *mapView;

@end
```

El aspecto más interesante de todo esto es que, si, simplemente, arrastramos `IBOutlet` desde el *storyboard* de Interface Builder hasta el archivo de cabecera, Xcode tomará la decisión por nosotros. No obstante, es "mejor" adoptar el primer enfoque y declarar el `IBOutlet` en la directiva `@property`, pero esto no es más que cuestión de estilo y es perfectamente posible trabajar en un entorno en el que se opte por la segunda opción. Hágase un favor a sí mismo y úselo como le acabo de mostrar, es decir, de la primera forma.

Profundizando en el código MapKit de mis estudiantes

Cuando la gente se acerca a mí y me dice: "Dr. Lewis, tengo esta idea "genial" para una aplicación..." Resulta sorprendente la cantidad de veces que está relacionada con MapKit. Acabamos de ver lo divertido y estupendo que resulta y, por ahora, también se habrá dado cuenta de lo complicado que es.

Como *buffet* final de sabrosos platos, altamente calóricos, vamos a revisar algunos de los proyectos finales de mis estudiantes. Ciertamente, confío en que siga estos ejemplos activamente, pero también quiero reconocer el hecho de que ya lo ha logrado. Ya ha llegado, ciertamente, al final del capítulo 9. Así pues, recuerde que esta sección es algo así como el DVD con contenido extra que se incluye en muchas películas.

Enviar datos a MapKit desde Internet

Un poco de contexto: suelo presentar a mi clase el tema de MapKit de una forma muy parecida a como he dispuesto el primer ejemplo en este capítulo. Después pasamos a una de las cosas más interesantes que tienen que ver con Map-Kit, es decir, la capacidad de representar información importada desde redes inalámbricas y celulares. Esta funcionalidad permite a los usuarios "ver" la información sobre su mapa. Explicaré esto con cierto detalle antes de presentar tres proyectos finales estudiantiles.

Una de las cosas más misteriosas que podemos hacer con MapKit es obtener información real directamente desde Internet y configurarla de una manera que consiga que el mapa de Google rebose información en la pantalla del usuario; ya sea del tiempo, el tráfico, información geográfica, taxis, vuelos, etc. Por ejemplo, una de las aplicaciones más populares para el área de la bahía de San Francisco (*San Francisco Bay Area*) es un programa que se muestra en el libro *iPhone Cool Projects*, de Wolfgang Ante, et al., Apress, 2009, y que se llama Routesy Bay Area San Francisco Muni and BART, escrita por Steven Peterson (véase la figura 9.36).

Figura 9.36. *El libro iPhone Cool Projects de Apress.*

Peterson toma todos los datos del servidor Web de BART (*Bay Area Rapid Transit*, en `http://www.bart.gov/`) que registra el grado de cumplimiento del horario de los trenes, su ubicación y su velocidad. La aplicación toma todos estos datos y los vuelve útiles y relevantes para los usuarios "en sus ubicaciones concretas" dentro de la zona de la bahía de San Francisco. En la figura 9.37 se puede observar su icono rojo característico y varias capturas de la pantalla de la aplicación en un iPhone.

La imagen de la izquierda muestra todas las paradas de autobús y tren. La imagen central utiliza el mismo código que nosotros usamos en el ejemplo con Core Location para mostrar la ubicación actual del usuario con un icono azul, y dónde se encuentra una estación solicitada. La imagen de la derecha ofrece al usuario la información relevante del mejor tren según el contexto, el tiempo, etc. La aplicación proporciona datos de los siguientes tres trenes que llegarán a la estación más próxima al usuario.

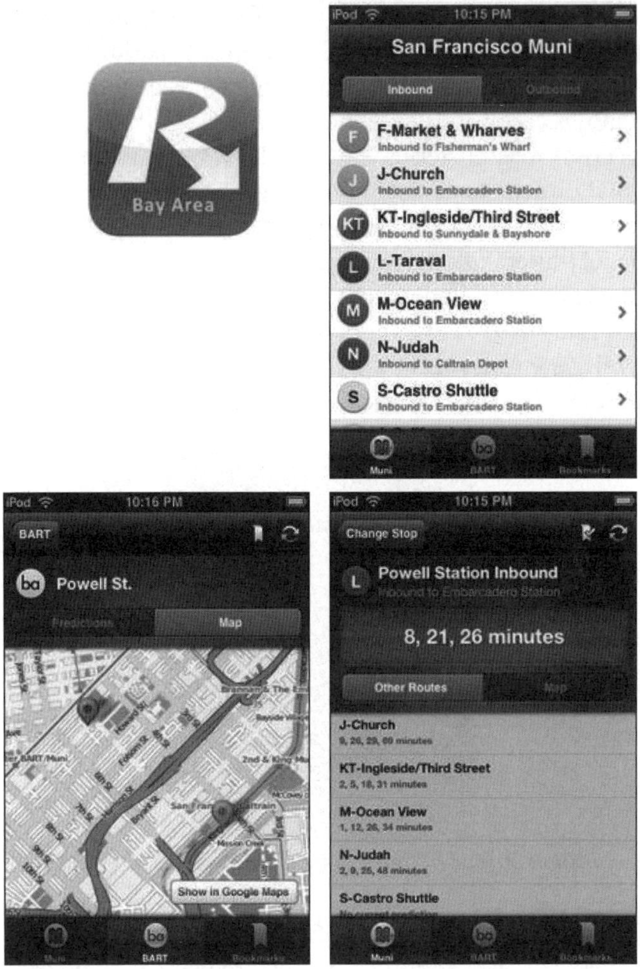

Figura 9.37. *El icono rojo de la aplicación y varias capturas de pantalla de la misma en acción.*

En esencia, el código MapKit en el iPhone es, entre otras cosas, una utilidad para representar información. Obtiene información en tiempo real en servidores que la mayoría de la gente ni siquiera sabe que existen, y proporciona un torrente de datos de una forma novedosa y útil.

Debido a los resultados inmediatos y eminentemente prácticos que la gente obtiene de la aplicación de Peterson y de otras parecidas, me pareció un buen ejemplo para coronar el libro. En primer lugar, repasaré mis notas acerca de la "representación de datos con el *framework* MapKit". Después le mostraré varios proyectos finales de gran entidad creados por mis estudiantes en base a lo anterior.

Con el permiso de mis estudiantes, el código para sus proyectos, como se muestra más abajo, estará disponible para descargarlo desde mi página Web. De este modo tendrá la oportunidad de contar con el código en su Mac mientras yo le voy indicando cómo podría modificarlo, aprender sus características principales o, simplemente, ponerlo en su iPad y mostrarlo a sus amigos.

El código fuente de los tres proyectos finales de mis estudiantes:

- Stephen A. Moraco (hijo): `http://www.rorylewis.com/xCode/011b_TrafficCam.zip`
- Stephen M. Moraco (padre): `http://www.rorylewis.com/xCode/011a_APRSkit.zip`
- Satish Rege: `http://www.rorylewis.com/xCode/011c_MyTraffic.zip`

Representación de datos en MapKit

Recuerde que lo que sigue será profundizar en el código a un nivel superior al que tiene el resto del libro. Sin embargo todas estas instrucciones están presentes en el código de mis estudiantes, que puede descargar de la Web del libro. Por ahora, basta con que continúe leyendo y vea si puede seguir sus patrones de representación de datos, creación de objetos delegados, etc.

Antes de que echemos un vistazo a las aplicaciones propiamente dichas, considere la siguiente situación hipotética: imagine que hay un servidor dedicado a Grateful Dead que retransmite continuamente la posición geográfica actual de los fans del grupo, los *Deadheads*, al menos de aquellos que permitan hacerlo, sobre la cuadrícula del mapa. Esta hipotética aplicación permitiría a los auténticos fans de Grateful Dead localizar a otros *Deadheads* que se encuentren en sus proximidades en cualquier momento. Estos fans podrían, luego, reunirse y compartir grabaciones de conciertos, beber algo y relacionarse en un plano que solo los discípulos de Grateful Dead pueden apreciar.

Punto de partida

Si tuviéramos que crear una aplicación como esa, igual que en el ejemplo de "Routesy", dejaríamos que los usuarios supieran dónde están mediante el Attributes Inspector (Inspector de atributos) en el que activaríamos Shows User Location (Muestra la ubicación del usuario). Crearíamos un controlador llamado `DeadHeadsView` que crearía una instancia de un *parser* que llamaríamos Gratefuldead. Finalmente, haríamos que se designara a sí mismo como su delegado para que recibiera la información y llamase al método getGratefuldead.

Obtener datos de la Web

Mientras nuestro *parser* filtra el XML en el servidor de Grateful Dead, desearíamos que tomara todos los elementos de datos Gratefuldead y que crease una instancia de cada objeto Gratefuldead. Así, por cada instancia que crease, devolvería una llamada con el método addGratefuldead. Sería necesario implementar los métodos Gratefuldead y Parser en nuestro controlador deadHeadsViewController. Y podríamos darnos cuenta de que es más sencillo pensar en el archivo de cabecera GratefuldeadParser.h del siguiente modo:

```
+ (id)GratefuldeadParser; // esto lo crea
+ (void)getGratefuldeadData; // esto lo activa
```

Añadir métodos al controlador de vista

Antes de añadir métodos de implementación en nuestro controlador DeadHeadsView, tendríamos que implementar el método con el delegado de GratefuldeadParser e importar su archivo de cabecera con #import <GratefuldeadParser.h>. En este punto, habríamos terminado con el archivo de cabecera y pasaríamos al archivo de implementación.

En primer lugar, copiaríamos los dos métodos de implementación de GratefuldeadParser.h y los pegaríamos tras la directiva @synthesize:

```
@implementation DeadHeadsViewCOntroller

@synthesize deadView

- (void)getGratefuldeadData:(Gratefuldead *)Gratefuldead;
-(void)parserFinished
```

Probar la llegada de datos del parser

Para probar el servidor Grateful Dead Server, trataríamos de ver si sería posible registrar mensajes en los *logs*. Separe los dos métodos, borre los puntos y coma, añada paréntesis e introduzca *log* como se muestra a continuación:

```
- (void)getGratefuldeadData (Gratefuldead *)Gratefuldead {
NSLog(@"Hippie Message");
}
```

```
-(void)parserFinished{
NSLog(@"located a Dead Head at %@", Gratefuldead.place");
}
```

Iniciar el método del parser

Con los métodos delegados ya implementados, tendríamos que hacer tres cosas:

1. Codificar el método *parser* y ponerlo en un método que llamaríamos `(void)viewWillAppear`. Se llamaría a éste mediante un controlador de vista cuando su propia vista estuviera a punto de mostrarse. Si fuéramos a hacerlo de esta manera, tenga en cuenta que siempre querríamos llamar a nuestro método `-(void)viewWillAppear`.
2. Crear una instancia de nuestro *parser*, que llamaríamos `GratefuldeadParser`. Con esto, obtendríamos `GratefuldeadParser *parser = [GratefuldeadParser gratefuldeadParser]`. Queremos ser nosotros el delegado, lo que significa que: `GratefuldeadParser parser.delegate=self`.
3. En este punto, dos acciones. En primer lugar, decir al *parser* que obtenga los datos de `Gratefuldead: [parser getGratefuldeadData];`. En segundo lugar, manejar esta importación: `#import "GratefuldeadParser.h"`. Luego, cuando se invoque `-(void)viewWillAppear`, se creará una instancia de `GratefuldeadParser`. A medida que reciba la ubicación de todos los *Deadheads*, nos mostrará dónde se encuentran.

¿Recuerda cómo nos aseguramos de que el usuario de la aplicación apareciese en el mapa con un alfiler azul? Quiero que piense en el punto azul como una vista de anotación. Cuando se añada a `deadView` esencialmente pedirá su ubicación a su delegado.

> ***Nota:*** *Si retornamos cualquier cosa que no sea nil, en vez de un punto azul, se retornará nuestra vista de anotación.*

Así que, mirando lo siguiente, devolveremos *nil* cuando la anotación no se corresponda con la ubicación actual del usuario.

```
- (MKAnnotationView *)deadView:(MKDeadView *)deadView
            viewForAnnotation:(id <MKAnnotation>)annotation {
MKAnnotationView *view = nil;
return view;
```

Pero nosotros "no queremos" retornar *nil* en nuestras ubicaciones Gratefuldead. Al contrario, queremos hacer cosas interesantes cuando la anotación no sea igual a la propiedad deadView userLocation, que, en sí misma, es una anotación:

```
if(annotation != deadView.userLocation) {
   // AQUÍ ES DONDE SE REALIZAN TODAS LAS COSAS INTERESANTES
   // PORQUE ES UN "DEADHEAD", Y NO UN USUARIO
}
```

En este punto, utilizamos el método delegado dequeueReusableAnnotation ViewWithIdentifier, el cual está disponible para su reutilización en cuanto se encuentra fuera de la pantalla. Este método tiene una práctica forma de almacenar anotaciones en una estructura de datos separada y las puede añadir y eliminar automáticamente de nuestro mapa a requerimiento de los eventos del usuario. Tenga en cuenta que dequeueReusableAnnotationViewWith Identifier trata de obtener la anotación reutilizable desde el mapa y que no tiene nada que ver con añadir o eliminar anotaciones:

```
GratefuldeadAnnotation *eqAnn = (GratefuldeadAnnotation*)annotation;
view = [self.deadView dequeueReusableAnnotationViewWithIdentifier:@"Grate
fuldeadLoc"];
   if(nil == view) {
      view = [[[MKPinAnnotationView alloc] initWithAnnotation:eqAnn
                     reuseIdentifier:@"GratefuldeadLoc"]
autorelease];
}
```

La vista de anotación consulta su cola de reutilización para ver si hay alguna vista que se pueda reutilizar if (nil == view) {.... Si no hay ninguna, devuelve *nil*, lo que quiere decir que tendríamos que crear una nueva vista view = [[[MKPinAnnotationView alloc] initWithAnnotation:eqAnn.

Hay muchas formas creativas de hacer que nuestras anotaciones aparezcan con animaciones y efectos. No obstante, en este punto, lo más importante es comprobar que el código funciona consultando el depurador NSLog para ver si se conecta con el servidor deseado. Asimismo, hay que ver si logra representar el XML adecuadamente. Solo entonces, podrá preocuparse de las animaciones y demás adornos.

Tres proyectos finales con MapKit

Las siguientes tres aplicaciones se basan en la recogida de datos en Internet. Las dos primeras están hechas por un padre y un hijo, llamados ambos Stephen Moraco, y la tercera, por Satish Rege. Han tenido la gentileza de escribir unas pequeñas notas biográficas y expresar sus motivos para seguir el curso. Asimismo, han incluido apuntes detallados, las aplicaciones mostradas en el libro y lo que obtuvieron del curso.

Información biográfica para los ejemplos 1 y 2 de Stephen A. Moraco (hijo) y Stephen M. Moraco (padre)

Steven A. (véase la figura 9.38) está en el último curso de bachillerato. Al mismo tiempo, se ha matriculado en la UCCS y ha seguido cursos con dobles créditos, para el instituto y la universidad. Yo, Stephen M. (véase la figura 3.39) soy ingeniero de software y trabajo para Agilent Technologies, Inc. Ambos tenemos un iPhone y compartimos el interés por aprender a escribir programas para él. El curso en la UCCS nos llamó la atención como una manera de aprender a hacerlo juntos. De hecho, disfrutamos mucho las clases del Dr. Lewis, en las que aprendimos el SDK del iOS y practicamos la escritura de varias aplicaciones. Los debates en clase y, luego, entre nosotros mientras volvíamos a casa resultaban excitantes y nos mantenían ilusionados con las cosas que podríamos hacer para el iPhone. Nuestros proyectos finales surgieron de esas conversaciones. Tenemos que dar las gracias al Dr. Lewis por impartir el curso, que, en nuestro caso, nos proporcionó un periodo maravilloso de aprendizaje conjunto. No podríamos haberlo pasado mejor.

Figura 9.38. *Stephen A. Moraco (hijo).*

Figura 9.39. *Stephen M. Moraco (padre).*

Proyecto final. Ejemplo 1

Stephen M. Moraco siente un gran cariño por su aplicación. Siendo como es un radioaficionado, decidió que lo ideal sería representar el contenido de la Web WB4APR de Bob Bruning. Allí Bob ha desarrollado un sistema automático de información de posición (*Automatic Position Reporting System* o APRS). De una forma muy parecida al ejemplo que yo mismo doy en clase, sobre la ubicación de *Deadheads*, Stephen padre hizo una aplicación capaz de ubicar a todos los radioaficionados que se encuentren en una zona definida por el usuario a partir de su posición. No voy a analizar pormenorizadamente el código de Stephen porque se puede descargar y revisar en profundidad en cualquier momento. No obstante, veremos los fragmentos que considero más notables. Por ejemplo, su archivo de cabecera `APRSmapViewController` sienta las bases con 3 `IBOutlet`, 1 `IBAction` y un `ViewController`:

```
@property (nonatomic, retain) IBOutlet MKMapView *mapView;
@property (nonatomic, retain) APRSwebViewController *webBrowserController;
@property (nonatomic, retain) IBOutlet UISegmentedControl
*ctlMapTypeChooser;
@property (nonatomic, retain) IBOutlet UIActivityIndicatorView
*aiActivityInd;

-(IBAction)selectMapMode:(id)sender;
```

En el archivo de implementación `APRSkit_MoracoDadAppDelegate`, utiliza el siguiente código para dar la oportunidad al usuario de iniciar sesión. En la figura 9.40 se pueden ver los resultados. El código de este paso, que se puede ver en el método `-(void)applicationDidFinishLaunching`, alberga también la distancia (radio) al usuario, que el sistema utilizará para buscar coincidencias:

```
- (void)applicationDidFinishLaunching:(UIApplication *)application {

   NSLog(@"MapAPRS_MoracoDadAppDelegate:applicationDidFinishLaunching
- ENTRY");
   // Punto de sobrecarga para la personalización depués de abrir la aplicación

   [window addSubview:[navigationController view]];
      [window makeKeyAndVisible];

   // Precargar las opciones por defecto de la aplicación
   NSUserDefaults *upSettings = [NSUserDefaults standardUserDefaults];
   NSString *strDefaultCallsign = [upSettings stringForKey:kCallSignKey];
   if(strDefaultCallsign == nil)
   {
      strDefaultCallsign = strEmptyString;
   }
   self.callSign = strDefaultCallsign;
```

```
    //[strDefaultCallsign release];

    NSString *strDefaultSitePassword = [upSettings
stringForKey:kSitePasswordKey];
    if(strDefaultSitePassword == nil)
    {
        strDefaultSitePassword = strEmptyString;
    }
    self.sitePassword = strDefaultSitePassword;

    NSString *strDefaultDistanceInMiles = [upSettings
stringForKey:kDistanceInMilesKey];
    if(strDefaultDistanceInMiles == nil)
    {
        strDefaultDistanceInMiles = @"30";
    }
    self.distanceInMiles = strDefaultDistanceInMiles;
    //[strDefaultSitePassword release];
    // INCORRECT DECR [upSettings release];
}
```

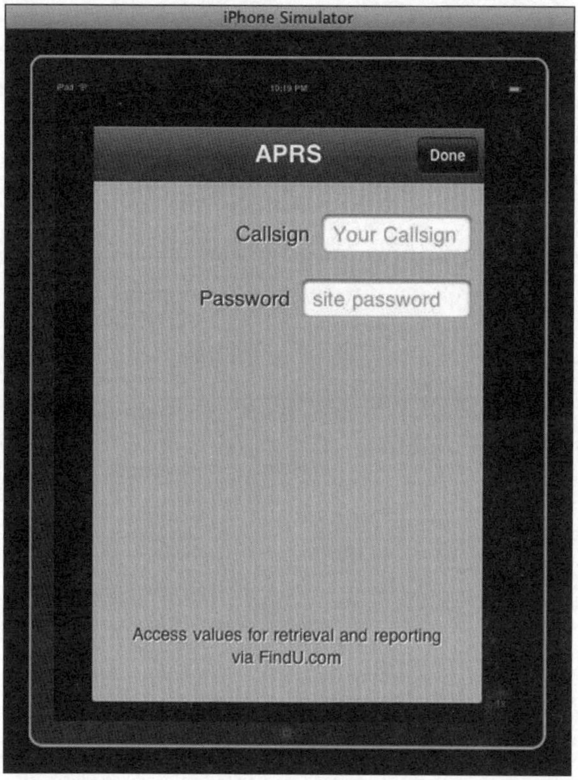

Figura 9.40. *Pantalla de inicio de sesión de la aplicación del proyecto final de Stephen M. Moraco.*

Una de las primeras cosas que hizo Stephen cuando accedió a la Web fue hacer una lista de todos los atributos XML. Aquí tenemos lo que vio:

- La columna 1 almacenaba el CALLSIGN.
- La columna 2, la URL a la información de tráfico si estaba disponible.
- La columna 3, la URL a la página del tiempo si estaba disponible.
- La columna 4, la latitud.
- La columna 5, la longitud.
- La columna 6, la distancia al usuario (en millas).
- La columna 7, la fecha (DD:HH:MM:SS) del último informe.

Para tener en cuenta estos datos, construyó ocho punteros en el archivo `APRSstationParser.m`. Observe que el puntero extra está ahí para posibles columnas desconocidas.

```
NSString *kCallSignCol  = @"Callsign";
NSString *kMsgURLCol = @"MsgURL";
NSString *kWxURLCol  = @"WxURL";
NSString *kLatitudeCol  = @"Lat";
NSString *kLongitudeCol = @"Long";
NSString *kDistanceCol  = @"Distance";
NSString *kLastReportCol   = @"LastReport";
NSString *kUnknownCol   = @"???"; // no se reconoce la columna
```

Luego, en el mismo archivo, introduce las sentencias `case`:

```
case 1:
   m_strColumnName = kCallSignCol;
   break;
case 2:
   m_strColumnName = kMsgURLCol;
   break;
case 3:
   m_strColumnName = kWxURLCol;
   break;
case 4:
   m_strColumnName = kLatitudeCol;
   break;
case 5:
   m_strColumnName = kLongitudeCol;
   break;
case 6:
   m_strColumnName = kDistanceCol;
   break;
case 7:
   m_strColumnName = kLastReportCol;
   break;
```

```
    default:
        m_strColumnName = kUnknownCol;
        break;
```

Además, en el archivo de implementación `APRSkit_MoracoDadApp Delegate`, el método `- (void) recenterMap` escanea todas las anotaciones para determinar el centro geográfico y, tal y como hicimos en el ejercicio de este capítulo, para calcular la región del mapa que se debe mostrar. Stephen lo hace igual después de las tres instrucciones `if`. En la figura 9.41, se puede ver una imagen de los alfileres cayendo.

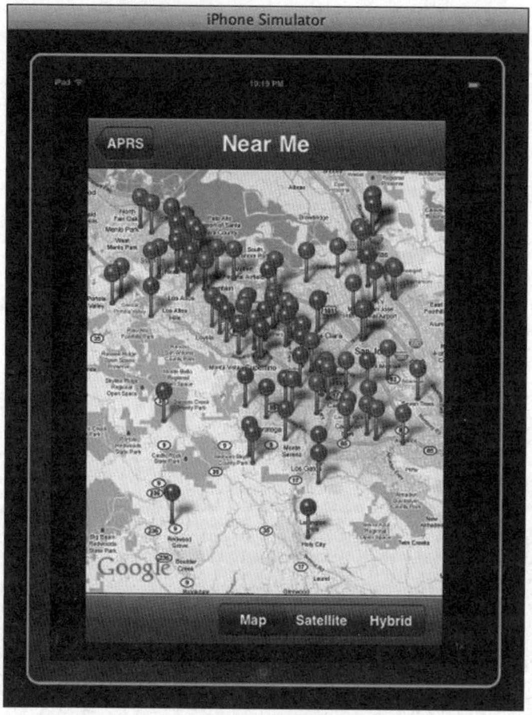

Figura 9.41. *Alfileres en la aplicación.*

```
- (void)recenterMap {
    NSLog(@" - APRSpinViewController:recenterMap - ENTRY");
        NSArray *coordinates = [self.mapView
valueForKeyPath:@"annotations.coordinate"];
    CLLocationCoordinate2D maxCoord = {-90.0f, -180.0f};
    CLLocationCoordinate2D minCoord = {90.0f, 180.0f};
    for(NSValue *value in coordinates) {
        CLLocationCoordinate2D coord = {0.0f, 0.0f};
        [value getValue:&coord];
            if(coord.longitude > maxCoord.longitude) {
                maxCoord.longitude = coord.longitude;
```

```
        }
        if(coord.latitude > maxCoord.latitude) {
           maxCoord.latitude = coord.latitude;
        }
        if(coord.longitude < minCoord.longitude) {
           minCoord.longitude = coord.longitude;
        }
        if(coord.latitude < minCoord.latitude) {
           minCoord.latitude = coord.latitude;
        }
   }
```

Observe que en la clase `APRSstation`, Stephen representa los detalles obtenidos de APRS, que se encargan de ubicar los alfileres.

```
#import <CoreLocation/CoreLocation.h>

@interface APRSstation : NSObject {
   NSString *m_strCallsign;
   NSDate   *m_dtLastReport;
   NSNumber *m_nDistanceInMiles;
   NSString *m_strMsgURL;
   NSString *m_strWxURL;
   NSString *m_strTimeSinceLastReport;
   CLLocation  *m_locPosition;
   int   m_nInstanceNbr;
}

@property(nonatomic, copy) NSString *callSign;
@property(nonatomic, copy) NSNumber *distanceInMiles;
@property(nonatomic, retain) NSDate *lastReport;
@property(nonatomic, copy) NSString *timeSinceLastReport;
@property(nonatomic, copy) NSString *msgURL;
@property(nonatomic, copy) NSString *wxURL;
@property(nonatomic, retain) CLLocation *position;

@end
```

Otra cosa interesante que hizo Stephen fue distinguir entre las emisoras de radioaficionados que tienen sus propios sitios Web y las que no lo tienen. Aquellas que tienen, muestran un galón especial en su anotación que, cuando se pulsa, muestra la página Web (véanse las figuras 9.42 y 9.43).

Este código se encuentra directamente bajo las sentencias `case` en el archivo `APRSstationParser.m`.

En el archivo de implementación `APRSmapViewController`, Stephen incluye, entre otras cosas, una metodología básica para alternar entre vistas de mapa, satélite e híbrida.

Un ejemplo de esto se puede ver cuando muestra la emisora más próxima al usuario, la cual, en el simulador, es la oficina central de Apple. En la figura 9.44 se puede ver el modo híbrido.

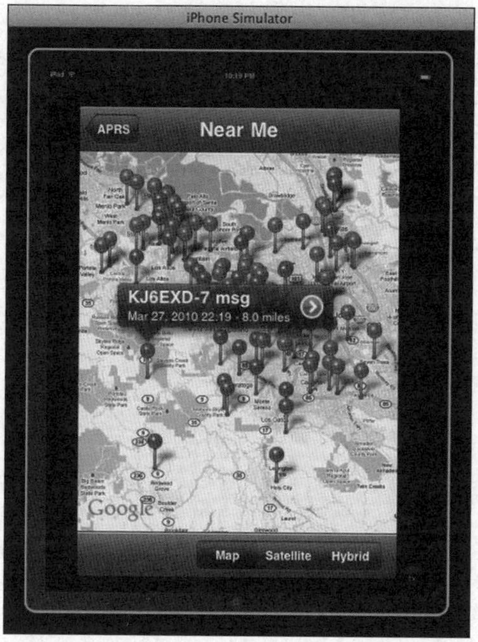

Figura 9.42. *Anotación KJ6EXD-7 con el galón azul a la derecha. Si se pulsa, se abrirá el sitio Web del radioaficionado.*

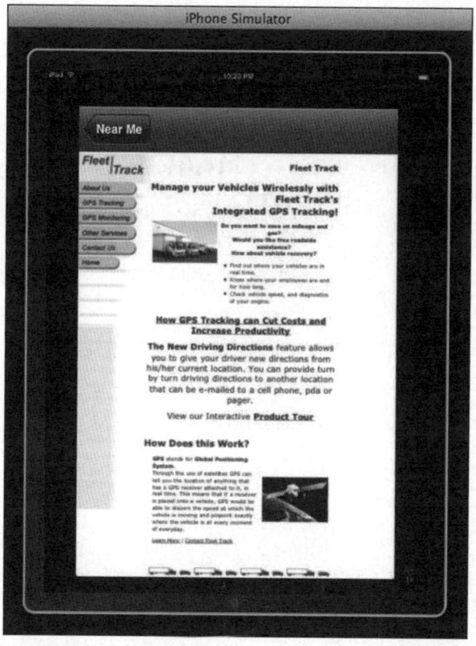

Figura 9.43. *Aquí se muestra la Web de la emisora KJ6EXD-7.*

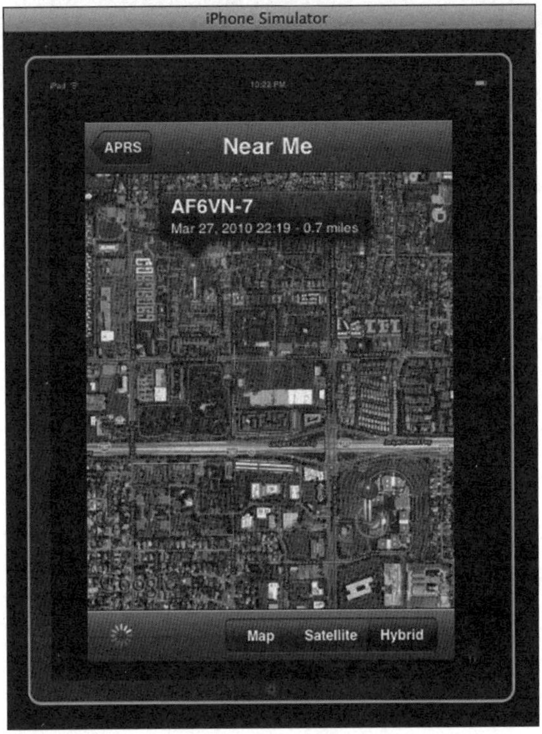

Figura 9.44. *Pantalla de la aplicación de Stephen M. Moraco mostrando la emisora más cercana a la oficina central de Apple, en modo híbrido.*

```
-(IBAction)selectMapMode:(id)sender
{
   UISegmentedControl *scChooser = (UISegmentedControl *)sender;
   int nMapStyleIdx = [scChooser selectedSegmentIndex];
   NSLog(@"APRSmapViewController:selectMapMode -
   New Style=%d",nMapStyleIdx);

   switch (nMapStyleIdx) {
      case 0:
         self.mapView.mapType = MKMapTypeStandard;
         break;
      case 1:
         self.mapView.mapType = MKMapTypeSatellite;
         break;
      case 2:
         self.mapView.mapType = MKMapTypeHybrid;
         break;
      default:
         NSLog(@"APRSmapViewController:selectMapMode - UnknownSelection?!");
         break;
   }
}
```

Por último, como toque final, que siempre recomiendo a mis estudiantes, Stephen ha incluido una estupenda pantalla "Acerca de..." en el archivo *nib* `AboutView` (véase la figura 9.45).

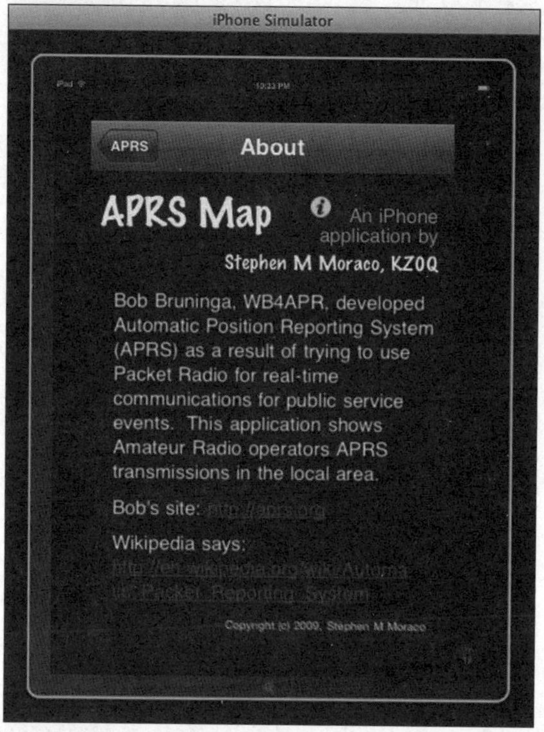

Figura 9.45. *Pantalla "Acerca de..." de la aplicación de Stephen M. Moraco.*

> ***Nota:*** *Para ejecutar el código, tendrá que obtener un nombre de usuario y una contraseña. Tiene dos opciones; o bien adquiere los suyos propios o bien descarga cualquiera de estas tres aplicaciones, que viene siendo lo mismo:* `http://itunes.apple.com/us/app/pocketpacket/id336500866?mt=8`, `http://itunes.apple.com/us/app/ibcnu/id314134969?mt=8` *y* `http://itunes.apple.com/us/app/aprs/id341511796?mt=8`.

Proyecto final. Ejemplo 2

Stephen A. Moraco es un superdotado estudiante de bachillerato que asiste a mis clases. Su aplicación (véase la figura 9.46) recaba los datos de la red *National Weather Cam* en la dirección `http://www.mhartman-wx.com/wcn/`.

Esto se puede ver en el archivo de implementación `TrafficCamParser`, en `NSString *strURL = http://www.mhartman-wx.com/wcn/wcn_db.txt`.

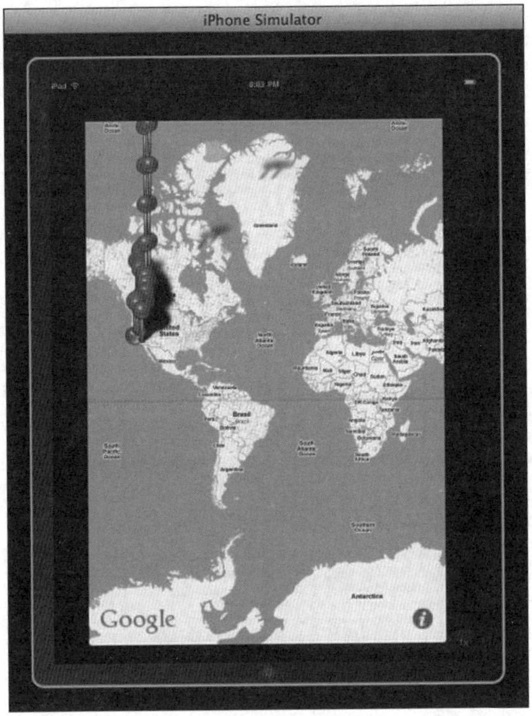

Figura 9.46. *La aplicación de Stephen A. Moraco se abre con centenares de alfileres cayendo sobre un mapa.*

Se dio cuenta de que necesitaba un adaptador para filtrar todas las metaetiquetas no válidas en las secciones `<head></head>`. Había tanta información extraña en el servidor que colgaba la aplicación. Para ocuparse de esto, programó reglas para sustituir `"^"` con `<field></field>`; `<br>`, con un espacio en blanco; `"<font size=\"-1\">("` y `")<br>"`, con `<field></field>`; comenzar y finalizar con `<CAM><field>` y `</field></CAM>`, respectivamente; y eliminar las etiquetas `</font>` y los espacios no divisibles. He añadido un número de línea para ayudar al lector a distinguir el inicio de cada sentencia.

```
1. NSString *strNoParaQueryResults = [strQueryResults
   stringByReplacingOccurrencesOfString:@"<font size=\"-1\">("
   withString:@"</field><field>"];
2. strNoParaQueryResults = [strNoParaQueryResults
   stringByReplacingOccurrencesOfString:@")<br>" withString:
   @"</field><field>"];
```

```
3.  strNoParaQueryResults = [strNoParaQueryResults
    stringByReplacingOccurrencesOfString:@"</font>" withString:@""];
4.  strNoParaQueryResults = [strNoParaQueryResults
    stringByReplacingOccurrencesOfString:@" " withString:@""];
5.  strNoParaQueryResults = [strNoParaQueryResults
    stringByReplacingOccurrencesOfString:@"></a>" withString:@"></img></a>"];
6.  strNoParaQueryResults = [strNoParaQueryResults
    stringByReplacingOccurrencesOfString:@"width=150"
    withString:@"width=\"150\""];
7.  strNoParaQueryResults = [strNoParaQueryResults
    stringByReplacingOccurrencesOfString:@"height=100"
    withString:@"height=\"100\""];
8.  strNoParaQueryResults = [strNoParaQueryResults
    stringByReplacingOccurrencesOfString:@"width=100"
    withString:@"width=\"100\""];
9.  strNoParaQueryResults = [strNoParaQueryResults
    stringByReplacingOccurrencesOfString:@"height=150"
    withString:@"height=\"150\""];
10. strNoParaQueryResults = [strNoParaQueryResults
    stringByReplacingOccurrencesOfString:@"border=0"
    withString:@"border=\"0\""];
11. strNoParaQueryResults = [strNoParaQueryResults
    stringByReplacingOccurrencesOfString:@"\"\"" withString:@"\""];
12. strNoParaQueryResults = [strNoParaQueryResults
    stringByReplacingOccurrencesOfString:@".jpg " withString:@".jpg\" "];
13. strNoParaQueryResults = [strNoParaQueryResults
    stringByReplacingOccurrencesOfString:@"&" withString:@"and"];
14. strNoParaQueryResults = [strNoParaQueryResults
    stringByReplacingOccurrencesOfString:@"<font size=\"-1\">"
    withString:@""];
15. strNoParaQueryResults = [strNoParaQueryResults
    stringByReplacingOccurrencesOfString:@"</b<" withString:@"</b><"];
```

El archivo de cabecera `TrafficCamAnnotation.h` utilizado es muy simple y directo. Emplea los punteros `+(id)annotationWithCam:(TrafficCam *)Cam;` y `-(id)initWithCam:(TrafficCam*)Cam;`, como se describe más arriba en el hipotético ejemplo de `GratefuldeadParser.h`. En este caso, `+(id)annotationWithCam:(TrafficCam *)Cam;` crea el archivo representado y `-(id)initWithCam:(TrafficCam*)Cam;` lo inicializa. El resultado de todo este duro trabajo de ocuparse del código inútil, se puede ver en la cristalina anotación de la figura 9.47.

```
#import <MapKit/MapKit.h>
#import <CoreLocation/CoreLocation.h>

@class TrafficCam;

@interface TrafficCamAnnotation : NSObject <MKAnnotation> {
   CLLocationCoordinate2D Coordinate;
   NSString *Title;
   NSString *Subtitle;
   TrafficCam *Cam;
```

```
}

@property(nonatomic, assign) CLLocationCoordinate2D coordinate;
@property(nonatomic, retain) NSString *title;
@property(nonatomic, retain) NSString *subtitle;
@property(nonatomic, retain) TrafficCam *cam;

+ (id)annotationWithCam:(TrafficCam *)Cam;
- (id)initWithCam:(TrafficCam *)Cam;

@end
```

Figura 9.47. *La aplicación de Stephen A. Moraco ampliada sobre el área de Colorado Springs. La anotación aparece porque el usuario pulsó sobre la intersección.*

Stephen se dio cuenta también de que no podría utilizar las vistas de vídeo de las cámaras automáticamente. Solucionar esto no resultó una tarea trivial en el archivo `TrafficCamSettingsViewControler.m`. Un ejemplo es permitir orientaciones distintas a la vertical por defecto:

```
BOOL)shouldAutorotateToInterfaceOrientation:(UIInterfaceOrientation)
interfaceOrientation
{
   // Devuelve YES (sí) para las orientaciones soportadas
   return (interfaceOrientation == UIInterfaceOrientationPortrait);
}
```

Tuvo que organizar su código para conseguir que las imágenes aparecieran ordenadas en la pantalla, como se puede ver en la figura 9.48.

Figura 9.48. *Vista de una cámara de tráfico.*

Información biográfica para el ejemplo 3 de Satish Rege

¿Por qué quiero convertirme en desarrollador de iOS? Muy sencillo: el iPhone pone en la palma de la mano la potencia de proceso, las comunicaciones y la experiencia multimedia de un gran ordenador. Proporciona una gran riqueza de recursos así como primitivas de interfaz de usuario que permiten expresar la capacidad creativa de forma sinergística.

Figura 9.49. *Satish Rege.*

Estas propiedades del iPhone son las que me atrajeron para aprender a usar las herramientas de desarrollo y, con ellas, expresar mis propias ideas. El curso de Rory es una introducción excelente que abarca numerosas funcionalidades del iPhone y las hace fáciles de aprender.

Proyecto final. Ejemplo 3

Satish siempre traía código fuente muy sencillo y elocuente como respuesta a sus ejercicios. Cuando tenía que evaluar los resultados, me daba cuenta de que Satish tenía la capacidad de poner en 20 líneas de código lo que otros hacían en más del triple. Para su proyecto final, Satish escribió una aplicación que permite comprobar el tráfico en las intersecciones próximas y, si hay atasco, recomienda alternativas. Al menos en teoría, así funciona. Satish comenzó con una intersección que él sabía bien que sería muy problemática: I-25 Northbound. Se centro en los archivos de implementación de controladores y luego rota atrás y adelante desde ahí según en qué ubicación de Colorado Springs se encuentre el usuario. Ha escrito 27 sentencias `case` para las 27 cámaras de Colorado Springs. Simple y elegante. En la figura 9.50 podemos ver la lista. En las figuras 9.51 y 9.52 podemos ver dos ejemplos de las vistas del tráfico.

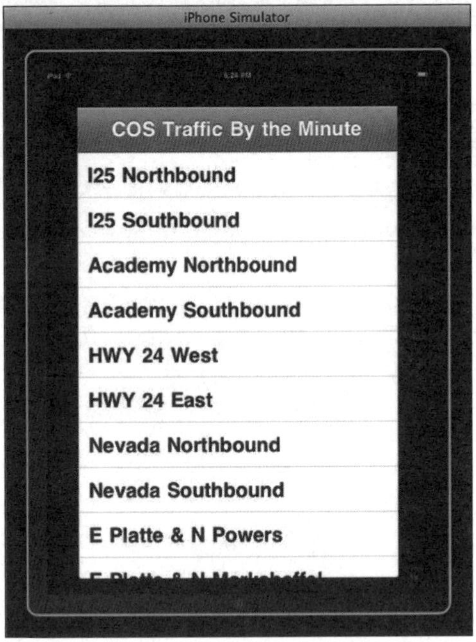

Figura 9.50. *Lista de cruces en Colorado Springs.*

Figura 9.51. *Cámara de tráfico de Colorado Springs.*

Figura 9.52. *Otra vista de las cámaras de tráfico.*

```
// Selección de la cámara con arreglo a las coordenadas
   switch (cameraCordinate) {
      case 1:
         url = [NSURL
URLWithString:@"http://www.springsgov.com/trafficeng/bImage.ASP?camID=17"];
//Camera - S Academy/ I-25 North
      break;
      case 2:
         url = [NSURL
URLWithString:@"http://www.springsgov.com/trafficeng/bImage.ASP?camID=18"];
//Camera - HWY 85/87/I-25 N
      break;

>>>>>>
>>>>>>
>>>>>>

      case 26:
         url = [NSURL
URLWithString:@"http://www.springsgov.com/trafficeng/bImage.ASP?camID=33"];
//Camera - Monument/ I-25 N
      break;
      case 27:
         url = [NSURL
URLWithString:@"http://www.springsgov.com/trafficeng/bImage.
ASP?camID=49"];
//Camera - CountyLine/ I-25 SE
      break;
```

El cuadro completo

Es importante reconocer de dónde venimos, dónde estamos ahora y hacia dónde nos dirigimos. Sin ser demasiado metafísicos, este capítulo es un poco como una metáfora de la vida. ¿Dónde estaba hace cinco años? ¿El año pasado? ¿El día antes de comprar este libro? ¿Dónde quiere estar dentro de seis meses?

Por eso este tema es tan popular. A la gente le encanta saber dónde está. La gente adora saber o que le enseñen cómo ir "de aquí a allí".

¿Sabe por qué los hombres no paran a preguntar una dirección? Yo mismo no lo hago nunca. Pues porque piensan que deberían "saber" a dónde van. Cuando el GPS entró en escena, resultó impresionante. Pero que Apple incluyera uno en el iPhone con su tecnología de mapas, eso fue increíble. De repente, teníamos la posibilidad de consultar un oráculo y "mantener intacto nuestro ego masculino".

Eso es poder, eso es autoridad..., y esa es la revolución a la que nos hemos sumado. Ahora que ya ha completado este libro y navegado exitosamente por sus ejercicios, algunos fáciles, otros no tanto, está bien encaminado en el mundo de la programación. Como dije al principio, mis objetivos en este capítulo eran humildes. Sin embargo, como en cualquier desafío que se precie, la práctica hace la perfección. Si está agotado, pero todavía emocionado por estas ideas y posibilidades, lo consideraré un éxito, tanto para mí como para usted. Puede que algunos estén pensando en temas que no hemos cubierto en este libro, tales como el acelerómetro, las cámaras, los vídeos, el protocolo *peer-to-peer*, RSS, correo electrónico, servidores POP, etc. Si esas áreas son de su interés, deje que su mente vuele hacia ellas. Eso querrá decir que usted "sabe donde está" y que "sabe a dónde quiere ir". ¡La vida es hermosa!

Lite

10. MapKit, tablas y storyboard

Debe tener en cuenta cinco cosas en relación con este capítulo:

- **Continuación del capítulo 9:** El capítulo 10 toma lo que aprendió en el capítulo anterior y construye sobre ello. Mi consejo es que repita el capítulo 9 y vea si es capaz de repetirlo en menos de 20 minutos. Hágalo un par de veces, o quince, antes de pasar a este capítulo.
- **No es trivial:** Cuando acabe este capítulo podrá sentirse orgulloso de lo realizado. Cierto, cuando acabe este capítulo, podrá conseguir trabajo como programador de Objective-C o, al menos, mantener un buen nivel de conversación acerca del tema sin parecer un principiante. Ningún entrevistador creerá que lo es, como tampoco lo hizo Apple cuando contrató a una de mis estudiantes para trabajar en el desarrollo de iOS 5 en Cupertino. Ocho meses antes, ni siquiera tenía un Mac y estudiaba la primera edición de este libro. Así pues, tómeselo en serio: este capítulo puede marcar un punto de inflexión en su vida.
- **El cuadro completo:** Tan cierto como que está leyendo estas palabras, llegará un momento en el que este código lo sobrepase. Pues bien, ése es el momento de recordar que hay que tener siempre presente "el cuadro completo". Por todo este capítulo, le recordaré siempre "el cuadro completo",

el cual es, en esencia, un *storyboard* que contiene una tabla que muestra muchos nombres de ciudades. Iremos a los servidores de Google y obtendremos las direcciones geoespaciales de estas ciudades y, cuando el usuario pulse sobre una de ellas en la tabla, recorreremos un *segue* que instanciará un MapKit que hará caer un alfiler en el centro de dicha ciudad.

- **Esquema del capítulo:** El capítulo 10 tiene muy pocos preliminares porque quiero que mantenga el momento del capítulo 9.
- **NO SE RINDA:** El capítulo 10 va a ser una prueba, y quiero que la pase. Tenga por seguro que nadie va a lograr hacerse con el capítulo 10 a la primera. Tendrá que empezar desde cero en repetidas ocasiones. De hecho, esto de empezar de nuevo una y otra vez es la clave: tras pasar un poco de tiempo depurando el código, debe empezar desde cero nuevamente. Nunca piense: "Bien, no puedo con esto. Lo he intentado cinco veces y no puedo con ello". Es correcto equivocarse y empezar de nuevo. De lo que se trata es de pasar por ello, las veces que sea necesario, hasta que pueda presentarse en el foro y decir a todo el mundo que lo ha conseguido.

MyStory_02: una aplicación de una sola vista

En MyStory_02, vamos a dividir el proyecto en dos partes. En la primera, utilizaremos *storyboard* para crear una simple tabla que se llenará con un array de ciudades. La longitud de la lista dependerá del conteo (*count*) de ciudades que establezcamos. Cuando un usuario selecciona una de las ciudades de la lista, en realidad no ocurre nada. Sin embargo, es importante saber que nuestra aplicación funciona en este punto, antes de seguir adelante. En la segunda parte, enviaremos la lista de ciudades que se muestran en la tabla al servidor de Google, en el que solicitaremos las coordenadas de latitud y longitud de cada ciudad. Después almacenaremos esas direcciones y, cuando el usuario seleccione una ciudad, iremos desde la tabla, a través de un *segue*, hasta una vista con un `UIMapKit` que instanciará un mapa de la ciudad con un alfiler cayendo en su centro.

Preparación para la aplicación

Prepárese a vérselas con dos términos: *"parsing"* y "visitar Internet". Utilizaremos la palabra *parse* (literalmente, "analizar") un montón; por *parsing* entendemos el hecho de escribir código que permita a una aplicación entrar en un servidor y obtener solo la información deseada de la base de datos. Por ejemplo, el servidor de Google puede tener hasta 6.000 punteros, vínculos y términos asociados con la ciudad de Durban, Sudáfrica. En este caso, accederemos al servidor de Google e ignoraremos todo menos las coordenadas de longitud y latitud de Durban. Piense en la cantidad de aplicaciones que deben hacer esto mismo, entrar en servidores y obtener solo una información concreta para el usuario. Se trata de una programación crítica, y le voy a enseñar cómo hacerlo para que, además, quede estupendo en su iPad.

Aunque ciertos datos se comunican por satélite, es obvio que Internet no está en las nubes, sino que la información suele viajar por cables terrestres de servidor en servidor. Conseguir que una aplicación de iPad e iPhone pueda hacerse con datos importantes de un servidor en particular es muy importante.

Preliminares

Los archivos para descargar de este proyecto son un poco diferentes de los de ejercicios anteriores. Por supuesto, no es obligatorio bajar ningún archivo. Es posible seguir el libro y ejecutar la aplicación perfectamente sin el código fuente o los archivos. No obstante, si se inclina por usarlos, debe prestar atención a lo siguiente. Los archivos contienen seis imágenes y nueve fragmentos de código fuente, que se organizan de acuerdo con la tabla siguiente:

Tabla 10.1. *Descargas de archivos.*

Nombre del archivo	Se usa en...	Descripción
01 Part 1myMasterTableView Controller m	Codificación de la parte 1	Interfaz privada para el array `NSArray` de ciudades. No está en la cabecera, así que no es pública.
02 Part 1myMasterTableView Controller m	Codificación de la parte 1	El array `NSArray` de ciudades que insertamos en el método `viewDidLoad`.
03 Part 1myMasterTableView Controller m	Codificación de la parte 1	Código para facilitar la vista de los nombres de la ciudad en cada celda que insertamos en el método `tableView`.
04 Part 2myPos h	Codificación de la parte 2	`myPos.h` completo.
05 Part 2myPos m	Codificación de la parte 2	`myPos.m` completo.

Nombre del archivo	Se usa en...	Descripción
06 Part 2myDetailView Controller h	Codificación de la parte 2	`myDetailViewController.h` completo.
07 Part 2myDetailView Controller m	Codificación de la parte 2	`#imports`, el método privado `configureView`, `@implementation` y `@synthesize`.
08 Part 2myDetailView Controller m	Codificación de la parte 2	El método `setDetailItem` para actualizar la vista; el método `configureView` para consultar el servidor de Google y actualizar la interfaz de usuario para el elemento y tres métodos de conexión.
09 Part 2myMasterTableView Controller m	Codificación de la parte 2	El método `prepareForSegue` que introduciremos en `MasterTableViewController` solo para la parte 2.
iPad 72	Sin uso	El icono de 72x72 píxeles para el iPad. Se incluye por si el lector se decide por el enfoque universal y decide compilar la aplicación tanto para el iPhone como para el iPad.
iPhone 57	Preliminares	El icono de 57x57 píxeles para el iPhone.
iPhone4 114	Preliminares	El icono de 114x114 píxeles para el iPhone 4 Retina Display.
splash Big	Preliminares	La pantalla de bienvenida del iPhone.
splash	Preliminares	La pantalla de bienvenida del iPhone Retina Display.

Todos estos archivos se pueden descargar de la Web del libro.

El cuadro completo

Tendremos "muchas" versiones del cuadro completo en este capítulo. En primer lugar, veremos el código desde "30.000 pies" para observar un panorama muy amplio de la aplicación. Después, a medida que profundicemos, siempre tendremos presente "el cuadro completo". Pues bien, he aquí el primer "cuadro completo":

1. *Rellenar la tabla con una lista de ciudades.*
2. *Codificar un alfiler para que se clave en el centro del mapa de la ciudad seleccionada.*

Nueva plantilla Single View Application

1. Como en el caso de MyStory_01, utilizaremos una aplicación de tipo Single View Application (Aplicación de una sola vista). Así pues, abra Xcode y pulse las teclas **Comando-Mayús-N** para acceder al menú de plantillas de aplicación, como se puede ver en la figura 10.1. Después de seleccionar Single View Application haga clic en **Next** (Siguiente) o pulse **Intro**.

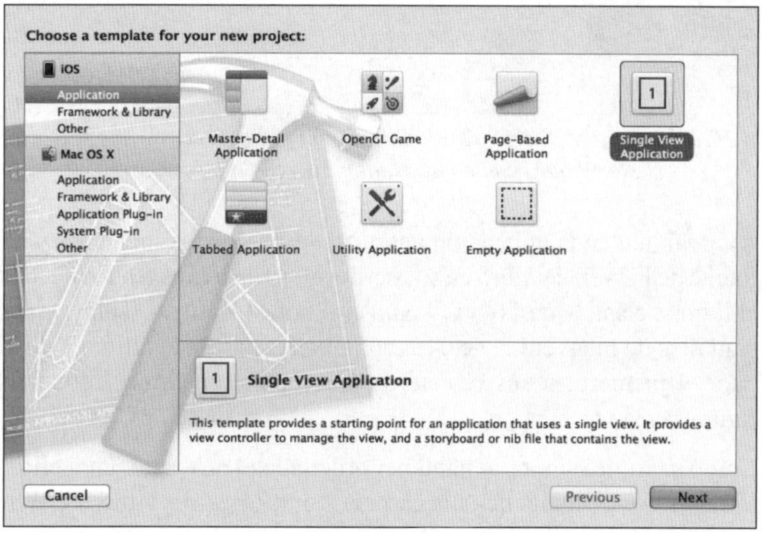

Figura 10.1. *Selecciona Single View Application y pulse Intro o haga clic en Next.*

2. Introduzca **MyStory_02** en el campo Product Name (Nombre de producto). Seleccione iPhone en el desplegable Device Family (Familia de dispositivos). No escriba nada en Class Prefix (Prefijo de clase). Deje sin seleccionar la casilla de verificación Include Unit Tests (Incluir pruebas unitarias), pero seleccione Use Storyboard (Usar *storyboard*) y Use Automatic Reference Counting (Usar conteo automático de referencias). Esto último invocará la gestión automática de memoria para objetos

Objective-C en el Mac. Esto evita que el programador tenga que indicar explícitamente el manejo de la memoria con *retain* (retener) y *release* (liberar). Todo esto se muestra en la figura 10.2.

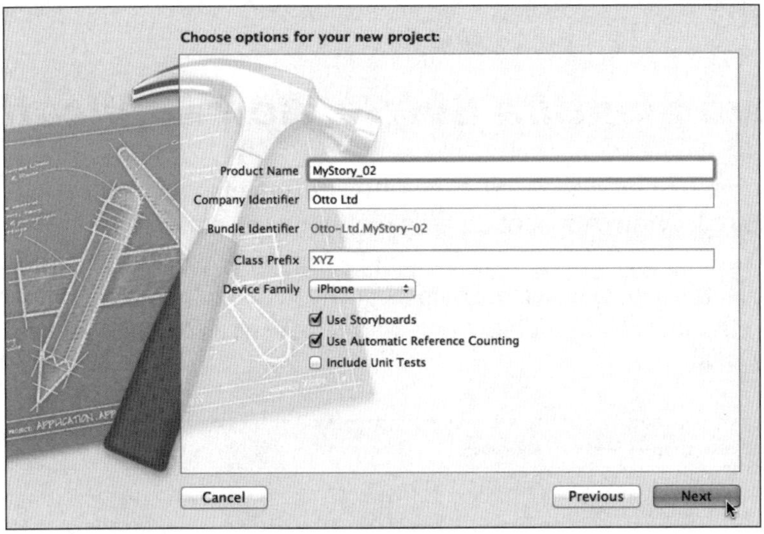

Figura 10.2. *Nombre MyStory_02 a la aplicación y asegúrese de que selecciona los storyboard y el conteo automático de referencias.*

3. Al igual que en la aplicación anterior, descargue las imágenes y el código fuente de la Web del libro en su escritorio. Arrastre los iconos de 57x57 para el iPhone clásico, de 114x114 para el iPhone4 Retina Display, así como las pantallas de bienvenida de 640x960 píxeles para éste último y de 320x480 para el primero, a sus recuadros correspondientes en Xcode (véase la figura 10.3).

4. Como siempre, vamos a mantener ordenado el proyecto. Para ello, arrastre los archivos de imágenes a la carpeta `Supporting Files` (Archivos de soporte) como en la figura 10.4.

Organice el storyboard

Una de las formas más benignas de perderse en un *storyboard* consiste en no centrarse en cómo se conectan exactamente las estructuras y se asocian con los objetos mediante el *storyboard*. Es muy fácil mirar el *storyboard* y pensar que todo es estupendo mientras uno no se da cuenta de que ha conectado el elemento equivocado. Así pues, asegúrese de seguir mis instrucciones al pie de la letra.

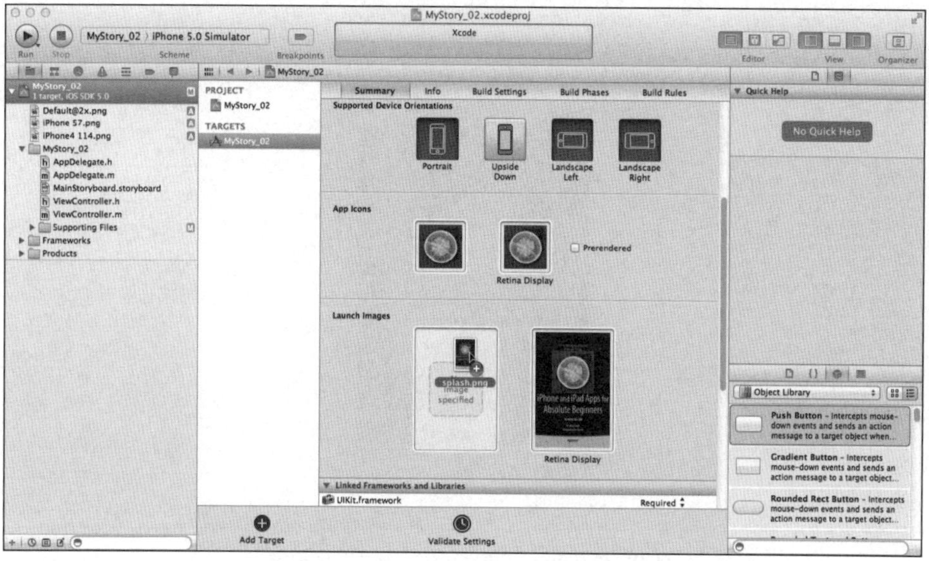

Figura 10.3. Arrastre los gráficos a Xcode.

Figura 10.4. Arrastre las imágenes a la carpeta Supporting Files.

5. Seleccione el archivo de *storyboard*, como en la figura 10.5.
6. Cuando el *storyboard* se abra por primera vez, verá un controlador View Controller como el de la figura 10.6.

Figura 10.5. Seleccione el storyboard.

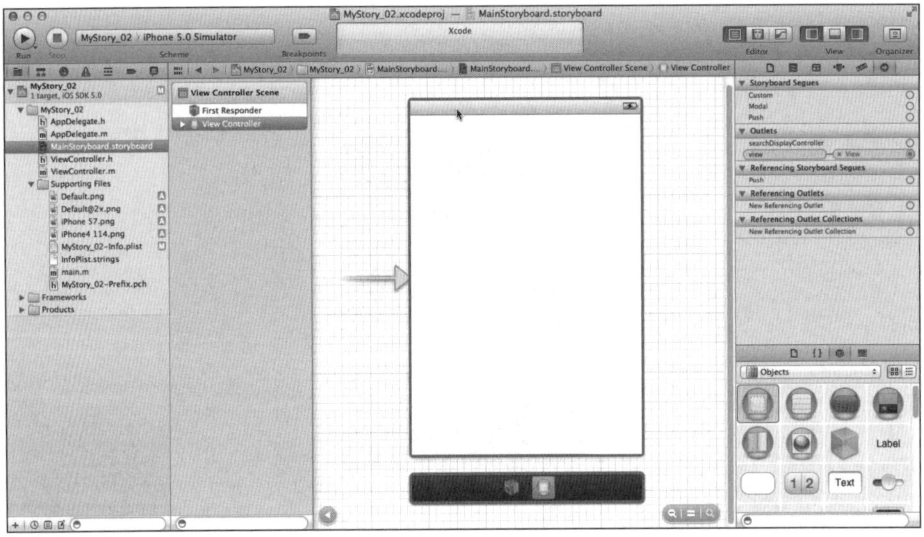

Figura 10.6. No queremos este controlador de vista aquí.

Seleccione el controlador de vista y bórrelo. El motivo de hacerlo es fácil de entender. Queremos utilizar una vista de tabla, Table View, con toda su funcionalidad, una funcionalidad completa que no se obtiene añadiendo una tabla a un controlador View Controller.

El cuadro completo

1. *Rellenar la tabla con una lista de ciudades.*
   a. *Crear una vista de tabla* Table View.
2. *Codificar un alfiler para que se clave en el centro del mapa de la ciudad seleccionada.*

Añadir el controlador Table View Controller

7. Como ya se ha dicho, necesitamos un controlador Table View Controller completamente funcional para que contenga el array de ciudades e interaccione con el resto del *storyboard* y con MapKit. Así pues, arrastre un controlador Table View Controller sobre el lienzo, como se muestra en la figura 10.7.

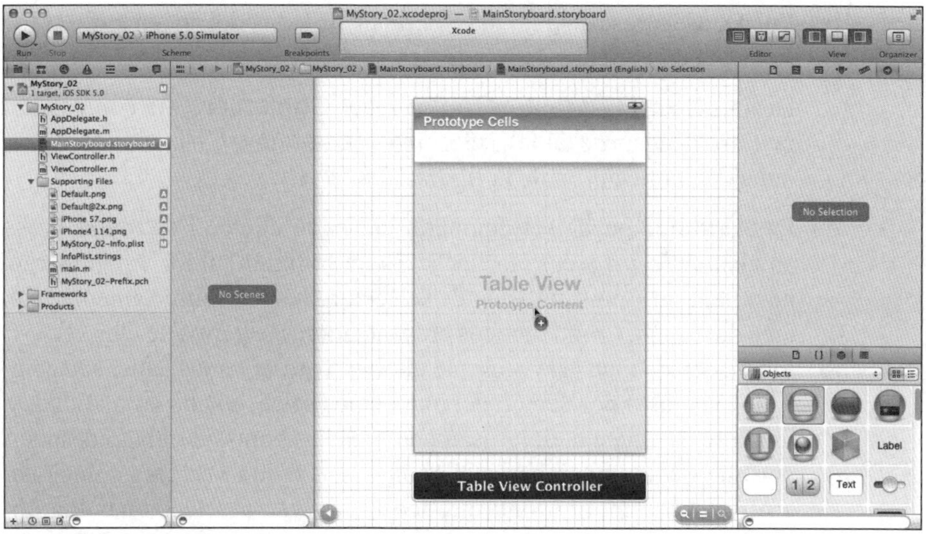

Figura 10.7. *Arrastre un controlador de tabla.*

8. Ahora es posible editar la vista de tabla directamente en el *storyboard*. Eso sí, ubicarnos correctamente en Xcode puede resultar un desafío. Observe la figura 10.8 y guíese por las flechas y los puntos que se exponen más abajo.
   a. Para seleccionar Table View Cell - Cell, la celda de la tabla, primero cierre Navigator (Navegador) como se indica en la flecha 1 de la figura 10.8.

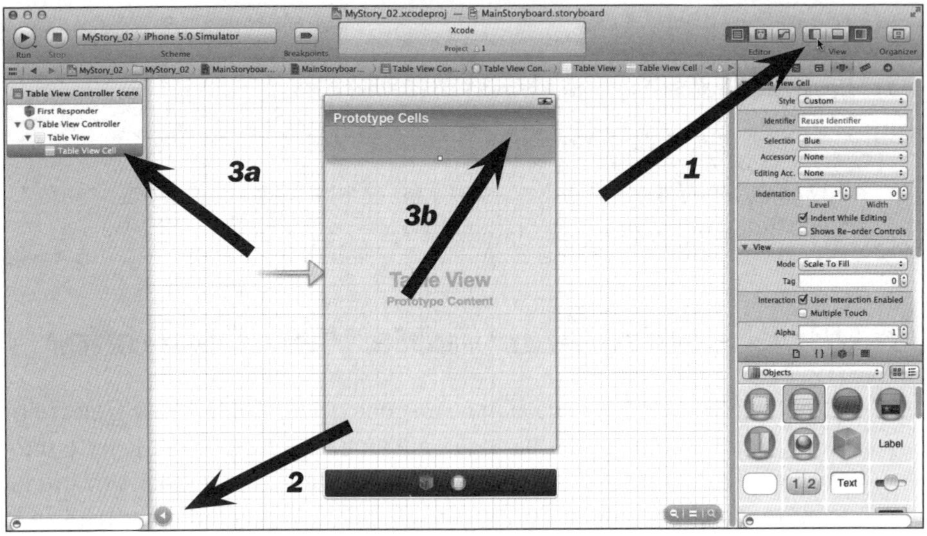

Figura 10.8. *Seleccione las celdas de la tabla en Table View.*

b. Luego, asegúrese de que está abierto el esquema del documento, como se indica en la flecha 2 de la figura 10.8.

c. Después, en My Master Table View Controller (Mi controlador maestro de vista de tabla), seleccione Table View Cell - Cell, como se indica en la flecha 3a de la figura 10.8.

d. Es cierto que puede seleccionarla haciendo clic en Prototype Cells en el *storyboard* (véase la flecha 3b en la figura 10.8). Sin embargo, no quiero que tome el hábito de seleccionar objetos directamente en el área de diseño. Como muchos programadores expertos de Objective-C saben, ocurre muchas veces que el objeto que creemos haber seleccionado está justo por debajo del que hemos seleccionado en realidad, y, luego se dan cuenta, dolorosamente muchas horas de trabajo después, por qué tienen que rehacer el código una y otra vez para solucionar errores. Otro motivo para no acostumbrarse a seleccionar los objetos directamente en el *storyboard* es que seleccionarlos en el panel Document Outline (Esquema de documento) nos permite saber dónde estamos.

9. Vamos a querer reutilizar las celdas *nib*. En otras palabras, en vez de crear una lista masiva de celdas, solo usaremos una y la reutilizaremos para cualquiera que sea el número de ciudades que tengamos en el array. Esto significa que tenemos que dar un nombre a su identificador que podamos

reutilizar. Observe que en el campo Identifier (Identificador) de Table View Cell, en la parte superior derecha de la figura 10.9, hemos escrito **cell**, que será dicho nombre.

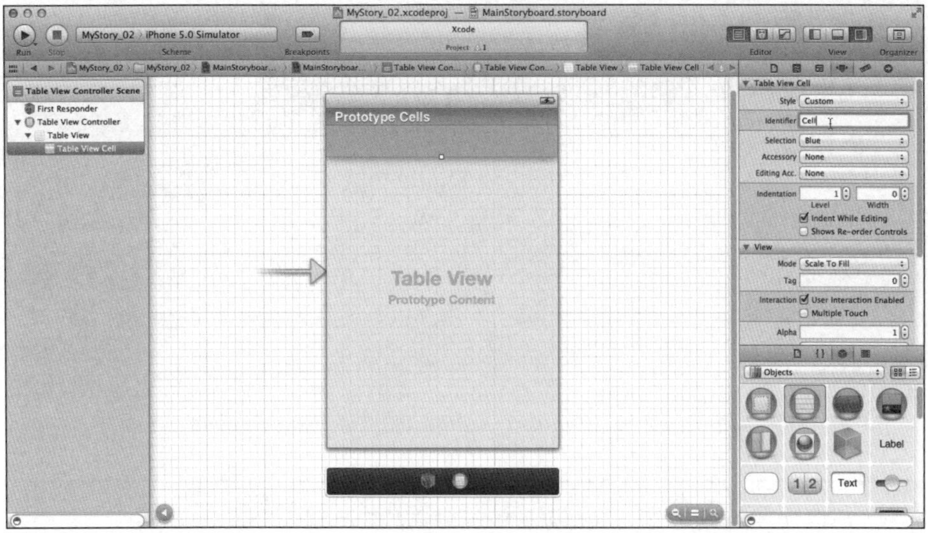

Figura 10.9. *Llame "cell" al identificador y guarde su trabajo.*

El cuadro completo

1. *Rellenar la tabla con una lista de ciudades.*
   a. *Crear una vista de tabla* Table View.
   b. *Llame **cell** al identificador,* Identifier, *en* Table View Cell.
2. *Codificar un alfiler para que se clave en el centro del mapa de la ciudad seleccionada.*

10. Lo que hemos construido en el *storyboard* se ha hecho sobre el View Controller original. Como tenemos que construir el nuestro propio, hay que eliminar tanto su archivo de cabecera como el de implementación, `ViewController.h` y `ViewController.m`, como se puede ver en la figura 10.10.

Nota: *Asegúrese de que borra la clase entera, y no solo sus referencias.*

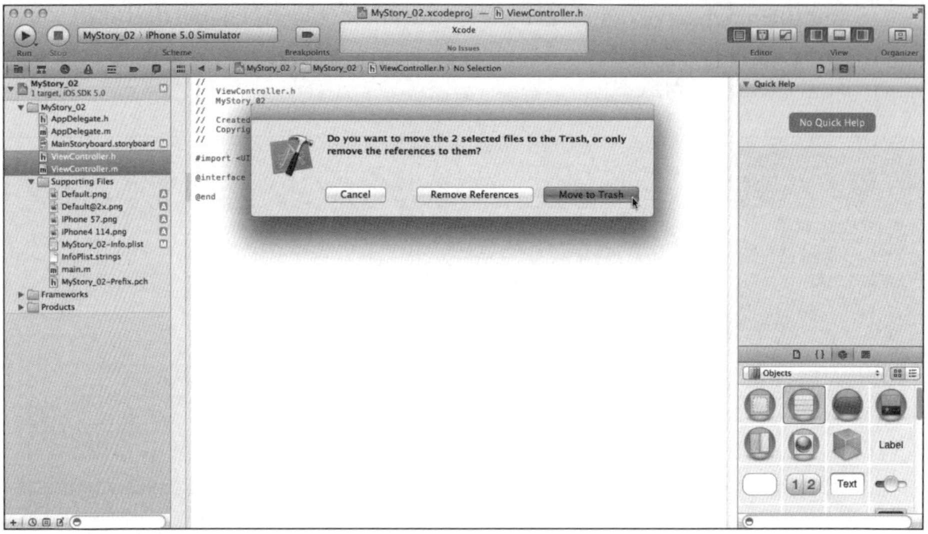

Figura 10.10. *Elimine el controlador de vista original.*

El cuadro completo (ampliado para los pasos 10 a 17)

1. Rellenar la tabla con una lista de ciudades.

1.1. Crear una vista de tabla Table View.

1.2. Organice sus clases.

1.2.1. Elimine el `ViewController` *por defecto.*

1.2.2. Cree 3 clases.

1.2.2.1. Dos subclases de `UIViewController.`

1.2.2.1.1. `myMasterTableViewController`

1.2.2.1.2. `myDetailViewController`

1.2.2.2. Una clase Objective-C

1.2.2.2.1. `myPos`

2. Codificar un alfiler para que se clave en el centro del mapa de la ciudad seleccionada.

11. Ahora que hemos eliminado el controlador `ViewController` por defecto, necesitamos un nuevo archivo de clase de respaldo en el que guardar las ciudades y estructuras de código que permitirán rellenar la tabla con una lista de aquéllas. Necesitamos dos subclases de `UIViewController`,

una para que haga lo que acabamos de decir y la otra para que obtenga todos los datos necesarios del servidor de Google. Asimismo, necesitaremos una clase Objective-C, `myPos`, como hicimos en MyStory_01 para que almacene la ubicación actual. Bien, empiece a construir estas 3 clases: pulse las teclas **Comando-N** y seleccione una subclase de `UIViewController`, como se puede ver en la figura 10.11.

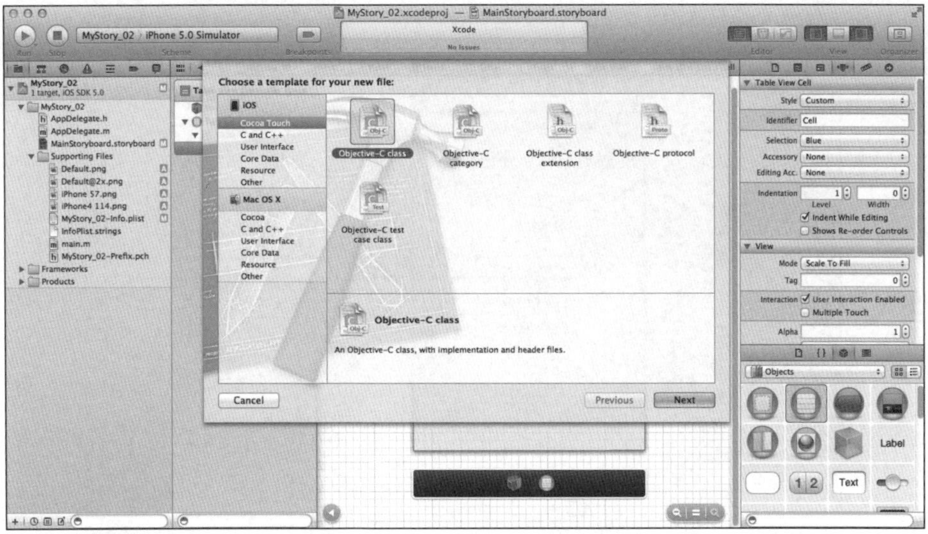

Figura 10.11. Cree la primera de las dos subclases de UIViewController.

El cuadro completo

1. *Rellenar la tabla con una lista de ciudades.*
   - 1.1. *Crear una vista de tabla* Table View.
   - 1.2. *Organice sus clases.*
     - 1.2.1. *Elimine el* `ViewController` *por defecto.*
     - 1.2.2. *Cree 3 clases.*
       - 1.2.2.1. *Dos subclases de* `UIViewController`.
         - 1.2.2.1.1. **`myMasterTableViewController`**
         - 1.2.2.1.2. **`myDetailViewController`**
       - 1.2.2.2. *Una clase Objective-C*
         - 1.2.2.2.1. `myPos`
2. *Codificar un alfiler para que se clave en el centro de la ciudad seleccionada.*

12. Asegúrese de que esta nueva clase que está creando sea una subclase de `UITableViewController`, porque necesitamos que sepa cómo llevar a cabo las acciones de una tabla, tales como almacenar las ciudades. Así pues, después de escribir **myMasterTableViewController** en el campo Class (Clase), asegúrese de elegir UITableViewController en el cuadro de lista desplegable Subclass of (Subclase de) como en la figura 10.12.

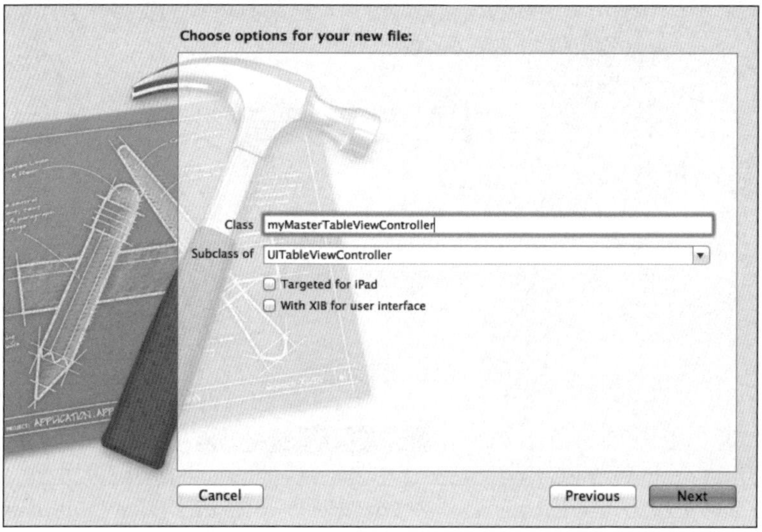

Figura 10.12. *Nombre a su clase "myMasterTableViewController".*

13. Cuando haya creado `myMasterTableViewController`, pulse de nuevo **Comando-N** y seleccione otra subclase de UIViewController, como se puede ver en la figura 10.13.

14. Esta subclase de `UIViewController` va a estar más involucrada con el acceso al servidor de Google y va a interaccionar entre `myPos` y la vista que observe el usuario.

    Así que, después de escribir **myDetailViewController** en el campo Class, asegúrese de que NO es una subclase de UITableViewController sino una subclase de UIViewController, como se puede ver en la figura 10.14.

15. Hemos creado nuestras dos subclases de `UIViewController` y ahora tenemos que crear una tercera clase, una clase Objective-C. Así que, hagámoslo. Pulse **Comando-N** y seleccione Ojective-C class, como se puede ver en la figura 10.15.

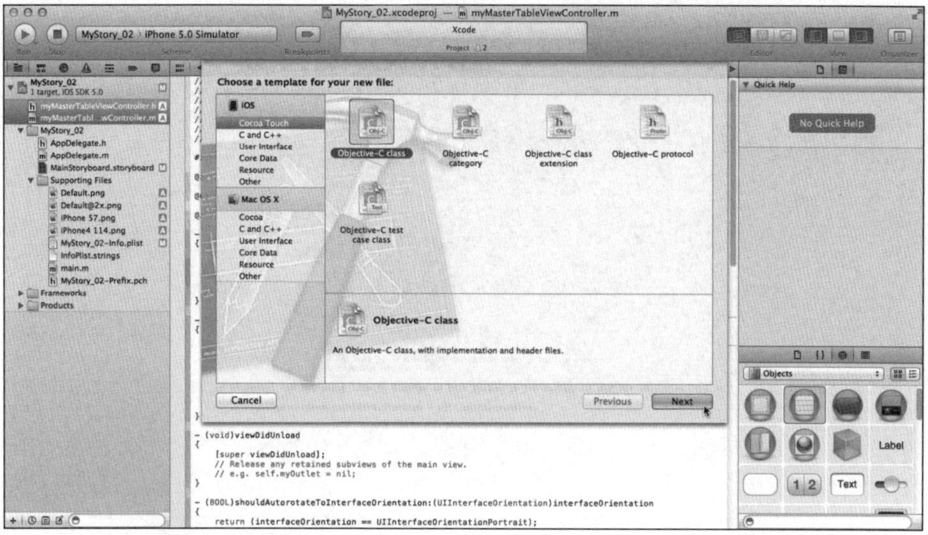

Figura 10.13. *Cree el segundo controlador UIViewController.*

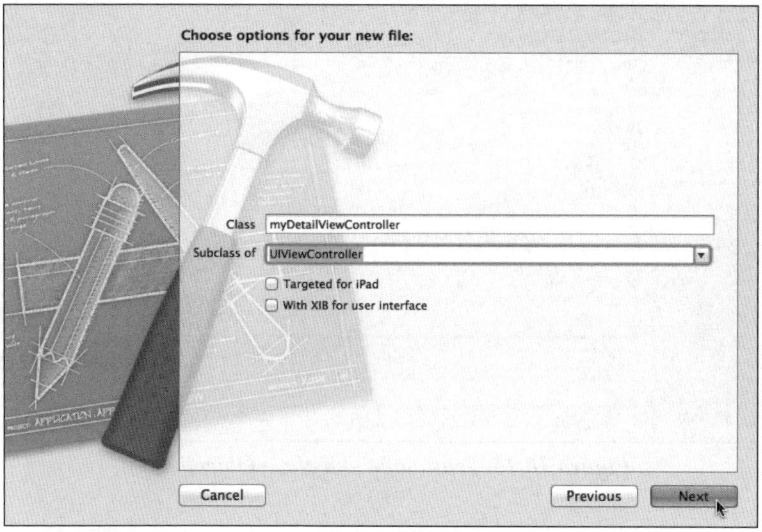

Figura 10.14. *Póngale el nombre de myDetailViewController.*

El cuadro completo

1. *Rellenar la tabla con una lista de ciudades.*
   1.1. *Crear una vista de tabla* Table View.
   1.2. *Organice sus clases.*

> *1.2.1. Elimine el* `ViewController` *por defecto.*
>
> *1.2.2. Cree 3 clases.*
>
> *1.2.2.1. Dos subclases de* `UIViewController.`
>
> *1.2.2.1.1.* `myMasterTableViewController`
>
> *1.2.2.1.2.* `myDetailViewController`
>
> *1.2.2.2.* ***Una clase Objective-C***
>
> *1.2.2.2.1.* `myPos`
>
> *2. Codificar un alfiler para que se clave en el centro del mapa de la ciudad seleccionada.*

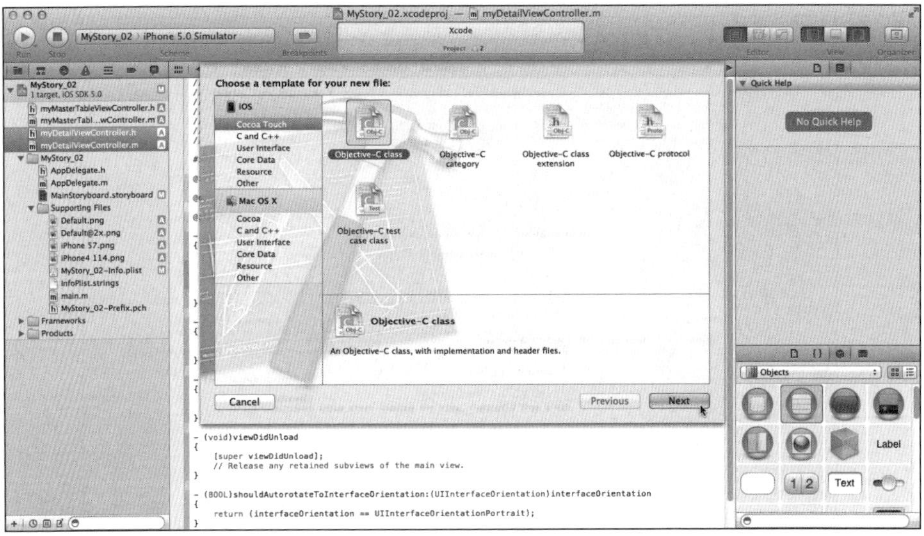

Figura 10.15. Seleccione una clase Objective-C.

16. Tal como hicimos en MyStory_01, esta clase tiene que ser una subclase `NSObject`. Una vez que se haya asegurado de esto, eligiendo NSObject en el cuadro de lista desplegable Subclass of, y de que le haya puesto el nombre de **myPos** en el cuadro Class, haga clic en el botón **Next** (Siguiente) o pulse la tecla **Intro** (véase la figura 10.16).

17. Estas clases se tienen que situar en la carpeta `MyStory_02` para mantener el código fuente perfectamente ordenado.

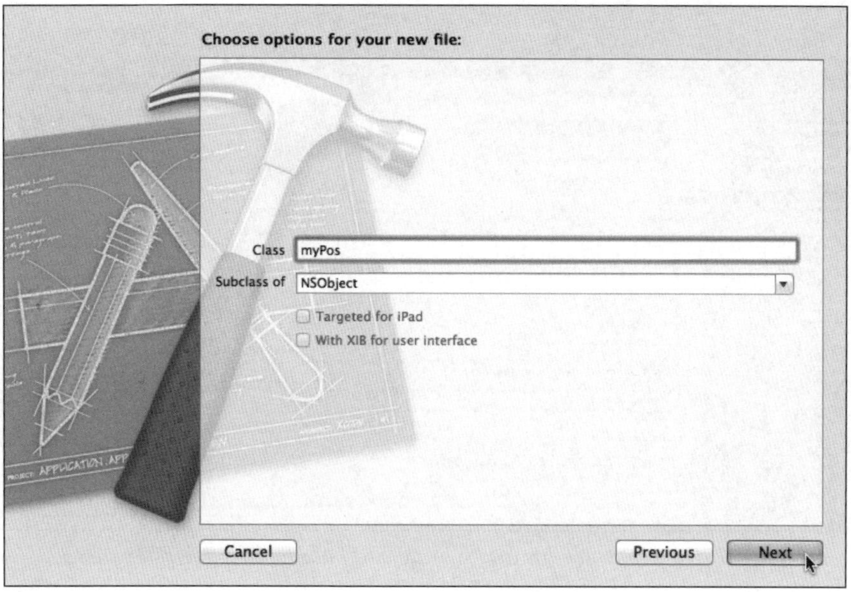

Figura 10.16. *Nómbrela myPos.*

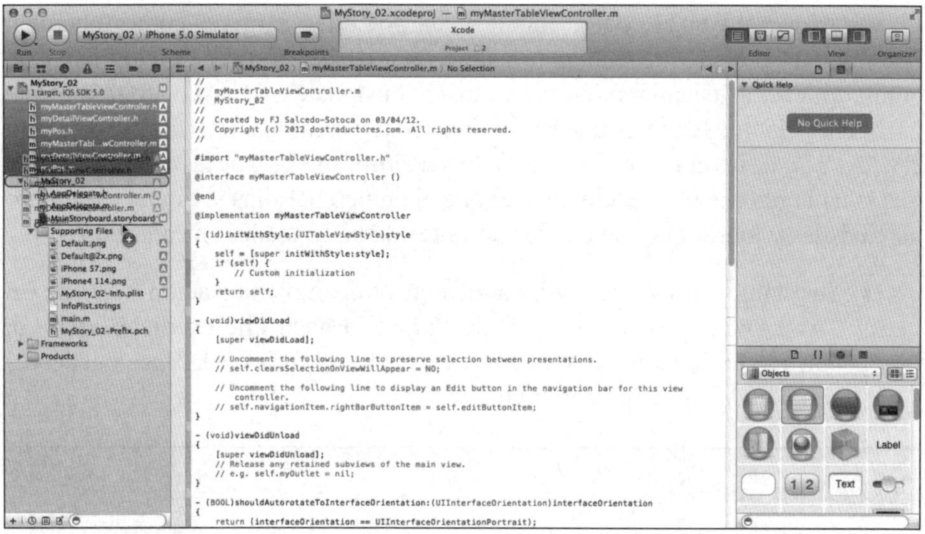

Figura 10.17. *Arrastre las clases a la carpeta* `MyStory_02`.

18. Después de dejar los archivos en la carpeta adecuada, observará juntos los archivos `.h` y `.m`, lo cual no es nada bueno. Organícelos para que los dos de cada clase estén juntos como en la figura 10.18.

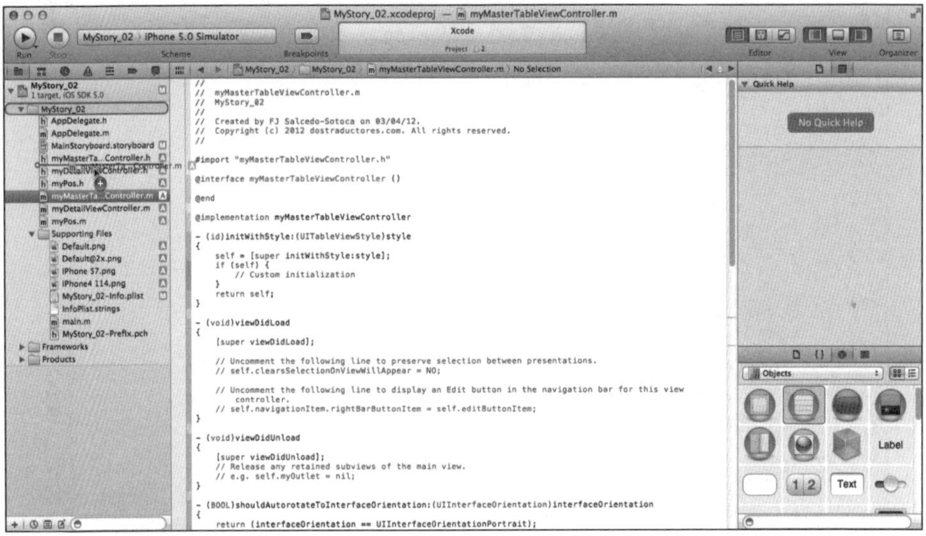

Figura 10.18. Organice los archivos de cada clase para que estén juntos.

Codificación de myMasterTableViewController

Vamos a recorrer el código fuente línea por línea para ver cómo funciona. Escribir todo el código es realmente la única manera de aprender a programar. Una bonita aplicación le hará sentirse bien consigo mismo, le enseñará a programar y le hará ganar dinero. Tenemos que hacer cinco cosas: crear una interfaz privada para el `NSArray` de las ciudades, insertar el verdadero `NSArray` de las ciudades, hacer que la tabla retorne una sección, hacer que el número de filas sea igual al número de ciudades y lograr que se vean los nombres de las ciudades en cada celda.

19. Ya estamos listos para codificar el archivo de implementación `myMasterTableViewController.m`. Para ello haga clic en dicho archivo, ubicado en la carpeta raíz del proyecto. En la figura 10.19, se puede ver cómo queda abierto el archivo.

El cuadro completo

1. Rellenar la tabla con una lista de ciudades.

1.1. Crear una vista de tabla Table View.

1.2. Organice sus clases.

1.3. Codificar myMasterTableViewController.m.

1.3.1. **Crear una interfaz privada para el NSArray de las ciudades.**

1.3.2. **Insertar el NSArray de las ciudades en el método viewDidLoad.**

1.3.3. **Hacer que la tabla retorne una sección.**

1.3.4. **Hacer que el número de líneas sea igual al número de ciudades.**

1.3.5. **Lograr que se muestren los nombres de las ciudades en las celdas.**

1.4. *Mostrar la tabla en el storyboard.*

1.4.1. *Asociar la vista de tabla* Table View *con* `myMasterTableViewController`.

2. *Codificar un alfiler para que se clave en el centro del mapa de la ciudad seleccionada.*

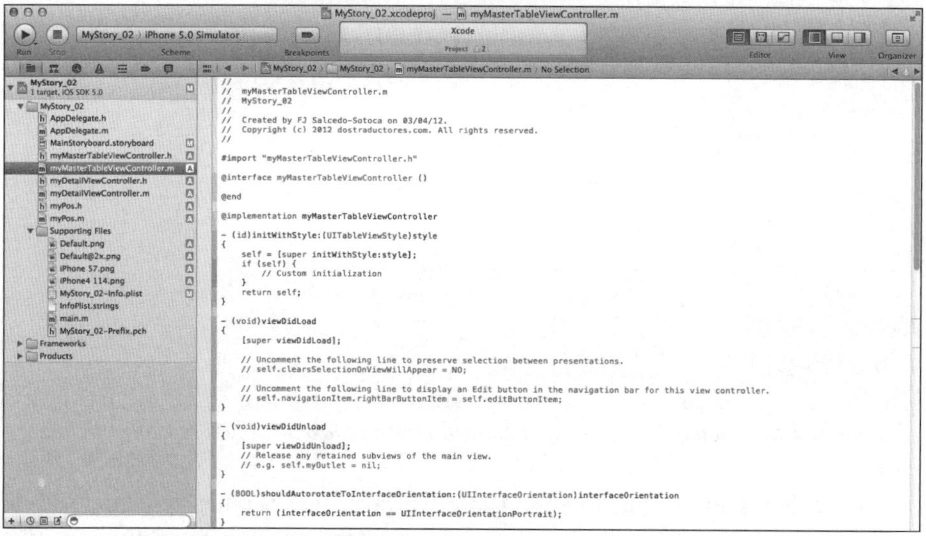

Figura 10.19. *El archivo de implementación una vez abierto.*

20. La figura 10.20 muestra el código fuente de la interfaz privada para el `NSArray`, que puede encontrar en el archivo `01 Part 1myMasterTableViewController.m`. Vamos a escribirlo paso a paso e iremos viendo qué se hace. En primer lugar, tenemos que importar el archivo de cabecera `myDetailViewController.h` y, luego, crear la interfaz privada que contenga una lista de ciudades. Haremos un `NSArray` con un puntero que contendrá nuestras ciudades, como verá más adelante en el código fuente.

Por el momento, sin embargo, recuerde que para hacerlo necesitamos una variable privada. Lo haremos más como un ejercicio. Podríamos haberla puesto en el archivo de cabecera, pero entonces sería pública y de lo que se trata es de aprender a hacerla privada porque, a menudo, las listas de cosas tienen que ser privadas. Para hacerla privada, tenemos que empezar con la directiva `@interface` seguida del nombre de la clase con los paréntesis, `()`, al final y concluir con la directiva `@end`, como se puede ver más abajo.

```
#import "myDetailViewController.h"

@interface myMasterTableViewController ()
{
  NSArray* cities;
}
```

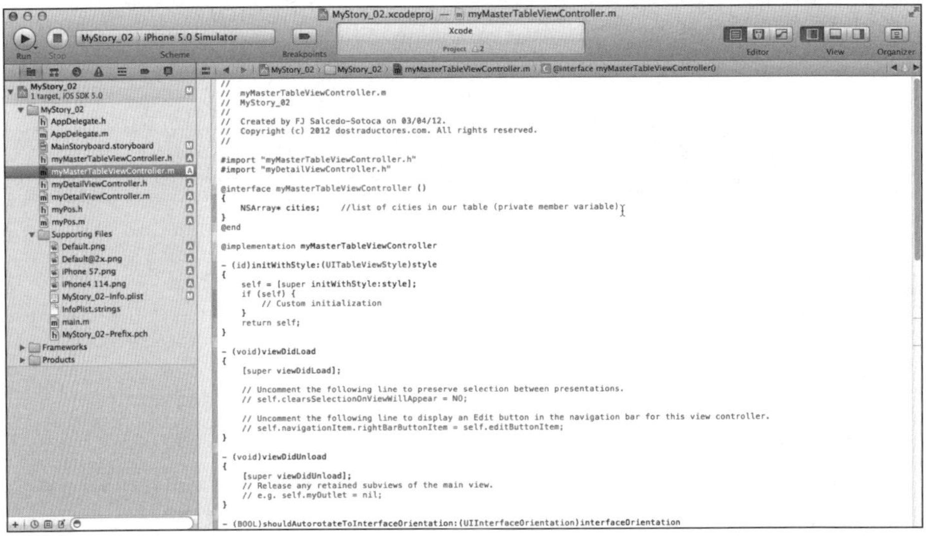

Figura 10.20. *Seleccione y abra el controlador myMasterTableViewController.m.*

21. Tenemos que asignar memoria para el array al que estamos apuntando desde nuestro array privado. En otras palabras, tenemos que crear un array, que hemos llamado `cities`, en nuestra interfaz privada. Vamos a inicializar la variable de tipo `NSArray`, `cities`, que vamos a construir explícitamente. Vamos a rellenar el array con ciudades hasta la palabra clave `nil` al final del mismo. El código de más abajo aparece en el archivo `02 Part myMasterTableViewController m` y en la figura 10.21.

```
cities = [NSArray arrayWithObjects:@"New Delhi", @"Durban",
@"Islamabad", @"Johannesburg", @"Kathmandu", @"Dhaka", @"Paris",
@"Rome", @"Colorado Springs", @"Rio de Janeiro", @"Beijing",
@"Canberra", @"Malaga", @"Ottawa", @"Santiago de Chile", nil];
```

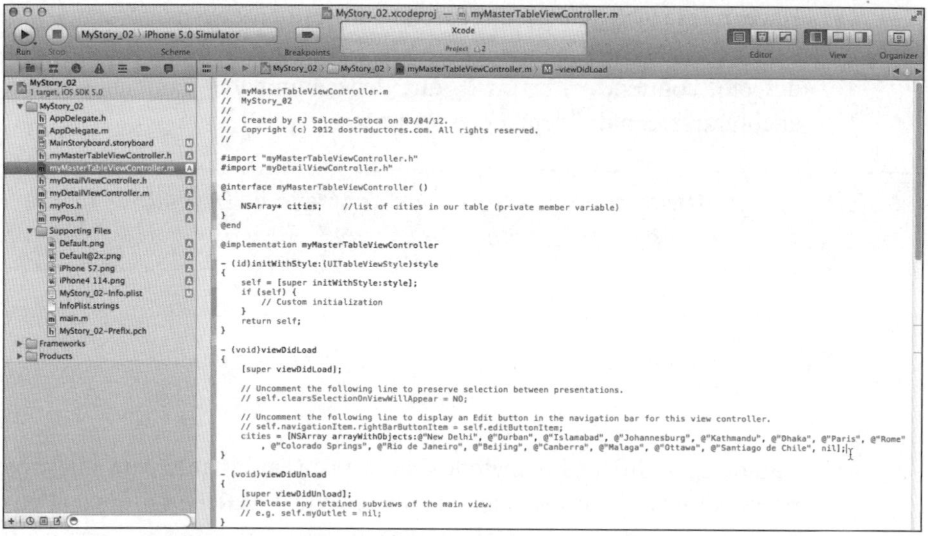

Figura 10.21. Creación de un array con una lista de ciudades.

22. Tenemos que hacer tres pequeños retoques para asegurarnos de que nuestra tabla pueda manejar la lista de ciudades que le hemos dado y aparecer en la vista `TableView`. Tenemos que hacer que la tabla retorne una sección, que el número de filas sea igual al número de ciudades y, finalmente, hacer posible que se vean los nombres de las ciudades en cada celda (véase la figura 10.22):

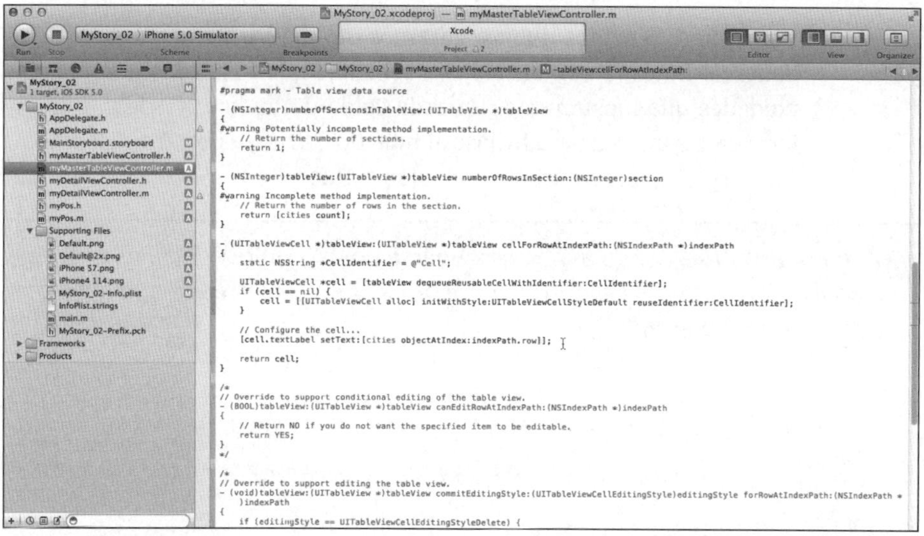

Figura 10.22. Termine la codificación de myMasterTableViewController.m.

a. Hacer que la tabla retorne una sección: diríjase a `numberOfSectionsInTableView` y añada `return 1` después del comentario. Por defecto, contiene `return 0`, que debe eliminar o cambiar para no encontrarse con dos sentencias `return`.

> ***Nota:*** *El código fuente en negrita es el que debe añadir. El resto es el que los ingenieros de Apple han escrito por nosotros.*

```
- (NSInteger)numberOfSectionsInTableView:(UITableView *)tableView
{
  // Devuelve el número de secciones
  return 1;
}
```

b. Vamos a modificar los métodos de la vista de la tabla para nuestros propios fines. En primer lugar, el número de filas debe ser igual al número de ciudades. Vaya a la sección `numberOfRowsInSection` y haga que el número de filas sea dinámico. Eso quiere decir que va a dar igual el número de ciudades que introduzcamos en la tabla porque haremos que el retorno sea el conteo, `count`, total de las ciudades:

```
- (NSInteger)tableView:(UITableView *)tableView
numberOfRowsInSection:(NSInteger)section
{
  // Devuelve el número de filas en la sección
  return [cities count];
}
```

c. Por último, tenemos que asegurarnos de que los nombres de las ciudades se muestran en las celdas. Tenemos que tomar los nombres las ciudades que mostraremos en cada celda del índice, `index`, e insertarlo en `textLabel`. Diríjase al final de `tableView cellForRowAtIndexPath` e introduzca lo que sigue:

> ***Nota:*** *Por el momento, no debe preocuparse por el significado de cada línea de código que Apple ha escrito por nosotros. Ahora solo tiene que aceptar que funciona y continuar.*

```
- (UITableViewCell *)tableView:(UITableView *)tableView
cellForRowAtIndexPath:(NSIndexPath *)indexPath
{
  static NSString *CellIdentifier = @"Cell";

  UITableViewCell *cell =
  [tableView dequeueReusableCellWithIdentifier:CellIdentifier];
```

```
    if (cell == nil) {
        cell = [[UITableViewCell alloc] initWithStyle:
        UITableViewCellStyleDefault
        reuseIdentifier:CellIdentifier];
    }

    // Configura la celda
    [cell.textLabel setText:[cities objectAtIndex:indexPath.row]];

    return cell;
}
```

23. Tenemos que asociar la vista de tabla con `myMasterTableViewController`. Regrese al *storyboard* y seleccione Table View Controller en Document Outline, como se muestra en la figura 10.23.

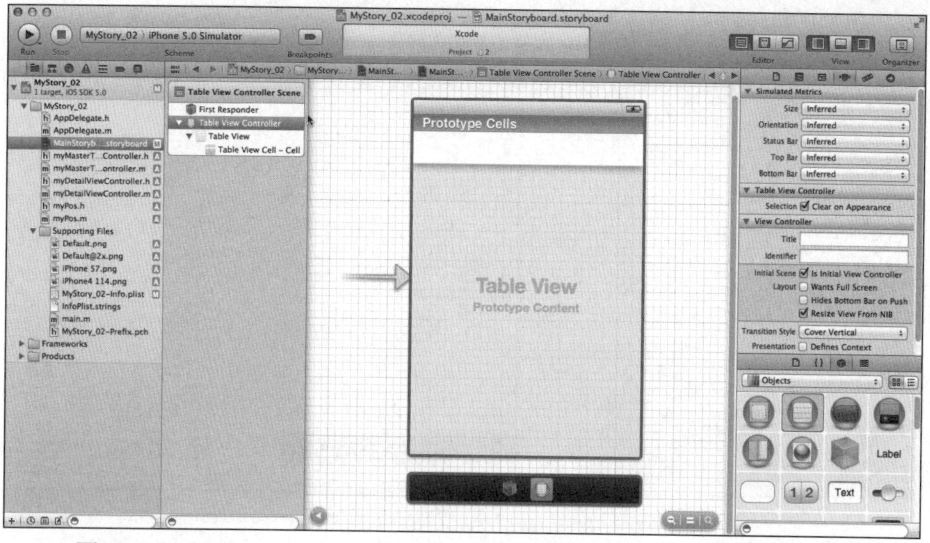

Figura 10.23. Vuelva al storyboard y seleccione el controlador Table View.

El cuadro completo: codificar myMasterTableViewController; pasos 24 a 26

1. *Rellenar la tabla con una lista de ciudades.*
    1.1. *Crear una vista de tabla* Table View.
    1.2. *Organice sus clases.*
    1.3. *Codificar* `myMasterTableViewController.m`.
    1.4. ***Mostrar la tabla en el storyboard.***

> ### *1.4.1. Asociar la vista de tabla Table View con myMasterTableView Controller.*
>
> *2. Codificar un alfiler para que se clave en el centro del mapa de la ciudad seleccionada.*

24. Seleccione Identity Inspector en el panel Utilities. Después, en Custom Class (Clase personalizada) seleccione myMasterTableViewController en el cuadro de lista desplegable Class como se puede ver en la figura 10.24. Esto asegura que todo el código que escribimos en los puntos 20, 21 y 22 está ahora funcionando bajo la vista de la tabla.

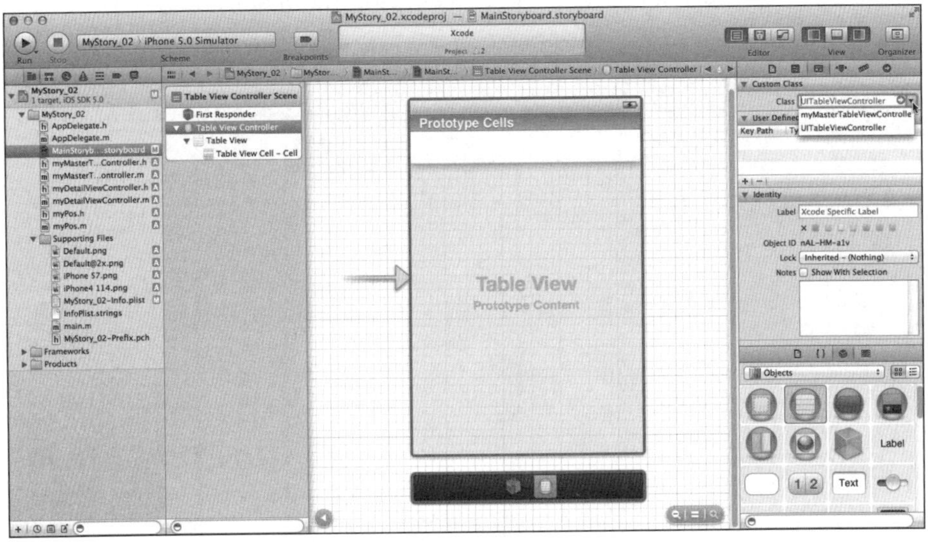

Figura 10.24. *Seleccione myMasterTableViewController.*

25. Ahora tenemos que ejecutar la aplicación (véase la figura 10.25).

26. Compruebe que aparecen la pantalla de bienvenida y una tabla con las ciudades de la lista, como se puede ver en la figura 10.26. Con esto se termina la primera parte de MyStory_02.

> **El cuadro completo**
>
> ***1. Rellenar la tabla con una lista de ciudades: COMPLETADO, pasos 10-26.***
>
> *2. Codificar un alfiler para que se clave en el centro del mapa de la ciudad seleccionada (SECCIÓN SIGUIENTE).*

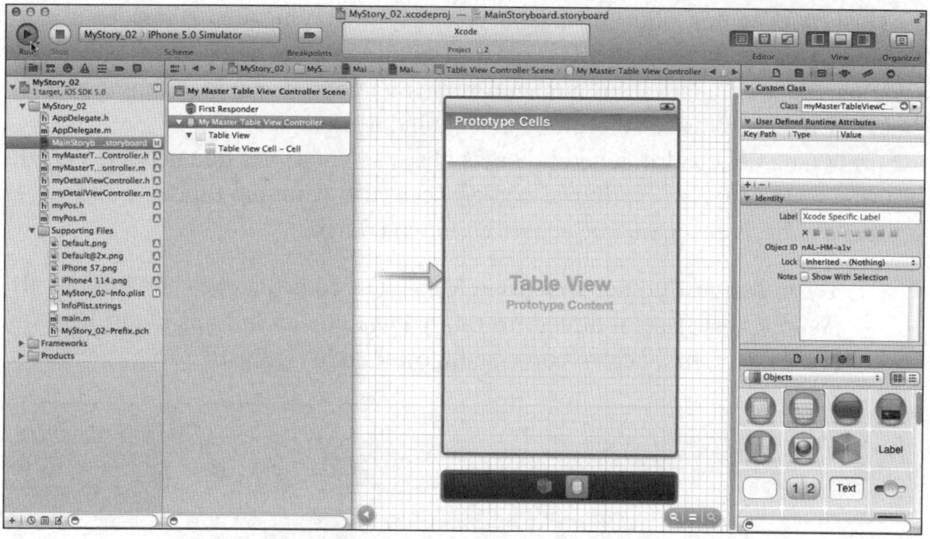

Figura 10.25. Ejecute la aplicación.

Figura 10.26. Una bonita pantalla de bienvenida y una tabla con ciudades.

Parte 2

Respire hondo y eche un vistazo a su alrededor. Créame, después de haber sufrido un accidente cerebral agudo y epilepsia, sé mucho sobre el cerebro, entre otras cosas que necesita descansar.

Hasta aquí hemos rellenado la tabla con una lista de ciudades. Ahora, en la parte dos, enviaremos dicha lista a Google, consultaremos los datos geoespaciales de cada una de las ciudades, los almacenaremos y, luego, los enviaremos a MapKit cada vez que un usuario seleccione una ciudad de la lista.

En la nota del cuadro general de más abajo se puede ver que debemos añadir el *framework* MapKit, escribir el código necesario para que funcione y después retocar el *storyboard* para que acepte el nuevo código.

27. Tenemos que añadir el *framework* MapKit tal como hicimos en MyStory_01. Así pues, diríjase al directorio raíz y haga clic en la ficha Build Phases (Fases de compilación) como se muestra en la figura 10.27.

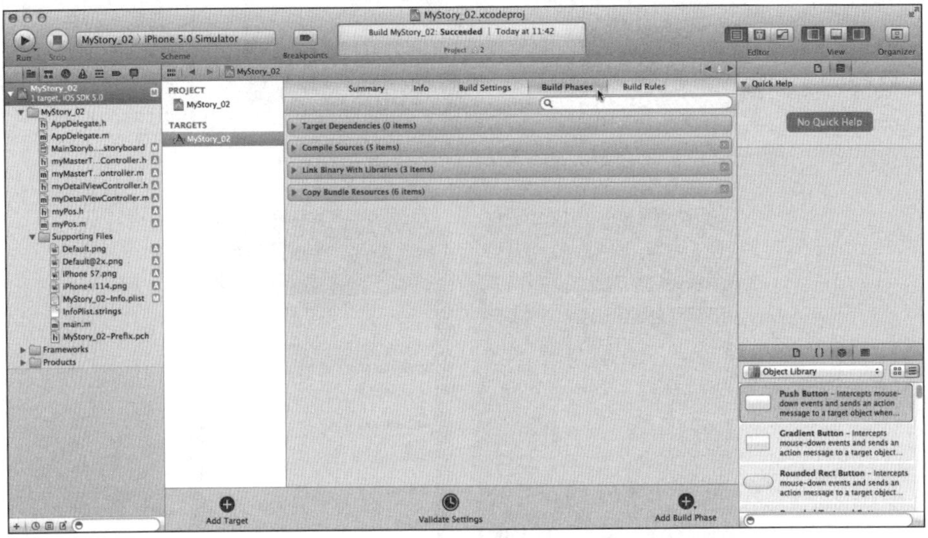

Figura 10.27. *Haga clic en la pestaña Build Phases para añadir el framework MapKit.*

El cuadro completo

1. *Rellenar la tabla con una lista de ciudades: COMPLETADO, pasos 10-26.*
2. ***Codificar un alfiler para que se clave en el centro del mapa de la ciudad seleccionada.***
   2.1. ***Añadir el framework MapKit.***
   2.2. ***Escribir el código fuente.***
   2.3. ***Modificar el storyboard para que acepte el nuevo código.***

28. Ahora haga clic en Link Binary With Libraries y después en el botón con el signo más (+). Cuando aparezca el desplegable, introduzca **map** en el campo de búsqueda para localizar el *framework* MapKit. Cuando aparezca, selecciónelo como se muestra en la figura 10.28 y haga clic en **Add**.

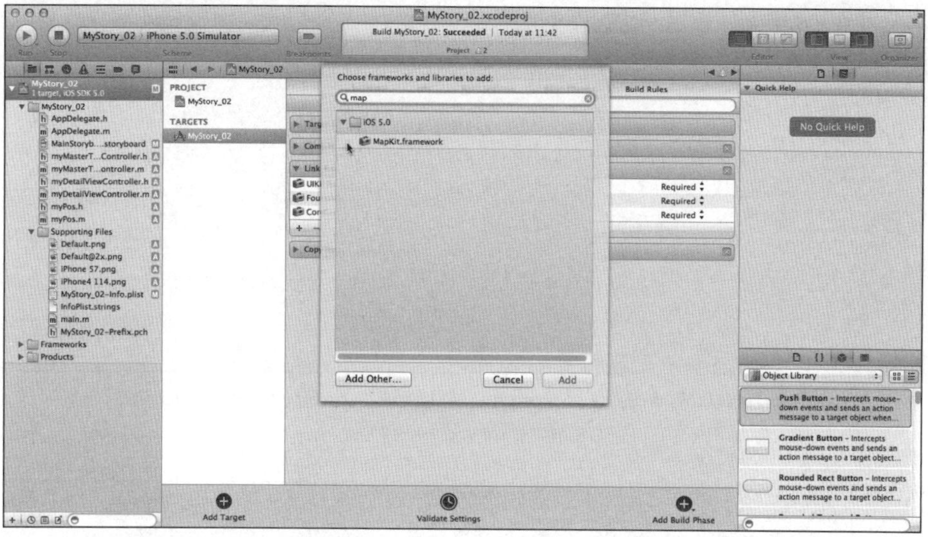

Figura 10.28. *Introduzca "map" para localizar el framework MapKit.*

29. El *framework* MapKit aparece en el directorio raíz, como lo hizo en la figura 9.18 en MyStory_01. Es igual salvo porque allí teníamos también CoreLocation, pero aquí no, porque vamos a usar Google. Arrastre el *framework* hasta la carpeta `Frameworks` (véase la figura 10.29).

30. Ahora vamos a codificar el archivo de cabecera `myPos.h`. No debe limitarse a copiar y pegar el código en Xcode, así no aprendería nada. Recuerde que `myPos` gestiona la interfaz pública y que, en su archivo de cabecera, tenemos que configurar los dos campos principales, que son el nombre y la dirección geoespacial de nuestras ciudades. Los nombres de las ciudades se almacenarán en la dirección de memoria señalada por `title`. Los datos de longitud y latitud de cada ciudad se manejarán con un método bidimensional de ubicación y se almacenarán en una variable llamada `coordinate` (véase la figura 10.30)

> ***Nota:*** `CLLocationCoordinate2D` *es una estructura que contiene las coordenadas geoespaciales con el sistema WSG 84 que toma las ubicaciones desde el centro de la tierra.*

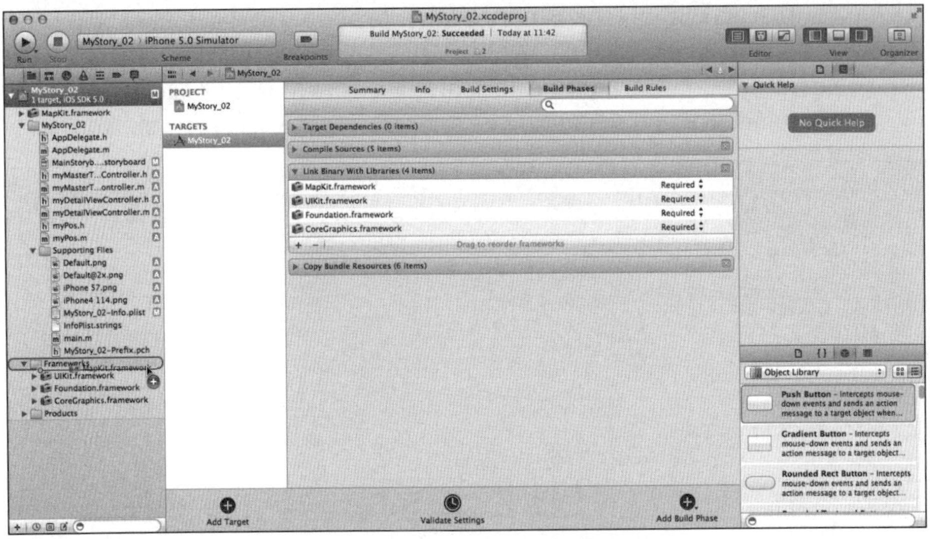

Figura 10.29. *Mueva el framework MapKit desde el directorio raíz hasta el de Frameworks.*

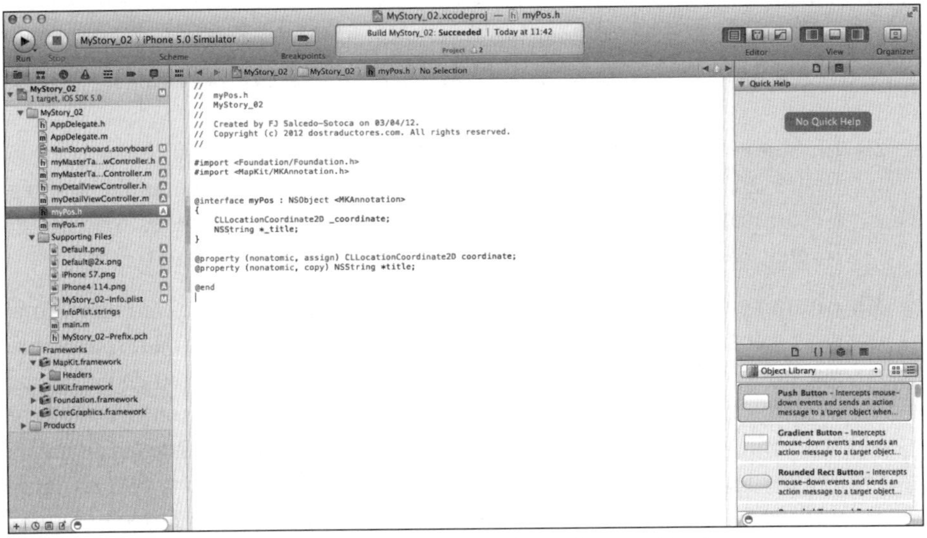

Figura 10.30. *Codificación del archivo myPos.h.*

Cuando abrimos por primera vez el archivo `myPos.h`, vemos el siguiente código:

```
#import <Foundation/Foundation.h>
@interface myPos : NSObject
@end
```

Lo primero que vamos a hacer es añadir MapKit introduciendo la sentencia #import <MapKit/MKAnnotation.h>. Lo siguiente es introducir la directiva @interface myPos : NSObject <MKAnnotation>. Utilizamos el protocolo <MKAnnotation> siempre que es necesario emplear información relacionada con anotaciones en una vista de mapa. Luego, configuramos la clase CLLocation para que incorpore las coordenadas geoespaciales y la altitud del dispositivo mediante la sentencia CLLocationCoordinate2D _coordinate; que utiliza la variable coordinate. Asimismo, tenemos que guardar el nombre de la ciudad, lo que haremos en el título con un tipo NSString. Por último, crearemos las directivas @property tanto para la ubicación como para el título de cada ciudad. El código fuente para el archivo de cabecera myPos.h sería como sigue:

```
#import <Foundation/Foundation.h>
#import <MapKit/MKAnnotation.h>

@interface myPos : NSObject <MKAnnotation>
{
   CLLocationCoordinate2D _coordinate;
   NSString *_title;
}

@property (nonatomic, assign) CLLocationCoordinate2D coordinate;
@property (nonatomic, copy) NSString *title;

@end
```

> **Nota:** *En la directiva* @property *para el nombre de la ciudad, que es una cadena, utilizamos* (nonatomic, copy). *Deber recordarlo como regla general, si preocuparse de los detalles: utilice siempre* (nonatomic, copy) *con cadenas (strings).*

> ***El cuadro completo***
>
> *1. Rellenar la tabla con una lista de ciudades: COMPLETADO, pasos 10-26.*
>
> *2. Codificar un alfiler para que se clave en el centro del mapa de la ciudad seleccionada.*
>
> *2.1. Añadir el framework MapKit.*
>
> *2.2. Escribir el código fuente.*
>
> *2.2.1.* ***myPos para registrar las ciudades seleccionadas y sus coordenadas.***

> 2.2.2. ***myDetailViewController para realizar consultas en el servidor de Google, entre otras cosas.***
>
> 2.2.3. ***myMasterTableViewController para controlar el segue a MapKit.***
>
> 2.3. *Modificar el storyboard para que acepte el nuevo código.*

31. Todo lo que debemos hacer en la implementación del archivo de cabecera `myPos.h` es sintetizar las coordenadas y los títulos. El código quedará como sigue (véase la figura 10.31).

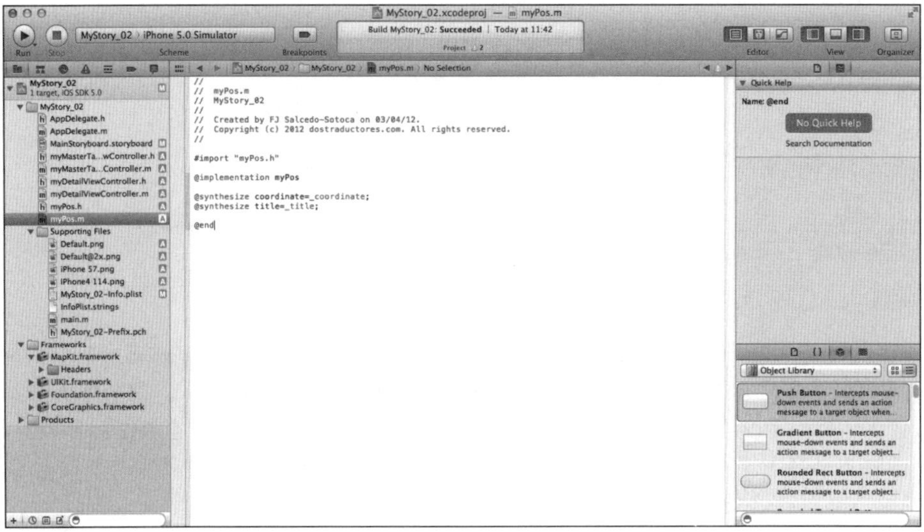

Figura 10.31. *El archivo de implementación myPos.m.*

```
#import "myPos.h"
@implementation myPos

@synthesize coordinate=_coordinate;
@synthesize title=_title;

@end
```

32. En este punto necesitamos construir la clase `myDetailViewController`. En primer lugar, importaremos MapKit y el archivo de cabecera de MapKit con la sentencia: `#import <MapKit/MapKit.h>` tras `#import <UIKit/UIKit.h>`. Después, en la directiva `@interface`

`myDetailViewController`, tenemos que basarnos en el controlador `UIViewController` y soportar la clase `myDetailViewController` con protocolos, en primer lugar, para conectar delegados de datos y, luego, para soportar delegados de vista de mapas mediante `<NSURLConnection DataDelegate, MKMapViewDelegate>`.

Hecho esto, asignamos los datos locales a `NSMutableData` como se muestra. Después haremos una propiedad pública para el elemento de detalle, el cual configuraremos para el *segue* que conectará la tabla con la vista de mapa. Y en último lugar, estableceremos la directiva `@property` para eso, mediante `@property (strong, nonatomic) id detailItem`. Luego, lo guardamos todo y, antes de pasar a la implementación de este código en el archivo de implementación, compruébelo con el de la figura 10.32.

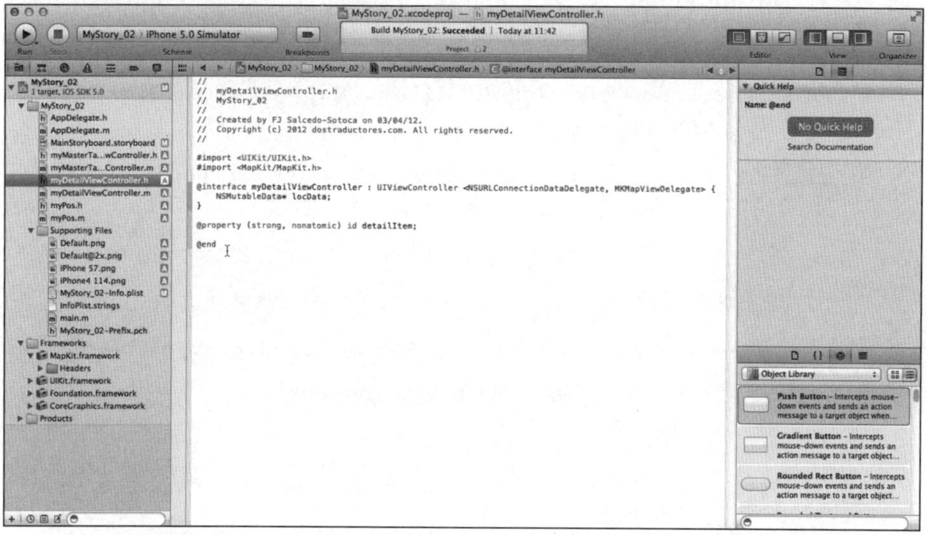

Figura 10.32. *Abra el archivo de cabecera myDetailViewController y codifique.*

```
#import <UIKit/UIKit.h>
#import <MapKit/MapKit.h>

@interface myDetailViewController : UIViewController
<NSURLConnectionDataDelegate, MKMapViewDelegate>
{
  NSMutableData* locData;
}

@property (strong, nonatomic) id detailItem;
@end
```

Codificar el archivo myDetailViewController.m

Estamos a punto de entrar en el código más avanzado de todo el libro. A causa de ello, puede permitirse copiar y pegar un par de las secciones más grandes del código fuente que se ha descargado de la Web del libro. En todo caso, relájese y continúe la lectura. Le mostraré como escribir el código necesario y dónde pegar cada fragmento específico. Pero antes echemos un vistazo al "cuadro completo".

El cuadro completo

1. *Rellenar la tabla con una lista de ciudades: COMPLETADO, pasos 10-26.*
2. *Codificar un alfiler para que se clave en el centro del mapa de la ciudad seleccionada.*
   - 2.1. *Añadir el framework MapKit.*
   - 2.2. *Escribir el código fuente.*
     - 2.2.1. `myPos` *para registrar las ciudades seleccionadas y sus coordenadas.*
     - 2.2.2. `myDetailViewController` *para realizar consultas en el servidor de Google, entre otras cosas.*
       - 2.2.2.1. *Programar el archivo de cabecera (completado).*
       - 2.2.2.2. ***Programar el archivo de implementación.***
         - 2.2.2.2.1. ***Importar el archivo de cabecera myPos.h.***
         - 2.2.2.2.2. ***Crear una interfaz privada.***
         - 2.2.2.2.3. ***Sintetizar detailItem.***
         - 2.2.2.2.4. ***Codificar el método detailItem y actualizar su vista.***
         - 2.2.2.2.5. ***Codificar el método configureView.***
           - 2.2.2.2.5.1. ***Ir a googleapis.com.***
           - 2.2.2.2.5.2. ***Obtener las coordenadas de latitud y longitud.***
           - 2.2.2.2.5.3. ***Actualizar la interfaz de usuario para detailItem.***
           - 2.2.2.2.5.4. ***Configurar el zoom y el alfiler.***
     - 2.2.3. `myMasterTableViewController` *para controlar el segue a MapKit.*
   - 2.3. *Modificar el storyboard para que acepte el nuevo código.*

33. Como se puede ver en "el cuadro completo", el controlador `myDetail ViewController` va a contener una cantidad significativa de código fuente. Así pues, empecemos con el que se encuentra en el archivo `07 Part 2 myDetailViewController m`. Abra el archivo de implementación, como se muestra en la figura 10.33.

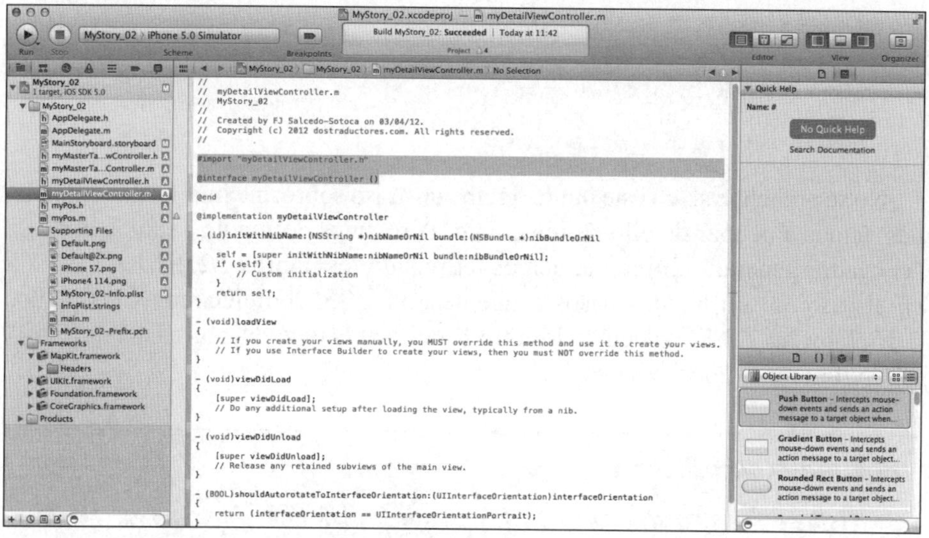

Figura 10.33. *Abra el archivo de implementación myDetailViewController.m.*

a. Lo primero es importar el archivo de cabecera `myPos.h` porque, cuando escribamos el código para el zoom y el alfiler, usaremos `title` y `coordinate` para la anotación `myPos`.

```
#import "MyPos.h"
```

b. Lo siguiente es configurar nuestra vista como un método privado utilizando una declaración previa del método que codificaremos después. Se puede ver claramente qué significa esto en el código de más abajo. Ahí declaramos el método `configureView`, pero no lo implementamos aún. Eso sí, lo haremos más adelante. Este método es privado porque empieza con la directiva `@interface nombreDeLaClase` seguida de los paréntesis `()` y termina con la directiva `@end`.

```
@interface myDetailViewController ()
- (void)configureView; // método privado
@end
```

c. Por último, tenemos que sintetizar la propiedad.

```
@synthesize detailItem=_detailItem;
```

Éste es todo el código del archivo 06 Part 2myDetailViewController h y debería quedar así:

```
#import "myDetailViewController.h"
#import "myPos.h"

@interface myDetailViewController ()
- (void)configureView; // método privado
@end

@implementation myDetailViewController

@synthesize detailItem=_detailItem;
```

No se preocupe si, en este punto, recibe un aviso sobre una interfaz incompleta, nos vamos a ocupar de ello de inmediato. Pero antes de seguir, veamos otra vez "el cuadro general". Como ve, hemos terminado los puntos 2.2.2.2.1 a 2.2.2.2.3 en el paso 33. En los dos pasos siguientes, 34 y 35, completaremos los puntos 2.2.2.2.4 y 2.2.2.2.5, es decir, todo entre "Codificar el método `configureView`" y "Configurar el zoom y el alfiler".

El cuadro completo

1. *Rellenar la tabla con una lista de ciudades: COMPLETADO, pasos 10-26.*
2. *Codificar un alfiler para que se clave en el centro del mapa de la ciudad seleccionada.*
    - 2.1. *Añadir el framework MapKit.*
    - 2.2. *Escribir el código fuente.*
        - 2.2.1. `myPos` *para registrar las ciudades seleccionadas y sus coordenadas.*
        - 2.2.2. `myDetailViewController` *para realizar consultas en el servidor de Google, entre otras cosas.*
            - 2.2.2.1. *Programar el archivo de cabecera (completado).*
            - 2.2.2.2. *Programar el archivo de implementación.*
                - 2.2.2.2.1. *Importar el archivo de cabecera* `myPos.h`.
                - 2.2.2.2.2. *Crear una interfaz privada.*
                - 2.2.2.2.3. *Sintetizar* `detailItem`.
                - 2.2.2.2.4. ***Codificar el método detailItem y actualizar su vista.***
                - 2.2.2.2.5. ***Codificar el método configureView.***

2.2.2.2.5.1. ***Ir a googleapis.com.***

2.2.2.2.5.2. ***Obtener las coordenadas de latitud y longitud.***

2.2.2.2.5.3. ***Actualizar la interfaz de usuario para detailItem.***

2.2.2.2.5.4. ***Configurar el zoom y el alfiler.***

2.2.3. `myMasterTableViewController` *para controlar el segue a MapKit.*

2.3. Modificar el storyboard para que acepte el nuevo código.

34. Vamos a codificar el acceso al servidor de Google, la recogida de los datos y su posterior entrega en iOS. Para las consultas al servidor, me gusta introducir el código poco después del método `shouldAutorotateToInterfaceOrientation` pero, claro está, delante la directiva `@end` de la clase que estemos codificando. En nuestro caso, sitúe el cursor donde se indica en la figura 10.34.

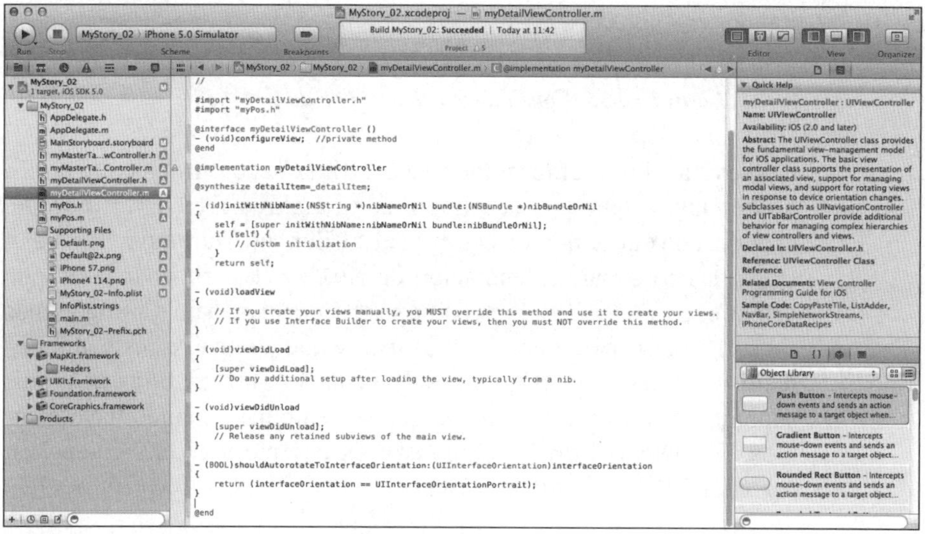

Figura 10.34. *Sitúe el cursor entre el final de shouldAutorotateToInterfaceOrientation y @end.*

35. Puede copiar y pegar el código contenido en el archivo `08 Part 2myDetailViewController m`, que consulta en el servidor de Google, porque lo usamos todos una y otra vez. Todos lo empleamos y lo modificamos un poco aquí y allí. Si pasó por alto las instrucciones del punto 34, me asegu-

raré de que sabe donde pegarlo. También analizaremos las secciones críticas que debe conocer. Lo más probable es que Apple convierta este código en una clase o *framework* porque es de uso común para acceder a servidores. Después de pegar el código donde corresponde, lo vamos a revisar.

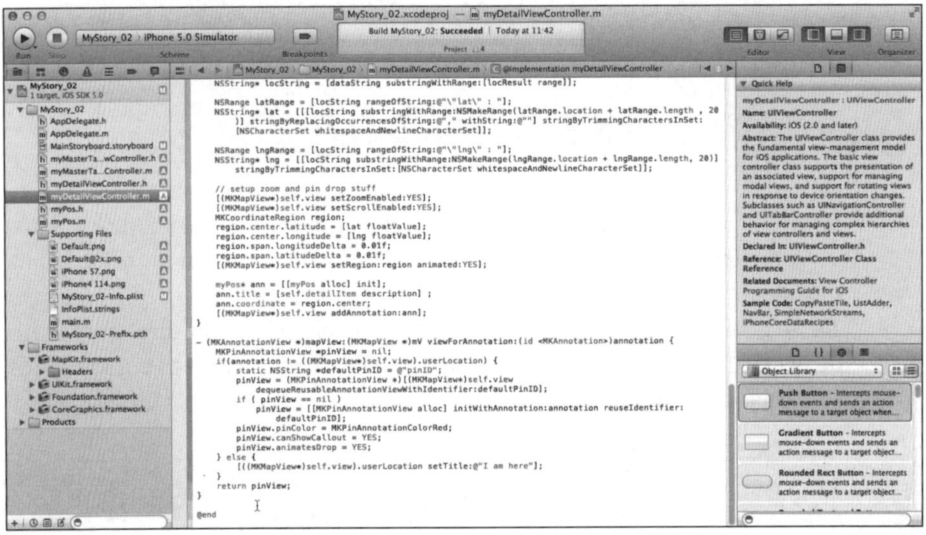

Figura 10.35. *Consultemos el servidor de Google.*

a. Regrese a donde empezamos esta última sección del código. En primer lugar, tenemos que importar el archivo `myPos.h` porque, cuando configuremos el zoom y el alfiler, utilizaremos `title` y `coordinate` para la anotación de `myPos`. El primer método que vemos es `setDetailItem`, como se observa más abajo. Configuramos `detailItem` para que se pueda usar y, luego, una vez esté almacenado localmente, configuramos la vista, lo que, en otras palabras, supone generar un nuevo mapa que se redibujará cuando haya cambios. El método `configureView` es enorme y es el siguiente en `myDetailViewController.m`.

```
- (void)setDetailItem:(id)newDetailItem
{
if (_detailItem != newDetailItem) {
_detailItem = newDetailItem;

// Actualiza la vista

    [selfconfigureView];
  }
}
```

b. El siguiente elemento que vamos a ver es el método `configureView`, que es un método de conveniencia al que llamaremos internamente. Aquí es donde empieza la auténtica acción. Primero, veremos cómo acceder al servidor. Iremos al servidor asociado con `mapURI`, que en nuestro caso es la API geocode en Google, `maps.googlepis.com`. Le vamos a preguntar por una ciudad y haremos que el código se encargue de los espacios, ya sean espacios propiamente dichos, ya estén denotados por `%20`.

```
NSString* mapURI = @"http://maps.googleapis.com/maps/api/
geocode/json?address=city&sensor=false";
  mapURI = [mapURI stringByReplacingOccurrencesOfString:@"city"
withString:[self.detailItem description]];
  NSURL* mapURL = [NSURL URLWithString:[mapURI
stringByReplacingOccurrencesOfString:@" " withString:@"%20"]];
```

Bien, como se puede ver más arriba, hemos indicado al servidor que deseamos los datos, pero lo importante es cómo éste nos devuelve los datos. Ahí hacen su trabajo los protocolos NSURL, pero tenemos que llamarlos a través de `connection`.

```
NSURLConnection* connection = [NSURLConnection connectionWithRe
quest:[NSURLRequest requestWithURL:mapURL] delegate:self];
  if (connection)
     locData = [NSMutableData data];
```

Podemos ver que `connection` está formado por tres partes:

- `connection:(NSURLConnection *)connection didReceive Response`
- `connection:(NSURLConnection *)connection didReceive Data`
- `connectionDidFinishLoading:(NSURLConnection *) connection`

El método `connectionDidFinishLoading:(NSURL Connection *)` es el que se encarga de obtener los datos de longitud y latitud del servidor de Google y de almacenarlos.

```
-(void)connectionDidFinishLoading:(NSURLConnection *)connection {

NSRegularExpression* regex =
[NSRegularExpressionregularExpressionWithPattern:@"location.*?
\\}" options:
NSRegularExpressionDotMatchesLineSeparators
error:nil];
NSString* dataString = [[NSStringalloc]
initWithData:locDataencoding:NSASCIIStringEncoding];
```

```
NSTextCheckingResult* locResult = [regex firstMatchInString:
dataString
options:0range:NSMakeRange(0, [dataString length])];
NSString* locString = [dataString substringWithRange:[locResult
range]];

NSRange latRange = [locString rangeOfString:@"\"lat\" : "];
NSString* lat = [[[locString substringWithRange:NSMakeRange
(latRange.location +
latRange.length , 20)] stringByReplacingOccurrencesOfString:@",
"withString:@""]
stringByTrimmingCharactersInSet:
[NSCharacterSetwhitespaceAndNewlineCharacterSet]];

NSRange lngRange = [locString rangeOfString:@"\"lng\" : "];
NSString* lng = [[locString substringWithRange:NSMakeRange(
lngRange.location + lngRange.length, 20)]
stringByTrimmingCharactersInSet:
[NSCharacterSetwhitespaceAndNewlineCharacterSet]];

// Configura el zoom y la caída del alfiler
  [(MKMapView*)self.viewsetZoomEnabled:YES];
  [(MKMapView*)self.viewsetScrollEnabled:YES];
MKCoordinateRegion region;
  region.center.latitude = [lat floatValue];
  region.center.longitude = [lng floatValue];
  region.span.longitudeDelta = 0.01f;
  region.span.latitudeDelta = 0.01f;
  [(MKMapView*)self.viewsetRegion:region animated:YES];

MyPos* ann = [[MyPosalloc] init];
  ann.title = [self.detailItemdescription] ;
  ann.coordinate = region.center;
  [(MKMapView*)self.viewaddAnnotation:ann];
}
```

c. Como también necesitamos manejar la delegación del mapa como un protocolo, tenemos que hacernos cargo de otro fragmento de código. No usaremos la mayoría de él, pero servirá para poner el alfiler. Es bueno intentar cambiar los valores por defecto, al menos del color del alfiler con `pinView.pinColor = MKPinAnnotationColorRed`, `pinView.canShowCallout = YES` y `pinView.animatesDrop = YES`.

```
(MKAnnotationView *)mapView:(MKMapView *)mV viewForAnnotation:(
id<MKAnnotation>)annotation {
  MKPinAnnotationView *pinView = nil;
  if(annotation != ((MKMapView*)self.view).userLocation) {
     static NSString *defaultPinID = @"pinID";
     pinView = (MKPinAnnotationView *)[(MKMapView*)self.view
dequeueReusableAnnotationViewWithIdentifier:defaultPinID];
     if ( pinView == nil )
        pinView = [[MKPinAnnotationView alloc]
```

```
initWithAnnotation:annotation
reuseIdentifier:defaultPinID];
        pinView.pinColor = MKPinAnnotationColorRed;
        pinView.canShowCallout = YES;
        pinView.animatesDrop = YES;
    } else {
        [((MKMapView*)self.view).userLocation setTitle:@"I am here"];
    }
    return pinView;
}

@end
```

Lo más importante, sin embargo, es que no debe atemorizarse si no sabe qué hace cada fragmento de código. Tampoco sabe lo que hace cada pieza del motor de su automóvil, y lo conduce. De forma similar, tiene aquí lo suficiente para conectarse a un servidor, consultar los datos que desea y animarlos como desee. Queda todo dicho. Pasemos a lo siguiente.

36. Bien, hemos terminado con `myDetailViewController` y ya es hora de hacer limpieza con `myMasterTableViewController`. Así pues, abra el archivo `myMasterViewController.m` y desplácese al final, hasta que encuentre el método `tableView`. Dese cuenta de que éste es el método que utilizamos con el delegado de la vista de tabla antes de los *storyboard*. Como ahora usamos *storyboard*, ya no lo necesitamos, así que selecciónelo y, o bien lo comenta, o bien lo elimina del archivo (véase la figura 10.36).

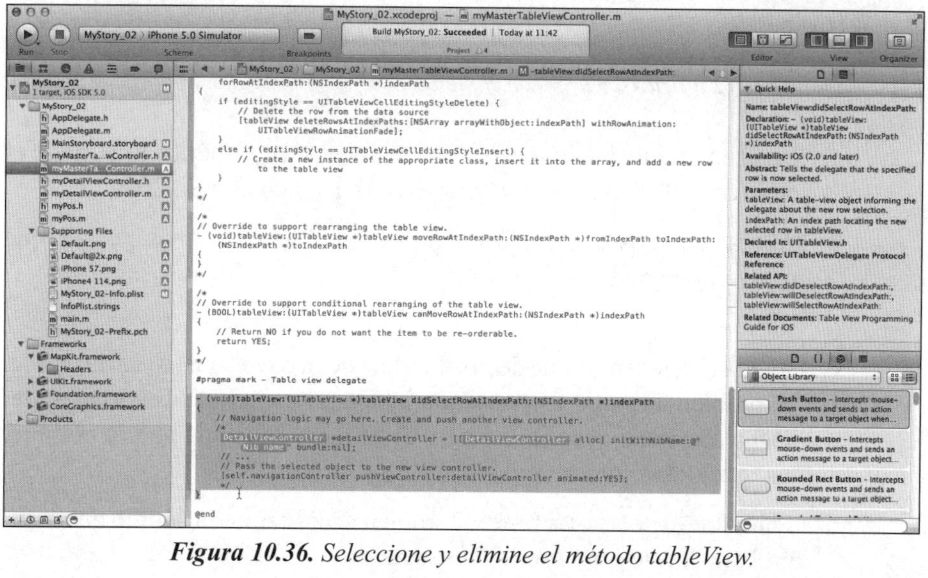

***Figura 10.36.** Seleccione y elimine el método tableView.*

37. Permanezca en el archivo de implementación myMasterTableViewController. Ahora imagine que estamos a punto de crear un *segue* que lleve desde nuestra tabla a MapKit, lo que, en esencia, ocupará el lugar del método tableView que acabamos de borrar. Necesitaremos un método para esto. Nuevamente, puede o bien descargar el archivo 09 Part 2myMasterTableViewController.m de la Web del libro para copiar y pegar, o bien codificarlo a mano siguiendo mis instrucciones. Diríjase al final del método shouldAutorotateToInterfaceOrientation, introduzca un par de líneas en blanco y comience a codificar (véase la figura 10.37).

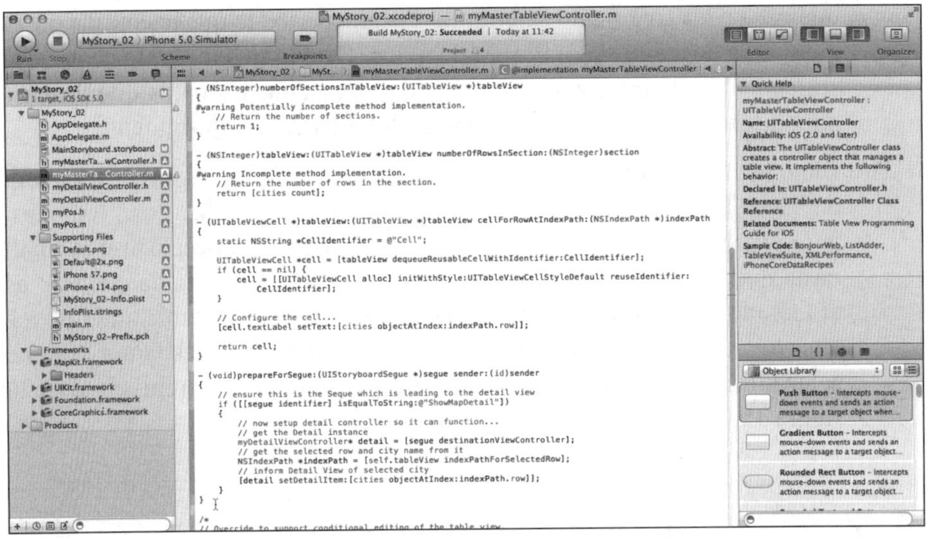

Figura 10.37. *Crear el método prepareForSegue.*

a. Lo primero que hay que tener en cuenta es que ya hemos importado el archivo myDetailViewController.h en el paso 20.

b. Ahora tenemos que indicar a myDetailViewController qué ciudad debe mostrar:

```
NSIndexPath *indexPath = [self.tableView indexPathForSelectedRow];
```

c. Asimismo, tenemos que decírselo solo si va a navegar a través del *segue*. El problema es que tenemos que indicar al compilador el nombre del *segue* que tiene que vigilar, pero todavía no le hemos puesto nombre, así que lo haremos ahora.

d. Llámelo ShowMapDetail. También necesitamos el código que comprobará si este *segue* se está usando.

e. Sabemos que nos dirigimos a un `detailViewController`. Así pues, tomamos el nombre de la ciudad de la fila seleccionada porque el usuario acaba de hacer clic sobre ella.

f. Asimismo, creamos y configuramos un elemento de detalle con los detalles de la ciudad como sigue:

```
- (void)prepareForSegue:(UIStoryboardSegue *)segue sender:(id)sender
{
  // Se asegura de que éste es el segue que lleva a la vista de detalle
  if ([[segue identifier] isEqualToString:@"ShowMapDetail"])
  {
     // Ahora configura el controlador de detalle para que funcione
     // Obtiene la instancia Detail (detalle)
     MyDetailViewController* detail = [segue
destinationViewController];
     // Obtiene la fila seleccionada y el nombre de la ciudad de la misma
     NSIndexPath *indexPath = [self.tableView
indexPathForSelectedRow];
     // Informa la vista de detalle de la ciudad seleccionada
      [detail setDetailItem:[cities objectAtIndex:indexPath.row]];
  }
}
```

Retocar el storyboard

Ya hemos escrito, o pegado, todo el código necesario para consultar en el servidor de Google los datos geoespaciales de cada ciudad de nuestra lista. También tenemos el código que dirigirá estas coordenadas a través de un *segue*, que aún no existe, hasta un MapKit que mostrará un alfiler en el centro del mapa de la ciudad seleccionada. En breve, necesitamos algo que contenga nuestro *framework* MapKit y, para ello, añadiremos un controlador de navegación y una vista de detalle. Tenemos que crear un nuevo View Controller y llevarlo hasta el lienzo. Después tenemos que conectar Master View a Detail View y un Map View a su Navigation Controller. Veamos cómo queda "el cuadro completo".

El cuadro completo

1. *Rellenar la tabla con una lista de ciudades: COMPLETADO, pasos 10-26.*
2. *Codificar un alfiler para que se clave en el centro del mapa de la ciudad seleccionada.*
   2.1. *Añadir el framework MapKit.*
   2.2. *Escribir el código fuente.*

2.3. *Modificar el storyboard para que acepte el nuevo código.*

2.3.1. *Añadir Navigation Controller.*

2.3.2. *Añadir Detail View que contendrá nuestro framework MapKit.*

2.3.3. *Arrastrar un View Controller al lienzo.*

2.3.4. *Añadir una transición Push desde Master View hasta Detail View y llamarla "Detail View".*

2.3.5. *Añadir una vista Map View a su Navigation Controller. Arrastrar Map View por encima de View.*

2.3.6. *Asociar Map View con la clase de respaldo de myDetailViewController.*

2.3.6.1. *Seleccionar la vista View Controller Detail View en el controlador de vistas.*

38. Dicho lo anterior, abramos el *storyboard* como se muestra en la figura 10.38.

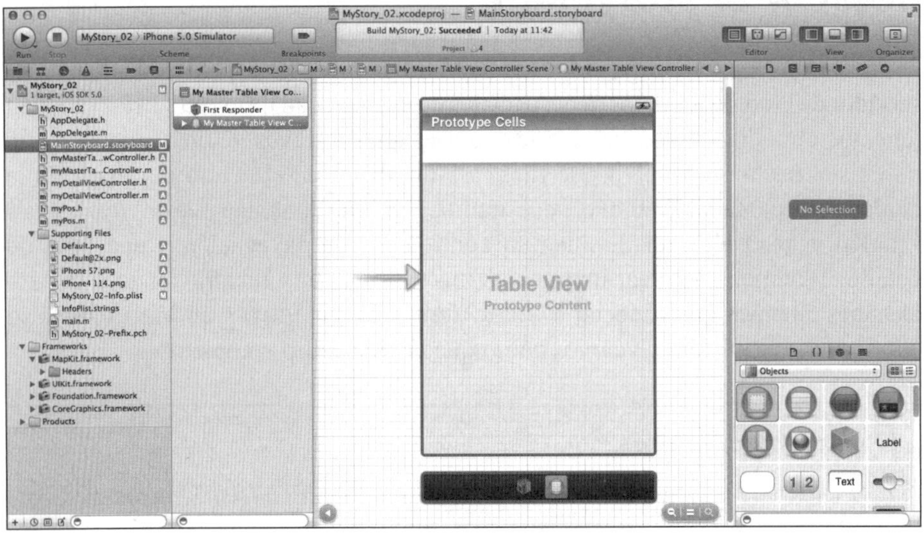

Figura 10.38. *Abra el storyboard para los retoques finales.*

39. Tenemos que añadir un Navigation Controller, así que seleccione Editor>Embed>Navigation Controller (Editor>Introducir>Controlador de navegación) como se puede ver en la figura 10.39.

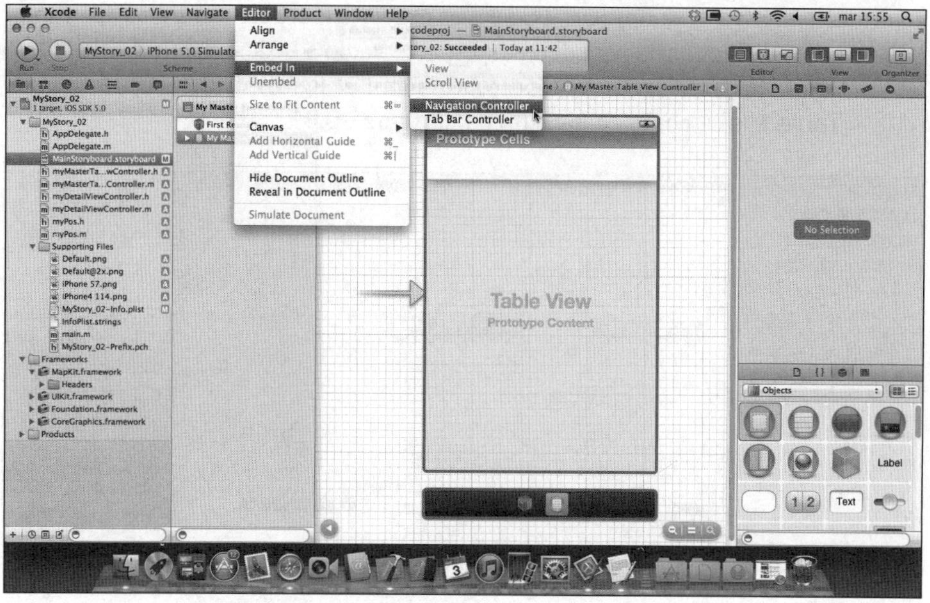

Figura 10.39. Añada un controlador de navegación.

40. Como se puede ver en la figura 10.40, el nuevo controlador de navegación se conecta automáticamente a la vista de tabla, Table View (véase la figura 10.40). Libere espacio para el *storyboard* cerrando el navegador.

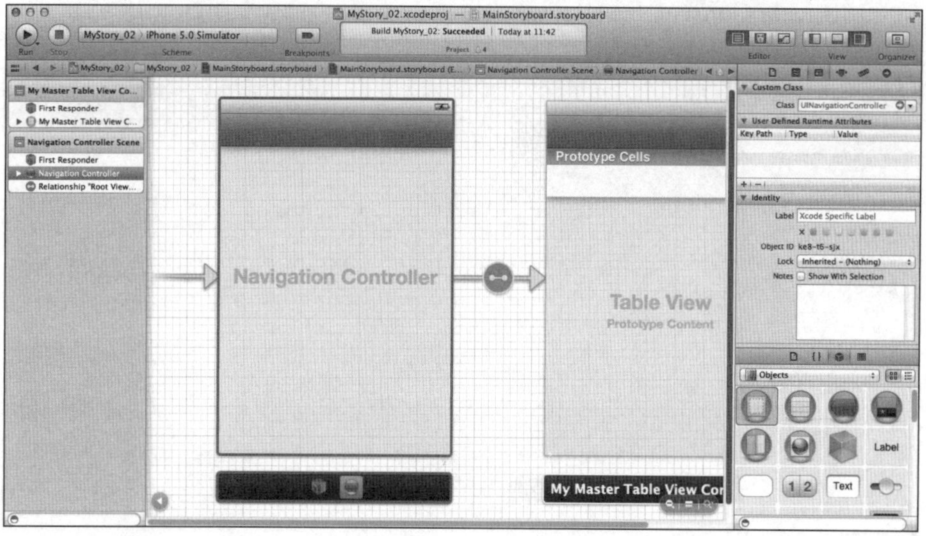

Figura 10.40. El Navigation Controller se conecta automáticamente con Table View.

41. Disminuya el zoom para poder ver mayor superficie del lienzo y desplácese a la izquierda para dejar un espacio vacío a la derecha de Table View. Ahora arrastre un View Controller sobre el lienzo, justo a la derecha de Table View, como se muestra en la figura 10.41.

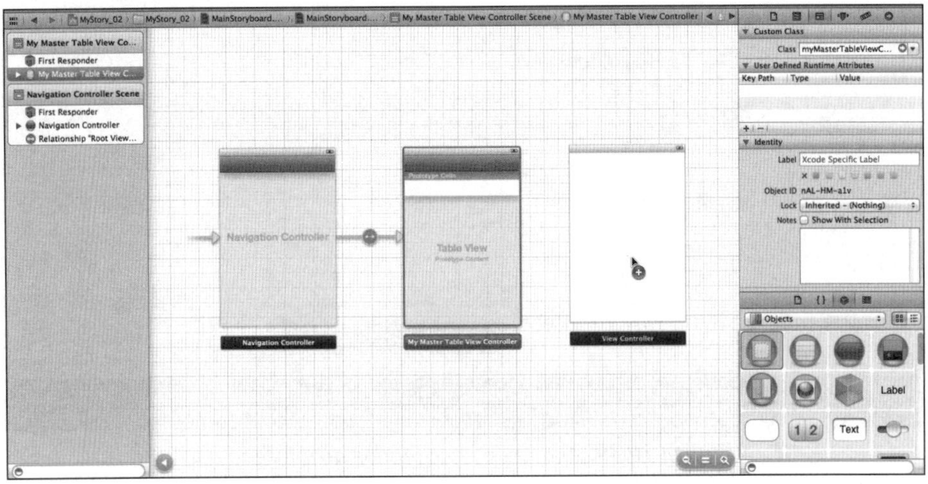

Figura 10.41. *Añada un View Controller.*

42. Ahora tenemos que conectar Master View con Detail View mediante un *segue* de tipo Push (Empujar). Para ello, seleccione la celda bajo Prototype Cells (Celdas prototipo) en Master View y arrástrela, manteniendo pulsada la tecla **Control**, hasta la vista de la derecha (véase la figura 10.42).

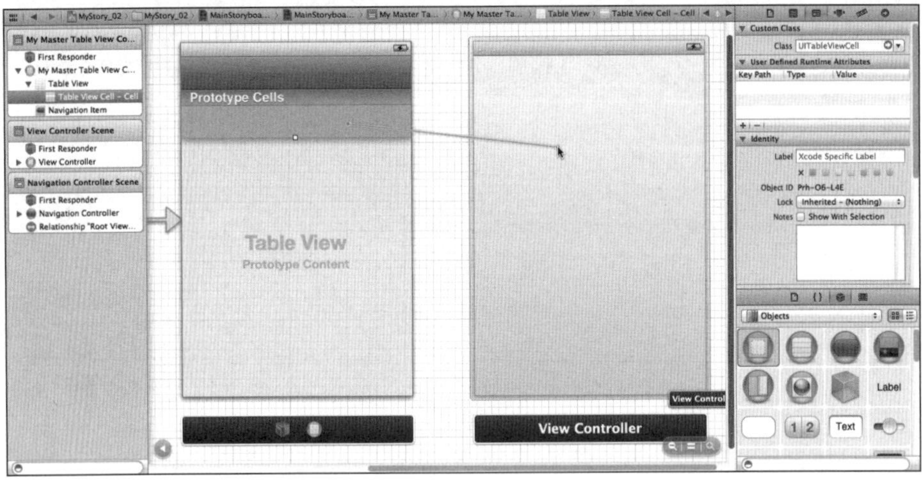

Figura 10.42. *Crear un segue.*

43. En el menú emergente, seleccione Push como en la figura 10.43.

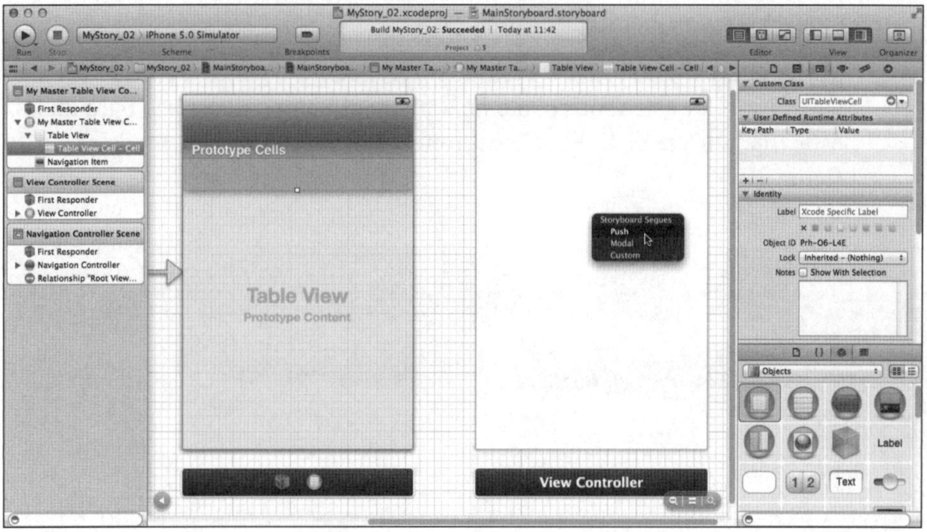

Figura 10.43. Seleccione Push.

44. Ahora tenemos que dar al *segue* el mismo nombre que pusimos en el método de la clase `myMasterTableViewController.m`. Puede que lo olvidara, en tal caso, vuelva atrás y cópielo para que su cerebro pueda hacer las conexiones. Esto queda ilustrado en la figura 10.44.

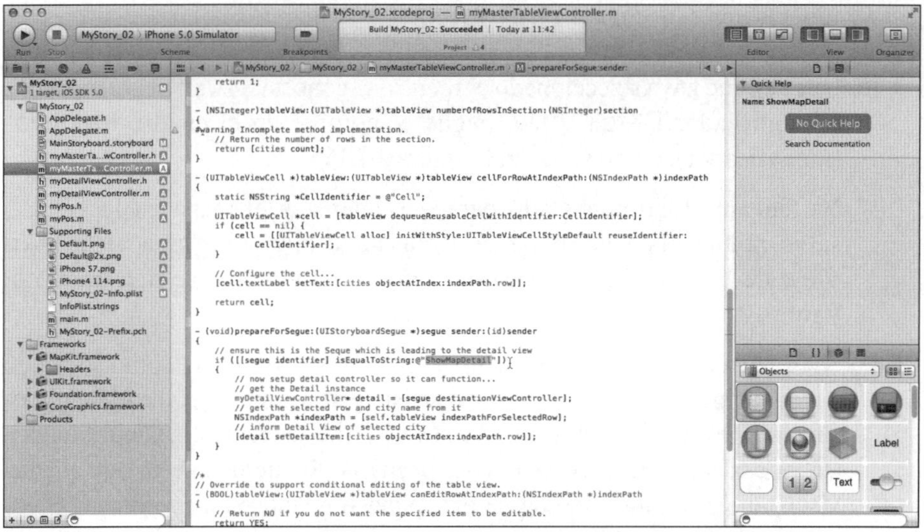

Figura 10.44. Seleccione el segue.

45. Esto puede parecer innecesario, pero los estudiantes lo pasan muy mal poniendo nombre a los *segues* por la sencilla razón de que olvidan seleccionarlos en primer lugar.

    Ya sé que es nuevo, pero resulta sorprendente cuántos de ellos olvidan hacer eso. Por este motivo, me he tomado el tiempo necesario para incluir esta imagen en el libro. Seleccione el *segue*, como se muestra en la figura 10.45.

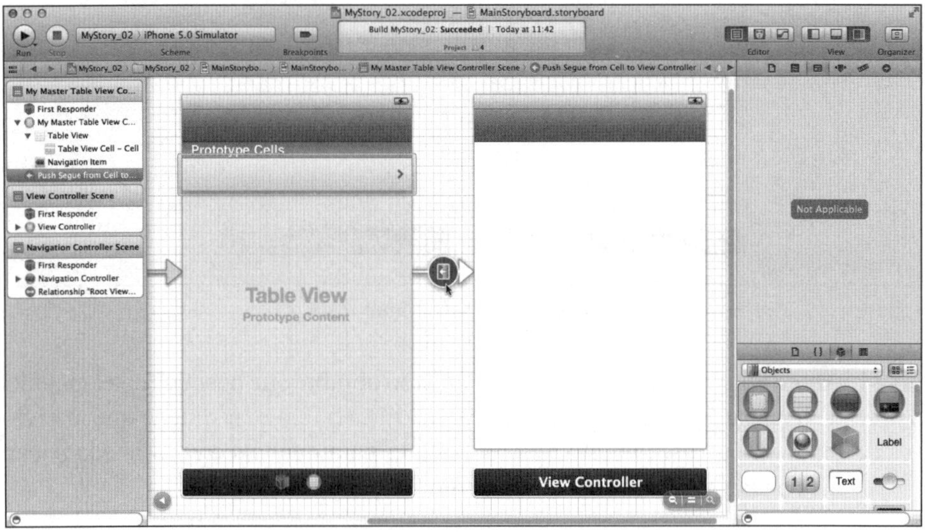

Figura 10.45. *Seleccione el segue.*

46. Una vez que haya seleccionado el *segue* que conecta `UITableViewCell` al controlador Detail View, pegue el nombre en el cuadro Identifier (Identificador), como se ve en la figura 10.46.

47. Ya tenemos todo conectado para que aparezca el mapa en la vista..., salvo por la vista de mapa. Así que haga clic sobre una vista Map View de la biblioteca y arrástrela sobre la vista como se muestra en la figura 10.47.

48. Ahora tenemos que hacer de Map View la vista primaria. Como se puede ver en la figura 10.48, la vista View se encuentra por encima de Map View. En términos técnicos, decimos que Map View se encuentra subordinada a View, es decir, que View es la vista primaria. Recuerde que ya dije que las vistas que están una encima de otra pueden resultar muy confusas. Bien, por eso dedicamos tres figuras a este tema.

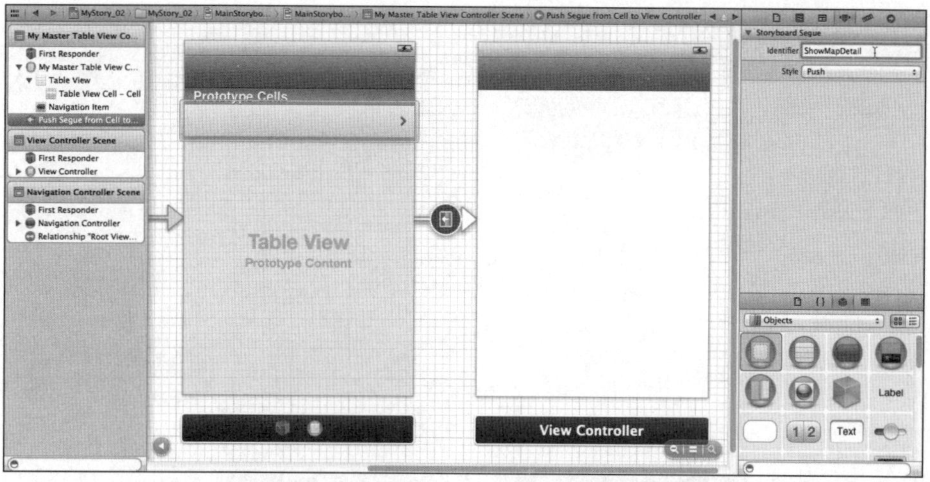

Figura 10.46. Pegue el nombre en Identifier.

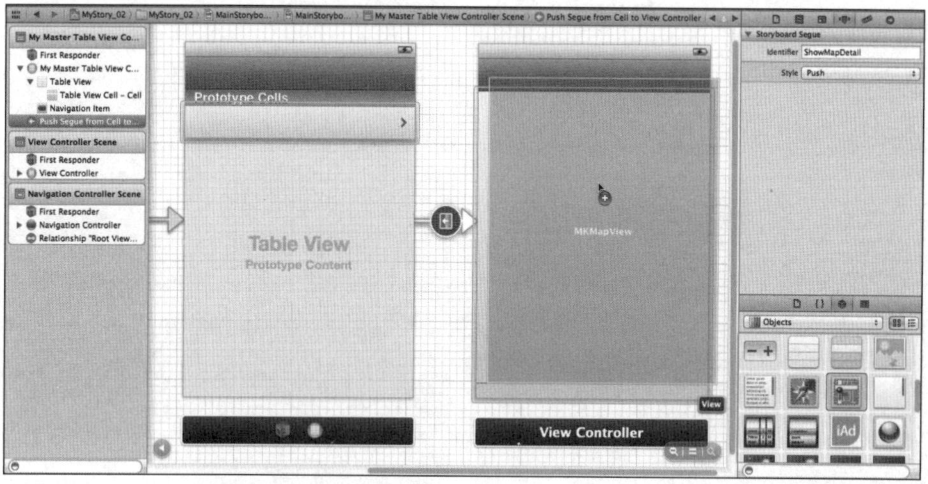

Figura 10.47. Arrastre una vista de mapa sobre la vista.

49. Para que Map View sea la vista primaria hay que hacer desaparecer View. Seleccione, View Controller en la vista View Controller Scene en Document Outline (Resumen de documento) y arrastre Map View sobre View, como se puede ver en la figura 10.49.

50. Una vez Map View esté sobre View, ésta desaparecerá y Map View se convertirá en la vista primaria. Esto es muy importante, porque nada funcionará si esto no se hace así. No siga adelante a menos que su pantalla sea como la de la figura 10.50.

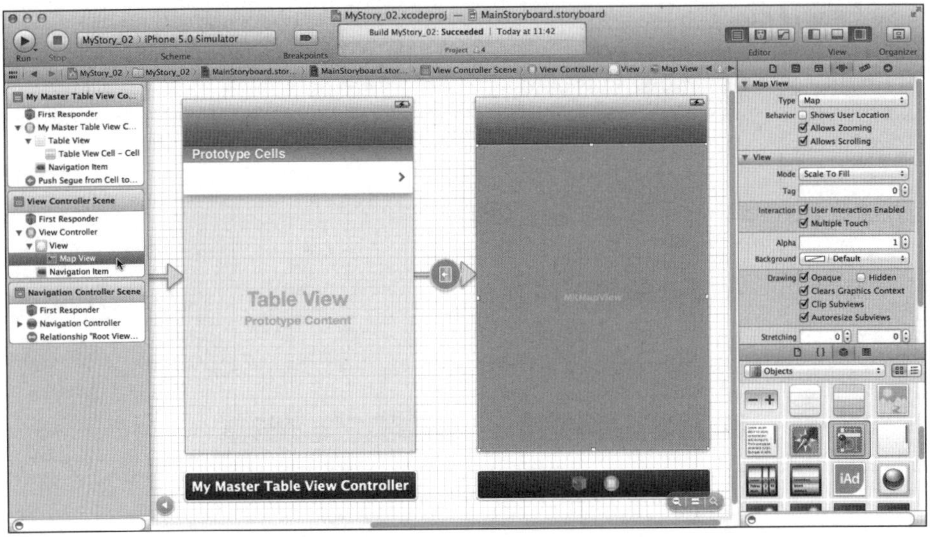

Figura 10.48. Seleccione Map View.

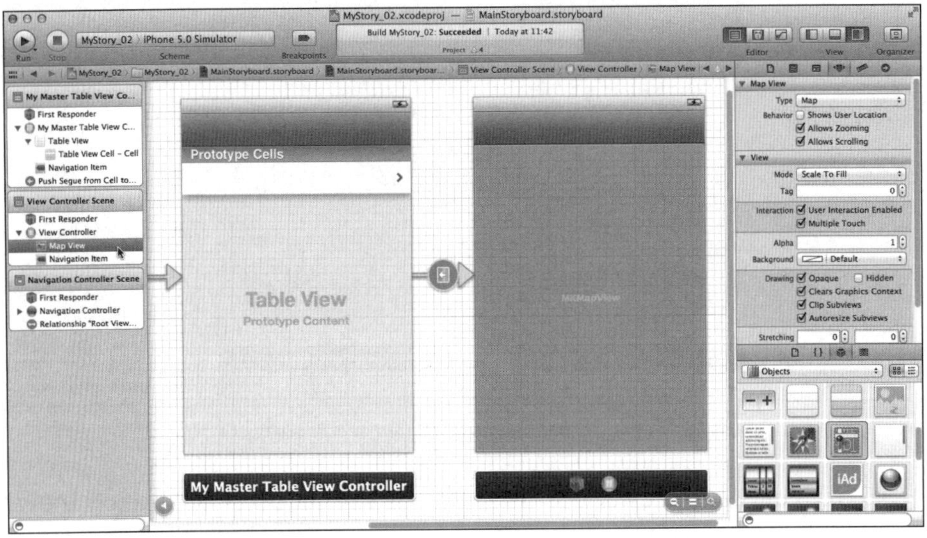

Figura 10.49. Arrastre Map View sobre View.

51. ¿Recuerda la cantidad de trabajo que invirtió en `myDetailViewController.m`? Pues todo estará trabajando bajo la vista Map View que acabamos de crear. Seleccione View Controller Detail en la sección View Controller Scene en Document Outline. Seleccione el Identity Inspector (Inspector de identidad) en el panel Utilities (Utilidades). Después en la

sección Custom Class (Clase personalizada) vaya al cuadro de lista desplegable Class (Clase) y seleccione myDetailViewController, como puede ver en la figura 10.51.

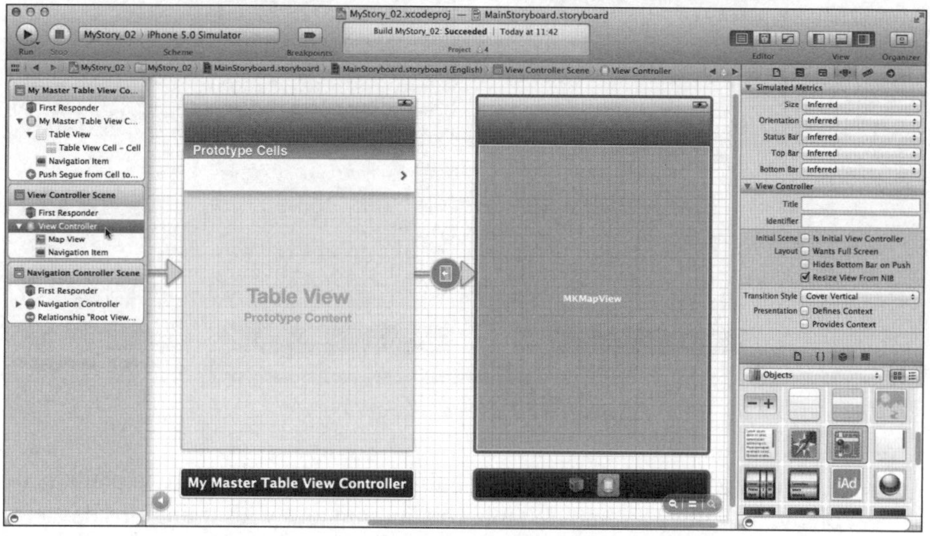

Figura 10.50. Ahora Map View es la vista primaria.

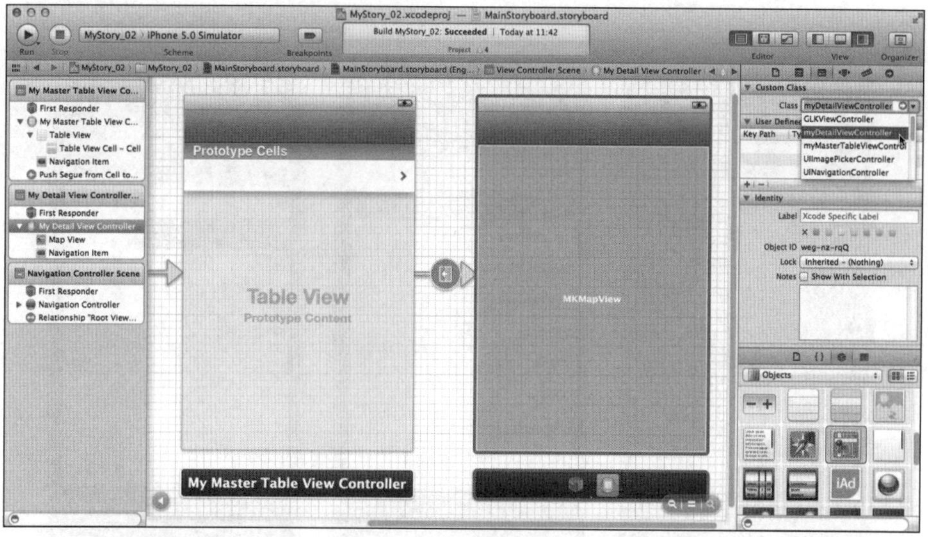

***Figura 10.51.** Asocie Map View con la clase myDetailViewController.*

52. Ejecute la aplicación.

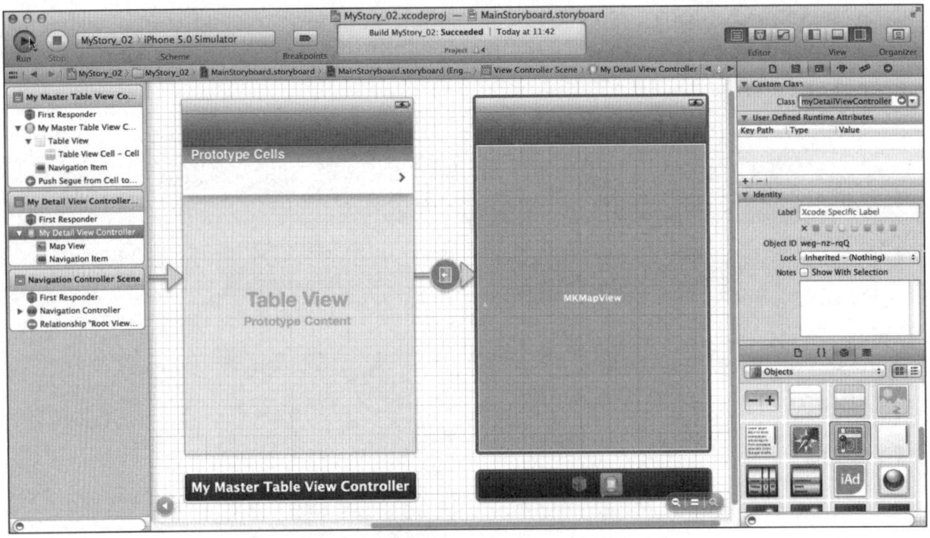

Figura 10.52. Ejecute la aplicación.

53. Es muy bonita, ¿verdad? Mucho trabajo, ¿a que sí? Aparece la pantalla de bienvenida, luego vemos la tabla con las ciudades y los triángulos de cierre en el borde derecho de cada celda, los cuales nos indican que, si las pulsamos, pasará algo extraordinario. Cuando pulsamos en la celda, vamos directamente a una vista de mapa (véase la imagen derecha de la figura 10.53).

Figura 10.53. De la pantalla de bienvenida a la tabla de las ciudades, y de ahí, a la ciudad de Durban.

54. Enhorabuena, la aplicación funciona y el alfiler se clava (véase la figura 10.54).

Figura 10.54. *El alfiler en el centro de Durban.*

Como ejercicios, tendrá que nombrar la Navigation Bar (Barra de navegación) "Detail View" (Vista detalle) y llamar "Master" a la Table View, también en la Navigation Bar. Regrese a donde se encontraba en la figura 10.47 y haga doble clic en el centro de la barra de navegación y póngale el nombre que quiera, en realidad da igual. El motivo para dejarla sin nombre es que muchos estudiantes piensan que el nombre elegido afectará de algún modo al código. He visto a muchos estudiantes cambiar el nombre de la barra de navegación en un intento por depurar el código.

Hemos escrito un código muy avanzado, en muchos momentos hemos ido mucho más allá de lo que se espera de un principiante. Así que no vamos a profundizar más en el código que ya hemos escrito. Relájese, descanse y rebose de satisfacción.

Lite

11. Storyboard para plataformas multimedia

Este es el último capítulo del libro y puedo decir que he deseado escribirlo desde hace mucho tiempo. Esta será la aplicación principal, la aplicación que le enseñará a comercializar su restaurante, negocio o lo que sea en las distintas plataformas multimedia. Elegí promocionar un grupo musical para esta aplicación porque incluye iTunes, y muchos de mis estudiantes tienen dificultades con iTunes. Nos ocuparemos de eso aquí mismo. En el aula suelo dar antes un recorrido por la aplicación con los estudiantes para que se sitúen en un tiempo distante en el que acaban de descubrir una banda llamada The Beatles. Luego, se encargarán de publicitar esa banda en la Web, YouTube e iTunes. En la segunda mitad del proyecto, los estudiantes crean su propio negocio al que dan publicidad de una forma similar pero mucho más creativa.

Desgraciadamente, a causa de problemas de copyright, no se pueden mostrar imágenes de los Beatles en un libro sin su autorización previa. Para este libro, he creado algunos sitios Web de mí mismo tocando la guitarra, así como sitios iTunes en los que tengo canciones de hace muchos años (1997). Le mostraré dónde obtener URL sobre los Beatles, de dominio público, cómo hacer el sitio Web, primero el de los Beatles como hago en clase, y después cómo encontrar otras bandas u otros tipos de medios para promocionar. Es de esperar que tenga su propio negocio, como un restaurante, tienda de bisutería, servicio de consultoría o lo que sea, y podrá hacer luego una aplicación promocional que subirá a iTunes Store para que la gente pueda descargársela de forma gratuita.

Se preguntará cómo funciona esto. ¿Recuerda cómo, en la figura 1.21, le expliqué el proceso exacto de cómo puede uno hacer dinero gracias a una aplicación en Internet? Bien, aquí le mostraré cómo comercializar su negocio y configurar una aplicación, gratuita en un principio. Imagine, por ejemplo, que tiene un negocio de cuidado de niños. Después de que aprenda a manejarse con la Web de los Beatles, podrá hacerse una aplicación para su actividad al cuidado de niños y subirla a iTunes Store para que se descargue de forma gratuita. Antiguamente, solíamos repartir propaganda, ahora repartimos aplicaciones. De este modo, permitirá a los padres y potenciales clientes de su servicio descargar gratis la aplicación, con una contraseña que solo funcionará por tiempo limitado, que les permitirá ver a su retoño en vivo por una cámara Web en cualquier momento del día. También podrán ver cómo su personal cuida de otros niños. Podrán obtener actualizaciones en días de nevada, cumpleaños, además de pagar sus servicios en línea..., y todo ello a través de su aplicación. El boca a boca funcionará y esos padres dirán a otros padres lo estupendo que es su negocio, basándose solo en su maravillosa aplicación.

Lo mismo se puede aplicar a otros negocios. Solo tiene que ser creativo. Aunque ya ha demostrado serlo al comprar este libro. Todo lo que necesita es el conocimiento técnico que le enseñaré aquí, ahora mismo.

MyiTunes: una Master-Detail Application

MyiTunes se basa en uno de los métodos más aterradores de crear una aplicación con *storyboard*: la plantilla Master-Detail Application. Sin embargo, las aplicaciones Master-Detail Application aprovechan al máximo la vista dividida del iPad junto con los elementos *popover*, en la increíble tecnología de los *storyboard*. Por si esto fuera poco, hay que añadir la capacidad de acceder a iTunes, Facebook, Google+, páginas con vídeos y, por supuesto, las dos pantallas de bienvenida del iPad y los atractivos iconos. Todo ello se suma para lograr una aplicación atractiva y deseable que conseguirá promocionar su negocio o el de otra persona hasta el infinito.

iTunes cuenta con medios muy peculiares, controvertidos y no siempre amigables para el usuario, de acceder a iTunes Store. Revisaremos esto paso a paso, incluyendo la capacidad de buscar grupos musicales, vídeos y *podcast*. Hay otras plataformas multimedia, pero no las cubriremos para no sobrecargar al lector, pero le enseñaré a convertir imágenes en vídeo, etc. También incluiré el código necesario para acceder a esas plataformas multimedia, que podrá descargar de la Web del libro. Así que, aunque no vamos a utilizar todos esos tipos de medios, están recogidos en el código para que los use más adelante si quiere.

Antes de continuar, vamos a hacer una aclaración terminológica: en esta aplicación vamos a hablar de vistas divididas y de *popovers*. Estos elementos son las tablas y los peculiares menús desplegables que, dependiendo de la orientación de su iPad, aparecerán en la pantalla para el usuario. La vista dividida muestra dos paneles lado a lado. En el modo apaisado, la vista maestra tiene 320 píxeles de ancho. Sin embargo, cuando se pasa a la orientación vertical, la vista se convierte en un menú *popover* que parece flotar sobre la vista del fondo. Es como un menú emergente que está por encima de la vista que antes estaba a su lado. Los *popovers* son elegantes, sofisticados y muestran al usuario lo asombroso que es el desarrollador que los programó. Así que, vayamos con los preliminares para poder empezar a programar nuestra aplicación.

Preliminares

Los archivos para descargar de este capítulo tienen una naturaleza similar a los del capítulo anterior: son imágenes y archivos con código para copiar y pegar. Además, como ya mencionamos, se incluye código que no se emplea en esta aplicación, pero que podría querer usar para crear otras aplicaciones con medios adicionales o alternativos. Todo está a su disposición para que lo use si quiere. Hay mucha cantidad de código escrito por mí en los archivos. No obstante, lo vamos a explicar todo en detalle en este capítulo así que le sugiero que intente seguirlo y programar todo por su cuenta. Si, pasado un tiempo piensa que debe utilizar el código de los archivos, úselo, pero, por favor, intente hacerlo antes por su cuenta. Si tiene que usar el código, intente primero copiarlo línea por línea. Si no puede hacerlo funcionar, ni copiándolo y pegándolo, entonces descargue el proyecto completo para Xcode de la Web del libro y, cuando éste se ejecute, trate de ver dónde se equivocó.

El cuadro completo

Al igual que hicimos en el capítulo 10, cuando empecemos a escribir grandes fragmentos de código, usaremos "el cuadro completo" con sus distintas vistas. En primer lugar, veremos el código desde "30.000 pies" para observar un panorama muy amplio de la aplicación. Después, a medida que profundicemos, siempre tendremos presente "el cuadro completo".

1. *Configurar el popover en el storyboard.*
2. *Codificar la interacción con las plataformas multimedia.*
3. *Retocar el popover para que atrape las plataformas correctamente.*

Una nueva plantilla Master-Detail Application

1. Utilizaremos una plantilla de aplicación Master-Detail Application (véase la figura 11.1). Así pues, abra Xcode y pulse **Comando-Mayús-N** y, luego, tras seleccionar Master-Detail Application, haga clic en el botón **Next** (Siguiente) o pulse **Intro**.

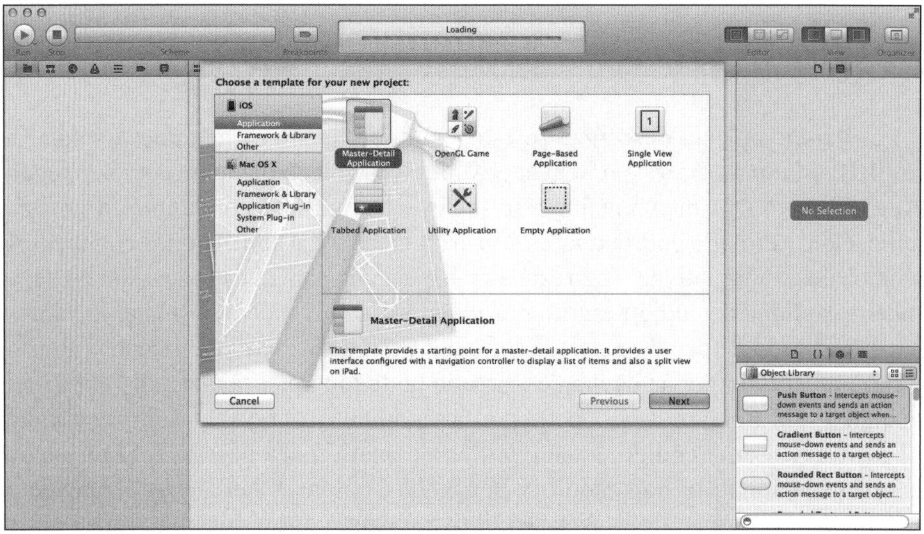

Figura 11.1. *Seleccione la plantilla Master-Detail Application y haga clic en Next o pulse Intro.*

2. Introduzca **myiTunes** en el campo Product Name (Nombre de producto). En el campo Device Family (Familia de dispositivos) seleccione iPad. Seleccione las casillas de verificación Use Storyboard (Usar *storyboard*) y Use Automatic Reference Counting (Usar conteo automático de referencias). Por otro lado, no toque Class Prefix (Prefijo de clase) ni seleccione Include Unit Test (Incluir pruebas unitarias) ni Use Core Data (Usar Core Data) como se puede ver en la figura 11.2.

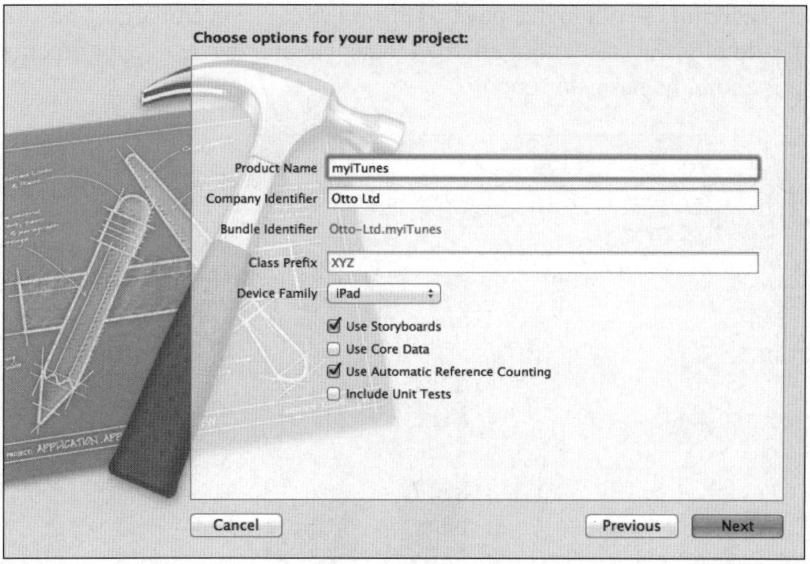

Figura 11.2. *Llame a su aplicación myiTunes y asegúrese de que ha seleccionado los storyboard y el conteo automático de referencias.*

Vamos con las imágenes

3. Descargue los archivos de imagen y de código modelo de la Web del libro. En el archivo ZIP, al igual que en el caso de la aplicación MyStory_01, encontrará el icono de la aplicación para iPad y las imágenes para las pantallas de bienvenida. Arrastre el icono de 72x72 píxeles (archivo `iPad72`) al recuadro App Icon (Icono de aplicación). Arrastre la imagen de 769x1004 píxeles a la casilla Portrait (Vertical) de la sección Launch Images (Pantallas de bienvenida). Haga lo mismo con la imagen de 1024x748 píxeles en la casilla Landscape (Horizontal) de la sección Launch Images (véase la figura 11.3).
4. Arrastre los archivos a la carpeta `Supporting Files` (Archivos de soporte) para que todo esté limpio y en orden (véase la figura 11.4).

Organice el menú popover en el storyboard

Lo primero que vamos a hacer es configurar el menú *popover* en el *storyboard*. Aunque pienso ser creativo y artístico con este elemento, no voy a hacer nada que suponga faltar a mis dos objetivos: enseñar cómo configurar el *storyboard* y enseñar a escribir el código que hay tras el *storyboard*. Sin embargo, una vez haya completado el proyecto, tendrá abiertas todas las puertas de la experimentación. Mas, por ahora, hagámoslo sencillo.

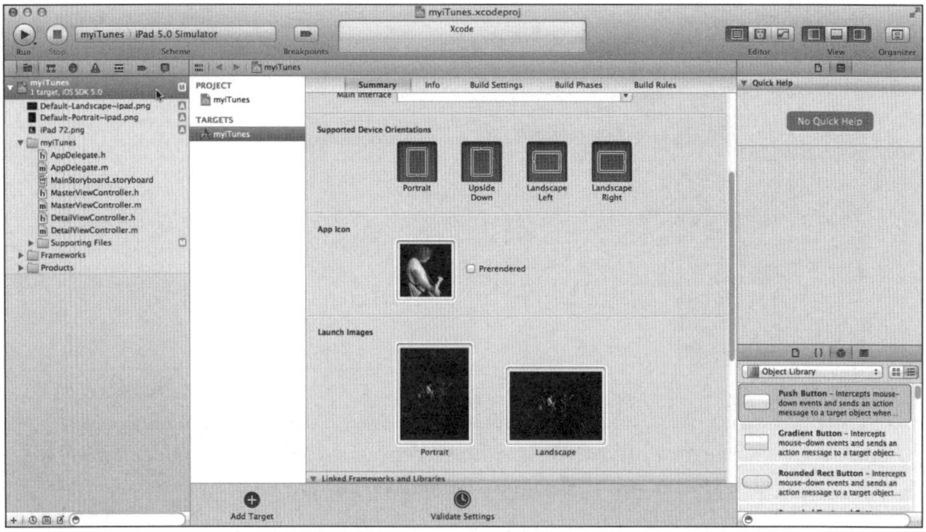

Figura 11.3. *Arrastre los gráficos a sus ubicaciones.*

Figura 11.4. *Arrastre las imágenes a la carpeta Supporting Files.*

5. Seleccione el archivo `MainStoryboard.storyboard` y cierre el panel Navigator, de la izquierda, como se muestra en la figura 11.5.

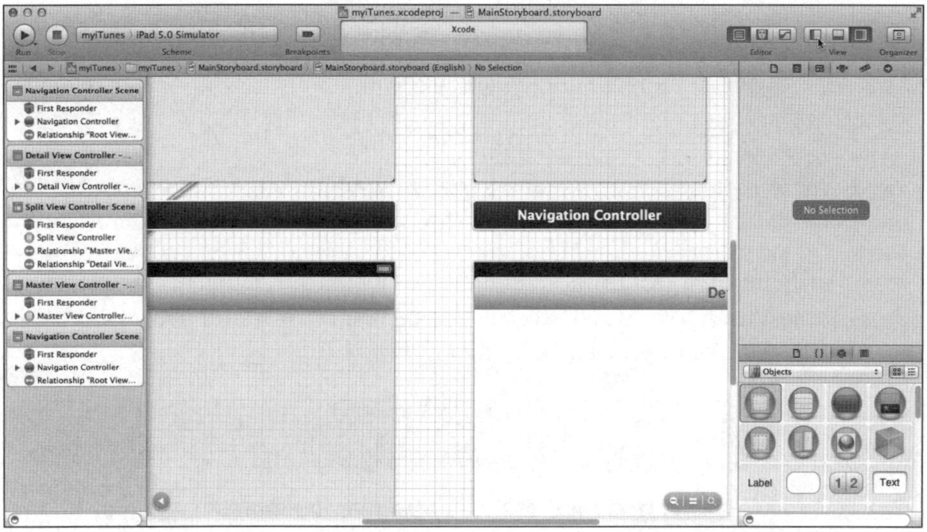

Figura 11.5. *Seleccione el storyboard y cierre el panel Navigator.*

6. Antes de ir demasiado lejos, quiero que eche una mirada a la figura 11.14 y observe todas las vistas de tabla y sus etiquetas ubicadas en la barra de la parte derecha, Document Outline, dentro del cuadro llamado Master View Controller - Master Scene. Observe lo repleto que va a llegar a estar nuestro Master View Controller - Master Scene y dese cuenta de que es mucho trabajo. Hay dos formas de rellenar estas vistas de tabla con lo que sea preciso: la "larga y aburrida" y la "organizada y eficiente". Vamos a planificar por adelantado y haremos esto ciñéndonos a una regla muy sencilla:

   "Crear una vista de tabla con todos sus atributos. Luego, una vez tengamos una que sea exactamente como queramos, la duplicaremos al completo".

   Seleccionamos el controlador de vista por defecto, View Controller, porque tenemos que borrarlo. En lo que respecta a nuestro "cuadro completo", vamos a crear un grupo exactamente como queramos que sea, tal como se indica en el punto 1.1 del cuadro completo.

El cuadro completo

1. Configurar el popover en el storyboard.

1.1. ***Crear un grupo***

1.1.1. Establecer los atributos de cada Table View Cell - Cell *en el grupo.*

> 1.2. *Duplicar el grupo según sea necesario.*
>
> 1.3. *Etiquetar todas las celdas.*
>
> 2. *Codificar la interacción con las plataformas multimedia.*
>
> 3. *Retocar el popover para que atrape las plataformas correctamente.*

Adelante, abra Documents Outline (Esquema de documento) y seleccione Table View (Vista de tabla) en la Scene (escena) Master View Controller - Master, como se puede ver en la figura 11.6.

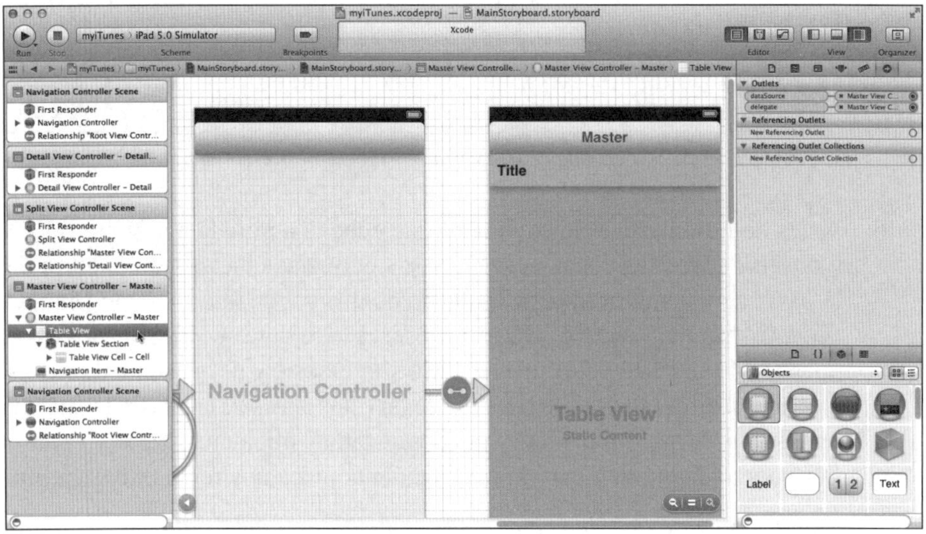

Figura 11.6. *No queremos un controlador de vista aquí.*

7. Abra el Attributes Inspector (Inspector de atributos) en el panel Utilities y vaya al apartado Table View. En el cuadro de lista desplegable Context (Contexto), seleccione Static Cells (Celdas estáticas). Seguidamente, en el desplegable Style, elija Grouped (Agrupado) para que haya espacio para la separación de las cabeceras como se puede ver en la figura 11.7.

8. Esto es fácil, pero resulta engañoso, así que preste atención a este sencillo paso: vuelva al Documents Outline y, dentro de Master View Controller - Master Scene, baje dos niveles desde Table View, donde acaba de trabajar. Como se puede ver en la figura 11.8, ahora debería estar en Table View Cell - Cell. Si selecciona un nivel erróneo, solo se dará cuenta de que está perdido cuando esté muy perdido.

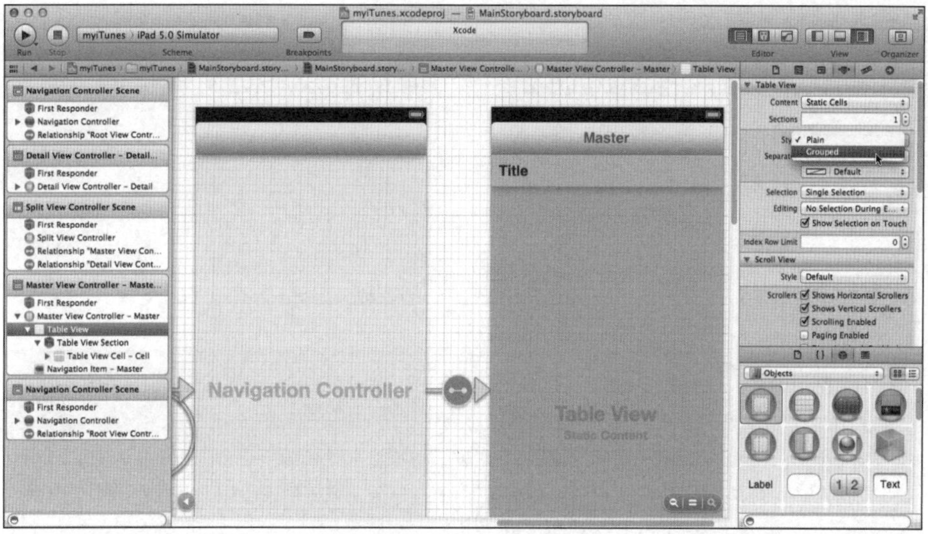

Figura 11.7. Crear un conjunto de celdas estáticas con estilo agrupado.

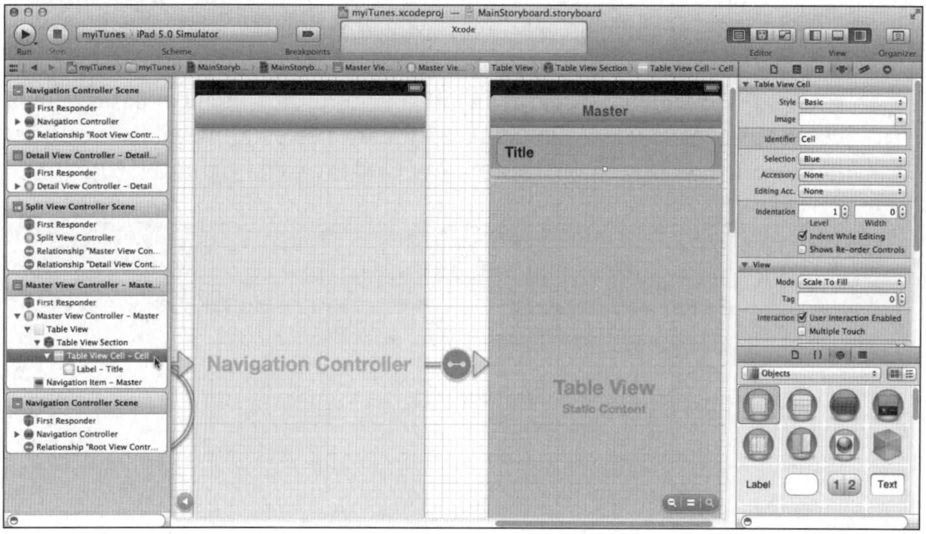

Figura 11.8. *Seleccione Table View Cell - Cell.*

9. Deseamos crear subtítulos en cada Table View Cell - Cell porque informan al usuario de qué verá o a dónde irá si selecciona cada opción. Así pues, regrese al Attributes Inspector (Inspector de atributos) en el panel Utilities y, luego, seleccione Subtitle (Subtítulo) en el desplegable Style (Estilo) de la sección Table View, como se puede ver en la figura 11.9.

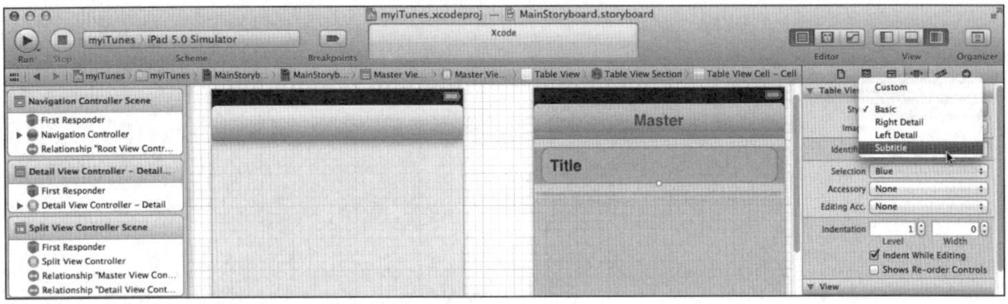

Figura 11.9. Creación de subtítulos para cada Table View Cell - Cell.

***Nota:** Mientras configuramos las celdas por primera vez, dese cuenta de que hay muchos y sorprendentes trucos que se pueden emplear para regresar al principio. Ya mencioné que íbamos a abrir puertas que darían paso a lugares repletos de cosas buenas e interesantes. Ésta es una de ellas. Permanezca vigilante mientras seguimos el camino.*

10. En la figura 11.10, se observa claramente que, bajo Detail (Detalle), en la propia celda, aparece un subtítulo. Esto es exactamente lo que queremos. Ahora, mientras estamos aquí, ¿por qué no añadimos indicadores de navegación ">" que den al usuario una idea de direccionalidad al pasar de una celda a otra? Seleccione Disclosure Indicator en el desplegable Accesory (Accesorio) de la sección Table View Cell (véase la figura 11.10).

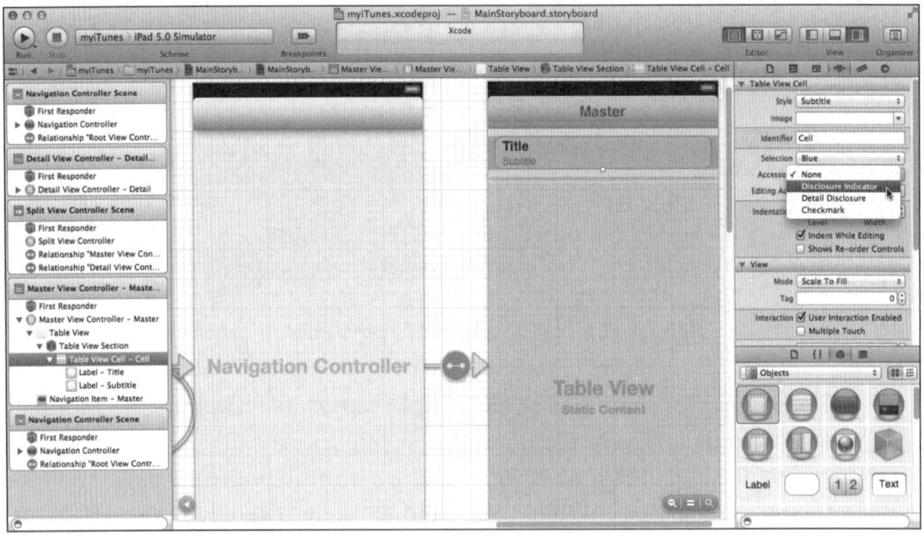

Figura 11.10. Creación de un indicador de navegación para cada Table View Cell - Cell.

11. Observe el resultado final en la figura 11.11. Antes de seguir adelante, veamos el cuadro completo, donde comprobaremos que estamos a punto de embarcarnos en la configuración de Table View Section. En Documents Outline, seleccione Table View Section como se muestra en la figura 11.11.

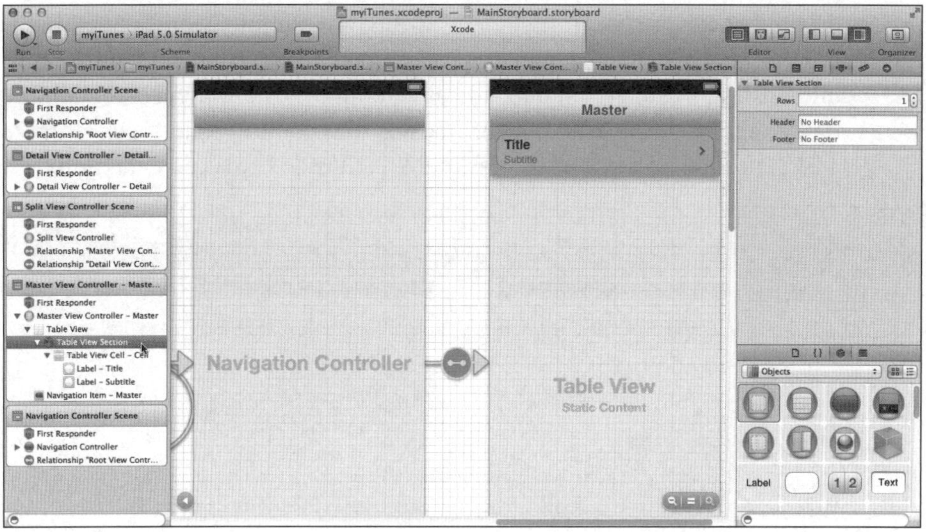

Figura 11.11. *Pase a un nivel superior a la sección Table View Section.*

El cuadro completo

1. *Configurar el popover en el storyboard.*
   - 1.1. *Crear un grupo*
     - 1.1.1. *Establecer los atributos de cada* Table View Cell - Cell *en el grupo.*
       - 1.1.1.1. *Celdas estáticas, estilo agrupado, subtítulos e indicadores de navegación.*
     - 1.1.2. ***Configurar Table View Section.***
       - 1.1.2.1. ***Crear una cabecera y dos filas.***
   - 1.2. *Duplicar el grupo según sea necesario.*
     - 1.2.1. *Ir a Master Scene y hacer cuatro secciones.*
   - 1.3. *Etiquetar todas las celdas.*
2. *Codificar la interacción con las plataformas multimedia.*
3. *Retocar el popover para que atrape las plataformas correctamente.*

12. Tenga en cuenta que todavía tenemos que etiquetar alguna de las Table view Cell - Cell. Esto no se hará hasta llegar al paso 1.3 del cuadro completo. Éste es el último paso por dos motivos. El primero es que se tarda tiempo, y el segundo, que los cambiaremos después. Sin embargo, en esta instancia, tenemos que ir al campo Header en la sección Table View Section de Attributes Inspector (Inspector de atributos) y simplemente le pondremos una etiqueta provisional que nos proporcione algo que editar cuando dupliquemos estas celdas. Así que, adelante, etiquete este grupo con el nombre del primer grupo **Artists**. Luego, cree dos filas como se muestra en la figura 11.12, porque no tendremos más que dos filas de celdas en cada grupo.

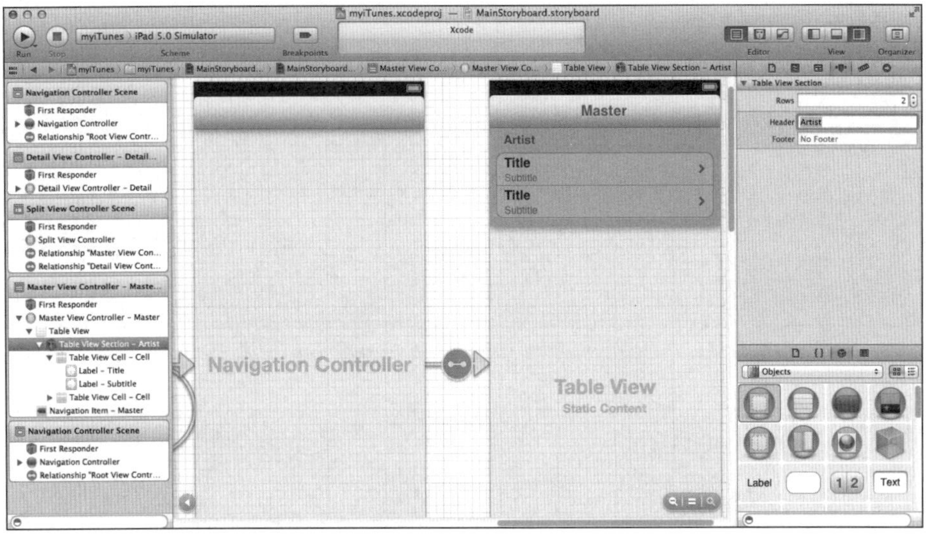

Figura 11.12. *Ponga el nombre de "Artist" al primer grupo y cree dos filas.*

13. Ahora hemos creado un grupo exactamente como queríamos. Así que, no tiene más que ir a la Table View original y construir cuatro secciones, como en la figura 11.13.

14. Ponga los siguientes nombres a los grupos, además de Artists: **Albums on iTunes** (Álbumes en iTunes), **Songs** (Canciones) y Pictures (Imágenes). Estos cuatro grupos representarán la presencia de nuestra banda en la Web (veremos los vínculos a los Beatles en el código fuente). En el caso de los Beatles habría muchos álbumes, mientras que nosotros solo usamos dos de cada. Observe que los subtítulos o bien indican al usuario que irá a iTunes, o bien que irá a Internet. Nombre todas las celdas como se muestra en la figura 11.14. Recuerde que no tiene más que hacer doble clic en una celda para crear un nombre.

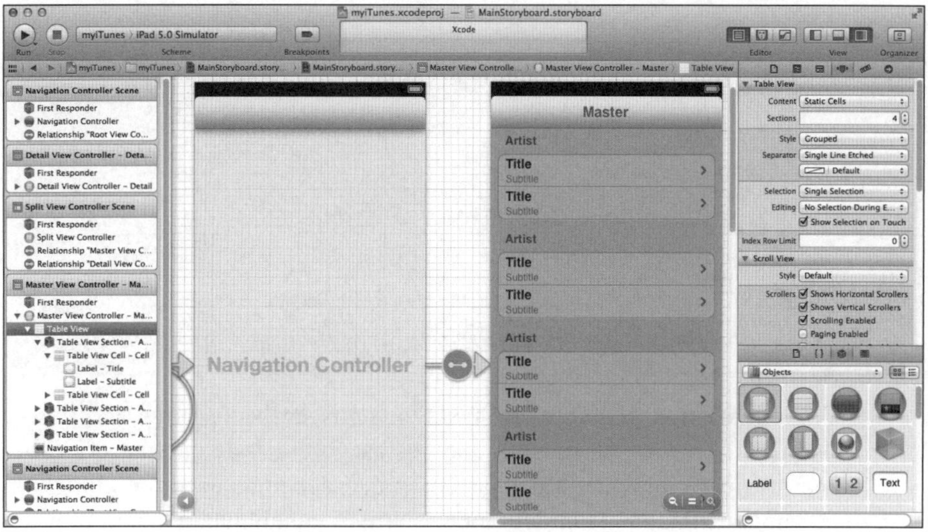

Figura 11.13. Ahora creamos todas las secciones.

Figura 11.14. Ponga nombre a las celdas y cabeceras.

Codificación de la aplicación myiTunes

Es mi deseo mantener esto muy simple. A la hora de codificar, haremos dos cosas, principalmente. En primer lugar, crearemos código que se enganche a lo que queremos que suceda cuando se pulsa cada celda, y en segundo, nos aseguraremos de que nuestras vistas se conectan correctamente con las Web View.

El cuadro completo

1. *Configurar el popover en el storyboard.*
2. ***Codificar la interacción con las plataformas multimedia.***
    2.1. *Master View Controller.*
        2.1.1. *Código para cada celda seleccionada.*
    2.2. *Detail View Controller.*
        2.2.1. *Conectar las vistas con las* Web View.
3. *Retocar el popover para que atrape las plataformas correctamente.*

15. Comenzaremos echando un vistazo a los archivos `MasterView Controller`, de tal manera que nos aseguremos de que nuestra cabecera nos permite hacer todas las cosas que debemos hacer en el archivo de implementación. Guárdelo todo, cierre el panel **Utilities**, abra el panel **Navigator** en la parte izquierda y, por último, abra el archivo `Master ViewController.h`. Comenzaremos creando una `NSURL` para conectar con iTunes. El puntero se llamará `iTunesURL` (véase la figura 11.15).

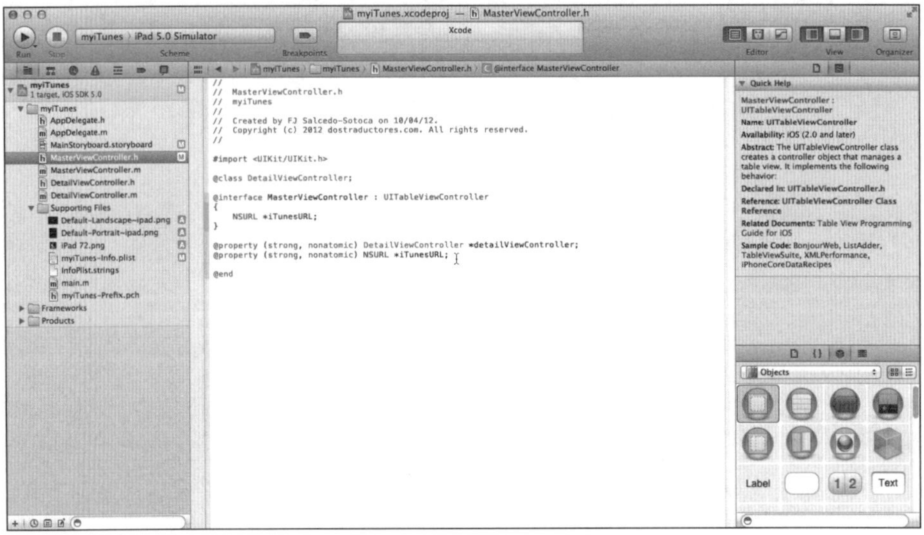

Figura 11.15. Crear una NSURL para conectar con iTunes.

Antes de, sencillamente, escribir `NSURL *iTunesURL`, tenemos que importar un protocolo que defina este método. En nuestro caso, tenemos específicamente que definir un método que delegue o que nos dé lo necesario para construir un objeto `UIWebView` que se encargue del contenido

Web de iTunes que queramos cargar. Como hicimos antes en MyStory_02, utilizaremos el protocolo `<UIWebViewDelegate>`. Asegúrese de crear también la propiedad, `@property`, como se muestra a continuación.

```
#import <UIKit/UIKit.h>
@class myDetailViewController;
@interface myMasterViewController : UITableViewController
<UIWebViewDelegate>
{
  NSURL *iTunesURL;
}

@property (strong, nonatomic) myDetailViewController
*detailViewController;
@property (strong, nonatomic) NSURL *iTunesURL;
@end
```

16. Abra el archivo de implementación `MasterViewController.m` y después seleccione todo el contenido del primer archivo con código *boilerplate* (código que aporta el autor), es decir, `Boilerplate 01`. Después pegue el contenido entre la sentencia `#import "myDetailViewController.h"` y la directiva `@implementation MasterViewController`, como se puede ver en la figura 11.16.

Figura 11.16. *Pegue el primer código fuente bolierplate.*

Este código sirve para declarar métodos privados que hemos escrito con el fin de acomodar los distintos tipos de medios que vincularemos con esta aplicación, así como medios que se podrían utilizar en aplicaciones posteriores. En concreto, tenemos 3:

a. `LocateArtistPageInSafari.`

b. `LocateArtistPageInItunes` y `LocateMoviePageIn Itunes`, aunque no usaremos esta última.

c. `StartExternalAppWithURL: (NSURL *)laURL).`

Cuando pegue el primer código fuente, debería quedar así:

```
#import "MasterViewController.h"
#import "myDetailViewController.h"
////////////// START BOILERPLATE 1 ////////////////////
@interface MasterViewController (PrivateMethods)
// forward declarations for private methods
-(void)LocateArtistPageInSafari;
-(void)LocateArtist2PageInSafari;
-(void)LocateArtist3PageInSafari;
-(void)LocateArtistPageInItunes;
-(void)LocateMoviePageInItunes;
-(void)LocateAlbumPageInItunes;
-(void)LocateTrackInItunes;
-(void)DeselectRow;
-(void)StartExternalAppWithURL:(NSURL *)theURL;
@end
////////////// END BOILERPLATE 1 ////////////////////
@implementation myMasterViewController
@synthesize detailViewController = _detailViewController;
```

No podemos olvidar que debemos sintetizar `iTunesURL`, que ya incluimos en nuestro archivo de cabecera. Esto se muestra en la figura 11.17 y en el siguiente código:

```
////////////// END BOILERPLATE 1 ////////////////////
@implementation MasterViewController
@synthesize detailViewController = _detailViewController;
@synthesize iTunesURL;

- (void)awakeFromNib
{
self.clearsSelectionOnViewWillAppear = NO;
self.contentSizeForViewInPopover = CGSizeMake(320.0, 600.0);
[super awakeFromNib];
}
```

18. El método `viewDidLoad` que acompaña a la instancia de `Master - Detail` no es exactamente lo que necesitamos. Hay dos formas de hacer esto y yo prefiero la primera, que es codificarlo nosotros mismos. Aquí comprobará por qué tenemos que añadirlo. Ahora veremos cómo modificar `viewDidLoad` y después iremos con el código *boilerplate* (véase la figura 11.18).

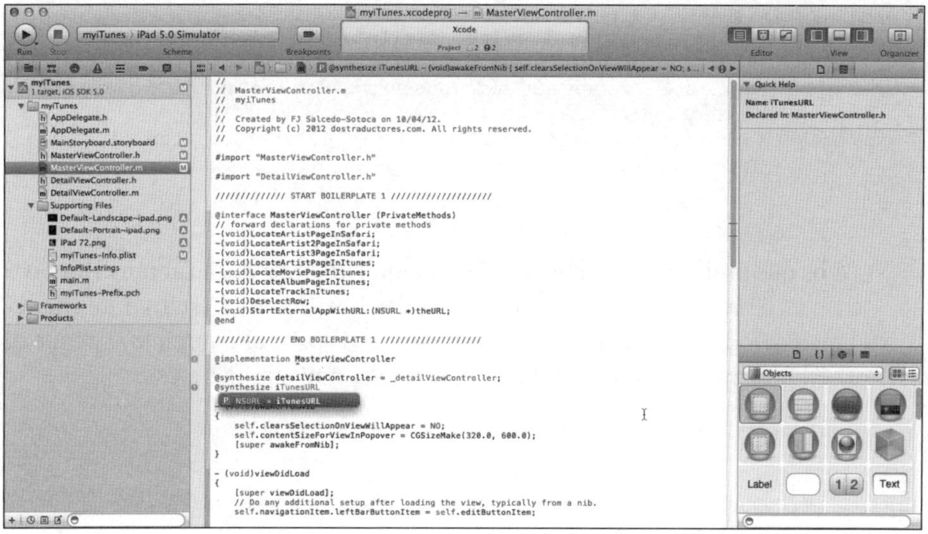

Figura 11.17. Sintetizar iTunesURL.

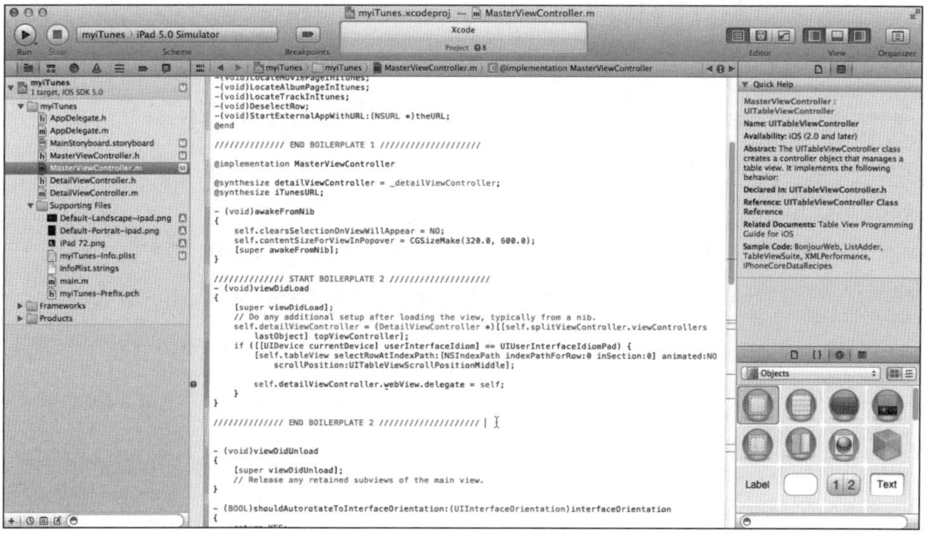

Figura 11.18. Inserte el contenido de Boilerplate 02.

```
- (void)viewDidLoad
{
  [super viewDidLoad];
     // Realizar cualquier configuración adicional después
     // de cargar la vista, típicamente desde un nib.
  self.detailViewController = (DetailViewController*)
[[self.splitViewController.viewControllers lastObject]
```

```
topViewController];
   if ([[UIDevice currentDevice] userInterfaceIdiom] ==
UIUserInterfaceIdiomPad) {
       [self.tableView selectRowAtIndexPath:[NSIndexPath indexPathForRow:
       0 inSection:0]
animated:NO scrollPosition:UITableViewScrollPositionMiddle];
       self.detailViewController.webView.delegate = self;
   }
}
```

Los que prefieran copiar y pegar el código *boilerplate*, que abran el archivo `boilerplate 02` y seleccionen todo. Luego, en el archivo de implementación, seleccione el método `viewDidLoad` al completo y pegue el código en su lugar. El resultado debería ser muy similar a este:

```
- (void)didReceiveMemoryWarning
{
   [super didReceiveMemoryWarning];
   // Liberar cualquier dato en la caché, como imágenes, etc.,
   // que no esté en uso.
}
#pragma mark - View lifecycle
////////////// START BOILERPLATE 2 ////////////////////

- (void)viewDidLoad
{
   [super viewDidLoad];
      // Realizar cualquier configuración adicional después
      // de cargar la vista, típicamente desde un nib.
   self.detailViewController = (DetailViewController*)
[[self.splitViewController.viewControllers lastObject]
topViewController];
   if ([[UIDevice currentDevice] userInterfaceIdiom] ==
UIUserInterfaceIdiomPad) {
       [self.tableView selectRowAtIndexPath:[NSIndexPath
indexPathForRow:0 inSection:0]
animated:NO scrollPosition:UITableViewScrollPositionMiddle];
       self.detailViewController.webView.delegate = self;
   }
}

////////////// END BOILERPLATE 2 ////////////////////
- (void)viewDidUnload
{
   [super viewDidUnload];
   // Liberar cualquier subvista retenida de la vista principal.
   // por ejemplo self.myOutlet = nil;
```

19. Ahora debe borrarlo todo entre `shouldAutorotateToInterfaceOrientation` hasta la directiva `@end`. Una vez borrado todo, seleccione los contenidos del archivo `Boilerplate 3` como se muestra en la figura 11.19 y péguelos en su lugar.

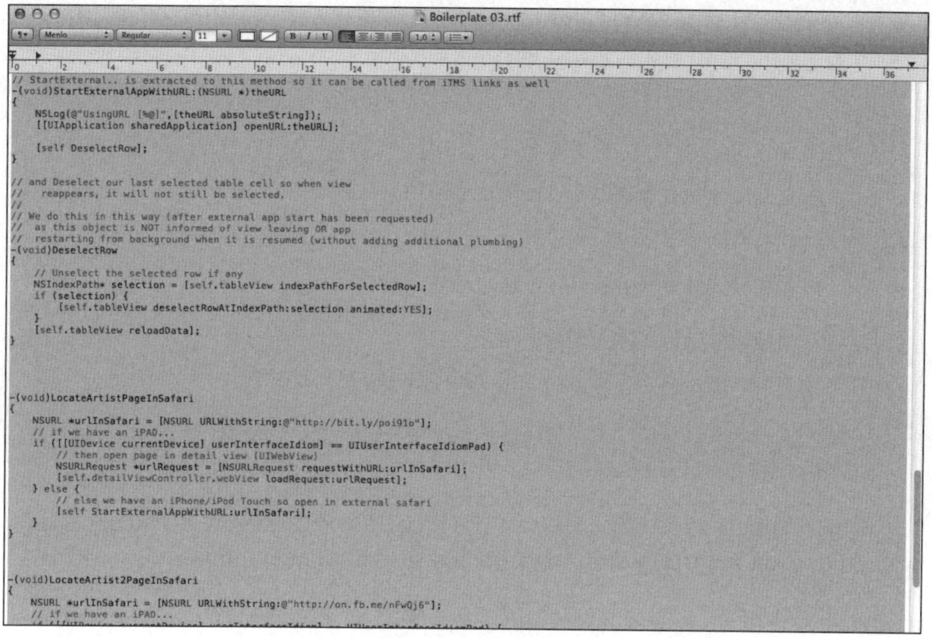


```
// StartExternal.. is extracted to this method so it can be called from iTMS links as well
-(void)StartExternalAppWithURL:(NSURL *)theURL
{
    NSLog(@"UsingURL [%@]",[theURL absoluteString]);
    [[UIApplication sharedApplication] openURL:theURL];

    [self DeselectRow];
}

// and Deselect our last selected table cell so when view
//   reappears, it will not still be selected.
//
// We do this in this way (after external app start has been requested)
//  as this object is NOT informed of view leaving OR app
//  restarting from background when it is resumed (without adding additional plumbing)
-(void)DeselectRow
{
    // Unselect the selected row if any
    NSIndexPath* selection = [self.tableView indexPathForSelectedRow];
    if (selection) {
        [self.tableView deselectRowAtIndexPath:selection animated:YES];
    }
    [self.tableView reloadData];
}



-(void)LocateArtistPageInSafari
{
    NSURL *urlInSafari = [NSURL URLWithString:@"http://bit.ly/poi91o"];
    // if we have an iPAD...
    if ([[UIDevice currentDevice] userInterfaceIdiom] == UIUserInterfaceIdiomPad) {
        // then open page in detail view (UIWebView)
        NSURLRequest *urlRequest = [NSURLRequest requestWithURL:urlInSafari];
        [self.detailViewController.webView loadRequest:urlRequest];
    } else {
        // else we have an iPhone/iPod Touch so open in external safari
        [self StartExternalAppWithURL:urlInSafari];
    }
}


-(void)LocateArtist2PageInSafari
{
    NSURL *urlInSafari = [NSURL URLWithString:@"http://on.fb.me/nFwQj6"];
    // if we have an iPAD...
```

Figura 11.19. *Boilerplate 03.*

Este código es la cruz de todo lo demás, así que lo revisaremos ahora mismo. Pero primero, echaremos un vistazo al cuadro completo para comprobar que hemos completado los puntos 2.1.1.1 y 2.1.1.2. Tenemos que asegurarnos de que nuestra aplicación se ejecuta todavía, con independencia de la orientación del iPad (vista dividida, horizontal y *popover* en vertical). Asimismo, deberemos tener una serie de opciones que producirán eventos cuando se pulse sobre una celda. Como tenemos ocho celdas, tendremos ocho posibilidades, *cases*, de 0 a 7. Finalmente, programaremos los métodos privados para vérnoslas con circunstancias especiales.

> ***Nota:*** *Mientras introduce el código para* `MasterViewController`, *Xcode producirá algunos avisos y mensajes de error. Ignórelos por el momento.*

> **El cuadro completo**
>
> 1. *Configurar el popover en el storyboard.*
> 2. *Codificar la interacción con las plataformas multimedia.*
>   2.1. *Master View Controller.*

2.1.1. Código para cada celda seleccionada.

2.1.1.1. Material para el header.

2.1.1.2. `viewDidLoad`.

2.1.1.3. ***Configurar las orientaciones.***

2.1.1.4. ***Sentencias case.***

2.1.1.5. ***Métodos privados.***

2.2. Detail View Controller.

2.2.1. Conectar las vistas con las Web View.

3. Retocar el popover para que atrape las plataformas correctamente.

El método `shouldAutorotateToInterfaceOrientation` se muestra aquí en tipo sin negrita, y solo lo usaremos si se trata de un iPad.

```
- (BOOL)shouldAutorotateToInterfaceOrientation:(UIInterfaceOrientation)
interfaceOrientation
{
   // Devuelve YES (sí) para las orientaciones soportadas.
   if ([[UIDevice currentDevice] userInterfaceIdiom] ==
UIUserInterfaceIdiomPhone) {
      return (interfaceOrientation !=
UIInterfaceOrientationPortraitUpsideDown);
   } else {
   return YES;
   }
}
```

Ahora tenemos que hacer un par de cosas. Debemos convertir nuestros números de sección y filas de un índice lineal al número de filas cuando se cuenta de arriba a abajo. Para los que estén siguiendo con atención cada línea de código, señalaremos que las dos líneas siguientes asumen que la primera sección tiene dos filas, y las siguientes, solo una.

```
NSInteger nSelectedRowIdx = (indexPath.section > 0) ? indexPath.section+1 : 0;
//Ahora 0,2,3,4
nSelectedRowIdx += indexPath.row;
//ahora 0,1,2,3,4
```

Si se conforma con saber que esto relaciona cada caso con una línea específica, la línea superior de cada celda, está bien también. Solo tiene que usar esto cada vez que lo haga. De hecho, no tiene más que pegarlo y cambiar las instrucciones `case` de más abajo y estará bien.

```
- (void)tableView:(UITableView *)tableView didSelectRowAtIndexPath:(NSIndexPath
*)indexPath
{
NSInteger nSelectedRowIdx = indexPath.section *2 + indexPath.row;
switch (nSelectedRowIdx) {
```

Ahora tenemos que construir las sentencias `case` que se encargarán de denotar las filas que acabamos de ordenar secuencialmente. Tenemos cuatro secciones: Artists, Albums in iTunes, Songs y Pictures. Debemos tener dos sentencias `case` en cada una de ellas. Veámoslo en el cuadro completo.

El cuadro completo

1. Configurar el popover en el storyboard.

2. Codificar la interacción con las plataformas multimedia.

2.1. Master View Controller.

2.1.1. Código para cada celda seleccionada.

2.1.1.1. Material para el header.

2.1.1.2. `viewDidLoad`.

2.1.1.3. Configurar las orientaciones.

2.1.1.4. ***Sentencias case.***

2.1.1.4.1. ***Artists***

2.1.1.4.1.1. ***Case 0***

2.1.1.4.1.2. ***Case 1***

2.1.1.4.2. ***Albums***

2.1.1.4.2.1. ***Case 2***

2.1.1.4.2.2. ***Case 3***

2.1.1.4.3. ***Songs***

2.1.1.4.3.1. ***Case 4***

2.1.1.4.3.2. ***Case 5***

2.1.1.4.4. ***Pictures***

2.1.1.4.4.1. ***Case 6***

2.1.1.4.4.2. ***Case 7***

2.1.1.5. Métodos privados (rutinas para procesar las redirecciones anteriores al traspaso cuando se abre la aplicación).

2.2. Detail View Controller.

2.2.1. Conectar las vistas con las Web View.

3. Retocar el popover para que atrape las plataformas correctamente.

Del mismo modo, el código queda como sigue:

```
case 0: // en Safari (Artist)
   [self LocateArtistPageInSafari];
   break;

case 1: // en iTunes (Artist)
   //[self LocateArtistPageInItunes];
{
   NSURL *urlInItunes = [NSURL URLWithString:@"http://itunes.apple.com/
   us/artist/rory-lewis/id65902515?uo=4"];
   [self StartExternalAppWithURL:urlInItunes];
}
   break;

case 2: // en iTunes (Songs)
   //[self LocateArtistPageInItunes];
{
   NSURL *urlInItunes = [NSURL URLWithString:@"http://itunes.apple.com/
   us/album/songs-for-friday/id408548641?uo=4"];
   [self StartExternalAppWithURL:urlInItunes];
}
   break;

case 3: // en iTunes (Songs)
   //[self LocateArtistPageInItunes];
{
   NSURL *urlInItunes = [NSURL URLWithString:@"http://itunes.apple.com/us/
   album/heroines/id461113548?uo=4"];
   [self StartExternalAppWithURL:urlInItunes];
}
   break;

case 4: // en iTunes (Songs)
   //[self LocateArtistPageInItunes];
{
   NSURL *urlInItunes = [NSURL URLWithString:@"http://itunes.apple.com/us/
   album/elvis-presley/id461113548?i=461113566&uo=4"];
   [self StartExternalAppWithURL:urlInItunes];
}
   break;
```

```
        case 5: // en iTunes (Songs)
            //[self LocateArtistPageInItunes];
        {
            NSURL *urlInItunes = [NSURL URLWithString:@"http://itunes.apple.com/
            us/album/hippie-paradise/id408548641?i=408549591&uo=4"];
            [self StartExternalAppWithURL:urlInItunes];
        }
            break;

        case 6: // en Safari (Artist)
            [self LocateArtist2PageInSafari];
        break;

        case 7: // en Safari (Artist)
            [self LocateArtist3PageInSafari];
        break;

        }
        //[self DeselectRow];
}
```

Ahora tenemos que crear las rutinas para procesar las redirecciones anteriores al paso del control cuando se abre la aplicación. En concreto, tenemos que procesar y convertir una URL `LinkShare/TradeDoubler/DGM` en algo que el iPhone pueda manejar, por si decidimos realizar una aplicación universal que incluya al iPhone. Para más información puede acudir a `http://developer.apple.com/library/ios/#qa/qa1629/_index.htm`.

```
- (void)openReferralURL:(NSURL *)referralURL {
    //NSURLConnection *connection =
    (void)[[NSURLConnection alloc] initWithRequest:[NSURLRequest
requestWithURL:referralURL] delegate:self startImmediately:YES];
}
```

Ahora guardamos la URL más reciente como medida de seguridad, por si ocurren múltiples redirecciones. Observe que `iTunesURL` es una propiedad `NSURL` en la declaración de clase siguiente:

```
- (NSURLRequest *)connection:(NSURLConnection *)connection
willSendRequest:(NSURLRequest*)request redirectResponse:(NSURLResponse *)
response {
    self.iTunesURL = [response URL];
    NSLog(@"RxURL [%@]",[self.iTunesURL absoluteString]);
    return request;
}
```

Bien, no más redirecciones. Así pues, usamos la última URL que guardamos:

```
- (void)connectionDidFinishLoading:(NSURLConnection *)connection {
[self StartExternalAppWithURL:self.iTunesURL];
}
```

Esto es un poco técnico, pero tenemos que disponer de un vínculo iTMS, que es un tipo especial de protocolo URL/vínculo empleado en iTunes, para conectarnos ahí fuera. Para ello, contamos con este pequeño método llamado `StartExternalAppWithURL`, que permite los vínculos iTMS:

```
-(void)StartExternalAppWithURL:(NSURL *)theURL
{
   NSLog(@"UsingURL [%@]",[theURL absoluteString]);
   [[UIApplication sharedApplication] openURL:theURL];
   [self DeselectRow];
}
```

Ya casi hemos terminado. Solo tenemos que deseleccionar la última tabla elegida para que, cuando la vista reaparezca, no quede seleccionada. Hacemos esto después de que se haya solicitado la apertura externa de la aplicación, puesto que este objeto "no" es informado del abandono de la vista "ni" del reinicio de la aplicación desde el fondo cuando la devolvemos al primer plano, sin añadir más código.

```
-(void)DeselectRow
{
   // Deseleccionar la fila elegida si hubiese alguna.
   NSIndexPath* selection = [self.tableView indexPathForSelectedRow];
   if (selection) {
      [self.tableView deselectRowAtIndexPath:selection animated:YES];
   }
   [self.tableView reloadData];
}
```

Por último, las tres páginas de Artists en Safari, `case 0`, y en `case 6` y `case 7`.

```
-(void)LocateArtistPageInSafari
{
   NSURL *urlInSafari = [NSURL URLWithString:@"http://bit.ly/poi91o"];
   // si tenemos un iPad
   if ([[UIDevice currentDevice] userInterfaceIdiom] == UIUserInterfaceIdiomPad) {
      // entonces abre la página en vista detalle (UIWebView)
      NSURLRequest *urlRequest = [NSURLRequest requestWithURL:urlInSafari];
      [self.detailViewController.webView loadRequest:urlRequest];
   } else {
      // si no, es que tenemos un iPhone/iPod Touch, así que abre Safari
      [self StartExternalAppWithURL:urlInSafari];
   }
}

-(void)LocateArtist2PageInSafari
{
   NSURL *urlInSafari = [NSURL URLWithString:@"http://on.fb.me/nFwQj6"];
   // si tenemos un iPad
   if ([[UIDevice currentDevice] userInterfaceIdiom] ==
   UIUserInterfaceIdiomPad) {
      // entonces abre la página en vista detalle (UIWebView)
      NSURLRequest *urlRequest = [NSURLRequest requestWithURL:urlInSafari];
```

```
        [self.detailViewController.webView loadRequest:urlRequest];
    } else {
        // si no, es que tenemos un iPhone/iPod Touch, así que abre Safari
        [self StartExternalAppWithURL:urlInSafari];
    }
}
-(void)LocateArtist3PageInSafari
{
    NSURL *urlInSafari = [NSURL URLWithString:@"http://bit.ly/nxY8AZ"];
    // si tenemos un iPad
    if ([[UIDevice currentDevice] userInterfaceIdiom] == UIUserInterfaceIdiomPad) {
        // entonces abre la página en vista detalle (UIWebView)
        NSURLRequest *urlRequest = [NSURLRequest requestWithURL:urlInSafari];
        [self.detailViewController.webView loadRequest:urlRequest];
    } else {
        // si no, es que tenemos un iPhone/iPod Touch, así que abre Safari
        [self StartExternalAppWithURL:urlInSafari];
    }
}

@end
```

Codificar DetailViewController

Esto ha sido diferente, ¿verdad? Solo como anécdota, contaré algo que le hará reír. Cuando empecé a familiarizarme con los *storyboard* para mi clase, se encontraban en versión beta y cambiaban cada semana. No solo no había visto un *storyboard* nunca antes, sino que el código cambiaba constantemente y yo tenía que enseñarlo a los alumnos. Pasé muchas noches sin dormir. Pero la moraleja es clara: si logra dominar esta aplicación y los *storyboard*, estará muy cerca del éxito como programador. No es necesario que aprenda todo lo anterior, solo debe saber cuándo tiene que usarlo. En nuestro DetailViewController, tenemos que configurar `UIWebView`, pero antes echaremos un vistazo al cuadro completo.

El cuadro completo

1. *Configurar el popover en el storyboard.*
2. *Codificar la interacción con las plataformas multimedia.*
    - 2.1. *Master View Controller.*
    - 2.2. ***Detail View Controller.***
        - 2.2.1. ***Conectar las vistas con las Web View.***
3. *Retocar el popover para que atrape las plataformas correctamente.*

20. Guarde `MasterViewController` y abra el archivo `DetailViewController.h` (véase la figura 11.20). Luego añada el código que se muestra a continuación. Observe que, cuando regresemos para retocar el *storyboard*, lo conectaremos con `UIWebView`.

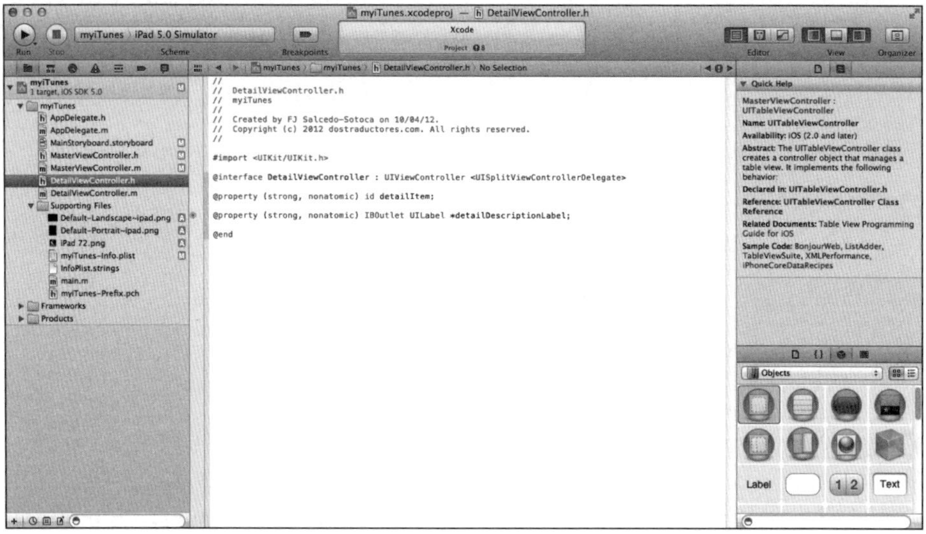

Figura 11.20. *Seleccione y abra el archivo DetailViewController.h.*

```
#import <UIKit/UIKit.h>
@interface DetailViewController : UIViewController
<UISplitViewControllerDelegate>
@property (strong, nonatomic) id detailItem;
@property (strong, nonatomic) IBOutlet UILabel
*detailDescriptionLabel;
@property (strong, nonatomic) IBOutlet UIWebView *webView;
@end
```

21. Ahora abra el archivo de implementación `DetailViewController.m` y sintetice `webView` como en la figura 11.21 y en el listado siguiente.

```
#import "DetailViewController.h"
@interface DetailViewController ()
@property (strong, nonatomic) UIPopoverController
*masterPopoverController;
- (void)configureView;
@end
@implementation DetailViewController
@synthesize detailItem = _detailItem;
@synthesize detailDescriptionLabel = _detailDescriptionLabel;
@synthesize masterPopoverController = _masterPopoverController;
@synthesize webView = _webView;
#pragma mark - Managing the detail item
```

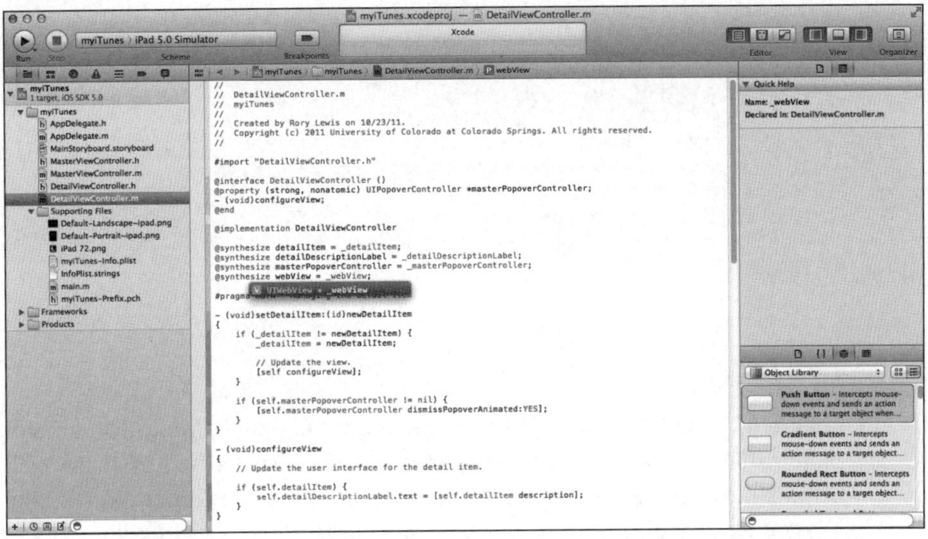

Figura 11.21. *Sintetize webView en el archivo de implementación.*

22. Ahora debemos rehacer el método `shouldAutorotateToInterfaceOrientation` para tener en cuenta los asuntos antes mencionados con los modos vertical y horizontal. Borre dicho método y, o bien escriba estas pocas líneas de código, o bien cópielas del archivo `Boilerplate 04` y péguelas en su lugar (véase la figura 11.22.).

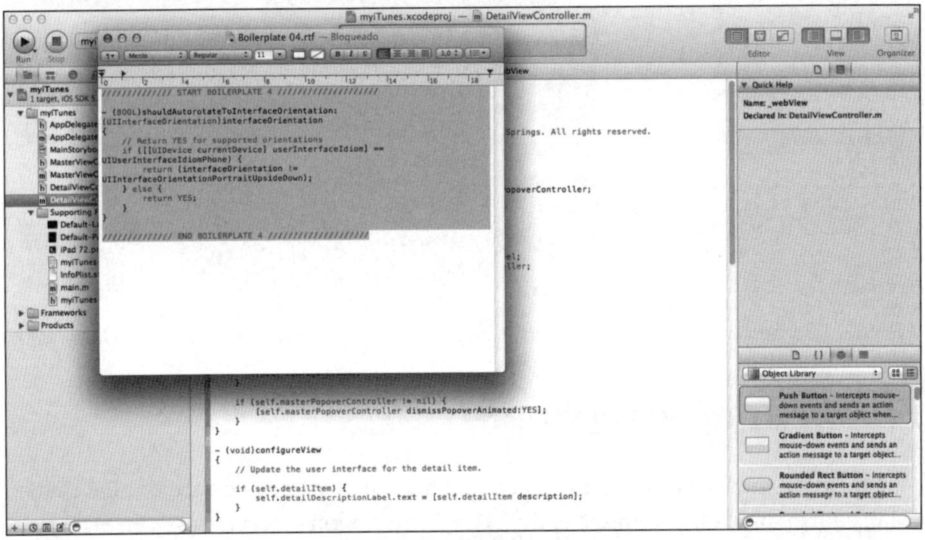

Figura 11.22. *Boilerplate 04.*

```
////////////// START BOILERPLATE 4 ////////////////////
- (BOOL)shouldAutorotateToInterfaceOrientation:
(UIInterfaceOrientation)
interfaceOrientation
{
  // Devuelve YES (sí) para las orientaciones soportadas
  if ([[UIDevice currentDevice] userInterfaceIdiom] ==
UIUserInterfaceIdiomPhone) {
  return (interfaceOrientation !=
UIInterfaceOrientationPortraitUpsideDown);
  } else {
    return YES;
  }
}
////////////// END BOILERPLATE 4 ////////////////////
```

23. Guárdelo y vuelva sobre el *storyboard*. Cierre el panel Navigator, abra el panel Utilities y la biblioteca de objetos en su parte inferior. Las vistas Web se mostrarán en Table View Cell, así que tenemos que contar allí con una Web View. En el *storyboard*, seleccione Table View Cell - Cell y arrastre una Web View sobre la vista detalle, Detail View (véase la figura 11.23).

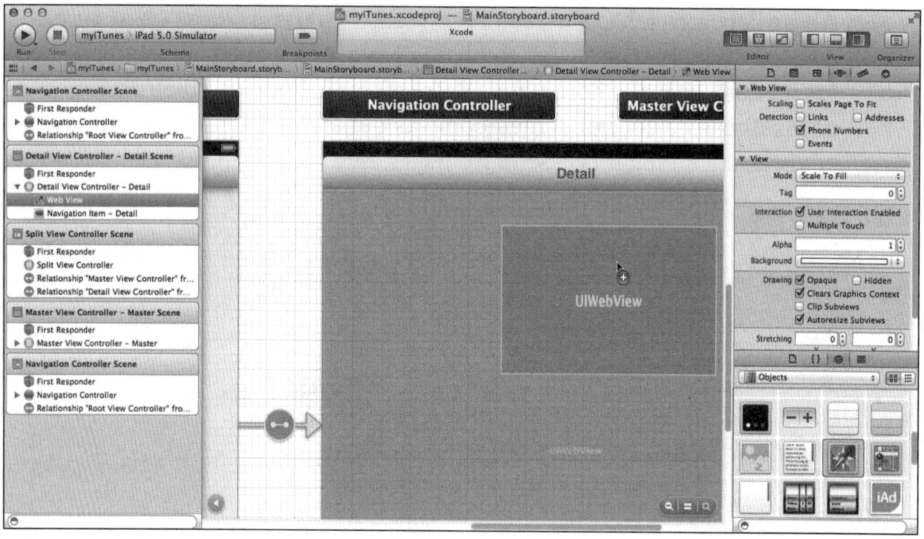

Figura 11.23. *Seleccione Table View Cell - Cell y arrastre una vista Web View sobre Detail View.*

Finalizar el storyboard

Ya casi hemos terminado. Lo único que debemos hacer es conectar algo que no estaba ahí cuando empezamos: la `webView`; conexión `UIWebView` en el código. Ahora que está ahí, tenemos que volver al *storyboard* y conectarla.